谨以此书献给

为吉林高速公路发展事业作出贡献的决策者、建设者、管理者

"十三五"国家重点图书出版规划项目
中国高速公路建设实录

Record of Expressway Construction in
Jilin

吉林高速公路建设实录

吉林省交通运输厅

人民交通出版社股份有限公司
China Communications Press Co.,Ltd.

内 容 提 要

本书是《中国高速公路建设实录》系列丛书之吉林卷,内容包括吉林省基本省情和综合交通运输体系、公路建设和道路运输、高速公路发展、高速公路建设的地方法规制度、高速公路运营管理、高速公路建设的科技成果、高速公路文化建设、高速公路项目建设情况以及吉林高速公路建设大事记。

本书全面、系统地记述了吉林高速公路规划、建设、运营、养护等方面的历史沿革和发展历程,辩证总结了吉林高速公路建设的经验与体会,具有很强的史料价值。本书可供交通运输建设行业相关人员阅读、学习与查询参考。

图书在版编目(CIP)数据

吉林高速公路建设实录 / 吉林省交通运输厅组织编写. — 北京:人民交通出版社股份有限公司,2018.9
ISBN 978-7-114-14170-6

Ⅰ. ①吉… Ⅱ. ①吉… Ⅲ. ①高速公路—道路建设—吉林 Ⅳ. ①U412.36

中国版本图书馆 CIP 数据核字(2017)第 224698 号

"十三五"国家重点图书出版规划项目
中国高速公路建设实录

书　　名:	吉林高速公路建设实录
著 作 者:	吉林省交通运输厅
责任编辑:	刘永超　周　宇　丁　遥　尤　伟　等
责任校对:	宿秀英　孙国靖
责任印制:	张　凯
出版发行:	人民交通出版社股份有限公司
地　　址:	(100011)北京市朝阳区安定门外外馆斜街 3 号
网　　址:	http://www.ccpress.com.cn
销售电话:	(010)59757973
总 经 销:	人民交通出版社股份有限公司发行部
经　　销:	各地新华书店
印　　刷:	北京雅昌艺术印刷有限公司
开　　本:	787×1092　1/16
印　　张:	42.5
字　　数:	836 千
版　　次:	2018 年 9 月　第 1 版
印　　次:	2018 年 9 月　第 1 次印刷
书　　号:	ISBN 978-7-114-14170-6
定　　价:	320.00 元

(有印刷、装订质量问题的图书,由本公司负责调换)

《吉林高速公路建设实录》
编审委员会

顾　问：金育辉
主　任：王振才
副主任：丁海发　纪景义　张业岩　管青山　邱　鹏
　　　　　　杜志岩　朱韶星　孟　昕　毕忠德　邵新怀
委　员：王潮海　刘占新　周　建　李小刚　王兴海
　　　　　　郭传洪　宋敬兴　张枭雄　李　欣　陈东丰
　　　　　　方向阳　谢玉田　沈瑞峰　张鹏军　闫秋波
　　　　　　刘贵有　李　丹

《吉林高速公路建设实录》
编纂工作委员会

主　　任： 王潮海

副 主 任： 张宏伟　刘贵有

委　　员： 曹玉超　高洪伟　金　凯　王　磊　李　楠
　　　　　　马永辉　张　辛　张宝南　马铁伟　付　巍
　　　　　　李金龙　陈志国　王田田　张书林　焦金伟
　　　　　　刘　庆　李玉琢　梁青海　周恒军　王　飞
　　　　　　甄　梁　王志慧　高巍松　李　冰　王　琳
　　　　　　张　月　郑继光　陈晓冬　叶静辉　王金乔
　　　　　　张　欣　曹延峰　郭绪先　康佳霖　郝　盼
　　　　　　徐振东　阚世儒

高速公路,具有行车速度快、通行能力强、运输成本低、行车安全舒适等特点,是交通运输现代化的重要标志,也是区域经济发展的重要支撑。特别是对于吉林省这样一个经济欠发达的省份,高速公路建设对于拉动地方经济增长,加快推进老工业基地振兴尤为重要。

吉林省高速公路建设从20世纪80年代末开始酝酿,1994年5月长春至四平高速公路破土动工,1996年9月建成通车,实现了零的突破。经过近30年的不懈努力,全省高速公路建设取得了巨大成就,京哈、珲乌、大广、吉沈、鹤大等省际大通道及长春至长白山旅游通道基本建成,通车里程超过3100km,高速公路主骨架基本形成。

在我省高速公路发展历程中,交通运输部等国家部委给予了大力支持,黄镇东、张春贤、李盛霖、杨传堂、李小鹏等领导高度重视吉林省高速公路建设,多次来我省视察,深入高速公路建设工地检查指导工作。吉林省委、省政府始终高度重视高速公路发展,积极创造条件支持高速公路建设,为高速公路建设营造了良好的发展环境。吉林交通人以勇于担当、务实重行、爱岗敬业、无私奉献的精神,认真落实生态环保新理念,积极开展建设管理创新,努力打造优质安全工程,保证了高速公路建设的顺利推进。

本次交通运输部组织编纂《中国高速公路建设实录》,是交通行业一次重要的文化建设工程,是对全国高速公路建设管理工作的一次全面总结,对于全面提升高速公路建设和管理水平具有重要的指导意义。编写过程中,参编单位本着对历史高度负责的态度,认真收集资料,注重总结提炼,严格审核把关,真实记录了我省高速公路发展历程,充分展示了高速公路建设发展的成绩和特点,是社会公众了解交通的有效载体,也是交通人自我提升,向更高目标跃进的新基点。

三十载风雨历程,见证了高速公路发展硕果累累。回首过去,我们无比自豪;

展望未来,我们充满信心。希望广大高速公路建设者站在"十三五"新的起点上,继续加快推进高速公路建设,提升建设理念,强化科技创新,打造具有吉林特色的绿色公路和品质工程。在交通运输部等国家部委的关心支持和省委、省政府的坚强领导下,通过全体交通人的共同努力,我省高速公路建设一定会取得更大的成绩,为全面建成小康社会和东北老工业基地振兴发挥更大的作用。

吉林省副省长

2018 年 3 月

目录
Contents

第一章　基本省情和综合交通运输体系 ··· 1
　　第一节　基本省情 ··· 1
　　第二节　综合交通运输体系 ··· 21

第二章　公路建设和道路运输 ··· 40
　　第一节　公路建设 ··· 40
　　第二节　公路运输基础设施 ··· 48
　　第三节　道路运输 ··· 52

第三章　高速公路发展 ··· 60
　　第一节　高速公路发展历程 ··· 60
　　第二节　高速公路建设管理经验 ··· 76
　　第三节　高速公路促进经济社会发展 ··· 88

第四章　高速公路建设的地方法规制度 ··· 98
　　第一节　省级相关法规制度 ··· 98
　　第二节　建设市场管理相关法规制度 ··· 102
　　第三节　项目管理相关法规制度 ··· 105
　　第四节　高速公路法规体系建设特点 ··· 118

第五章　高速公路运营管理 ··· 121
　　第一节　运营管理现状 ··· 121
　　第二节　运营管理发展历程 ··· 123
　　第三节　运营管理主要成效 ··· 149

第六章　高速公路建设的科技成果 ··· 158
　　第一节　科技创新 ··· 159
　　第二节　重大科研课题 ··· 174
　　第三节　标准、专著、专利及获奖情况 ··· 209

第七章　高速公路文化建设 ………………………………………………………… 231
第一节　高速公路建设与精神文明 ……………………………………………… 231
第二节　高速公路文化特色 ……………………………………………………… 264

第八章　高速公路项目建设情况 …………………………………………………… 271
第一节　北京至哈尔滨高速公路（G1）吉林段 ………………………………… 273
第二节　铁力至科尔沁右翼中旗高速公路（G1015）吉林段 ………………… 308
第三节　鹤岗至大连高速公路（G11）吉林段 ………………………………… 317
第四节　集安至双辽高速公路（G1112）吉林段 ……………………………… 363
第五节　珲春至乌兰浩特高速公路（G12）吉林段 …………………………… 377
第六节　吉林至黑河高速公路（G1211）吉林段 ……………………………… 453
第七节　沈阳至吉林高速公路（G1212）吉林段 ……………………………… 458
第八节　长春至深圳高速公路（G25）吉林段 ………………………………… 476
第九节　长春绕城高速公路（G2501） ………………………………………… 490
第十节　大庆至广州高速公路（G45）吉林段 ………………………………… 500
第十一节　双辽至嫩江高速公路（G4512）吉林段 …………………………… 527
第十二节　长春至长白高速公路（S01） ……………………………………… 546
第十三节　营城子至东丰高速公路（S0112） ………………………………… 583
第十四节　伊通至开原高速公路（S0113）吉林段 …………………………… 591
第十五节　通化至沈阳高速公路（S1111）吉林段 …………………………… 607
第十六节　牡丹江至延吉高速公路（S1112）吉林段 ………………………… 616
第十七节　延吉（八道）至龙井高速公路（S1211） …………………………… 627
第十八节　白城至洮北高速公路（S1212） …………………………………… 634

附录　吉林高速公路建设大事记 …………………………………………………… 643

第一章
基本省情和综合交通运输体系

吉林省地处我国东北地区中部,北、西、南部分别接黑龙江省、内蒙古自治区及辽宁省,东与俄罗斯联邦接壤,东南部与朝鲜民主主义人民共和国隔江相望,区位条件及优势独特,在国家沿海、沿边开放格局中具有重要的地位。吉林省是我国重要的制造业基地、粮食基地、石化基地、旅游基地及生态涵养保护基地。吉林省遵循"四个全面"战略布局和"五位一体"总体布局,在国家改革与发展的新常态下,主动融入"一带一路"建设,积极利用国家对东北地区及老工业基地的支持政策,依靠创新驱动发展,构建东部绿色转型发展区、中部创新转型核心区、西部生态经济区发展格局,汽车、石化、农产品加工三大支柱产业振兴工程扎实推进,医药健康、装备制造、建筑、旅游四大优势产业迅速崛起,生物医药、电子信息、新能源汽车等战略性新兴产业蓬勃发展,形成了促发展、促改革、促振兴的强大动力,经济社会发展取得显著成就,为全面建成小康社会奠定了坚实基础。

围绕经济社会发展战略及产业布局,吉林省初步形成了运输方式齐全、网络较为完善、具有一定规模的综合运输网络体系,各种运输方式协同发展,有力地促进了经济社会发展。省会与市(州)间实现高速公路连接,以国省干线为基础的普通公路网覆盖城乡,为全社会生产和生活提供安全、便捷、舒适、高效、可持续的运输服务。随着吉图珲客运专线的开通及普速铁路大规模扩能改造工程的实施,全省铁路网覆盖范围及运输服务水平进一步提升,铁路营业里程在国家营业里程中位居第七位,铁路运输在综合运输发展中的地位日益重要;民航基础设施建设进度持续加快,"一主四辅"机场格局逐步形成,机场网络覆盖能力和服务能力日益增强;内河水运在促进流域经济发展、带动沿江地区产业开发等方面发挥了一定作用。总体看来,吉林省的综合交通运输体系在经济社会发展中起到了引领和带动作用,基本能够满足促进区域协调发展、带动新型城镇化建设、加强对外开发开放、支撑旅游业发展的要求。

第一节 基 本 省 情

吉林省简称"吉",位于中国东北地区的中部,地跨东经 $121°38'\sim131°19'$、北纬 $40°50'\sim46°19'$ 之间,土地面积 18.74 万 km^2,约占全国国土面积的 2%。吉林省地处边境近海,边境线总长1438.7km,其中,中朝边境线长1206km,中俄边境线长232.7km,吉林省最东端的珲春市最近处距日本海仅15km,距俄罗斯的波谢特湾仅4km。从地理位置上看,吉林省位于由中国东北地区、朝鲜、韩国、日本、蒙古和俄罗斯东西伯利亚构成的东北亚地理中心位置,在图们江地区国际合作开发中居于重要地位,具有发展东北亚区域合作的优越区位条件。

一、自然条件

(一)行政区划及人口

吉林省现辖1个副省级市、7个地级市、延边朝鲜族自治州和长白山管委会(图1-1-1)。全省有60个县(市、区),包括20个县级市,16个县,3个自治县,以及21个市辖区,省会为长春市。2016年全省总人口2733万人,城镇化率为56%。

图1-1-1 吉林省行政区划示意图

(二)气候特征

吉林省位于中纬度欧亚大陆的东侧,属于温带大陆性季风气候,四季分明,雨热同季。春季干燥风大,夏季温暖多雨,秋季凉爽宜人,冬季寒冷漫长。从东南向西北由湿润气候过渡到半湿润气候再到半干旱气候,全省降水、温度、风以及气象灾害等都有明显的季节变化和地域差异。年均气温为2~6℃,呈山地偏低、平原较高的特征。1月平均气温最低,一般在-18~-20℃。7月平均气温最高,一般在21~23℃,极端最高气温36.6℃。

全年无霜期一般为 100~160d,山区无霜期 120d,平原区无霜期可达 130~140d。全省多年平均日照时数为 2259~3016h,年平均降水量为 400~600mm,但季节、区域差异较大,其中 80% 集中在夏季,以东部降雨量最为丰沛。正常年份,光、热、水分条件可以满足作物生长需要。

(三)地形地貌

吉林省地貌形态差异明显。地势由东南向西北倾斜,呈现明显的东南高、西北低的特征。以中部大黑山为界,可分为东部山地和中西部平原两大地貌区。东部山地分为长白山中山低山区和低山丘陵区,中西部平原分为中部台地平原区和西部草甸、湖泊、湿地、沙地区。地貌地形主要有火山地貌、侵蚀剥蚀地貌、冲洪积地貌和冲积平原地貌;主要山脉有大黑山、张广才岭、吉林哈达岭、老岭、牡丹岭等;主要平原有松嫩平原、辽河平原。在总面积中,山地占 36%,平原占 30%,台地及其他占 28.2%,其余为丘陵(图 1-1-2)。

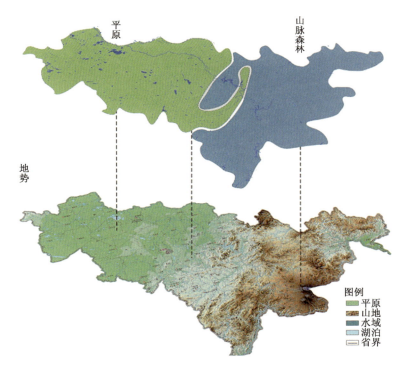

图 1-1-2　吉林省地形地貌

(四)生态区域分布

吉林省总体生态环境呈特殊的多样性和相对的整体性,而且可恢复性和保护程度较好。从生态区域分布看,由东向西自然形成东部长白山地原始森林生态区、中东部低山丘陵次生植被生态区、中部松辽平原生态区和西部草原湿地生态区(图 1-1-3)。东部长白山区林海茫茫,森林覆盖率高,森林生态系统完整,生物种类十分丰富,是吉林省乃至东北亚生态环境的重要屏障。中东部低山丘陵区森林资源丰富,生长着茂密的天然次生林和人工

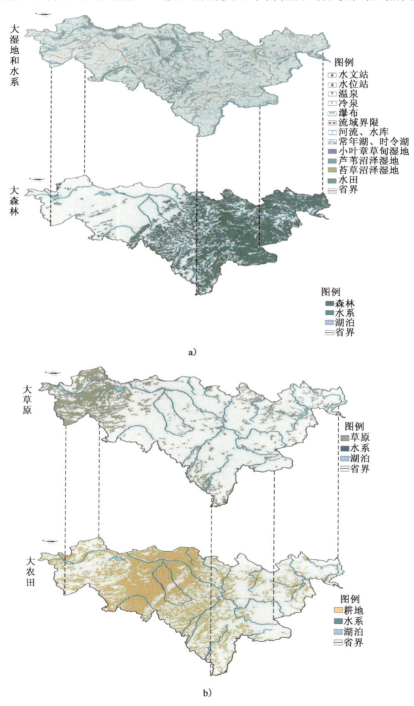

图 1-1-3 吉林省生态区域分布图

林,是"三湖"(白山湖、红石湖、松花湖)、东辽河的上游,水资源和矿产资源也很丰富。中部松辽平原沃野千里,一望无际,地势平坦,土质肥沃,农田防护林体系健全,环境承载能力较强,有着发展优质农产品生产的优越条件,素有"黄金玉米带"和"黑土地之乡"的美誉,是中国重要的商品粮生产基地。西部草原湿地是科尔沁草原的延伸带,草原辽阔,泡沼密布,湿地面积较大,地下水和过境水丰富,是生态系统从中湿润森林草原向半干旱草原和沙漠过渡的地带,也是候鸟迁徙的重要通道和丹顶鹤的故乡。

(五)资源状况

1. 土地资源

吉林省地处世界闻名的黑土带,土壤表层有机质含量为3%~6%,高者达15%以上。全省耕地面积703万hm^2,约占全省土地总面积的37%,耕地总量位居全国第5位。黑土面积约110万hm^2,黑土耕地约83.2万hm^2,占全省耕地面积的15.6%,黑土区粮食产量占全省一半以上。与全国相比较,吉林省土地总面积约占全国的2%,耕地占全国的4.4%左右,基本农田占全国的4.4%左右。基本农田保护率86.9%,与主要产粮省基本一致。人均耕地3.05亩❶,是全国平均水平的2倍多,与世界平均水平大致相当。

2. 森林资源

吉林省森林资源丰富,是全国重点林业省份之一。全省林业用地总面积937.6万hm^2,有林地面积822.1万hm^2,现有活立木总蓄量9.9亿m^3,森林覆盖率44.2%。建有省级以上森林公园57个,其中国家级森林公园35个,省级22个,面积223.98万hm^2。长白山区素有"长白林海"之称,是中国六大林区之一,林木种类繁多,有红松、柞树、水曲柳、黄菠萝等。"长白松"为长白山特有的珍稀树种,因其树干挺拔、树皮鲜艳、树形娇美而被称作"美人松",并列入1999年国务院公布的《国家重点保护野生植物名录》。

3. 矿产资源

吉林省矿产资源比较丰富,油页岩、硅灰石、火山渣等矿产储量居全国首位,镍、镁、钼、硅藻土、膨润土、陶粒页岩、矿泉水等是吉林省优势矿产资源,开发潜力巨大。吉林省东部长白山区位于辽东—吉南成矿带核心区,是全国16个重点成矿区带之一。该区蕴藏着丰富的矿产资源,也是矿泉水资源集中的区域,储量极其丰富,被誉为与阿尔卑斯山和北高加索地区齐名的世界三大矿泉水富集地之一。吉林省现已发现矿产158种,占全国237种矿种的66.6%,其中具有查明资源储量的矿产115种(含亚矿种)。中西部松辽盆地被确定为国家11个主要含油气盆地之一。

---

❶ 1亩=666.67m^2。全书同。

4. 水资源

吉林省是河源省份,位于东北地区主要江河的上、中游地带。长白山天池周围火山锥体是松花江、鸭绿江、图们江三江的发源地,素有"三江源"的美誉。全省河流和湖泊水面26.55万 hm²。省内流域面积在20km²以上的大小河流有1648条,分别属于松花江、辽河、鸭绿江、图们江、绥芬河五大水系。全省水面在100亩以上的湖泊共1397处,主要有火口湖、河成湖和内陆湖三种。东部山区河网密度大、地表径流量大,地下水则东部山区少,西部平原区丰富。水能资源98%分布在东部山区。

5. 草地资源

吉林省是中国八大牧区之一。全省草地总面积69万 hm²,约占全省土地面积的3.7%,其中可利用面积约占全省草地面积的70%以上,主要分布在东部山区丘陵和西部草原。东部草地零散、产草量高;西部草场辽阔,集中连片,草质好,尤以盛产羊草驰名中外,是适宜发展畜牧业的重要地区。近年来,吉林省在西部13个县(市、区)进行生态草保护建设,加强草原生态保护,减轻草原承载压力,草原植被得到明显恢复。

6. 野生动植物资源

吉林省有发育良好多样的生物种群(图1-1-4)。东部长白山是东北虎、东北豹的栖

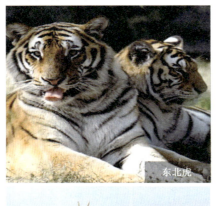
东北虎

豹

丹顶鹤

梅花鹿

图1-1-4 吉林省野生动物资源

息地,西部草原湿地是重要候鸟栖息地。已查明有陆生野生动物445种,约占中国野生动物种类数量的17.6%,其中鸟类占全国种类数量的30.36%。吉林东北虎、豹、梅花鹿、东方白鹳、丹顶鹤、白鹤、大鸨等一批国家Ⅰ级保护野生动物在国际濒危物种的拯救与保护中具有极为重要的地位。东北虎作为国家Ⅰ级保护野生动物,在全世界仅存450余只,在吉林省长白山林区分布11~13只;白鹤在全世界仅存4000余只,在吉林分布3800余只。吉林省珲春市被中国野生动物保护协会授予"中国东北虎之乡"称号。

吉林省有野生植物3890种,占全国植物种类的13%(图1-1-5)。列入《国家重点保护野生植物名录(第一批)》的有16种,其中国家Ⅰ级重点保护野生植物3种、国家Ⅱ级重点保护野生植物13种。野生食用植物有蕨菜、薇菜、刺嫩芽、松茸、黑木耳、猴头以及山葡萄、山核桃等。东部长白山区野生药用植物资源丰富,被誉为中国三大天然药材宝库之一。

图1-1-5 吉林省野生植物资源

7. 湿地资源

吉林省是全国湿地类型较多的省份之一。全省湿地面积172.8万 hm^2,占总面积的9.2%,其中天然湿地102.5万 hm^2,占全省湿地总面积的59.3%。湿地主要分布在白城、松原地区,面积78.5万 hm^2,占全省湿地总面积的45.4%,其中天然湿地面积57.7万 hm^2,占全省天然湿地总面积的56.2%。全省共有国家重要湿地8块,其中向海湿地和莫莫格湿地已晋升为国际重要湿地。

8. 旅游资源

吉林省旅游资源类型丰富（图1-1-6），差异化强，旅游资源空间分布呈现以长春为中心，东部多、西部少的特征。吉林省生态旅游资源品位极高，是国务院首批生态建设试点

图1-1-6 吉林省多样的旅游资源

省,生态环境在全国处于领先地位;冰雪旅游资源品质极佳,拥有优越的冰雪观光和冰雪运动条件;文化旅游资源特色鲜明,民俗文化与历史遗产具有突出的价值与魅力;边境旅游个性突出、组合俱佳,具有较强的神秘性与旅游吸引力。长白山景区、敦化市六鼎山文化旅游区、长春净月潭国家森林公园、长春伪满皇宫博物馆、长春市长影世纪城为AAAAA级景区。

二、经济发展

(一)经济增长

改革开放特别是中央实施振兴东北地区等老工业基地战略以来,吉林省紧紧抓住重大历史机遇,全力实施国企改革攻坚、投资拉动、对外开放、扩权强县、民营经济腾飞和服务业跨越发展等重点工作,全省经济加快发展,总量不断扩大,综合实力显著增强,社会全面进步,民生明显改善,昔日老工业基地焕发勃勃生机与活力。2004年以来,全省生产总值连续跃上3000亿元、4000亿元、5000亿元、6000亿元、7000亿元、8000亿元台阶,2011年跃上10000亿元台阶,实现历史性跨越(图1-1-7)。2016年全省生产总值14886亿元,按可比价格计算,比2015年增长6.9%。按常住人口计算,全省人均生产总值达到54468元。三次产业的结构比例为10.1∶48.0∶41.9,对经济增长的贡献率分别为6.3%、43.8%和49.9%。吉林省主要经济指标统计见表1-1-1。

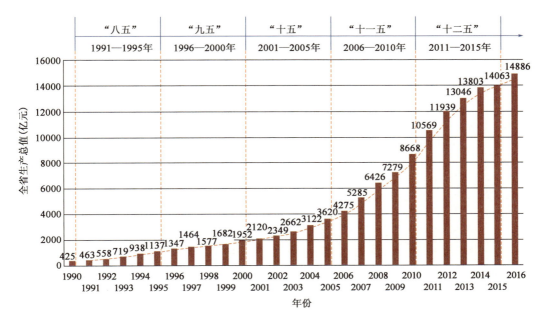

图1-1-7 吉林省历年全省生产总值

吉林省主要经济指标统计表

表 1-1-1

年份	总人口（万人）	全省生产总值（亿元）	三次产业（亿元）			人均生产总值（元）
			第一产业	第二产业	第三产业	
1990	2440	425	125	182	118	1742
1995	2551	1205	304	475	358	4724
2000	2627	1952	399	769	784	7431
2005	2669	3620	626	1581	1414	13563
2010	2724	8668	1050	4506	3111	31821
2015	2713	14063	1596	7006	5461	51836
2016	2733	14886	1499	7147	6241	54468

注：1. 表中产值数据均为当年价。
  2. 数据来源于《吉林省统计年鉴》，其中，2016 年数据来源于《2016 年吉林省统计公报》。

（二）人民生活

省委、省政府坚持把扶贫开发工作摆在更加突出的位置，切实保障和改善人民群众生活，全省就业人数平稳增加，城市基础设施建设加快发展，社会保障覆盖面继续扩大，保障水平不断提高。2016 年，吉林省城镇常住居民人均可支配收入达到 26530 元，农村常住居民人均可支配收入达到 12123 元，分别为 1990 年的 22 倍和 17 倍（图 1-1-8）。城镇居民家庭和农村居民家庭恩格尔系数分别为 26.0% 和 28.6%，与 1990 年相比，分别下降了 50%。吉林省人民生活水平主要指标见表 1-1-2。

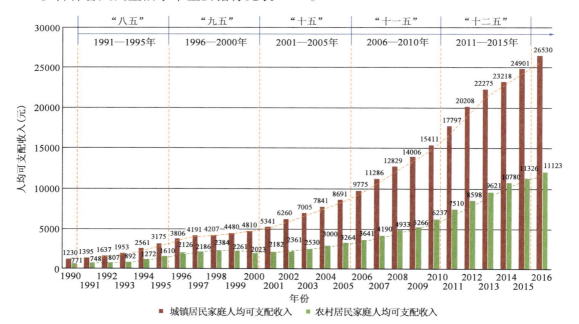

图 1-1-8 吉林省历年城镇和农村居民人均可支配收入

第一章 基本省情和综合交通运输体系

反映人民生活水平的主要指标　　　　　　　　　　　表 1-1-2

年份	城镇居民人均可支配收入(元)	农村居民人均可支配收入(元)	城镇居民家庭恩格尔系数(%)	农村居民家庭恩格尔系数(%)
1990	1230	717	52	57
1995	3175	1610	51	56
2000	4810	2023	39	45
2005	8691	3264	35	44
2010	15411	6237	32	37
2015	24901	11326	26	29
2016	26530	12123	26	29

（三）对外贸易

吉林省主动融入"一带一路"建设，深入实施开放带动，坚持"引进来"与"走出去"，统筹沿边开放与内陆开放，对内开放与对外合作，大力发展外贸型经济，推进互联互通，构建全方位互动开放格局，积极实施长吉图向东开放和面向环渤海向南开放双翼并进，长吉图区域基础设施建设取得显著成效，对外通道取得突破性进展。珲春—扎鲁比诺—釜山陆海联运航线正式开通，"长满欧"国际货运班列正式启动，口岸通关便利化不断提高。吉林省已经与 155 个国家和地区建立了官方交往和经贸合作关系，同 24 个国家的 52 个省(州)、市建立了国际友好关系。2007 年，外贸进出口总额首次突破 100 亿美元大关，实现历史性突破。2016 年，全省外贸进出口累计完成 1216.9 亿元，其中出口 277.4 亿元，进口 939.5 亿元(图 1-1-9)。吉林省进出口额统计情况见表 1-1-3。

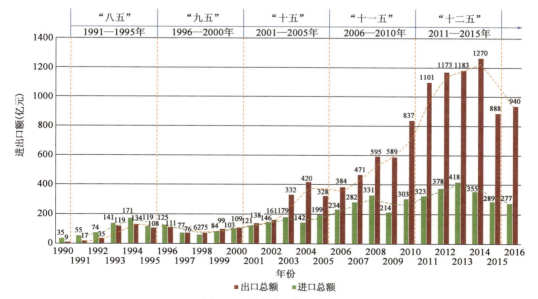

图 1-1-9　吉林省历年进出口总额

吉林省进出口额统计　　　　　　　　　　　表1-1-3

年　份	进出口总额（亿元）	出口总额（亿元）	进口总额（亿元）
1990	45.0	35.5	9.5
1995	226.7	118.5	108.2
2000	211.4	102.8	108.6
2005	526.9	199.1	327.8
2010	1140.4	303.0	837.4
2015	1176.1	288.6	887.5
2016	1216.9	277.4	939.5

（四）旅游发展

吉林省的旅游产业初具规模，景区建设逐步完善，截至2016年上半年，全省已建成国家A级及以上旅游景区246家，与2010年相比，增加了123家，数量翻一番。其中，AAAAA级旅游景区5家，AAAA级旅游景区64家。2016年，入境旅游人数达161.9万人次，是2000年的7.3倍，年均增长13.2%（图1-1-10）；国内旅游人次16417万人次，是2000年的9.1倍，年均增长14.8%；旅游外汇收入7.9亿美元，是2000年的13.2倍，年均增长17.5%。2016年全省旅游总收入相当于全省生产总值的19.5%，旅游业在吉林省国民经济结构中的重要性越发增强，对国民经济的拉动作用越来越大。吉林省旅游事业发展情况见表1-1-4，旅游发展空间格局见图1-1-11。

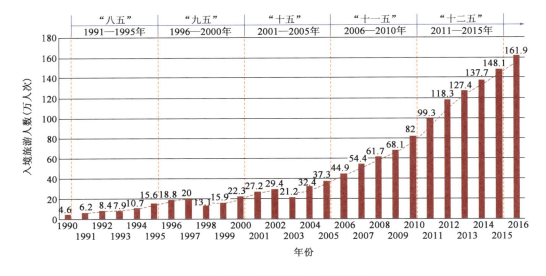

图1-1-10　吉林省历年入境旅游人数

第一章
基本省情和综合交通运输体系

旅游事业发展情况 表 1-1-4

年份	入境旅游人数（万人次）	国际旅游外汇收入（亿美元）	国内旅游人次（万人次）	国内旅游收入（亿元）	国内旅游人均花费（元）
1990	4.6	0.1		0.4	
1995	15.6	0.4		0.0	
2000	22.3	0.6	1809	51.9	287.1
2005	37.3	1.2	2851	219.3	769.4
2010	82.0	3.0	6409	712.4	1111.6
2015	148.1	7.2	13983	2220.7	1588.2
2016	161.9	7.9	16417	2845.9	1733.5

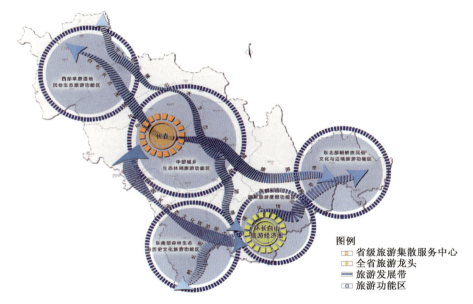

图 1-1-11　吉林省旅游发展空间格局示意图

（五）工业发展

吉林省是中国重要的工业基地。改革开放以来，全省工业结构不断优化，主导产业迅速壮大，传统产业改造升级迈出重大步伐，工业化水平大幅提高。现已形成汽车、石化、农产品加工三大支柱产业和医药健康、装备制造、建筑、旅游四大优势产业，生物医药、电子信息、新能源汽车等战略性新兴产业多元支撑、多业并举的新型工业体系。2016年，规模以上工业增加值6134.0亿元，比2015年增长6.3%。其中，轻工业实现增加值1966.6亿元，同比增长9.2%；重工业实现增加值4167.4亿元，同比下降4.9%。

吉林省三大支柱产业的基本情况如下。

汽车产业：吉林省汽车生产在全国占有重要地位，中国第一汽车集团公司（原长春第一汽车制造厂）（图 1-1-12），是新中国汽车工业的摇篮，世界 500 强之一。现已形成重、中、轻、轿等系列产品的研发和生产能力，拥有解放、红旗、奔腾、夏利等自主品牌和大众、奥迪、丰田、马自达等合资合作品牌。新能源轿车、客车批量生产并投入示范运营。2016 年，全省汽车制造产业增加值 1644.5 亿元，比 2015 年增长 10%；全省汽车产量达到 260.7 万辆，增长 15.9%，其中轿车产量达 182.9 万辆。"十三五"期间，吉林省全面实施支柱优势产业跃升计划，以一汽为核心，构建整车研发制造、零部件配套和服务体系，打造世界级汽车产业基地。

图 1-1-12　中国第一汽车集团公司

石化产业：吉林省着力打造"千亿元产业基地"，推进原料结构性调整，加快油页岩综合开发利用，建设吉林、松原化学工业循环经济园区，提高终端产品附加值。中国石油吉林石化公司是中国最大的 ABS 生产基地，也是中国重要的聚乙烯、乙二醇、乙丙橡胶、有机硅及苯类产品的主导生产商之一。吉林石化现已建设成为原油加工能力 1000 万 t，乙烯生产能力 85 万 t，主体装置 60 套，总资产 317 亿元的特大型炼化一体化工集团。2016 年，石油化工产业增加值 635.8 亿元。

农产品加工：全省玉米深加工能力达到 1490 万 t，居全国第 2 位。依托玉米、水稻、大豆、肉猪、肉牛、禽蛋、参茸（中药材）、林特产品等主要原料资源，已形成粮食加工、畜禽加工、林特产品加工三大主导产业。面向农业发展新时期，吉林省全面加快推进率先实现农业现代化建设步伐，努力实现农业现代化。

吉林省医药健康、装备制造、建筑、旅游四大优势产业情况如下。

医药健康产业：吉林省是国家重要的医药研发、生产和出口基地，生物医药产业优势突出。全省医药健康产业突出科技创新的支撑引领作用，着力加速产业结构调整与产业升级，重点推进以基地建设为载体的产业集聚，积极构建以通化国家医药高新区和长春国家生物技术产业基地"一区一基地"为双核心,以梅河口等6个医药高新技术特色产业基地及通化县等12个基地县为补充的全省医药健康产业发展大格局。全省医药工业总量居全国第5位,全省现有医药生产企业数量居全国第6位,拥有医药领域各类上市企业16家。2016年,全省规模以上医药健康工业(不包括中药农业、医药流通业和医药健康服务业)实现总产值2254亿元、销售收入2010亿元。

装备制造业: 2016年,吉林省装备制造业实现利润153亿元,比2015年增长9.3%。其中,轨道客车产业在全国居重要位置。中车长春轨道客车股份有限公司(简称"长客")(图1-1-13)生产的铁路客车和城轨车辆产量分别占全国营运车辆的44%和50%以上,产品先后出口到全球30多个国家和地区。长客是目前国内和世界上生产规模最大、装备水平最高、研发能力最强的高速车、城铁车和转向架的研发、制造和出口基地,现已形成年产1500辆动车组、2000辆城铁车、500辆普通铁路客车的生产能力,2016年完成产值360亿元,实现净利润14亿元。

图1-1-13　长客股份有限公司

建筑业: 吉林省着力提高建筑业核心竞争力和可持续发展能力,努力实现行业发展方式由传统建筑产业向现代建筑产业转变,政府管理模式由行业管理向扶持企业发展转变,企业经营战略由单一经营向多业并举、多元化发展转变,促进全省经济社会持续健康发展。2016年,全省建筑业实现增加值961亿元,比2015年增长5.1%。预计到2020年,吉林省建筑业完成产值6000亿元,年增速保持15%以上;全省建筑业从业人员达到150万人,年平均新增就业人员8万人。

旅游业: 全面建成小康社会和新一轮东北振兴政策实施以来,吉林省经济社会全面发展,城乡居民收入稳步增长。以休闲化、大众化和社会化为特征的旅游方式逐渐成为人们的一种生活方式。随着"一带一路"倡议的深入推进,长吉图开发开放先导区、长春新区全面建设、关于全面振兴东北地区等老工业基地的若干意见等重大政策交汇叠加,吉林省旅游业面临前所未有的良好发展机遇。"十二五"末期,全省实现接待游客人数和旅游总收入增长分别高于全国平均增速7%和10%,旅游业成为吉林省经济新的增长亮点和重要产业之一。

(六)农业发展

吉林省地处享誉世界的"黄金玉米带",是著名的"黑土地之乡",农业生产条件得天独厚。吉林省是中国重要的商品粮生产基地(图1-1-14)。吉林省认真落实习近平总书记关于"率先实现农业现代化,争当现代农业建设排头兵"的重要指示精神,整体规划、分步推进农业现代化。完善农业基础设施,启动全国粮食生产全程机械化整体推进示范省建设,提升"吉林大米"品牌影响力,实现农产品加工业、畜牧业、园艺特产业较快发展。吉林省加快建设现代农业"三个体系"(产业体系、生产体系、经营体系),全省农业机械化综合作业率达到80%。2016年,全省实现农林牧渔业增加值1549亿元,粮食作物播种面积502万hm²,粮食总产达到743亿斤❶,连续4年超过700亿斤,粮食单产继续保持全国首位。

图1-1-14 商品粮生产基地

三、城镇体系

吉林省城镇化建设取得积极进展,城镇人口不断增加,城镇化率由2000年的49.7%提高到2016年的55.97%。城镇化水平和质量稳步提高,新的城镇化格局初步

---

❶ 1斤=500g。全书同。

形成。伴随着全省特色城镇化的推进,以长吉一体化、区域中心城市和重要节点城市、县城、特色小城镇四个层面组成的城镇化体系框架日趋完善,初步形成了"一群三组团"(中部城市群、长白山东南部城镇组团、图们江区域城镇组团、西部城镇组团)的城镇体系框架。

按照吉林省新型城镇化规划,全省将深入实施长吉图开发开放先导区战略,以人的城镇化为核心,以提高城镇化质量为重点,实施"强化中部、构筑支点、区域联动"空间策略,更加注重中部地区的集聚和带动作用,构建"一群三组团、两轴一环"城镇化形态格局,到2020年,城市规模结构更加完善,长春和吉林两个大城市率先实现集聚升级,辐射带动作用更加突出,成为哈长城市群核心增长极,50万～100万人口城市将达到6个,20万～50万人口城市达到10个,重点小城镇建设取得明显成效,常住人口城镇化率达到60%左右。

(一)总体布局

根据区域城镇化发展导向,构建以"一群三组团"为主体、以"两轴一环"城镇轴带为骨架、以节点城市为支撑、以重点小城镇为补充、以便捷高效基础设施为纽带的吉林省新型城镇化形态格局。

1. 构建中部城市群

依托城市空间分布和发展基础,逐步构建以长吉大都市区为核心,以四平市、辽源市、松原市为支点的吉林中部城市群,与哈尔滨等城市互动发展,成为培育哈长城市群的核心支撑。加快建设长吉大都市区,推进四平、松原、辽源三个区域中心城市提质扩容,全面增强综合承载能力。

2. 打造三个城镇组团

根据东西区域城市布局和发展基础,打造以延(吉)龙(井)图(们)组合城市为核心的图们江区域城镇组团,以通化市和白山市双核构成的通白城镇组团,以白城为核心的西部城镇组团。图们江城市组团:深入实施长吉图开发开放先导区战略,构建以延龙图组合城市为核心,以珲春市为窗口,以敦化、和龙、安图、汪清为支点的图们江区域国际化城镇组团。通白城镇组团:通化市实施城港经济带建设,推进通(化)快(大茂)一体化,白山市推进浑江区和江源区对进式发展,打造吉林省东南部协同发展的两个核心城市。西部城镇组团:推进白(城)洮(南)一体化,加快建设白城生态新城,构建吉林省西部核心城市,打造丝绸之路经济带中蒙俄经济走廊的重要支撑区。

3. 推进形成两轴一环城镇发展轴带

立足发展基础和发展趋势,构建哈大、珲乌两条城镇发展主轴,按照整合资源、创新模式、彰显特色和联动发展要求,打造长春—长白山特色经济文化旅游环线城镇带。

(二)城镇体系发展

1. 发展壮大重要节点城市

按照强化中部、构筑支点、区域联动空间发展策略,立足区位优势和发展需求,按照中等城市规模谋篇布局公主岭、九台、梅河口、敦化、珲春、抚松、双辽、扶余、大安9个重要节点城市,推进城市提质、扩容、升级,增强集聚、承载、连接能力,构建吉林省新型城镇化发展战略支点,促进全省面向东北亚区域的开放发展,加强与辽宁沈阳经济区和沿海经济带的合作发展,培育壮大哈长城市群,推动中部城市群和城镇组团联动发展。

2. 积极发展重点城镇

把握国家支持中小城市发展政策机遇,加快推进舒兰、榆树等哈长城市群节点城市发展,强化县城镇的县域经济中心、服务农村和连接纽带作用,加快推进农安县农安镇、通榆县开通镇、辉南县朝阳镇、汪清县汪清镇等县城镇发展成为小城市,逐步推进区位条件优越、人口规模较大、产业支撑较强的县城镇发展成为小城市。按照突出重点、提高质量、注重规模、体现特色的要求,积极发展100个左右城市卫星型、工业主导型、生态旅游型、历史文化型、商贸流通型、产业特色型、交通枢纽型、边境合作型小城镇,逐步构建城市郊区的新市镇,打造具有地域、文化、生态、民族风貌的特色镇,促进农村人口就地城镇化。

四、产业布局

吉林省推进东部绿色转型发展区、中部创新转型核心区、西部生态经济区"三大板块"建设(图1-1-15),推进汽车、石化、农产品加工三大支柱产业振兴工程,医药健康、装备制造、建筑、旅游四大优势产业迅速崛起,生物医药、电子信息、新能源汽车等战略性新兴产业蓬勃发展,多元支撑、多业并举产业发展格局初步形成。

(一)东部绿色转型发展区

东部地区包括通化市(不包含梅河口)、长白山管委会、白山市、延边州、吉林市的桦甸市和磐石市全境,共22个县(市、区)。定位为:全国绿色转型发展的示范区、全国内陆沿边沿海互动开放的先行区、全国兴边固防富民的样板区、东北新一轮振兴的战略支撑区。一是构建绿色产业体系,按照绿色、循环、低碳发展要求,调整优化产业结构,发展"乡土气息"的特色农业,加快推进传统产业转型升级,大力培育绿色新型工业,加快发展现代服务业,打造东部地区绿色生态产业体系;二是构建生态旅游产业体系,构建环长白山生态旅游经济圈,培育沿江旅游风光带,推进跨境旅游区建设。

图 1-1-15 吉林省东中西三大建设板块示意图

（二）中部创新转型核心区

中部地区包括长春市（不包括农安）、吉林市（不包括磐石、桦甸）、四平市（不包括双辽）、辽源市全境和通化的梅河口市，共 26 个县（市、区）。中部地区区位优势明显，产业基础雄厚，创新资源丰富，基础设施较为完善，城镇体系布局合理。定位为：新一轮老工业基地振兴引领区、全省创新驱动发展的带动区、参与东北亚开放合作竞争的核心区、东北转型升级示范区。

推动制造业向高端智能绿色转型，服务业向现代集聚协同转型，将中部打造成为集约化、集群化、品牌化、高端化的产业发展高地。提升制造业竞争力；实施汽车、石化、农产品加工三大支柱产业振兴工程；实施装备制造、医药健康、建筑、旅游四个优势产业发展工程；实施新兴产业培育工程；实施服务业提升工程；构建农业现代化高地。

（三）西部生态经济区

西部地区包括白城市、松原市全境，长春市的农安县，四平市的双辽市，共 12 个县（市、区）。定位为：全国草原湿地生态修复试验区、全国高值高效生态农业示范区、全国重要的新能源开发利用示范区、长吉图西进的重要支撑区。按照生态与经济协调发展的要求，充分发挥西部地区的生态和资源优势，推动产业结构优化升级，形成以高值高效生态农业为基础、新型工业为重点、现代服务业为支撑的高效生态产业体系。在西部生态经济区发展高值高效生态农业，打造绿色新型工业基地，培育现代服务业。

五、发展战略

党的十八大以来，党中央从坚持和发展中国特色社会主义的全局出发，提出并形成了全面建成小康社会、全面深化改革、全面依法治国、全面从严治党的重大战略布局。吉林省结合实际,把全面振兴发展作为全面建成小康社会在吉林的有效载体和生动实践,把全面深化改革作为动力源泉,把全面依法治省作为有力支撑。落实创新、协调、绿色、开放、共享的发展理念,深入实施发挥"五个优势",推进"五项举措",加快"五大发展"战略,提高发展质量和效益,形成平衡发展结构,改善生态环境,实现合作共赢,增进人民福祉。"十三五"期间,吉林省的发展战略如下:

发挥老工业基地振兴优势,推进体制机制转型和产业结构优化升级,加快创新发展。充分发挥工业门类齐全、产业基础雄厚、技术工人队伍庞大、振兴政策密集的优势,坚持体制机制创新和科技创新双轮驱动,带动全方位的创新,增强发展的内在活力、内生动力,推动产业结构优化升级,促进老工业基地振兴优势转化为竞争优势,实现全省经济在创新中转型、在转型中提质、在提质中增效。

发挥国家重要商品粮基地优势,推进农业现代化和新型城镇化,加快协调发展。统筹城镇空间、农业空间、生态空间国土开发,实现合理布局。统筹东部绿色转型发展区、中部创新转型核心区、西部生态经济区建设,形成既各具特色、又良性互动的区域发展新格局。统筹农业现代化和新型城镇化,充分发挥自然条件好、特色资源丰富、人均耕地多、技术基础扎实的优势,加快农业规模化、机械化、标准化建设,促进农业产量优势和品质优势转化为效益优势,推动城乡均衡发展。

发挥生态资源优势,推进生态文明建设,加强生态环境保护和资源利用转化,加快绿色发展。充分发挥长白山森林覆被质量高、松花江流域水资源富集、西部湖泊湿地密布和自然保护区众多的优势,加快构建生态文明制度体系和循环低碳产业体系,加强生态环境保护,倡导绿色消费,做大做强生态绿色产业,促进生态资源优势转化为发展优势,让良好的生态环境成为人民生活质量的增长点、展现吉林良好形象的发力点、转变发展方式的支撑点。

发挥沿边近海优势,推进长吉图战略,融入"一带一路"建设,加快开放发展。充分发挥"一带一路"政策优势、图们江开发合作机制优势和中国—东北亚博览会、综合保税区等平台优势,统筹推进沿边开放与内陆开放、对外开放与对内合作联动发展,深入实施长吉图开发开放与融入环渤海双翼共进,加快推动"借港出海",促进沿边近海优势转化为开放优势,进一步拓展振兴发展空间。

发挥科教、人才、人文优势,推进高教强省、人才兴省、文化强省和法治吉林建设,加强社会治理创新,着力保障改善民生,排除各类风险隐患,加快共享发展。充分发挥人力资源丰富、科教实力较强、文化底蕴深厚的优势,推动社会治理体系和治理能力现代化,不断夯实共享发展的文化基础、社会基础、法治基础、安全基础,促进科教人才人文优势转化为发展软实力,切实增加民生福祉,增强发展动力,增进人民团结,朝着共同富裕方向稳步前进。

第二节 综合交通运输体系

一、综合交通运输发展现状

全省综合交通运输体系大格局初步形成。公路方面,路网规模快速增长,等级结构逐步优化,公路运输服务状况持续改善,基本形成了"三纵两射一横"的高速公路主骨架;铁路方面,基本形成了由哈尔滨至大连、长春至吉林、吉林至图们至珲春3条客运专线构成的"T"形快速铁路网,以及由北京至哈尔滨铁路、通辽至让胡路铁路、沈阳至吉林铁路、东北东部铁路通道等普通干线铁路构成的"五纵两横"的普速铁路骨架网;航空方面,形成了"一主四辅"民用运输机场体系,对外联系的空中通道日益完善,航线航班数量大幅提升,通航城市显著增加,旅客吞吐量迅速增长;水运方面,全省5条通航河流通航总里程1621km,覆盖了鸭绿江、图们江、松花江、嫩江等主要河流。

(一)基础设施

1. 公路

2016年,吉林省公路网总里程达到10.25万km,在全国排第24位,公路网密度为54.7km/km^2,在全国排第14位。全省二级及以上公路里程为1.46万km,占全省公路总里程的14.3%。公路中有铺装路面里程为8.4万km,占公路网总里程的81.7%,其中沥青路面占20.2%,水泥路面占61.5%;未铺装路面里程1.88万km,占公路网总里程的18.3%(表1-2-1)。

至2016年底,基本形成了"三纵二射一横"的高速公路主骨架,高速公路通车总里程达到3113km,占总里程的3.0%。普通国、省道发展迅速,基本形成了以长春为中心,覆盖全省各县市、主要经济区、重要口岸设施的普通干线公路网络,普通国、省道总里程达11391km。其中,普通国道网由1条首都放射线、8条北南纵线、5条东西横线、3条联络线共17条线路组成,里程为7223km,占公路总里程的7.0%,主要承担省际间、区域间、市(州)际间以及重要县际间的长距离运输任务,全面连接县级及以上行政区、交通枢纽、边境口岸和国防设施。普通省道由2条省会放射线、12条北南纵线、5条东西横线和1条省会环线、19条联络线共39条路线组成,里程为4173km,占公路总里程的4.1%,承担区域间、市(州)际间以及重要县际间的中长距离运输任务,通达重要乡镇,连接重要产业园区及主要旅游景点。全省农村公路(县、乡、村道)里程为86385km,占总里程的84.3%,专用公路里程为1591km,占总里程的1.6%。

2016年吉林省公路网总体情况 表1-2-1

类　　别		里程(km)	所占比重(%)
公路总里程		102484	100
行政等级	国道(含国家高速公路)	9771	9.5
	省道(含省级高速公路)	4737	4.6
	县道	10712	10.5
	乡道	28175	27.5
	村道	47498	46.3
	专用公路	1591	1.6
技术等级	高速公路	3113	3.0
	一级公路	2081	2.0
	二级公路	9432	9.2
	三级公路	9107	8.9
	四级公路	73425	71.6
	等外公路	5326	5.2
路面情况	沥青路面	20631	20.2
	水泥路面	63052	61.5
	未铺装路面	18801	18.3

2.铁路

目前,全省铁路主骨架基本形成,形成了由哈大、长吉、吉图珲3条客运专线构成的"T"形快速铁路网,以及由京哈铁路、通让铁路、沈吉铁路、长图铁路、长白铁路、平齐铁路、四梅铁路、梅集铁路、东北东部铁路通道(以下简称"东边道")等普通干线铁路构成的"五纵两横"的普速铁路骨架网。截至2016年底,全省铁路营业里程4877km,铁路网密度达到2.6km/100km^2,是全国平均水平的1.99倍。其中,高速铁路营业里程739km,占全省铁路营业里程的15.2%。目前,除长岭县和长白朝鲜族自治县外,全省37个县(市)有铁路线路覆盖,覆盖率为95%;高速铁路覆盖的县市12个,县市覆盖率为31%。吉林省铁路客运专线情况见表1-2-2,吉林省普通铁路骨架网现状基本情况见表1-2-3。

吉林省铁路客运专线情况 表1-2-2

线　路	铁路等级	正线数目	设计速度(km/h)	牵引种类	闭塞方式
哈大客专	客运专线	双线	300	电力	自动
长吉客专	客运专线	双线	200	电力	自动
吉图珲客专	客运专线	双线	250	电力	自动

第一章 基本省情和综合交通运输体系

吉林省普通铁路骨架网现状基本情况 表1-2-3

布局	线路	营业里程/境内里程(km)	铁路等级	正线数目	牵引种类	闭塞方式	能力利用率(%)
纵一	平齐铁路	571/352.3	国铁Ⅰ级	单、双	内燃	半自动	90
纵二	通让铁路	421/167.6	国铁Ⅰ级	单线	内燃	半自动	81.5
纵三	京哈铁路	1257/585.5	国铁Ⅰ级	双线	电力	自动	100
纵四	拉滨铁路	256/116.1	国铁Ⅱ级	单线	内燃	半自动	19
纵四	吉舒铁路	85.6	国铁Ⅱ级	单线	内燃	半自动	64.7
纵四	沈吉铁路	440.2/262.2	国铁Ⅰ级	单、双	内燃	半自动	100
纵五	图佳铁路	580/135.5	国铁Ⅱ级	单、双	内燃	半自动	100
纵五	和龙铁路	50.5	国铁Ⅲ级	单线	内燃	半自动	67
纵五	浑白铁路	217.5/217.5	国铁Ⅱ级	单线	内燃	半自动	67
纵五	白和铁路	103	国铁Ⅱ级	单线	内燃	半自动	35.3
纵五	通灌铁路	179.5/61	国铁Ⅰ级	单线	内燃	半自动	17.1
纵五	朝开铁路	58.2	国铁Ⅲ级	单线	内燃	半自动	30.9
纵五	鸭大铁路	112	国铁Ⅱ级	单线	内燃	半自动	71.5
横一	长白铁路	333	国铁Ⅱ级	单线	内燃	半自动	98.8
横一	长图铁路	529	国铁Ⅱ级	单、双	内燃	半自动	100
横一	图珲铁路	81	地铁Ⅰ级	单线	内燃	半自动	98.8
横一	白阿铁路	356/48.6	国铁Ⅲ级	单线	内燃	半自动	65.6
横二	大郑铁路	370/13.7	国铁Ⅱ级	单线	内燃	半自动	100
横二	四梅铁路	160.8/142.7	国铁Ⅱ级	单线	内燃	半自动	81.4
横二	梅集铁路	251.4/251.4	国铁Ⅱ级	单线	内燃	半自动	100

3.航空

吉林省的民航事业不断发展,民航的地位与作用不断提升,在吉林省经济发展中发挥了重要作用。航空形成了"一主四辅"民用运输机场体系,分别是长春龙嘉国际机场、延吉朝阳川机场、白山长白山机场、通化三源浦机场、白城长安机场5个民用运输机场(图1-2-1),2016年执行航线152条,通航城市73个,航线基本覆盖全国省会城市和副省级以上城市。全省现有4个通用机场,分别为大青山通用机场、敦化通用机场、二道白河通用机场、榆树通用机场。吉林省运输机场情况见表1-2-4。

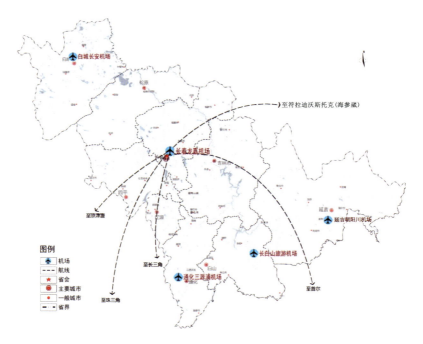

图 1-2-1　吉林省运输机场布局示意图

吉林省运输机场情况　　　　　　　　　　　　　　　　表 1-2-4

序号	名　　称	所在地级市	机场分类/飞行区等级指标
1	长春龙嘉国际机场	长春市	区域枢纽机场/4E
2	延吉朝阳川机场	延边朝鲜族自治州	军民合用,民航支线机场/4C
3	白山长白山机场	白山市	支线机场/4D
4	通化三源浦机场	通化市	军民合用,民航支线机场/4C
5	白城长安机场	白城市	民用支线机场/4C

4.水运

目前吉林省共有通航河流5条,航道总里程1621km,位居全国第17位,其中,鸭绿江、图们江为中朝界河,航道里程477km;松花江、嫩江、第二松花江航道里程1144km。通航河流中,航道等级及通航保证率低,其中三级航道129km,仅占7.9%;其余航道基本处于自然状态,还有七级以下航道75km。主要港口有大安、松源、吉林、扶余、五棵树、集安、龙湖、苇沙河等。目前水路运输客货运量在各种运输方式中占比为0.5%左右。

(二)运输服务

1.客货枢纽

"十二五"期间,吉林省与哈大、吉图珲高速铁路同步建设了四平、吉林、延吉、图们、德惠、松原、敦化7个综合客运枢纽,其中吉林市综合客运枢纽实现了综合立体换乘,其他均为平面衔接;支持建设5个物流园区,包括吉高陆港、长春香江、通化聚鑫、珲春、图们等,投入运营的有吉高物流园区与通化物流园区。

2.运输服务

2016年,吉林省全社会完成旅客运输量达到3.7亿人,货物运输量达到4.8亿t。全省农村客运服务体系不断完善,乡镇通班车率达到100%,行政村客运车通达率为100%,三级城乡运输班线网络基本形成。

随着吉林省产业发展和市场需求演变,全省铁路、道路、空港等货运企业积极延伸服务链条,通过多业联动、跨界融合等方式,促进传统货运向现代物流转型发展。企业联盟、连锁经营、合作社加盟等商业运作模式开始涌现,多式联运发展取得初步成效,集装箱班列、铁路货物快运、高铁快递发展迅速,铁路推出"便民货运快车"和"鲜活货运快车"服务,并覆盖沿线主要县(市);长春上线高铁快递服务,货物最快可当日送达。公路甩挂运输试点稳步推进,全省培育了4家国家级、11家省级甩挂运输试点企业,开辟甩挂运输线路45条。以邮运联合、客货同站为着力点发展农村物流,引导15个县市的货运企业与乡镇邮政网点合作,开辟农村物流线路130余条,农村物流服务体系进一步完善;引导24个农村客运站开展了客货同站试点,以客运班线为载体开拓小件快运网络,加快打通农村物流"最后一公里"。

吉林省道路运输部门积极拓展国际双边道路完善,港澳台及国际航线营运线路数量达到20余条,运输范围覆盖亚欧、澳洲、北美等各国主要城市,大网络优势初步形成。航空货运枢纽积极发展"门到门"服务,加快货物转关与中转,推进与国际航空物流网络的无缝衔接,为跨境商贸往来提供了重要支撑作用。对外运输组织进一步优化,启动了珲春经朝鲜罗津至上海(宁波)港的"借港出海"内贸外运业务;恢复了珲春经俄罗斯扎鲁比诺港至韩国釜山和日本新潟的陆海联运航线;开通了长春至俄罗斯符拉迪沃斯托克(海参崴)的国际货运线路;实现圈河口岸至朝鲜罗先公路直达运输,双边经济腹地通过运输网络实现互联。

二、综合交通运输发展规划

(一)指导思想

吉林省综合交通运输发展规划紧密围绕"四个全面"战略布局和经济发展新常态的要求,深入贯彻落实新时期新阶段全面振兴东北战略,主动融入国家新时期全方位对外开放战略,全力配合吉林省作为东北地区核心和东北亚地区增长极的经济发展定位,以支撑和引领产业结构调整及新型城镇化为方向,以转变交通运输发展方式为主线,以通道、枢纽和运输服务为发展重点,完善各方式网络结构。全面深化综合交通运输体制改革,积极推动跨区域统筹机制建设,简政放权激发市场主体活力,因势利导发展国际通道和口岸,适度增强省域综合路网密度,融合创新运输组织模式和服务业态,构建对外通道能力充足、区域网络协调均衡、交通枢纽一体衔接、运输服务便捷高效的综合交通运输体系,为实现吉林省经济社会发展战略目标提供交通先导支撑。

(二)发展目标

构建并完善南北畅达、东联西拓、陆海贯通、衔接高效的综合运输通道,形成全省"三纵三横"综合运输通道布局体系。形成空间布局合理、干支协调匹配、功能分工明确的综合交通运输网络,交通骨干网络从地市级向县级节点深度覆盖,交通服务辐射广度达各乡村。基本建成统一开放、竞争有序的综合运输服务市场体系,完善便捷惠民、运输高效、产品智慧、运行安全、发展绿色的综合运输服务体系。实现客运"零距离换乘"和货运"无缝化衔接"水平大幅提高,运输一体化服务形式更加丰富,综合运输服务与互联网科技深度融合,综合运输服务的社会感知度和公众满意度显著增强,交通运输支撑经济社会发展的先行官作用更加凸显。

1. 构建定位清晰、功能互补的综合运输通道体系

综合国际开放、城市群发展、物流集散、能源运输、旅游、边防等叠加功能,确定全省"三纵三横"综合运输通道布局方案。其中,"三纵"分别为"京哈通道""双嫩通道"和"鹤大通道","三横"分别为"珲乌通道""长白山通道"和"集双通道"。从功能上分为国际通道、国内通道和省内通道。其中,国际通道包括京哈通道和珲乌通道;国内通道包括双嫩通道和鹤大通道;省内通道包括长白山通道和集双通道。

2. 打造布局合理、高效衔接的综合交通枢纽体系

全省综合交通枢纽定位为我国东北地区国家级重要交通枢纽和东北亚地区国际交通枢纽,"一带一路"建设的重要战略支点,东北地区全面对外开放的重要门户。围绕全省枢纽发展战略定位,全省形成以长吉一体交通枢纽为核心,东部构建延龙图珲组合交通枢纽,西部打造白城区域综合交通枢纽,形成东、中、西相互支撑和衔接的"一核二辐六市"枢纽布局体系。其中,"一核"为长吉一体综合交通枢纽;"二辐"为延龙图珲组合交通枢纽和白城区域综合交通枢纽;"六市"为四平、通化、松原、白山、辽源、长白山综合交通枢纽。

3. 完善各方式网络,统筹各方式建设

1)高效的铁路网络

吉林省铁路未来发展重点为加快完善快速铁路客运网,推进干线铁路网扩能改造,打通国际铁路运输通道,形成对外通道强大、内部通道顺畅、贯通东西、沟通南北、全方位对外开放的大能力铁路运输网络。吉林省铁路网的总体布局由蝴蝶形快速铁路网、"五纵

三横"普通铁路骨架网和口岸支线网共同构成。

(1) 蝴蝶形快速铁路网

规划形成以长春为中心,连接全省9个地市州及长白山委员会的蝴蝶形快速铁路网。以哈尔滨至大连客运专线为中轴线,东翼由长春至吉林客运专线、吉林至图们至珲春客运专线、敦化至白河快速铁路、敦化至东京城快速铁路、四平至白河快速铁路、长春至辽源城际铁路、吉林至梅河口快速铁路、通化至沈阳快速铁路、通化至丹东快速铁路共同构成;西翼由长春至白城快速铁路、白城至阿尔山铁路、白城至郑家屯快速铁路、长春至双辽快速铁路构成。

(2) "五纵三横"普速铁路网

规划形成覆盖全省39个县市的"五纵三横"的普速铁路网。规划打通吉林省对外铁路通道建设,发挥铁路运输在中朝、中俄、中蒙经贸合作中的支撑引导作用,促进吉林省融入国家"一带一路"倡议框架。

(3) 口岸支线网

对俄方面:珲春至长岭子高速铁路。对朝方面:南坪至朝鲜茂山铁路、图们至朝鲜罗津铁路、珲春甩弯子至朝鲜训戎里铁路、开山屯至朝鲜三峰铁路、长白至朝鲜惠山铁路、图们至朝鲜清津铁路。

2) 便捷的公路网络

到2020年,全省公路总里程达到10.6万km,其中,二级及以上公路比重达到16%。到2030年,高速公路通车里程达到5606km,形成能够实现省会辐射地市、省际有效连通、县县高速覆盖的高速公路网。普通国道和省道二级以上公路比重分别达到90%和63%。具备条件的相邻县(市)实现二级以上公路连接,具备条件的口岸公路(桥梁)达到二级以上标准,边境一线公路基本达到二级公路标准,安全隐患得到全部治理,主要景区旅游道路服务能力明显改善。到2020年,全面建成"外通内联、畅乡通村、班车到村(屯)、安全便捷"的贫困地区交通运输网络,为贫困地区与全省同步全面建成小康社会提供交通运输保障,初步形成适应农业现代化发展需要的交通基础设施网络。

3) 发达的航空网络

建成布局合理的机场群体系、通达通畅的航线网络体系、功能完备的通用航空作业体系、快速高效的航空应急救援体系和配套可靠的航空运行保障体系,确保航空持续安全,力争航空运输进入全国省份前列,系统结构趋于协调,运输质量优良,通用航空服务能力大幅提升,初步建成民航强省。建成"一主多辅"机场群体系。原则上全省地级城市70km空间距离和20万以上城区人口县级城市空间距离100km可以享受到航空服务;全省各县(建设运输机场县市除外)均谋划建设通用机场,原则上全省各县60km空间距离可以享受到通用航空服务。旅客吞吐量达到2000万人次以上,货邮吞吐量达到16万t

左右。至2020年,新建民航运输机场7个,迁建运输机场1个,复航运输机场1个,运输机场总数达到14个。新建11个通用机场,通用机场总数达到15个。

4)畅通的内河水运体系

到2020年,吉林省水运基本达到与水资源综合开发利用和综合运输体系相衔接、相协调,明显改善航道特别是界河重点航段航道的通航条件,提高支持保障及应急反应能力,提升港口通过能力和机械化水平,进一步加强航道管理与养护,强化服务理念。鸭绿江、图们江重点航段航道的通航条件明显改善,新增六级航道达标里程31km,新增航标32座;加快客运码头的基础设施建设,新增客运泊位2个,新增客运通过能力20万人次;提高港口服务与集疏运能力。

5)高效衔接、功能融合的综合交通枢纽

全省形成"一核(长吉一体交通枢纽)、双辅(东部地区建设延龙图珲组合交通枢纽,西部打造白城区域综合交通枢纽)、多枢纽城市"综合交通枢纽布局体系。以国家综合交通枢纽节点为核心,区域和其他综合交通枢纽为支撑,以铁路客运站、机场等一体化综合客运枢纽和集装箱中心站、航空货运中心等大型货运枢纽为重点,其他一般性运输站场为补充,增强吉林省内部地方集聚发展水平及其对东北区域和东北亚地区的辐射互动能力。

4. 建立便捷舒适、集约高速的运输服务体系

(1)构建便捷舒适的旅客运输系统

以便民、利民、惠民为出发点和落脚点,以公共客运为主导,大力推进城际、城郊、城市、城乡客运协调发展,稳步推进公共客运结构调整,提升客运服务便捷化、多样化水平,更好满足公众多层次出行需求。推进旅客联程运输发展。以哈大、长白、吉图珲沿线高铁点为依托,推动长春、吉林等中心城市打造立体化综合客运枢纽,实现多种运输方式"零距离换乘"。推广普及电子客票、联网售票、实名制购票,支持企业提供旅客联程、往返、异地出行票务服务,推动实现旅客出行一次购票、无缝衔接、全程服务。建设高品质的城际客运系统,建立一体化的城乡客运服务网络。建设高品质的城际客运系统。围绕长吉图、哈长等城市群(城市带)等重点区域,大力发展以城际铁路客运为主体的大容量、快速捷运系统,推进城际快速公共交通有序发展。加快提升长春、延吉等干线机场国际空中门户功能,优化空域资源,推动形成以龙嘉国际机场为枢纽的"中枢辐射式"航线网络。建立一体化的城乡客运服务网络。推进城际、城市、城乡、农村班线客运四级客运网络的有序对接。鼓励城市公交线路向郊区延伸,扩大公共交通覆盖面。提高农村客运通达深度,加强农村客运通达情况监测考评,推进有条件的地区实施农村客运公交化改造,鼓励发展镇村公交,推广农村客运片区经营模式,推进集中连片特困地区农村客运加快发展。

(2)构建集约高效的货运物流体系

推进多式联运加快发展。以货物多式联运为主要突破口,加快推进传统货运业转型

升级,大力发展先进运输生产方式,推进优化物流市场主体结构,充分挖掘多式联运整合资源、降本增效、节能减排的巨大潜力,推动建设全省多式联运系统,更好发挥交通运输在物流业发展中的基础和主体作用。引导甩挂运输全面发展。把多式联运作为综合交通运输体系建设的主导战略,着力构建设施高效衔接、枢纽快速转运、信息互联共享、装备标准专业、服务一体对接的多式联运组织体系,重点发展以集装箱、半挂车为标准运载单元的多式联运。统筹城乡配送协调发展。鼓励各地因地制宜探索农村物流发展模式,推进交通运输与商务、供销、邮政、粮食等行业的资源整合,开辟和增加农村物流线路,提高农村物流线路覆盖密度。引导货运企业转型发展。积极培育龙头骨干企业,鼓励和引导大型货运(物流)企业实施兼并重组,推动与上下游企业之间的强强联合,促进多业联动,拓展增值服务,培育服务品牌。引导和规范依托货运枢纽(物流园区)、信息网络的平台型物流企业成长壮大,加快向无车承运人、货运经纪人等现代物流中介组织转型发展,鼓励专业物流创新发展。引导和支持邮政快递、零担快运等业务深化与电子商务融合发展,重点加快中小城市和农村地区、社区和民生服务等领域电子商务物流发展,推动跨境电商物流和电商快递发展,将吉林省建设成东北三省和东北亚的电商快递的重要节点。

(3)推动"互联网+"综合运输融合发展

充分利用社会力量和市场机制,实施"互联网+"综合运输服务行动计划,推进智慧运输服务加快发展,推进移动互联网、大数据、云计算、物联网以及北斗卫星导航系统的普及应用。以信息平台建设为抓手,以整合资源和开放共享为重点,推动各种运输方式信息系统互联互通。积极推动实现智慧运输服务"一点通"、公众出行支付"一卡通"、公共信息服务"一网通"、政务管理服务"一站通"、公众监督服务"一号通"。

(4)发展开放包容、互利共赢的国际运输

加快构筑互联互通的国际运输网络。打造国际性综合运输通道,围绕国家"一带一路"倡议和长吉图开发开放战略,积极构筑中蒙、中蒙俄、中俄、中朝国际运输通道。改善基础设施条件,实现与邻国基础设施对接与融合,初步实现交通基础设施的互联互通。强化和维护国际陆海联运系统。维护扩展陆海联运业务,围绕扎鲁比诺和罗津两大港口,充分利用交通合作机制,加强政府间与部门间磋商,推动东北亚国际陆海联运发展。

三、综合交通运输管理体制

1986年以来,随着吉林省经济社会快速发展,公路、铁路、民航、水路和城市公共交通基础设施规模不断扩大,服务能力和水平得到大幅度提高,综合交通运输体系日臻完善,吉林省交通运输管理体制也经历了多次的改革调整,逐步向综合交通运输管理体制迈进。1987年交通安全管理体制改革,将公路交通安全管理和驾驶员管理划归公安部门;1990年省交通厅设立地方铁路管理,1993年将厅内设机构地方铁路管理处和航运管理处并入省运输管理局；1994—2006年厅内设机构经过多次调整，内设机构称谓和职能更加合理。2009年组建了交通运输厅，将省建设厅指导城市客运的职责划入交通运输厅，同时明确承担涉及全省综合运输体系的规划协调工作；会同有关部门组织编制综合运输体系规划，组织陆路、水路交通运输枢纽规划和管理；参与城市轨道交通等综合运输枢纽的规划工作。全省综合交通运输体系规划，铁路、民航的规划、建设、管理职能设在省发改委。

吉林省综合运输管理体制改革工作初步启动，但目前仍多延续传统管理模式，综合交通运输管理体制机制尚未健全。具体情况如下：

（1）公路、水路由省交通运输厅管理。省交通运输厅主要涉及负责组织拟定并监督实施全省公路、水路等行业发展的总体规划、专项规划、中长期发展计划；负责提出全省公路、水路固定资产投资规模和方向的意见、建议；组织省管重点项目交通建设资金筹措；指导公路、水路行业有关体制改革工作；承担全省道路、水路运输市场监管责任；承担全省水上交通安全监管责任。

（2）铁路由沈阳铁路局、省发改委铁道处和省铁建办管理。沈阳铁路局为中国铁路总公司垂直管理单位，现负责辽宁、吉林两省铁路规划、建设及运营等业务。省发改委铁道处主要负责拟定全省铁路（含地方铁路）建设发展规划，提出铁路建设发展战略和专项资金使用安排建议，协调有关重大问题。省铁建办为发改委直属事业单位，受政府委托负责开展铁路（含地方铁路）项目前期工作、推进项目建设等具体业务。

（3）民航由中国民用航空东北地区管理局、省发改委交通运输处和省旅游局管理。中国民用航空东北地区管理局为中国民用航空局下设的直属机构，负责指导东北地区民航相关业务的规划、建设、运营及安全。省发改委交通运输处负责省内民航机场的规划、建设、净空协调管理等事宜。省旅游局负责航线开发以及推进航线审批相关工作。

（4）城市交通由省住建厅、省交通运输厅和省发改委铁道处管理。省住建厅主要涉及城市总体规划、省域城镇体系规划的审核报批和监督实施；拟定工程建设、建筑业、勘察设计的行业发展战略、中长期规划等并监督执行；拟定全省城市建设的政策、规划并指导实施；指导城市市政公用设施建设、安全和应急管理；承担建筑工程质量安全监管的责任。省交通运输厅负责协调和指导城乡客运及有关设施规划和管理工作，指导出租车行业管理工作；负责全省公共交通（含出租车）行业安全生产和应急管理工作。省发改委铁道处拟定全省城市轨道交通建设发展规划，提出城市轨道交通建设发展战略、相关政策、体制改革和专项资金使用安排建议，协调有关重大问题。

（5）综合协调由省发改委交通运输处和省交通运输厅管理。省发改委交通运输处负责统筹全省交通运输发展规划与国民经济和社会发展规划的衔接平衡；综合分析交通运输运行状况，协调重大问题，提出有关政策建议。省交通运输厅目前只承担涉及综合运输体系的规划协调工作，会同有关部门组织编制全省综合运输体系规划。

（一）吉林省省级交通运输行政管理机关

1. 吉林省交通厅

1986年，吉林省交通厅主要职责是：制定全省地方性交通规章、办法、细则，并组织实施；制定全省公路、水路运输和交通科学技术发展规划及年度计划；主管全省公路运输行政工作；负责全省车船安全监理；负责养路费的征收、使用和检查；负责全省公路、航道管理养护和修建、整治工作；负责全省交通系统公路、运输、工业和供销企事业单位的业务管理和监督指导；负责厅直属单位的机构设置、定员编制、领导班子配备和职工的思想政治工作；负责全省公路、水路交通战备工作、中朝界河航运合作事宜；指导和协调各地区、县市的公路、水运交通运输、重点建设和公路养护工作。

内设机构有：办公室、调研室、计划处、财务处、技术处、航运处、人事劳资处、稽查征费处、交通监理处、老干部工作处。机关行政编制64名。设厅长1名，副厅长3名，顾问2名，纪检组长1名，副总工程师2名，处级、副处级领导干部27名，调研员3名，工程师、会计师、统计师7名，工作人员52名，机关服务人员6名。

2. 职能调整变化情况

划出公路交通安全和驾驶员管理职能。1987年6月15日，吉林省政府印发《关于贯彻落实国发〔1986〕94号文件有关问题的通知》，省交通厅原交通监理部门职权范围内的公路交通安全管理和驾驶员管理划归公安交通管理部门，并于同年6月办理交接手续。划归公安部门的交通监理人员904名，公路交通监理站169个。

增加地方铁路管理职能。1990年，吉林省编委印发《关于省交通厅设立地方铁路管理处的批复》，同意省交通厅设立地方铁路管理处，增加行政编制5名。1993年，省交通厅决定，将厅内设机构中的地方铁路管理处和内河航运管理处整编制并入省运输管理局，实行合署办公。原地方铁路和内河航运管理业务、职能不变。

2000年9月14日，省政府办公厅印发《吉林省交通厅职能配置、内设机构和人员编制规定》，主要职责是：贯彻执行国家有关交通行业的发展战略、方针政策和法律法规；拟定全省公路、水路、地方铁路交通行业发展规划以及中长期计划，并监督执行；指导交通行业体制改革，维护公路、水路、地方铁路交通行业的平等竞争秩序，引导交通运输行业优化结构、协调发展，负责行业统计、信息引导工作；负责全省公路、水路、地方铁路及其实施建设和维护的行业管理，组织实施省重点公路、水路、地方铁路交通建设项目；负责全省公路、水路（含海上）、地方铁路客货运输的行业管理，对全省重点物资运输和紧急客货运输进行调控，负责汽车出入境运输管理和水路、地方铁路与周边国家及邻省的运输衔接与合作事宜，协调指导城乡客货运输衔接，负责中朝界河航运合作事宜；负责汽车维修市场、汽车驾驶学校和驾驶员培训工作的行业管理,负责省辖范围内的水上交通安全监督、船舶检验、船舶防污染管理;负责全省公路、水路、地方铁路交通规费的稽征;组织制定交通技术标准和规范,组织重大科技开发和成果推广,推动行业科技进步;负责机关及直属单位的干部人事、劳动工资、机构编制管理等工作;指导交通行业开展国际国内经济技术合作与交流及利用外资工作。全省地方铁路建设和运营职能划归交通厅;不再直接管理县乡交通基础设施建设项目(国边防公路除外)的审查、评估、评优等事项;不再直接管理非省厅以上立项的科技项目成果的鉴定、评审、评奖、推广等事项;交通行业企业年度会计报表审计等事务性工作交给有关社会中介机构;将交通企业经营性项目的投资、生产计划调整等生产经营权交给企业(国家和省另有规定的除外)。

内设机构有:办公室、人事劳资处、规划计划处(交通战备办公室)、财务审计处、建设管理处、运输管理处、体改法规处、科技教育处、老干部处。机关行政编制52名,机关离退休干部工作人员行政编制3名,机关工勤人员事业编制7名。设厅长1名,副厅长4名,正副处长(主任)20名(含总工程师、机关党委专职书记各1名)。

3. 组建吉林省交通运输厅

按照中央大部门管理体制改革思路,2008年12月1日,根据《中共中央办公厅、国务院办公厅关于印发〈吉林省人民政府机构改革方案〉的通知》(厅字〔2008〕25号),组建吉林省交通运输厅,为省政府组成部门。2009年4月9日,省政府印发《吉林省交通运输厅主要职责内设机构和人员编制规定》,对其行政机关职责进行调整。将原省交通厅的职责和原省建设厅的指导城市客运职责、指导城市出租车管理职责,整合划入省交通运输厅;取消已由省政府公布取消的行政审批事项;取消公路养路费、航道养护费、公路运输管理费、公路客货运附加费、水路运输管理费、水运客货运附加费6项交通规费的管理职责;将原省交通厅的全省地方铁路规划、建设和运营职责划给省发展和改革委员会。

主要职责是:贯彻执行国家有关交通运输行业法律法规、规划、政策和标准,组织拟定并监督实施全省公路、水路等行业发展的总体规划、专项规划、中长期发展计划;组织起草交通运输工作的地方性法规和规章草案,研究拟定相关政策和标准;参与拟定物流业发展战略和规划,拟定有关政策和标准并监督实施;指导公路、水路行业有关体制改革工作。承担涉及全省综合运输体系的规划协调工作。会同有关部门组织编制综合运输体系规划,组织陆路、水路交通运输枢纽规划和管理;参与城市轨道交通等综合运输枢纽的规划工作。承担全省道路、水路运输市场监管责任。指导和监督道路、水路运输有关政策、准入制度、技术标准和运营规范的实施;协调和指导城乡客运及有关设施规划和管理工作,指导出租车行业管理工作;负责汽车出入境运输和水路与周边国家及邻省的运输衔接与合作事宜;负责港口的行业管理及中朝界河航运合作事宜。承担全省水上交通安全监管责任。指导水上交通管制、船舶及相关水上设施检验、登记和防止污染、救助打捞、通信导航、船舶与港口设施保安及危险品运输监督管理等工作；负责船员管理有关工作；负责省管水域水上交通安全事故、船舶及相关水上设施污染事故的应急处置,依法组织或参与事故调查处理工作；指导市(州)、县(市)水上交通安全监管工作。负责提出全省公路、水路固定资产投资规模和方向的意见、建议,按规定权限审批、核准国家和省规划内和年度计划规模内固定资产投资项目；拟定公路、水路有关规费政策并监督实施,对涉及财政、土地、价格等方面的问题提出政策建议。承担全省公路、水路建设市场监管责任。监督、指导公路、水路等工程建设相关政策、制度和技术标准的实施；组织协调公路、水路有关重点工程建设和工程质量、安全生产监督管理工作；指导交通运输基础设施管理和维护,承担有关重要设施的管理和维护。负责全省公路、水路、公共交通(含出租车)行业安全生产和应急管理工作。对全省重点物资运输和紧急客货运输进行调控；监测高速公路及重点干线公路网安全运行情况；承担交通战备有关工作。指导全省交通运输信息化建设,监测分析运行情况；开展相关统计工作,发布有关信息；指导公路、水路行业环境保护、科技教育、工程造价和节能减排工作。组织省管重点项目交通建设资金筹措；监督管理国有资产；组织实施交通运输重点建设项目的内部审计工作。指导交通运输行业开展国际、国内经济技术合作与交流及利用外资工作。承办省政府交办的其他事项。

内设机构有：办公室、法规处(行政审批办公室)、综合规则处(交通战备办公室)、财务处、人事处、建设管理处、技术处、运输管理处(出租汽车行业指导办公室)、安全监督处(应急管理办公室)、科技教育处、审计处、督查室、老干部处、机关党委。吉林省交通运输厅机关行政编制确定为76名。其中：厅长1名、副厅长4名,处级领导职数30名(含总工程师2名、总规划师1名、机关党委专职副书记1名)。机关工勤人员事业编制7名。

厅直属单位有：省高速公路管理局、省高等级公路建设局、省公路管理局(重点办)、省运输管理局、省公路路政管理局、省航道管理局、省地方海事局、省交通科学研究所、省交通规划设计院、省公路技工学校、厅物资供应站、省交通基本建设质量监督站、厅机关服务中心、省交通宣传中心、省政府驻北京办事处交通联络处、省交通工程造价管理站、省交通信息通信中心、省高速公路集团有限公司、吉林高速公路股份有限公司、省公路工程监理有限责任公司。

4. 综合交通运输管理职能基本明确

省交通运输厅组织道路、水路运输规划的编制和协调；省发展和改革委员会组织铁路、民航运输规划的编制,并负责综合运输体系规划与全省国民经济和社会发展规划的衔接平衡。

省交通运输厅指导城市轨道交通的运营；省住房和城乡建设厅指导城市轨道交通的规划和建设。两部门协调配合,共同确保城市轨道交通规划与城市公共交通整体规划的有效衔接。

省交通运输厅对河道采沙影响通航安全负责;省水利厅对河道采沙影响防洪安全、河势稳定、堤防安全负责;省国土资源厅对保障河道内沙石资源合理开发利用负责。由省水利厅牵头,会同省国土资源厅、省交通运输厅等部门,负责河道采沙监督管理工作,统一编制河道采沙规划和计划。河道采沙的水上执法监管,要充分发挥交通运输部门执法机构的作用。

城市客运(含出租车)管理事权在各级城市政府,具体管理职责由各级城市政府负责。省交通运输厅负责指导城市客运(含出租率)运营管理,与各市(州)要建立有效衔接。

(二)吉林省高等级公路建设机构

随着吉林省高等级公路建设步伐的加快,高等级公路建设管理机构由省高等级公路建设指挥部办公室,逐步发展为省高等级公路建设局。

1. 高等级公路建设指挥部办公室

1991年7月19日至2003年1月7日,高等级公路建设由吉林省高等级公路建设指挥部负责组织实施。指挥部人员设置如下。

总指挥:分管交通工作的副省长。

副总指挥:省政府副秘书长、省交通厅厅长、省计经委副主任、省交通厅副厅长。

成员:由省财政、公安、农业、水利、林业、建设、物资、邮电、银行、环保、土地、税务、电力、石油、交通厅及相关市州政府负责人组成。

指挥部设办公室,由省交通厅抽调人员承担日常事务工作。1993年1月31日,吉林省编委《关于核定省高等级公路建设指挥部办公室编制的批复》(吉编办〔1993〕19号),根据省高等级公路建设指挥部办公室承担的工作任务,同意核定事业编制65名(包括吉编事字〔1991〕202号调整30名控制数),经费自行解决。

2. 成立省高等级公路建设局

2003年1月7日,吉林省编委办公室《关于设立吉林省高等级公路建设局的批复》(吉编办〔2003〕1号),决定撤销吉林省高等级公路建设指挥部长吉办公室和长余办公室,组建吉林省高等级公路建设局,为隶属于吉林省交通厅全民所有制事业单位,按相当于处级规格待遇,主要承担高等级公路建设的管理工作。吉林省高等级公路建设局列事业编制80名(使用原长吉办和长余办的编制,其余49名编制收回)。核定吉林省高等级公路建设局处级领导职数5名,原吉林省高等级公路建设指挥部长吉办公室和长余办公室债权、债务,由新组建的吉林省高等级公路建设局承担。

2006年2月23日,吉林省编委《关于明确吉林省高等级公路建设局机构规格等事宜的批复》(吉编〔2006〕32号),同意吉林省高等级公路建设局按相当于副厅级规格待遇,核定领导职数5名(2正3副);吉林省高等级公路建设局增加49名自收自支事业编制。调整后,吉林省高等级公路建设局执行自收自支事业编129名,设办公室、党委办公室、人事劳资教育处、计划合同处、工程技术处、项目管理处、交通工程处、征地法规处。核定内设机构处级领导职数28名(12正16副),总工程师、总会计师各1名。

2013年9月11日,吉林省编委(吉编事字〔2013〕92号)根据工作需要,同意吉林省高等级公路建设局内设机构实验检测管理处更名为质量监督处,项目管理处更名为建设管理处,财务审计处更名为财务处。同意吉林省高等级公路建设局增设审计处、工程材料管理处、安全管理处(加挂督查处牌子)3个内设机构。增核内设机构处级领导职数5名(3正2副)。调整后,吉林省高等级公路建设局内设机构处级领导职数33名(15正18副,含总工程师、总会计师各1名)。

(三)吉林省高速公路管理局机构沿革

随着吉林省高速公路里程的不断增加,其下设机构、人员不断扩大,保证了高速公路运营、养护、管理和服务。

1. 成立省高速公路管理局

1997年2月6日,省编委办公室《关于设立吉林省高速公路管理局的批复》(吉编〔1997〕9号),同意设立吉林省高速公路管理局。其主要职能:承担全省高速公路的养护、收费、还贷、路政、清障、通信、监控及经营、服务等管理工作和业务。

机构性质及规格:隶属省交通厅的全民所有制事业单位,按相当于副厅级规格待遇。

内设机构:内设7个职能处室,即办公室、人事劳资教育处、计划财务处、养护处、收费处、路政处、通信处。

吉林省高速公路管理局下设长春、公主岭、四平3个管理处和长春、净月、兴隆山、范家屯、公主岭、郭家店、四平、五里坡8处收费站。

人员编制及领导职数:核定吉林省高速公路管理局事业编制197名。其中,局机关事业编制45名;长春管理处事业编制38名、公主岭管理处事业编制36名、四平管理处事业编制38名;长春主线、净月、兴隆山、范家屯、公主岭、郭家店、四平、五里坡收费站事业编制40名(每个收费站各5名)。所需人员原则上从省交通厅所属事业单位中调剂解决。

1998年6月18日,增设长吉高速公路吉林管理处、长营高速公路伊通管理处。同时增设长春东、吉林、营城子、乐山、伊通5处收费站。

1999年11月15日,增设九站、棋盘街、江密峰3处收费站。2002年5月14日,设立延边管理处和延吉收费站,同年12月13日,设立长余管理处,设立德惠、陶赖昭、扶余和拉林河4处收费站。

2006年9月22日,吉林省高速公路管理局内部增设指挥调度中心。

2008年8月13日,省编委办公室《关于为拟开通高速公路新建管护机构核定人员编制的批复》(吉编办〔2008〕127号),为适应即将开通的肇源—松原、江密峰—延吉、快大茂—下排3条高速公路管护工作的需要,同意核定高速公路管护人员事业编制208名,所需经费从高速公路通行费中列支。

2.调整机构设置,增加管理分局

2008年9月27日,省编委办公室《关于调整吉林省高速公路管理局机构设置的批复》(吉编办〔2008〕155号),根据工作需要,对全省高速公路系统机构设置、人员编制进行统一调整。省高速公路管理局机关配备事业编制74名。内设机构调整为10个:办公室、指挥调度中心、养护管理处、路政法规处、收费管理处、通信管理处、人事劳资教育处、财务审计处、计划处、党委办公室。

省高速公路管理局下设9个管理分局:长春、吉林、四平、伊通、德惠、延吉、松原、敦化、通化管理分局,共配备306名事业编制。

分局下设管理处:吉林分局设天岗、蛟河2个管理处,四平分局设公主岭管理局,德惠分局设米沙子、扶余2个管理处,延吉分局设安图管理处,敦化分局设黄泥河管理处,每个管理处编制均为21名。管理处为分局派出机构,7个管理处共配备147名事业编制。

全省高速公路共设35处收费站、3个超限检测站、3个隧道管理站,为管理分局的派出机构,共核定事业编制84名。

2010年5月4日,设立长春绕城管理处、金洲管理处。

2010年9月20日,设立白城管理分局、双辽管理分局;设立开安管理处、哈拉海管理处、前郭管理处、乌拉塔拉管理处、查干湖管理处、长岭管理处、兴隆管理处、辽河源管理处、朝阳山管理处、辉南管理处、安广管理处、侯家管理处、凉水管理处,每个管理处列事业编制21名;设立营城子东收费站等41处收费站。

2013年1月23日,设立梅河管理分局、靖宇管理分局;设立解放管理处、磐石管理处、双河管理处、百草沟管理处、英额布管理处,每个管理处核定事业编制15名;设立西解放收费站等20处收费站,设立吉青岭隧道站等5个隧道站。

(四)吉林省公路管理局(吉林省公路重点工程建设管理办公室)

吉林省公路管理局(吉林省公路重点工程建设管理办公室)承担部分高速公路建设项目,采取省地共建模式加快推进高速公路建设。

2002年11月,为加强省内重点工程项目的建设管理工作,省交通厅经研究决定,成立了吉林省公路重点工程建设管理办公室(吉交人劳字〔2002〕203号),为省公路管理局内设机构。

2006年9月,经省机构编制委员会办公室批准(吉编办〔2006〕200号),设立吉林省公路重点工程建设管理办公室,隶属于省厅,与省公路管理局合署办公,主要职责是受省厅委托,负责国省干线公路省全额投资的重点工程项目的建设管理,组织工程施工建设等。

2013年9月,经省机构编制委员会办公室批准(吉编事字〔2013〕78号),省公路重点工程建设管理办公室并入省公路管理局,省公路管理局加挂吉林省公路重点工程建设管理办公室牌子,增加受省厅委托,负责全省公路重点工程项目的建设管理职责。

吉林省公路管理局(吉林省公路重点工程建设管理办公室)与项目所在地建设单位群策群力、齐抓共管,带领参建单位一道团结奋战、攻坚克难,负责承建的大广高速公路松原至肇源段(自建)、营城子至东丰高速公路(省地共建)、珲乌高速公路松原经白城至石头井子段(省地共建)、双嫩高速公路坦途至黑水段(省地共建)已全部建成通车。实现通车总里程526km,完成投资155亿元。

(五)吉林省高速公路集团有限公司机构沿革

根据高速公路建设经营管理的需要,成立了吉林省高速公路公司,后更名为吉林省高速公路集团有限公司。

1. 吉林省高速公路公司

1993年8月5日,经吉林省计划经济委员会(吉经企字〔1993〕1215号)批准成立吉林省高速公路公司(吉林省高速公路集团有限公司前身),隶属于吉林省交通厅,设全民企业编制125人。经营范围:高速公路投资、开发建设、管理、养护,兼营高速公路配套的汽车配件、汽车维修、机械设备、电器、建筑材料、公路运输、仓储、租赁。

2. 更名为吉林省高速公路集团有限公司

2006年10月30日,吉林省交通厅下发了《关于吉林省高速公路公司更名的通知》,组建成立了由省交通厅作为出资人的国有独资企业,注册资金为27亿元人民币。经营范围:高速公路、地方铁路的投资、筹资、建设、管理、维护、运营、开发、收费;高速公路附属的房屋、土地、服务区、停车场、加油站、广告、光纤管网、物流及运输等经营开发;机电通信工程;建筑材料;机械设备租赁;高速公路大中修改造工程。集团成立之初,根据经营范围、职能和发展需要,集团总部内设八部一室,即办公室,人力资源部、财务审计部、资产管理部、规划企管部、安全生产管理部、筹融资部、经营管理部、党群工作部。2014年5月,吉高集团被省政府列为省属重点国有企业(吉政函〔2014〕47号)。

目前,集团共有员工2830人,其中董事会、监事会、经理层和党委班子设置情况为:董事长1人,副董事长1人,董事4人,监事会主席1人,职工监事2人,经营班子6人(含总工程师1人、总会计师1人)、党委班子7人。集团高管总人数为8人,厅管干部共20人。根据经营范围、职能和发展需要,集团总部内设九部三室,即办公室、纪检室、房建协调办公室、人力资源部、财务审计部、资产管理部、规划企管部、安全生产管理部、筹融资部、综合计划部、技术质量部、党群工作部,共有分子公司13家。其中,全资子公司为吉林省高等级公路投资开发有限公司、吉林省高速公路运营管理有限公司、吉林松花湖吉高宾馆有限公司、吉林省高速公路集团得一渔府有限公司;分公司为吉林省高速公路集团有限公司服务区管理分公司;控股公司为吉林高速公路股份有限公司、吉林省自然村发展有限公司、吉林省宇辉地方铁路有限公司、吉林省吉高物流有限公司;参股公司为长双烟铁路有限责任公司、吉林省吉隆坡大酒店有限公司、吉林省泽通公路开发建设有限公司、吉林省吉兴交通建设有限公司。

为满足高速公路项目建设融资需要,吉高集团成立了吉林省辉白高速公路有限公司、吉林省东双高速公路有限公司、吉林省龙蒲高速公路有限公司、吉林省榆松高速公路有限公司。

(六)吉林高速公路股份有限公司历史沿革

吉林高速公路股份有限公司是从东北高速公路股份有限公司分立出来的上市企业。

1. 东北高速公路股份有限公司

1998年7月18日,东北高速公路股份有限公司经吉林省人民政府吉政函〔1998〕80号批准设立,由黑龙江省高速公路公司、吉林省高速公路公司和华建交通经济开发中心共同发起,是采用社会募集方式设立的股份有限公司。新股发行后公司总股本121320万股,其中上述三家单位分别占36610万股(30.18%)、30327万股(25.00%)、24383万股(20.09%),其余30000万股为社会公众股。同年8月10日,公司股票(3亿流通A股)在上海证券交易所上市,股票代码为600003,为公路类国企大盘股。公司主营业务为高等级公路的投资、开发、建设和经营管理。

公司设董事长、总经理、副总经理(3人)、财务总监、董事会秘书、党委副书记、纪委书记、工会主席、党委委员,以及综合部、人事部、计划财务部、收费稽查部、投资管理部、工程计划部、工程管理部、证券部、法规安全部、审计监察部、董事会秘书处、党委工作部12个部门,下设吉林分公司和黑龙江分公司2个分公司。

公司有员工647人,其中管理人员102人,技术人员66人,收费人员459人,财务人员20人。

2001年10月31日,公司首届董事会2001年第四次临时会议通过决议对公司内部机构设置进行调整,公司设董事长、总经理、副总经理(3人)、财务总监、董事会秘书、党委副书记、纪委书记、党委委员(2人),以及综合部、人事部、计划财务部、收费稽查部、投资管理部、工程管理部、证券部、审计监察部、董事会秘书处、党委工作部 10 个部门,下设吉林分公司和黑龙江分公司 2 个分公司。

2. 吉林高速公路股份有限公司

2010 年 2 月 10 日,东北高速公路股份有限公司取得中国证监会核准(证监许可〔2010〕194 号),分立为吉林高速公路股份有限公司和黑龙江交通发展股份有限公司,各自独立经营。吉林高速公路股份有限公司承接了原东北高速公路股份有限公司的长平高速公路以及其他部分资产和相关债权债务,总股本仍为 121320 万股,主要股东包括吉林省高速公路集团有限公司,占 59680 万股(49.19%),招商局公路网络科技控股股份有限公司(15.63%)。

同年 3 月 14 日,吉林高速公路股份有限公司第一届董事会第一次会议通过了公司机构设置的决议,公司设董事长、总经理、副总经理(5 人)、财务总监(副总兼)、董事会秘书(副总兼),设公司综合部、人力资源部、财务部、计划投资发展部、工程计划部、工程管理部、审计部、董事会秘书办公室 8 个部门。原东北高速吉林分公司变更为吉林高速长平分公司。

2014 年 11 月 12 日,2014 年第 6 次董事长办公会通过决议对公司机构设置和编制进行了调整,设公司机关编制 51 人,其中管理人员 49 人,工勤人员 2 人。公司设董事长、总经理、副总经理(6 人)、财务总监(副总兼)、董事会秘书(副总兼)、党委副书记(兼纪委书记)、工会主席、党委委员(兼),设公司综合部、人力资源部、财务部、收费稽查部、计划投资发展部、工程计划部、工程管理部、法规安全部、审计部、董事会秘书办公室、党群工作部 11 个部门,下设运营监控管理分公司和收费管理分公司,并持有长春绕城高速公路 63.8% 的股份。

|第二章|
公路建设和道路运输

第一节 公 路 建 设

一、公路建设现状

改革开放以来,吉林省公路建设取得了显著成绩,公路网规模不断增长,等级结构逐步优化,运输服务状况持续改善,有力地支撑了吉林省经济社会发展。

(一)公路网概况

至2016年底,吉林省公路网总里程达到10.25万km,在全国排第24位。公路网密度为54.7km/100km^2;按人口统计的公路网密度为37.5km/万人,在全国排第14位。

按照行政等级划分,国道里程为9771km,占全省公路网总里程的9.5%,其中国家高速公路2548km,普通国道7223km;省道里程为4737km,占全省公路网总里程的4.6%,其中省级高速公路565km,普通省道4172km;县道10712km,占全省公路网总里程的10.5%;乡道28175km,占全省公路网总里程的27.5%;村道47498km,占全省公路网总里程的46.3%;专用公路1591km,占全省公路网总里程的1.6%[图2-1-1a)]。

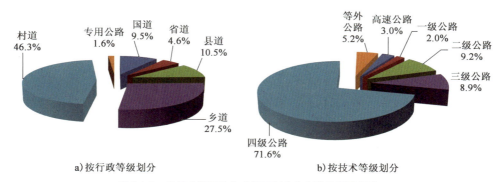

图2-1-1 按行政等级和技术等级划分的公路比例示意图

按照技术等级划分,高速公路3113km,占全省公路网总里程的3.0%;一级公路2081km,占全省公路网总里程的2.0%;二级公路9432km,占全省公路网总里程的9.2%;

三级公路9107km,占全省公路网总里程的8.9%;四级公路73425km,占全省公路网总里程的71.6%;等外公路5326km,占全省公路网总里程的5.2%[图2-1-1b)]。

按照路面铺装情况划分,有铺装路面里程为83683km,占全省公路网总里程的81.7%;未铺装路面里程为18801km,占全省公路网总里程的18.3%。

2016年底,吉林省公路网总体情况见表2-1-1。

2016年底吉林省公路网总体情况 表2-1-1

类别		里程(km)	比重(%)
公路总里程		102484	100
行政等级	国道	9771	9.5
	省道	4737	4.6
	县道	10712	10.5
	乡道	28175	27.5
	村道	47498	46.3
	专用公路	1591	1.6
技术等级	高速公路	3113	3.0
	一级公路	2081	2.0
	二级公路	9432	9.2
	三级公路	9107	8.9
	四级公路	73425	71.6
	等外公路	5326	5.2
路面铺装	有铺装路面	83683	81.7
	未铺装路面	18801	18.3

(二)高速公路网

自1996年吉林省第一条高速公路通车以来,历经二十年的发展,到2016年底,吉林省高速公路通车里程达3113km。按照吉林省高速公路网布局方案,到2030年,将形成由五条南北纵线、四条长春放射线、三条东西横线、两条环线、十条联络线组成的高速公路网,简称"五四三二一"高速公路网布局,布局规划总里程5606km,密度将达2.99km/km^2。截至2016年底,吉林省已基本形成"三纵二射一横"高速公路主骨架,其中,"三纵"由北京至哈尔滨高速公路吉林段、大庆至广州高速公路吉林段、鹤岗至大连高速公路吉林段构成;"两射"由长春至长白高速公路吉林段、长春至深圳高速公路吉林段构成;"一横"为珲春至乌兰浩特高速公路吉林段。

不断完善的高速公路网实现了全省客、货流的高效运输,引领了产业结构沿交通走廊的拓展延伸,带动了新型城镇化的快速发展,成为吉林省公路网络的"大动脉"。

(三)普通干线公路网

吉林省普通国道已形成由1条首都放射线、8条北南纵线、5条东西横线、3条联络线共17条线路组成的普通国道网,总里程7223km,主要承担省际间、区域间、市(州)际间以及重要县际间的运输任务,全面连接县级及以上行政区、交通枢纽、边境口岸和国防设施。

普通省道形成由2条省会放射线、12条北南纵线、5条东西横线和1条省会环线、19条联络线共39条路线组成的普通省道网,总里程4172km,作为国道的补充,承担区域间、市(州)际间以及重要县际间的中长距离运输任务,通达重要乡镇,连接重要产业园区及主要旅游景点。

(四)农村公路网

截至2016年底,全省共有农村公路(县道、乡道、村道)86385km,占全省公路网总里程的84.3%。全省共有乡镇(含下辖行政村的农林场及街道)715个,其中,通水泥路的为102个,通沥青路的为613个,通畅率达到100%;共有行政村9375个,其中,通水泥路的为7339个,通沥青路的为1748个,通其他硬化路的为288个,通畅率达到100%。

二、公路发展历程

自改革开放到20世纪90年代初期,随着搞活经济,大力发展轻工业、商业和建筑业,特别是人民生活水平不断提高,农村乡镇企业不断发展,吉林省综合经济和社会发展指标增长较快,但交通发展低于同期国民经济增长的速度和水平,落后的交通状况已经越来越不适应经济和社会发展的需求,成为制约经济发展的"瓶颈"。随着改革开放和商品经济的风起云涌,针对吉林省交通发展与经济社会需求不适应、与先进省份相比差距大的现实,以及公路建设重点不突出、形不成规模效益等问题,全省开始把交通发展作为一项具有前瞻性和战略性工作来开展。

"八五"时期开始,吉林省的交通建设走上了快速发展的轨道,等级公路比重与"七五"末相比大幅提高,特别是随着长平高速公路的破土动工,吉林省公路建设进入了一个新的历史发展时期。"九五"期间,路网状况得到普遍改善,运输能力有所提高,交通运输的"瓶颈"制约得到了明显缓解。"十五"期间,加快公路主骨架建设的同时,为实现"让农民走出泥泞"的目标,加大了农村公路建设步伐,全省路网的通达深度显著提高。"十一五"期间,加快基础设施建设,全省公路里程、路网密度、高速公路里程增长幅度极为显著,公路建设实现跨越式发展,交通供给能力显著增强。"十二五"期间,围绕东北老工业基地振兴、新型城镇化、长吉图开放、"一带一路"倡议等重大战略,积极推进交通基础设施建设,公路建设保持快速发展态势。

"十三五"时期是交通运输基础设施发展、服务水平提高和转型发展的黄金时期,要求发挥交通基础设施有效投资关键作用,加快完善综合运输基础设施网络,继续补齐高速公路建设短板,更好地服务于吉林省经济社会发展大局。

(一)"八五"期间(1991—1995 年),公路网结构等级明显提升

"八五"期间,吉林省委、省政府提出建设发达边疆近海省的总体战略部署,为适应经济发展要求,制定了公路交通"四纵三横二环和出口成网"的长期发展规划,明确公路建设"管好骨架,发展两头",即巩固、提高、改善现有国、省干线公路,积极发展高等级公路和乡村公路的战略方针。交通建设走上了快速发展的轨道,主要表现在全面建设公路网,一是重点建设国家主干线和省会到省辖市、联络开发区经济区的干线公路,开始在国家主干线上建设以高速公路为主的一批高等级公路;二是着手省市之间的二级路建设改造;三是加大三级公路在公路网中的比重,增加县、乡公路晴雨通车里程。同时,建设了一批公路运输枢纽中心站,并扩建了大安港,交通基本建设发展比较顺利。

1995 年,全省公路总里程达到 31321km,公路网密度达到 16.7km/100km^2。与"七五"相比,总里程增加 4853km,密度增加 2.6km/100km^2。全省等级公路达到 29509km,比"七五"末增加 6467km,增长了 28.1%;等外公路为 1812km。二级以上公路达到 1806km,占公路总里程的 5.8%,其中,高等级公路达到 118km,二级公路达到 1688km。全省所有乡镇全部通了公路,其中,54.2% 的乡镇通了沥青(水泥)路;全省 92.7% 的行政村通了公路;全省晴雨通车里程占总里程的 76.6%。

"八五"期间,全省等级公路比重明显提升,公路建设取得了较大的成绩,积累了丰富的经验,但是高等级公路尚未成网,不能发挥长距离快速通道的规模效益,交通滞后于经济发展的状况仍未改变,"瓶颈"制约因素依然存在。

(二)"九五"期间(1996—2000 年),公路运输的"瓶颈"制约得到了明显缓解

"九五"期间,吉林省交通运输以适应改革开放形势需要为目标,贯彻落实中央提出的"加大力度、深化改革,扩大开放、促进发展,保持稳定"指示,根据全省国民经济发展战略部署,调整交通建设步伐,立足服务本省,沟通东北地区,面向全国,连接水陆交通,建设对外开放、便捷、畅达的交通运输保障系统。全省交通紧紧围绕吉林省三十年公路网规划及"九五"交通计划进行建设,取得了长足发展和进步,主要表现在:公路网主骨架初具规模,一是高速公路建设全面展开,并已有多条高速公路投入运营;二是重点建设国道主干线,国省干线公路等级得到较快提高,公路网的结构和等级发生明显的变化;三是农村公路、扶贫公路、边防公路建设进展较快。同时,建成了一批公路枢纽站场,全省的交通事业呈现出加快发展的良好态势。

2000年，全省公路总里程达到35216km，比"八五"末增加3895km。公路密度达到18.8km/100km²，比"八五"末增加2.1km/100km²。高速公路实现零的突破，里程达到354km；一级公路达到410km，比"八五"末增加332km；二级公路达到4150km，比"八五"末增加2421km。二级以上公路里程达到4914km，占总里程的14.0%，比"八五"末提高8.2%，高于全国平均水平0.5%。农村的通行环境有了明显改善，乡通油（水泥）路率达83%，行政村通公路率达98.2%，分别比"八五"末提高28.8%、5.5%；晴雨通车里程达到30690km，比"八五"末增加6707km。全省所有地市实现了与省会二级以上公路连接，有27个县（市、区）实现与市（州）二级以上公路连接，占县（市、区）总数的61.4%，26.7%的乡镇实现与县（市、区）二级以上公路连接。全国公路交通主要指标综合排序由"八五"末的第17位，提升到"九五"末的第14位，在全国居中上游水平。

"九五"期间，吉林省高速公路实现零的突破，路网状况得到明显改善，全省公路运输能力显著提高，公路运输"瓶颈"制约状况得到明显缓解，交通基本适应了吉林省经济和社会发展需求。

（三）"十五"期间（2001—2005年），公路网通达深度显著提高

到了世纪之交的历史关口，"十五"期是21世纪的第一个五年计划的实施期，也是实现国民经济和社会发展第三步战略目标的关键时期，交通发展对推进和实现全省经济跨越式发展具有十分重要的意义。2002年，省交通厅提出了"加快农村公路建设，让农民走出泥泞"的交通战略目标，把农村公路建设作为实现小康的重要举措。本着坚持发展是硬道理，以加快交通建设为主题，以提高公路网整体功能和服务水平为主线，全省继续加快"四纵三横"公路主骨架建设和其他国省干线建设，提高路网等级和服务水平；加快县乡公路建设，提高路网的通达深度；加强旅游、国防公路建设，促进旅游业发展和兴边富民。

2005年，全省公路总里程达到50308km，比"九五"末增加15092km，公路密度达到26.8km/100km²，比"九五"末增加8km/100km²。等级公路为48487km，占总里程的96.4%，其中，高速公路达到了543km，比"九五"末增加189km；一级公路达到1529km，比"九五"末增加1119km；二级公路达到7335km，比"九五"末增加3185km，二级及以上公路达到9407km，占总里程的18.7%。除延边州外，全省地级市均实现了与省会长春一级以上公路连接，市（州）到县基本实现了二级公路连接。

全省农村公路建设率先起步，走在了全国的前列，是全国5个实现乡镇、行政村全部通公路的省份之一，成为"十五"期间交通发展的突出亮点。2005年，建成农村水泥（沥青）路37330km。乡镇通水泥（沥青）路率达98.5%，比"九五"末提高15.5%；行政村全部通公路率达到100%，比"九五"末提高1.8%；行政村通水泥（沥青）路率达到

65.6%,比"九五"末提高38.2%。

"十五"期间,在加快公路主骨架建设的同时,农村公路建设也取得了显著成效,路网的通达深度显著提高,初步实现了"让农村走出泥泞"的目标。

(四)"十一五"期间(2006—2010年),公路建设实现跨越式发展

"十一五"时期,全省交通运输发展坚持以科学发展观为统领,认真贯彻落实党中央、国务院和省委、省政府关于促进交通运输发展的一系列部署,围绕全面建设小康社会和振兴吉林老工业基地的总体要求,以"三个服务"为重点,统筹公路与其他运输方式的协调发展,统筹交通建设、运输和养护管理的协调发展,统筹公路建设与自然环境的协调发展,统筹交通事业与人的素质提高的协调发展,加快基础设施建设,提升运输服务水平,加强体制和机制创新,提高安全和应急保障能力,对促进全省经济平稳较快发展和社会全面进步发挥了重要作用。"十一五"时期交通建设投资大幅增长,公路运输实现快速发展,服务能力有效提升,以高速公路为重点的公路建设取得突破,交通供给能力显著增强,对经济发展起到了明显的拉动作用。另外,公路养护管理力度不断加大,路况质量稳步提高。

2010年,公路总里程达到90437km,比"十五"末增加40129km,公路网密度达到48.3km/100km^2,比"十五"末增加21.5km/100km^2,提高80.2%。等级公路里程达81005km,占公路总里程的89.6%。高速公路通车里程1850km,比"十五"末增加1307km,是"十五"前建成总量的2.4倍,在全国排位由五年前的第28位升至21位。除通化、白山为一级公路连通外,省会长春至其他市(州)政府所在地全部实现高速公路连接,高速公路网主骨架初步形成。一级公路1855km,二级公路9087km,二级及以上公路达到12792km,占总里程的14.1%。新改建农村水泥(沥青)路4.7万km,乡镇和建制村通水泥(沥青)路率达到100%和95.4%,分别比"十五"末提高0.9%和29.8%。

"十一五"期间,吉林省重点加快高速公路通道建设,稳步推进国省干线公路改造,进一步改善农村交通条件,全省公路里程、路网密度、高速公路里程增长幅度极为显著,公路建设实现跨越式发展。

(五)"十二五"期间(2011—2015年),公路建设保持快速发展

"十二五"是全省交通负重前行、奋力赶超的五年,吉林省围绕东北老工业基地振兴、新型城镇化、长吉图开放、"一带一路"倡议等重大战略,积极作为,始终坚持把补高速公路短板作为交通工作的首要任务,重点建设省级大通道、旅游大通道、国防战略通道。到2015年底,"7918"国高网项目全部开工建设,建成高速公路877km,8个市(州)和80%县(市)政府所在地通了高速公路,"两纵二射一横"的高速公路主骨架基本形成;干线公路网覆盖所有县级以上城市和主要乡镇,连接了所有口岸、重点景区和重要产业园区。农村

公路成为拉动当地经济的资源路、旅游路、产业路,全省农村居民群众基本出行得到全面保障。

2015年,全省公路总里程达到97326km,比"十一五"末增加6889km;公路密度达51.9km/100km^2,比"十一五"末增加3.6km/100km^2,增长7.5%。等级公路为90087km,占公路总里程的92.6%,其中,高速公路2629km,比"十一五"末增加779km;一级公路2027km,二级公路9300km,二级及以上公路达到13956km,占总里程的14.3%。农村公路19000km,建制村通畅率达到99.9%,比"十一五"末提高4.5%。

"十二五"期间,吉林省公路规模和密度保持较快增长,基本形成了以高速公路为主骨架、普通干线为支撑、农村公路为基础的路网体系,为实现全面建成小康社会的目标奠定了坚实基础。

(六)"十三五"期间(2016—2020年),公路建设进入以建设为主转向建设和管理服务并重的新阶段

"十三五"期间,按照省委、省政府加快推进"五大发展"战略和交通运输部建设"四个交通"的总体要求,紧紧围绕新一轮振兴发展、全面建成小康社会目标,抓住黄金机遇期,加快补齐发展短板,构建综合交通运输体系,提升运输服务品质,提高行业管理和治理能力,在供给侧结构改革中当好先行,使全省的公路建设从以建设为主转向以建设和管理服务并重的新阶段,实现由"基本适应"向"适度超前"的历史性跨越,服务稳增长和脱贫攻坚战、农业现代化和新型城镇化、长吉图战略和融入"一带一路"建设,为吉林老工业基地新一轮振兴和全面建成小康社会提供有力支撑和保障。

截至2016年底,全省公路总里程为102484km,公路密度为54.7km/100km^2。等级公路为97158km,占总里程的94.8%,其中,高速公路3113km,一级公路2081km,二级公路9432km,二级级以上公路达到14626km,占总里程的14.3%。

吉林省历年公路里程统计见表2-1-2,历年各技术等级公路比例统计见表2-1-3。各经济社会发展阶段(1995—2016年)公路里程增长情况如图2-1-2所示。

吉林省历年公路里程统计(km)　　　　　　　　　　表2-1-2

发展时段	年份	总计	等级公路里程						等外公路
			合计	高速公路	一级公路	二级公路	三级公路	四级公路	
"九五"	1998	33812	33812	312	199	2625	8967	20030	1679
	1999	34516	34516	354	300	3632	8745	19901	1585
	2000	35216	35216	354	410	4150	8898	19885	1519
"十五"	2001	39747	39747	381	723	4752	11003	20105	2783
	2002	41095	41095	542	1120	4918	11279	20548	2687
	2003	44007	44007	542	1258	5625	12023	22137	2421

续上表

发展时段	年份	总计	等级公路里程						等外公路
			合计	高速公路	一级公路	二级公路	三级公路	四级公路	
"十五"	2004	47255	47255	542	1364	6319	12253	24669	2106
	2005	50308	50308	542	1529	7335	12477	26604	1821
"十一五"	2006	84444	84444	543	1726	8115	10453	47734	15874
	2007	85445	85445	543	1918	8263	10508	49800	14413
	2008	87099	87099	925	1899	8714	10254	52739	12568
	2009	88430	88430	1035	1982	8795	10247	55584	10787
	2010	90437	90437	1850	1856	9087	10462	57752	9431
"十二五"	2011	91754	91754	2252	1880	8756	10627	60274	7964
	2012	93208	93208	2252	1921	8914	10658	61669	7794
	2013	94218	94218	2326	1938	8979	10729	62688	7559
	2014	96041	96041	2348	2016	9109	10673	64520	7374
	2015	97326	97326	2629	2027	9300	10665	65465	7239
"十三五"	2016	102484	102484	3113	2081	9432	9107	73425	5326

吉林省历年各技术等级公路比例统计（％）　　　表2-1-3

发展时段	年份	等级公路里程					等外公路
		高速	一级公路	二级公路	三级公路	四级公路	
"九五"	1998	0.9	0.6	7.8	26.5	59.2	5.0
	1999	1.0	0.9	10.5	25.3	57.7	4.6
	2000	1.0	1.2	11.8	25.3	56.5	4.3
"十五"	2001	1.0	1.8	12.0	27.7	50.6	7.0
	2002	1.3	2.7	12.0	27.4	50.0	6.5
	2003	1.2	2.9	12.8	27.3	50.3	5.5
	2004	1.1	2.9	13.4	25.9	52.2	4.5
	2005	1.1	3.0	14.6	24.8	52.9	3.6
"十一五"	2006	0.6	2.0	9.6	12.4	56.5	18.8
	2007	0.6	2.2	9.7	12.3	58.3	16.9
	2008	1.1	2.2	10.0	11.8	60.6	14.4
	2009	1.2	2.2	9.9	11.6	62.9	12.2
	2010	2.0	2.1	10.0	11.6	63.9	10.4
"十二五"	2011	2.5	2.1	9.5	11.6	65.7	8.7
	2012	2.4	2.1	9.6	11.4	66.2	8.4
	2013	2.5	2.1	9.5	11.4	66.5	8.0
	2014	2.4	2.1	9.5	11.1	67.2	7.7
	2015	2.7	2.1	9.6	11.0	67.3	7.4
"十三五"	2016	3.0	2.0	9.2	8.9	71.6	5.2

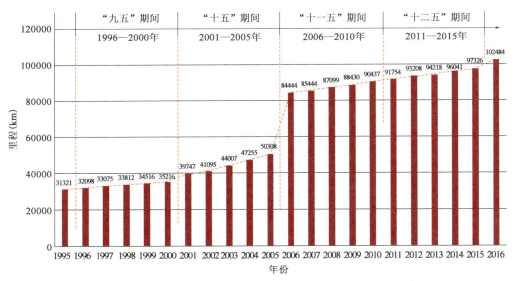

图 2-1-2　各经济社会发展阶段（1995—2016 年）公路里程增长情况

第二节　公路运输基础设施

一、公路运输基础设施建设现状

截至 2016 年底，吉林省共建成等级以上客运站 552 个，其中一级客运站 23 个（包括综合客运枢纽 4 个），二级客运站 48 个，三级客运站 35 个，四级客运站 63 个，五级客运站 383 个，8 个市州级城市（除辽源市）已建成或规划建设综合客运枢纽（已建成的有长春凯旋路、吉林、延吉西、延边图们 4 个，在建的有德惠西、四平东、敦化、松原 4 个，规划建设的有通化、白山、白城 3 个），县级以上城市全部建有二级以上客运站。全省共建成货运场站 60 个，其中，省级货运枢纽 6 个，一级货运站 21 个，二级货运站 16 个，三级货运站 17 个，基本形成了省、市、县三级货运枢纽服务体系。

二、公路运输基础设施发展历程

（一）"八五"期间，公路运输基础设施建设起步

"八五"期间，吉林省开始征缴公路客、货运输附加费，为运输基础设施建设提供了资金保障。新（改）建二级以上客运站 20 个，乡镇客运站 76 个，建成货场 7 个。截至 1995 年末，全省共建成客运站点 735 个，其中一级站 11 个，二级站 42 个，三级站 85 个，四级站

156个,五级站(停靠点)441个。

（二）"九五"期间,稳步实施公路运输主枢纽建设

"九五"期间,吉林省公路运输基础设施建设制定了以"一个中心,两个系统,三个层次,农村成网"为框架的发展目标,选出长春、吉林、四平等15个城市为主枢纽系统的布点城市,将其组合为6个主枢纽子系统,进行有计划、有目标、有步骤的公路运输站场建设,构建了全省公路运输主枢纽总体布局。全省新(扩)建二级及以上客运站22个,改建二级以上客运站28个,建设农村客运站82个。截至2000年末,吉林省共建成等级以上客运站346个,其中,一级客运站12个,二级客运站53个,三级客运站99个,四级客运站182个。全省建成货运场站30个。

（三）"十五"期间,进一步加快客货场站建设步伐

"十五"期间,吉林省道路运输市场机制初步建立,运输条件和环境得到明显改善。全省新建二级以上客运站11个,农村客运站102个;改建二级以上客运站18个;新建三级以上货运站32个。长春公路主枢纽信息服务中心建成并投入使用,全省62个二级以上客运站、41个三级以上货运站完成了信息系统建设,初步形成了依托长春公路主枢纽和8个市(州)中心城市,辐射经济较发达县市的运输站场服务体系。2004年,《汽车客运站级别划分和建设要求》(JT/T 200—2004)正式出台,全省对汽车客运站级别进行了重新核定,并对各级别客运站数量进行了统计。截至2005年末,吉林省共建成等级以上客运站266个,其中,一级客运站13个,二级客运站48个,三级客运站29个,四级客运站26个,五级客运站150个。全省建成货运场站53个,其中,一级货运站20个,二级货运站15个,三级货运站18个。

（四）"十一五"期间,公路运输基础设施服务能力和水平显著提升

"十一五"期间,吉林省公路运输基础设施建设发展较快,客运站的服务设施设备进一步完善,内部布局进一步合理,为旅客出行创造了良好的环境。全省新(改)建二级及以上客运站41个,建设农村客运站304个,候车亭446个,站牌107个,新建货运站3个。截至2010年末,吉林省共建成等级以上客运站515个,其中,一级客运站19个,二级客运站47个,三级客运站36个,四级客运站54个,五级客运站360个。全省建成货运场站55个,其中,一级货运站21个,二级货运站16个,三级货运站18个。

（五）"十二五"期间,综合运输枢纽建设启动

"十二五"期间,吉林省围绕综合运输体系发展,结合高铁建设布局新建7个集多种

运输方式于一体的综合客运枢纽,基本满足了旅客"零换乘"需求。全省新(改)建二级以上客运站30个,建设农村客运站52个,候车亭1363个。围绕珲乌、哈大等主要物流通道新建货运枢纽5个。截至2015年末,吉林省共建成等级以上客运站552个,其中,一级客运站23个,二级客运站48个,三级客运站35个,四级客运站62个。全省建成货运站59个,其中,一级货运站21个,二级货运站16个,三级货运站17个,货运枢纽5个("十二五"期间,新建货运站未进行等级划分)。

1998—2016年,吉林省等级以上客运站数量统计详见表2-2-1,客运站基本情况趋势如图2-2-1所示;等级以上货运站数量统计见表2-2-2,货运站基本情况趋势如图2-2-2所示。

1998—2016年吉林省等级以上客运站数量统计(个)　　　　　　　　　　表2-2-1

发展时段	年份	合计	一级站	二级站	三级站	四级站	五级站
"九五"	1998	335	11	53	97	174	—
	1999	335	12	54	103	166	—
	2000	346	12	53	99	182	—
"十五"	2001	341	12	53	103	173	—
	2002	337	13	52	108	164	—
	2003	314	13	51	118	132	—
	2004	202	14	48	78	62	—
	2005	266	13	48	29	26	150
"十一五"	2006	327	14	47	30	33	203
	2007	370	14	46	30	35	245
	2008	416	15	47	30	43	281
	2009	461	15	47	31	52	316
	2010	515	19	46	36	54	360
"十二五"	2011	539	19	47	36	58	379
	2012	546	19	48	33	59	387
	2013	548	20	48	33	60	387
	2014	550	22	48	35	61	384
	2015	552	23	48	35	62	384
"十三五"	2016	552	23	48	35	63	383

注:统计数据来自1998—2016年的《吉林省道路运输统计资料汇编》。

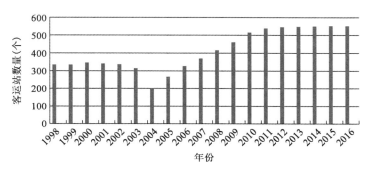

图 2-2-1　1998—2016 年吉林省客运站基本情况趋势图

1998—2016 年吉林省等级以上货运站数量统计（个）　　　　表 2-2-2

发展时段	年份	货运站数量				货运枢纽数
		合计	一级站	二级站	三级站	货运枢纽
"九五"	1998	3	—	—	—	—
	1999	15	—	—	—	—
	2000	30	—	—	—	—
"十五"	2001	42	—	—	—	—
	2002	46	13	12	21	—
	2003	50	14	16	20	—
	2004	47	16	16	15	—
	2005	53	20	15	18	—
"十一五"	2006	55	21	16	18	—
	2007	55	21	16	18	—
	2008	55	21	16	18	—
	2009	55	21	16	18	—
	2010	55	21	16	18	—
"十二五"	2011	55	21	16	18	—
	2012	55	21	16	18	—
	2013	54	21	16	17	—
	2014	54	21	16	17	—
	2015	54	21	16	17	5
"十三五"	2016	54	21	16	17	6

注：1998—2001 年，统计资料中未按货运站站级统计。统计数据来自 1998—2016 年的《吉林省道路运输统计资料汇编》。

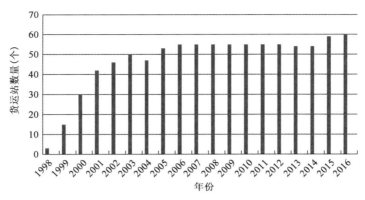

图 2-2-2　1998—2016 年吉林省货运站基本情况趋势图

第三节　道路运输

一、道路旅客运输发展情况

(一) 道路旅客运输发展现状

截至 2016 年末，吉林省共有道路旅客运输经营业户 3.7 万户，其中，企业 602 户，个体 36160 户。按经营范围分，班车客运经营业户 2084 户，旅游包车经营业户 121 户，公交客运经营业户 120 户，出租客运经营业户 34437 户。全省共有经营性营运载客汽车 9.8 万辆，其中，班线客车 1.1 万辆，旅游包车 0.4 万辆，公共汽电车 1.2 万辆，出租汽车 7.1 万辆，农村客运车辆 6832 辆。全省共开通客运班线 5764 条，平均日发班次 3.24 万班次/日，其中高速公路线路 254 条，平均日发班次 697.7 班次/日。

(二) 道路旅客运输发展历程

1. "八五"期间，道路旅客运输加快发展

"八五"期间，吉林省道路旅客运输累计完成客运量 41065 万人，完成旅客周转量 1801831 万人公里。截至 1995 年末，全省班车客运载客汽车达到 6403 辆，比"七五"末增长了 42.6%；高、中、普客车的比例为 1∶25∶74，卧铺客车从无到有，发展到 42 辆，"八五"期间更新车辆 530 辆。

2. "九五"期间，进一步优化道路旅客运输资源配置

"九五"期间，吉林省道路旅客运输累计完成客运量 47095 万人。截至 2000 年末，全省班车客运载客汽车达到 9833 辆，比"八五"末增长了 53.6%，其中，卧铺客车达到 76 辆，比

"八五"末增长了81.0%,高级客车仅有271辆。2000年,吉林省开展道路旅客运输资源优化配置工作,在全省采用客运服务质量承诺招投标的方式确定客运班线经营者,道路旅客运输安全和服务水平明显提高,百姓出行更加便捷,"一票难求"的现象得到进一步缓解。

3. "十五"期间,道路旅客运力结构得到明显改善

"十五"期间,吉林省道路旅客运输累计完成客运量68467万人。截至2005年末,全省班车客运载客汽车达到10648辆,高、中、普客车的比例为16∶33∶51,高级车占比大幅上升,车辆技术等级提升较快。道路运输信息化、组织化程度增强,车辆空驶里程减少,社会运力资源得到有效整合,道路旅客运输企业向规模化、集约化、专业化方向发展,到"十五"期末,全省共有二级客运企业18户,三级客运企业28户。

4. "十一五"期间,道路旅客运输主导作用进一步显现

"十一五"期间,吉林省道路旅客运输累计完成客运量205115万人,完成旅客周转量8959835万人公里,增长迅速,年均增长率分别达到18.6%、19.2%,道路运输在综合运输体系中的竞争力进一步加强,2010年道路旅客运输量在综合运输中的比重约为89.6%。截至2010年末,全省班车客运载客汽车达到10974辆,高、中、普客车的比例达到28∶39∶33,中高档客车比例已占总量的67.4%,旅客出行的舒适性、安全性日益提高。

5. "十二五"期间,道路旅客运输持续健康有序发展

"十二五"期间,吉林省道路旅客运输累计完成客运量212287万人,完成旅客周转量11130758万人公里,2015年,道路旅客运输量在综合运输中的比重约为78.6%,占主导地位,充分发挥了道路运输在综合运输体系中的基础性作用。截至2015年末,全省班车客运载客汽车为10749辆,与"十一五"末持平,高、中、普客车的比例达到38∶44∶18,高级客车达到4032辆,道路旅客出行的舒适性、安全性得到进一步提升。

1991—2016年,吉林省班车客运载客汽车数量统计见表2-3-1,班车客运载客汽车数量发展趋势如图2-3-1;道路旅客运输量及客运线路数量统计见表2-3-2,道路旅客运输量发展趋势如图2-3-2所示。

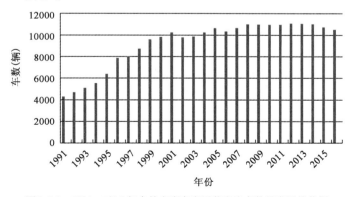

图2-3-1　1991—2016年吉林省班车客运载客汽车数量发展趋势图

1991—2016年吉林省班车客运载客汽车数量统计

表 2-3-1

发展时段	年份	总计 车数（辆）	总计 客位数（个）	大型车 车数（辆）	大型车 客位数（个）	中型车 车数（辆）	中型车 客位数（个）	小型车 车数（辆）	小型车 客位数（个）
"八五"	1991	4308	157894	3251	144986	—	—	—	—
	1992	4714	170659	3457	153033	—	—	—	—
	1993	5099	170310	3290	144216	—	—	—	—
	1994	5542	168163	3129	—	1151	—	1262	—
	1995	6403	180245	3024	130552	2130	38804	1249	10889
"九五"	1996	7880	195420	2935	124834	2315	43501	2630	27085
	1997	8031	209108	2953	127119	3356	65270	1722	16719
	1998	8729	216461	2873	123287	3816	74449	2040	18725
	1999	9613	233522	2767	115194	5049	100519	1797	17809
	2000	9833	222791	2164	91524	5515	112523	2154	18744
"十五"	2001	10255	230747	2128	88077	5930	122540	2197	20130
	2002	9791	236563	1663	70286	7208	156528	920	9749
	2003	9879	239895	1050	43302	6793	166054	2036	30539
	2004	10248	253789	1339	54693	7083	173819	1826	25277
	2005	10648	259814	1544	61194	7590	197242	1514	19378
"十一五"	2006	10346	254669	2009	79186	6663	156123	1674	19360
	2007	10676	264998	2374	95044	6776	153973	1526	15981
	2008	11019	272531	2619	103700	6592	150247	1808	18584
	2009	10988	279681	3050	119988	6167	140472	1771	19221
	2010	10974	285340	3317	128639	5973	138844	1684	17857
"十二五"	2011	10977	295696	3357	134405	5881	141541	1739	19750
	2012	11084	307088	3906	154771	5663	135792	1515	16525
	2013	11079	311909	4012	161112	5581	134832	1486	15965
	2014	11032	324881	4390	178810	5355	131555	1287	14516
	2015	10749	320456	4246	175018	5187	129875	1316	15563
"十三五"	2016	10520	318452	4455	180912	4815	122940	1250	14600

注：统计数据来自1991—1997年的《吉林交通统计资料》和1998—2016年的《吉林省道路运输统计资料汇编》。

第二章 公路建设和道路运输

1991—2016年吉林省道路旅客运输量及客运线路数量统计　　　表2-3-2

发展时段	年份	客运线路数（条）	客运量（万人）	旅客周转量（万人公里）
"八五"	1991	—	8779	381674
	1992	—	9344	426785
	1993	—	6699	303741
	1994	—	8073	339560
	1995	—	8170	350071
"九五"	1996	—	8921	391604
	1997	—	9435	414174
	1998	3213	9475	—
	1999	3446	9559	—
	2000	3737	9705	—
"十五"	2001	4181	9541	—
	2002	4352	9732	—
	2003	4760	11843	—
	2004	5066	18553	763946
	2005	5114	19158	791254
"十一五"	2006	5356	20517	865057
	2007	5556	22787	983881
	2008	5949	50511	2129283
	2009	6052	52723	2285847
	2010	5964	58577	2695767
"十二五"	2011	5914	61830	2865325
	2012	5948	66175	3067562
	2013	5874	27403	1686967
	2014	5937	27866	1732730
	2015	5917	29013	1778174
"十三五"	2016	5764	27186	1687249

注：统计数据来自1991—1997年的《吉林交通统计资料》和1998—2016年的《吉林省道路运输统计资料汇编》。由于统计口径变化，2008—2012年全省完成的客运量、旅客周转量包含了部分城市出租车和公交车完成的客运量、旅客周转量。

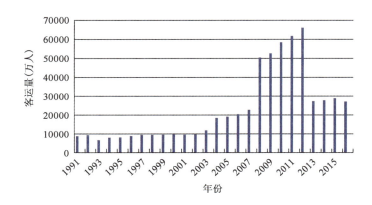

图 2-3-2　1991—2016 年吉林省道路旅客运输量发展趋势图

二、道路货物运输发展情况

（一）道路货物运输行业发展现状

截至 2016 年末，吉林省道路运输营运货车达到 32.9 万辆，大、中、小型比例为 40∶5∶55，道路运输完成货运量和货物周转量分别达到 4.1 亿 t、1084.8 亿吨公里，道路货物运输量在综合运输中的比重为 78.9%，仍占主导地位。全省道路货物运输经营业户达 23.6 万户，其中个体经营业户 22.4 万户，占货运业户的 94.9%，户均车辆保有量约为 1.4 辆，全省车辆保有量达到 100 辆及以上的货运企业 145 户，50～99 辆的企业 176 户，10～49 辆的企业 997 户，10 辆以下的企业 10289 户（图 2-3-3）。

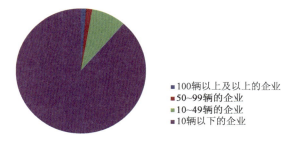

图 2-3-3　2016 年末道路货物运输企业车辆规模分布情况示意图

（二）道路货物运输发展历程

1."八五"期间，道路货物运输市场初步形成

"八五"期间，吉林省各项改革不断深入，为道路货物运输事业的发展注入新的生机。

道路货物运输行业法规建设取得较大进展,行业管理工作不断加强,经营性载货汽车数量持续增长。截至 1995 年末,吉林省道路运输完成货运量 20477 万 t,完成货物周转量 76 亿吨公里,比"七五"末分别增长 28%、47%。全省经营性载货汽车达到 10.7 万辆,比"七五"末增长 62.8%,重型、大中型、小型货车的比例为 27∶69∶4。

2."九五"期间,进一步规范道路货物运输市场秩序

"九五"期间,道路货物运输行业以资源优化配置为突破口,以加强管理、培育市场为重点,不断规范道路货物运输市场,促进货运行业开放发展。截至 2000 年末,吉林省道路运输完成货运量 23640 万 t,完成货物周转量 85.6 亿吨公里,比"八五"末分别增长 15.4%、12.6%。全省经营性载货汽车达到 9.8 万辆,吨位达到 38.3 万 t,经营性载货汽车大、中、小型车辆比例达到 57∶10∶33。

3."十五"期间,高速公路建设带动道路货物运输市场快速发展

"十五"期间,吉林省道路运输市场机制初步建立,运输能力不断增强,社会运力紧张的状况基本缓解,道路货物运输在综合运输体系中的主导优势日益明显,所占份额逐年递增。截至 2005 年末,吉林省道路运输完成货运量 27441 万 t,完成货物周转量 98.8 亿吨公里,分别比"九五"末增长 16.1%、15.4%,道路货物运输量在综合运输中的比重达到 73%。全省经营性载货汽车达到 15.2 万辆、吨位达到 59.5 万 t,分别比"九五"末增长了 55.1%、55.3%;经营性载货汽车大、中、小型车辆比例达到 42∶8∶50,其中专用载货汽车增长较快,达到 4337 辆,占营运货车总数的 2.9%,是"九五"末的 2.3 倍。

4."十一五"期间,传统货物运输向现代物流业发展转型

"十一五"期间,吉林省经济发展速度加快,运输需求持续增长。货运车辆重型化、厢式化、专业化趋势日渐明显,经营形式日趋多样化,现代物流、小件快运等新型服务方式快速发展,满足了社会不同层次、不同形式的运输需求。截至 2010 年末,吉林省道路运输完成货运量 33013 万 t,比"十五"末增长了 20.3%,完成货物周转量 683.14 亿吨公里,是"十五"末的 6.9 倍。道路货物运输量在综合运输中的比重约为 69.9%。全省经营性载货汽车达到 25.3 万辆,比"十五"末增长了 66.4%;货车吨位达到 143.7 万 t,是"十五"末的 2.4 倍,经营性载货汽车大、中、小型车辆比例达到 33∶7∶60。

5."十二五"期间,甩挂运输、多式联运等先进运输组织方式得到有效推广

"十二五"期间,吉林省道路货物运输行业以转变发展方式为主线,道路运输有效供给持续增长,一汽物流、双辽江山物流、亚奇物流等甩挂运输试点,增益供应链、冬晨物流等多式联运试点经验得到全面推广,为吉林省道路货物运输业发展开拓了思路,积累了经验,提供了参考,有效发挥了试点示范先行先试、以点带面的重要作用。截至 2015 年末,道路运输完成货运量 3.9 亿 t,完成货物周转量 1051.2 亿吨公里,分别比"十一五"末增长

了18.2%、53.9%。道路货物运输量在综合运输中的比重约为78.9%,仍占主导地位。全省经营性载货汽车达到35.9万辆,吨位达到243.7万t,分别比"十一五"末增长50.8%、69.6%,经营性载货汽车大、中、小型车辆比例达到39:5:56,专用载货汽车达到10197辆,是"十一五"末的2.2倍。

1991—2016年,吉林省公路货物运输主要指标统计见表2-3-3,道路运输完成货运量发展趋势如图2-3-4所示,经营性载货汽车数量趋势如图2-3-5所示。

1991—2016年吉林省公路货物运输主要指标统计表　　　　表2-3-3

发展时段	年份	货运量 (万t)	货物周转量 (亿吨公里)	载货汽车 (辆)	吨位 (t)
"八五"	1991	13492	45.36	99435	378737
	1992	14401	48.72	111687	414805
	1993	13437	52.8	121835	457374
	1994	19286	80	127977	474839.7
	1995	20477	76	106834	354304
"九五"	1996	21395	78.5	95009	393980
	1997	21020	78.3	97576	397811
	1998	22221	78.7	100487	402296
	1999	22261	81.3	91499	371938
	2000	23640	85.6	97784	383212
"十五"	2001	23649	86	101790	394099
	2002	24777	92.9	99428	369055
	2003	25211	90.6	108394	389625
	2004	26659	95.9	146834	535839
	2005	27441	98.8	151928	595489
"十一五"	2006	28965	106.3	171680	626590
	2007	31573	124	186029	752615
	2008	23558	563.58	200513	905303
	2009	27032	596.21	220533	1068874
	2010	33013	683.14	252848	1437225
"十二五"	2011	39308	816	280188	1677990
	2012	47130	974.06	323364	1939174
	2013	38063	1100	327073	2098828
	2014	41830	1190.78	344654	2254969
	2015	38708	1051.22	358506	2437006
"十三五"	2016	40999	1084.77	328683	2216592

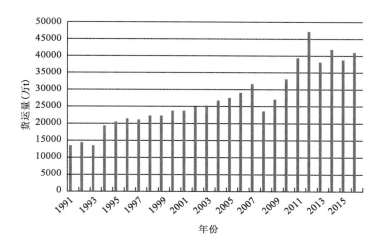

图 2-3-4　1991—2016 年吉林省道路运输完成货运量发展趋势图

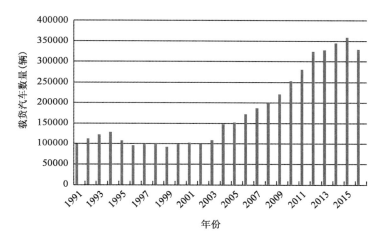

图 2-3-5　1991—2016 年吉林省经营性载货汽车数量趋势图

第三章
高速公路发展

第一节　高速公路发展历程

高速公路是交通运输现代化的重要标志,是国民经济和社会发展的基础性、先导性和服务性设施,在综合交通运输网络中具有骨干作用,是引领和支撑经济社会发展的重要战略资源。"以史为镜,可知兴替",回溯吉林省高速公路的发展历程,不仅是对其成长轨迹的回顾与梳理,更是对其未来走出创新发展之路提供参考与借鉴。

1996年,长春至四平高速公路建成通车,揭开了吉林省高速公路建设的宏伟序幕。历经二十载的发展,经过几代交通人的不懈努力,吉林省高速公路从无到有,从通变畅,从起步建设到拥有规模网络,实现了跨越式的发展,取得了令人瞩目的成就。吉林省从拥有第一条高速公路到实现通车里程1000km,用了13年的时间,从通车里程1000km到3000km,仅用了7年的时间。到2016年末,吉林省高速公路通车总里程已达3113km(图3-1-1),覆盖了全省80%以上的县(市)及人口,"三纵二射一横"的主骨架网络已基本形成。

吉林省高速公路二十余年的建设历程,可以总结为三个发展阶段:1990—1997年为建设起步阶段;1998—2007年为快速发展阶段;2008—2016年为跨越发展阶段。"十三五"及未来一段时间,交通运输将处于优化网络布局的关键期、提质增效的转型期、现代化建设的新阶段。在新的历史起点上,高速公路发展也将进入增速换挡、提升服务的崭新阶段。

一、建设起步(1990—1997年)

20世纪80年代末期,党的"十三大"提出中国经济建设分"三步走"的战略目标,第一步目标,1981—1990年,实现国民生产总值比1980年翻一番,解决人民的温饱问题;第二步目标,1991年到20世纪末,国民生产总值再增长一倍,人民生活达到小康水平;第三步目标,到21世纪中叶人民生活比较富裕,基本实现现代化,人均国民生产总值达到中等发达国家水平,人民过上比较富裕的生活。"第一步"在20世纪80年代末已基本实现。为了完成"第二步"战略目标,经济总量实现较高增长,吉林省委、省政府做出了"关于加快改革开放,使全省经济更快更好地上一个新台阶的决定"。"八五"期间,全省生产总值达到 1205 亿元,年均增长 11.1%,提前 5 年实现了翻两番的目标。

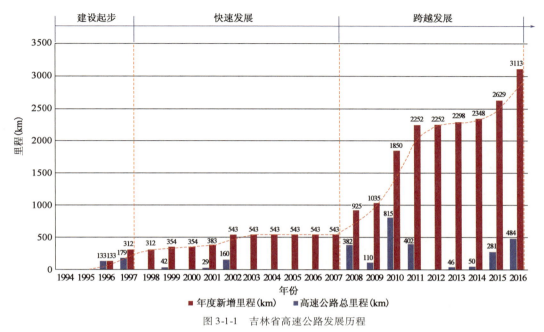

图 3-1-1　吉林省高速公路发展历程

1994 年 9 月,吉林省委、省政府吉发〔1994〕13 号文件公布了吉林省《建设发达边疆近海省总体战略纲要》,提出到 2010 年建设发达边疆近海省的总体战略构想:"面向两海、构筑两带、产业升级、整体升位"。按照省委、省政府的总体战略部署,同年吉林省交通厅完成了《吉林省干线公路网规划总报告(1991—2020 年)》(以下简称"三十年路网规划"),确定了吉林省公路主骨架呈"四纵三横"格局。

公路"四纵三横"主骨架布局（三十年路网规划,1994年）
四纵：沈阳—长春—哈尔滨、丹东(大连)—通化—松江—延吉—牡丹江
大连—吉林—哈尔滨、沈阳—松原—明水
三横：珲春—图们—吉林—长春—乌兰浩特、集安—四平—通辽
浑江(白山)—长春—长岭—通榆—白城

随着国民经济的快速发展,公路客货运量急剧增加,公路交通长期滞后所产生的后果暴露出来,干线公路交通拥挤、行车缓慢、事故频繁,影响了公路功能的发挥。1989 年 7 月,在沈阳召开的高等级公路建设现场会上,时任国务院副总理邹家华同志指出"我们国家不是要不要发展高速公路的问题,而是怎么加快发展、怎么把它建设好的问题"。思想认识的统一,为我国高速公路发展确定了方向,也拉开了吉林省高速公路建设的序幕。按

照省里经济上新台阶的要求,在"三十年路网规划"的指导下,"八五"期间开始在国家主干线上建设以高速公路为主的一批高等级公路,提前安排了一系列关系到全省经济发展的重大项目,高速公路建设步入了起步发展的轨道。1994年5月,长春至四平高速公路(以下简称"长平高速公路")破土动工,经过全体交通人的不懈努力,于1996年9月竣工通车,至此,吉林省拥有了第一条高速公路,实现了高速公路零的突破,迈出了历史性的步伐。1995年,珲春至乌兰浩特高速公路(以下简称"珲乌高速公路")吉林至长春段(以下简称"长吉高速公路")、长春至营城子高速公路(以下简称"长营高速公路")、长春绕城高速公路西段同时开工,至1997年9月,三条高速公路同期竣工通车,高速公路总里程达到313km,以省会长春市为中心的放射状高速公路网雏形初现,吉林省高速公路建设迈出了新的步伐。

(一)长平高速公路通车标志着吉林省高速公路实现了零的突破

长平高速公路的建设酝酿于吉林省经济发展较快的20世纪80年代末期,是国家和吉林省"八五"期间重点建设项目,也是吉林省"三十年路网规划"确定的"四纵三横"公路主骨架的重要组成部分。1990年,为实现吉林省"南联北拓"的发展战略,省交通厅成立了高等级公路前期工作组,由交通厅副厅长任工作组组长,全面负责全省高速公路建设前期工作。1992年12月,国家计委批复了《长春至四平高速公路可行性研究报告》,完成了长平高速公路的立项审批;1994年1月,完成了建设招投标工作;1994年5月10日,长平高速公路破土动工。为了完成国家"八五"期间交通运输重点项目,实现吉林省振兴经济战略,全省加快了长平高速公路的建设步伐,于1996年9月19日建成通车,比计划工期(五年)提前两年半完成。至此,吉林省拥有了第一条高速公路,高速公路建设实现了零的突破(图3-1-2、图3-1-3)。

图 3-1-2　长平高速公路通车典礼

图 3-1-3　长平高速公路通车伊始

在全体交通工作者的共同努力下,长平高速公路的建设得到了国家有关部委、亚洲开发银行的赞誉和省委、省政府的多次表彰,获得了多项荣誉。共获得"1997 年吉林省优质工程奖""1998 年第六次省级优秀工程勘察一等奖""第八次省级优秀工程设计一等奖"以及"1999 年全国第八届优秀工程设计铜奖"。

(二)以省会长春市为中心的放射状高速公路网络雏形初现

"九五"期是吉林省改革和发展的关键时期。省委六届四次全会提出"吉林经济三年再上新台阶"的要求,六届六次会议提出"交通要快上先行,积极建设高等级公路,发展高速公路,使公路四通八达"的指示。依据省委省政府的工作部署,省交通运输厅确定了"六年路网建设分两步实施"的计划(以下简称"六年路网计划"):第一步,即 1995—1997 年,高等级公路达到 450km;第二步,即 1998—2000 年,高等级公路里程达到 873km,增加 423km。为实现六年路网计划的目标,"九五"期交通工作以"建设和完善公路主骨架为中心,一是建设省会长春直达各市州所在地及相互连接的主干线,充分发挥干线公路网的系统作用;二是建设对外开放的出口公路和邻省边境出口的公路,以保证对外开放、开边通海发展战略的实施"为重点展开。

1994 年 9 月,吉林省委、省政府审时度势,从全省经济发展的大局出发,在经济环境并不宽松的情况下,以坚定的信心和卓越的胆识果断决策,没有条件创造条件,在修建长平高速公路期间,于 1995 年 5 月开始兴建当时路基最宽、标准最高的长吉高速公路。长吉高速公路是当时国家"两纵两横"公路主干线之一的同江至三亚公路长春至珲春支线的重要路段,是吉林省"八五"和"九五"建设规划中的重点项目之一,该项目有力地推进了吉林省两大城市(长春市、吉林市)的经济互补、产业联合和经济一体化。长吉高速公路的建设获得了极大成功,各项指标均达到全国一流水平,共获得了"第九次省级优秀工程设计一等奖""国家第九届优秀工程设计金奖""第二届詹天佑土木工程大奖"(中国土木工程科技最高奖)和"国家环境保护工程奖"四个奖项。

与长吉高速公路同时开工的还有长营高速公路和长春绕城高速公路。1997年9月，上述三条高速公路同时建成通车，吉林省高速公路通车里程比上年增加了180km，排位跃居全国前列(里程居第7位，建设速度1996、1997年连续两年居第3位)。2000年，长营高速公路获第七次省级优秀工程勘察一等奖和第九次省级优秀工程设计一等奖。

长平高速公路、长吉高速公路、长营高速公路和长春绕城高速公路西段的建成，形成了以长春为中心的放射状高速公路的网络雏形，高速公路建设迈出了一大步。几条高速公路的建成通车对于加快发展商品粮生产及加工基地、汽车工业基地和石油化工基地具有十分重要的意义。

(三)科学的组织管理和有效的政策机制，助力高速公路建设起步

1. 全方位、全过程的科学管理

"上精下实"的组织管理体系。吉林省高速公路建设伊始，建立起上精下实的领导体系，充分调动方方面面的积极性。采用按项目设立建设指挥部管理模式，先后成立了长平、长吉建设指挥部办公室两个独立单位，各自独立负责长平、长吉高速公路的建设管理工作；设立长春市分指挥部、吉林市分指挥部、四平市分指挥部，负责组织指挥、协调服务、施工管理工作，行政上受地方政府和省高等级公路建设指挥部双重领导。

具有中国特色的"菲迪克"条款管理办法和全方位的包保责任制及方针目标管理。长平高速公路首次引入国际通用的"菲迪克"条款，即实行"招投标制""项目法人责任制"和"工程监理制"。经过吉林省高等级公路建设指挥部长平办公室自行组织公开招标，最终吉林省公路工程局、长春市政工程公司、路桥工程公司、抚顺市公路工程处、丹东市公路工程处、沈阳高等级公路建设总公司等33家公路施工队伍中标。长吉高速公路建设中，一改全国惯用的低价中标法，采用综合评分法，其中标价分仅占30%，施工队伍的综合能力占70%，有效避免了招标评标中的不正之风。长吉、长营高速公路在工程管理上，把国际通用的"菲迪克"条款管理办法同中国国情实际结合起来，在推行"菲迪克"管理办法的同时，又全方位实行了包保责任制和方针目标管理，实行投资、质量、工期的包保，创出一条具有中国特色的"菲迪克"条款管理办法。

严格的质量管理体系。建立健全了"政府监督、工程监理、企业自检"的三级质量保证体系，实行从设计到工程竣工验收的全过程质量监督管理，认真执行"三服从"(当质量与造价、工期、进度发生矛盾时，造价、工期、进度要服从质量)的要求，重点工程质量监督覆盖面达到100%。通过严格的质量管理体系，使吉林省高速公路造价在全国同类标准高速公路中为最低省份之一。

2. 积极、有效的政策机制

多渠道资金筹集。交通建设实行多渠道、多层次、多种形式筹集资金的新机制。经省政府批准,组建了三个公路股份公司(长平、长吉、延边公路建设股份公司)和一个交通开发投资公司,引进外资1.3亿美元,其中长平高速公路向亚洲开发银行贷款1.26亿美元,是吉林省公路建设首次利用数额较大的国际贷款。

多项优惠政策支持。省政府先后出台了《关于筹措四平至长春高速公路建设资金有关问题的批复》(吉政函〔1992〕224号)和《关于筹措高等级公路建设资金有关问题的通知》(吉政发〔1995〕60号)等向交通倾斜的政策文件。1992年8月,省政府第九次常务会议做出决定,对即将开工的长平高速公路建设实行七项优惠政策,包括开征公路客货运附加费,新征资金用于高速公路和交通运输基础设施建设。关于养路费,除每年上缴省财政2000万元能源交通基金和预调基金外,其余部分可缓交,全部用于高速公路建设。在公路建设征地拆迁和税费征收方面也做出明确规定,实行优惠。交通建设计划投资管理实行分级建设责任驱动、投资倾斜利益驱动、计划监督风险驱动的新机制。

二、快速发展(1998—2007年)

"九五"期间,国家进行了全面建设小康社会、加快推进社会主义现代化的战略部署,提出要加快城镇化进程、推进区域经济协调发展、参与国际经济技术合作和竞争、提高人民生活水平。1998年中共吉林省委二次会议确定"科教兴省、开放带动、县域突破"为吉林省面向21世纪发展的"三大战略",注重用改革开放的办法解决前进中的突出矛盾和难点问题,创造性地开展各项工作,经济建设和社会发展取得了重大成就,初步形成了以汽车、石化为支柱,食品、医药、电子为优势,高新技术产业为先导的具有吉林特色的产业框架,完成了第二步战略目标和"九五"计划各项任务,为"十五"发展奠定了坚实的基础。

在全面建设小康社会和区域经济协调发展的战略部署下,2003年,党中央做出了实施东北地区振兴战略的重大决策。振兴东北老工业基地,对于吉林省是一个难得的重大历史机遇,吉林省委、省政府高度重视,制定了振兴吉林老工业基地的措施和政策。在各种矛盾相对突出和集中显现、国内外环境错综复杂的情况下,全省上下进一步解放思想,坚持以改革统揽全局,为落实中央扩大内需的决策和实施"科教兴省、开放带动、县域突破"三大战略,省委、省政府立足区位和产业优势,以提高规模效益和产业聚集度为目标,统筹规划,因地制宜,优势互补,努力实现全省区域经济协调发展。为增强保障能力,紧抓公路主骨架建设,高速公路建设全面展开,带动了公路网整体水平的提高。"九五"期间,吉林省交通工作的重点:一是建设长吉工业走廊,充分发挥长春、吉林两个中心城市的带动作用,构筑经济辐射中心;二是围绕开边通海,加强国际合作,创造条件打通日本海通道,发挥珲春对外开放的"窗口"作用,推进图们江地区开发开放进程;三是突出高速公路主骨架建设的同时,兼顾大中城市的出口和绕越公路的建设,公路网改造步伐加快;四是构筑边境开发开放带,联结图们、延吉、临江、长白、集安等地,积极推进多国合作开发的进程。

2004年12月,在《"五纵七横"国道主干线系统规划》的基础上,国务院审议批准了《国家高速公路网规划》,这是我国公路网中最高层次的公路通道规划,确定了用三十年时间全面建成"五纵七横"国道主干线,高速公路连接当时人口在20万人以上的城市,形成7条首都放射线、9条南北纵线和18条东西横线的高速公路网,简称"7918"网,国家高速公路总里程将达到8.5万km。2006年,在《国家高速公路网规划》的基础上,吉林省政府批复实施了《吉林省高速公路网规划》,确定了吉林省"五纵五横三环四联"的高速公路总体布局。

2003—2007年的五年间,全省交通系统围绕服务于经济和社会发展大局,务实创新、团结拼搏,加快构筑现代交通运输体系,继续集中精力推进高速公路大通道建设,交通发展取得显著成就。共完成交通基础设施投资642.4亿元,是前五年的2.4倍,其中,完成高速公路投资112.9亿元;已开工建设的高速公路里程达1026km,仅2007年新开工高速公路里程就达461km,投资达56.3亿元;省会到市州、省际主要通道及通往长白山的高速公路项目全部启动。高速公路建设的快速发展,为构筑"五纵五横"高速公路骨架网奠定了坚实的基础。

> "五纵五横三环四联"高速公路布局(《吉林省高速公路网规划》,2006年)
>
> 五纵:鹤岗至大连、嘉荫至大连、北京至哈尔滨、大庆至广州、嫩江至丹东
>
> 五横:五常至科右中旗、珲春至乌兰浩特、大蒲柴河至科左中旗、集安至双辽、抚松(松江河)至双辽
>
> 三环:长春绕城环线、长春经济圈环线、中部城镇群环线

(一)紧抓公路主骨架建设,带动全省路网整体水平提高

继长吉高速公路通车之后,围绕"开边通海"的战略部署,为了加强边疆与内陆地区的联系,加快图们江下游地区的开发开放,完善高速公路网,吉林省于1997年陆续开工建设珲乌高速公路江密峰至吉林段(以下简称"吉江高速公路")和珲乌高速公路图们至延吉段(以下简称"延图高速公路")。1999年吉江高速公路建成通车,2001年延图高速公路建成通车。继长平高速公路通车之后,1998年又开工建设国道主干线北京至哈尔滨高速公路吉林境内长春以北路段,即北京至哈尔滨高速公路长春至扶余段(简称"长余高速

公路")。2002年8月,长余高速公路建成通车。长余高速公路与长平高速公路共同形成了吉林省境内第一条贯通南北的运输大通道,"四纵三横"骨架公路网形成了"第一纵",全省高速公路通车里程达到了543km。

吉江高速公路兼具吉林市绕城路段的功能,缓解了吉林市区的交通紧张状况。吉江高速公路位于经济发达的吉林省中部地区,同时又地处吉林市边缘,具有绕城公路的功能。为了加强国道主干线建设,同时尽快缓解吉林市区的交通紧张状况,完善公路网布局,在长吉高速公路即将完工之际,于1997年5月18日开工建设吉林至江密峰高速公路,1999年11月建成通车,1999年12月通过交工验收并开始试运营。

延图高速公路成为吉林省东部延边地区的第一条高速公路。为了推进图们江地区开发开放进程,构筑边境开发开放带,提出建设延图高速公路。延图高速公路被列为吉林省"九五"期间重点建设项目,于1997年5月开工,2001年8月通过交工验收并开始运营。延图高速公路的开通标志着吉林省东部延边地区拥有了第一条高速公路,它的建设对改善延边地区的交通状况和投资环境,促进延边地区经济社会及旅游业发展,以及对加强边疆与内陆地区的联系均具有重要意义。

长余高速公路通车标志着吉林省第一条纵向大通道的全面贯通。为了加快吉林省公路交通主骨架、大通道建设,完善"四纵三横"高速公路网,继长平高速公路、长吉高速公路、长营高速公路通车后,吉林省于1998年10月开工建设长余高速公路,历经四年的艰苦努力,于2002年8月全线竣工通车。长余高速公路是交通部和吉林省的"九五"跨"十五"的重点公路建设项目,其建成通车标志着吉林省第一条纵向运输大通道全面贯通。

(二)建设绕城高速公路,实现交通流在省会长春市的便捷转换

长平高速公路和长余高速公路相接于长春市东北部的兴隆山,其长春市的过境路段绕经长春市东南部,形成了长春市绕城高速公路的东南环(半截沟经兴隆山至小西屯段)。为了使长春绕城高速公路形成完整的一环,实现长春周边高速交通流的便捷转换,迫切需要修建长春绕城高速公路西北环。

为缓解长春市交通拥挤状况,实现交通流在长春市的便捷转换,长春市政府早于1990年6月就启动了前期工作,并将长春绕城高速公路列为"八五""九五"重点建设工程。按照实施情况,长春绕城高速公路西北环划分为北段、西段和南段,其中北段与长余高速公路同期建设,2002年8月竣工。西段和南段相继于1995年5月和1997年7月开工,分别于1997年9月和1999年8月竣工。

长春绕城高速公路是经省计委批准建设,长春市组织修建和管理的第一条高速公路,它的建成极大地缓解了长春市区交通压力,满足了长春市周边高速公路及国省干线公路交通流在长春市转换的需要。随着长余高速公路和长春市绕城高速公路北段的通车,长

春绕城高速公路全部建成,以长春市为中心的放射状高速公路网更加清晰,吉林省"四纵三横两环出口成网"的高速公路网规划布局中,形成了完整的"一纵"和"一环"。

（三）适应经济"快跑"需要,进一步推进大通道建设

"十五"期间,在全面建设小康社会和振兴东北老工业基地新形势下,吉林省为适应新形势的需要,调整了产业结构和布局,确定了"扩大总量、优化结构、提高效益、增强后劲、提高人民生活水平"的基本任务。重点强化农业产业化、支柱及优势产业、基础设施、新兴产业、高技术产业和生态环保六大领域,建设汽车、合成材料和精细化工、玉米加工转化、液晶—光电子、现代中药5大产业基地。

"十五"期末,在振兴吉林老工业基地取得良好开局的基础上,吉林省提出以改革创新为动力,以加快发展为核心,进一步增强发展意识,加快发展步伐,使发展由"快走"变"快跑"。为了增强发展动力,要加大固定资产投资,实施投资拉动。

加快经济发展步伐,要求交通"快上先行"。一方面,经济快速发展刺激运量持续增长,决定了建设和发展仍是交通运输业的首要任务;另一方面,产业结构的调整要求提高运输服务总体质量,在服务深度、广度和质量上得到保证。

1.推进"开边通海"大通道建设,促进国际合作

建设珲乌高速公路珲春至江密峰段,向东形成开边通海大通道。珲乌高速公路珲春至江密峰段(以下简称"江珲高速公路")按实施情况划分为珲春至图们段、图们至延吉段、延吉至敦化段、敦化至黄松甸段、黄松甸至江密峰段5个路段。其中,图们至延吉段于1997年5月按高速公路标准开工建设,于2001年8月竣工通车。延吉至敦化段和黄松甸至江密峰段最初于2003年7月按全封闭全立交的一级公路(半幅)开始建设,原计划2007年半幅通车。2005年,为实现国家高速公路网规划目标,吉林省决定将江珲高速公路列为"十一五"期间重点推进的项目,实施全线按高速公路标准贯通。2006年8月,敦化段至黄松甸段按高速公路标准开工建设,江密峰至黄松甸段和延吉至敦化段在半幅一级公路的基础上改建为高速公路。2007年11月,国家发改委批准江珲高速公路立项。2008年9月,延吉至敦化段、敦化至黄松甸段、黄松甸至江密峰段建成通车;珲春至图们段于2007年7月开工建设,2010年9月建成通车。

建设珲乌高速公路长春至白城段,向西形成连接蒙东的高速公路大动脉。为了在吉林省中西部建成高速公路大动脉,形成黑龙江省西南、内蒙古东北、吉林省西部等经济区出海的便捷通道,带动地方产业的快速发展,实现区域经济一体化,为振兴吉林老工业基地提供强有力的交通保障,吉林省于2004年开展了珲乌高速公路长春至松原段(简称"长松高速公路")和珲乌高速公路松原至白城段(简称"松白高速公路")的前期工作。2006年4月和8月相继开工建设松白高速公路和长松高速公路,两段公路全长384km,有

50%以上的路段是在原一级公路基础上进行改扩建。至2010年11月,以上两段高速公路全部建成通车。

2. 推进省际通道建设,强化吉林省与国家重要经济区的联系

2006年,相继开工建设大庆至广州高速公路(以下简称"大广高速公路")肇源至松原段、通化至沈阳高速公路(以下简称"通沈高速公路")通化至下排段等项目,为增强吉林省与相邻的黑龙江省及辽宁省的联系增加两个新的出口通道,同时也为吉林省东南部地区及西部地区与京津冀环渤海经济圈实现互补与联合创造了有利的条件。

大广高速公路是2004年国务院批准的《国家高速公路网规划》中的"纵五线",其吉林省境内的肇源至松原段已于2005年按一级公路标准建成通车,为适应国家和吉林省高速公路布局和建设要求,也为节约资金,最大限度地发挥投资效益,交通部门及时调整技术标准,充分利用已建和在建工程,对一级公路进行改扩建,按全封闭全立交的四车道高速公路标准进行建设。通沈高速公路是吉林省东南部和辽宁省北部联系的便捷通道,西接经济发达的重工业基地辽宁省省会沈阳市,进而连接北京、关内各省及大连港、天津港等港口,东接通化市及白山市。通过交通对接,促进了吉林省东南部与辽宁及京津冀、环渤海经济圈在经济上的互补与联合。

(四)改革建设市场管理体制和筹融资机制,为高速公路快速发展提供强大动力

1. 改革计划投资管理体制和建设管理模式

吉林省进一步改革计划投资管理体制,实行了分级建设责任驱动、投资倾斜利益驱动、计划监督风险驱动的新机制,改变了过去投资无责任、无风险、无约束的问题。为了实现均衡式发展,出台并实施了四项投资倾斜政策,即向少数民族地区、贫困地区、东部山区和交通建设积极性高的地区实行投资倾斜。

改革高速公路建设管理模式,部分项目实行省市共建。

2. 稳步推进筹融资机制改革

实行多渠道、多形式筹资,保证了交通建设的资金来源。除向国内外金融机构和组织贷款外,还积极运作企业上市和进行资本运作,多渠道筹集资金;同时采取独资、合资、合作、BOT等多种方式筹集资金。

1999年7月,吉林省高速公路公司、黑龙江省高速公路公司以及华建交通经济开发公司共同出资组建东北高速公路股份有限公司(以下简称"东北高速"),并在上交所上市,直接为吉林省融入资本金5.18亿元。长余高速公路三个服务区实行BOT方式建设,引进社会资金3510万元。

3. 规范完善交通基础设施建设市场

1999年制定出台了《吉林省公路建设市场管理办法实施细则》和《吉林省道路运输基

础设施工程建设管理暂行办法》，对交通基础设施建设程序实行严格的审查、审批。实行项目业主责任制和招投标制度，对全省 50 万元以上的工程和设备进行公开招标。工程建设推行"四制"，即项目法人制、工程招投标制、工程监理制和合同管理制，严格规范市场准入条件。2000 年，率先在全国提出了构筑道路建设、道路养护和道路运输三个市场的改革目标，通过构筑"三个市场"，完善市场体系，发展交通经济。

江珲高速公路项目招投标在全国率先采用了"有限最低评标价法"，有效解决了低价抢标问题，择优选择施工队伍。

三、跨越发展（2008—2016 年）

"十一五"是吉林省高速公路建设快速发展的五年。"十一五"初期，我国提出了国内生产总值年均增长 7.5%，实现人均国内生产总值比 2000 年翻一番的目标，主要任务之一是优先发展交通运输业，进一步完善公路网络，重点建设国家高速公路网，基本形成国家高速公路网骨架。"十一五"期间，吉林省提出要紧紧抓住机遇，转变发展观念，创新发展模式，加快发展速度，提高发展质量，实现更快更好发展的任务目标，地区生产总值年均增长 12% 以上，要继续抓住固定资产投资不放松。

经济加快发展，交通建设必须先行。为适应全省经济更快更好发展，吉林省进一步加大基础设施投资，加快连接各市州的高速公路和出海入关大通道建设，主要目的有两个：一是充分发挥省会长春市对全省经济的辐射带动作用，二是进一步强化吉林省与邻省、与重要经济区的联系。

"十一五"时期，是吉林省交通基础设施建设历史上投入规模最大、发展速度最快的五年。全省完成基础设施建设投资 965 亿元，是"十五"期间投资的 2.1 倍，年均增速达 14.8%。其中，公路建设投资 951 亿元，是"十五"的 2.2 倍；高速公路建设投资 531 亿元，占全省交通基础设施投资的 55%，是"十五"的 11.7 倍。到 2010 年，高速公路通车总里程达到 1850km，比"十五"末新增 1307km，是"十五"末的 3.4 倍。除通化市和白山市外，省会长春市至省内其他市（州）政府所在地全部实现高速公路连接。

"十二五"是补高速公路短板，奋力赶超的五年。"十二五"时期，是我国全面建设小康社会的关键时期，加快转变经济发展方式的攻坚时期，坚持把经济结构战略性调整作为加快转变经济发展方式的主攻方向。构建扩大内需长效机制，促进经济增长向依靠消费、投资、出口协调拉动转变。促进经济增长向依靠第一、第二、第三产业协同带动转变，促进区域良性互动、协调发展。交通发展方面，要求按照"适度超前"原则，统筹各种运输方式发展，基本建成国家快速铁路网和高速公路网，初步形成网络设施配套衔接、技术装备先进适用、运输服务安全高效的综合交通运输体系。公路建设方面，要求完善国家公路网规划，加快国家高速公路网剩余路段、瓶颈路段建设，加强国省干线公路改扩建。

第三章
高速公路发展

"十二五"时期,是吉林省实现经济社会又好又快发展的重要战略机遇期。东北老工业基地振兴战略的深入推进和图们江区域合作开发规划的发布和实施,给吉林省带来了发展的重大机遇,面对新的发展形势,省委、省政府加快推进"工业化、城镇化、农业现代化"统筹和实施"投资拉动、项目带动、创新驱动"战略,把交通建设作为投资拉动的重点,对交通运输发展提出了新的更高要求。

面对新的形势,吉林省提出了围绕全省经济社会发展战略,以长吉图区域特别是长吉一体化区域为重点,构建"大交通、大通道、大路网、大枢纽、大物流"。力争到2015年,全省公路交通取得进一步发展,基本形成以长春为中心,北上黑龙江、南下环渤海和京津冀,西通蒙东地区、东至俄朝的快速通道网络,现有国家高速公路网吉林省境内段、长吉图综合运输通道中的公路运输通道全部建成。

2013年,国家发改委印发了《国家公路网规划(2013—2030年)》,对2004版《国家高速公路网规划》的高速公路布局进行了调整,明确国家高速公路网由7条首都放射线、11条南北纵线、18条东西横线,以及地区环线、并行线、联络线等组成。其中,提出按照"实现有效连接、提升通道能力、强化区际联系、优化路网衔接"的思路,补充完善国家高速公路网。按照国家高速公路网调整思路,吉林省对高速公路网布局进行了调整,形成了《吉林省高速公路网布局方案(2014—2030年)》,即"五纵四射三横二环十联"布局,简称"五四三二一"高速公路网布局。在2006年提出的"五纵五横三环四联"的高速公路网布局基础上,将横一"五常至科右中旗"调整为"铁力至科右中旗高速公路";将横三"大蒲柴河至科左中旗"调整为"长春至延吉高速公路"和"长春至太平川高速公路";将"抚松至双辽高速公路"调整为"长春至长白高速公路"和"长春至深圳高速公路"。

> **"五纵四射三横二环十联"高速公路规划布局(2014—2030年)**
>
> 五纵:鹤岗至大连、黑河至沈阳、北京至哈尔滨、大庆至广州、嫩江至双辽
>
> 四射:长春至延吉、长春至长白、长春至深圳、长春至太平川
>
> 三横:铁力至科右中旗、珲春至乌兰浩特、集安至双辽
>
> 二环:长春绕城环线、长春经济圈环线
>
> 十联:牡丹江至延吉、龙井至三合、延吉至龙井、松江至长白山、辉南至临江、营城子至东丰、伊通至开原、通化至沈阳、本溪至集安、白城至洮北

从2008年至2016年,吉林省高速公路通车里程由2008年末的925km,快速增长至2016年末的3113km,八年间高速公路里程增加2188km,以长春为中心,放射连接省内其他市(州)、重要经济区,便捷通达周边国家和省份的高速公路网络主骨架初步形成,大大增强了吉林省乃至整个东北地区与京津冀和环渤海经济圈的联系,高速公路建设实现了

跨越式发展。

(一)2008年,高速公路通车里程在全国排位显著提升

2008年,面对国家调整宏观政策,在项目审批、资金筹集难度加大的情况下,按照省委、省政府投资拉动的战略部署,集中精力推进高速公路建设进程,开工建设11个高速公路项目,珲乌高速公路延吉至吉林(江密峰)段、大广高速公路肇源至松原段、通沈高速公路通化至下排段3条高速公路建成通车,年度新增高速公路通车里程382km,通车总里程达到925km,在全国排位由2005—2007年连续三年的第28位提升到第23位,上升了5个位次。

(二)2009年,高速公路通车里程突破1000km

2009年,开工建设营城子经东丰至梅河口高速公路,进行了长长高速公路营城子至松江河段、珲乌高速公路长春至松原段、大广高速公路松原至双辽段等8个续建项目的建设,同时启动了长平高速公路八车道改扩建项目。大广高速公路的乌兰图嘎至深井子段、珲乌高速公路的白城绕越路段,以及伊通至开原高速公路(简称"伊开高速公路")的伊通至辽源段建成通车。这一年,吉林省高速公路里程突破了1000km,总里程达到1035km。

(三)2010年,形成"二纵一横"高速公路主骨架,长白山山水旅游大通道基本形成

2010年,交通行业经受住了历史罕见的洪水灾害的考验,承担了历史以来最艰巨的高速公路建设任务。按照省委、省政府"高速公路必保通车800km"的目标要求,在前期审批难度越来越大、资金压力越来越重、征地拆迁工作越来越难的情况下,集中全力推进大通道建设。继京哈高速公路之外,吉林省又形成了两条出海入关快速通道,贯通了吉林省西部地区南北纵向大通道大广高速公路吉林段。东西横向大通道珲乌高速公路吉林段历经十余年建设之久,也终于实现全线贯通。此外,长春通往吉林省重点景区长白山的山水旅游大通道长春至长白高速公路(以下简称"长长高速公路")的营城子至抚民段建成通车,还建成了营城子至东丰高速公路等项目。2010年新增高速公路通车里程815km,通车总里程达到1850km,圆满地完成了高速公路建设任务,实现了"高速公路必保通车800km"的目标要求。

(四)2015年,形成"二纵二射一横"的高速公路主骨架,七个市(州)与省会长春市直通高速公路

2011—2015年这五年的交通发展,概括起来是"突出一个重点,推进五个转变",即以着力推进高速公路建设为重点,推进交通建设向数量和质量并重转变,推进公路水路运输向现代运输转变,推进交通运输发展向资源节约环境友好转变,推进交通运输行业向公共服务型转变,推进交通运输向自主创新型转变。交通行业积极作为,围绕东北老工业基地

振兴、新型城镇化、长吉图开发开放、"一带一路"倡议等重大战略,做到"四个坚持":坚持大局意识、发展理念;坚持政府推动、部门联动、省地互动;坚持超前谋划研究;坚持推动工作创新,把补高速公路短板作为首要任务。五年完成高速公路建设投资671.5亿,比"十一五"增加140.7亿元,增长26.5%。到2015年底,"7918"国高网项目全部开工建设,建成高速公路877km,高速公路通车里程达到2629km,8个市(州)和80%县(市)政府所在地通高速公路,形成"二纵二射一横"的高速公路主骨架,吉林省通往京津冀、沈阳经济区及环渤海、哈尔滨、大庆等地的主要对外联络通道实现了高速化。

(五)2016年,形成"三纵二射一横"的高速公路主骨架,拥有第一条八车道高速公路

鹤岗至大连高速公路全线贯通。 鹤岗至大连高速公路(简称"鹤大高速公路")纵贯黑龙江、吉林、辽宁三省,它开辟了黑龙江和吉林两省进关达海的一条南北快速通道,可以扩大丹东港、大连港的影响区域,同时也是东部边疆地区国防建设的重要通道。鹤大高速公路里程长、规模大,是吉林省"十二五"期间高速公路建设项目中地形最复杂、桥梁隧道比例最高、工程造价最高的项目,是交通运输部在季节性冻土地区实施资源循环利用科技和绿色循环低碳主题示范工程,对于全国季节性冻土地区高速公路建设、绿色高速公路建设具有重要的示范作用,对全省未来高速公路建设具有巨大的借鉴意义。项目分三期建设,一、二期的通化至新开岭(吉辽界)段和抚松至靖宇段分别于2011年和2015年通车,其余的敦化至通化段于2014年4月开工建设,2016年10月全线通车。鹤大高速公路使黑、吉、辽三省旅游资源实现了深度融合,成为吉林省东部地区的山水大道。

长平高速公路八车道改扩建工程完工。 长平高速公路改扩建工程的前期工作始于2008年,当时长平高速公路运行12年,已过大修期,由于自通车以来交通量增长较快,且交通组成以货车为主,导致道路破损严重,不仅无法满足交通增长需要,而且已影响到行车安全。为了贯彻落实国家振兴东北等老工业基地战略,提高国家综合运输大通道的运输能力,发挥通道资源优势,完善国家、区域和吉林省高速公路网,促进区域经济社会协调发展,提出对长平高速公路进行改扩建。长平高速公路是吉林省第一条四车道改八车道的高速公路,2013年7月改扩建工程开工,吉林高速公路股份有限公司负责组织实施,全部资金来源于公司自筹。项目采用"双侧对称加宽为主,局部单侧加宽"的扩建方案,经过各方的共同努力,历经三年建设,于2016年10月全线通车。1996—2016年高速公路通车里程见表3-1-1。

1996—2016年高速公路通车里程(km) 表3-1-1

年 份	年度通车里程	通车总里程	年 份	年度通车里程	通车总里程
1996	133	133	1998	0	312
1997	179	312	1999	42	354

续上表

年　份	年度通车里程	通车总里程	年　份	年度通车里程	通车总里程
2000	—	354	2010	815	1850
2001	29	383	2011	402	2252
2002	160	543	2013	46	2298
2003—2007	—	543	2014	50	2348
2008	382	925	2015	281	2629
2009	110	1035	2016	484	3113

（六）以创新方式化解建设难题，推动高速公路建设实现跨越式发展

1. 有效推进项目审批

高速公路项目前期审批时间长，程序复杂，制约因素多。"十二五"期间，吉林省创新机制，一方面，先期开展相关技术准备工作，采取设计、审批协调推进的方式，缩短前期工作时间；另一方面，开通审批绿色通道，会同相关部门建立联合审批机制。对省里审批的项目，在前期要件审批、资金筹集等方面，有关部门予以特殊支持；需要国家审批的项目，协调相关部门积极主动向国家对口部门进行汇报，争取尽快完成审批。审批节奏加快，有效推进了项目建设。

2. 探索高速公路建设新模式

积极探索高速公路建设的新模式，继续坚持和完善高速公路省地共建模式，进一步落实项目法人责任制，调动省和地方积极性。2015年12月，吉林省政府出台了《关于加快推进高速公路建设的意见》（吉政办发〔2015〕66号），明确了高速公路实施省地共建、省补地建、PPP建设模式，省财政给予资本金补助和贴息支持，推进债务重组等一系列重大政策，为"十三五"时期高速公路项目建设顺利推进提供了政策保障。

3. 千方百计筹措建设资金

2011年，由于国家财政政策趋紧，信贷投放量大幅压缩，全省交通筹融资陷入了困境，资金面临断链风险。经省政府协调，省银监局同意，将当年到期的工商银行贷款进行了延期，暂时挺过还贷风险。2013年，在政府融资平台融资功能受到限制的情况下，通过打造企业融资平台暂时渡过难关；2015年，在省财政厅、省开发银行的全力支持下，通过政府购买服务方式化解了部分债务。各地方政府在筹融资方面也进行了研究和探索，通过组建融资平台化解资金压力，取得了较好成效。

4. 创新征地拆迁工作机制

为解决征地拆迁难题，对一些条件成熟的项目采取省地共建模式，由地方政府承担一定的征地拆迁费用和建设资金，签订省地合作共建协议。另外，还采取征地费用包干、按

承诺兑现奖惩的办法,推动地方政府落实主体责任,发改、国土、林业、环保、水利等部门也给予大力支持,全省形成了分工负责、齐抓共管的工作机制,有效推进了征地拆迁难题的解决。

5. 高度重视信息化建设

高度重视信息化建设,2014年完成了"一个基础、三大平台"的整体设计和建设方案,同步启动了交通运输基础通信网络、公路水路建设与运输市场信用信息、道路客运联网售票等12个项目,ETC实现与全国联网,"12328"服务监督电话在市(州)开通运行,动态监控网络覆盖全省12条高速公路。

四、未来展望

截至2016年,吉林省7个市(州)与省会长春市直通高速公路,80%的县(市)通了高速公路,17个省际高速公路出口已打通12个,拥有了第一条八车道高速公路。对接国家"一带一路"倡议"中蒙俄运输通道"的珲乌高速公路全线贯通,联通京津冀地区及辽宁沿海经济区和沈阳经济区,以及连接黑龙江省的哈大工业走廊和牡绥地区等地的主要对外联络通道全部实现高速化,高速公路引领了产业结构沿交通走廊的拓展延伸,一条条以高速公路为轴线的各具特色的产业带不断涌现,并且逐步形成了多条"以路连景、以景促业"的多功能旅游大通道。高速公路对振兴吉林老工业基地、带动新型城镇化的快速发展、促进对外开发开放、推动社会进步都起到了十分重要的作用。

"十三五"时期是吉林省新一轮振兴发展的关键时期,是完成脱贫任务的攻坚时期,是实现全面建成小康社会目标的决战阶段。交通运输作为基础性、先导性和服务性产业,仍处于大有可为的战略机遇期。**一是稳增长迫切需要交通运输发挥先行作用。**从吉林省实际情况看,要继续扩大向东向南开放。首先要主动融入"一带一路"建设,推进长吉图战略向东开放,积极参与中蒙俄经济走廊建设;其次要对接辽宁沿海经济带和京津冀经济圈,加快南部开放大通道建设,推进四平、辽源、铁岭、通辽经济协作区,打造"长平经济带""白通丹经济带"。**二是宏观政策持续优化。**中央出台新一轮东北振兴若干举措,在提振吉林经济的同时,涉及交通建设的扶持政策将得到有效落实。随着"放管服"改革的不断深化,国家发改委把高速公路建设项目审批下放到省里,提升了审批效率。交通运输部全面提高了公路建设项目补助标准,国高网项目由原来的10%提高到28%左右。省政府关于加快高速公路建设意见的深入实施,为持续破解筹融资难题、加快高速公路集中建设提供了更加有利的政策保障。

(一)加快补齐短板,推进高速公路集中成网

全力推进省际大通道、旅游大通道和战略战役大通道等高速公路建设。到2020年,

要基本建成国高网,所有市(州)和县(市)通高速公路,高速公路通车里程达到4000km以上;省际间5条纵向通道全部贯通,3条横向大通道基本贯通,省际通道达到9条,打通13个出口,基本形成"五纵四射三横"高速公路网。

(二)加快创新驱动和转型升级,全面提升交通运输服务品质

按照国家对各省提出的在2020年基本建立大部门制的要求,"十三五"期间,省交通运输厅将按照"先研究、后实施,先机制、后体制,先试点、后推广"的原则,在实践中不断完善综合运输建设协调机制,逐步推动形成新的管理格局。加快创新驱动和转型升级,全面提升交通运输服务品质。一是以协同为重点、枢纽建设为抓手,推进各种运输方式融合发展,积极对接"五纵三横"铁路网和"一主多辅"机场布局,围绕构建全省"三纵三横"综合运输通道,规划建设通化、长白山等地区"零换乘"综合客运枢纽,以及长春、吉林、延边等综合服务型物流园区;二是推动交通运输与旅游业融合发展,支撑全省旅游业发展;三是推进交通物流发展,提升城乡物流服务能力。

(三)以科技创新和信息化为动力,助力绿色、智能交通发展

组织开展符合吉林省实际的科技项目攻关,注重提升季冻区交通行业重点实验室的创新能力,加快现有技术成果的转化;重视标准化工作,围绕综合运输发展、安全体系、信息化建设,开展相关标准体系研究制定工作,编制完成基础通信网络、视频监控、LED可变情报板、SMA路面技术修订等地方标准;建成全省交通运输管理服务信息系统,到2020年形成"一个基础、三大平台"的信息管理系统,力争达到国内先进水平。

第二节 高速公路建设管理经验

经过二十多年的发展,吉林省高速公路网络不断完善,主要运输通道交通紧张状况得到明显缓解,运输服务能力显著提高,高速公路为全省经济社会健康发展和民生持续改善提供了有力的交通运输保障。二十多年的发展历程中,高速公路的建设理念也经历了从全面追求发展速度,到速度与质量兼顾与并重,再到更加注重提升发展质量、打造品质工程的阶段,积累了许多宝贵的建设管理经验。

一、创新建设管理体制

(一)改进项目管理组织模式,适应不同阶段的高速公路发展

一路一指挥部建设管理模式。吉林省高速公路建设伊始(1992年),如同全国大部分

省份一样,采用按项目设立建设指挥部的项目组织管理模式,从交通系统抽调骨干技术力量,并向社会公开招聘工程管理工作人才,组建高速公路建设指挥部,先后成立了长平、长吉建设指挥部两个独立单位,各自独立负责长平和长吉高速公路的建设管理工作。

高建局统一建设管理模式。随着高速公路建设步伐的加快,建设项目逐渐增多,原有的按项目独立设置指挥部的管理模式已无法适应发展需要。为整合项目建设管理资源,统一项目管理标准,提高工程管理水平,经省编办批准,2003年1月,长平和长吉建设指挥部办公室合并成立了吉林省高等级公路建设局(以下简称"高建局"),统一负责省内高速公路的建设管理工作。高建局采用行政层级制+职能部制管理模式,各职能处室按照工作职责和工程管理办法,各司其职开展工作,具体负责制度办法的制定、项目审批、设计审查、较大技术方案和工程变更审批、业务指导和监督检查、外部协调等相关工作。为保证项目管理具体化,按项目情况临时设置一线建设指挥部,具体负责工程现场的质量、安全、进度、费用控制和征地拆迁管理等工作。局机关各业务处室按照职责分工进行工程招投标、工程变更、计量支付审批,以及定期组织对指挥部施工现场管理的检查和评比。形成了运转协调、实用高效,又相互制衡的工作机制。

多样化建设管理模式。2006年,按照吉林省委、省政府的部署,吉林省同时开工建设5条高速公路,2007年又新开工建设7条高速公路,同时在建工程项目达到12个,里程达到1715km。面对繁重的建设任务,吉林省交通厅坚持科学发展观为统领,改革创新,整合全系统的力量,由省高建局对全省高速公路建设项目实行直管或行业管理。为强化高建局的管理职能,2006年12月,省编办批准将原为正处级建制的吉林省高等级公路建设局升格为副厅级单位,全省高速公路建设由省高建局统一进行行业管理。为了突破大规模建设高速公路所面临的资金瓶颈、人才屏障等困难,采取多种融资和建设管理模式。除高建局直管模式外,另外还有三种模式。**省地共建模式**:通化至沈阳高速公路、伊通至辽源高速公路、营城子至梅河口高速公路采用省地共建模式。由省政府与地区人民政府签订《省地共同建设责任书》,明确建设项目的建设目标、双方在本项目中的投资比例以及权利与义务。省政府负责项目总投资的90%,地方政府按照项目总投资10%的比例筹措配套建设资金,并按批准施工图设计的建设规模、技术标准和预算组织建设,对项目的安全生产、工程质量、建设工期、建设投资、环境保护、廉政建设、征地拆迁及外部环境保障负责,在项目设计使用年限内实行质量终身责任制。高建局负责监督项目招投标以及严格履行建设程序并依法建设;协助省交通厅组织对项目重大技术方案、重大工程变更进行审核;监督指导项目法人组织项目顺利实施并按期竣工。这种管理模式一方面能够优化省地两级管理资源,发挥地方建设高速公路的积极性,也能够缓解资金紧张的状况。2008年之后,营城子至梅河口、松原至白城两个共建项目由省公路管理局成立的省重点工程建设办公室(简称"重点办")负责行业管理。**企业融资自建模式**:省交通厅委托吉林省高速公路集团有限责任公司（国有大型独资企业，以下简称"吉高集团"）承担吉林至草市260km高速公路的投资建设和运营管理任务。由吉高集团出资注册成立项目公司作为项目建设的载体，为项目法人，负责项目融资及建成后的运营、维护管理，完全按照公司化模式运作，自主经营，自负盈亏。该项目工程总预算约为95亿，其中35%资本金由企业自筹解决，集团争取国家发行企业债可解决10亿元，其余部分争取银行贷款。项目建设期成立工程建设指挥部，具体负责吉林至草市高速公路的建设管理任务。省高建局对该项目履行行业管理职能，高建局负责监督项目招投标以及严格履行建设程序并依法建设；协助省交通厅组织对项目重大技术方案、重大工程变更进行审核；监督指导项目法人组织项目顺利实施并按期竣工。**BOT 模式**：长春至松原高速公路建设初期采取了BOT建设管理模式。通过招商洽谈，吉林神龙高速公路有限公司承担项目投资、建设、经营管理。省高建局对本项目进行日常管理和监督。后由于企业自身经营问题，主动退出本项目建设，省交通厅又将此项目委托高建局进行建设管理。

2008年起，为了强化交通主管部门的监督管理，高建局不再承担行业管理职能，统一由吉林省交通厅行使行业管理职能。省内基本形成了高建局、重点办、吉高集团三家项目法人分别承担省内高速公路项目建设管理的局面。

（二）探索采取多种融资和发包方式，确保项目按期开工建设

高速公路作为一项耗资巨大的基础设施建设项目，建设资金紧张始终伴随着高速公路建设的发展。吉林省第一条高速公路——长平高速公路使用了亚行贷款1.26亿美元。同时引进了"工程招投标制"和"工程监理制"。1998年开工建设的长春至拉林河高速公路，使用了亚行贷款75453万元人民币，同时按亚行要求首次招标聘用了国际监理。在当时项目建设较少、融资渠道较多的情况下，基本满足了项目建设的需要。"十二五"期间，随着全省经济社会发展，高速公路建设任务重、开工项目多、建设规模大，面临的资金瓶颈问题日益突出。在全面研究各项法律法规的基础上，综合各项目资金落实情况和施工企业资金实力、技术能力、管理经验等因素，并进行了充分的论证和尝试，有针对性地探索多种发包模式。2008年开工的鹤大高速公路通化至新开岭段，采取提高履约保证金（由合同额的10%提升到30%）的方式，在前期建设资金不足的情况下保证了项目按期开工建设。2012年，长长高速公路花园口至松江河段建设初期，由于建设资金无法到位，对BT、企业带资等建设模式进行了论证推演并编制了实施方案，后因项目资金压力得以缓解而未实施，但为后续项目采用相关模式奠定了基础。2013年开工建设的通化至梅河口项目，实施预算控制、施工总承包建设模式。2014年开工建设鹤大高速公路敦化至通化段，资金再次面临紧张局面，经多方案比选后确定采用垫资建设模式（不支付开工预付款、先期20%工程计量款于工程最后一年按季度等额支付），并通过划分大标段，择优选择中

交、中建等大型施工企业承建,充分发挥央企资金实力雄厚的优势,如期启动了工程,同时工程质量、进度和安全等方面也得到了有效保障。

(三)改进征拆管理新模式,破解征地拆迁难题

吉林省高速公路建设征地拆迁工作在2015年以前一直按照"政府负责、费用包干、节余归己、超支不补、限期完成"的原则,由省交通运输厅及其所属的项目法人单位与公路沿线的地方政府签订征地拆迁承包协议。地方政府为公路项目征地拆迁工作的责任主体组织开展征地拆迁工作。建设过程中,充分依靠地方政府,及时提供建设用地,并创造良好的外部环境。但征地拆迁难是全国普遍存在的难题,而吉林省在征地拆迁工作机制方面存在三个层面的矛盾:第一,由设计到施工时间间隔长和设计深度不足造成征拆现场情况与设计发生较大变化,征拆费用很难包死;第二,公路设计与跨行业设计不同步,造成征拆标准和费用发生较大变化;第三,由于地方政府缺少经费,工作积极性不高,影响工作进度。针对上述矛盾,在鹤大高速公路敦化至通化段对征拆工作机制进行了调整。第一,实行征拆费用双核查制。签订征拆合同前由地方政府、设计单位和指挥部依据设计文件现场进行征拆量的初步核查;由省交通运输厅相关部门会同建设单位相关部门共同对现场初核情况进行复查,最终确定征拆费用;在此基础上设定一定比例的不可预见费,总费用一次性包死。第二,建立激励机制。根据拆迁工作量的大小按照一定比例给地方政府工作机构列支一部分工作经费(比例不超过1%),同时制定考核办法,对征迁工作力度大、建设环境好的市(州),列支不超过1%的奖励资金,以此调动地方政府的积极性。第三,建立跨行业设计联动机制。邀请林业、国土设计单位提前介入,开展联合征拆设计,加快项目前期组件工作。与电力、电信、地下管线拆迁设计单位建立联动机制,公路设计单位委托行业设计单位编制或审查有关预算文件,确保预算的合理性,保证相应拆迁工作按计划、按预算完成。以上措施有效推进了征地拆迁各项工作的开展。2015年,吉林省政府出台新政策,高速公路征地拆迁费用和工作全部由地方政府负责。新的机制下,项目法人与地方政府的工作衔接和协调机制正在进一步理顺。

二、实现建设管理制度化

(一)完善工程建设管理制度体系

高建局成立以来,在不断总结项目管理经验的基础上,先后4次制定和修订了《工程建设管理办法》(以下简称《办法》),《办法》立足于堵塞管理漏洞,突出管理流程的科学设计,着力提高工作效率和公开透明度,特别强化了岗位权力的相互监督与制约,使工程管理有章可循、有规可依,逐步走上管理科学、程序严明、规范高效的轨道。工程管理制度

体系的建设,一是管理流程的科学化设定,保证工作效率和质量;二是权力制衡的设计,最大限度遏制权力运行的独断专行,降低权钱交易发生的概率;三是激励机制的设定,发挥激励效能,实现工程建设双赢的最佳成果。2014年,面对高速公路建设的新阶段和新形势,又创造性地将《工程管理办法》和局机关各项管理制度有机融合,出台了《高建局内部控制规范》,通过再造28项工作流程,细查82项关键环节和134项风险点,设置防控措施176项,构建有效的权力制衡机制,进一步规范了高速公路建设过程中的各项经济活动和管理行为,实现了工程预算执行和机关预算执行双控制、工程建设管理行为和日常经济行为双规范。

(二)改进关键环节制度性措施

1. 完善招投标管理办法

长平高速公路建设第一次引入招投标制度,按国际惯例采取"资格预审+综合评标法"。由于综合评标法存在较大的人为因素干扰,评标委员会打分对评标结果影响很大,为避免人为因素干扰,后逐渐被"资格预审合格制+合理低价评标法"取代。2006—2008年开工的项目考虑资金方面压力、山区高速公路技术难度等采用过邀请招标方式综合评分法。2009年后,施工招标主要采取资格预审合格制+合理低价法招标。此方式保证了招投标工作的公平、公正,最大限度减少了人为干扰,但相伴产生的是市场门槛的降低,大量良莠不齐的施工队伍进入建设市场,较难实现择优的目的。而且出借资质、围标、串标违法行为愈演愈烈,严重干扰了正常的建设市场秩序。为了遏制这些现象,交通主管部门和招标人也在不断地探索完善"合格制+合理低价法",重点是在如何择优上下功夫。一是充分运用信用评价结果。规定信用评价等级高的施工企业可多通过资审标段,增加优秀企业中标概率;调整报价评分计算方式,在易造成投标报价得分相等的情况下,按信用评价等级进行排序。二是对地形复杂施工难度大的项目抬高施工业绩门槛,让施工经验丰富、实力雄厚的大企业入围。三是依据2016年交通运输部招投标管理办法,将原有"资格预审+合理低价法"的方式,变成了"资格后审+合理低价法",即双信封形式的合理低价法,投标人一次性递交商务技术文件及报价文件,商务技术文件随机分配类下所投标段,增大了投标人围标难度。四是探索完善合理低价评标办法,在合理范围内增大评标基准价的随机性,使投标人难以预判所投标段以及评标基准价,加大围标、串标难度系数。同时,对招投标程序管理更加严谨,主要是"借助两个平台",即借助政务大厅平台,所有项目均进入省人民政府政务大厅公开招标,全部招标过程都在政务大厅并全程接受大厅监督员、厅纪检和行政管理人员的监督;借助交通运输部建设市场信用信息管理系统等互联网平台,实行施工企业业绩、人员业绩等信息网上核实,尽量避免虚假信息,同时为实施电子招投标奠定了基础。

2. 创新和完善工程质量安全监管体系

伴随高速公路建设发展,"政府监督、法人管理、社会监理、企业自检"的四级质量安全保证体系也得到不断地完善,特别是在加强法人管理和社会监理方面进行了很多有益的探索。

一是建立"优质优价、优监优酬"质量安全管理激励机制。从长平高速公路建设开始,就实行了"优质优价、优监优酬"激励办法。制定《高速公路施工管理考评奖惩实施细则》和《高速公路监理考评奖惩实施细则》,业主在合同暂定金中列支部分资金作为对施工单位和监理单位的奖励基金,业主按月对施工单位、监理单位质量、进度、安全、环保等工作进行考核评比,确定等级后进行奖励和处罚。同时,实行"日常巡查亮牌制度",业主在日常巡查过程中发现质量或安全问题,可以根据问题的严重程度亮"白、黄、红牌",对应给予2万、5万、10万的处罚,并在月考评中扣分,与优质优价挂钩。年度累计被亮三张红牌的参建单位要被清除出场。通过考评奖优罚劣,充分调动了参建单位的积极性,实行至今起到了良好的效果。

二是完善业主多层级工程监管体系。在指挥部日常监管的同时,建立了工程质量联检制度,高建局机关主要业务处室组成工程联检组,按季度对在建项目进行工程联检,既对工程质量、进度、安全等方面存在的问题进行全面排查,检查结果计入"当月综合考评"并作为奖惩的依据,又对指挥部的履职行为进行检查,促使指挥部在一线更认真地开展工作。如此,形成全方位、多层级的项目质量安全管理体系,有效提升了工程管理水平。

3. 探索推进监理制改革

为贯彻落实交通运输部《关于深化公路建设管理体制改革的若干意见》(交公路发〔2015〕54号)和《关于全面深化交通运输改革的意见》(交政研发〔2014〕242号)文件精神,按照《吉林省交通运输厅关于全面深化交通运输改革实施方案》(吉交发〔2015〕38号)要求,2016年,在集安至通化高速公路项目组织进行了监理体制改革试点。本次改革坚持问题导向,抓住公路工程建设过程中监理体制机制存在的关键问题进行深入研究思考,梳理问题清单,探索破解难题的有效办法和科学路径,界定检测单位和监理单位工作职责、内容、流程,完善公路建设管理制度,建立与现代工程管理相适应的"职责明晰、运转高效、监管有力、可持续健康发展"的工程监理制度。一是调整监理定位,增强监理工作责任心和积极性。在招标和签订合同时,就予以明确监理在工程管理中不再是独立的第三方,而是对项目法人负责的受托方。在实际工作中,业主指挥部组织制定监理工作大纲,明确监理工作内容,划分工作界面;指挥部制定对监理单位的考评奖惩实施细则,强化业主对监理工作的监督考核。监理按照合同约定的权利和义务,依照指挥部的指令开展监理工作,这一身份定位的调整,增强了监理人员的主人翁责任感,充分调动起了监理的工作积极性。二是调整监理机构,优化管理流程,提高工作效率。集通项目改革传统的"总监办、驻地办"两级监理机构为"监理办公室"一级监理机构,减少了一级管理层级,精简了监理机构和人员,管理机构扁平化,提高了工程管理的质量和效率。指挥部增设监理管理部,具体负责各监理办的日常管理工作。监理工作流程设置以实用为原则,突出程序控制、工序验收和抽检评定,明确监理工作采取以巡视检查为主的方式进行施工现场质量、安全监管,细化巡视内容要求,特别是关键部位隐蔽工程。在巡视检查的基础上,减少常规性旁站,严格按照规定所列出的试验工程、关键工序或部位旁站,提高了重点部位、薄弱环节的旁站监督率,监理工作效率得以大幅提升。三是增设独立检测机构,提高试验工作质量和效率。为解决传统监理试验室试验检测项目数量过大、频率过高、对现场指导不到位的问题,提高试验检测机构的工作效率和技术支持能力,集通项目将试验室职能从传统模式中的驻地办和总监办中独立出来,取消驻地监理试验室,通过招标全线设置2个独立的中心试验室,通过制定项目专用"试验检测工作规程"和项目"技术服务实施方案",固化试验检测工作程序和明确技术服务内容,为工程实施提供准确检测数据和解决工程实施技术难题。同时明确监理办公室与中心试验室职责划分和工作程序,理顺了工作关系,做到施工监理过程无盲点、无漏点。既有利于发挥监理办在监理巡视、旁站、现场实量实测、业务指导等方面的优势,又有利于发挥中心试验室在试验、检测、配合比优化、原材料控制等方面的优势。四是简化内业资料用表,减轻不必要的内业工作负担。本着减轻监理人员工作负担,重心服务于工程实体的原则,优化监理管理流程,精简内业工作量,按照"原则上可追溯性工程不用表格、不构成永久性工程不用表格"的思想,简化监理工作用表。一般现场抽检,不再单独形成内业资料。监理办对常规试验检测项目采用见证试验的方式,保证了施工单位试验数据的真实和准确,减少监理内业工作量,使监理人员有更多的精力投入到现场监督和巡查工作中去。结合监理制改革,在集通项目率先推广使用公路工程建设质量安全管理系统,按照"有用适用"的原则优化表格设计,并将其模块化、格式化,实现了内业资料标准规范、准确及时。

4.强化大宗材料管理

对于建筑材料质量的管理始终是工程建设管理的一项重要内容。随着市场经济秩序的不断完善,也走过了一个从"自主采购自律控制到依法依规市场管控"的复杂过程。建设第一条高速公路长平高速公路时,业主关注更多的是沿线地产材料趁机哄抬物价,材料供应紧缺的问题,当时采取了业主自办部分石场平抑物价保证质量的措施,起到了很好的效果。但对钢材、水泥、沥青等大宗材料供应的管控还有空白,以次充好的现象时有发生,材料质量很难保证。为了保证材料供应质量,1998年开工建设的长余高速公路采取业主甲供"面层石料、钢材、水泥、沥青"主要材料的方式,通过公开招标采购主要材料,供应施工单位,有效地保证了材料的质量,并保证了及时足额供应。但业主的管理工作量巨大,管理的风险也相应增高,有限的管理团队无法满足甲供管理的需要。2006年起吉林省高速公路进入大规模建设期,为了满足集中建设对大宗材料保质保量供应的需求,省交通厅2008年下发《关于印发吉林省交通厅高速公路主要建材采购监督管理办法(试行)的通知》(厅吉交发〔2008〕32号),规定省厅物资供应站负责全省高速公路大宗材料的供应,项目法人负责搭建平台,协调施工单位与厅物资站签订材料供应合同。厅物资站是专业的材料储备供应单位,具有丰富的材料供应经验、成熟的材料供应渠道和专业的管理团队,由他们负责集中采购储备供应,既保证了材料质量,又保证了及时供应,还降低了工程成本。此举为保障高速公路建设任务的顺利完成发挥了重要作用。但材料供应期间施工单位与物资站的经济纠纷也屡有发生,干扰了正常的建设管理。随着市场秩序的不断完善,从2012年起,实行对重要工程材料实行准入管理。材料准入遵循公平、公正、公开、择优的原则,业主组织对生产厂家进行考核颁布准入名录,施工单位在准入管理名录范围内自主采购。对准入厂家实行动态管理制度。如发现准入厂家出现质量问题、管理问题、信用问题等,取消厂家的准入资格。同时聘用专业机构对钢材、水泥、沥青等主要材料的出厂、仓储、运输、进场环节进行严格监督把关,确保材料采购和供应质量。

三、提升技术服务效能

为有效解决大规模高速公路建设技术人员不足,尤其是高精尖专业人才短缺,工程科研技术水平不高的问题,借鉴国内先进省份引入技术服务单位,以第三方身份从客观、公正角度,对技术复杂、控制工程、应急工程等及时提出合理的具有前瞻性和预见性的技术支持和施工方案,以先进经验协助业主进行全过程施工质量管理。2010年,吉林省首次尝试在长春至松原项目路面工程中引入技术服务单位,省交通科学研究所组织路面专家及技术骨干成立技术服务组,对路面工程原材料质量控制、混合料拌和、摊铺及碾压等关键施工环节提供全过程技术咨询服务与指导,并通过试验检测对工程质量实行全过程检验监控,为保证路面施工质量提供了有力的技术支撑。在总结长松项目技术服务经验的基础上,2011年,各建设项目路面工程全面引入技术服务单位,尤其是在解放至二莫项目宁江松花江矮塔斜拉桥施工中引入了专业桥梁技术服务单位,有效保证了吉林省第一座高速公路矮塔斜拉桥的建设质量和进度。2014年,技术服务在吉林省高速公路建设项目中全面推广:一方面,采取公开招标的方式,在全国择优选择专业实力强、技术水平先进的技术服务队伍,为各项目实施提供高水平的技术支持;另一方面,技术服务内容覆盖了质量控制的所有重要环节和工程管理的全过程,服务重点定位于加强质量监控、优化技术方案,弥补业主单位技术管理力量和手段的不足,通过建立健全规范的技术服务体系,有效地提高了技术服务质量和工程施工质量。鹤大项目招标选取了3家技术服务单位,充分利用其技术和科研优势,结合工程特点、施工单位技术能力、水平以及地区气候环境等多方面因素,从原材料直至工程实体质量控制、从关键工序现场技术交底直至施工工艺优化完善、从提供真实权威的抽检试验数据直至解决实际问题建议,切实发挥了"外脑"作用,同时,为基层混合料配合比优化、预制梁湿接缝横向开裂、橡胶粉改性沥青软化点和弹性恢复指标偏低等8项重大技术决策提供了有力的技术支持。先后编制下发了《桥隧结构混凝土耐久性提升和施工技术咨询方案》《路面施工精细化指南》《集料加工指南》《橡胶粉改性沥青施工指南》等技术方案,并根据现场实际情况,提出了全面的指导性文件,为工程质量管理提供了可靠的技术支撑。

四、深化信息化管理手段

利用现代信息技术管理工程是建设管理的必由之路。2007年,高建局组织研发了高速公路工程建设信息管理系统,获得中国(双法)项目管理研究委员会颁发的2008年度优秀项目管理软件和优秀项目管理软件最佳应用实践奖。到2011年,所有在建项目均实现了计划管理、计量审批、费用审批等网上办公,节约了往来报送资料的时间,大大提高了工作效率,充分发挥了建设信息管理系统的效能。2013年,高建局又开发应用了OA办公自动化系统,省内各指挥部驻地与局机关同步联网办公,文件办理与传送均在网上运行,真正实现了无纸化办公,极大地提高了办公效率和工作质量。2014年开始,在鹤大项目的拌和站、预制场、钢筋加工厂、大型桥梁施工场区、隧道等重点施工部位安装远程视频监控系统,各管理机构均设终端,进行远程实时监控,取得了很好的管理效果。同时借助省交通厅科研项目平台,开发了"公路工程质量与竣工资料验收信息化管理系统",为工程竣工资料整理提供了高效、快速、集成化的信息手段,极大地提高了工作效率。

五、推行施工标准化管理

2011年,交通运输部在全国开展施工标准化活动,高建局立即组织技术骨干编制完成了《吉林省高速公路施工标准化指南》(以下简称《指南》),并从规范驻地、施工现场标准化建设着手,在大广项目解放至二莫段工程进行试点。2012年,交通运输部副部长冯正霖视察吉林省试点项目,对标准化试点工作给予充分肯定。2012年,经省厅批准,《指南》正式出版发行,并作为规范性文件在全省高速公路建设中全面推行,开启了吉林省高速公路施工标准化时代。《指南》涵盖了项目招标、入场培训、现场管理等各个施工环节,从办公区、生活区到拌和场和施工现场,逐步将标准化覆盖全过程,推行集约化管理,工厂化、集中化、专业化生产。自《指南》实施以来基本做到了"三集中"(小件集中预制、混合料集中拌和、钢筋集中加工)"四统一"(驻地建设统一、试验室标准统一、标牌标识统一、便道建设统一)。同时,通过细化和优化施工工艺、操作规程标准化建设,强化质量检验与过程控制的标准化建设,使施工水平得以显著提高,施工现场规范有序,工程质量、进度、安全都得到了切实保障。

六、提升高速公路建设科技水平

针对吉林省的气候特点和高速公路建设过程中急需解决的一些技术难题组织进行科技攻关。共开展科研项目77项,其中,"生态敏感区高速公路景观及资源环境综合保护技术研究与示范""寒冷地区高速公路沿线设施低碳关键技术研究"2项被列为交通部西部科研项目;"隧道阻燃温拌沥青混合料应用技术""公路复合稳定土应用技术""鹤大高速公路小沟岭至抚松段生态环保技术推广应用"3项被列为交通部科技推广项目。这些课题成果大多在项目建设中得以推广应用。如温拌阻燃沥青混合料在鹤大高速公路隧道路面铺装中应用,既保障施工人员的身体健康,加快了施工进度,也保护了生态环境;桥面铺装施工时采用加厚铣刨处理厚度和细粒式混凝土作为防水层新工艺,并采用耐盐蚀混凝土,解决桥面早期冻融和盐浸破坏问题;服务区污水处理关键技术在长长和鹤大项目中得到应用,提升了环保水平;鹤大高速公路隧道中采用梯形和蝶形两种新型止水带,减少了施工缝渗漏水等问题;在房建工程中采用了地源热泵技术,利用地球表面浅层地热资源,实现环保、节能和可再生能源的利用,均收到了理想的效果。截至2016年底,已通过鉴定的项目中,"季冻区高等级公路柔性基层沥青路面合理结构及使用性能研究"和"生态敏感区高速公路景观及资源环境综合保护技术研究与示范"项目分别获得中国公路学会2014年和2015年科学技术奖二等奖。

七、推进绿色高速公路建设

在高速公路建设中实现"路与自然的和谐统一"一直是建设管理的工作重点。高建局始终注重在建设全过程中推进生态文明建设。严把设计关,在设计招标和设计原则交底时将生态环保的理念和要求全面细致地告知设计单位。在实施过程中,发现环保问题不迁就,及时完善优化设计,确保各项生态环保措施落到实处。1998年开工建设的长春至拉林河高速公路,全线采用低路堤设计,节约资源。第一次对取土场进行全面复垦,复垦土地255.55hm^2,在全国也走在了前列,受到国土资源部的表扬和肯定,并在全国进行推广。同时,委托园林科研所对项目全线的绿化美化进行补充设计,形成完整的公路绿色生态体系,开了吉林省高速公路建设生态公路的先河。从2003年开始建设的吉林至延吉高速公路,则翻开了建设理念跃升的新篇章。2004年9月,交通部颁布实施"公路设计新理念"。吉林省也在项目建设的全过程中加以落实。**首先,注重人文关怀,贯彻容错理念**,不让驾驶员的错误以付出生命为代价,在满足排水需要的前提下,大量修建浅碟式植草生态边沟;个别路段采用钢索式柔性护栏防护,避免路面积雪,既融入自然,又保证了行车安全。**其次,贯彻珍惜资源、保护生态环境的理念**,对高速公路进行景观设计,彰显公路美学,采用人工导入方式,加速自然恢复进程,注重在细节中融入自然、保护自然,最大限度地实现人与自然相融合。如在吉林至延吉高速公路采用客土喷播技术,加快自然恢复进程,以"不破坏是最好的保护"作为修筑高速公路的刚性标准,保护自然;采用浅碟式生态边沟,防止水土流失;采用植物遮挡柔化,将人工景观融入自然景观。营造一个"车在路上走,人在画中游"的优美通行环境。**第三,注意融合和展示地域文化景观。**在高速公路建设中,注意结合省情、民俗、地域特点建造沿线服务设施,充分挖掘地方文化、风土人情,开发旅游资源,努力把每一条高速公路都建设成为融实用、景观、文化、旅游休闲功能为一体的充满人文色彩的高速公路。如在吉林至延吉高速公路,在延吉服务区建设朝鲜族民俗村,在蛟河服务区建设松花湖庆岭活鱼村。在松原至双辽高速公路,结合蒙古族民俗,并利用查干湖的"名湖效应"建设服务区。在长春至长白山高速公路,对六跨松花江的桥梁采用大跨径、有特点的结构设计,与大自然协调一致。凡穿越优美风景区的高速公路,充分利用现有地形、地貌和取弃土场、服务区等地方设立观景台,让行人享受大自然送给人类的恩赐。

2011年在原有基础上又提出了"生态、安全、耐久、廉洁"的理念,在坚持"不破坏就是最大保护"原则的基础上,提倡简约实用、安全耐久,强化质量意识。在中西部平原地区修建大广和长双高速公路过程中,提倡低路堤,节约集约化利用土地。在东南部山区修建长长高速公路建设过程中,不断加强对原生植被的保护,创造性地提出将路基边缘线设为"施工环保绿线",与占地红线之间区域内的原生植被在第一次清表时予以保留,根据工程需求对区域内须占用的部位进行二次清表,最大限度保留原有植被,加强对沿线名贵树种的保护和移栽,同时探索服务区污水生态处理等关键技术,环保意识深入人心,环保措施扎实有效。2014年开工建设的鹤大高速公路敦化至通化段,结合沿途多国家级生态保护区的区域特点,建设理念进一步升华,秉承"抗冻耐久、生态环保、循环利用、低碳节能"的建设理念,融合了低碳、环保景观等多项科研成果以及多年的施工、设计经验,同时引入保护路域湿地及水系连通、设置野生动物通道等国际领先技术,打造亮丽的生态高速公路。

八、以"双示范"项目引领高速公路品质提升

2014年,鹤大高速公路敦化至通化段被交通运输部列为资源节约循环利用科技示范工程和绿色循环低碳公路主题性示范工程(简称"双示范"工程),该项工程由38项示范项目组成。

"长白山区鹤大高速公路资源节约循环利用科技示范工程"(简称科技示范工程),围绕"抗冻耐久和全寿命周期成本"理念,突出了六项创新:一是开展路基路面长期使用性能监测,形成抗冻耐久的长寿命路面典型结构与材料指标阶段研究成果;二是开展地产筑

路材料填料型火山灰改性沥青混合料及在大体积混凝土中应用的关键技术研究,开发地产筑路材料的成套综合利用技术;三是开展应对极端气候的高性能橡胶粉 SBS 复合改性沥青成套技术研究应用,开发工业和矿业废弃材料在公路工程中的循环利用技术;四是开展隧道弃渣、弃方巨粒土及尾矿渣填筑路基关键技术研究,开发筑路材料和土地资源节约利用成套技术;五是开展环境感知的隧道照明节能与智慧控制技术以及 ETC 不停车收费技术研究与应用,开发高速公路低碳节能技术;六是开发保护水系连通的路基建造、湿地营造与补偿、寒区服务区污水处理与回收利用技术。

"鹤大高速公路建设绿色循环低碳公路主题性项目实施方案"(简称主题示范工程),围绕"抗冻耐久、低碳节能、资源节约、循环利用、环境友好、景观优美"的建设理念,突出了五大特色:一是针对地处季冻区的特点,实施耐久性路面、耐久性桥涵、隧道保温防冻、服务区建筑保温等专项工程,体现全寿命周期成本的理念,突出抗冻耐久的项目特色;二是针对山区高速公路的特点,统筹考虑施工期和运营期电力供应的需要,提前布设电网,采用分布式智慧供电方式,降低电耗,全线隧道全部采用 LED 照明和通风智能控制,减少运营能耗,体现节能减排理念,突出山区公路的项目特色;三是针对地产材料丰富的特点,在高性能混凝土中添加粉煤灰、火山灰,在路面采用硅藻土进行改性,利用铁矿尾矿渣填筑路基,利用隧道弃渣生产生态砌块等,体现因地制宜、资源节约的理念,突出就地取材的项目特色;四是针对沿线环境敏感、旅游资源丰富的特点,实施全线路域范围内植被保护与恢复、湿地保护与补偿、服务区污水处理与回收利用、野生动物通道等专项工程,对全线路侧、中央分隔带、服务区、互通区、隧道口等实施景观工程,努力打造旅游观光走廊,体现生态文明保护优先、景观保护服务旅游的理念,突出绿色环保的项目特色;五是开展科技攻关和管理创新,试点探索能耗监测统计、绿色循环低碳考评奖惩等制度,研究建立绿色循环低碳的行业或地方标准规范,突出体制机制的项目特色。

"双示范"工程于 2016 年 10 月完工,取得了显著的成效。**一是季冻区公路建设抗冻耐久关键技术研究和应用取得新成果。**全线应用推广柔性组合基层结构,有效减少路面早期破损,提高路面使用性能;综合应用混凝土抗冻耐久技术,提高了桥涵抗冻耐久性;在全线 18 座隧道推广应用抗冻保温技术,对防治冻胀和冻融病害起到良好的作用;应用橡胶粉 SBS 复合改性沥青成套技术修筑 81km 实体工程,将有效提高沥青路面应对极端高低温气候的能力。**二是资源节约、节能减排效果明显。**推广应用隧道弃渣、尾矿渣路基填筑技术,将 284 万 m^3 隧道弃渣、22 万 m^3 铁尾矿渣用于路基填筑,减少了大量耕地占用;应用火山灰填料 900t,橡胶粉改性沥青路面使用废旧橡胶 7994t,施工期集中供电、沥青拌和站油改气共替代标油 4 万 t,节煤 2 万 t,减排二氧化碳 15 万 t。**三是生态环境保护成效明显。**推广应用植被保护与恢复技术和湿地营造技术,共保护黑土资源 228 万 m^3、原生环境 9 万 m^2、树木 35 万棵,雁鸣湖等 25 处湿地生态系统得以有效保护和恢复。**四是取得**

了丰硕的科研成果。"季冻地区公路工程抗冻耐久关键技术研究"和"长白山生态敏感区绿色高速公路建设关键技术研究"2个项目获得中国公路学会科技进步一等奖。发表科技论文30余篇、专著2篇,编制部颁行业标准1项、地方标准及指南18项,获得专利14项。2016年8月,国家公路学会在鹤大高速公路召开第二届全国绿色公路发展科技示范工程技术交流会,与会600多名国内外专家学者对鹤大高速公路的创新理念和科技成果给予高度评价和赞誉。同时,边示范、边推广、边复制,将双示范建设成果推广应用到东南部山区项目建设中,进一步发挥了示范引领和带动作用。

第三节 高速公路促进经济社会发展

随着吉林省高速公路主骨架的基本形成和网络规模的不断扩大,高速公路在交通运输中的作用日益显著,在促进区域经济一体化发展、振兴吉林老工业基地、促进新型城镇化建设、推动对外开发开放、加快旅游业发展等方面都发挥了重要的作用。

高速公路建设对拉动相关产业发展、促进社会就业等方面的作用显著。据测算,每亿元高速公路的建设投资,能直接带动社会总产出近3亿元,仅建设期间可提供的就业机会就超过800个。高速公路的运输成本低,与普通二级公路相比,高速公路的平均车速可提高40%~50%,单位运输成本降低20%~25%。围绕高速公路建设和管理,吉林省交通行业取得了许多创新性科技成果,推动了新技术、新材料、新工艺在高速公路项目中的推广和应用,也从不同侧面展现了吉林省的历史、文化和地域特色,体现出生态环保、绿色发展的新理念。

"十三五"及未来更长的时间里,吉林省将继续完善高速公路网络,努力走出符合省情和区域特色的高速公路创新发展之路,继续为推动老工业基地全面振兴、如期实现全面建成小康社会目标提供强有力的运输保障。

一、经济社会发展对高速公路提出新的要求

改革开放三十年,吉林省经济社会发展取得了巨大成就,逐步发展成为我国重要的制造业基地、粮食基地、石化基地、旅游基地及生态涵养保护基地。吉林省经济总量增长较快,以2004—2010年为例,全省经济总量连续从3000亿元跃上8000亿元台阶,2011年突破10000亿元大关,到2016年全省经济总量已接近15000亿元。随着经济社会的发展,吉林省的城镇化率和人民生活水平不断提高,城镇化率由2000年的49.7%,提高到2016年的55.97%,16年间提高了近6%。吉林省人民生活水平与20世纪80年代初相比,提高了近20倍。由于吉林省在国家沿边开放格局中具有重要地位,随着对外开发开放不断

深入,对外贸易水平也不断增强。

经济社会的发展要求交通运输保障能力不断增强,推动了吉林省高速公路的建设和发展。到2016年,吉林省"通关达海,东联西拓"的高速公路主骨架基本形成,高速公路建设实现了跨越式发展。

(一)经济增长促进高速公路建设

1. 经济上新台阶要求高速公路建设步伐加快

20世纪80年代末期,党的十三大提出了中国经济建设分"三步走"的总体战略部署,为了实现"1991年到20世纪末,国民生产总值再增长一倍,人民生活达到小康水平"的目标,吉林省委、省政府做出了"关于加快改革开放,使全省经济更快更好地上一个新台阶的规定"。到1995年,生产总值比1990年翻两番,提前5年实现了目标,年均增长11.1%;农村经济全面发展,粮食生产综合能力由"七五"期间的150亿kg提高到200亿kg阶段性水平,农业增加值年均增长5.4%;工业经济增长较快,年均增长铁路客车、拖拉机、铁合金、碳素制品、原油等产品产量居全国前列,增长13.9%。三次产业结构由1990年的29.4∶42.8∶27.8,调整为1995年的26.7∶41.8∶31.5。

经济的加速发展对交通建设提出了更高的要求,交通基础设施建设步伐加快。1995年全省交通建设总投入25.04亿元,是1990年的4.5倍,全省新改建公路和新建公路里程为2784km和1740km,分别是1990年的4倍和1.5倍。《六年路网计划(1995—2000年)》全面启动数据统计,1992—1997年五年间,全省交通建设累计投入135亿元,是前五年的4.7倍,公路平均每年以近1200km的建设速度递增。高速公路建设进展迅速,4条高速公路相继开工建设。

2. 建设经济强省促进高速公路主骨架形成

"九五"期间,我国提出了全面建设小康社会、加快推进社会主义现代化的战略部署,提出要加快城镇化进程、推进区域经济协调发展、参与国际经济技术合作和竞争、提高人民生活水平,对交通运输提出了更高的要求。省委、省政府立足区位和产业优势,以提高规模效益和产业聚集度为目标,制定了"面向两海、构筑两带、产业升级、整体升位"的经济发展战略,统筹规划,因地制宜,优势互补,实现全省区域经济协调发展。2000年,生产总值达到1952亿元,"九五"期间年均增长9.8%,人均生产总值达到7431元,年均增长9.0%,提前三年实现了翻两番的目标。汽车、化工、粮食等主要工农业产品产量继续上升,运输量不断增长,特别是汽车工业快速发展,汽车保有量急剧增加(1994年全省汽车保有量为24万辆,到2000年达到30万辆),要求公路建设也要有一个相应的大发展。按照省委、省政府建设经济强省的战略部署,交通部门重点抓对经济发展具有全局性影响的主骨架建设,相继开工建设了一大批国省重点公路项目,使吉林省的主要城市和工业区之间实现了以高速公路相连接,1999年高速公路里程达到354km。

"十五"期间,吉林省公路建设累计完成投资443亿元,是"九五"的2.2倍,建成高速公路188km,高速公路总里程达到543km,比"九五"期末增加了53%,除延边州外,全省地级市均实现了与省会长春一级以上公路连接,京哈高速公路吉林境内段纵向贯通,公路主骨架已由瓶颈制约变为基本适应经济社会发展。

3. 适应经济"快跑"需要,高速公路建设"快上先行"

"十五"后期,在振兴吉林老工业基地取得良好开局的基础上,吉林省提出以改革创新为动力,以加快发展为核心,加快发展步伐,加大固定资产投资,实施投资拉动,使发展由"快走"变"快跑"。围绕投资拉动和加快发展,为实现吉林省把经济总量做大,把经济实力做强的目标,交通基础设施建设,尤其是高速公路建设"快上先行"。2003—2007年,先后开工建设珲乌、大广、长深等主骨架高速公路,对长春至机场段高速公路进行改扩建,同时也开工建设省际出口通道伊通至辽源高速公路、通化至下排高速公路,以及旅游通道长长高速公路营城子至抚松段等项目。这期间,虽然通车里程依然维持在543km,但省会到市州、省际主要通道及通往长白山的高速公路项目全部启动,开工项目达1026km,高速公路投入不断加大,五年完成投入112.9亿元,为构筑高速公路骨架网奠定了坚实的基础。

4. 固定资产投资直接影响高速公路建设进程

"十一五"时期,吉林省地区生产总值年均增长12%以上,固定资产投资总规模达到1.55万亿元,比"十五"期间增加1万亿元。由于吉林省进出口拉动很少,消费的拉动作用也不明显,为实现"更快更好发展"的任务目标,主要靠提高投资率。继续抓住固定资产投资不放松,是振兴吉林非常重要的一项举措,"十一五"期间全省年均投资规模达到3000亿元。交通作为重要的基础设施,是加大投资的主力军,交通设施建设关系投资拉动、经济增长和全省发展大局。高速公路是现代化交通的重要标志,对出关通海,加强全省经济活动能力,起到相当重要的作用。2006—2010年,公路建设投资累计1109亿元,比"十五"期间增加670亿元,其中,高速公路投资531亿元,占公路建设总投资的49%,是"十五"期间高速公路投资的11.5倍,新增通车里程1308km,是"十五"前建成总量的2.4倍,高速公路主骨架初步形成。

国家宏观经济政策调控和投融资政策的调整直接影响吉林省高速公路的建设进程。2008年起,国家实施积极的财政政策,加快基础设施建设步伐。2008—2011年四年间,全省生产总值年均增长18%左右,三次产业结构达到12.1∶53.1∶34.8,受国家宏观经济政策影响,高速公路投资增大,新增高速公路通车里程1709km,是"十五"前建成总量的

4.15 倍。2012—2015 年,受宏观经济和投融资政策调整影响,投资拉动放缓,高速公路建设速度减慢,四年间高速公路通车里程仅增加 377km,其中 2012—2014 年间仅新增 96km。

(二)经济一体化发展,要求高速公路提供强有力的支撑

国家进一步加强对东、中、西部和东北地区发展的统筹协调,积极推动沿大江大河、沿边沿海和沿重要交通干线的经济增长带建设,促进生产要素在更广区域内有序自由流动,构建东中西、南北方协调联动发展的新格局,深入实施西部大开发战略,大力推动东北地区等老工业基地全面振兴,进一步发挥中部地区承东启西、连接南北的独特优势。区域经济一体化发展趋势要求交通先行,需要高速公路提供强有力的支撑。

1. 振兴吉林老工业基地,推进"开边通海"大通道建设

在全面建设小康社会和区域经济社会协调发展的前提下,党中央、国务院对东北老工业基地发展高度重视,2003 年做出实施东北地区等老工业基地振兴战略的重大决策。振兴东北老工业基地,对于吉林省是一个难得的重大历史机遇。吉林省委、省政府高度重视,"十五"期间制定了振兴吉林老工业基地的措施和政策,提出建设发达的边疆近海省的总体战略部署。交通建设作为经济发展的重中之重,作为实现开边通海战略和建设发达边疆近海省的先导和基础,放在优先位置加快发展。

2009 年国务院下发《关于进一步实施东北地区等老工业基地振兴战略的若干意见》,为东北地区全面振兴进一步提供了政策保障,提出要更加注重统筹协调发展,促进区域经济一体化发展;加大对沿边地区、少数民族地区、贫困地区和革命老区的扶持力度,逐步缩小地区间发展差距;推进重点经济区加快发展,继续推进辽宁沿海经济带、沈阳经济区、长吉图经济区、哈大齐工业走廊和牡绥地区加快发展,强化区域增长极的辐射带动作用。加快推进蒙东地区和东北三省经济融合发展,实现东北四省(区)优势互补、协同共进;完善城市化布局和形态,以长春、吉林市为核心,以四平、辽源、松原为支撑建设吉林中部城市群。

振兴吉林老工业基地,要求统筹基础设施和公共服务设施建设,全面提升公共服务水平,增强综合承载能力,推进"开边通海"高速公路大通道建设。2002 年,贯通吉林省南北的纵向大通道京哈高速公路吉林境内段全线贯通。2010 年,另一纵向通道大广高速公路吉林境内段,以及横贯吉林省东西的横向大通道珲乌高速公路全部贯通,2016 年东部地区连接黑龙江和辽宁的纵向通道鹤大高速公路全线贯通,以长春为中心,放射连接省内其他市州、重要经济区,便捷通达周边国家和省份的高速公路网络主骨架逐步形成,大大增强了吉林省乃至整个东北地区与京津冀和环渤海经济圈的联系。

2. 新型城镇化建设,促进高速公路加快成网

城镇化是促进区域发展的重要动力,是衡量区域经济发展水平的重要标志。党的十七大明确提出"走中国特色城镇化道路,按照统筹城乡、布局合理、节约土地、功能完善、以小带大的原则,促进大中小城市和小城镇协调发展"。党的十八大更是明确提出"城镇化是扩大内需的最大潜力所在",城镇化战略成为我国城镇空间发展的重点。

"十一五"以来,吉林省城镇化建设取得了显著的成效。全省大力实施投资拉动、项目带动、创新驱动战略,按照党中央的统一部署,结合吉林省情,统筹推进工业化、城镇化和农业现代化,初步形成了以长吉两市为核心,区域中心城市、县城和小城镇各具特色的城镇体系框架。以中部城市群为中心,以东部、东南部、西部城镇群为支撑的产业发展特色越发清晰。全省城镇化率在稳步逐年攀升,2000年常住人口城镇化率为49.7%,2005年为52.5%,2010年为53.4%,2015年吉林省城镇化率达到55.3%,计划2020年达到60%。

城镇化的发展直接影响到城市人口的分布和密度、城市空间布局形态、产业规模和分布,直接增加了对交通基础设施和运输能力的刚性需求。《国家主体功能区规划》明确,哈尔滨、长春城市群为国家"两纵三横"为主体的城市化战略格局中纵线的主要组成部分。《吉林省城镇体系规划(2011—2020年)》提出了"强化中部、构筑支点、区域联动"的城镇化发展战略。按照城镇化发展战略,进一步强化黑龙江省哈尔滨市、吉林省长春市的带动功能,构建哈大、珲乌两条城镇发展主轴,按照整合资源和联动发展要求,打造长春—长白山特色经济文化旅游环线城镇带。

城镇化发展始终隐含着交通运输发展的脉络和趋势,通过与广东、辽宁、浙江等城镇化较为发达省份的对比分析,显示公路里程及二级以上公路所占比重与城镇化率呈现出正相关的趋势。因此,随着吉林省城镇化率的提高,必须发展与之适应的公路网和高等级公路。城镇化发展进程推进了京哈、珲乌、大广、鹤大等高速公路大通道的建设,强化中部和区域联动发展的战略要求也促进了以长春为中心的放射状高速公路网的形成,同时也加强了长白山旅游区等重点区域的高速公路通道建设。到2016年,全省高速公路占全省公路总里程的3.04%,密度达到1.66km/km^2,覆盖了80%的县(市)。

3. 对外开发开放,推动高速公路"内通外联"

"八五"期间,吉林省坚持以开放为先导,实行开发开放相结合,全省外向型经济明显增强,期间建立了4个国家级和12个省级开发区,基础设施建设得到加强,图们江地区开发进入实施阶段。"九五"期间,开放领域不断拓宽,与近50个国家和地区建立了经常性的经贸合作关系,比"八五"增加了30多个,图们江地区开发开放有了新的进展,省级以上开发区开发开放带动作用明显,成为拉动经济增长的重要载体,对外开放大通道和基础

设施建设取得积极成效。"十一五"期间,吉林省对外开放迈出新步伐,长吉图开发开放先导区上升为国家战略。2014年,习近平主席提出进一步推进亚太自由贸易区进程,打造全方位互联互通格局,共同将"一带一路"建设成为合作之路、友好之路、共赢之路。在2014年国务院印发《沿边地区开发开放规划(2014—2020年)》中,规划的"三圈三带"沿边开发开放空间格局中,吉林省沿边地区位于"东北国际经济合作圈"和"鸭绿江中朝经济合作带"的结合部,具有重要的战略地位。

在国家对外开放的大背景下,吉林省主动融入"一带一路"建设,提出并实施长吉图向东开放和面向环渤海向南开放双翼共进。随着对外开放的不断加强,全省高速公路建设不断取得新成效,对接国家"一带一路"倡议"中蒙俄运输通道"的珲乌高速公路全线贯通,联通京津冀地区及辽宁沿海经济区和沈阳经济区,以及连接黑龙江省的哈大工业走廊和牡绥地区等地的主要对外联络通道全部实现高速公路连接,对外开发开放推动了全省"内通外联"的高速公路大通道建设。

(三)旅游业快速发展,对高速公路规模和质量提出了更高的要求

吉林省人民生活水平不断提高,城乡居民收入稳步增长。据统计,1990年吉林省城镇居民人均纯收入1230元,农民人均纯收入717元,到1995年城镇居民人均纯收入达到3175元,农民人均纯收入达到1610元,年均增长率分别为20.9%和17.6%。到2015年,两项指标分别达到24901元和11326元。2000—2015年,城镇居民人均纯收入的五年年均增长率在8.7%~12.6%之间,农民人均纯收入的五年年均增长率在4.7%~13.8%之间。

随着人民生活水平和生活质量的不断提高,吉林省旅游业逐步发展起来,成为体现人民生活水平和质量的重要指标。吉林省有十分丰富的旅游资源,长白山景区、敦化市六鼎山文化旅游区、长春净月潭国家森林公园、长春伪满皇宫博物馆、长春市长影世纪城、集安高句丽文化遗址等都在国内外享有盛誉。冰雪、生态、边境、文化、乡村、红色等核心旅游产品等都独具特色。从旅游业发展的统计指标看,1990年,吉林省入境旅游人数为4.6万人次,国际旅游外汇收入为610万美元,1995年入境旅游人数达到15.6万人次,国际旅游外汇收入为4148万美元,年均增长率分别为27.7%和46.7%。2000—2015年,入境旅游人数的五年年均增长率在7.4%~17.1%之间,国际旅游外汇收入的五年年均增长率在6.9%~20.6%之间。

旅游业的快速发展,也促进了高速公路建设规模不断增大,吉林省高速公路建设从无到有,从通变畅,至今基本形成了省会放射连接省内重点旅游景区,以及横纵串联邻省重点景区的高速公路主骨架。2015年通往长白山景区的山水旅游通道长春至长白山高速公路长春至抚松段通车,使吉林省中西部地区与长白山生态经济圈形成了快速连接通道。

2016年,纵贯吉林省东南部的鹤大高速公路全线贯通,这是一条山水交融、大美共享的旅游高速公路,自北向南串联起牡丹江镜泊湖、七台河国家风景区、六鼎山文化旅游区、长白山自然保护区、鸭绿江中朝边境风光等自然风光和人文景观,使黑、吉、辽三省旅游资源实现了深度融合,成为吉林省东部地区的山水大道。

二、高速公路建设适应并促进经济社会发展

高速公路在极大满足交通需求的同时,在促进吉林省经济社会发展和提高公众生活水平方面产生了重大而深远的影响,充分发挥了促投资、稳增长、支撑经济发展的重要作用。通过对吉林省的统计数据分析,高速公路在带动相关产业发展、推动产需衔接、保障就业、促进技术创新、提高经济运营效率等方面均发挥了重要的作用。

(一)高速公路建设拉动相关产业发展

1. 高速公路建设拉动相关行业发展,可获得数倍于投资的总产出

2002年,在长平高速公路后评价中,对长平高速公路建设投资对相关市县生产总值增长的影响进行了分析。通过对比1990—2000年十年来吉林省部分地区(长春、吉林、四平、通化、白城)的生产总值数据,可以看出,在长平高速公路建设期间,长春、四平地区的生产总值增长比较快,其中长春生产总值平均增长率为22%,四平平均增长率为18%,明显高于通化市和白城市。同时测算出长平高速公路在建设过程中拉动了采掘业、制造业、电力煤气、建筑业、交通运输邮电通信业等相关行业的发展,其投入产出比例(投资乘数)为3.8。

2015年,为了分析新时期吉林省高速公路建设对经济社会发展的拉动作用,选取长深高速公路长春至双辽段、鹤大高速公路敦化至抚松段、双嫩高速公路白城至洮南段,分别代表吉林省中、东、西部高速公路项目,又进行了具体测算。按照国家统计局2011年确定的国民经济行业划分,在20个国民经济行业分类中,高速公路建设投入主要流向了11个行业,即不同程度地带动了建筑业、制造业、交通运输邮电通信业、电力燃气和水的生产和供应业、卫生、社会保障和社会福利业、批发和零售业、农林牧渔业、公共管理和社会组织、科学研究、技术服务、金融业、水利、环境和公共设施管理业的发展。其中,流入资金居于前三位的是建筑业、制造业、农林牧渔业。经测算,高速公路建设每投入1亿元,在建设过程中拉动国民经济相关产业,可获得2.5亿元的总产值,每亿元高速公路投入流向建筑业、制造业、农林牧渔业分别为0.3亿元、0.22亿元、0.11亿元。

2. 高速公路建设消耗大量建筑材料,推动了产需衔接

通过对上述三个项目的预算资料进行统计分析,获得了三个建设项目的主要材料消耗数据(图3-3-1)。平均来看,每公里高速公路消耗木材74m^3,消耗钢材1081t,消耗水泥

5942t,消耗沥青617t,消耗碎石和砂砾分别为33811m³和25456m³。高速公路建材消耗统计见表3-3-1。

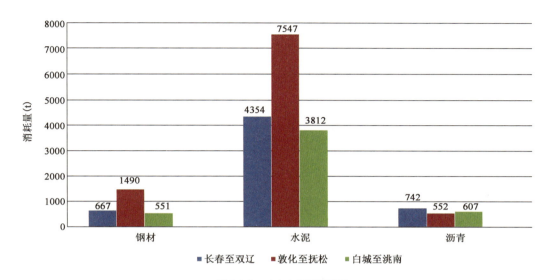

图3-3-1 三大主材消耗情况

高速公路建材消耗统计 　　　　　　　表3-3-1

项　　目	长春至双辽	敦化至抚松	白城至洮南	平　　均
木材(m³/km)	37	106	38	74
钢材(t/km)	667	1490	551	1081
水泥(t/km)	4354	7547	3812	5942
沥青(t/km)	742	552	607	617
碎石(m³/km)	38378	37824	15499	33811
砂砾(m³/km)	11101	23529	52748	25456

(二)高速公路建设促进就业水平提高

高速公路在提供就业机会、解决就业难题方面具有重要作用,其建设期间提供的直接就业机会包括建设过程中的设计、施工及原材料提供等有关工作岗位,其运营期间带动沿线相关产业的迅速发展,能够为富余劳动力提供一定的就业机会。

吉林省的第一条高速公路——长平高速公路的建设给长春市及四平市带来更多的就业机会。通过分析1990—2000年吉林省部分地区从业人数的变化,可以看出长春、四平两市从业人员数较多的年份是1993—1996年,这一时期正值两市高速公路建设时期。1993—1996年,全省从业人数年均增长2.19%,同期长春市从业人数年均增长4.21%,四平市从业人数年均增长2.67%,明显高于全省平均水平,以及通化市的2.22%和白山市的-2.2%。以同期数据为基础的测算表明,每亿元公路建设投资约带来1500个就业机会,据此推算,长平高速公路投资23.95亿元,所提供的就业机会约为3.5万个。

2015年,针对上述三个高速公路建设项目进行了其建设促进就业水平的分析。从统计和分析结果看,每亿元高速公路投资可提供的就业机会为550~950个,平均来看,每亿元高速公路投资可提供的就业机会为830个。高速公路建设提供的就业机会见表3-3-2。

高速公路建设提供的就业机会　　　　　　　　表3-3-2

项　目	投资额（亿元）	总工日（工日）	施工工人（人）	技术管理人员（人）	单位投资提供的就业岗位（人/亿元）
长春至双辽	28.1	3924978	18690	1869	732
敦化至抚松	58.6	10380852	49433	4943	928
白城至洮南	10.7	1129900	5380	538	553
合计	97.4	15435730	73503	7350	830

(三)高速公路促进技术创新

吉林省结合高速公路的建设与养护工作需要,在道路路基路面、桥梁隧道的建养技术、道路病害防治、交通工程及沿线设施领域开展专项研究,完成了一批重大科研课题,在新技术、新工艺、新材料、新设备的开发与应用等方面取得了丰硕的研究成果,这些科研成果的推广应用,提高了劳动效率,降低了建设成本,取得了良好的社会效益和经济效益。

1. 高速公路建设促进建养新技术开发与应用

高速公路的建设和发展,对其建设和养护技术提出了更高的要求。吉林省交通科研人员结合吉林省位处季冻区的特点,针对高速公路路基路面施工工艺及病害防治,桥梁的铺装,隧道的保温、防滑、阻燃及照明技术,以及沿线的护栏板、绿化隔离带设置等方面不断进行技术研究和科研开发。

其中,季节性冰冻地区路基路面稳定技术研究提出了改善路基、路面稳定性措施和技术指标要求,为提高季冻区路基、路面稳定性提供了技术支持;寒冷地区隧道保温防冻技术研究,提出了"以防排水为核心、保温供热为辅助"的寒区隧道防冻设计理念,建立了寒区隧道采用半导体电热带局部加热防冻的理论与方法,填补了国内空白;沥青路面再生成套技术应用研究系统、全面地解决了路面再生的关键技术,保证了再生沥青混合料级配准确。目前,吉林省的路面再生成套技术在国内处于领先水平,相关研究多次获得推广。

2. 高速公路建设促进新工艺的应用

吉林省在公路路基、路面、桥梁桩基及预应力等方面开展了工艺方法的研究。其中包括针对吉林省气候特点,对高速公路沥青路面老化预防及厂拌热再生进行的研究;结合吉林省高速公路养护工程,对厂拌热再生沥青混合料性能(高温稳定性能、低温抗开裂性能、水稳定性能)进行了系统的试验。结合江密峰至延吉高速公路的碎石土路基实体工程施工,进行了路基压实稳定性、均匀性及激振参数控制技术研究,提出了评定指标和控制方法,保证了路基压实质量。

3. 高速公路建设促进新材料的应用

吉林省结合寒冷地区气候条件,针对吉林省路面结构特点,考虑充分利用地产材料,开展了应用地产材料方面的课题。其中,SEAM 沥青混凝土在寒冷地区的应用研究表明,采用 SEAM 沥青混合料可以有效解决沥青路面车辙病害,降低路面开裂概率,延长道路使用寿命,对于节约养护维修费用、保护环境具有显著意义。煤矸石作为煤炭资源开采的副产品,其堆积占用了大量的土地,对周围环境造成了污染。寒冷地区综合利用煤矸石筑路技术的研究,使煤矸石材料可以应用在公路工程中,不仅可以解决煤矸石堆放带来的占地和环境污染的问题,而且可以节约道路建筑材料,降低公路工程造价。研究表明,煤矸石材料的推广应用,带来了巨大的经济效益、环境效益和社会效益。

第四章
高速公路建设的地方法规制度

吉林省在高速公路建设及管理方面,积极推进立法先行,充分发挥立法的引领和推动作用,相继出台了多部地方性法规、省政府规章及管理制度,逐步建立了一套较为完备的高速公路法规体系,有力推动了高速公路建设的法制化进程,有效保证了高速公路建设和管理工作的有序开展。

至2016年底,吉林省高速公路建设的地方法规制度共83部,主要包括省级相关法规制度、建设市场管理相关法规制度、项目管理相关法规制度三大类。其中吉林省政府、省人大颁布实施的省级相关法规制度16部,省交通运输厅颁布实施的建设市场管理相关法规制度17部,项目管理相关法规制度50部。

第一节 省级相关法规制度

自20世纪80年代至今,吉林省共出台与高速公路建设相关的省级地方性法规、规章制度16部,包括《吉林省高速公路路政管理条例》《吉林省公路条例》《吉林省土地管理条例》《吉林省集资贷款修建公路桥梁隧道收取车辆通行费管理办法》《吉林省高速公路管理办法》《吉林省人民政府办公厅关于加快推进高速公路建设的意见》等,有力推动了高速公路建设。省级相关法规制度见表4-1-1。

省级相关法规制度表 表4-1-1

序号	名 称	文 号	发布日期	发布部门
1	吉林省高速公路路政管理条例	吉林省第十届人大常委会公告第36号	2005年3月31日	吉林省第十届人大常委会
2	吉林省公路条例	吉林省第十一届人大常委会公告第57号	2011年11月23日	吉林省第十一届人大常委会
3	吉林省建筑市场管理条例	吉林省第十届人大常委会公告第42号	2005年7月28日	吉林省第十届人大常委会
4	吉林省建设工程勘察设计管理条例	吉林省第十一届人大常委会公告第74号	2012年11月21日	吉林省第十一届人大常委会

续上表

序号	名　称	文　号	发布日期	发布部门
5	吉林省林地保护条例	吉林省第十一届人大常委会公告第64号	2012年3月23日	吉林省第十一届人大常委会
6	吉林省水土保持条例（2013修订）	吉林省第十二届人大常委会公告第14号	2013年11月29日	吉林省第十二届人大常委会
7	吉林省土地管理条例（2015修正）	吉林省第十二届人大常委会公告第51号	2015年11月20日	吉林省第十二届人大常委会
8	吉林省环境保护条例（2001修改）	吉林省第九届人大常委会公告第56号	2001年1月12日	吉林省第九届人大常委会
9	吉林省安全生产条例	吉林省第十届人大常委会公告第35号	2005年3月31日	吉林省第十届人大常委会
10	吉林省文物保护条例（2007修订）	吉林省第十届人大常委会公告第83号	2007年5月24日	吉林省第十届人大常委会
11	吉林省集资贷款修建公路桥梁隧道收取车辆通行费管理办法（1997修正）	吉林省人民政府令第26号	1997年12月26日	吉林省人民政府
12	吉林省高速公路管理办法	吉林省人民政府令第212号	2010年7月15日	吉林省人民政府
13	吉林省建设工程造价管理办法	吉林省人民政府令第222号	2011年5月18日	吉林省人民政府
14	吉林省建设工程质量管理办法	吉林省人民政府令第225号	2011年6月30日	吉林省人民政府
15	关于筹措四平至长春高速公路建设资金有关问题的批复	吉政函〔1992〕224号	1992年9月24日	吉林省人民政府
16	吉林省人民政府办公厅关于加快推进高速公路建设的意见	吉政办发〔2015〕66号	2015年12月11日	吉林省人民政府办公厅

一、《吉林省高速公路路政管理条例》

《吉林省高速公路路政管理条例》于2005年3月31日吉林省第十届人民代表大会常务委员会第十九次会议通过，2005年7月1日起施行。

《条例》包括总则、养护管理、公路保护、收费管理、服务管理、监督检查、法律责任及附则共八章四十八条。分别在养护工程管理和清雪除冰、公路保护和收费规定、经营服务规范、监督检查制度及有关法律责任等方面做了详细规定，为高速公路养护、保护、通信、收费及服务方面的规范化管理提供了制度性依据，有效保证了高速公路安全畅通。

二、《吉林省公路条例》

《吉林省公路条例》于2011年11月23日吉林省第十一届人民代表大会常务委员会第二十九次会议通过，自2012年1月1日起施行。

《条例》包括总则、公路规划、公路建设、公路养护、路政管理、资金保障、监督管理、法律责任及附则共九章七十四条。对公路管理事权划分进行了明确界定,建立起了职责清晰的公路建设、养护、管理责任体系。针对公路规划原则;公路建设占地、程序、造价、档案管理;公路养护企业资质、养护作业流程、安全管理;公路控制区、路政管理;资金保障、监督管理、法律责任等做了明确的规定,为加强公路建设和管理,促进公路事业发展,保障公路完好、安全、畅通,更好地适应经济社会发展提供了坚强的法律保障。

三、《吉林省高速公路管理办法》

《吉林省高速公路管理办法》于2010年7月15日吉林省人民政府第五次常务会议讨论通过,自2010年9月1日起施行。

《办法》包括总则、使用、养护、保护、有关设施、经营服务、应急处理、法律责任和附则共九章五十二条。分别从使用高速公路相关要求、养护作业与安全、高速公路保护规定、建筑控制区、经营单位管理、应急处置程序及有关法律责任等方面做了详细规定,为高速公路管理工作实现统一、高效、便民目标提供了法律遵循,有效保证了高速公路的安全与畅通,提高了高速公路管理水平。

四、其他省级相关法规制度

除以上3部地方性法规、省政府规章外,为推进高速公路建设管理工作规范化、制度化、法制化进程,吉林省还针对高速公路质量与造价控制、安全生产、土地及森林资源节约集约利用、环境保护、收费管理等工作相继出台了11部地方性法规与省政府规章,建立了系统的法规制度体系。同时,省政府还于2015年出台了《关于加快推进高速公路建设的意见》,结合吉林省交通发展实际,对高速公路建设模式、资金筹集、征地拆迁、监督考核等提出指导性意见。以上地方性法规、省政府规章及管理制度有效保证了高速公路事业的健康有序发展。简述如下。

(一)《吉林省建筑市场管理条例》

2005年7月28日吉林省第十届人民代表大会常务委员会第二十一次会议通过,自2005年7月28日起施行。

(二)《吉林省建设工程勘察设计管理条例》

2012年11月21日吉林省第十一届人民代表大会常务委员会第三十五次会议通过,自2013年3月1日起施行。

(三)《吉林省林地保护条例》

2012年3月23日吉林省第十一届人民代表大会常务委员会第三十一次会议通过,

自 2012 年 5 月 1 日起施行。

（四）《吉林省水土保持条例》

1994 年吉林省第七届人民代表大会常务委员会第三十次会议通过，2013 年 11 月 29 日吉林省第十二届人民代表大会常务委员会第五次会议修订通过。

（五）《吉林省土地管理条例》

1994 年吉林省第八届人民代表大会常务委员会第七次会议通过，2015 年 11 月 20 日吉林省第十二届人民代表大会常务委员会第二十一次会议修订通过。

（六）《吉林省环境保护条例》

1991 年吉林省第七届人民代表大会常务委员会第二十三次会议通过，2001 年 1 月 12 日吉林省第九届人民代表大会常务委员会第二十一次会议修改。

（七）《吉林省安全生产条例》

2005 年 3 月 31 日吉林省第十届人民代表大会常务委员会第十九次会议通过，自 2005 年 6 月 1 日起施行。

（八）《吉林省文物保护条例》

1986 年 7 月 24 日吉林省第六届人民代表大会常务委员会第二十次会议通过，2007 年 5 月 24 日吉林省第十届人民代表大会常务委员会第三十五次会议修订。

（九）《吉林省集资贷款修建公路桥梁隧道收取车辆通行费管理办法》

1997 年 12 月 26 日吉林省人民政府令第 26 号通过，自 1998 年 1 月 1 日起施行。

（十）《吉林省建设工程造价管理办法》

2011 年 4 月 6 日吉林省人民政府第四次常务会议讨论通过，自 2011 年 5 月 18 日起施行。

（十一）《吉林省建设工程质量管理办法》

2011 年 4 月 6 日吉林省人民政府第四次常务会议讨论通过，自 2011 年 8 月 1 日起施行。

（十二）《关于筹措四平至长春高速公路建设资金有关问题的批复》

1992 年 9 月 24 日吉林省人民政府发布实施。

(十三)《吉林省人民政府办公厅关于加快推进高速公路建设的意见》

2015年12月16日吉林省人民政府办公厅发布实施。

第二节　建设市场管理相关法规制度

从1998年开始,吉林省交通运输厅颁布实施建设市场管理相关法规制度17部,内容涵盖了招标工作管理、信用工作管理、监理人员管理、竣(交)工验收管理等多个方面。认真贯彻落实交通运输部对建设市场管理的相关法规制度,从明确各单位、部门的建设管理工作职责入手,以招投标工作建管为切入点,注重对高速公路项目建设过程的监管和信用体系的构建。通过国家、交通运输部、吉林省不同层面的法规制度,共同构建吉林省公路建设市场管理制度体系,为吉林省高速公路建设提供制度保障。建设市场管理相关法规制度见表4-2-1。

建设市场管理相关法规制度表　　　　　表4-2-1

序号	性质	名　　称	文　号	发布日期	发布部门
1	市场管理	吉林省公路工程监理人员管理办法	吉交发字〔1998〕4号	1998年12月1日	吉林省交通厅
2		吉林省公路建设管理的有关规定	吉交发字〔2002〕21号	2002年4月9日	吉林省交通厅
3		进一步加强公路建设市场管理工作的通知	吉交建管〔2006〕155号	2006年9月22日	吉林省交通厅
4		吉林省交通厅关于转发《交通部关于治理交通建设领域工程转包和违法分包的通知》的通知	吉交高建〔2006〕167号	2006年10月20日	吉林省交通厅
5		吉林省交通运输厅关于进一步落实吉林省公路建设市场管理工作职责的通知	吉交建管〔2016〕179号	2016年8月1日	吉林省交通运输厅
6	信用管理	吉林省交通运输厅关于印发吉林省交通运输行业社会信用体系建设方案的通知	吉交发〔2014〕59号	2014年11月27日	吉林省交通运输厅
7		吉林省交通运输厅关于印发吉林省交通运输行业信用信息管理办法(试行)的通知	吉交发〔2014〕62号	2014年12月22日	吉林省交通运输厅
8		关于印发吉林省交通运输厅关于在行政管理事项中使用信用记录和信用报告的实施意见的通知	(吉交发〔2015〕41号)	2015年6月9日	吉林省交通运输厅
9		吉林省公路建设项目设计、施工企业信用评价实施细则(试行)	吉交建管〔2017〕166号	2017年6月15日	吉林省交通运输厅

续上表

序号	性质	名 称	文 号	发布日期	发布部门
10	招投标管理	关于进一步规范全省交通建设项目招投标活动若干意见的通知	吉交建管〔2006〕4号	2006年1月6日	吉林省交通厅
11		关于印发吉林省公路建设项目施工招标代理机构招标办法（试行）的通知	吉交发〔2007〕2号	2007年1月10日	吉林省交通厅
12		吉林省交通厅公路建设项目招投标领导小组工作议事规则	吉交发〔2007〕22号	2007年7月19日	吉林省交通厅
13		关于印发吉林省公路建设项目招标人代表管理办法的通知	吉交建管〔2010〕32号	2010年2月5日	吉林省交通运输厅
14		关于印发吉林省公路工程标准施工招标资格预审文件和公路工程施工标准施工招标文件的通知	吉交建管〔2010〕88号	2010年4月14日	吉林省交通运输厅
15		关于进一步规范高速公路建设项目招投标工作的意见	吉交建管〔2010〕37号	2010年12月24日	吉林省交通运输厅
16		关于加强高速公路工程投标保证金管理有关意见的通知	吉交建管〔2011〕126号	2011年7月29日	吉林省交通运输厅
17	竣（交）工验收管理	吉林省交通运输厅关于印发吉林省公路工程竣工交工验收管理实施细则的通知	吉交发〔2012〕8号	2012年3月20日	吉林省交通运输厅

一、《吉林省公路建设管理的有关规定》

《吉林省公路建设管理的有关规定》是为强化吉林省公路建设的行业监督和管理、严格履行基本建设程序、规范吉林省公路建设市场行为，根据相关法律法规，结合吉林省公路建设实际制定的规定。适用于全省境内的新建、改建的公路建设以及项目规划、可行性研究、勘察设计、施工、验收至后评价全过程的建设管理活动。

《办法》内容包括项目法人、招投标管理、合同管理、分包管理、工程监理、项目管理、工程验收、监督管理、罚则、附则共10章95条，2002年4月施行。2006年又在此基础上，做了进一步要求，出台了《进一步加强公路建设市场管理工作的通知》（吉交建管〔2006〕155号）。

二、《关于进一步规范高速公路建设项目招投标工作的意见》

《关于进一步规范高速公路建设项目招投标工作的意见》是为进一步规范吉林省高速公路建设项目招标投标活动、加强招标投标管理，在《关于进一步规范全省交通建设项目招标投标活动若干意见的通知》基础上，总结招标工作经验，进而提出的意见。

《意见》内容包括招标文件编制、评标办法确定、招标文件审查程序、控制价上限确定、清标工作管理、评标委员会组成、中标候选人推荐、备案制度8个方面，梳理了招投标工作的全部流程,并编制了勘察设计、施工、监理招标的资格预审、招标文件及控制价上限的审查程序,为项目法人严格履行招投标工作程序提供制度遵循。《意见》于2010年12月起实施。

三、《吉林省交通厅公路建设招投标领导小组工作议事规则》

《吉林省交通厅公路建设招投标领导小组工作议事规则》是为加强对吉林省公路工程建设项目招投标工作的指导、监督和管理,加强廉政工作建设,使招投标领导小组工作规范化、制度化,保证投标工作顺利实施而制定的议事规则。

《规则》内容包括议事内容、程序和要求,吉林省交通厅成立由副厅长任组长、驻厅纪检组组长等厅级领导为成员的招投标领导小组,由项目法人单位、厅各相关处室负责人为成员的领导小组办公室,以《规则》为蓝本,对重大项目招标及招标过程中出现的重大事项做出决定,为招投标工作提供组织保障。《规则》自2007年7月起实施。

四、《关于印发吉林省公路工程标准施工招标资格预审文件和公路工程施工标准施工招标文件的通知》

《关于印发吉林省公路工程标准施工招标资格预审文件和公路工程施工标准施工招标文件的通知》是为加强吉林省公路工程施工招标管理,规范资格预审文件和招标文件编制工作,在国家九部委联合编制的《标准施工招标资格预审文件》《标准施工招标文件》和交通运输部编制的《公路工程标准施工招标资格预审文件》《公路工程标准施工招标文件》基础上,结合吉林省公路工程施工招标特点和管理需要,组织编制了《吉林省公路工程标准施工招标资格预审文件》和《吉林省公路工程标准施工招标文件》。

《资格预审文件》《施工招标文件》内容包括了招标公告、投标人须知、评标办法、合同条款及格式、工程量清单、投标文件格式。自2010年4月起实施。

五、《吉林省交通运输厅关于印发吉林省交通运输行业信用信息管理办法(试行)的通知》

《吉林省交通运输厅关于印发吉林省交通运输行业信用信息管理办法(试行)的通知》是为加强吉林省交通运输行业信用信息管理工作,促进行业自律,根据《中华人民共和国政府信息公开条例》《公路建设市场信用信息管理办法(试行)》等有关规定,结合吉林省交通运输行业实际制定的办法。

《办法》内容包括总则、管理职责、信用信息分类、信用信息征集、发布于更新、信用信息管理与监督、附则6部分26条。《办法》自2014年12月起实施。

六、《吉林省公路建设项目设计、施工企业信用评价实施细则(试行)》

《吉林省公路建设项目设计、施工企业信用评价实施细则(试行)》是为进一步规范吉林省公路工程设计、施工企业的信用评价工作,根据交通运输部《公路建设市场管理办法》(交通运输部令2015年第11号)、《关于印发建设公路建设市场信用体系的指导意见的通知》(交公路发〔2006〕683号)、《公路建设市场信用信息管理办法》(交公路发〔2009〕731号)、《关于印发公路设计企业信用评价规则的通知》(交公路发〔2013〕636号)和《关于印发公路施工企业信用评价规则的通知》(交公路发〔2009〕733号)等有关文件精神,结合吉林省实际情况,制定此细则。

《细则》内容包括总则、适用范围、评价原则、评价工作管理、评价等级划分、评价依据、评价标准、赋分方法、评价周期、评价程序与分工、评价资料报送方式及要求等19条。《细则》自2017年6月起实施。

七、《吉林省交通运输厅关于印发吉林省公路工程竣工交工验收管理实施细则的通知》

《吉林省交通运输厅关于印发吉林省公路工程竣工交工验收管理实施细则的通知》是为进一步贯彻执行交通运输部《公路工程竣(交)工验收管理办法》,强化吉林省公路工程竣(交)工验收工作的严肃性和规范性,确保及时完成竣(交)工验收工作而制定下发。

《细则》包括总则、交工验收、竣工验收、附则4章、29条。《细则》自2012年5月起实施。

八、其他建设市场管理相关制度

此外,与吉林省高速公路相关的其他建设市场管理制度还有《吉林省交通运输厅关于进一步落实吉林省公路建设市场管理工作职责的通知》《吉林省交通厅关于转发〈交通部关于治理交通建设领域工程转包和违法分包的通知〉的通知》《吉林省公路工程监理人员管理办法》《吉林省交通运输厅关于印发吉林省交通运输行业社会信用体系建设方案的通知》《关于印发〈吉林省交通运输厅关于在行政管理事项中使用信用记录和信用报告的实施意见〉的通知》《关于印发吉林省公路建设项目施工招标代理机构招标办法(试行)的通知》《关于印发吉林省公路建设项目招标人代表管理办法的通知》《关于加强高速公路工程投标保证金管理有关意见的通知》等。

第三节 项目管理相关法规制度

吉林省高速公路项目管理相关法规制度非常完备,建成了科学合理、行之有效的全方位制度体系。至2016年底,已出台并实施50部相关管理办法、规定和指南等,内容涵盖综合管理、前期设计管理、工程造价管理、施工质量安全管理、运营养护管理等领域。项目管理相关法规制度见表4-3-1。

项目管理相关法规制度表　　　　　　表4-3-1

序号	类别	名　　称	文号/书号	发布日期	发布部门
1	综合管理	吉林省交通建设资金管理暂行规定	吉交发〔2007〕9号	2007年3月30日	吉林省交通厅
2		吉林省公路工程竣(交)工验收管理实施细则	吉交建管〔2012〕8号	2012年3月20日	吉林省交通运输厅
3		吉林省公路项目建设单位管理办法(试行)	吉交建管〔2016〕33号	2016年2月5日	吉林省交通运输厅
4	前期设计管理	吉林省"十三五"高速公路勘察设计技术指南	ISBN 978-7-114-12873-8	2016年4月	吉林省交通运输厅
5		聘用高速公路设计咨询审查单位管理规定	吉交发〔2016〕44号	2016年10月17日	吉林省交通运输厅
6		关于加强和规范可研阶段厅行业审查意见管理的通知	吉交规划〔2017〕101号	2017年4月17日	吉林省交通运输厅
7	工程造价管理	吉林省公路工程设计变更管理实施细则	吉交发〔2014〕35号	2014年6月4日	吉林省交通运输厅
8		吉林省交通运输厅设计变更专项检查制度			
9		吉林省交通运输厅关于进一步加强公路工程造价管理工作的意见	吉交发〔2015〕50号	2015年7月17日	吉林省交通运输厅
10		吉林省交通建设工程计价标准管理办法	吉交发〔2016〕5号	2016年1月22日	吉林省交通运输厅
11		吉林省交通建设工程计价从业管理办法			
12		吉林省交通建设项目合同计价管理办法			
13		吉林省交通建设工程材料计价调价管理办法			
14		吉林省交通建设项目投资造价编审管理办法			
15		吉林省交通建设项目工程量清单预算管理办法			
16		吉林省交通建设项目计价台账管理办法			
17		吉林省交通建设项目计价行为督查办法			
18		吉林省交通运输厅关于进一步加强公路建设投资计价控制管理工作的通知	吉交造价〔2017〕53号	2017年3月3日	吉林省交通运输厅
19	施工质量安全管理	吉林省交通厅安全生产例行检查制度	吉交安监〔2005〕186号	2005年9月2日	吉林省交通厅
20		吉林省交通厅安全生产考评办法	吉交发〔2006〕4号	2006年2月5日	吉林省交通厅

第四章
高速公路建设的地方法规制度

续上表

序号	类别	名 称	文号/书号	发布日期	发布部门
21	施工质量安全管理	吉林省交通厅安全生产举报制度	吉交发〔2006〕42号	2006年11月21日	吉林省交通厅
22		吉林省公路水运工程安全生产监督管理办法	吉交发〔2009〕4号	2009年2月23日	吉林省交通运输厅
23		吉林省交通运输厅安全生产约谈办法	吉交发〔2012〕11号	2012年3月31日	吉林省交通运输厅
24		吉林省高速公路施工标准化管理指南	吉交发〔2012〕16号	2012年5月7日	吉林省交通运输厅
25		吉林省交通运输企业安全生产标准化建设实施方案	吉交发〔2012〕45号	2012年6月12日	吉林省交通运输厅
26		吉林省高等级公路建设局工程建设管理办法	吉高建〔2012〕108号	2012年7月	吉林省高等级公路建设局
27		吉林省交通运输行业安全生产监督管理办法	吉交发〔2013〕30号	2013年8月12日	吉林省交通运输厅
28		质监机构审查施工图设计和招标文件工作办法	吉交建质〔2014〕56号	2014年7月14日	吉林省交通基本建设质量监督站
29		公路水运工程质量与安全生产监督挂牌督办制度	吉交建质〔2015〕33号	2015年7月10日	吉林省交通基本建设质量监督站
30		吉林省公路建设项目危险性较大分部分项工程安全专项施工方案编制实施指南	吉交建质〔2015〕46号	2015年10月1日	吉林省交通基本建设质量监督站
31		吉林省公路水运工程质量安全监管约谈制度	吉交建质〔2015〕48号	2015年10月8日	吉林省交通基本建设质量监督站
32		吉林省公路水运工程建设质量安全监管黑名单制度	吉交建质〔2015〕48号	2015年10月10日	吉林省交通基本建设质量监督站
33		吉林省公路水运工程施工企业项目负责人施工现场带班生产工作制度进行情况监督办法	吉交建质〔2015〕50号	2015年10月14日	吉林省交通基本建设质量监督站
34		吉林省公路水运工程建设项目"三个关键人"考核办法	吉交建质〔2015〕51号	2015年10月20日	吉林省交通基本建设质量监督站

续上表

序号	类别	名称	文号/书号	发布日期	发布部门
35	施工质量安全管理	吉林省公路水运工程项目施工人员安全生产教育培训监督办法	吉交建质〔2015〕55号	2015年11月13日	吉林省交通基本建设质量监督站
36	施工质量安全管理	吉林省公路水运工程质量安全问题举报调查处理办法	吉交建质〔2015〕62号	2015年11月20日	吉林省交通基本建设质量监督站
37	施工质量安全管理	吉林省公路水运工程项目质量安全监督档案管理办法	吉交建质〔2015〕66号	2015年12月4日	吉林省交通基本建设质量监督站
38	施工质量安全管理	吉林省公路水运工程质量安全监督检查办法	吉交建质〔2016〕11号	2016年3月8日	吉林省交通基本建设质量监督站
39	运营养护安全管理	吉林省高速公路日常养护巡查制度	吉高管字〔2008〕83号	2008年8月20日	吉林省高速公路管理局
40	运营养护安全管理	吉林省高速公路日常养护(小修保养)技术规范	吉高管养字〔2010〕3号	2010年1月5日	吉林省高速公路管理局
41	运营养护安全管理	吉林省高速公路日常养护(小修保养)标准及考核办法	吉高管字〔2011〕35号	2011年3月10日	吉林省高速公路管理局
42	运营养护安全管理	吉林省高速公路隧道运营管理办法	吉高管〔2012〕261号	2012年12月31日	吉林省高速公路管理局
43	运营养护安全管理	吉林省高速公路桥梁养护管理工作制度	吉高管字〔2013〕73号	2013年4月9日	吉林省高速公路管理局
44	运营养护安全管理	吉林省高速公路长大隧道安全运营管理制度	吉高管字〔2013〕94号	2013年5月7日	吉林省高速公路管理局
45	运营养护安全管理	吉林省高速公路桥梁突发事件预防和处置应急预案	吉高管字〔2015〕35号	2015年3月2日	吉林省高速公路管理局
46	运营养护安全管理	吉林省高速公路养护工程市场准入规定	吉高管函字〔2010〕164号	2010年11月18日	吉林省高速公路管理局
47	运营养护安全管理	吉林省高速公路桥梁安全运行资金保障制度	吉高管字〔2013〕162号	2013年6月25日	吉林省高速公路管理局
48	运营养护安全管理	吉林省高速公路小修保养管理办法	吉高管发〔2015〕120号	2015年6月26号	吉林省高速公路管理局
49	运营养护安全管理	吉林省高速公路隧道养护管理办法	吉高管发〔2015〕121号	2015年6月26日	吉林省高速公路管理局
50	运营养护安全管理	吉林省"十三五"高速公路养护技术政策		2016年4月	吉林省交通运输厅

一、综合管理

(一)《吉林省交通建设资金管理暂行规定》

《吉林省交通建设资金管理暂行规定》由吉林省交通运输厅于2007年3月30日发布。《规定》包括总则、管理职责、资金筹集、资金拨付、报告制度、监督与检查、安全管理及附则共八章三十五条。对交通建设资金的管理原则、部门管理职责、资金筹集方式、资金拨付程序、资金信息报送、资金安全管理及监管等做了详细规定,进一步规范和加强了交通建设资金管理行为,保证了资金合理、有效使用,提高了投资效益。

(二)《吉林省公路工程竣(交)工验收管理实施细则》

《吉林省公路工程竣(交)工验收管理实施细则》由吉林省交通运输厅于2012年3月20日发布,共包括总则、交工验收、竣工验收及附则共四章二十九条,详细规定了公路工程的竣(交)工验收的组织、依据、程序、内容、评定标准以及验收报告的组成,有效规范了竣(交)工验收程序,强化了竣(交)工验收工作的严肃性,推动了公路工程项目按期完成竣(交)工验收工作。

(三)《吉林省公路项目建设单位管理办法(试行)》

《吉林省公路项目建设单位管理办法(试行)》由吉林省交通运输厅于2016年2月5日发布,包括总则、项目建设的组织管理、建设单位考核、建设单位信用评价及附则共五章四十三条,对公路项目建设单位管理能力、管理目标、机构设置、人员资质要求、考核以及信用评价办法等做了详细规定,对加强公路项目建设单位管理,规范项目建设行为,提高建设管理水平起到了较好的推动作用。

二、项目前期设计管理

(一)《吉林省"十三五"高速公路勘察设计技术指南》

《吉林省"十三五"高速公路勘察设计技术指南》由吉林省交通运输厅于2016年4月发布。《指南》总结多年来吉林省高速公路勘察设计经验,结合区域性工程特点,在细化现有标准、规范、规程的基础上,借鉴自然条件相似省份的先进经验,重点解决了吉林省高速公路勘察设计工作中面临的关键技术问题,有效提高了高速公路勘察设计规范化、标准化水平,为科学决策提供了有力技术支撑。

(二)《聘用高速公路设计咨询审查单位管理规定》

《聘用高速公路设计咨询审查单位管理规定》由吉林省交通运输厅于2016年10月

17日发布。《规定》包括总则、咨询单位确定原则、工作程序和任务、附则共四章二十八条,对设计咨询审查单位的选择方式、工作要求、审查任务及重点做了明确规定,并详细制定了初步设计阶段、施工图设计阶段及施工阶段的咨询审查要点和报告组成,对提高设计咨询审查质量、规范咨询审查行为具有较强的指导意义。

（三）《关于加强和规范可研阶段厅行业审查意见管理的通知》

《关于加强和规范可研阶段厅行业审查意见管理的通知》由吉林省交通运输厅于2017年4月17日发布。对可研阶段行业审查意见的出具主体、时点、内容及质量要求提出了明确要求,对进一步提高公路项目前期工作的质量和效率具有一定的指导意义。

三、工程造价管理

（一）关于设计变更管理的两项规定

2014年6月4日,吉林省交通运输厅同时发布了《吉林省公路工程设计变更管理实施细则》和《吉林省交通运输厅设计变更专项检查制度》两项设计变更管理规定。

1.《吉林省公路工程设计变更管理实施细则》

《细则》对设计变更的条件、类别、申报与审批程序和时限要求、费用核定方法及监管措施进行了详细规定,进一步提高了交通建设项目管理水平,规范了工程设计变更办理程序,保证了公路工程质量和造价的有效控制。

2.《吉林省交通运输厅设计变更专项检查制度》

为加强公路工程建设管理,规范公路工程设计变更程序,有效监管设计变更申报、审批及计价行为,吉林省交通运输厅出台了《吉林省交通运输厅设计变更专项检查制度》,详细规定了检查机制、职责及检查结果应用等事项,有效监管和规范了设计变更行为。

（二）《吉林省交通运输厅关于进一步加强公路工程造价管理工作的意见》

《吉林省交通运输厅关于进一步加强公路工程造价管理工作的意见》由吉林省交通运输厅于2015年7月17日发布。《意见》包括加强工程造价管理的体制机制和制度体系建设、加强工程造价管理的计价依据建设、全过程关键环节的计价行为管理、交通建设市场的计价从业监管5方面17项内容,明确了省交通工程造价管理站的职能定位和转变工作职责的方式方法,进一步加强了国有资金投资造价的监督管理,规范了计价行为和市场秩序,有效保证了科学合理控制投资造价。

（三）关于交通建设项目计价管理的八部规定

为进一步加强交通建设项目投资造价监督管理工作,规范计价行为和市场秩序,确保科学合理确定工程造价,吉林省交通运输厅于 2016 年 1 月 22 日下发通知,发布了 8 项计价管理制度文件。

1.《吉林省交通建设工程计价标准管理办法》

《办法》对交通建设项目投资造价计价规则、费用标准、计价定额、造价指标、人工材料单价的核定原则做了详细规定,并结合吉林省实际,制定了补充计价规定、补充计价定额和参考计价定额。

2.《吉林省交通建设工程计价从业管理办法》

《办法》针对交通建设工程投资造价文件编制、咨询审查和招标代理、计价监理、施工计价等工程造价计价业务等从业单位和人员行为的规范出台的一项管理办法,旨在规范从业人员工程计价行为、提高客观公正执业水平,确保工程计价科学准确。《办法》对工程计价从业人员和单位准入资格、从业义务、信用考核等方面做了详细规定,并制定了考核评定标准。

3.《吉林省交通建设项目合同计价管理办法》

《办法》是针对交通建设项目招标代理、勘察设计、中介咨询、施工监理、施工承包等招标合同文件中关于工程造价计价事项制定的约束性条款,建立和完善了行政监督、法人管理、合同约定、设计控制、监理确认、施工履约的投资造价管理体系,以及法人管理核查、行政监督审核、主管部门审批的投资造价审批制约机制,有效规范了交通建设项目的合同计价约定管理,强化了合同计价条款的时效性和约束力。

4.《吉林省交通建设工程材料计价调价管理办法》

《办法》详细规定了交通建设项目材料原价的采用、预算价格的计取、材料价差的调整原则,明确了材料价格的采用、计取和调整规则要求,逐步建立起宏观调控下的市场合约双方依据政策规定自主定价的市场价格机制,进一步规范了交通建设工程材料的计价调价行为,充分发挥了市场在价格形成中的决定作用。

5.《吉林省交通建设项目投资造价编审管理办法》

《办法》针对造价编制单位的资质要求,造价文件的组成,编制依据、原则及要求,投资估算、概算及预算控制原则,项目法人核查及造价管理机构审核等事项做了详细规定,进一步提高了全过程造价文件的编制质量和审批实效。

6.《吉林省交通建设项目工程量清单预算管理办法》

《办法》旨在科学确定最高投标限价,及时校核施工图预算,修正不平衡报价,规范工程量清单预算编制,对人工工日单价、企业管理费、施工辅助费、工地转移费、利润费及材料供应、专项费用、暂估价、暂列金额等计列方式进行了详细规定,有效保证了交通建设项目投资造价的管控实效性。

7.《吉林省交通建设项目计价台账管理办法》

《办法》针对交通建设项目计价台账的编制内容、台账管理及监督检查等提出具体要求,内容涵盖概预算、清单预算、变更设计预算、中标合同价、计量支付价款、工程决算等内容,更加有利于项目法人准确掌握项目可研估算至竣工决算全过程工程造价计价活动的动态变化。

8.《吉林省交通建设项目计价行为督查办法》

《办法》旨在贯彻实施交通建设项目计价行为的行政监督、法人管理、合同约定、设计控制、监理确认、施工履约等造价管理体系,在督查方式及内容、督查结果处理等方面制定办法,有效加强了交通建设项目投资造价的监督管理,确保了监管工作实效。

(四)《吉林省交通运输厅关于进一步加强公路建设投资计价控制管理工作的通知》

《吉林省交通运输厅关于进一步加强公路建设投资计价控制管理工作的通知》由吉林省交通运输厅于 2017 年 3 月 3 日发布。《通知》包括加强投资计价监督管理的体制机制建设、加强合约功效管理与目标管控约束力、加强工程量清单编制与备案管理工作、加强投资计价信息的积累与报送工作、加强核查控制管理与督查反馈落实工作、加强投资计价管理报告制度的贯彻落实工作 6 方面内容,旨在贯彻落实交通运输部《公路工程造价管理暂行办法》(交通运输部令 2016 年第 67 号)的宣贯工作精神,有效提升吉林省交通投资计价的各项控制管理工作实效性。

四、施工质量安全管理

(一)《吉林省交通厅安全生产例行检查制度》

《吉林省交通厅安全生产例行检查制度》由吉林省交通厅于 2005 年 9 月 2 日发布。主要针对安全检查范围、原则、内容、形式及要求进行了详细规定,有效加强了吉林省交通行业安全生产监督管理,规范了安全生产监督检查行为,推动安全生产检查工作实现制度化、规范化、科学化。

(二)《吉林省交通厅安全生产考评办法》

《吉林省交通厅安全生产考评办法》由吉林省交通厅于 2006 年 2 月 5 日发布。《办法》包括安全生产考评的范围、内容、标准、方式及奖惩措施,有效保证了安全生产责任的全面落实和各项安全生产工作目标的实现。

(三)《吉林省交通厅安全生产举报制度》

《吉林省交通厅安全生产举报制度》由吉林省交通厅于 2006 年 11 月 21 日发布。对举报受理范围和内容、原则及举报方式、举报受理要求及处理程序进行制度化规定,并公布了举报信息交流渠道,充分发挥了广大干部职工和社会舆论对安全生产的监督作用,有利于及时掌握和处理群众举报、上级转来需调查处理的事故瞒报、重大事故隐患等各种安全生产违法行为。

(四)《吉林省公路水运工程安全生产监督管理办法》

《吉林省公路水运工程安全生产监督管理办法》由吉林省交通运输厅于 2009 年 2 月 23 日发布。《办法》包括总则、建设单位的安全生产责任、监理单位的安全生产责任、施工单位的安全生产责任、勘察设计单位的安全生产责任及监督管理等内容共八章七十八条,详细规定了公路水运工程各参建单位的安全生产责任划分和违规处理依据,明确了安全生产监督管理职责划分,为加强公路水运工程安全生产监督管理,消除事故隐患和防止事故发生,保障人身及财产安全提供了制度保障。

(五)《吉林省交通运输厅安全生产约谈办法》

《吉林省交通运输厅安全生产约谈办法》由吉林省交通运输厅于 2012 年 3 月 31 日发布。对安全生产约谈的原则、方式、人员、程序、整改要求及处理措施做了详细规定,加强了交通运输行业安全生产监督管理工作,严肃了安全生产责任追究,促进了行业安全监管和企业安全生产主体责任的落实。

(六)《吉林省高速公路施工标准化管理指南》

《吉林省高速公路施工标准化管理指南》由吉林省交通运输厅于 2012 年 5 月 7 日发布。《指南》贯彻落实交通运输部《关于开展高速公路施工标准化活动的通知》要求,结合本省实际,详细规定了包括工地建设、安全生产管理与文明施工、路基工程、路面工程、桥涵构造物、隧道工程、房建工程、交通安全设施工程、机电工程、环保绿化工程在内的所有工程标准化施工要求,基本涵盖了高速公路建设项目的全部内容,全面指导全省高速公路施工标准化活动,为提高高速公路项目建设水平提供了依据与遵循。

(七)《吉林省交通运输企业安全生产标准化建设实施方案》

《吉林省交通运输企业安全生产标准化建设实施方案》由吉林省交通运输厅于 2012 年 6 月 12 日发布。《方案》以落实企业安全生产主体责任为主线,以强化安全生产"双基"为重点,通过开展交通运输企业安全生产标准化建设,实现岗位达标、专业达标和企业达标,增强事故防范能力,为构建便捷、安全、经济、高效的综合运输体系,发展现代交通运输业提供可靠的安全保障。

(八)《吉林省高等级公路建设局工程建设管理办法》

《吉林省高等级公路建设局工程建设管理办法》由吉林省高等级公路建设局于2012年7月修订执行。《办法》依据国家法律法规和部门规章,以高速公路建设项目管理的全过程为主线,详细规定了项目前期工作、招标、合同、进度、费用、质量、技术、材料、安全生产、征地拆迁、环境保护、水土保持、监理、财务、信息化、交竣工验收与缺陷责任期管理、党风廉政建设和精神文明建设等14个工程建设环节的管理程序、规定及要求,有效提升了吉林省高速公路建设管理工作的规范化、制度化、程序化水平。

(九)《吉林省交通运输行业安全生产监督管理办法》

《吉林省交通运输行业安全生产监督管理办法》由吉林省交通运输厅于2013年8月12日发布。《办法》坚持"安全第一、预防为主、综合治理"的方针,按照"谁主管、谁负责"的原则,建立了省、市、县三级管理体制,落实了一把手负总责、其他领导"一岗双责"制的责任体系,对安全生产监督检查、事故报告和处理程序进行了详细规定,有效防范和减少了交通运输行业安全生产事故,保障了人民群众生命和财产安全。

(十)《质监机构审查施工图设计和招标文件工作办法》

《质监机构审查施工图设计和招标文件工作办法》由吉林省交通基本建设质量监督站于2014年7月14日发布。《办法》规定了质监机构审查工作办法和内容,保证了质监机构审查设计文件和招标文件的针对性,提高了交通质监机构审查施工图设计和招标文件工作的质量和效率。

(十一)《公路水运工程质量与安全生产监督挂牌督办制度》

《公路水运工程质量与安全生产监督挂牌督办制度》由吉林省交通基本建设质量监督站于2015年7月10日发布。针对质量安全事项挂牌督办的原则、程序及整改要求建立了工作制度,强化了对影响质量安全生产突出问题的整改落实,有效防范了质量安全生产事故的发生。

(十二)《吉林省公路建设项目危险性较大分部分项工程安全专项施工方案编制实施指南》

《吉林省公路建设项目危险性较大分部分项工程安全专项施工方案编制实施指南》由吉林省交通基本建设质量监督站于2015年10月1日发布。《指南》重点对公路建设项目施工过程中可能导致作业人员群死群伤或造成重大财产损失、作业环境破坏或其他损失的危险性较大分部分项工程专项施工方案编制、论证、审查工作出台的指导性文件,规定了专项方案的编制、审查与论证、实施等环节的工作要求,并详细列举了危险性较大分部分项工程范围。

(十三)《吉林省公路水运工程质量安全监管约谈制度》

《吉林省公路水运工程质量安全监管约谈制度》由吉林省交通基本建设质量监督站于2015年10月8日发布。《约谈制度》是针对五种需约谈情况,由公路水运工程质量安全监督机构对监管工程参建各方责任主体进行的提醒、督促、警示和诫勉谈话制度,目的是进一步促进公路水运工程质量与安全生产主体责任的落实。

(十四)《吉林省公路水运工程建设质量安全监管黑名单制度》

《吉林省公路水运工程建设质量安全监管黑名单制度》由吉林省交通基本建设质量监督站于2015年10月10日发布。《黑名单制度》是质量安全管理机构根据公路水运工程从业单位及相关人员的不良行为记录,定期将较为严重的不良行为通过媒体向社会公布的行政管理制度,目的是增强工程建设各方的质量安全意识,预防、减少和遏制工程建设领域发生质量安全事故。

(十五)《吉林省公路水运工程施工企业项目负责人施工现场带班生产工作制度进行情况监督办法》

《吉林省公路水运工程施工企业项目负责人施工现场带班生产工作制度进行情况监督办法》由吉林省交通基本建设质量监督站于2015年10月14日发布。《监督办法》是贯彻落实交通运输部《公路水运工程施工企业项目负责人施工现场带班生产制度》,结合吉林省实际,对监督检查内容、方式、检查结果处理等制定的具体监督办法。

(十六)《吉林省公路水运工程建设项目"三个关键人"考核办法》

《吉林省公路水运工程建设项目"三个关键人"考核办法》由吉林省交通基本建设质量监督站于2015年10月20日发布。《考核办法》通过科学设置考核程序和内容、严格信用评价,促使公路水运工程建设项目建设单位的项目负责人、总监理工程师、施工合同段项目经理三个关键人更好地履职尽责,确保工程质量安全目标的实现。

(十七)《吉林省公路水运工程项目施工人员安全生产教育培训监督办法》

《吉林省公路水运工程项目施工人员安全生产教育培训监督办法》由吉林省交通基本建设质量监督站于2015年11月13日发布。针对安全生产教育培训的人员范围和培训内容、安全生产技术交底制度执行情况、安全生产教育培训档案建立情况、重大危险源告知情况、特种作业人员持证上岗情况的监督考核制度,有效规范了公路水运工程项目施工人员安全生产教育培训监督工作。

(十八)《吉林省公路水运工程质量安全问题举报调查处理办法》

《吉林省公路水运工程质量安全问题举报调查处理办法》由吉林省交通基本建设质量监督站于2015年11月20日发布。《处理办法》针对公路水运质量安全问题举报受理程序、问题调查程序及要求、调查结果反馈及处理等事项制定,有效规范了公路水运工程质量安全问题举报调查处理工作,更好地发挥了政府监督作用。

(十九)《吉林省公路水运工程项目质量安全监督档案管理办法》

《吉林省公路水运工程项目质量安全监督档案管理办法》由吉林省交通基本建设质量监督站于2015年12月4日发布。《办法》遵循真实、完整、安全和便于利用原则,针对监督档案管理责任人、保管要求、移交及入库、保管时限、借阅及违规处理等制定的管理办法,有效规范了公路水运工程项目质量安全监督档案管理。

(二十)《吉林省公路水运工程质量安全监督检查办法》

《吉林省公路水运工程质量安全监督检查办法》由吉林省交通基本建设质量监督站于2016年3月8日发布。《办法》结合公路水运工程实际,对监督检查的内容、依据、方式、频次及检查结果处理进行了详细规定,进一步明确了交通运输主管部门及其监督机构履行公路水运工程质量安全监督检查职责的标准,规范了监督检查行为。

五、运营养护安全管理

(一)《吉林省高速公路日常养护巡查制度》

《巡查制度》由吉林省高速公路管理局于2008年8月20日发布,详细规定了高速公路日常巡查的频率及内容,有利于及时掌握和收集高速公路路况信息,保护公路路产路权,确保高速公路安全畅通。

(二)《吉林省高速公路日常养护(小修保养)技术规范》

《技术规范》由吉林省高速公路管理局于2010年1月5日修订并重新发布,针对规范日常养护清扫保洁、桥涵维护、沿线设施维修、绿化、除雪防滑等制定了详细的操作流程和技术标准,有效实现了养护管理的精细化、规范化。

（三）《吉林省高速公路日常养护（小修保养）标准及考核办法》

《考核办法》由吉林省高速公路管理局于2011年3月10日修订并重新发布，对日常养护工作制定了考核办法，并纳入文明分局评比考核中，有效提升了日常养护管理工作水平。

（四）《吉林省高速公路隧道运营管理办法》

《吉林省高速公路隧道运营管理办法》由吉林省高速公路管理局于2012年12月31日发布。《办法》建立了以各管理分局为隧道管理主体的制度体系，和以各分局为主，省局相关部门各司其职、各负其责的隧道管理机制，有效保证了高速公路隧道运营顺畅与安全。

（五）《吉林省高速公路桥梁养护管理工作制度》

《吉林省高速公路桥梁养护管理工作制度》由吉林省高速公路管理局于2013年4月9日发布，进一步明确了桥梁养护管理责任，规范了公路桥梁养护管理行为，保证了公路畅通和桥梁运行安全。

（六）《吉林省高速公路长大桥隧安全运行管理制度》

《吉林省高速公路长大桥隧安全运行管理制度》由吉林省高速公路管理局于2013年5月7日发布。主要针对特大桥梁、特长隧道制定的运营管理办法，明确了各级管理职责、日常维护、安全运营管理及应急与事故处理等各项管理工作内容，保障了隧道安全运行。

（七）《吉林省高速公路桥梁突发事件预防和处置应急预案》

《吉林省高速公路桥梁突发事件预防和处置应急预案》由吉林省高速公路管理局于2015年3月2日修订并重新发布。明确了桥梁突发事件应急组织指挥体系及各部门职责，预警预防机制、应急响应流程、应急保障机制，适用于吉林省高速公路桥梁在使用、维修、检测过程中出现重大隐患或发生坍塌，以及可能造成人员伤亡等以上安全事故的应急处理工作。

（八）《吉林省高速公路养护工程市场准入规定》

《吉林省高速公路养护工程市场准入规定》由吉林省高速公路管理局于2010年11月18日发布。《市场准入规定》的制定，推进了公路养护运营机制改革，建立了"统一、开放、公平、竞争、有序"的市场体系，有效规范了高速公路养护市场秩序。

(九)《吉林省高速公路桥梁安全运行资金保障制度》

《吉林省高速公路桥梁安全运行资金保障制度》由吉林省高速公路管理局于2013年6月25日发布。通过建立桥梁安全管理专款专用制度,保证了桥梁养护工作正常开展和桥梁安全管理等专项资金及时到位。

(十)《吉林省高速公路小修保养管理办法》

《吉林省高速公路小修保养管理办法》由吉林省高速公路管理局于2015年6月26日发布。有效保证了高速公路各类小修病害按照要求时限及质量标准及时处治,保障了高速公路及附属设施保持良好技术状况。

(十一)《吉林省高速公路隧道养护管理办法》

《吉林省高速公路隧道养护管理办法》由吉林省高速公路管理局于2015年6月26日发布。《办法》明确了隧道养护管理分级负责制度及工作职责、隧道的检查和养护要点、隧道的保养与维修内容、安全管理责任,有效提高了隧道养护管理水平,保障了隧道运行安全。

(十二)《吉林省"十三五"高速公路养护技术政策》

《吉林省"十三五"高速公路养护技术政策》由吉林省交通运输厅于2016年4月发布。《技术政策》在充分考虑与其他相关标准、规范的协调统一性的基础上,采纳和吸取了省内外先进技术和成熟经验,突出地域环境特点,梳理和总结吉林省多年来高速公路养护经验,提出了具有针对性、导向性、适宜性、实用性的关键技术要求,有效指导了高速公路检测评价、养护对策制定、除雪防滑、绿色养护及应急抢险工作。

第四节 高速公路法规体系建设特点

吉林省委、省政府高度重视高速公路法规制度体系建设工作,结合高速公路的不同发展阶段和特点出台了多部地方性法规和规章制度,有效保障了高速公路事业的健康发展。吉林省高速公路法规体系建设特点主要体现以下几方面:

一是坚持以宪法及国家有关法律法规规章为根本,保证法规体系的合法性。吉林省人大、省政府相继出台了多部地方性法规和省政府规章,在项目勘察设计、造价控制、质量安全管理、建设市场整治、高速公路运营及收费管理、土地森林资源利用、环境保护等方面建立了较为完备的法规体系。法规制度制定过程中,以《中华人民共和国宪法》及《中华人民共和国公路法》《中华人民共和国立法法》《中华人民共和国合同法》《中华人民共和国招标投标法》《中华人民共和国安全生产法》《中华人民共和国土地管理法》《中华人民共和国森林法》《中华人民共和国环境保护法》等国家法律法规以及交通运输部规章制度为依据,严格按照立法要求和有关规定履行法定程序,有效保证了法规体系的合法性和严肃性。

二是坚持结合地方实际原则,保证了法规体系的实效性。 结合吉林省高速公路地域特点,有针对性地出台法规制度,结合吉林省土地、林业资源及环境情况,相继出台了《吉林省土地管理条例》和《吉林省林地保护条例》《吉林省环境保护条例》;就吉林省季冻区高速公路建设特点,研究出台了《高速公路勘察设计技术指南》;结合吉林省高速公路融资及建设情况,出台了《关于加快推进高速公路建设的意见》。同时,深入贯彻交通运输部等有关部委出台的有关文件精神,相继出台了一系列实施办法和指导意见。结合吉林省省情和地域特点出台的地方性法规、省政府规章和制度,更加有效地指导和规范了吉林省高速公路各项事业的发展,有力推动了吉林省交通运输事业的发展。

三是坚持以高速公路建设项目有效管控为导向,突出制度的指导性。 近年来,为更加有效地加强对高速公路建设项目的管理,实现项目管理的质量、安全、环保、投资控制目标,吉林省相继出台了一整套规范性管理文件。在标准化建设方面,出版了《高速公路施工标准化指南》;在施工质量管理方面,先后出台了质量检查办法、挂牌督办制度、约谈制度、黑名单制度、举报调查处理管理办法、监督档案管理办法等质量管理制度;在安全生产管理方面,出台了安全生产监督管理办法、考评办法、例行检查制度、举报制度、约谈办法、及安全生产标准化建设实施方案等多项制度;在工程造价控制方面,在全国率先创立了"行政监督、法人管理、合约界定、设计控制、监理确认、施工履约"投资计价管理体系,建立了清单预算管理制度、计价台账管理制度、投资计价督查制度、最高投标限价确定依据、外购材料价格季度发布及应急机制、地产材料调查核实与审定机制和市场合约双方依据规则自主定价与调价机制等一系列规范性文件,实现了工程造价的有效控制。以上制度建设,为实现高速公路建设项目管理目标提供了有力的支撑和保障。

四是坚持以高速公路运营安全为目标,实现高速公路管理工作的规范性。 随着吉林省高速公路通车运营里程的逐年增加,高速公路运营管理工作任务也日益加重,吉林省注重在高速公路巡查检查、养护技术管理、养护工程管理、桥梁隧道监测和应急组织等管理全过程建章建制,先后出台了一批管理办法、应急预案、技术规范等,基本实现了高速公路管理工作全覆盖,有效保证了高速公路运营秩序,为服务全省经济社会发展提供了安全、便捷、顺畅的通行环境。

五是坚持法律顾问咨询制度,推动法规体系建设逐步走向科学化、规范化。 立法工作是一项专业性、技术性很强的工作,省交通运输厅注重发挥"外脑"作用,从 1993 年开始聘用法律顾问,并制定了法律顾问工作制度。每部法规、规章及规范性文件的出台都要认真听取法律顾问对立法的必要性、可行性和拟定的有关制度是否合法合理的意见,保证了立法质量,有效避免了重大决策出台前的法律风险,推动高速公路法规体系建设逐步走向科学化、规范化,有效保证了高速公路建设和管理工作的有序开展。

第五章
高速公路运营管理

第一节 运营管理现状

一、基础设施

（一）通车里程及构成

自1996年吉林省第一条高速公路长平高速公路通车至2016年底，全省高速公路通车总里程达到3113km，其中四车道高速公路2953km，六车道高速公路62km，八车道高速公路98km。

（二）桥梁隧道及服务设施

全省高速公路桥梁共2656座，其中特大桥18座、大桥415座、中桥635座、小桥1588座，最大桥梁为松原第一松花江大桥，全长2678m。互通式立交桥92座。隧道共110座（上下行按两座计算），其中特长隧道6座、长隧道57座、中隧道34座、短隧道13座。设收费站154处。设服务区58处、停车场2处。

（三）机电设备及通信设施

大型可变情报板40块，小型可变情报板（含隧道）159块。车辆检测器169套，气象检测器44套，隧道事件检测器52套。道路、收费广场及收费亭摄像机2259套。核心环传输容量10G，构成迂回路由分中心为2.5G。光纤线路核心干线48芯、主干线36芯、次干线28芯，省界及末端24芯。通信管道为10～18孔（按硅芯管计算）。

二、运营管理组织架构

（一）管理运营单位概况

全省高速公路运营管理主体呈多元化状态。吉林省高速公路管理局（以下简称"省高管局")负责全省高速公路路政执法、收费、养护管理工作,其中收费、养护工作不含公司运营路段,受省政府、省交通运输厅委托,负责全省高速公路行业管理。吉林省高速公路集团有限公司(以下简称"吉高集团")负责沈吉高速公路运营管理,直管里程259km,负责全省高速公路服务区经营管理。吉林高速公路股份有限公司(以下简称"吉高股份")负责长平高速公路运营管理,直管里程110km。长春高速公路有限责任公司(以下简称"长春高速公路")负责长春绕城高速公路运营管理,直管里程42km。吉林省公路路政管理局负责全省高速公路超限治理工作。此外,吉林省公安厅高速公路公安局负责全省高速公路交通、治安管理。

(二)省高管局职能及构成

(1)省高管局于1997年2月,经省机构编制委员会正式批准成立(副厅级建制),主要负责全省高速公路的养护(高速公路日常养护、受损路产维修、养护机械设备管理、高速公路绿化、标志标线)、收费(高速公路通行费收取、收费员管理、收费情况监控、收费稽查)、路政(路政执法、维护路产路权、处理高速公路交通事故及路产赔偿案件、办理占用高速公路用地手续、事故车和故障车拖曳、清障)、通信(数据通信、光纤传输、机电设备维修维护、紧急电话的线路维护)、经营(服务区经营管理、经营投资)等管理工作。

(2)省高管局对吉高集团、吉高股份、长春高速公路所辖高速公路路段,以及全省高速公路服务区实施行业管理,监督各运营公司执行高速公路养护维修、文明服务、收费结算以及服务区各项服务标准,确保全省高速公路运营及服务水平稳步提升。

(3)省高管局与省交警总队高速公路支队(省高速公路公安局)联合成立了指挥调度中心,对全省高速公路运营和畅通情况进行24小时集中监控管理,快速反应,及时处理各类突发事件,受理报警救援及投诉,为社会各界提供优质服务。

(4)省高管局机关设10个处室、1个直属公司(办公室、指挥调度中心、路政处、财审处、计划处、养护处、收费处、通信处、人事处、党办,实业总公司)。下设长春、吉林、伊通、四平、延吉、德惠、松原、敦化、通化、白城、双辽、梅河、靖宇13个分局、43个管理处、132个收费站、17个隧道管理站、47个养护工区。

三、交通量

全省高速公路交通量呈逐年上升态势。"十二五"期间,全省高速公路出入口交通总量达45784万辆,年均9156万辆,与"十一五"时期相比增长218%。其中2015年高速公路交通量达10939万辆。2001—2016年度高速公路入口及出口车流量见表5-1-1。

2001—2016 年度高速公路入口及出口车流量一览表（万辆）　　　表 5-1-1

年　份	入口车流量	出口车流量	年　份	入口车流量	出口车流量
2001	439	439	2010	3161	3150
2002	583	582	2011	3644	3631
2003	873	871	2012	4128	4120
2004	1218	1216	2013	4618	4601
2005	1419	1425	2014	5060	5042
2006	1632	1629	2015	5472	5467
2007	1779	1779	2016	6841	6839
2008	1803	1803	合计	45094	45017
2009	2423	2421			

（一）主要繁忙路段

长平高速公路、长余高速公路、长吉高速公路交通量较大。据统计，2015 年三条高速收费站出入口交通量分别为 1698 万辆、789 万辆和 1563 万辆，占全年交通总量的 16.63%、7.72% 和 16.08%。

（二）主要车型构成

"十二五"期间，全省高速公路通行量客车与货车占比约为 77.49% 和 22.51%。其中 2015 年度年均各车型比重约为：一型车占 74.68%，二型车占 4.83%，三型车占 2.59%，四型车占 2.49%，五型车占 15.41%。

第二节　运营管理发展历程

开通运营二十年来，全省高速公路管理事业在省委、省政府和省交通运输厅的正确领导下，以"为社会提供安全、畅通、舒适"的道路通行环境为根本目标，抢抓机遇、攻坚克难，高速公路管理工作实现了快速、健康发展。在道路养护、路政执法、收费管理、指挥调度与应急、运营服务等多个方面形成了成熟的运行体系与机制，坚持与时俱进，为社会提供"安全、畅通、绿色、高效"的通行环境，满足社会公众日益提高的出行服务需求。全省高速公路管理事业的发展与进步，得益于"七个始终坚持"，即始终坚持"一切为了行路人，一切为了行车人"的宗旨，先后以"二十四字工作思路""五个高速""五个新常态""服务优质、队伍优秀、管理标准"等为指导，不断丰富发展管理理念；始终坚持解放思想，坚定不移地推进改革创新；始终坚持依法治理，不断完善法律体系；始终坚持科学管理和文明服务一起抓，不断提高服务公众的能力；始终坚持加强领导班子和干部队伍建设，建设一支高素质的干部队伍;始终坚持加强党风廉政建设,打造风清气正的阳光高速;始终坚持安全第一、生命至上,全力构建安全畅通的平安高速。

一、起步阶段(1996—2001年)

(一)发展概述

1996年,有"吉林第一路"之称的长平高速公路开通,标志着全省高速公路管理事业正式起步。1996—2001年,全省高速公路完成了管理业务从无到有、管理规模从小到大的初期发展任务。起步阶段,省高管局在省交通厅的指导下,提出了"以人为本、科学管理、安全畅通、精干高效、快速反应、优质服务"的二十四字工作思路,在实际工作中发挥出强大的内动力和广泛的影响力,为高速公路事业发展奠定了坚实的基础。

1996—2001年,全省高速公路处于里程快速增长阶段,管理体制也始终处于变化之中。1997年起,长春绕城高速公路分段开通,长春高速公司实施运营管理。1999年,东北高速吉林分公司(吉高股份的前身)成立,长平高速公路部分路段由高管局移交东北高速吉林分公司进行收费及养护,这也标志着全省高速公路进入运营主体多元化阶段。1996—2001年管养里程见表5-2-1。

1996—2001年管养里程一览表(km) 表5-2-1

年 份	编 号	新增高速公路	新增里程	累计里程
1996	G1	京哈高速公路	133	133
1997	G12	珲乌高速公路	84	309
	G2501	长春绕城高速公路	24	
	S01	长长高速公路	69	
1998	—	—	—	309
1999	G2501	长春绕城高速公路	13	352
	G12	珲乌高速公路	30	
2001	G12	珲乌高速公路	29	381

(二)运营管理发展概况

1. 路政执法工作

1996年9月,省高管局(筹备组)设立收费路政处,处长1人,工作人员2人。1997年吉林省高速公路管理局正式批复,成立路政处,处长1人,工作人员3人。

1996年9月,长平高速公路开通,成立长春、公主岭、四平路政科,6名应届本科毕业生成为全省高速公路首批路政员。1997年长吉高速公路开通,成立长春东、吉林路政科,长营高速公路开通,成立伊通路政科,长春绕城高速公路开通,成立长春绕城路政科,各路政科开始分设内、外业岗位。2001年延图高速公路开通,成立延吉路政科,路政人员从收费员中通过考试择优选拔。共计8个路政科,路政人员64人。

1997年制定了《吉林省高速公路管理办法》,6月11日由吉林省人民政府发布实施。同时制定了《吉林省高速公路路政管理办法》《吉林省高速公路交通事故清障管理规定》,对路政执法行为进行了规范,初步形成了路政执法工作制度基础。

2. 养护管理工作

1996年9月,省高管局(筹备组)设分管养护领导1人,在指挥部设养护处,处长1人、工作人员4人。1997年经省编办批复正式设立养护处,并成立省高管局养护中心(2006年改制),负责路基、路面、构造物和安全设施等技术比较复杂的、需要专用设备的日常养护工程施工、紧急抢险、检测及养护专项工程的施工任务,高管局下设管理处,各管理处分别设立养护工区,负责辖区道路养护维护工作,初步形成了省高管局、管理处、养护工区的三级养护管理模式。

1996年,按长平高速公路里程平均每50km左右设置管养单位,成立长春、公主岭、四平3个属段养护单位,共有管理人员14人、养护人员20人,均为路桥、设备、绿化等方面专业技术人员。截至2002年9月,全局共有养护人员45人,养护人员均是公路养护相关专业人员。

1996—1998年是养护建章建制阶段,省高管局相继出台了《吉林省高速公路养护管理办法》《吉林省高速公路日常养护检查及考核办法》,编制了《吉林省高速公路养护手册》,主要包括:养护管理工作内容、各级养护管理职责、养护工程分类、养护作业安全规定;清扫保洁、养护维修、除雪防滑、绿化管理等工作标准;路段平面及互通缩图、桥涵、沿线设施等路产路况统计,管理、服务设施分布、主要养护清障设备统计等,养护工作已经全面开展,其中清扫保洁、坑槽修补、设施维修、绿化修剪、除雪防滑为养护的重要工作。1998年开始组织桥头跳车、网裂、车辙、桥面破损等病害的专项维修。

积极探索养护管理模式和养护面临的技术问题,完成了《高速公路综合除雪(防滑)技术及应用研究》(获省科技进步3等奖)、《吉林省高速公路管理体制研究》《高速公路黑色路面快速修补工艺及配套设备开发与应用研究》(获省公路学会二等奖)、《吉林省绿化管理系统》(获省公路学会三等奖)科研项目的研究。与吉林省交通科学研究所合作,开展了高速公路养护病害分析及养护对策的研究。

2001年交通部组织对干线公路的国检,重点检查普通公路运营情况,高管局认真组织人员向普通公路学习迎国检经验,按要求规范了内业管理,外业实施了养护工区的标准化。

3. 收费管理工作

1996年9月,省高管局(筹备组)设收费路政处1个;三个下属管理处设3个收费科,分管7个收费站。1997年经省编办批复正式成立收费处,设正副处长各1名,工作人员4名,各管理处收费科设科长1名。

1996年开通的长平高速公路所属7个收费站,为全省高速公路首批收费站,分别为长春、净月、兴隆山、公主岭、范家屯、郭家店、四平收费站。1997年,长吉高速公路、长营高速公路建成通车,新增长春东、龙家堡(后更名为龙嘉机场收费站)、九台、吉林、乐山、伊通、营城子收费站。1998年长平高速公路五里坡收费站通车运营。1999年,长春绕城高速公路(西北环)通车,新增汽车厂、长春西、长春北(后更名为青年路)收费站,隶属长春高速公路有限责任公司;吉江高速公路通车,新增九站、江密峰、棋盘街(后更名为华丹大街)收费站。2001年延图高速公路通车,增设延吉、图们收费站。2000年,东北高速股份有限公司(2012年更名吉高股份)成立,实行企业化运转模式,享有长春至四平(吉辽界)路段的收费经营权,管辖沿线6个收费站。

省高管局各级收费管理干部为事业编制人员,各站收费员为合同制人员。每个收费站设站长1名、副站长1~2人。收费站内采取每日四班三运转方式,设置出入口收费员、票管员、监控员等合同制岗位,按车道数量和实际运营规模确定每站各班组人数,并采用面向社会公开招聘的方式录用合同制人员。

这一阶段制定了《吉林省高速公路通行费收费办法》《吉林省高速公路管理局收费稽查办法》《吉林省高速公路管理局收费稽查奖惩办法》《IC卡管理规定》,初步形成了收费管理工作模式。

1996—1998年,全省高速公路实行入口买票、出口验票的人工收费模式,相继采用纸质、磁票通行卡。1998年,引进并优化了IC卡收费技术,将原有人工收费转换为人机交互式半自动收费模式,实行入口发卡、出口读卡交费,率先在全国实现省内"一卡通"计算机联网收费,相应课题"吉林省高速公路收费系统联网及升级改造技术研究"获吉林省科技进步三等奖。

4.通信管理工作

1996年9月,省高管局(筹备组)设通信监控处,处长1人,工作人员4人。1997年经省编办批复正式设立通信监控处,并成立省高管局通信监控中心。下设三个管理处,分别是:长春管理处、公主岭管理处和四平管理处。各管理处分别设立通信科,负责辖区管段机电设备维护工作,初步形成了省高管局—管理处通信科—收费站机务员的三级维护管理模式。通信处负责全省运营高速公路的通信、监控、收费、供电等机电系统的建设及管理工作。

这一阶段,制定了《吉林省高速公路机电系统维护调度流程》《通信管理和机电维护工作守则》《机电系统设备日常养护、检修标准》等相关标准和规范。

5.服务区运营管理工作

1996年,长平高速公路通车,长春、公主岭、四平服务区,陶家屯、靠山屯停车场投入运营服务。其中,长春服务区占地面积95700m², 建筑面积5984m², 公主岭服务区占地面积34675m², 建筑面积3147m², 四平服务区占地面积65968m², 建筑面积4386m²。

1996年,由省高速公路实业总公司(原省通路发公司)自营,面向通行者提供加油、修车、超市、住宿、公厕、停车等服务。由于车流量少,经济效益增长缓慢,主要突出社会效益,侧重公共服务。1998年,省实业总公司(原省通路发公司)为摸索新的经营模式,对长春、公主岭、四平服务区实行对外承包,由四平庆达公司经营。这一阶段,由于车流量小、服务区运营管理尚属新生事物,服务区经营管理未形成成熟的模式和经验,经营管理处于摸索之中。

二、发展阶段(2002—2012年)

(一)发展概述

2002—2012年,全省高速公路里程呈现前期停滞、后期猛增的态势。2003—2007年,全省未开通新建高速公路。2007—2012年,随着珲乌高速公路延吉至江密峰段、长春至松原段、松原至白城段,大广高速公路松原至双辽段、沈吉高速公路等相继开通,全省高速公路网初具规模。

为了使建成高速公路的服务功能和带动作用尽快得以充分发挥,按照省交通运输厅的要求,省高管局以建设"五个高速"为奋斗目标,即:和谐高速、阳光高速、数字高速、质量高速、文明高速,统摄收费、养护、路政、通信等工作,推动高速公路管理事业实现新发展。2008年省高管局被交通部评为"全国交通行政执法责任制示范单位",2012年被交通运输部授予"交通运输依法行政先进集体"荣誉称号。在2005年交通部"国检"中取得全国第5名,2011年交通部"国检"中,在全国省(自治区)位列第7名。省高管局属拉林河等收费站先后多次被评为"全国青年文明号"和吉林省"青年文明号"示范单位,多名一线收费人员荣获"全国青年岗位能手"等称号。

为了提升运营高速公路管理水平,省高管局多方努力,推进依法行政,促使省政府审议通过《吉林省高速公路管理办法》并正式实施,进一步明确了省高管局的执法主体地位;调整了通行费征收标准,实现不停车收费全省联网,加强收费管理,加大养护投入,使高速公路成为服务发展、服务民生的大通道。同时,面对接收路线多、里程长、各项管理设施有待完善的巨大压力,省高管局早筹划、早介入、早准备、早协调,提前做好人员、资金、车辆、设备、通信、服务等各项保障工作,保证了各条新接收路段的正常运营。

经省编办批复,省高管局所属管理处更名为管理分局,其中,长吉管理处更名为吉林分局,长余管理处更名为德惠分局,公主岭管理处与四平管理处合并,成立四平分局。新成立敦化、松原、通化、白城、双辽分局。原分局所属机构"管理所"更名为"管理处"。

2011年,沈吉高速公路草市至吉林段开通,由省高速公路集团有限公司(吉高集团)负责收费及养护管理,省高管局负责路政执法,是全省首条公司运营管理的政府还贷高速公路。至此,全省高速公路管养主体多元化格局基本形成,除省高管局直属路段外,吉高集团管养230km、吉高股份管养110km、长春高速公路管养43km。

2012年按照省交通运输厅的指示精神,省高管局将高速公路治超工作移交省公路路政管理局,与路政局联合印发并执行了《吉林省高速公路治超工作整体移交实施方案》。

2002—2012年全省管养里程见表5-2-2。

2002—2012年管养里程一览表(km)　　　　　　　　　　表5-2-2

年　份	编　号	新增高速公路	新增里程	累计里程
2002	G1	京哈高速公路	152	542
	G2501	长春绕城高速公路	8	
2003—2007	—	—	—	542
2008	G12	珲乌高速公路	286	925
	G45	大广高速公路	52	
	S1111	通沈高速公路	40	
	G11	鹤大高速公路（与通沈高速公路共线）	6	
2009	S0113	伊开高速公路	45	1035
	G12	珲乌高速公路	24	
	G45	大广高速公路	42	
2010	G12	珲乌高速公路	63	1850
	G12	珲乌高速公路	155	
	G12	珲乌高速公路	199	
	G45	大广高速公路	161	
	G25	长深高速公路	24	
	S01	长长高速公路	111	
	S0112	营东高速公路	62	
	G1212	沈吉高速公路	22	
	G1112	集双高速公路	16	
2011	G1212	沈吉高速公路	236	2252
	G11	鹤大高速公路	48	
	S1211	牡延高速公路	51	
	S01	长长高速公路	67	
2012	—	—	—	2252

(二)运营管理发展概况

1. 路政管理工作

2002年长余高速公路开通,随即成立了米沙子、德惠、扶余3个路政科,路政人员10人。2004年,全省成立了9个治超检测站(长春东、净月、吉林、江密峰、汽车厂、公主岭、五里坡、拉林河、营城子),治超人员230人。2007年,吉林省高速公路管理局路政处正式调整为路政法规处。2008年珲乌高速公路延吉至江密峰段、长春至松原段,通沈高速公路开通,成立天岗、蛟河、黄泥河、敦化、安图、松原、通化7个路政科,路政人员56人。2009年伊辽高速公路开通,成立金州路政科,每科内业2人,外业6人,计8人,从优秀收费员中选拔。2010年珲乌高速公路珲春至图们段、长春至松原段、松原至白城(吉蒙界)段,大广高速公路松原至双辽段,长深高速公路,长长高速公路营城子至抚民段,营东高速公路,沈吉高速公路,集双高速公路开通,成立开安、哈拉海、查干湖、安广、白城、侯家、双辽、兴隆、长岭、乌兰塔拉、前郭、辉南、辽河源、朝阳山、凉水共15个路政科,路政人员120人。2011年沈吉高速公路,鹤大高速公路,珲乌高速公路延吉至江密峰段,长长高速公路抚民至靖宇段开通,成立解放、梅河东、磐石、双河、英额布、百草沟、靖宇共7个路政科,路政人员56人。截至2011年底,共41个路政科,共有314人。

2005年3月31日,《吉林省高速公路路政管理条例》于吉林省第十届人民代表大会常务委员会第十九次会议通过,是全国范围内率先出台的高速公路路政管理地方性法规。2010年,《吉林省高速公路管理办法》(1997年版)经过重新修订,由省政府第五次常务会议讨论通过,于2010年9月1日起施行。同时吉林省进一步完善了高速公路交通行政执法各项规章制度,形成了较健全的高速公路管理法规体系,制定了《吉林省高速公路路政执法规范化手册》《吉林省高速公路管理局路政救援设备管理规定》《吉林省高速公路路政车载微机办案设备使用管理规定》《吉林省高速公路停车场管理规定》以及《吉林省高速公路清障计酬和举报、追逃路产逃逸案件奖励办法》。全面加强全省高速公路路政执法队伍建设,制定印发《吉林省高速公路管理局路政执法标准化单位创建活动实施方案》,在全局路政执法队伍开展标准化单位创建活动。制定《吉林省高速公路管理局路政吊车使用管理规定》,对《吉林省高速公路路产赔补偿占用计价收费规定》《吉林省高速公路清障收费规定》进行修改。

依法行政、文明执法的理念不断增强,执法行为和执法案卷的规范程度不断提高。通过加强对依法行政工作的组织领导、强化行政执法队伍建设、完善行政执法相关制度、落实行政执法监督检查、规范涉企收费行为等举措,使依法行政、文明执法的理念得到了不断深化,行政执法水平实现了进一步提高。

行政执法责任制得到全面落实和细化。通过梳理执法依据,分解执法责任,完善评议考核体系和激励、约束机制,使执法责任制层层落实到每个岗位和执法人员,形成了"一一三四五"的工作思路,即:实现依法行政"一个目标",贯穿行政执法责任制"一条主线",抓住立好法、学好法、用好法"三个环节",做到执法主体、执法行为、执法程序和执法形式"四个合法",要求每个执法人员都做到执法的依据、责任、权限、手段和要求"五个明确"。

加大科技投入,促进路政执法队伍管理的网络化、信息化程度。以交通运输部推行路政管理信息系统为契机,完善路政管理信息系统。加快信息网络建设,实现省局、管理分局、管理处三级联网和路政许可、申诉举报、路政巡查、建筑控制区管理、非公路标志、执法人员信息、执法装备、清障救援装备的网络化管理。科学研究制定路政业务办公场所、路政执法车辆、路政执法装备及路政执法人员配备的标准,建设标准化的路政服务大厅,推行便民服务,在"十二五"期间将全省路政管理机构全部建成标准化执法单位。

2. 养护管理工作

(1)管理模式日渐成熟。省高管局实行局—分局—处三级管理。省高管局设置养护管理处,其下设局养护技术管理中心,各分局设养护科,经营公司设养护工程部。局养护处负责全省高速公路的养护、工程、养护设备管理等业务工作。局养护技术管理中心负责高速公路的检测、设计、新技术的研发等工作(2014年该机构撤销,并入局养护处)。分局养护科(经营公司称养护部)负责所辖路段的(一般管养半径为300～400km)养护维修及养护工程的管理与实施工作。分局在属段内设置管理处,按交通运输部要求,每50km设置一个养护工区。结合吉林省的交通特点,全省一般每50～70km设置一个管理处。由于投融资多元化的原因,经营公司融资的项目,由经营公司负责运营管理。

(2)养护队伍不断壮大。省高管局每个管理处的养护工区都组建一个小修队(7～10人),负责安全设施损坏维修和小型应急工程。日常养护由分局养护科进行检查,局养护处按季对分局进行综合检查。高速公路所录用的小修队养护工,技术简单的,几乎都采用在沿线路侧附近招用农民工培训后上岗的方法来解决,一部分技术性工种及机械操作手采取面向社会招用熟练工。分配机制则贯彻按劳分配与按生产要素分配,效率优先、兼顾公平的分配原则。这种布局保障了每50～70km都有一个管理处的小修队伍,及时维修路面坑槽、损坏的设施、夏季水毁工程等影响路面通行安全的病害。特别是冬季除雪防滑工作,确保快速清除积雪,保障高速公路的安全畅通。

(3)创建应急保障队伍。按照养护工程的分类,全省的应急保障队伍分为日常养护和专项工程。管理人员按局、分局、管理处配置。由于高速公路的公益性决定了高速公路的养护管理要使其公益性得到充分保障,满足社会公益性的需求。因此,省高管局采取自办方式建立了自己的高速公路应急抢险保通队伍。因为公益性事业单位承担应急保障任务,自然灾害一发生,有基本队伍才能及时反应。多年的实践证明,省高管局建立的小修队平时从事补坑槽等小修保养工作,配备了一定的机械化作业设备,在发生水灾等救灾时快速反应,特别是在除雪防滑工作中组织得力、及时,效果明显。省高管局通过招标方式面向社会招聘了6支设备精良、人员精干、管理规范、在省内信誉好的队伍,分布在全省路网的各个路段,由属段分局负责管理,签订3年的合同,便于队伍的相对稳定,平时保障养护大中修工程的实施,同时又是各属段的应急保障队伍,及时完成各类"急难险重"任务。6个应急保障队伍平时担任路面、桥梁等技术难度较大、需动用专用设备维修的工作,路面作业辐射半径为100km左右,保证快速维修路面、桥梁等病害。

（4）运营公司成立自有队伍。三个运营公司内部设有自己的养护公司,负责除雪防滑等日常养护的实施工作。大中修（大型专项）工程实行对外招标,动员社会力量来完成,同时接受高速公路管理局的养护质量和工作质量检查及现场作业安全检查。吉高集团公司管理机构按照总部、分公司、养护工区三级架构设置,公司总部设立养护管理中心,负责与上级行管单位的沟通协调以及养护工作的宏观管理;分公司设立养护工程部,负责日常养护工作管理和大中修工程管理,养护工区负责组织日常巡查及小修保养。吉高股份下设运营维护分公司,设综合部、设备维护部、养护管理部3个部门。其主要职责是负责长平高速公路的日常养护维修及主线通信设施的维护等业务,以确保道路完好、整洁、安全、畅通。养护管理部下设范家屯、郭家店2个养护工区。长春绕城高速公路内设养护中心和工程部,其中养护中心负责日常养护工作,工程部负责养护大中工程管理。

（5）机械化水平得到提高。省高管局为每个属段小修队都配置了路面清扫车、坑槽修补设备、W板打拔机、路面灌缝设备、洒水车等。还有绿化养护机械,如剪草机、除草机;除雪设备,如除雪车、平地机、装载机等。特别是近年投入较大,购置了几百台设备,尤其是除雪防滑、路面及设施快速修补、清扫保洁等设备的投入,为满足快速反应提供了有力保障。管养单位机械设备配置见表5-2-3。

管养单位机械设备配置 表5-2-3

序 号	设 备 名 称	用 途	数量（台）
1	大型专用除雪车	除雪防滑	4
2	平地机	除雪防滑	4
3	装载机	除雪防滑	1
4	撒盐机	除雪防滑	2
5	除雪铲	除雪防滑	1
6	抛雪机	除雪防滑	1
7	洒水车	绿化	1
8	清扫车	养护用清扫	1
9	多功能路面修补车	路面维修	1
10	轿货	日常养护巡查	1
11	自卸车	养护维修	1

续上表

序 号	设备名称	用 途	数量（台）
12	小型货车	养护维修	1
13	随车吊	养护、清障	1
14	打拔桩机	护栏板维修	1
15	高空作业车	养护、机电维修	1
16	重型清障救援车	清障	1
17	小型清障救援车	清障	1
18	50t 吊车	清障	1
19	100t 吊车	清障	1
合计			26

（6）制度体系不断完善。巩固"十一五"期间的发展成果，形成一系列适合公路养护管理的部门规章以及规范性文件，完成了《吉林省高速公路养护手册》的编制工作，制定实施了《吉林省高速公路桥梁养护管理工作制度》《吉林省高速公路桥梁管养安全事故责任追究制度》《吉林省高速公路管理局桥梁突发事件预防和处置应急预案》《吉林省高速公路长大桥隧安全运营管理制度》等，进一步加强了公路桥梁养护管理工作，提高了公路养护水平和公共服务能力。

（7）养护技术保障能力得到提升。一是创建公路养护示范工程。制定优质优价养护标准和评比办法，通过评比选择养护管理水平高的路段作为示范路段，召开标准化、规范化、路容路貌、"畅、安、舒、美"、大中修工程维修等养护工作现场会，推动、促进高速公路养护水平的提高。开展文明分局评比活动，将现场会作为文明分局评比的重要条件，对举办现场会的分局，在文明分局评比中给予加分。从 2012 年开始，规定每个管养单位做 20km 养护标准化路段，进一步促进养护管理标准化水平迈上新台阶，争取用 3~4 年时间使全省高速公路都达到标准化路段效果，全面提高全省高速公路路容路貌水平。二是探索和实施预防性养护技术。通过预防性养护措施，延缓高速公路规模维修期的到来。2005 年以来主要采用以下技术手段：微表处、乳化沥青稀浆封层、ERA-C 预防性养护、魁道预防性养护、TL-2000 预防性养护、RD-1050 预防性养护、沥青路面的就地热再生、橡胶沥青旧路面加铺维修等。从 2010 年开始大规模采用热再生取得较好成效，2010 年在长营高速公路使用了橡胶沥青加铺技术，2011 年使用了魁道预防性养护技术，2012 年在长营高速公路上使用了雾化封层技术（改性沥青复合封层Ⅱ-1 型及改性沥青复合封层Ⅱ-2 型）技术）。三是桥隧养护管理机制不断健全。实行了桥梁工程师制度，应用了桥梁及隧道系统管理平台，完善了桥隧管理数据的录入，由分局属段负责每月组织桥梁经常性检查，每年组织两次定期检查，组织设计单位现场查看有病害的桥梁，及时研究维修方案，确定维修对策，每年 3 月定期组织 1 次桥梁工程师集中培训，不断提高业务水平。四是养护施工安全管理得到强化。养护施工严格执行审批手续,按照《吉林省高速公路养护施工作业管理规定及补充规定》操作。安全工作常抓不懈,养护部门从主管局长到具体负责安全的人员,层层签订安全责任书,通过平时随机检查和桥、涵、隧安全隐患排查工作,加强安全管理,对存在的安全隐患及安全工作提出具体要求,并在每次检查时看落实情况。狠抓养护生产的安全作业问题,每年3月定期举办养护技术安全生产培训会,聘请交警及养护安全管理人员讲授安全规程。自行设计并统一了小修队及养路工作业服,在服装前后增加了反光条,提高了养护作业的安全系数。"十二五"以来养护人员的安全意识普遍得到提高,全年未发生养护安全作业事故。五是建立并完善了高速公路养护管理系统、桥梁信息管理平台以及隧道信息管理平台。2010年吉林省高速公路日常养护管理系统是吉林省高速公路管理局养护部门根据工作需要自行研发的系统,该系统能够对高速公路养护工作进行综合管理,实现常规数据的统计分析,对养护工作的实施过程进行动态跟踪管理,有效提高了工作效率。桥隧系统可以实现桥梁基本信息查询、对经常性及定期检查数据的录入,建立病害数据库,提出病害维修建议。六是建立养护决策机制。采购道路智能检测车、探地雷达,实现了路况数据的快速检测与分析,为养护决策提供依据。省高管局统一组织管辖范围内的路况破损(PCI)、路面平整度(IRI)、路面结构强度指数(PSSI)和抗滑性能指数(SQI)、沥青路面车辙(RDI)的检测和数据处理工作。路基(SCI)及沿线设施(TCI)由各高速公路管养单位自行组织调查。根据调查结果编制养护维修计划建议,对维修段落进行排序,由设计人员对有病害的路段进行复查和分析,结合路网情况确定对病害的维修方案,省高管局提出计划建议报省厅批准。七是应用绿色养护技术。从2001年起,利用维修沥青路面铣刨回来的沥青混合料重新加热,压制成各种简单形状的小型预制块,用于路侧排水沟、中央分隔带、路肩等地,解决了水泥混凝土预制块受除雪用盐侵蚀损坏的问题。2005年购进了可生产再生料的沥青混凝土拌和站。2008年开始,对厂拌沥青混合料的工艺和技术方案进行了研究。共生产掺入废旧料的沥青混合料12000t。针对现有的单滚筒设备最大废旧料掺量可达35%。2009年开始,试验性地开展了以水泥为胶结材料的就地冷再生和路冷再生试验。2010年开始,试验性地开展泡沫沥青冷再生试验。同年,由于掌握了再生时机和方法,热再生技术在高速公路维修中得到大量应用,截至2012年已维修路面83万 m^2。2011年,省高管局已有两个废料再生方面的课题通过了省交通运输厅的鉴定,即《吉林省高速公路沥青路面老化及旧沥青路面厂拌热再生研究》《高速公路沥青路面铣刨料再生(半)柔性基层技术研究》,在旧料的循环利用方面进行了有益的尝试。同时,注重科技成果转化。在安排高速公路维修计划时,逐步推广课题的研究成果,逐年普及再生混合料的应用范围,实现制定的工作目标。八是研发应用养护新技术。在长余高速公路进行布敦岩沥青(BRA)混合料试验;在长营高速公路进行了橡胶沥青混合料试验;用魁道在机场路、用雾封层在长营路实施了预防性养护。利用西尔玛沥青还原剂对长营路桥面进行防水试验；快下路采用新型混凝土防腐材料对桥梁伸缩缝、桥梁护轮带表面涂刷，避免混凝土被腐蚀。尝试采用新的"灌浆"维修方法对桥梁单板受力铰缝损坏部位进行维修；避免了整体换梁带来的维修成本增加和长时间封闭交通。研究采用探头检查桥梁支座和其他不易看到的位置，使检查结果更加可靠。采用道路智能检测车和雷达系统检测路面病害，为实施科学养护提供强有力的依据。采用德国福克曼罗斯公司的高性能安全活动护栏，包括中央活动护栏10处、机场匝道中央分隔带安全护栏880m、收费岛迷你护栏120m。研究并完成了《基于行车安全的沥青路面车辙养护标准研究》《渗透性混凝土保护剂和硅酮密封胶在水泥混凝土结构中的推广应用》《氟碳漆在高速公路护栏防腐中的应用》《吉林省高速公路沥青路面老化及旧沥青路面厂拌热再生研究》《高速公路沥青路面铣刨料再生(半)柔性基层技术研究》《吉林省盐碱区域高速公路生态修复技术研究》《高速公路沥青路面冷再生关键技术研究》《预应力技术在桥梁粘贴类加固补强中的应用研究》。

3. 收费管理工作

（1）收费站数量快速增加。2002年长余高速公路通车，新增拉林河等4个收费站。2008年珲乌高速公路延吉至江密峰段通车，新增天岗等10个收费站。通沈高速公路通化至下排段通车，新增下排等3个收费站。大广高速公路松原至肇源段通车，新增风华等3个收费站。2009年伊辽高速公路通车，新增金州等3个收费站。2010年珲乌高速公路长春至松原段、珲春至图们段、松原至白城段，大广高速公路松原至双辽段，营东高速公路，长长高速公路营城子至抚民段相继建成通车，成立靖宇管理分局，管辖靖宇、辉南、抚民3个收费站；成立白城管理分局，管辖白城东、石头井子等8个收费站，成立双辽管理分局，管辖双辽北、长岭等6个收费站。此外，长松高速公路王府站、松白高速公路查干湖站、大广高速公路松原至双辽段拐脖店站等松原周边各收费站由松原管理分局负责管辖；长松高速公路长春北（曾用名亚泰大街）、开安等收费站由长春管理分局负责管辖；营东高速公路辽河源、东丰等收费站由伊通管理分局管辖。至2012年末，全省高速公路车辆通行费征收管理由四个运营管理主体组成，按照收费性质划分，省高管局所属82个收费站和吉高集团所属13个收费站为政府还贷性；吉高股份所属6个收费站和长春高速公路所属3个收费站为经营性。相应车辆通行费采取定期统一拆分清算的方式确定。

（2）实施收费站改扩建工程。2010年8月启动长春东收费站改扩建工程，采用索膜结构，改扩建后为31个车道，解决了车辆长期拥阻、社会反响较大的问题。

（3）制度体系加速健全完善。这一阶段是吉林省高速公路收费管理事业快速发展时期，全省收费战线的管理人员和一线收费员数量成几何级数式增长。同时，在管理方面，建立和完善了与收费业务相关的各项规章制度，对1997年制定的《吉林省高速公路管理办法》重新修订，制定了《吉林省高速公路收费管理规范化手册》，对收费业务的各个方面提出了规范化、制度化的要求;通过制定《吉林省高速公路"星级收费站"考核评比办法》《吉林省高速公路收费员等级考核管理办法》,全面加强全省高速公路收费队伍建设,收费岗位人员的整体素质不断提升,收费运营管理水平稳步提高;同时,通过开展文明服务单位创建活动,制定《吉林省高速公路收费站通行服务暂行规定》,发布《吉林省高速公路收费文明服务公约》并面向社会设立公告板等系列措施,大力提升全省高速公路收费服务水平,牢固树立了吉林省高速公路收费行业文明服务窗口。

(4)收费技术不断推陈出新。省高管局与交通部科学研究院等单位合作,在吉延高速公路试点应用的基础上,于2010年实现全省ETC电子不停车联网收费(基于915MHz频段的RFID技术),为通行者提供了更为高效、快速、便利的电子缴费新模式,"基于RFID技术的高速公路多路径识别技术研究"课题成果获吉林省科技进步一等奖。

4.指挥调度工作

(1)创建路警联动机构。按照厅党组关于建立全省高速公路快速反应体系的指示精神,省高管局与高速公路交警支队(高速公路公安局)按照"合署值守、分工合作、互相配合、快速反应"的原则,于2004年6月组建了吉林省高速公路指挥调度中心,于2006年9月经编办正式批复成立,实行24小时值班值守。主要负责突发事件接、派警;信息采集、处理、报告;协调公安、消防、环境监测、医务救援等单位和部门联动处置高速公路突发事件;接受广大驾乘人员的咨询、投诉;发布高速公路通行提示信息,并负责吉林省高速公路管理局门户网站的管理和信息发布等业务。指挥中心设立服务话务总机,面向社会公布救援报警电话为0431-5379958,2006年更改为0431-12122。指挥调度中心作为全国率先实现交通、公安合署办公的单位,通过"路警联动"的工作模式,在信息共享、资源利用、保障高速公路安全、顺畅运行方面发挥了积极作用。

(2)创立"两个联动,六个统一"联动模式,形成完整的高速公路快速反应机制。省高管局与交警部门较好地形成了对高速公路突发事件的信息采集、快速接警、统一指挥、协调联动处理和快速反应机制,实现了"两个联动,六个统一"。两个联动即:巡逻联动,接警、调度、处理联动。六个统一即:统一共享使用资源、统一设立全省救援报警电话即12122、统一值班和指挥调度、统一协调巡逻时间、统一指挥程序和内部纪律、统一对路面养护施工进行审批。

(3)指挥调度体系的机构设置及职责。2006年,依据信息产业部的要求,吉林省于1月1日零时正式启用吉林高速公路救援电话0431-12122。2006—2011年,全省高速公路先后成立14个指挥调度分中心,指挥调度中心和分中心、公安交警值班室构成"两级调度,直线指挥"的工作体系。通过外线接警电话、"12122"救援报警电话、内线接警、派警电话及部分中心直通电话,以及指挥调度大厅内60块监控屏幕,吉林省全面展开了对重点路段、收费站、服务区等高速公路节点实时监控、突发事件信息采集、及时发布、有效处置等工作,进一步提升了指挥调度中心调度处置全省高速公路突发事件的能力和水平。

(4)指挥调度队伍迅速成熟壮大。指挥调度中心成立以来,始终坚持半军事化管理,形成了系统的管理机制,实行半月例会及业务考试、每月军训、每年集中培训。每天对全省14个指挥调度分中心和省局中心的接派警、服务录音、日常工作进行稽查和考核,全面加强应急指挥调度队伍建设。为打造指挥调度良好的对外服务窗口形象,指挥调度中心文明服务管理员从工作实际出发,制定了涵盖高速管理各项业务共122条的《12122文明用语服务手册》。通过每天考核12122服务录音、判定服务档次、每天班组声讯员情景培训、咬筷子练微笑等措施,打造了指挥调度"听得见的优质服务"品牌,也收获了各级领导和驾乘人员的表扬和肯定。

(5)完善指挥调度中心信息发布系统。指挥调度中心成立之初,打破以往电话形式上报、传达的单一模式,开发应用短信平台。及时采集天气信息、路况信息、各类紧急突发事件信息,及时通过平台向各级领导发布信息,方便领导了解路网运行情况。日常工作中,充分利用道路可变情况板,及时发布施工信息、管制信息和出行提示信息,便于驾乘人员合理选择出行路线。同时,指挥调度中心与103.8交通文艺台等新闻媒体建立合作机制,及时通过新闻媒体平台发布高速通行信息,为广大驾乘人员了解出行信息提供了多元化的渠道。

(6)应用快速路况监测技术。与北京航空航天大学协作申报"吉林省域高速公路路网运行状态监测技术研究"课题,于2011年成功立项。智能路网是国家公路运输发展的国家战略。科技部已经将智能路网技术的研究与开发作为重要研究内容列入国家科技计划"十二五"规划。在"十二五"开局之年,率先开展智能路网的研究与建设,将进一步提升吉林省公路运输管理水平,对保持和强化吉林省在高速公路运营管理技术方面的优势具有重要的战略意义。该项目通过高速公路监测点、路段和路网的运行状态实时监测技术研究,能够对省域高速公路运行状态实时监测,及时发现路网中的异常状态。通过高速公路安全态势分析和应急处置策略研究,开发可视化交通仿真平台,对安全态势和应急处置策略进行评估,为管理者决策提供技术支撑。

(7)加强应急管理体系建设。指挥调度中心负责应急管理工作。日常工作中,为进一步提高高速公路各类紧急突发事件的快速反应处理能力,规范各有关部门应急处理程序,不断增强高速公路的通行能力、服务水平和快速处理突发事件的指挥调度、协调联动能力,形成快速反应联动机制,保障高速公路安全畅通。在不断研究、探索的基础上,结合高速公路工作实际,制定了《吉林省高速公路突发事件快速反应应急处理预案》《吉林省高速公路快速反应实施办法》《吉林省高速公路指挥调度程序》等一系列制度,明确了自然灾害、交通事故、治安、刑事案件、预防、控制重大疾病和中毒等各类事件的应急处理预案和工作流程,规范了各类突发事件的预案启动条件、启动方式及具体处理程序,为建立现代化、科学化、智能化高速公路管理体制打下了良好基础。同时,通过组织应急演练,有效检验了应急队伍,提高突发事件的快速处置和联动能力,为日后工作的顺利开展积累了丰富的经验。

(8)建设优秀互联网平台。为提高全省高速公路的管理水平,加强服务理念和工作透明度,体现阳光政务,与相关技术单位合作,开发了吉林省高速公路管理局互联网网站。网站建成后,为充分发挥互联网作用,通过制定规范化的信息发布程序,对外发布重要决策及最新工作动态、路况信息,将管理工作纳入程序化、规范化、精细化的管理轨道,使广大交通参与者更清楚地了解吉林省高速公路,积极参与到全省高速公路的管理工作当中。

5.通信管理工作

随着路网的扩大和机电技术的不断发展,省高管局通信处的管理职能不断扩大,负责全省运营高速公路的通信、监控、收费、供电及隧道通风照明等机电系统(含信息化)的建设及管理工作。

从2004年开始,省高管局组织了全省统一的收费系统软件研发,2005年统一了全省收费系统软件。保证网络整体功能和收费安全,实现互通互联,提高系统服务水平,最大限度满足收费管理需求。

这一阶段制定了《通信部门快速反应预案及流程》《机电系统专项工程管理标准》等相关标准和规范,进一步规范了高速公路机电系统的管理工作。

6.安全生产工作

省高管局安全生产工作自2011年1月起实现专职化管理,成立局安全生产监督处(内设机构),作为局安全生产委员会的常设办公机构,主要职责是贯彻执行国家、行业、地方有关安全生产的法律法规、方针政策及标准规范,对本单位(部门)的安全生产工作实施全面监管。体现了公益、管理与行业监管的多重属性。

省高管局以"全路网、大安全"为安全管理理念,突破传统安全"四防"范畴,实施高速公路整体安全保障,以"人、车、路、环境"为核心元素。逐步打造安全监管覆盖局、分局、管理处和一线单位的"四级安全监管体系",科学确立了局安委会总体监管、业务处室对口分管、管理分局属地直管的安全生产监管模式。为全面落实安全责任,施行全员签订《安全生产责任书》,实现安全责任与管理事业的精确对应,突出安全生产上的四个责任:总体责任、监管责任、管理责任和执行责任。在安全管理模式上,强化安全管理"痕迹化",建立安全档案共2大类16项。隐患排查"闭合式",对于检查中发现的隐患要采取"六个立即"(即立即制订整改方案、立即采取有效措施、立即落实经费和物资、立即确定机构和人员、立即规定时限和要求、立即设定安全措施和应急预案),确保消除安全隐患。教育培训"全员式",积极开展"三个层级培训"和"三个必须培训",实现教育培训全覆盖、无露点。开展安全教育培训、督查检查、专项等系列活动,受教育培训范围覆盖率达100%,隐患排查整改完成率达100%,协调、监督各单位专项系列活动开展完成率达100%。

7. 服务区运营管理

(1)运营模式呈现新变化。2002—2012年,是全省高速公路服务区运营管理由粗放型、原生态,向品牌化发展的重要提升阶段。吉林省高速公路实业总公司确立了"社会效益与经济效益并重"的指导思想。按照"集约化、规模化、专业化、品牌化"的思路,引进服务区经营公司和知名品牌公司,负责租赁经营四平、公主岭、长春服务区;由省高管局四平分局经营管理的靠山屯、陶家屯进行招商,以BOT的方式改建为服务区。根据省交通运输厅的统一安排,长余高速公路扶余、德惠、米沙子服务区,长春绕城高速公路春城服务区相继实行BOT方式经营。

(2)品牌建设取得阶段成果。2008年,吉高集团负责新建高速公路服务区经营管理。吉高集团在总结和借鉴国内外、省内外服务区发展历程和经验的基础上,结合全省经济社会发展现状,按照"集约化、规模化、专业化、品牌化"的思路,提出了"统一管理、突出公益、多元经营"的管理思想。以服务为导向,以品牌化(吉高驿站)为指引,坚持"公益服务优先、经济效益兼顾"原则,秉承"以人为本、服务公众""在服务中要效益"理念,在完善服务设施、美化服务环境、规范服务标准、提升服务档次的基础上,在人性化服务、精细化管理、特色化经营上下功夫,提出"一个品牌、二个目标、三个措施、四个方向、五个感觉、六个统一",使服务区逐步达到"功能完善、环境优美、服务优质、特色鲜明、管理科学、自然和谐"的运营状态,为广大驾乘人员提供优质、高效、便捷、安全的服务。

三、提升阶段(2013—2016年)

(一)发展概述

截至2016年底,吉林省高速公路管理里程突破3000km大关,达到3113km,高速公路管理工作站上了一个可以发挥综合优势的新起点。新问题、新矛盾不断凸显,新机遇、新挑战同时并存。省高管局紧紧抓住高速公路事业发展的有利条件,以党的十八大精神为统领,打破常规、创新思路、迎接挑战,提出主动适应"五个新常态"的指导理念(适应从严治党新常态;适应以分局为主体的管理新常态;适应为出行者着想的服务新常态;适应激发干部职工积极性的队伍建设新常态;适应提高执行力的新常态),围绕实现服务优质、队伍优秀、管理标准的目标,深入实施以分局为管理主体的分级管理模式,实行从省局到分局的简政放权,不断完善路政、养护联合巡路机制,逐年加大高速公路养护资金投入,公路技术状况指数(MQI)始终保持在良好以上,为全省高速公路的畅通、安全、舒适、美观做出了重要贡献。被中央精神文明建设指导委员会授予"全国文明单位",被交通运输部授予"全国交通行业创建文明行业先进单位"称号,被吉林省总工会授予"五一劳动奖状""吉林省职工职业道德建设十佳标兵单位"。连续多次被评为吉林省"文明单位"和"精神文明建设先进单位",高速公路管理事业实现新跨越。在交通运输部组织的国省干线养护与管理检查("国检")中,吉林省高速公路在全国排名第二十位,在全国省自治区排名第十六位。2013—2016年管养里程见表5-2-4。

2013—2016年管养里程一览表(km) 表5-2-4

年 份	公路编号	新增高速公路	新增里程	累计里程
2013	G25	长深高速公路	8	2299
	S01	抚长高速公路	12	2299
	G1015	铁科高速公路	27	
2014	S0113	伊开高速公路	16	2348
	S4512	双嫩高速公路	24	
	S1212	白城至洮北高速公路	10	
2015	G25	长深高速公路	118	2529
	G1112	集双高速公路	98	
	G11	鹤大高速公路	4	
	S01	抚长高速公路	62	
2016	G11	鹤大高速公路	232	3113
	G11	鹤大高速公路	103	
	S1211	延长高速公路	33	
	G4512	双嫩高速公路	53	
	G4512	双嫩高速公路	44	
	S1212	白城至洮北高速公路	18	

(二)运营管理发展概况

1. 路政管理工作

此阶段为路政管理飞速发展阶段。2014年伊开高速公路伊通至辽源段开通,成立东辽路政科,白城绕城高速公路开通,成立镇赉路政科,共计16人。2015年长深高速公路、集双高速公路、鹤大高速公路、长松高速公路开通,成立抚松、怀德、桑树台、三源浦、梅河5个路政科,共计40人。2016年鹤大高速公路、延龙高速公路、双嫩高速公路、白城至洮北高速公路开通,成立东屏、洮南、光华、江源、泉阳、沿江、贤儒、官地、龙井9个路政科,共计72人。届时全省高速公路共有路政科57个,路政人员442人。

这一阶段建立了路政管理信息系统,实现了路政执法的现场微机办案、路政信息实时传输、路政执法案卷、执法人员、执法车辆、相关法律法规等路政管理信息的上传、存储、查询和应用等功能。为执法人员配发执法记录仪,在全局执法单位推广使用。按照《吉林省高速公路执法记录仪使用管理规定》,及时监督检查执法记录仪使用情况,为进一步规范路政执法车辆的使用管理,保障高速公路各类突发事件的应急处置效率,下发《关于规范路政执法车辆使用管理的通知》,并为全局路政执法车安装了GPS卫星定位系统,通过电脑终端监督各路政执法车辆运行情况。形象标准化方面实施执法队伍形象建设和执法形象"四个统一"。按照省交通运输厅《关于印发加强交通运输行政执法形象建设工作方案的通知》精神,在全局开展执法人员形象建设活动。制定了《执法服装管理办法》《执法证件管理办法》《执法礼仪规范》,完成了执法形象"四统一",即统一执法标识标志、统一执法证件、统一执法服装、统一执法场所外观。

制定和完善了路政执法岗位职责、路政管理制度、检查考核制度、责任追究制度等各项规章制度,形成路政工作规范运转、相互协调、权责明晰、奖罚有度的管理体制。协调省财政厅、物价局修订出台新的《吉林省高速公路车辆救援服务收费项目及标准》,制定并印发了《吉林省高速公路管理局路政、养护联合巡路管理规定》《吉林省高速公路路政、交警联勤执法试点工作实施方案》《吉林省高速公路规范路政执法风纪和加强日常管理工作暂行规定》《吉林省高速公路执法记录仪使用管理规定》《省高管局清障救援服务收费审核管理规定》等规章制度。

执法队伍建设方面坚持实施准军事化管理,在执法队伍培训上采用自行培训、集中培训和到省外学习相结合的方式。通过培训增强路政执法人员法律程序意识,提高业务水平。开展"争做执法岗位标兵"活动。从增强队伍依法行政能力出发,大力宣传先进人物的典型事迹,在执法部门、执法人员之间形成互帮互学、争先创优的向上氛围,促进执法工作和队伍建设的不断发展。开展吉林省高速公路路政执法能力作风建设提升年活动,组织全局路政执法竞技比赛、主题演讲等活动。四平分局、靖宇分局、伊通分局分别获得第一名、第二名、第三名,增强执法队伍业务能力,为打造人民满意路政队伍奠定了基础。

吉林省高速公路路政执法工作是按照法律、法规和规章所赋予的行政执法权限,依法实施行政管理,在省交通运输厅党组的领导下,以全面推进依法行政为目标,以依法治路为中心,在规范执法行为、加强行政执法制度建设、法制教育、执法队伍建设等方面不断规范和完善,较好地完成了行政执法各项工作,有效地促进了行政执法工作稳步、和谐发展。截至2016年末,高速公路路产案件破案率和结案率分别为99.9%和97.6%,清障拖带率100%,较好地完成了法律、法规、规章赋予的高速公路管理职责。

2. 养护管理工作

"十二五"期间,全省高速公路养护认真贯彻交通运输部提出的"畅通主导、安全至上、服务为本、创新引领"养护管理工作方针,以科学发展观为统领,以"三个服务"为主线,坚持改革创新,转变发展方式,扎实推进各项工作,实现了吉林省高速公路的跨越式发展。截至2016年末,全省共设56个管养属段(省高管局49个,其余为公司养护),全局共有240名专业技术人员。

（1）加大总体投入力度。受地域经济及客观条件限制,全省高速公路养护资金投入处于东北四省区中下水平,"十二五"期间,全省高速公路仍保证MQI大于92,在全国高速公路处于中上水平。在养护工程投入方面,加大了高速公路养护改造力度,投入日常养护经费3亿元、公路养护工程17.39亿元,实施路面维修405.6万m^2,预防性养护实施约33.5万m^2,养护质量MQI值始终处于优水平。购置养护机械设备5568.8万元,有效保障了道路通行质量。在日常养护经费投入方面,2007年,经省交通厅研究批准,全省高速公路日常养护费用执行2.66万元/km的标准。2007—2015年,由于物价、工资上涨因素,日常养护经费日渐紧张,乃至出现一系列问题,如养护人员工资较低,导致招工难、离职率高;养护人员缺位造成养护、保洁不及时,产生一系列道路设施衍生问题;桥梁保养不能满足《交通运输部关于进一步加强公路桥梁养护管理的若干意见》有关要求。2015年,经省交通运输厅研究批准,实施了新的日常养护经费标准,费用提升到5.2万元/km,上述问题逐步得到解决或缓解。

（2）养护规范化、市场化水平得到提升。制定并实施了《吉林省高速公路日常养护（小修保养）技术规范》《吉林省高速公路养护工程管理实施细则》,制定了《十三五吉林省高速公路养护技术政策》,开展了标准化路段、标准化工区建设,逐年推进"20公里标准化养护示范路段"创建工作,累计完成1923km。制定了《吉林省高速公路养护市场准入规定》,有效培育和规范了养护市场,逐步完善了"统一、开放、公平、竞争、有序"的养护市场体系,引进优质施工队伍,保证了高速公路养护工程质量和投资效益。

（3）养护技术水平得到提升。通过引进道路智能检测车和雷达监测系统,预先判断路面结构的健康情况,开展了《吉林省高速公路养护管理智能决策系统研究》,提供了一种新的管理方式,该项目的研究为管理部门提供养护资金优化利用方案的同时,还能为宏观决策提供科学依据,该项目获中国公路学会科技进步二等奖。针对东北冬季雪期长、雪量大特点,因地制宜做好除雪防滑工作,东部山区重点处置山阴路积冰,西部平原重点处置风积雪,机场路等主干线加强快速除雪,坚持不封路、少封路,以机械除雪为主,逐步降低融雪剂使用频率。实施了桥梁安全隐患排查和专项治理。开展了"季冻区沥青路面裂缝养护技术及材料开发应用研究","环保型融雪剂的推广应用研究""吉林省高速公路养护管理智能决策系统研究"获中国公路学会科技进步二等奖;加大"四新"技术研发应用力度,积极推广养护技术的集成应用,大力推行绿色养护、快速养护、精细化养护、机械化养护、智能化养护,加强预防性养护技术、路面材料循环利用技术、全寿命周期成本养护设计技术、快速养护技术的推广应用,重视灌缝、挖补、水泥路面日常养护等技术和材料、设备的研发应用。

（4）养护理念不断更新。树立了正确的公路环境生态观，注重保持周边自然景观，把全省高速公路特别是机场和长吉图高速公路打造成景观路、生态路、环保路，加大绿化投入，打草、树木维护等日常性工作，重点清理互通、三角地，增设打造景观、景点。宜林路段绿化率达到100%，路容路貌得到较大改善。开展了环境友好型融雪剂及其实用技术推广应用研究，严禁超量使用融雪剂，积极采用环保型融雪剂，逐步取代卤族元素的融雪剂或盐，以减少对构造物及周边环境的侵蚀和污染，保护生态环境，推进了绿色低碳交通运输的发展。

（5）行业管理模式得到完善。建立了多元化协调沟通机制。进一步明确了高速公路行业管理工作责权，探索实施高速公路养护维修保障金制度，督促经营企业强化公路养护义务。建立健全经营主体协调沟通机制，平衡各主体目标和利益，达到多方"共赢"局面。统一养护管理标准，强化并规范监督管理手段。本着"多元化投资、一元化管理"的原则和方向，统一全省高速公路养护、收费、服务、应急等工作标准与考核标准。加强监督检查，对达不到路况质量要求的，通报检查结果并采取责令整改、限期养护、指定养护等措施。

（6）多种措施缓解经费不足压力。在日常养护经费尚未提升前，省高管局尽可能合理地调整和控制养护经费投入，确保路况水平相对稳定。以路桥面养护为中心，突出长吉高速公路、长平高速公路、长营高速公路、长余高速公路等重点路；突出重点项目如路桥面坑槽、灌缝、除雪防滑等维护，确保道路行车安全。

（7）科学设定日常养护经费标准。一是周密测算需求标准。为解决日常养护经费不足问题，从2012年开始，省高管局和省交通工程造价管理站开展了全省高速公路日常养护工程经费的测算工作。对日常养护的工作内容、养护频率、养护技术等分别进行了系统的分析和研究，调查分析了高速公路交通量、路面结构特点、路面各种病害、除雪防滑区域划分、雪情特点、设备、除雪方式以及路基、桥涵养护措施等因素对养护费用的影响，收集了省高管局各分局管养属段的日常养护数据，于2013年初步完成了两个方案的测算和考核工作，并单独对除雪防滑进行了考核和测算。2014年，省交通工程造价管理站多次提出修改意见和建议，对定额取用情况、单价采用情况、频次的合理性等问题进行把关。二是确定新的经费标准。2015年，省交通运输厅两次召开会议，重点针对养护工作内容、频次、除雪防滑（包括对辽宁省除雪防滑的研究）、设备折旧费、与一级路的对比、养护单价的采用等方面再次进行了认真研究、分析和补充完善，重新按照2015年的单价进行了测算，并对除雪防滑费用是否单独计量进行了分析。最终，根据吉林省自然条件、经济发展情况，综合考虑未来高速公路日常养护发展方向，结合省交通运输厅通行费收支情况，调整日常养护费用为5.20万元/km，其中日常保养为4.29万元/km、小型维修为1.02万元/km。三是科学分配养护经费。日常养护经费提高后,省高管局进一步完善了养护标准及考核制度,划分小修保养和专项工程的界限,实施标准化路段建设,提高养护标准。在核定各分局全年日常养护经费时,充分考虑了各条高速公路基本情况的不同,对桥梁、隧道、中央分隔带绿化、除雪防滑4个方面进行单独核定,剩余其他工作内容考虑通车年限、交通量、车道数。对小修保养费用使用也作了进一步明确:春季重点实施路面灌缝、坑槽修补、春季路基整修、桥隧经常性检查;夏季重点实施绿化维护、修剪、疏通排水设施、小型设施维修、防汛等工作;秋季实施设施粉刷、路况检评、秋季整修;冬季重点实施除雪防滑;使高速公路全线常年保持路面平整、整洁、通畅,路基边坡顺适,线形清晰,边沟等排水设施畅通,桥(涵、隧)外观整洁无明显缺损,沿线构造物完好无损,设施齐全、清晰,路树花草整齐美观,充分发挥高速公路的功能,营造"畅安舒美"的交通通行环境。

(8)强化除雪防滑工作。每年提前为汛期到来做好准备,加强了汛前高速公路基础设施排查力度,全方位、多层次,不留安全隐患。一是对排水系统进行清淤、疏导、排阻,对边沟、截水沟、通道等排水系统及时清理杂物、杂草、泥土,清除淤塞,及时维修损坏部分;二是对边坡出现冲沟,及时取土填筑夯实;三是对桥下、涵底清淤;四是对积水路段、位置进行调查处理,及时排除安全隐患;五是彻底维修路基水毁,对水毁严重路段,增设完善排水设施。全省高速公路除雪防滑工作以"安全、环保、畅通"为理念,贯彻"以人为本、安全第一、生命至上"的宗旨,遵循"先通后净""以机械除雪为主,撒布融雪剂为辅"的基本原则,本着"分时、分期、分区域"开通的方式,建立"以雪为令"的机制,结合每段路况的特点,因地制宜,采取快速除雪、适时除雪的措施,确保高速公路正常运行,根据不同雪情,确定除雪防滑时机。具体除雪防滑措施见表5-2-5。

除雪防滑措施一览表　　　　　　　　　　　　　　　表5-2-5

雪情	路面情况	措施
雨夹雪	初冬或初春时节,气温、地温较高,昼夜温差较大,雨夹雪后容易结冰	用机械清除冰雪混合物,结冰时撒防滑料掺融雪剂
微量雪	自然降雪,积雪量小于1cm,由于行车作用,路面的行车道和超车道上基本无积雪,中央分隔带边缘及停车带有少量的积雪	以人工除雪为主
小雪	自然降雪,积雪量大于1cm,小于6cm,因风力或行车作用,行车道的大部分和超车道的一部分仍保持黑色路面,部分匝道、挖方段等阻雪路段可能有积雪覆盖	机械除雪和人工除雪相结合,特殊结冰路段可撒防滑料或融雪剂
中雪	自然降雪,积雪量大于6cm,小于12cm(局部风积可能超过20cm厚),行车道和超车道仅有局部露出线状的黑色路面,大部分被积雪覆盖	机械除雪和人工除雪相结合,结冰时抛防滑料或融雪剂

续上表

雪 情	路 面 情 况	措 施
大雪	自然降雪,积雪量大于12cm,小于20cm(局部风积可能超过50cm),路面全部被积雪覆盖	机械除雪、抛雪,人工除雪相结合,结冰路段可撒融雪剂或防滑料
特大雪	自然降雪,积雪量大于20cm,降雪时风力作用,视线不良,由于风积作用,部分路段发生雪阻,无法安全通行,属一般情况下,人力不可抗拒的自然灾害	机械除雪、抛雪,人工除雪相结合,结冰路段可撒融雪剂或防滑料

一是做好除雪防滑前期准备。结合不同区域的地形及气候特点,制订适应属段的除雪防滑方案,做到科学组织、合理安排、责任明确,建立值班、天气信息收集发布制度,做好除雪防滑各项准备工作。除雪设备应按养护里程合理配备,一般为7~10台,养护里程一般在50~70km为宜。二是严格执行除雪防滑质量标准。行车道应达到90%以上露出黑色路面,三条或四条标线露出,没有露出黑色路面的部位应不连续;加减速车道、匝道和硬路肩85%以上露出黑色路面;连接线积雪应清除干净,露出二条或三条标线。桥梁护栏底座上、防撞墙下的积雪,每场雪过后都应及时清除;隧道出入口处的积雪应随时清理干净,特别是入口洞内的雪或积冰应及时清除,防止积存后融化结冰,影响通行。停车场、服务区内及出入口的积雪应及时清除并运出。收费车道、收费广场的积雪应快速清除,同时应做好防滑工作。三是严格执行除雪防滑安全作业标准。作业前落实安全培训,做到持证上岗,必须穿着养护作业标志服或反光服;保持除雪设备性能完好;除雪设备和警示车辆,加挂作业标志和警示灯;除雪作业时形成作业组,采用梯形作业的方式,保持足够安全距离及联络通畅;作业时禁止在中央分隔带内、路侧安全设施旁堆积冰雪,避让桥梁伸缩缝、护栏底座等可能对除雪铲造成损坏的部位。

3. 收费管理工作

(1)收费公路里程快速增长。2013年沈吉高速公路丰满、天南两站通车运营,吉高集团按企业经营方式管理沈吉高速公路丰满、大湾、一座营等沿线13个收费站。2014年双嫩高速公路白城至镇赉段通车,新增镇赉、白城北(曾用名金辉)收费站。2015年长深高速公路大岭至双辽段,长长高速公路靖宇至抚松段、抚松至松江河段,集双高速公路通化至梅河段建成通车,梅河分局成立,并管辖梅河口南、柳河北等4个收费站;三源浦收费站归通化分局管辖;靖宇分局负责管理松江河、花园口等靖松高速公路沿线收费站;长春分局管理大岭、怀德等长春周边收费站;双辽分局负责管理双山、桑树台收费站。2016年鹤大高速公路吉林境内路段全线通车,敦化分局负责管理西沟、官地、沿江等8个收费站;靖宇分局管理泉阳等收费站;通化分局负责管理光华、兴林收费站;延吉分局管理龙井等3个收费站;白城分局负责管理黑水、西明嘎等10个收费站。这一阶段是收费管理工作迅速发展期,收费站、收费各岗位人员数量持续增长,至 2016 年底,全省收费行业各级人员超过 5000 人。

（2）收费管理工作向标准化、精细化迈进。通过制定《吉林省高速公路标准化管理（收费管理手册）》,进一步健全和完善全省收费管理标准化制度体系,收费业务操作和管理标准更加具体、精细、规范,收费各类规章制度进一步完善和夯实。同时结合《吉林省高速公路标准化管理分局考核评比办法》,强化收费管理标准化制度的执行和落实,加强对各级单位收费管理的检查指导和监督考核,全面提升高速公路收费管理水平。

在收费文明服务方面,始终秉承"以人为本"的服务理念,不断增强一线收费人员的服务意识,以"微笑服务、敬语服务、真情服务""三个服务"为基础,进一步规范一线人员的服务内容和要求,形成《吉林省高速公路收费行业文明服务标准》,并通过开展"文明服务标兵评选、岗位能手评比"等系列活动,树立典型、表彰先进。在全省各收费站积极打造服务品牌,推出了"彩虹桥"等品牌建设,促进全省高速公路收费服务水平的提升。

（3）全省高速公路实现 ETC 全国联网。2015 年,按照交通运输部相关文件及全国联网要求,全省高速公路对 ETC 系统进行了全面改造,于 2015 年 7 月 28 日实现全国联网运行。截至 2016 年末,全省 ETC 用户 37 万个,通行费年收入 4 亿元。自 2015 年 8 月吉林省建成全国联网的省级结算中心,并每工作日与交通部路网中心同步施行跨省 ETC 通行费结算、清分及划转工作。2015 年全年非现金交易（ETC）总交易量累计约 226 万笔,总交易额约 9852 万元,2016 年全年非现金交易（ETC）总交易量为 975 万笔,总交易额为 42581 万元。系统运行整体情况良好,争议交易、坏账、退款等特殊情况极少发生,严格把控运营风险。为加快 ETC 这一便捷、绿色、利民通行方式的推广,吉林高速公路 ETC 从基础合作、对外宣传、窗口服务、技术保障、指导监督、政策支持等多方面做出了不懈努力。

（4）收费政策和标准呈现新变化。全省高速公路在近 20 年的车辆通行费征收过程中,依照国家相关政策和行业发展要求,收费标准和政策也经历了几次较为重要的调整阶段。第一阶段起点为 1996 年省内首条高速公路开通,全省高速公路实行客车按座位分 3 类、货车按额定载重吨位划分为 4 种类型,并依照相应的车型基价标准收费,其中 1 型车基价标准最初为 0.20 元/km,1998 年提高至 0.35 元/km,并采取国道主干线和省内支线不同标准的收费政策。第二阶段起点是 2003 年,依照国家交通部关于车型分类的指导意见和有关原则,吉林省重新划分了车型分类标准,即客车由 3 型调整至 4 个类型;货车由 4 型调整为 5 个类型,并对国际标准集装型货车实行降档收费原则,同时,相应调整各车型的收费基价标准,其中,国道主干线 1 型车的基价标准提高至 0.40 元/km,省内支线为 0.30 元/km。第三阶段起点为 2010 年,全省高速公路 Ⅰ 型车收费基价标准统一提高到

0.45元/车公里,同时,为认真贯彻国家八部委关于全国治超工作相关文件要求和交通部关于计重收费的指导意见,制定了《吉林省高速公路计重收费实施方案》,并明确货车按实际计量的载重吨位收缴高速公路通行费的计重收费原则和超限认定标准及费率计价曲线等,其中货车基本费率为0.07元/吨公里。此后,于2014年11月统一调整计重收费标准,即将基本费率调整至0.09元/吨公里。

4. 指挥调度与应急工作

指挥调度中心的业务总量与通行量攀升成正比关系,受理咨询量达到562万余次,较上一阶段增长13.31%。指挥调度中心积极探索新的工作模式,开发使用智能化工作系统,促进工作向信息化、科学化管理水平不断靠近。

(1)完善指挥调度工作机制。为了进一步发挥好指挥调度中心信息中枢职能,实现各类突发事件得到稳妥、及时处置,保障指挥调度各项工作有序开展。指挥调度中心积极探索工作方式,吸收先进省份工作经验,创新工作理念。2015年6月,指挥大厅设立应急指挥调度和12122咨询受理共两排操作席。应急指挥调度操作席负责信息采集、发布、警卫级别车队调度等应急指挥工作。12122咨询受理操作席负责受理0431-12122咨询、投诉以及信息发布等业务。通过对工作和人员的科学、合理分工,保障了指挥调度各项工作井然有序。另外,2014年,在指挥调度现有职能的基础上,指挥调度中心还增加了反恐、舆情监测工作职能,指挥调度中心认真贯彻上级单位和领导要求,认真制定工作规范和制度,为这两项工作的顺利开展奠定了良好的基础。

(2)应急管理迈入"三个联动"新阶段。为了适应新形势下全省高速公路应急管理工作新思路,指挥调度中心积极探讨应急管理工作从"两个联动"向"三个联动"的提炼和延伸,旨在更适应新的发展要求,使应急管理工作更科学、权威和精细。"三个联动"即:常态化的路警联动、专业化的应急联动、区域化的省际联动。在与公安、消防、医务救援、地方政府等部门密切联系下,构成应急网络,有效提升信息采集和突发事件处置效率。每年联合开展具有代表性的突发事件模拟演练,实现生命救助、抢险救灾、应急保通整体联动,积累经验,锻炼队伍,为高速公路安全畅通提供有力保障。密切配合交通运输部路网中心,紧密衔接辽宁、黑龙江、内蒙古等省(区),在应对恶劣气候、严重拥堵、施工封路等应急事件时,及时报告和互通信息,实现省界车流的联调联控,确保道路安全、畅通。

(3)应急指挥调度科技水平提升。为全面提升工作效率,改变人力记录、分析的现状,研发应用了"吉林省高速公路路网管理与应急处置平台",投入使用"即时通信、组织机构、统计分析、投诉与咨询管理"4大模块,进一步达到提高信息采集效率、减少人工处置环节、科学统计分析的目的,提升应急指挥调度的工作质量和效率。

(4)拓展面向社会公众的信息发布渠道。2014年指挥调度中心启用了吉林高速官方微博"吉林高速路况12122"、微信公众平台"吉林高速",及时通过平台发布天气路况、安全行车、施工阻断、路线指引、节假日出行攻略等出行信息。同时,面向社会创建"吉林省交通路况信息发布"群、"吉林省高速公路媒体路况发布"群,加入"交通运输部路网管理"微信群、"路网值班"微信群等,设专人24小时负责,随时发布和回复各类路况信息和公众问询,累计通过微博、微信、可变情报板、局门户网站等方式发布通行提示信息131万余次。开发试用手机APP,实现网上导航、查询、反馈等多项便民服务功能,多渠道、多方位满足社会公众对出行服务信息的需求。

（5）深入品牌建设和宣传工作。以"服务在岗位,温馨在高速"文明创建活动为契机,成立专门研究小组,从设计品牌名称、品牌LOGO、品牌内涵、品牌价值、品牌理念和活动开展措施等内容,集思广益、调动力量、创新载体、彰显特色,积极践行和打造指挥调度服务品牌,力争在社会公众和行业队伍中建立良好的指挥调度公众形象。多年来,指挥调度中心先后荣获"全国五一巾帼标兵岗""全国交通建设系统工人先锋号""吉林省青年文明号""吉林省五一巾帼标兵岗""吉林省工人先锋号"等多项荣誉称号。2016年,指挥调度中心以网上投票第一名、事迹材料评审专家一致通过的好成绩,获得"中国最美路姐团队"的荣誉。

5. 通信管理工作

省高管局认真贯彻执行交通运输部、吉林省交通运输厅制定的高速公路机电工程相关的法规及政策,依据有关规范、制度和技术要求,组织制定本省高速公路机电系统设备的维护标准和管理制度,加强高速公路通信、收费、监控、隧道等机电系统技术的研究、开发和应用。广泛收集有关的管理信息,了解国内外科技发展动态。不断总结管理经验,完善各种管理制度,以智能化、信息化为切入点,创新服务方式,提升服务形象。

（1）建设高速公路机电系统运维协同管理平台。随着技术的发展,原高速公路机电系统故障报修平台已经不能满足对于大规模机电设备全生命周期运维管理的需求。全新的机电系统运维协同管理平台已在构建之中。系统贯穿高速公路机电系统运维管理从资产台账、巡检派修、协同调度、知识分享、修复再生直到分析评价等全生命周期的各个业务环节。借助全新的机电系统运维协同管理平台,将实现机电系统精细化管理和标准化管理的提升,进而提高设备完好率和维护效率。

（2）研发高速公路公众出行服务系统。新版公众出行服务系统基于全新GIS电子地图进行开发,实现出行路径规划,路况、天气信息及通行费查询,信息公告等主要功能。公众出行服务系统将与指挥调度12122接警平台、ETC客服系统、高管局官方微信服务账号、官方微博共同构成覆盖公众出行全程的全方位、立体的公众出行服务解决方案。

（3）完善高速公路联网监控系统。高速公路联网监控系统是基于GIS的业务平台。

系统实现在集中统一的平台上对全省高速公路路网运行情况进行监测。系统集成视频监控图像采集,可变情报板信息发布,车流量检测器及气象仪数据采集等主要功能。联网监控系统实现了全省路网数字化视频联网,平台接入包括收费车道在内共有近2400路视频图像。满足了监控业务统一指挥、统一调度、联网运行的要求。

6. 安全生产管理工作

2014年,省高管局撤销内设机构,保留工作职能,安全生产监督处归属于路政法规处,为路政法规处(安监)。

(1)树立安全理念,落实安全责任。树立"三个安全"新理念,即服务安全、生产安全、生活安全,不断强化全局安全管理思想认识,将安全管理半径从内部安全扩展到通行安全,实现"大安全"。实施了安全生产"网格化"管理,实现安全生产责任和安全工作任务双落实,将安全责任层层分解、层层落实,解决"最后一公里"问题。根据省厅部署,省高管局承担交通运输部"平安交通"试点工作的教育培训部分。以《公路法》《公路安全保护条例》《收费公路管理条例》等法律为依据,逐步梳理和汇总省高管局职责清单,从政务综合管理、指挥调度、路政执法、养护管理等9方面,梳理安全监管职责9大项、85小项(省局),9大项目、72小项(分局)。

(2)完善安全规范,丰富教育手段。编撰了《省高管局公路桥涵与隧道安全检查工作规范》、制作了《省高管局安全生产标准化管理手册》。开展教育培训试点,根据分局实际上门培训、制作多媒体规范安全规程教学视频,通过标准化管理手册固化安全意识。

(3)组织应急演练,提升安保水平。省高管局及各管理分局均根据实际开展多种形式应急演练。2016年6月,在鹤大高速公路通化段太安隧道开展高速公路隧道危险化学品车辆泄露火灾事故应急演练。2016年9月,在高速公路石头口门服务区开展吉林省高速公路服务区安全管理工作现场会。各分局适时开展消防安全、车辆交通事故、公路抢修、食物中毒、防盗抢演练等多种类别的安全应急演练。

(4)健全安全隐患排查治理体系。推进隐患排查治理工作,健全隐患排查治理常态化工作机制。完善隐患排查执行标准,实现隐患排查治理制度化、标准化、规范化、常态化。完善隐患排查手段,加强"双随机"抽查和重点检查工作,开展一线自查巡查每周一次、分局检查每月一次、全局督查每年两次等多层面、多线路的综合排查机制,增加暗访频次,强化预防控制措施。科学安排排查规模、频次、范围,避免检查疏漏与管理资源的重复投入。全局安全监管工作经历了由"规范化"向"精细化"过度,再到持续推进"标准化"建设过程,推动安全管理从规范化向精细化转型,体现政策的连续性、发展的可持续与理念的传承性,实现安全管理由人治向法治的转变。

7. 服务区运营管理

(1)星级评比推进典型引领。2013年至今为全省高速公路服务区专业化管理阶段。

省高管局在总结和借鉴国内外、省内外服务区发展历程和经验的基础上,结合吉林省经济社会发展现状,先后出台了"星级服务区和星级员工""标准化服务区"评比标准,开展了"学先进、促提高""十佳岗位标兵、三个服务"活动,积极倡导"人性化管理、人性化服务"制定了《吉林省高速公路服务区经营服务监督管理办法》《吉林省高速公路服务区经营服务规范》,服务区管理走向专业化和规范化管理。

(2)积极参与全国高速公路服务区评优活动。省高管局突出行业管理和引领示范作用,与中国公路学会密切配合,推动各服务区参与全国评优活动,以此推动服务质量与水平的普遍提升。在评优活动中,全省有8对服务区被评为四星级服务区。2015年在全国高速公路服务区质量等级评定中,全省服务区全部达到标准,其中石头口门、松原2对服务区被评为全国百佳示范服务区,扶余等10对服务区被评为全国优秀服务区,德惠等25对服务区为达标服务区,平安等2对停车区为达标停车区的好成绩,为驾乘人员提供了优质服务。

第三节　运营管理主要成效

至2016年底,全省高速公路在20年间已经通达除白山以外的所有市(州),通车里程达3113km。预计"十三五"末期通车总里程将达到4000km,基本实现"县县通高速",届时出海入关、内通外联的快速通道将全部建成,"五纵四射三横"的全省高速公路网络基本形成。这样一张巨大的、充满活力的高速公路网,将吉林省乃至东北区域的经济和民生,越发紧密地连接起来。管理和服务是高速公路管理的永恒主题,2014年起,省高管局领导班子对新时期高速公路管理与服务工作进行了远期构架,明确提出主动适应并引领"五个新常态"。即:适应从严治党新常态;适应以分局为主体的管理新常态;适应为出行者着想的服务新常态;适应激发干部职工积极性的队伍建设新常态;适应提高执行力的新常态。通过不懈的努力,在养护经费标准在东北四省区相对较低的前提下,全省高速公路MQI值仍始终保持在92以上,机电设备完好率保持在98%以上。高速公路突发事件及时处置率达到99.96%,高于交通运输部要求的标准。省高管局及各运营单位正在将全省高速公路建设成为畅通、安全、舒适、美观的通衢大道,成为造福东北吉林大地的"丝绸之路"。

一、打造政令畅通的责任之路

全省高速公路运营管理主体多元化,既为行业发展提供了生机和活力,同时也在整体协调发展上存在一定问题和障碍。省高管局从体制机制建设入手,科学统筹内部管理、行业管理两个领域,实施了行业集中统一管理、内部分级管理,将全省高速公路运营管理要素都纳入到大格局之中,打造政令畅通的责任之路。

(一)集中统一管理,兼顾行业活力与规范

全高速公路管理实行以政府还贷为主体,以公司经营为补充,多元化投资一元化管理的运营模式。省高管局根据省交通运输厅及相关地方法律法规的授权,逐步实现了全省高速公路统一运营管理、统一联网收费、统一应急指挥、统一服务标准、统一执法监督。"五统一"模式,符合交通运输部《"十二五"公路养护管理发展纲要》提出的高速公路由省级交通运输主管部门和公路管理机构统筹管理的体制改革方向,有利于打破行政区划和多元主体对公路网的分割管理,有利于统筹各种资源和力量,较好地适应了公路网络化管理和突发事件应急处置工作的需要。省高管局通过联席会议、统一拆分、联检互查等统一运营管理手段,与各高速公路经营主体和谐相处,既履行职责,又谋求共同发展。

(二)三级管理模式,突出责任与效能

高速公路的统一性、集约性、网络性等特点,决定了管理体制必须与路网运行规律相匹配。省高管局通过多年摸索,建立起省局—分局—管理处(收费站、路政科)的高速公路三级管理体制。其特点:一是结构稳定,坚持精简层级,实行扁平化管理,由省局、分局、管理处(收费站)构成逐级放大、界面简洁、权重相宜的管理机构主骨架。二是重点突出,在实践过程中,没有平均分配管理资源,而是围绕管理实际效果,通过"分级管理"模式逐步实现实施重心下移、属地责任突出、管理权责匹配。三是各有侧重,通过分级管理,省局将主要精力集中在政策制定、计划规划、标准规范及实施方案,并对分局执行情况进行监督、检查、指导服务,统筹解决基层典型问题。分局将主要精力集中在抓贯彻、抓落实、抓管理上,省局逐步将经费管理、行政审批及部分人事管理权下放到分局。四是主体强化,分局的主体责任在养护工程管理上得到进一步体现,包括下放了计量支付权、监督管理权、安全管控权等,并由属地分局进行工程验收,有效提升了属地单位参与养护工程的积极性与主动性。各个管理层次均焕发出管理动能。

(三)理顺管理层级,实现逐级权责匹配

省高管局实践了分级管理模式,省局负责总体统筹协调,积极配合省交通运输厅做好关键系统的顶层设计,重点抓好发展管理重大事项的科学决策,出台系列政策标准,对全局进行宏观指导。管理分局落实属地管理职责,负责管理行为的具体执行,管理处作为派出机构,作为有力的支撑和补充,实现了权责匹配、上下相宜。分级管理重塑了管理体制,突出属地责任,省局层面指导性增强、分局层面执行性增强。为确保管理与执行达到统一的标准和效果,省高管局自2014年起,开展了标准化创建活动,围绕运营管理各项核心业务,建立了15类业务标准、214类岗位职责、164项管理流程,对制度、决策、执行、监督、考核各环节均整体落实标准规范,全面覆盖了各业务领域。

二、打造黑土地上的丝绸之路

吉林省因路施策,对高速公路进行品质养护。2013—2016年,全省高速公路养护支出合计21.61亿元,其中沥青路面维修650.53万 m^2。2016年,技术状况指数(MQI)达到了93.5,这样一组高速公路人用汗水凝结的专业数字,换作出行者的视角,就是驾乘体验更顺畅、视觉效果更美观、安全保障更有力,成功打造了黑土地上的丝绸之路。

(一)实施经费新标准,从做加法到做乘法

2015年,全省高速公路实行了新的日常养护经费标准,由执行多年的2.66万元/公里·年提升到5.20万元/公里·年,有效缓解了困扰多年的日常养护投入不足问题,迎来了"源头活水"。省高管局结合路段特点,进一步对养护经费进行科学定标,统筹考虑了各条高速公路基本情况(交通量、通车年限、冬季气温区、地形、车道数量、特殊路段),重新核定了不同路段的费用投入标准,有效区分了重点路段与普通路段、山区路段与平原路段、新建路段与老旧路段,以及机场路、桥隧比高的特殊路段等,体现了新老兼顾、忙闲统筹、量体裁衣的特点。在现有《公路养护技术规范》基础上,执行了新的吉林省高速公路养护管理办法、养护工程实施细则与操作规程,明确了日常养护工作内容及标准。通过日常养护费用支付及考核办法,加强了费用、质量、时效的管控。

(二)应用智能决策系统,实现养护要素最优组合

省高管局研发了高速公路养护管理智能决策系统,该系统可适应大规模、高效率和高质量的养护管理要求,能够提供养护资金优化利用方案和宏观决策的科学依据。养护管理智能决策系统以高速公路路面管理基础信息数据库为基础与数据来源,建立高速公路路面性能评价与预测计算平台,以及路面养护维修方案与资金计算平台。维修方案成本效益计算主要体现在采取各维修方案所耗费的年度养护维修成本及带来的经济社会效益,并根据成本—效益差优选出最终的维修方案。该系统的应用,为全省"十三五"高速公路养护管理规划的编制提供了有力支撑。依靠检测车精准定位、智能系统精准测算,路面病害判断准确度、维修效率和维修效果都得到了明显提升。

(三)实践养护新理念,探索高速公路科技养生

(1)实践"同寿命"理念。实施养护科学决策,转换了管理视角,将高速公路作为完整

的有机体,对养护对象进行层级划分,通过新材料、新技术、新工艺的应用,优化养护设计方案,力争做到"小病不大治、大病不乱治",实现构造物间的寿命匹配,达到合理投入和最佳效益。全省高速公路养护科学决策体系,坚持顶层设计与基层融合两个维度发展,一方面加强决策核心的主干建设,一方面抓好各业务分支、模块的子系统建设,为实现整体科学决策奠定了坚实的科技基础。

(2)坚持养护与通行兼顾。省高管局突出工程管理的重要作用,一手抓计划安排,一手抓工程组织,从方便出行者角度出发,合理安排工期、规模及施工区长度,对施工审批、信息发布和现场管理都进行了严格规定。每年的养护工程组织维修,信息发布时限严格按照交通运输部要求落实,确保社会公众及早周知,工期选择尽可能避开出行高峰的节假日,现场管理严格落实封闭、引导、警示规范,并强化管理分局属地化的现场监督,对公众出行影响越来越小。

(3)倚重仪器检测,精准获取路况信息。道路养护质量评定的基础是高精度、标准化的数据,道路检测车在自动检测等方面发挥了比较明显的优势。检测车数据采集速度可达80km/h,实现了快速检测。省高管局每年安排两次检测,秋季检测数据用于高速公路技术状况MQI评定,为制定下年养护维修计划提供技术支撑,春季检测数据主要针对养护维修设计再复核,实现了以年度为周期的养护科学决策。

(四)实施应急抢险,高速人始终冲在前面

强化以分局为主体的属地化养护责任,准确实施特色养护、区域化养护。全省高速公路随地形地貌呈现不同通行特点——西部地区风大,冬季常现风积雪,即无雪之日狂风也会将路边积雪卷至高速公路上,形成几公里长、一米多厚的雪带。白城分局重点投入了铲车等设备,一场接一场打好除雪攻坚战。东部山区部分路段落石、泥石流隐患较多,应急抢通任务重,延吉、敦化、靖宇等分局敢打敢冲,面对危险毫不退缩。2016年夏季,狮子山台风过境吉林省东部,大风和大规模降雨给当地造成了严重的经济损失,高速公路也出现部分路段塌方与小规模泥石流,造成了交通阻断。延吉分局及时出动抢险力量,连夜奋战,并在第一时间打开抢险通道。

三、打造24小时畅通的平安之路

高速公路全封闭、大流量与高速运转的特点,决定了通行安全是首要因素,快速调处突发事件,以最快速度拯救生命,是高速公路人的核心课题。吉林省高速公路管理部门有难必救、有险必除,努力打造24小时畅通的平安之路。

(一)三个联动,形成了整体应急保障构架

高速公路应急保畅成为一个复杂的综合体,管理维度越来越复杂,2015年,省高管局正式确立"三个联动"模式,即常态化的路警联动、专业化的应急联动、区域化的省际联动。从两个联动到三个联动,并非简单数字叠加,而是管理行为由内向型的二维空间,向外向型、社会化的三维空间拓展,是指挥调度与应急管理转型发展的新起点。

常态化的路警联动,诠释了高速公路联动机制"内核"。路警联动是联动机制的坚强内核,覆盖了全路段和全时段,省高速公路管理局指挥调度中心继续推进管理资源、应急资源、信息资源等的深度融合,形成了基于新的信息系统、管理机制下常态化的路警联动,有效涵盖并继承了前期管理内容,巡查内容上也由日常巡查,拓展到常态通行、重大节假日免费通行、重大会议活动保障等更广阔的背景中。

专业化的应急联动,诠释了数字时代的社会管理内涵。在顶层设计上,指挥调度中心密切加强与交通运输部路网中心的信息沟通,完成数据报送、预警预判任务,积极参与全路网总体应急的顶层设计和预案体系编制。在中层扩容上,扮演了行业角色(路网协同)、社会角色(广泛联动)、管理角色(快速处置)和民生角色(生命通道、绿色主题),通过远端预警、区域调流、应急管制,为通行者提供更强大的应急保障。在基层拓展层面上,从安全、交通、环境和社会稳定等多维度,主动应对突发事故,通过专业化的基础构成(人员、设备、物资、信息网络)、专业化的演练培训、专业化的预案编制,突出了专业主题。省高管局与地方消防、救护、安监、环保以及地方应急办,按照应急分工、保障需求、联动流程,形成高度专业化分工的综合应急体系,多次有效处置高速公路突发事件与气候地质灾害,并定期承办省政府应急办高规格的应急演练活动。

区域化的省际联动,诠释了大路网构架下的责任担当。辽吉黑蒙四省区的高速路网尤其特殊,半封闭的地理环境形成半独立的区片路网,彼此联系更为紧密,互为依托。随着省界站的不断增加,承担起路网车流的"调流阀"作用。为了确保顶层信息互通、基层管理互动,与10个相邻路(站)实现联动保障,为东北高速路网关键区域通行提供有力支撑。吉林省高速公路指挥调度中心已与邻省高速公路管理部门建立了密切联系,及时通报信息、互相配合行动,确保影响跨省通行的突发事件得到快速有效处置和区域通行联调。其中,吉林与辽宁省实行了省级信息联络员机制,设立了两省应急协调热线,建立相互预警机制等,使吉辽省际联动工作成效显著。

(二)联合巡查,巩固了现场处置的核心环节

路政、养护是高速公路管理的两大支柱,其功能有效整合将大大提升现场处置能力。2014年,省高管局实施路政养护联合巡路机制,至2017年3月,实施联合巡路3.87万次、总里程392万km,发现并处理通行、道路、突发情况1.71万起。联合巡路创新了公路保护模式,由路政为主变路政、养护共同实施,确保了路政部门处理案件后,养护部门能够精准掌握路产受损情况,将损失控制在最小阶段,以便及时调配人员、物质修复,保证了高速

公路安全运营。通过实践,综合管理效能显著提升,管理成本得到降低,充分发挥了人力、设备、技术和信息资源优势。路政部门还应用了路政管理信息系统,实现远程数据传输、现场电子办案、统计分析等功能。确保破案率保持在99%以上、结案率98%以上,清障救援率达到100%。2017年继续探索联合巡查机制,在路政、养护联合巡查的基础上,进一步实践路政、交警联勤执法试点工作,制定了《吉林省高速公路路政、交警联勤执法试点工作实施方案》,拟将四平、松原、延吉、梅河分局属段作为试点单位。实现联合巡逻、联合执法、联合处置三种方式开展联勤,落实路政、交警"四个一同",即:一同排查风险隐患、一同制定整改措施、一同上报上级单位、一同督查整改复验。形成"资源优化、反应灵敏、处置高效、规范有序"的全省高速公路管理工作新局面。

(三)加大投入,奠定了应急保障的良好基础

省高管局指挥调度中心与属地路政、养护、收费部门,共同承担起安全应急的艰巨任务。全局建立应急队伍187支,设置指挥调度中心1个、分中心14个,应急储备点56个。近年来,突发事件及时处置率保持在99.96%以上,路政案件破案率达到99%、结案率达到96%,清障拖带率达到100%。2014—2016年,全省高速公路通车里程增加了32.6%,而路政发案数却下降了0.94%,清障拖带次数下降1.22%,安全通行水平稳中有升。2016年底的一场大雪让春运遭遇了白色阻碍,省高管局整体发动起来,昼夜除雪作业不息,各路段持续作业24~48小时,实现了全线冰雪除净、露出黑色路面。指挥调度中心对外通行信息1.7万条,新闻连线1次,接受咨询10.5万次。对路网内联动单位协调252次、内部调度3633次、接派警138次,处置各类紧急突发事件69件。各路政科加强突发事件应急处置,长平高速公路947km处一大客车侧翻,车上载有多名乘客,路政人员第一时间协助救护部门救治伤员,用路政车将滞留驾乘人员转运到附近服务区安置。同期,945km处一轿车发生事故,车上载有老人和孕妇,路政人员抽调路政车将其送至单位并提供晚餐和热水,当事人表示感谢。

四、打造科技创新的互联之路

为给高速公路使用者带来良好的出行体验,吉林省在高速公路运营管理方面加强科技创新,不断探索个性化、智能化的信息管理方式,为广大出行者提供便利优化的出行服务。

(一)ETC破解快速通行问题

随着技术进步,ETC(电子不停车收费)作为便捷、绿色、利民的通行方式,走上了历史舞台。根据交通运输部的总体部署,2015年7月28日,全省高速公路正式入网全国ETC

收费系统，ETC用户可以享受全国畅行的便捷。省高管局从基础合作、对外宣传、窗口服务、技术保障、指导监督、政策支持等多方面做出了不懈努力。为筑牢合作基础，省高管局与合作银行不断解决ETC发行中的困难与问题，实施了科学的营销推广方案。在基础投入和服务能力建设方面，ETC业务办理网点从最初306处增加到736处，均可为用户提供电子标签安装、查询、打票等服务，为用户快捷办理提供极大方便。ETC运营管理部门指导业务办理网点做好人员培训，使ETC业务办理时间由最初的25min缩短到10min，极大节省了用户的宝贵时间。省高管局为全力推进ETC发行工作，还积极争取相关政策支持，协调省农业银行推出7座以下小型车记账卡全省通行费9折的优惠活动，给广大ETC用户带来看得见的实惠。为加强窗口服务，指挥调度中心组建了专门的ETC客服团队，为ETC用户答疑解惑。为强化发行管理，ETC运营管理部门对全省ETC业务办理网点进行了多次全面检查，逐次下发通报，督促问题整改。为提升社会认知，在全省各主要电台、报纸、网站、微信公众号进行了推广宣传，在各ETC业务办理网点、高速公路收费站张贴海报，发放宣传单进行印刷品推广宣传。截至2016年底，全省ETC收费额在客车收费总额的占比，从去年末的17.6%，提升到目前的24%以上。银行ETC网点达到736个，ETC用户达到38万个，覆盖全省所有县级行政区域。自8月起，对通行于机场高速公路的7座以下小型客车，还给予了通行费9.5折的优惠，以吸引更多的车辆办理ETC业务。

（二）综合发布破解路况获知问题

省高管局以指挥调度中心为核心载体，实现了"一站式"服务和"一入多出"发布，即通过12122平台，整合报警、救援、咨询、投诉服务功能，统一受理社会公众需求。通过微信公众号、微博、短信、广播、情报板和网络，与交通广播早晚高峰连线，以及新闻媒体等合作渠道，权威、快速、广泛地发布高速公路实时路况。指挥调度中心及各分中心，全省高速公路各收费站、全局100余个路政、养护和隧道管理部门，以及合作的专业气象台，为信息来源提供了强大支撑。按照省交通运输厅、省高管局信息化建设的顶层设计，多个关于高速公路交通、通信、应急等项目已经或将要实施建设，全程可测、可视、可控的智能化高速路网将初具规模。省高管局将围绕出行者需求，进一步探索个性化、智能化的信息发布方式，更优质、更专业地服务出行者。2016年，指挥调度中心在早晚高峰时段与交通广播连线296次，接待新闻媒体现场采访16次，向媒体提供通行信息3.0万余条。多渠道发布通行信息41.8万条，12122接受社会咨询109.8万次，受理有效投诉240件。

（三）联合运营商破解个性查询问题

如何让出行者快速筛选出特定路况信息，成为摆在省高管局面前的一道新题目。省高管局携手高德地图开展信息合作，通过电子地图发布路况信息。2017年2月的一场大雪中,高德为地图上因雪情而关闭的收费站,都标注了红色"小雪花※"标记,并将封闭的匝道标为红色虚线,为不能加油的服务区标记了红色小喇叭图案,直观、形象,一步到位地显示了通行状态与服务功能,双方的信息合作之舟已经正式启航。高德地图的加盟为省高管局路况信息的权威发布插上了翅膀,基于高德地图的海量用户、迅捷发布,广大出行者能够更为直观地从手机 APP 获知路况,无须电话查询和等待广播,信息发与收的瓶颈得到有效破解。

五、打造温馨舒适的文明之路

为有效提升窗口服务水平,省高管局突出服务能力建设,开展了"服务在岗位、温馨在高速""最美高速人""青年文明号""巾帼文明岗"等系列活动,树立了"彩虹桥""金达莱班组"等特色品牌,省局指挥调度中心被评为"最美中国路姐团队",长春东站获全国交通运输行业文明示范窗口荣誉称号。

(一)擦亮吉林省的门户之窗——机场高速公路

省高管局将珲乌高速公路龙嘉机场至长春段作为服务提升的重头戏,下大力气进行品牌创建,将路域环境、文明服务、应急保畅和服务品牌作为主要提升方向,突出了四个保畅通特性:突出了驾乘体验的舒适性,高标准完成日常养护任务;突出了车道通过的便捷性,实施车型分流、增设防堵车道、机场站礼宾专用通道,快速通行能力有了较大幅度提升;突出了应急保畅的有效性,遇有重大节假日、车流高峰时启动"绿灯服务",保障快速通行;突出了信息获知的及时性,配合可变情报板、站口提示等形式,提高了信息时效性、准确性。体现了三个服务视角:以地域文化角度审视机场路,将都市、空港和高速公路三种特色融汇在一起,实施绿美化,分别建设了城市景观段、绿色通道段、空港特色段。实施了机场路亮化工程,20km 机场路全部安装可调光高压钠灯,在珲乌高速公路龙嘉机场至长春段及长春东互通式立体交叉,增设了醒目的主动发光标志,整体形象、夜间行车效果及安全性都得到了很大提升。以社会责任角度审视机场路。展示高速公路风采的同时也融入省、市地域特色,主动承担社会责任,落实重要会展涉及的宣传、通行保障、交通引导等,通过美化站区、开设会展专用通道、提供人性化服务等多项举措,较好地完成了重大节假日小型客车免费通行、汽博会、首届全球吉商大会、农博会、电影节等多次大型会展的通行保障。以品牌支撑的视角审视机场路。机场路 3 个站集思广益,分别建立了具有地域特色的服务品牌:长春东收费站服务品牌为"七色彩虹",龙嘉机场收费站为"魅力机场",莲花山收费站为"莲之意",分别体现了都市交通、机场交通和旅游景区交通的不同特色。在局网站及《吉林交通报》等平台宣传机场路服务品牌工作动态,多次接受电视台等媒体采访,对机场路重大节假日、重要会展的服务保畅工作进行宣传。

（二）提供听得见的服务，做全口径信息的枢纽

"听得见的服务"是指挥调度中心与广大通行者的空中桥梁。作为全省高速公路信息中枢，中心每天接收的各类信息如江河奔涌，这无穷的信息，将中心与广大通行者、高速公路管理者、服务者紧密联系在一起，组成了迅捷运转的信息高速公路。入口信息的高效处理、过程信息的科学调度、出口信息的精准发布，成为中心工作的三个核心环节。"事件万变，处置方式亦万变"。咨询、投诉、举报；道路交通事故、清障救援、集群事件的接派警；路况、天气、施工及交通管制信息发布；对上联络交通运输部路网中心、省委、省政府、省交通运输厅、省警卫局等各级单位，对外协调公安、消防、医疗救援、环境监测、经营公司等各家单位，对内沟通路政、养护、通信、收费、服务区管理等各个业务部门。2013—2016年，指挥调度中心年话务量在130万条以上，单日峰值为7万余条。随着多渠道发布模式的日臻完善，功能不断增强，通过网络、手机、广播获取路况信息的出行者越来越多，电话咨询数量开始出现顶峰拐点。2016年，指挥调度中心共接受驾乘人员咨询109.7万个，较2015年减少36.61%；对外发布通行提示信息66万条，较2015年增长134%；接收驾乘人员对全省高速公路各项工作的投诉和建议1003条，较2015年减少10.36%（不包含ETC投诉）。中心对每条咨询都做到周到耐心、认真解答、优质服务，对每条投诉都做到认真对待、及时转办、按时回复，得到广大驾乘人员的认可和肯定。指挥调度中心先后荣获"全国五一巾帼标兵岗""全国巾帼文明岗""全国交通建设系统工人先锋号"，吉林省"青年文明号""工人先锋号""巾帼文明岗""五一巾帼标兵岗"等多项荣誉称号，多次接待交通运输部、省委、省政府、省交通运输厅等各级领导的视察和检查工作。他们的优质服务得到广大驾乘人员的肯定和好评，树立了吉林高速优质服务的良好形象。

（三）点亮公益服务的航标，做驾乘人员的温馨港湾

高速公路的公益属性是服务的生命线，也是价值所在。省高速公路实业总公司于2016年2月接收服务区的公益事业，包括南北场区公厕、场区维护、保安、保洁等。本着"转型经营、规范管理、创新发展"的方针，对服务区加油站、餐厅、宾馆、超市、汽修厂，以及保安、保洁工作进行了全面梳理。对南北两侧场区进行大规模绿化，打造花园式建设。添置专业清洁设施设备，增加应急卫生间、温水洗手设施、公共休息座椅，规划了30个残疾人和女士专用停车位，实现了人性化贴心服务。同时，建立手机客户端及互联网站、添置路况咨询系统设备，建立免费手机充电站和免费WIFI、完善智能监控系统、制作服务区宣传手册和出行路线图，为广大驾乘人员提供便捷的信息化服务。每到节假日客流高峰期间，服务区全员上岗，统一着装、文明服务，设立咨询台，播放安全提示广播，为驾乘人员排忧解难，赢得了一致好评。

第六章
高速公路建设的科技成果

科技兴则民族兴,科技强则国家强。

吉林省高速公路科技创新与工程建设相伴成长,历经二十余载累计完成科研课题200余项,解决了交通行业建管养工作中存在的大量问题,在"科技强交"理念指引下,实现了从借鉴国内先进经验到拥有自主知识产权的跨越,高速公路建设质量、发展理念不断提升,产生质的飞跃。

高速公路建设初期,以二灰碎石半刚性基层材料路用性能研究、季节性冰冻地区路基路面稳定性技术研究为代表的一批科技创新成果,支撑了"长平第一路"的建设。多碎石沥青混合料技术、"强基薄面"沥青路面结构、SBS改性沥青、沥青玛蹄脂碎石混合料、软基处理技术、粉煤灰填筑路基技术、低路堤建设技术等一批科技成果显著提升了高速公路建设质量。珲乌高速公路[吉林(魁元屯)至长春段]荣获国家第九届优秀工程设计金奖和国家第二届詹天佑土木工程大奖。

2007年,依托高速公路建设和科技创新成果,吉林省交通科学研究所成立交通运输部"季节性冻土区公路建设与养护技术交通行业重点实验室(长春)",实验室立足于季节性冻土区公路交通领域关键科学技术问题,以开展应用基础研究、重大关键技术攻关以及区域公共服务为主要任务,为季冻地区公路建设和发展提供理论与技术支持,成为季节性冻土区公路建养技术的重要研发基地和人才摇篮。

"鹤大高速公路资源节约循环利用科技示范工程"和"鹤大高速公路绿色循环低碳公路主题性项目"分别于2013年、2014年获得交通运输部批准,使鹤大高速公路成为交通运输部的首个"双示范"项目。项目集中体现抗冻耐久、绿色环保、循环利用的先进技术,以提高工程质量和服务水平为核心,获得多项专利和奖励,提高了工程质量,降低了工程造价。通过实施鹤大高速公路"双示范"工程,树立了交通行业科技创新与应用的"范本"和行业科学发展的鲜活"标本"。

在公路冻土研究领域,吉林省交通运输厅组织相关科研院所全面总结了季节性冻土地区公路工程抗冻设计与施工技术的实践经验,充分吸纳国内外先进的研究成果和成熟技术,针对抗冻设计与施工方面的主要问题,开展了专题研究工作,编制完成《季节性冻土地区公路设计与施工技术规范》,成为全国交通行业首部季冻地区公路抗冻技术行业标准。规范涵盖路基、路面、桥涵、隧道及抗冻混凝土的抗冻设计及施工技术要求,对广大季冻地区公路建设发挥了指导性作用。

……

新时期、新形势、新任务,要求我们在科技创新方面有新理念、新设计、新战略。

只要持续追踪科研热点,紧扣行业发展需求,深入贯彻新发展理念,统筹谋划,加强组织,就一定能不断开创全省交通科技发展的新局面。

第一节 科技创新

高速公路建设过程中,交通科研人员结合吉林省区域特点,因地制宜地研发了公路建养的新技术、新产品、新材料、新设备,并结合地区和行业特点积极开展管理政策研究,这些研究对保证工程建设进度、提高工程质量发挥了重要作用。经过20多年的持续研究,公路工程抗冻技术总体水平跻身国际先进行列,季冻区高等级公路柔性基层沥青路面合理结构、填料型火山灰改性沥青技术达到国际领先水平,地产材料研发、路面再生技术处于国内领先地位,各项研发成果有力地支撑了重大工程建设与养护,并为抗冻耐久品质工程的打造提供了科技支撑。开展的公路建设中土地资源集约利用、长白山区野生动物资源保护、盐碱区域路域环境生态修复等技术的研究及推广,为绿色公路建设奠定了基础。开展的沥青路面现场冷再生、厂拌热再生、温拌再生、橡胶粉SBS复合改性、油页岩利用等废旧材料利用技术有效提升了资源循环利用水平。在交通运输信息技术领域,开展了吉林省公路水路交通信息化顶层设计,编制了2015—2020年吉林省公路水路交通运输信息化建设方案,制定并颁布了《吉林省交通运输厅信息化建设管理暂行办法》,开展了部省联动试点示范工程的建设工作,提升了吉林省交通信息化水平。

开展的高速公路建管养相关科研课题共计133项,见表6-1-1。

高速公路建设中科研课题统计表 表6-1-1

分类	序号	项目名称	承担单位
路基路面工程	1	盐渍土地区高等级公路施工地质病害研究	吉林省高速公路重点办
	2	季冻区软土路基沉降研究	吉林省高等级公路建设局
	3	低路堤防排水技术研究	吉林省交通科学研究所
	4	填挖交界路基变形与稳定机理研究	吉林省交通科学研究所
	5	路基回弹模量与弯沉验收标准研究	吉林省高等级公路建设局
	6	吉林至珲春高速公路工程边坡稳定性评价及防护措施研究	吉林省交通规划设计院
	7	火山灰材料在道路工程中的应用研究	吉林省交通科学研究所
	8	硅藻土改性沥青混合料在寒冷重冰冻地区的推广研究	吉林省交通科学研究所
	9	寒冷地区综合利用煤矸石筑路技术的研究	吉林省交通科学研究所

续上表

分类	序号	项目名称	承担单位
路基路面工程	10	机制砂在高等级公路中的研究与应用	吉林省高速公路重点办
	11	吉林省沥青路面再生成套技术应用研究	吉林省公路管理局
	12	吉林省高速公路沥青路面老化及旧沥青路面厂拌热再生研究	吉林省高速公路管理局
	13	高速公路沥青路面冷再生关键技术研究	吉林省高速公路管理局
	14	高速公路黑色路面快速修补工艺及配套设备开发研究	吉林省高速公路管理局
	15	沥青混合料冷拌冷补技术的应用研究	吉林省交通科学研究所
	16	季冻区沥青路面裂缝养护技术及材料开发应用研究	吉林省高速公路管理局
	17	草炭土地区公路建设技术的研究	吉林省交通科学研究所
	18	西部季冻区路基土冻胀破坏机理及防治技术研究	吉林省交通科学研究所
	19	运营期路基安全监测与评价技术	吉林省交通科学研究所
	20	季节性冻土区路基土冻胀融沉机理及检测手段的研究	吉林省交通科学研究所
	21	细火山灰改善沥青混合料路用性能的应用研究	吉林省交通科学研究所
	22	东北地区高速公路路面典型结构及路面材料指标的研究	吉林省交通科学研究所
	23	火山灰材料在道路工程中的应用研究	吉林省交通科学研究所
	24	矿物纤维增强沥青混合料路用性能研究	吉林省交通科学研究所
	25	生态敏感区绿色高速公路建设关键技术研究	吉林省交通科学研究所
	26	季冻地区公路工程抗冻耐久关键技术	吉林省交通科学研究所
	27	季冻地区高等级公路边坡防护工程实用技术的研究	吉林省交通科学研究所
	28	公路工程三维测设方法的应用研究	吉林省交通规划设计院
	29	季冻区长寿命沥青路面合理结构及沥青混合料设计、施工质量控制关键技术研究	吉林省高等级公路建设局
	30	公路沥青路面柔性基层设计与施工技术的研究	吉林省高等级公路建设局
	31	季冻区高等级公路柔性基层沥青路面合理结构及使用性能研究	吉林省高等级公路建设局
	32	沥青路面下封层设计方法与施工关键技术研究	吉林省高等级公路建设局
	33	沥青混合料施工温度控制研究	吉林省交通科学研究所
	34	季冻区橡胶粉改性沥青、橡胶粉SBS复合改性沥青及相应沥青混合料成套技术研究	吉林省交通科学研究所
	35	长余高速公路面层SMA与改性沥青技术研究	吉林省交通科学研究所
	36	长余高速公路沿线桥梁预应力拱度控制实施方案	吉林省交通建设集团
	37	桥头跳车防治技术及施工工艺研究	吉林省高等级公路建设局
	38	SEAM沥青混凝土在寒冷地区的应用研究	吉林省交通科学研究所
	39	浇筑式沥青混凝土的应用研究	吉林省高等级公路建设局
	40	组合式柔性排水边沟技术的研究	吉林省交通科学研究所
	41	干硬性混凝土路缘石的应用研究	吉林省高速公路重点办
	42	季冻地区水泥混凝土路面抗滑构造研究	吉林省高等级公路建设局
	43	吉草高速公路沥青路面配合比优化及施工控制研究	吉林省高速公路集团有限公司

第六章
高速公路建设的科技成果

续上表

分　类	序号	项目名称	承担单位
路基路面工程	44	无机结合料稳定材料振动压实力学试验方法研究	吉林省交通科学研究所
	45	半刚性基层材料抗冻性能及温缩性能的研究	吉林省交通科学研究所
	46	寒冷地区聚丙烯加固半刚性基层材料的研究	吉林省交通科学研究所
	47	二灰粒料无机结合料稳定材料试件测强快速养生方法的研究	吉林省交通科学研究所
	48	公路二灰碎石抗冻性快速测定方法研究	吉林省交通科学研究所
	49	路面材料干缩测试仪的研究	吉林省交通科学研究所
	50	无破损方法测定混凝土强度的修正方法研究	吉林省交通科学研究所
	51	公路路基与基层结构稳态检测技术的应用	吉林省公路工程质量监督站
	52	碎石土压实工艺及检测方法的研究	吉林省高等级公路建设局
	53	路基土冻胀测试仪的研究	吉林省交通科学研究所
	54	季节性冰冻地区路基路面稳定性技术研究	吉林省交通规划设计院
	55	高速公路沥青路面车辙等早期病害防治的研究	吉林省交通科学研究所
	56	基于行车安全的沥青路面车辙养护标准研究	吉林省高速公路管理局
桥梁隧道工程	57	大跨度预应力混凝土薄壁梁桥结构特性的研究	吉林省高速公路重点办
	58	空心板梁桥横向铰接缝合理形式的研究	吉林省高等级公路建设局
	59	寒冷地区桥面铺装技术研究	吉林省交通科学研究所
	60	预应力钢—混凝土先简支后连续组合梁桥优化设计研究	吉林省高等级公路建设局
	61	桥梁上部预制构件安装整体化工艺研究	吉林省高速公路集团有限公司
	62	中、小跨径梁式桥简支转连续结构优化设计研究	吉林省高等级公路建设局
	63	连续刚构桥薄壁高墩施工过程垂直度及稳定性控制研究	吉林省高等级公路建设局
	64	龙华松花江特大桥桩基承载力综合试验研究	吉林省交通科学研究所
	65	长新高架桥施工检测与荷载试验研究	吉林省高等级公路建设局
	66	多塔矮塔斜拉桥设计施工安全关键技术研究	吉林省交通规划设计院
	67	桥梁结构裂缝无损检测及加固处治技术研究	吉林省高速公路管理局
	68	预应力技术在桥梁粘贴类加固补强中的应用研究	吉林省高速公路管理局
	69	季冻区桥梁基础冻害防治技术研究	吉林省交通科学研究所
	70	吉林省高速公路典型桥梁上部加固方法应用研究	吉林省交通规划设计院
	71	隧道施工多元信息反馈优化及超前预警技术研究	吉林省交通规划设计院
	72	节理裂隙岩体隧道爆破技术研究	吉林省高等级公路建设局
	73	隧道阻燃沥青路面关键技术研究	吉林省交通规划设计院
	74	寒冷地区隧道保温防冻技术研究	吉林省高等级公路建设局
	75	寒区公路隧道保温防冻及路面防滑关键技术	吉林省高等级公路建设局
	76	公路隧道太阳能照明系统中试及产品产业化研究	吉林省交通科学研究所
	77	公路隧道太阳能照明系统应用研究	吉林省交通科学研究所

续上表

分 类	序号	项 目 名 称	承 担 单 位
交通及环安工程	78	吉珲公路景观设计与评价研究	吉林省高等级公路建设局
	79	高等级公路安全技术开发及对策	吉林省交通科学研究所
	80	轻型高速公路节地关键技术研究	吉林省交通规划设计院
	81	绿色通道检测系统研究	吉林省高速公路管理局
	82	吉林省公路建设中土地资源节约集约利用技术研究	吉林省高速公路长吉管理处
	83	吉林省公路指路标志信息分级系统研究	吉林省交通科学研究所
	84	吉林省高速公路机电系统配置标准和技术标准的研究	吉林省高速公路管理局
	85	吉林省公路交通标志标线指南	吉林省交通科学研究所
	86	高速公路车道数影响因素研究	吉林省交通科学研究所
	87	寒冷地区高速公路交通安全评估与提升技术研究	哈尔滨工业大学
	88	高速公路护栏板表面修复技术	吉林省高速公路长吉管理处
	89	长白山区公路建设中野生动物资源保护技术研究	吉林省高等级公路建设局
	90	高速公路外场机电设备防雷技术的研究	吉林省高速公路管理局
	91	高速公路自动栏杆技术的研究	吉林省高速公路管理局
	92	寒冷地区高速公路沿线设施低碳关键技术研究及示范	吉林省高等级公路建设局
	93	冰雪路面防滑材料开发与应用技术研究	吉林省交通科学研究所
	94	公路防滑除冰液的研制	吉林省交通科学研究所
	95	氯盐类融雪剂对公路交通基础设施及环境影响检测评价防治技术	吉林省交通科学研究所
信息技术工程	96	吉林省高速公路指挥调度综合信息管理系统研究	吉林省高速公路管理局
	97	面向多数据源的高速公路网交通信息融合与利用技术研究	哈尔滨工业大学
	98	高速公路道路监控系统综合控制技术	吉林省高等级公路建设局
	99	吉林省高速公路养护管理智能决策系统研究	吉林省高速公路管理局
	100	物联网技术在道路运输领域中的应用研究	交通运输部科学研究院
	101	吉林省高速公路路网指挥调度系统数字平台开发	吉林省高速公路管理局
	102	吉林省高速公路工程建设信息管理系统	吉林省高速公路管理局
	103	吉林交通系统数据仓库的应用研究	吉林省交通信息通信中心
	104	吉林省公路交通规费征收管理系统	吉林省高速公路管理局
	105	吉林省高速公路综合管理信息系统技术研究	吉林省高速公路管理局
	106	吉林省高速公路"吉通卡"技术研究	吉林省高速公路管理局
	107	吉林省高速公路治超信息系统	吉林省公路路政管理局
	108	吉林省公路通行费数据集中管理课题研究	吉林省高速公路管理局
	109	吉林省高速公路收费系统改造及联网技术研究	吉林省高速公路管理局
	110	高速公路绿化管理系统	吉林省高速公路管理局
	111	吉林省域高速公路路网运行状态监测技术研究	北京航空航天大学

第六章 高速公路建设的科技成果

续上表

分类	序号	项目名称	承担单位
鹤大高速公路科技示范项目	112	季冻区柔性组合基层沥青路面合理结构形式的推广应用	吉林省交通规划设计院、哈尔滨工业大学、长安大学
	113	结构混凝土抗冻耐久关键技术推广应用	吉林省交通科学研究所、吉林省交通规划设计院、交通运输部公路科学研究院
	114	高寒山区隧道保温防冻技术推广应用	吉林省交通科学研究所、吉林省交通规划设计院、中交第一勘察设计研究院有限公司
	115	生态敏感路段湿地路基修筑关键技术研究应用	吉林省交通科学研究所、吉林省交通规划设计院、交通运输部科学研究院
	116	季节性冻土地区高速公路路基路面长期使用性能研究应用	吉林省交通科学研究所、吉林省高等级公路建设局、吉林省交通规划设计院、哈尔滨工业大学、长安大学、吉林省高速公路管理局
	117	填料型火山灰改性沥青混合料技术推广应用	吉林省交通科学研究所、大连理工大学、同济大学
	118	火山灰作为胶凝材料在大体积结构水泥混凝土中的推广应用	吉林省交通科学研究所、吉林省交通规划设计院、交通运输部公路科学研究院
	119	填料型硅藻土改性沥青混合料技术推广应用	吉林省交通科学研究所、吉林省高等级公路建设局
	120	寒区高速公路房屋建筑工程节能保温技术推广应用	吉林省交通科学研究所、吉林省高等级公路建设局、长春工程学院
	121	植被保护与恢复技术推广应用	交通运输部科学研究院、吉林省高等级公路建设局
	122	民俗文化及旅游服务与沿线设施景观融合技术应用	交通运输部科学研究院、吉林省高等级公路建设局
	123	应对极端气候的橡胶粉SBS复合改性沥青成套技术研究与应用	吉林省交通科学研究所、吉林省交通规划设计院、交通运输部公路科学研究院
	124	植物沥青混合料路用性能研究与应用	吉林省交通科学研究所、吉林省交通规划设计院
	125	油页岩沥青混合料路用性能研究与应用	吉林省交通科学研究所、吉林省公路管理局、吉林大学
	126	寒区公路边坡生态砌块及道面铺装成套技术推广应用	吉林省交通科学研究所、交通运输部科学研究院、吉林久盛建材有限公司

续上表

分 类	序号	项 目 名 称	承 担 单 位
鹤大高速公路科技示范项目	127	弃渣弃方巨粒土路基填筑技术推广应用	吉林省交通科学研究所、交通运输部公路科学研究院
	128	基于环境感知的高速公路隧道及服务区照明节能与智慧控制技术研究应用	大连海事大学、吉林省交通科学研究所
	129	机制砂在寒区结构混凝土中的推广应用	吉林省交通科学研究所、交通运输部公路科学研究院
	130	尾矿渣筑路技术推广应用	吉林省交通规划设计院
	131	煤矸石筑路技术推广应用	吉林省交通科学研究所
	132	季冻区服务区污水处理与回用技术推广应用	交通运输部科学研究院、吉林省高等级公路建设局
	133	基于生态补偿的湿地营造技术研究应用	交通运输部科学研究院、吉林省高等级公路建设局

一、建设养护新技术

（一）路基路面抗冻稳定技术

通过西部季冻区路基土冻胀破坏机理及防治技术研究、季节性冻土区路基土冻胀融沉机理及检测手段的研究及季节性冰冻地区路基路面稳定性技术研究等项目，提出了路基设计以路面材料抗冻参数和允许变形作为控制指标，路面设计以路基冻胀变形和强度衰减作为技术要求，实现路基路面一体化设计，路面开裂率降低30%。通过对影响季节性冰冻地区路基、路面稳定性的因素进行系统的调查和分析，并结合现代交通的主要特点与季冻区的气候特点，通过室内试验、试验路铺筑及总结以往的研究成果，提出了改善路基、路面稳定性措施和技术指标要求，为提高季冻区路基、路面稳定性提供了技术支持。

（二）特殊路基修筑技术

季冻区软土路基沉降研究给出了季冻区软土路基在不同季节的渗透固结模式，确定饱和软土变形沉降计算模型，获得季冻区软土路基沉降随时间和空间变化规律，为季冻区软土路基的沉降分析提供了重要的分析评价方法。

草炭土地区公路建设技术的研究揭示出草炭土等特殊路基的工程特性及冻胀特性，提出了考虑荷载作用、季节冰冻影响的草炭土路基应力及变形稳定规律，提出了草炭土地区公路路基相应的处治对策，编写了《草炭土地区公路设计施工手册》，并得到了推广应用。

(三)路基边坡分类方法及防护措施

在季冻区公路边坡全面细致的调查、评价及损坏机理分析基础上,提出了高速公路边坡分类方法及吉林省公路边坡防护类型区划,开发了公路边坡分类、识别、查询系统,制定了"季冻地区高等级公路边坡防护类型选择原则",并推荐了分区边坡防护工程方案、工程设计图及各方案的经济比较,具有较强的实用性和可操作性。

(四)季冻区公路沥青路面典型结构及材料指标

针对季冻区的环境特点和交通特征,提出了季冻区高等级公路柔性基层沥青路面的合理结构,采用半刚性基层沥青路面作为东北地区的主要路面结构形式,提出了组合式基层沥青路面典型结构和适合不同道路冻区及交通荷载的高速公路沥青路面沥青混合料、半刚性基层材料以及柔性基层材料的性能指标。提出碎石封层、橡胶改性沥青碎石封层与纤维碎石材料用量的设计方法、原材料选择基本依据、设计方法及施工工艺和质量检测要求。编写《公路沥青路面柔性基层设计与施工技术指南》,为季冻区铺筑柔性基层沥青路面提供了有力的技术支持。

(五)寒冷地区桥面铺装技术

通过对不同防水黏结层材料(高黏沥青、橡胶沥青、SBS、AMP-100)的试验研究,提出了桥面铺装防水黏结层材料的评价指标和性能要求。对比了高黏沥青和SBS改性沥青桥面铺装沥青混合料的高温稳定性、低温抗裂性和水稳定性等性能,为混凝土桥面铺装结构层沥青的选择提供了技术支撑。针对季冻区混凝土沥青桥面铺装结构层的功能特性,提出了寒冷地区沥青混凝土桥面铺装层技术。成果在大广高速公路肇源(吉黑界)至松原(孙喜窝棚)段等工程中进行了应用,有效地提高了桥梁使用的安全性、畅通性,减少了养护维修费用。

(六)桥梁结构优化设计组合技术

针对预应力钢—混凝土先简支后连续组合梁桥优化设计,提出了预应力钢—混凝土先简支后连续组合梁的剪力连接件对梁的组合作用的影响及设计方法;提出了预应力钢—混凝土先简支后连续组合梁负弯矩区段受力性能的改进方案以及在预加力作用下的受力状态,并推导出设计理论和计算方法。实用技术简单适用,有效地提高了结构的使用性能,具有良好的经济效益。

(七)多塔矮塔斜拉桥设计施工安全关键技术

矮塔斜拉桥是一种新型的桥梁结构,多塔矮塔斜拉桥施工控制有其自身的特点和难点,其施工控制尚无成熟理论和方法。依托宁江松花江特大桥,开展了施工控制、成桥索力优化、极限承载力数值分析、主塔鞍座模型试验、桥梁静动载试验以及抗震分析等内容研究,首次基于扩展有限元方法分析了主桥索鞍区域的空间应力场及其开裂特征,提出了提高索鞍的抗裂性和减小应力集中的设计措施,提出宁江松花江特大桥主桥中跨跨中受荷是该桥主梁最不利的受力工况,首次采用了单墩固结,其余主墩纵桥向设置滑动支座、横桥向设置弹塑性阻尼器的抗震结构体系。项目研究成果为矮塔斜拉桥在全国寒区的建设提供理论依据和可靠的试验数据,同时也为矮塔斜拉桥的建设积累经验,提高同类桥梁的建设水平。

(八)隧道综合保温防冻防滑技术

针对寒区隧道保温防冻及防滑需求,根据隧道区域的温度及赋水条件进行了抗冻设防等级划分,综合考虑隧道朝向、排水坡度、抗冻等级等因素确定了保温层长度;分析了隧道围岩温度场的变化规律,研究了隧道保温材料的保温性能,提出了适用于本地区的隧道保温材料及其结构形式;基于传热学原理,推导出了寒区隧道衬砌电伴热辅助保温防冻段的功率计算方法;提出了寒区隧道衬砌电伴热辅助保温防冻段和路面防滑的设计方法及专项施工技术,形成隧道综合保温抗冻防滑技术。

(九)隧道节能照明应用技术

为了满足公路隧道运行要求,公路隧道节能应用技术研究项目从国内外研究现状分析入手,开展了照明系统、太阳能供电系统、试验室模拟试验、工程设计与实施四个方面内容研究。采用 LED 新材料研制了公路隧道照明灯具,在公路隧道照明系统中实现了太阳能技术和 LED 技术的有机结合和使用,通过采用灯区、车流和亮度综合控制的智能控制系统,实现了技术创新;针对市场分析公路隧道太阳能 LED 照明系统扩大推广存在的问题和难点,提供了降低照明系统功耗和减少供电成本的方式方法,为西部及边远地区公路隧道提供了一种经济有效的照明及供电手段。

(十)交通安全评估

在高速公路交通安全评估方面,以吉林省高速公路交通量、线形和交通安全事故的关系为研究对象,综合分析交通安全事故特性及影响因素,剖析交通事故发生机理。提出了适合高速公路的安全性能评估技术,从道路几何设计、安全设施、交通管理、交通执法等方面,结合信息技术的发展和应用,开发出了寒冷地区高速公路事故多发点综合整治决策系统。

(十一)沿线设施低碳节能技术

高速公路沿线设施低碳节能技术包括寒冷地区高速公路沿线设施太阳能—地热能联合供暖关键技术、寒冷地区高速公路沿线设施太阳能热电与建筑一体化关键技术、高速公路沿线设施风能与太阳能互补发电系统等。在地源热泵与太阳能联合供暖系统运行、太阳能地下蓄热技术、太阳能光热及光电系统与建筑结构一体化设计、太阳能光热及光电建筑一体化集成技术、冬季风光互补系统的优化匹配研究等方面取得了多项应用技术,高速公路沿线管理及服务设施的低碳节能技术、新材料、新技术应用方法等进行了试验应用。

(十二)公路景观设计技术

公路景观设计技术提出了高速公路沿线景观特色带划分概念和可视边坡、低矮路基边坡景观改善方案以及典型路段边坡防护方案和隧道洞口景观改善方案。针对公路景观效果提出了完善的评价方法、体系与指标,采用模糊协调度评价方法对吉珲高速公路沿线景观效果进行了定量评价。相关技术成果对于保护和利用原有自然、人文景观,减少对自然环境的污染和破坏,创造优美的路域景观环境,丰富视觉资源,减少土石方工程和人工防护结构物的数量,具有重要作用。

(十三)动物保护技术

动物保护技术重点对长白山区公路建设对野生动物资源的影响、保护野生动物资源的技术和对策三个方面进行研究。提出了长白山区公路建设中保护野生动物资源应遵循的原则,动物通道系统设置的技术,长白山区公路动物保护交通工程配套技术和公路路域野生动物栖息地保护及恢复技术。编制完成了《长白山区公路建设中野生动物资源保护指南》。

二、建设养护新产品

(一)LW-1 新型冷补沥青混合料添加剂

自行研制出 LW-1 新型冷补沥青混合料添加剂,提出了冷补沥青混合料配合比设计方法,通过在不利季节对市政道路和高速公路路面坑槽的修补和后期观测表明,本研究成果实际应用可操作性强,应用效果良好,具有一定的经济和社会效益。

(二)冰雪路面防滑材料

自行研制出新型冰雪路面防滑材料,可使冬季路面的摩擦系数达到 0.4 以上,防滑有效时效至少可以达到 4h,其用量仅为 $80\sim150\mathrm{g/m^3}$,可按常规方法撒布,对水质有净化作用,有优化土壤的潜在能力,价格和盐类融雪剂相当,可广泛用于中国东北寒冷地区的融冰防滑项目。

(三)组合式塑胶排水沟材料

研发的组合式塑胶排水沟材料和形式属国内首创,获得国家专利,所用的原材料采用可回收利用的废料,并能适应各类复杂地质环境,保持原地形地貌,保护生态环境,具有较好的环境亲和力,产品抗老化、抗紫外线、无毒、抗酸碱盐及微生物侵蚀,具备施工快捷,受天气、环境、温度等施工条件制约性小,缩短工期,降低工程造价的特点。

(四)橡胶粉 SBS 复合改性沥青材料

系统研究了橡胶粉掺量及细度、SBS 掺量、发育温度、发育时间等影响因素对橡胶粉改性沥青性能的影响规律,提出了工厂化生产工艺,揭示了橡胶粉与沥青和 SBS 之间的物理共混反应改性作用机理,提出了有别于传统的评价橡胶粉改性沥青的季冻地区工厂化橡胶沥青性能的评价指标,推荐了季冻区橡胶粉改性沥青混合料矿料级配范围,验证了橡胶粉改性沥青具有优良的高低温路用性能、良好的力学性能和抗疲劳性能,适用于季冻地区沥青路面。

(五)填料型火山灰改性沥青材料

提出了"复合改性沥青胶浆"的理念,揭示了火山灰综合提高沥青胶浆高、低温性能的机理,基于沥青混合料高、低温性能统一技术要求,提出了不同气候条件及交通荷载情况下火山灰沥青混合料应用层位及技术指标,系统提出了细火山灰材料在沥青路面中的应用技术,编写了吉林省地方标准《公路工程火山灰材料应用技术指南》,为火山灰在公路工程沥青路面中的推广应用提供了技术支持。

(六)硅藻土改性沥青材料

采用星点设计"归一值"法,分析不同硅藻土掺量下硅藻土沥青胶浆的各项技术指标,确定了硅藻土在沥青胶浆中的合理掺量,并通过与普通沥青混合料配合比设计方法进行对比分析,提出适合寒冷重冰冻地区气候特点的硅藻土改性沥青混合料配合比设计方法。硅藻土能够改善沥青混合料的高低温性能和疲劳寿命,具有良好的抗老化性能。

(七)SEAM 颗粒改性基质沥青材料

项目利用 SEAM 颗粒改性基质沥青,针对在寒冷地区如何确定 SEAM 最佳掺量、提高改性沥青混凝土的路用性能指标和 SEAM 改性沥青混凝土的掺配工艺等展开研究，SEAM 在寒冷地区道路工程当中的成功应用不但有效提高了沥青混合料的路用性能，同时为硫黄的合理应用开辟了一条新的道路，对节约能源、保护环境具有重要意义。

（八）中路一号土质固化剂（ZL-1）

自主研发了中路一号土质固化剂（ZL-1），其性能优于国内的同类固化剂。应用 ZL-1 土质固化剂的复合固结土技术，其力学性能达到了路用标准，并且大幅度提高了路基无侧限抗压强度。首次结合季节性冰冻地区，系统研究了复合固结土作为路面基层材料的温缩、冻融稳定性，提出了抗弯拉强度、回弹模量等设计参数。以整层试槽和大量的试验路工程为依托，首次系统总结复合固结土作为路面基层的施工工艺。

（九）桥隧工程试验新装置研发

研发了可以模拟不同气候环境和荷载条件的桥面铺装防水黏结层抗剪切和抗拉拔试验装置，有效地确保了桥面防水黏结层的有效黏结；针对隧道温度场规律研究需求，自行研制了寒区隧道温度场室内模型装置，分析了隧道围岩温度场的变化规律。

（十）复合型环保沥青阻燃改性剂

目前国内公路隧道常用的卤系阻燃剂因其一些固有的缺点，特别是燃烧和热分裂产物的腐蚀性和毒性，行业用户对其采取非常审慎或者不欢迎的态度。基于此，研制开发了复合型环保阻燃剂，主要成分是无机类及相应阻燃协效成分，在硅藻土中掺加无机阻燃剂制成改性阻燃剂，可以有效提高沥青的阻燃效果，提高其抑烟能力，减少了因火灾而引起的生命财产损失，改善了国内阻燃剂成分单一、效果有限的状况。

三、建设养护新工艺

（一）路基路面压实工艺

从振动压路机与路基相互作用的动力学原理出发，得到了路基抗力与振动轮加速度之间的对应关系，用抗力指标检测和评定压实质量，实现了连续的压实检测和过程控制。结合江密峰至延吉高速公路的碎石土路基实体工程施工，进行了路基压实稳定性、均匀性及激振参数控制技术研究，提出了评定指标和控制方法，保证了路基压实质量。

根据路面基层的压实工艺，采用碾压振动压实的方法，研制出能够充分模拟基层无机结合料稳定材料实际施工工艺的室内试验检测方法和相匹配的试验检测设备碾压振动成型试验机。适用于路面基层的无机结合料稳定粒料的最大干密度、最佳含水率的测试，同时推荐进行预定密度的试件碾压振动压实成型方法，形成系统的力学试验方法。研制的碾压振动成型试验机与施工现场基本一致,调频振动,加载碾压,能够完成多种灵活的组合方式,甚至能够完全模仿现场的压实工艺,实现试验机成型试件与路段成型基层结构完全一致。

建立了沥青性质和储存温度之间的关系表达式,并推导出沥青的适宜加热温度。根据对集料和沥青的研究结果,提出了石灰岩的加热温度要求和沥青的加热、储存温度要求。建立了沥青混合料性能与加热温度之间的关系,确定了沥青混合料的适宜拌和温度和压实温度,提出了沥青混合料的拌和、成型温度要求。根据沥青膜厚度的要求,提出了沥青混合料最低拌和温度要求。建立了沥青混合料施工温度的预测模型,通过预测模型确定沥青混合料的各环节施工温度。提出了适合吉林省施工水平、气候特点的沥青混合料施工温度控制指标,具有比较强的针对性和实用性,研究成果能够全面提高全省沥青路面质量,延长路面使用寿命。

(二)隧道爆破施工及隧道阻燃路面施工工艺

针对节理裂隙岩体爆破施工,研究了节理裂隙岩体爆破规律,提出了节理裂隙岩体隧道光面爆破设计参数调整及优化方法,确定了节理裂隙岩体的爆破主控制面,指导爆破参数的选取;深入研究不同类型节理裂隙岩体爆破成形效果,提出了针对节理裂隙岩体的隧道爆破关键技术,达到了节理裂隙岩体爆破成形效果好、对围岩损伤小及整体效果好、节省初期支护材料、节约工程造价的目的。

传统的隧道阻燃沥青路面施工工艺是将阻燃剂添加到混合料中,控制温度并不断搅拌,防止离析;自主研发的新型环保阻燃剂呈粉末状,采用人工定量方式填加到矿粉中,直接与矿料拌和均匀,施工便捷,无须对既有施工设备进行改造,且对拌和温度无特殊要求,更易控制施工质量。

四、建设养护新设备

(一)路基土冻胀测试仪

研究人员通过对土的冻胀机理进行研究,研制生产了"路基土冻胀测试仪",并提出了土质冻胀率的试验方法,该仪器的研制生产填补了国内空白,拥有自主知识产权,申请了国家专利。

(二)路面材料干缩测试仪

项目研制了能够模拟野外路面材料实际工作环境的温度、湿度和风速条件的干缩测试仪,确定了路面材料干缩试验参数,提出了干缩特性测试的试验方法及操作规程。提出了以抗裂指数作为干缩、温缩同时发生地区的路面材料抗裂设计的综合控制指标,可供工程人员参考使用。

(三)路面半刚性基层冻融试验机

通过对现行半刚性基层材料抗冻性试验方法及试验仪器设备的使用调查,基于改进其存在的不足,研制了"路面半刚性基层冻融试验机",该机器在试验精度和自动化方面取得了一定的突破。同时,根据以往研究和观测结果,确定了试件养生、饱水方法及冻融时间、冻融温度等冻融参数,提出了半刚性基层抗冻性快速测定方法及抗冻性指标,对半刚性基层抗冻设计与施工具有一定指导意义。

(四)路面基层碾压振动成型试验机

根据路面基层的压实工艺,采用碾压振动压实的方法,研制出能够充分模拟基层无机结合料稳定材料实际施工工艺的室内试验检测方法和相匹配的试验检测设备碾压振动成型试验机。这一方法适用于路面基层的无机结合料稳定粒料的最大干密度、最佳含水率的测试,同时推荐进行预定密度的试件碾压振动压实成型方法,形成系统的力学试验方法。研制的碾压振动成型试验机与施工现场的碾压振动方式基本一致,从调频振动,到加载碾压,能够完成多种灵活的组合方式,甚至能够完全模仿现场的压实工艺,实现试验机成型试件与路段成型基层结构完全一致。

(五)路面材料温度收缩测试仪

自主研制了路面材料温度收缩测试仪,仪器具有环境温度适用范围广、精度高、操作方便、实用性强等特点,尤其适用于季冻区,编写"路面材料温度收缩测试仪"的操作规程及材料温缩试验方法。"路面材料温度收缩测试仪"的研制成功,为道路设计中路面材料温缩指标的制定提供了规范的试验手段,科学、合理的温缩指标的提出必然会大大减少温缩裂缝的产生。

五、信息技术和软科学研究

(一)高速公路交通系统数据信息平台

1. 交通系统数据仓库

吉林交通系统积累了大量的历史性行业数据,这些数据已经都是电子化的数据,通过数据仓库技术应用,将这些各自分割的数据加以综合运用,为决策支持系统提供数据基础。将行业中现有的数据和国民经济相关数据进行组织和利用,将其真正转化为知识,为交通决策层进行行业经济宏观调控、制定宏观发展规划、做出及时有效的行业发展决策提供支持。

2.高速公路网交通信息平台及指挥调度系统

根据吉林省高速公路网的实际情况和需求,交通信息平台的设计理念采用"数据质量控制→数据融合→数据挖掘→数据呈现"的系统化研究思路。为高速公路的管理与监控提供可靠的数据输入,为高速公路的智能化管理与决策提供更完整、准确的路况信息,提取海量交通信息中隐含的交通信息分布模式与发展规律及态势,设计并开发了基于多源数据的吉林省高速公路网交通信息呈现与分析平台的原型系统。

采用GIS和GPS技术,采集路网相关信息,建立高速公路路网三维仿真电子地图,显示路线线形、地势、环境及其他基础信息;构建指挥调度系统、公众信息发布系统等框架体系;整合已有的办公自动化系统、养护管理系统、收费管理系统,建立高速公路指挥调度系统的基础数据平台。提高高速公路管理的决策、计划、组织、指挥、控制和协调能力,充分、高效地利用人—车—路和系统设施及其相关信息资源,为出行者和管理决策者提供参考,达到实现高速公路高速、安全、快捷和畅通的目标。

(二)高速公路分项管理信息系统

1.高速公路养护管理智能决策系统

吉林省高速公路养护管理智能决策系统包括:路网地理信息管理、路况数据库管理、路面养护管理、路面养护技术、智能决策等。将地理信息系统(GIS)引入到高速公路养护管理中,利用GIS技术实现图形与数据的结合,以数据可视化的方式,充分利用已有的设计、养护管理检测、维修数据,整合现有数据资源,分析预测发展趋势,通过建立路面及智能分析决策系统,提供一种崭新的决策支持方法,可提高高速公路养护管理的水平,为实现科学决策提供更好的手段。

2.高速公路工程建设信息管理系统

将吉林省高速公路工程建设管理过程中的各种信息资料和业务流程,通过网络化、智能化的辅助手段,研究形成一套完整、规范的信息管理系统。有效解决了传统手工计量、审批模式的"超计、重复计量"等现象,节约了大量的工程建设资金。改变了建设管理部门内部的信息交流方式,可实现内部办公自动化、无纸化。可提高公路建设单位工作效率30%以上,把公路建设管理水平提升到一个与信息化紧密结合的新台阶;通过三方四重应用,实现各类数据流的实时传输、自动汇总和各种业务的协同,真正实现公路工程项目"三控两管一协调",实现项目管理经验和数据的有效积累,改变建设项目的粗放式管理模式,真正实现了通过先进管理产生效益的目的。

3. 高速公路收费系统

该系统包括通行费征收系统和交通规费征收系统。

通行费征收系统将吉林省高速公路通行费预付卡、储值卡、银行卡互联技术与银行卡合并为一卡，形成"吉通卡"（电子钱包）一卡通标准。该卡具有"三卡合一"的特点，集非接触式 IC 卡（电子钱包）、接触式 IC 卡、磁条信用卡（银行卡）于一体，兼容银联卡的功能，既可以作为普通信用卡使用，也可以用于高速公路通行费的支付。此项技术在国内属首创。

交通规费征收系统在车辆的车籍地管理的基础上，做到了全省各征稽机构的数据集中管理，实现全省联网实时征费（车籍地、异地），对全省车辆实行计算机联网稽查、就地补征，实现省局对市（州）分局、市（州）分局对县（市、区）征稽所的征费情况实时监督、管理、协调和控制，实现财务核算、票证管理、台账及档案管理电子化，实现征管业务的各级网上实时审批，实现征收任务的自动计算和预测，实现车辆缴费情况的网上公开。

4. 高速公路治超信息系统

构建吉林省高速公路超载超限治理信息系统平台，在吉林省高速公路管理局设立应用服务器，建立治超案件管理，通过平台上的数据接口功能，使系统所有治超案件数据上传到高速公路管理局本级数据库中存储，实现对所有单位的车辆检测信息、案件处理等数据集中监控管理。

5. 高速公路绿化管理系统

对吉林省已运营的高速公路进行绿化信息采集，建立了吉林省的绿化管理系统，对绿化信息实现了数据库管理，可以完成查询、绿化信息评价和提出绿化维护对策及措施，并实现了简单的电子地图数据查询。本系统的研发增强了养护管理工程师的信息化管理意识，缓解了高速公路绿化工程师紧缺的局面，明显提高了工作效率，极大降低了工作强度，减少了档案管理的工作量。

（三）吉林省公路建设中土地资源节约集约利用技术

对吉林省的公路建设节约用地现状、适宜于吉林省的节约用地技术及政策等方面进行了研究，全面总结了吉林省公路建设在工程可研、设计及施工阶段的节地做法和经验。提出了适宜吉林省的公路建设设计阶段节地技术，主要包括降低路基高度、桥隧代路、挡墙收缩边坡、合理减少互通立交征地范围以及互通立交和服务区的合并设置等；提出了施工阶段节地技术；通过对沿线水田、旱地、林地的表土土壤的试验研究，首次提出了以上三类表土的剥离厚度技术标准。针对吉林省公路建设土地利用现状，提出了加强源头控制、制定节地鼓励政策、推广节地新理念以及加强科研工作等对策措施，为公路建设土地资源节约集约利用提供了新的思路和对策。

(四)高等级公路安全技术开发及对策

系统分析了影响道路安全的主要因素、相关子因素,并分析了公路路线设计安全因素间的相关性,建立了公路路线设计安全影响层级模型,构建了公路路线设计安全影响评价指标体系,利用熵理论进行公路路线设计安全影响的复杂性分析,以信息复杂性、功能复杂性、结构复杂性为评价尺度构造了数学模型,量化了道路安全影响因素对公路路线设计安全的影响度,提出了规划和开通初期、设计期、运营期的安全技术对策。

第二节 重大科研课题

交通运输部和吉林省交通运输厅积极组织和引导公路交通科研发展,通过设立西部交通建设科技项目、吉林省交通运输科技项目、组织实施鹤大高速公路科技示范工程等,源源不断地为吉林交通科技发展提供动力,推动交通科技事业发展,引领转型升级,一大批有影响、有水平、有效益的重大科研课题及成果在高速公路建设中发挥了重要的科技支撑作用。

一、省部级交通科技项目

在高速公路建设的20多年里,共完成西部交通建设科技项目30余项(其中与高速公路建管养相关课题14项),完成省交通运输科技项目200余项。在这些课题中,从课题规模、经济效益、社会影响、完成水平、获奖情况等方面综合评价,有22项课题列为重大科研课题,见表6-2-1。

重大科研课题统计表　　　　　　　表6-2-1

序号	项目名称	项目来源	承担单位	起止时间	评价等级
1	草炭土地区公路建设技术的研究	西部项目	吉林省交通科学研究所	2001—2005	国际先进
2	西部季冻区路基土冻胀破坏机理及防治技术研究	西部项目	吉林省交通科学研究所	2007—2010	国际先进
3	季节性冻土区路基土冻胀融沉机理及检测手段的研究	西部项目	吉林省交通科学研究所	2011—2012	国际先进
4	运营期路基安全监测与评价技术	西部项目	吉林省交通科学研究所	2008—2011	国际先进、部分国际领先
5	季冻地区高等级公路边坡防护工程实用技术的研究	省厅科计划项目	吉林省交通科学研究所	1998—2001	国内领先

第六章
高速公路建设的科技成果

续上表

序号	项目名称	项目来源	承担单位	起止时间	评价等级
6	路基土冻胀测试仪的研究	省厅科技计划项目	吉林省交通科学研究所	2002—2006	国内领先
7	东北地区高速公路路面典型结构及路面材料指标的研究	西部项目	吉林省交通科学研究所	2006—2009	国际先进
8	季冻区橡胶粉改性沥青、橡胶粉SBS复合改性沥青及相应沥青混合料成套技术研究	省厅科技计划项目	吉林省交通科学研究所	2011—2014	国际先进
9	细火山灰改善沥青混合料路用性能的应用研究	西部项目	吉林省交通科学研究所	2009—2012	国际领先
10	冰雪路面防滑材料开发与应用技术研究	西部项目	吉林省交通科学研究所	2011—2012	国际先进
11	氯盐类融雪剂对公路交通基础设施及环境影响检测评价防治技术	西部项目	吉林省交通科学研究所	2009—2013	国际先进
12	沥青混合料冷拌冷补技术的应用研究	省厅科技计划项目	吉林省交通科学研究所	2004—2008	国内领先
13	吉林省域高速公路路网运行状态监测技术研究	省厅科技计划项目	北京航空航天大学	2011—2013	国际先进
14	大跨度预应力混凝土薄壁梁桥结构特性的研究	省厅科技计划项目	吉林省高速公路重点办	2005—2009	国际先进
15	预应力钢—混凝土先简支后连续组合梁桥优化设计研究	省厅科技计划项目	吉林省高等级公路建设局	2006—2011	国际先进
16	多塔矮塔斜拉桥设计施工安全关键技术研究	省厅科技计划项目	吉林省交通规划设计院	2010—2015	国内领先
17	隧道施工多元信息反馈优化及超前预警技术研究	省厅科技计划项目	吉林省交通规划设计院	2011—2014	国际先进
18	寒区公路隧道保温防冻及路面防滑关键技术	省厅科技计划项目	吉林省高等级公路建设局	2010—2015	国际先进
19	吉林省域高速公路路网运行状态监测技术研究	省厅科技计划项目	北京航空航天大学	2011—2013	国际先进
20	长白山区公路建设中野生动物资源保护技术研究	省厅科技计划项目	吉林省高等级公路建设局	2009—2011	国际先进
21	寒冷地区高速公路沿线设施低碳关键技术研究及示范	省厅科技计划项目	吉林省高等级公路建设局	2012—2016	国际先进
22	面向多数据源的高速公路网交通信息融合与利用技术研究	省厅科技计划项目	哈尔滨工业大学	2010—2013	国内领先，部分国际先进

(一)草炭土地区公路建设技术的研究

1. 研究内容

(1)对草炭土地区公路突出病害原因进行分析,通过对草炭土地基的物理化学、力学工程特性和冻胀特性及规律的系统深入研究,以及采用先进的透射光实体显微镜、X射线衍射分析技术,对草炭土进行微观结构分析、矿物成分和形成年龄的测定。

(2)考虑荷载作用,季节性冰冻气候影响,对采取8种不同自治对策的草炭土路基应力变化、变形特性及规律进行研究。

(3)提高草炭土地基公路抗冻胀能力和使用性能,包括塑料泡沫块、板隔温材料新技术的应用研究和效果评价。

(4)为提高草炭土地区路堤安全稳定性、水温稳定性和长期使用性能,进行路堤极限最大和最小填土调试的探索研究等。

(5)结合实体试验工程的修筑与各处治对策工程效果的对比评价,以项目取得的研究成果为依托,拟定了《草炭土地区公路设计施工手册》初稿。

2. 主要成果

(1)首次揭示出草炭土的工程特性及冻胀特性。

(2)依托8种不同处治技术路段的试验研究,提出了考虑荷载作用、季节冰冻影响的草炭土地基应力及变形稳定规律,为提高草炭土地区路堤的整体稳定性奠定了理论基础。

(3)提出了草炭土地区路堤最大、最小高度的概念和确定方法,给出了最小路堤高度建议值,对草炭土地区路基设计有重要参考价值。

(4)将新型轻质隔温材料应用在草炭土路基中,取得良好效果。

(5)提出了草炭土地区公路路基相应的处治对策,编写了《草炭土地区公路设计施工手册》,并在重点工程建设中应用。

3. 社会效益

项目成果应用在草炭土沼泽地分布较广的延吉市、敦化市和安图县辖区内通车使用公路中的代表路段及部分拟建路段,还包括通化、白山境内的典型路线路段。观测结果表明:

(1)可以提高草炭土地区公路的整体使用功能,弥补因路基不稳定、差异沉降、冻胀翻浆病害等路面表面功能下降而增加的车辆运输成本、交通事故费用,减少用户抱怨情况等。

(2)采用课题推荐的综合处治技术,可以提高土工织物、塑料泡沫等材料的推广应用,为国家增加利税,也可增加就业机会。

(3) 保护有限的草炭土湿地资源,发展养殖畜牧业,实现公路建设可持续发展。

(二) 西部季冻区路基土冻胀破坏机理及防治技术研究

1. 研究内容

(1) 西部季冻区路基冻害及冻深调查;
(2) 路基土冻胀及冻害机理分析;
(3) 路基土冻胀影响因素与规律及道路冻深研究;
(4) 路基土冻胀特性评价手段与方法研究;
(5) 防止和减小路基土冻胀的工程技术研究。

2. 主要成果

(1) 通过对季冻区路基土冬季不同层位降温速率、聚冰带特征及分布状态的调查,分析了路基土冻胀和道路冻深的影响因素,获得了典型土质的含水率、压实度、温度等对路基土冻胀的影响规律。

(2) 调查分析了道路冻深与大地冻深的相互关系,补充完善了道路冻深计算中的部分材料的热物性参数,提出了考虑地下水影响的道路冻深计算公式。

(3) 改进了路基土冻胀测试仪,修订了路基土冻胀试验方法,提出了重冻区路基土冻胀试验条件和路基允许冻胀的控制指标。

(4) 结合实体工程,试验研究了路基冻胀防治技术,编写了《季冻区路基土冻胀防治技术指南》,对实际工程具有重要的指导意义。

3. 社会效益

(1) 本项目研究成果用于新建公路工程的设计、施工及已运营公路的养护维修中,可以延迟路基冻害的产生,减少路基冻害数量,降低冻害维修费用比例,经济效益显著。

(2) 可提高公路使用质量,提供安全、快捷的城际之间的运输,减少交通事故,降低汽车油耗,节约能源,缩短客货运输周期,促进经济的发展,经济社会效益明显。

(3) 应用本项目研究成果,可降低养护维修中的能源消耗,减少占地、水资源及大气的污染,保护环境。

(三) 季节性冻土区路基土冻胀融沉机理及检测手段的研究

1. 研究内容

(1) 季节性冻土区路基冻胀融沉机理研究;
(2) 路基土冻胀融沉测试仪的研究;
(3) 季节性冻土区路基土冻胀融沉测试试验方法研究;

（4）季节性冻土区路基冻胀融沉控制指标的研究。

2. 主要成果

（1）依据路基冻胀融沉变形观测与分析，提出了季冻区路基冻胀融沉变化规律及冻胀值变化范围。

（2）通过路基冻结融化过程的温度及变形监测，提出了季冻区路基冻胀融沉发生的主要层位。

（3）研发了具有补水与加载功能的路基土冻胀融沉测试仪。

（4）利用简支梁简化模型，进行了路面材料容许变形条件下的路基容许不均匀冻胀值计算分析，提出了季冻区路基冻胀变形控制指标。

3. 社会效益

（1）季冻区路基土冻胀融沉机理使路基冻胀融沉病害的防治措施更有针对性，效果更佳，可为公路养护部门节约大量的养护资金，并减少废弃材料对环境的污染。

（2）研发的路基土冻胀融沉测试仪及制定的试验方法可为路基土冻胀规律的研究、路基抗冻设计与施工提供可靠的工具与方法，试验数据可比性强，避免社会资源的重复性消耗和浪费。

（3）提出的路基冻胀融沉控制指标可用于路基抗冻设计与施工，直接面向工程实践，可快速推广研究成果，有效保证季冻区公路运营的安全性和舒适性。

（四）运营期路基安全监测与评价技术

1. 研究内容

（1）运营期路基安全问题的界定和分类；

（2）运营期路基安全监测技术；

（3）路基安全监测数据分析方法研究；

（4）路基安全评价指标与标准研究；

（5）路基安全预警及养护研究。

2. 主要成果

（1）建立了基于路基整体稳定和路面使用性能的路基安全监测技术与预警系统，以及典型工况条件下路基结构安全评价的指标与标准。

（2）研发了具有实时监测和无线传输功能的公路路基开裂位移采集装置，提出了路基开裂位移的采集方法。

（3）提出了典型路基安全判别的模糊综合评价方法，改进了 Logistic 沉降预测模型，提高了预测精度。

（4）开发了具备路基监测数据分析与预测、安全隐患判别、安全评价与预警、养护决策等功能的路基结构安全监测与养护管理系统。

3. 社会效益

运营期路基安全监测用于水毁公路修复重建、长白山南坡旅游公路维修养护、草炭土地基路基及成南高速公路软土地基路基养护维修决策以及长松高速公路辅道的运营及养护管理，节约直接成本2337.5万元，提高公路运营管理效率30%，为行业规范和技术标准的制定提供基础依据，为公路结构体监测实施提供了借鉴，提高了全国运营期运营管理和公路养护决策水平，降低了道路行车事故率，避免了高填方路段、半填半挖路段及水毁隐患路段路基因突发性破坏造成的行车安全事故，具有显著的社会经济效益。

（五）季冻地区高等级公路边坡防护工程实用技术的研究

1. 研究内容

（1）季冻区公路边坡防护现状综合评价，对存在的问题进行深入的理论分析。

（2）季冻地区边坡防护工程实用技术开发。

（3）试验路应用效果评价，总结施工工艺。

（4）确定适合季冻区高等级公路不同岩土性质边坡防护的实用技术方案。

2. 主要成果

（1）针对路基边坡破坏情况及季冻区特点，对季冻区公路边坡现状进行了全面细致的调查、评价及损坏机理分析。在调查、分析的基础上首次提出了吉林省公路边坡防护类型区划，具有创新性和使用价值。

（2）通过边坡水力冲刷规律的理论分析与室内模型试验研究，建立了一整套路基边坡防护水力冲刷试验方法，为今后边坡防护的试验研究奠定了基础，对科学合理地确定以冲蚀破坏为主的边坡防护具有重要的意义。

（3）根据土工合成材料的诸多特点，进行了不同边坡防护形式的现场试验研究，推荐了季冻区抗冻胀、抗冲刷边坡防护形式与防护材料，并提出了相应的设计要点和施工工艺措施。

（4）在大量的调查、分析、室内外试验的基础上，提出了"季冻地区高等级公路边坡防护类型选择原则"，并推荐了分区边坡防护工程方案、工程设计图及各方案的经济比较，具有较强的实用性和可操作性。

（六）路基土冻胀测试仪的研究

1. 研究内容

（1）路基土的冻胀原理和冻胀影响因素；

(2)路基土冻胀测试仪的工作原理、样机研制及操作规程;

(3)季冻地区路基容许冻胀与路基填料抗冻性要求;

(4)土的冻胀率测试方法及土的冻胀试验;

(5)路基冻胀试验路。

2. 主要成果

(1)通过对土的冻胀机理的研究,研制生产了"路基土冻胀测试仪",并提出了土质冻胀率的试验方法。该仪器的研制生产填补了国内空白,拥有自主知识产权,申请了国家专利。

(2)通过对路面在冻胀力作用下的受力分析计算,提出了水泥混凝土路面、沥青路面的允许不均匀冻胀值,并根据允许不均匀冻胀值提出了路基填料的要求,对实际生产具有指导意义。

(3)通过室内试验和试验路的修筑、观测,绘出了填方路基的不同冻深等温线图,提出了路基土产生的冻胀力的深度范围及大小,对公路设计和施工具有指导意义。

3. 社会效益

路基土冻胀仪的研制成功,可广泛应用于公路路基设计、施工、检测中,有效地控制路基填土的冻胀率,减少路基及路面的冻胀破坏,提高路面使用质量,因此具有显著的经济效益和社会效益。

(七)东北地区高速公路路面典型结构及路面材料指标的研究

1. 研究内容

(1)高速公路沥青路面使用性能调查研究

①对东北地区高速公路沥青路面出现早期病害的典型路段进行调查研究,并结合交通荷载资料进行原因分析。

②对高速公路中出现冻胀、翻浆和开裂较严重路段的路基水文地质情况、半刚性基层使用状况进行调查。

③对高速公路中运营7～8年以上,使用性能良好的沥青路面路段进行工程地质、施工工艺、路面材料指标调查,分析原因并提出半刚性基层沥青路面的适用条件。

④对国外一些气候和纬度与东北地区相近的高速公路沥青路面结构进行调研、咨询。

(2)东北地区柔性基层沥青路面试验路段使用性能调查研究

对近几年在东北地区高速公路、一级公路上修筑的柔性基层沥青路面进行使用性能调查,确定柔性基层沥青路面的适用性和相应材料指标。

(3)东北地区高速公路沥青路面典型结构的研究

①根据东北地区的气候特点,并借鉴国外的典型结构经验,合理确定不同交通荷载下的高速公路沥青路面典型结构。

②结合高速公路冻胀、翻浆路段的病害调查结果及试验路试验结果,验算并确定高速公路沥青路面典型结构组合类型抗冻垫层最小厚度。

(4)典型结构路面相应材料指标的研究

①兼顾沥青混合料高温稳定性,进行沥青混合料低温抗裂性能及抗疲劳性能的研究。

②半刚性基层材料抗收缩性能、抗冻性能及抗疲劳性能的研究。

③柔性基层材料级配、模量等指标的研究。

2. 主要成果

(1)提出了东北地区的道路冻区、交通量和土基模量的等级划分方法与分级标准,为路面典型结构提供了依据。

(2)提出了适合东北地区不同交通量等级和道路冻区的高速公路沥青路面三层式面层、双层式面层以及组合式基层三类典型结构。根据东北地区高速公路沥青路面使用性能调查结果,考虑东北地区现实条件,半刚性基层沥青路面仍然可以作为东北地区的主要路面结构形式。

(3)为了提高路面使用性能和耐久性,研究提出了组合式基层沥青路面典型结构。

(4)提出了适合东北地区不同道路冻区和交通荷载的高速公路沥青路面沥青混合料、半刚性基层材料以及柔性基层材料的性能指标。

(5)编写了《东北地区高速公路沥青路面典型结构应用技术指南》。

3. 社会效益

以东北地区某高速公路(1996年竣工通车)为例,通过对该段高速公路养护维修情况调查可知,目前全段都已经大修过,而且平均3年以上就要对沥青路面上、中面层进行铣刨重新铺筑,而参照目前高速公路沥青路面使用7~8年以上表现出较好的路面性能的结构层,在试验分析和理论验算的基础上拟定的沥青路面典型结构使用寿命,考虑7~8年为上、中面层大修的界限,因此考虑按原有路面结构在7~8年时间内上、中面层维修一次和拟定的典型路面结构在经济上进行比较。

在路面宽度和材料运距相等的情况下,按以上两种路面结构均以1km计算工程造价,拟定的路面结构要比原路面结构节约工程费用79.8万元,以吉林省"十二五"期间高速公路建设里程增加2000km这一目标进行粗略估计:推广应用本项目的研究成果能够节省预算资金16亿元,经济效益显著。路面使用质量的提高可带动交通运输的快速发展,保障行车安全,又具有显著的社会效益。

（八）季冻区橡胶粉改性沥青、橡胶粉 SBS 复合改性沥青及相应沥青混合料成套技术研究

1. 研究内容

专题一：橡胶粉改性沥青、橡胶粉 SBS 复合改性沥青技术及混合料性能的研究

（1）橡胶粉改性沥青的影响因素研究。
①不同橡胶粉及不同掺量和细度对橡胶粉改性沥青性能的影响；
②基质沥青种类对橡胶粉改性沥青性能的影响；
③稳定剂和助剂对橡胶粉改性沥青性能的影响；
④加工工艺对橡胶粉改性沥青性能的影响；
⑤橡胶粉质量控制指标。

（2）橡胶粉 SBS 复合改性沥青影响因素研究。
①SBS 掺量及橡胶粉掺量对复合改性沥青性能的影响；
②基质沥青种类对复合改性沥青性能的影响；
③橡胶粉 SBS 复合改性沥青离析原理分析；
④稳定剂对复合改性沥青稳定性的影响；
⑤SBS 掺加顺序对复合改性沥青性能的影响；
⑥加工工艺对复合改性沥青性能的影响。

（3）橡胶粉改性沥青与橡胶粉 SBS 复合改性沥青改性机理研究。

（4）橡胶粉改性沥青混合料及橡胶粉 SBS 复合改性沥青混合料路用性能的研究。
①橡胶粉改性沥青混合料及橡胶粉 SBS 复合改性沥青混合料的配合比设计；
②橡胶粉改性沥青混合料及橡胶粉 SBS 复合改性沥青混合料路用性能。

（5）橡胶粉改性沥青混合料及橡胶粉 SBS 复合改性沥青混合料施工工艺研究。

专题二：橡胶粉改性沥青混合料及橡胶粉 SBS 复合改性沥青混合料力学性能及设计参数研究

（1）不同橡胶粉改性沥青及橡胶粉 SBS 复合改性混凝土路用性能对比分析研究。
（2）橡胶粉改性沥青混合料及橡胶粉 SBS 复合改性沥青混合料设计参数研究。
（3）橡胶粉改性沥青混合料及橡胶粉 SBS 复合改性沥青混合料力学性能研究。

专题三：温拌橡胶粉改性沥青混合料技术

（1）温拌橡胶粉改性沥青混合料设计方法研究。
（2）温拌橡胶粉改性沥青混合料路用性能研究。

2. 主要成果

（1）系统研究了橡胶粉掺量及细度、SBS 掺量、发育温度、发育时间等影响因素对橡

胶粉改性沥青性能的影响规律,提出了工厂化生产工艺。

(2)基于红外光谱试验、差热扫描试验及扫描电镜试验方法,揭示了橡胶粉与沥青和SBS之间的物理共混反应改性作用机理。

(3)以 PG 分级、针入度、软化点、黏度、弹性恢复作为评价橡胶沥青性能的双重指标,提出了有别于传统的评价橡胶粉改性沥青的季冻地区工厂化橡胶沥青性能的评价指标。

(4)基于工厂化橡胶粉改性沥青特点,推荐了季冻区胶粉改性沥青混合料矿料级配范围,验证了橡胶粉改性沥青具有优良的高低温路用性能、良好的力学性能和抗疲劳性能,适用于季冻地区沥青路面。

3. 社会效益

项目研究成果具有重要的实际应用价值,一方面可以综合改善季冻地区沥青路面存在的高低温稳定性矛盾的问题,降低公路建设成本,提高路面使用性能和服务质量,延长路面使用寿命;另一方面还可以变废为宝,实现废旧轮胎的循环利用,减小"黑色污染"给社会环境带来的压力,节约资源,减少 CO_2 气体排放,有助于促进绿色循环低碳公路建设目标的实现。

(九)细火山灰改善沥青混合料路用性能的应用研究

1. 研究内容

(1)火山灰的特性及改善沥青胶浆的微观机理分析。

①火山灰的物理特性、矿物特性、表面特性以及孔结构特性分析;

②细火山灰沥青胶浆的界面性能及改性机理。

(2)细火山灰沥青胶浆流变特性的研究。

①细火山灰沥青胶浆高、低温特性试验;

②细火山灰复合改性沥青胶浆高、低温特性试验;

③细火山灰沥青胶浆与复合改性沥青胶浆动态热力分析试验。

(3)细火山灰沥青混合料路用性能研究。

①细火山灰沥青混合料配合比设计与设计方法;

②细火山灰沥青混合料路用性能试验及性能指标;

③细火山灰复合改性沥青混合料路用性能试验;

④细火山灰沥青混合料与硅藻土改性沥青混合料性能的比较。

(4)火山灰沥青混合料的施工工艺和路用效果。

①细火山灰沥青混合料不同于普通沥青混合料的施工工艺;

②细火山灰沥青混合料在不同等级公路中的应用范围;

③细火山灰改性沥青的技术标准。

2. 主要成果

（1）系统地开展了填料型改性剂火山灰在沥青路面中的应用研究,通过对火山灰改性沥青胶浆高、低温流变特性及动态热力分析的研究,提出了"复合改性沥青胶浆"的理念,发现采用火山灰可同时提高沥青胶浆的高、低温特性和抗疲劳性能。

（2）通过较为系统的沥青胶浆流变特性及动态热力分析,研究了不同粉胶比和火山灰组成的胶浆的黏弹参数随扫描周期的变化规律,由低频到高频再恢复到低频的重复加载式多重试验证实,合理的组成设计提高了沥青胶浆极具工程应用价值的、优于一般SMA沥青胶浆的延迟弹性,对火山灰胶浆的组成设计具有指导意义。

（3）从多方面分析了火山灰与沥青之间相互作用的机理,基于火山灰间隙孔在沥青胶浆空间网络结构中的桥连作用及高分子链熵弹性作用的分析,揭示了火山灰综合提高沥青胶浆高、低温性能的机理。

（4）提出采用动态模量和相位角指标表征火山灰改性沥青混合料柔韧性的评价方法;基于沥青混合料高、低温性能统一技术要求,提出了新型火山灰改性沥青混合料MAC结构的矿料级配曲线范围。

（5）提出了不同气候条件及交通荷载情况下火山灰沥青混合料应用层位及技术指标。

（6）系统提出了细火山灰材料在沥青路面中的应用技术,并在工程中得到成功应用。

（7）在总结相关研究成果和工程实践的基础上,编写了吉林省地方标准《公路工程火山灰材料应用技术指南》,为火山灰在公路工程沥青路面中的推广应用提供了技术支持。

3. 社会效益

采用项目提出的火山灰改性沥青混合料,可有效提高沥青路面的高、低温路用性能,减少路面病害,降低路面的维修频率,改善沥青路面的运营质量,减少因道路因素导致的交通事故。同时,良好的通行条件还可保证交通顺畅,减少车辆减速、拥堵、滞留现象,进而减少行车中因道路不畅而产生燃油额外消耗。此外,交通顺畅通行对于促进当地经济发展,加强地区间交流具有巨大的作用,社会效益十分显著。

（十）冰雪路面防滑材料开发与应用技术研究

1. 研究内容

（1）冰雪路面防滑材料有效的防滑效果;

（2）冰雪路面防滑材料对路面、环境的环保性能;

（3）冰雪路面防滑材料的使用范围。

2. 主要成果

(1) 分析总结冬季滑溜路面类型、成因、危害以及路用试验给出应对不同结构状态路面防滑材料的具体使用方法和防滑效果。

(2) 本项目研制的新型冰雪路面是一种具有良好抗滑性,可使冬季路面摩擦系数达到 0.4 以上的路面。

(3) 良好的耐久性——防滑有效时间至少可以达到 4h,是盐砂的 1.5 倍,是碎石、砂石的 2.0 倍。

(4) 具有良好的耐磨性——即使研磨成微粒,虽坚硬但不磨损路面。

(5) 环保安全性——该防滑材料是由废弃的农作物秸秆玉米秸破碎后,经低温碳化,水分全部蒸发,浸渍在无腐蚀和污染的混合溶液中,不含有毒物质,因里面含有部分碳化物质,对水质有净化作用。且多孔性结构适合微生物的生长,并易吸收化学物质氨,具有优化土壤的潜在能力。

(6) 物质的可再生性——该防滑材料的残渣排放到土壤中,因里面含有氮、磷、钾等营养土壤所需的微量元素物质,可起到中和酸性土壤和优化土壤的作用,有助于农作物的生长,达到物质循环利用的可再生效果。

(7) 经济环保的防滑性——该防滑材料的价格和盐类融雪剂相当,但具有比重轻、体积大的特点,要达到同样的养护水平,其用量仅为 $80\sim150g/m^3$,仅为撒盐剂量的四分之一。使用方便,可按常规方法撒布,且无须清扫,同时可将因用盐给车辆、桥梁、道路及附属设施等带来的经济损失减少近 90%,大大降低冬季融雪养护的费用。

(8) 该冰雪防滑材料因含有较低冰点的防冻液,尤其在低温条件下(环境温度在 $-25℃$ 以下),可以去除采用除雪机械和除冰盐都无法清除的黑冰、薄冰、冰雪混合、冰层等,其融冰防滑能力强,可广泛应用于中国东北寒冷地区的城市道路、高速公路、机场跑道,替代盐、砂等防滑材料,达到融冰防滑的目的。

(9) 研制出用于该防滑材料的碳化设备,其设备结构简单,造价低,效果好,环保,可广泛应用于相关的碳化行业。

3. 社会效益

撒布砂石的防滑养护措施成本高,且撒布时环境会产生巨大灰尘,正是目前防滑养护作业不常采用的理由。撒布盐、砂混合料,防滑效果可以,但盐却给路面、车辆、桥梁、环境等带来巨大的负面影响,且其使用成本高,随着社会的进步、科技的发展,取代此冬季路面防滑养护措施也是势在必行。该新型防滑材料可节省人工清扫费用,减少融雪剂的使用剂量,且该防滑材料成本低于除冰盐,而且由于该产品对环境无污染,对车辆、道路及其附属设施腐蚀性极小,仅为盐的十分之一,可以大大地减少相应的损失,有效保护路面、环境,实现节能减排,所以总体来说经济效益十分可观。

(十一)氯盐类融雪剂对公路交通基础设施及环境影响检测评价防治技术

1. 研究内容

专题一:氯盐类融雪剂对公路基础设施影响的作用机理研究

(1)氯盐类融雪剂对公路基础设施影响现状调查分析;

(2)氯盐类融雪剂对公路基础设施影响的作用机理研究。

专题二:氯盐类融雪剂对公路基础设施及环境影响检测技术研究

(1)氯盐类融雪剂对水泥混凝土影响检测技术方法的研究;

(2)氯盐类融雪剂对钢筋锈蚀检测技术方法的研究;

(3)氯盐类融雪剂对沥青混凝土影响检测技术方法的研究;

(4)氯盐类融雪剂对路域环境影响检测技术方法的研究;

(5)编制技术手册:氯盐类融雪剂对公路基础设施及环境影响检测技术相关内容。

专题三:氯盐类融雪剂对公路基础设施及环境影响评价指标体系的研究

(1)氯盐类融雪剂对公路基础设施影响评价方法研究;

(2)氯盐类融雪剂对路域生态环境影响评价方法研究;

(3)氯盐类融雪剂对公路基础设施及环境影响评价体系研究;

(4)编制技术手册:氯盐类融雪剂对公路基础设施及环境影响评价指标及评价方法。

专题四:氯盐类融雪剂产品质量性能检测评价标准和使用方法

(1)氯盐类融雪剂产品质量性能现状分析;

(2)氯盐类融雪剂产品质量检测指标;

(3)氯盐类融雪剂评价标准及市场准入标准;

(4)氯盐类融雪剂合理使用技术规程;

(5)编制氯盐类融雪剂产品质量检测方法、检测指标、评价标准及氯盐类融雪剂合理使用技术规程。

专题五:氯盐类融雪剂对公路基础设施及路域环境危害防治技术研究

(1)氯盐类融雪剂对水泥混凝土的危害防治技术研究;

(2)氯盐类融雪剂对钢筋的危害防治技术研究;

(3)氯盐类融雪剂对沥青路面的危害防治技术研究;

(4)氯盐类融雪剂对路域环境的危害防治技术研究;

(5)编写氯盐类融雪剂对公路交通基础设施及路域环境危害防治技术汇编。

2. 主要成果

(1)首次对氯盐类融雪剂对公路交通基础设施影响的作用机理进行深入研究和全面

系统总结,在大量科学试验的基础上,发现了氯盐类融雪剂对公路交通基础设施的作用规律。

(2)自主研制开发了可降低氯盐类融雪剂对沥青影响的憎水型防护材料,检测混凝土氯离子含量的埋入式传感器及其制备方法等新材料、新方法,获国家专利4项。

(3)提出了基于气味、溶液色度、粒径、水中不溶物等指标进行氯盐类融雪剂产品质量测试与评价的方法。

(4)对氯盐类融雪剂对混凝土、钢筋、沥青、土壤等的影响进行定量分析,在试验论证分析的基础上,提出了氯盐类融雪剂撒布量控制标准。

(5)提出综合运用层次分析和模糊综合评价法的氯盐类融雪剂对公路交通基础设施及环境影响的综合评价指标体系方法,可以对氯盐类融雪剂对公路交通基础设施影响进行分析与评价。

(6)对可应用于混凝土、沥青、钢筋的氯盐危害多种防护材料进行试验观测,总结防护材料性能和规律,提出适用于混凝土、沥青、钢筋的氯盐类融雪剂防护技术措施。

(7)对植物的耐盐性进行试验观测,推荐出公路路域环境适宜的植被种类。

3. 社会效益

项目从氯盐类融雪剂对水泥路面破坏的基本原理出发,研发了水泥路面憎水型防护材料,提出了基于表面憎水处理的水泥混凝土路面防护技术。该技术的优点:①施工方法简单、施工设备和施工人员成本较低、施工速度快,无须长期中断交通,因而可以在各类级别和不同交通繁忙程度的水泥混凝土路段应用;②适用范围广,可以应用于不同强度等级、不同使用年限的新建和既有水泥混凝土路面及相关附属设施;③憎水效果机理独特,可渗入混凝土表层一定深度,防护效果持续时间长,对水泥混凝土路面的摩擦系数无影响,混凝土的其他耐久性能均不会降低;④节能环保,在防护施工过程中,无须采用大型机械设备,无噪声污染和有害物排放,对周边生活和生产环境不会产生不利影响,因此符合安全环保节能的要求。虽然该技术一次性投资提高50元/m^{2}左右,但如果平均每五年需要防护一次,则每年的投资只有10元/m^2。综合考虑提高路面使用寿命,减少路面损伤维修费用,节省机械除雪和人工除雪对路面造成损伤的维修费用,减少交通事故等造成的直接或间接经济损失等费用,则采用此项技术年增收节支总额约为100元/m^2,因此,一年内即可回收初期投资。

(十二)沥青混合料冷拌冷补技术的应用研究

1. 研究内容

(1)研制新型冷补沥青添加剂;

(2)冷补沥青混合料的路用性能试验方法及指标;

(3)冷补沥青混合料的配合比设计;

(4)冷拌、冷补沥青混合料的生产和施工工艺。

2. 主要成果

(1)自行研制了 LW-1 新型冷补沥青混合料添加剂,并对其改性沥青的机理进行了物化分析,并提出了自行研制的冷补沥青在不同温度范围条件下的配比。

(2)通过室内试验研究,提出了冷补沥青混合料初始马歇尔稳定度、成型稳定度、浸水残留稳定度、冻融劈裂强度以及高温车辙试验的室内试验方法。

(3)综合室内试验成果,总结提出了冷补沥青混合料初始稳定度、成型稳定度、浸水残留稳定度、冻融劈裂强度以及高温稳定度等路用性能推荐技术指标。

(4)研究提出了冷补沥青混合料配合比设计方法,为沥青混合料冷拌冷补技术的推广应用提供了技术依据。

(5)通过在不利季节对市政道路和高速公路路面坑槽的修补和后期观测表明,本研究成果实际应用可操作性强,应用效果良好,具有一定的经济和社会效益。

3. 社会效益

使用沥青冷补材料能及时修补路面,保持路面常新,保证道路畅通,减少路面重修次数,延长道路使用寿命。

(十三)吉林省域高速公路路网运行状态监测技术研究

1. 研究内容

本项目围绕智能路网相关技术,主要开展省域高速公路路网运行状态监测技术研究、安全态势分析和事件应急处置技术研究,开发路网实时监测软件和可视化评估仿真平台。具体内容:

(1)省域高速公路路网运行状态监测;

(2)省域高速公路路网安全态势分析;

(3)省域高速公路应急处置策略研究;

(4)开发路网运行状态监测软件。

2. 主要成果

(1)省域高速公路路网监测点布设及交通状态仿真模拟;

(2)高速公路交通事故地点检测模型建立;

(3)恶劣天气及交通事故应急处置策略研究;

(4)路网运行状态监测软件开发;

(5)高速公路安全态势评估和应急处置策略仿真平台开发。

3. 社会效益

智能路网是国家公路运输发展的战略,而路网运行状态监测是智能路网核心技术。本项目率先开展路网监测技术研究,旨在提升吉林省公路运输管理水平,保持和强化吉林省在高速公路运营管理技术的优势,保障高速公路的正常运营、安全畅通。

(十四)大跨度预应力混凝土薄壁梁桥结构特性的研究

1. 研究内容

(1)大跨度预应力混凝土半刚构—连续薄壁箱梁扭转、剪力滞效应测试分析;

(2)大吨位锚固体系锚固端局部应力测试与分析;

(3)主桥动力特性的测试与分析;

(4)徐变与温度内力分析;

(5)墩身结构的空间应力分析;

(6)横隔板的空间应力分析;

(7)T构合龙前的静荷载、风荷载及施工荷载作用下结构安全分析;

(8)悬臂挂篮浇筑混凝土时温度变形速度测定与分析;

(9)支座与基础下沉对高程影响的研究。

2. 主要成果

(1)进行了寒区大跨度预应力混凝土半刚构—连续薄壁箱梁结构特性的研究。

(2)荷载试验中,改变了以往粘贴应变片的方法,利用智能钢弦式数码应变计配综合测试仪进行应力测试。

(3)智能钢弦式数码应变计适用于桥梁长期在线健康检测,做到一次性投入,20年收益。

(4)测量了箱梁混凝土温度场,研究了温度在箱梁中的分布。

3. 社会效益

寒区大跨度预应力混凝土半刚构—连续薄壁箱梁结构特性的研究,有效地保证了结构的安全性,社会效益显著。

(十五)预应力钢—混凝土先简支后连续组合梁桥优化设计研究

1. 研究内容

(1)优化施工顺序。对先简支后连续预应力钢—混凝土组合连续梁的施工顺序进行优化。抑制中间墩负弯矩区混凝土的拉应力,控制裂纹宽度,谋求组合结构的耐久性并提高其机能。研究不同施工方法及预加力顺序对预应力钢—混凝土组合连续梁受力性能的影响。

（2）设计和施工合理施工工艺。充分考虑先简支后连续预应力钢—混凝土预应力组合连续梁预应力筋长度及布筋形式、预应力的大小、预应力筋偏心距、加载方式和加载时间，以及内力重分布特性、接缝的合理设计和施工。合理地调整中间支点最大负弯矩截面和跨中最大正弯矩截面的钢梁和混凝土板的应力，谋求结构设计的合理性和经济性。

（3）对极限承载能力、正常使用状态做出分析论证，并给出推荐设计计算方法。

2. 主要成果

（1）揭示了预应力钢—混凝土组合连续梁的力学机理与特性；

（2）提出了预应力钢—混凝土先简支后连续组合梁的剪力连接件对梁的组合作用的影响及设计方法；

（3）提出了预应力钢—混凝土先简支后连续组合梁负弯矩区段受力性能的改进方案；

（4）提出了在预加力作用下预应力钢—混凝土先简支后连续组合梁桥的受力状态，并推导出设计理论和计算方法。

3. 社会效益

通过项目研究建立的理论分析模型科学合理，有关实用技术简单适用。与单独钢梁相比，预应力钢—混凝土先简支后连续组合梁可以节省钢材，减少挠度；与钢筋混凝土梁桥相比，可以减轻自重，有效地提高了结构的使用性能，具有良好的经济效益和社会效益。

（十六）多塔矮塔斜拉桥设计施工安全关键技术研究

1. 研究内容

（1）多塔大跨径混凝土矮塔斜拉桥施工控制；

（2）矮塔斜拉桥成桥索力优化；

（3）基于有限元的极限承载力数值分析；

（4）矮塔斜拉桥主塔鞍座模型试验；

（5）全桥静、动载试验；

（6）桥梁抗震分析。

2. 主要成果

（1）首次基于扩展有限元方法分析了主桥索鞍区域的空间应力场及其开裂特征，提出了提高索鞍的抗裂性和减小应力集中的设计措施。

(2)首次提出基于 Durcker-Prager 屈服准则和 William-Wamke 五参数破坏准则的非线性有限元分析方法,对多塔混凝土矮塔斜拉桥的控制截面极限承载力进行数值分析,并以公路桥梁规范的截面承载力计算方法进行数值检验,该方法可以间接地检验数值分析方法和结果的适用性、正确性。

(3)采用非线性全过程分析方法分析了主桥的抗弯极限承载力,提出宁江松花江特大桥主桥中跨跨中受荷是该桥主梁最不利的受力工况,该界面可定义为该桥结构的易损界面。

(4)首次采用了单墩固结,其余主墩纵桥向设置滑动支座、横桥向设置弹塑性阻尼器的抗震结构体系,在 E1 地震作用下,各主墩纵横桥向均处于弹性工作状态。在 E2 地震作用下,纵桥向固结墩按延性结构设计,横桥向通过弹塑性阻尼器耗散地震能量。有效解决了Ⅷ度地震烈度区特大桥的抗震问题,使桥梁实现了预定抗震设计目标。

3. 社会效益

本项目针对宁江多塔矮塔斜拉桥,对设计理论、施工质量进行检验,总体评价结构的安全性和可靠性,为该桥的正常运营和养护、管理提供科学依据,为矮塔斜拉桥在全国寒区的建设提供理论依据和可靠的试验数据,同时也为矮塔斜拉桥的建设积累经验,提高同类桥梁的建设水平。

(十七)隧道施工多元信息反馈优化及超前预警技术研究

1. 研究内容

(1)交通信息质量控制与数据预处理方法;
(2)交通信息的数据融合方法研究;
(3)交通信息数据的知识挖掘方法研究;
(4)吉林省高速公路网交通信息数据呈现平台开发。

2. 主要成果

(1)通过对背景工程掌子面超前地质预报和取样试验,研究隧道掌子面及其附近的围岩监测、地质素描、超前地质预报等多元信息与"围岩级别"和"支护设计方案"的对应关系,建立"围岩级别"多因素动态判释方法。

(2)选择背景隧道工程重要典型区段,建立隧道开挖施工的三维精细化模型,按照正交设计方案进行不同的原岩应力、支护参数、围岩参数组合下的模拟计算,获得观测信息—围岩(或支护)参数、开挖加固方案或参数—评价指标之间的数据样本,分析其映射关系,建立非线性数学模型。进而建立快速识别围岩参数,同时根据围岩三维应力分布状态,定量优化支护参数的方法。

（3）收集观测数据和信息，研究隧道多元监测信息构成的非线性时间序列规律及表达模型，建立隧道施工历史观测信息—未来信息的映射关系，建立根据现有的监测信息预测未来信息变化的超前预报算法，实现隧道灾害的预警。

（4）建立了多元自动监测系统软硬件体系，突破隧道现场到处理中心的距离限制。基于多元实时监测数据，结合差异进化算法和神经网络，建立了监测信息的多元时间序列预测模型，实现了超远距离和超前预测功能的隧道报警系统。

（5）开发隧道快速动态优化及预警可视化软件系统。通过隧道施工监测信息智能可视化系统的研究和建立，自主设计编制了工程数据库信息管理及VTK可视化显示系统，引入了Dundas图表插件和VTK可视化技术，实现了变形监测资料存储功能、收敛位移与时间变化曲线图表展示功能。

3. 社会效益

隧道工程结构本身比较复杂，又处于复杂的地质水文环境中，影响岩土工程稳定性因素错综复杂，隧道工程失稳事故常常发生，例如滑坡、隧道塌方、高楼倾倒等岩土灾害现象屡见报道，带来严重的经济和安全损失。基于隧道施工多元信息反馈优化及超前预警技术研究成果在工程中获得很好的应用效果，可方便地指导施工单位采取合理辅助施工措施和施工方法，确保工程的安全和进度，有着很大的实际应用价值，具有很好的推广前景，社会效益显著。

（十八）寒区公路隧道保温防冻及路面防滑关键技术

1. 研究内容

（1）隧道围岩温度场的变化规律；
（2）隧道保温材料的保温性能；
（3）路面防滑设计方法及施工技术。

2. 主要成果

（1）开展了隧道保温隔热层材料比选试验，建立了有效数值计算模型，分析了有无保温隔热层及电伴热隧道温度场，系统全面开展了温度场现场测试与分析，建立路面有限元结构模型，得出了路面除雪除冰的最佳设计，综合理论分析与数值方法合理确定了隧道保温防冻设计参数。

（2）自行研制了寒区隧道温度场室内模型装置，分析了隧道围岩温度场的变化规律；研究了隧道保温材料的保温性能，提出了适用于本地区的隧道保温材料及其结构形式；基于传热学原理，推导出了寒区隧道衬砌电伴热辅助保温防冻段的功率计算方法。

（3）提出了寒区隧道衬砌电伴热辅助保温防冻段和路面防滑的设计方法及专项施工

技术;综合考虑环境温度场、安全距离和"雪坎"现象,提出了确定寒区隧道洞口段路面设防长度的方法。

3. 社会效益

该课题研究成果有效地防止了隧道冻胀和渗漏水等病害,有效地保证了寒区公路隧道保温防冻及路面防滑,为寒区隧道的设计与施工提供了理论和技术指导,对吉林省隧道保温防冻及路面防滑技术的提高起到重要作用,从而进一步提高交通服务质量,为全国寒区隧道有关技术规范的修编提供有力的技术支持,具有良好的推广应用前景,社会效益显著。

(十九)长白山区公路建设中野生动物资源保护技术研究

1. 研究内容

(1)长白山区公路建设对野生动物资源的影响;

(2)长白山区保护野生动物资源的技术;

(3)长白山区野生动物资源保护对策。

2. 主要成果

(1)提出了长白山区公路建设中保护野生动物资源应遵循的原则;

(2)提出了长白山区公路动物通道系统设置的技术;

(3)提出了长白山区公路动物保护交通工程配套技术、长白山区公路路域野生动物栖息地保护及恢复技术;

(4)编制完成了《长白山区公路建设中野生动物资源保护指南》。

3. 社会效益

本研究通过分析现有公路对野生动物的影响程度,对现有保护措施的效果进行调查,进而为即将建设的公路网和公路路线设计、动物通道设置、公路管理方案等提供理论依据和数据支持;同时根据长白山地区实际情况提出相应的保护措施方案,有效地保护了长白山地区公路建设过程的野生动物,意义重大。

(二十)寒冷地区高速公路沿线设施低碳关键技术研究及示范

1. 研究内容

(1)寒冷地区高速公路沿线设施太阳能—地热能联合供暖关键技术。

①地源热泵与太阳能联合供暖系统运行方式的研究;

②太阳能地下蓄热技术研究;

③地源热泵系统地下高效换热器的研究。

（2）寒冷地区高速公路沿线设施太阳能热电与建筑一体化关键技术。

①太阳能光热及光电系统与建筑、结构一体化设计；

②太阳能光热及光电建筑一体化集成技术研究。

（3）高速公路沿线设施风能与太阳能互补发电系统研发。

①冬季风光互补系统的优化和匹配的研究；

②相同投资下风光互补系统并入电网的最大发电效率研究；

③寒区高速公路沿线管理及服务设施的低碳节能技术、新材料、新技术应用方法的研究。

2. 主要成果

（1）在高速公路沿线设施中综合利用地热能、太阳能和风能三种可再生能源供热供电技术，提高了寒冷地区节能减排集约化水平。

（2）开发了一种新型的辐射状地下换热井技术，解决了高速公路沿线建筑临近道路、桥梁以及旧建筑供暖改造产生的埋管区域受限制的问题。

（3）研发的太阳能—地热能联合供暖优化技术，解决了寒冷地区单独应用地源热泵系统产生的地层热不平衡问题，并提高了地源热泵系统换热效率。

3. 社会效益

本项目研究成果综合能源系统设计及应用，可以很好地弥补太阳能或风能发电系统单独设置的缺点，提高供电系统可靠性，避免能源经多次转换而造成的损耗，大大减少了污染物排放量，从根本上有效地保护了环境。

（二十一）面向多数据源的高速公路网交通信息融合与利用技术研究

1. 研究内容

（1）交通信息质量控制与数据预处理方法；

（2）交通信息的数据融合方法研究；

（3）交通信息数据的知识挖掘方法研究；

（4）吉林省高速公路网交通信息数据呈现平台开发。

2. 主要成果

（1）完成了多数据源交通信息的数据预处理与质量控制模型的构建；

（2）完成了多数据源交通信息的数据挖掘模型库和算法库的构建；

（3）完成了面向多数据源的吉林省高速公路网交通信息呈现平台软件的开发。

3. 社会效益

项目针对吉林省高速公路网的实际情况和需求，开展面向多数据源的高速公路网交通信息融合与利用技术研究,建立交通数据预处理与质量控制体系,构建面向多数据源的数据融合与数据挖掘模型及方法体系,提出了交通综合信息呈现平台开发技术,为高速公路的智能化管理和决策提供更完整、准确的路况信息,也为高速公路管理系统的进一步智能化、信息化打下良好的基础,社会效益显著。

二、长白山区鹤大高速公路科技示范工程

"长白山区鹤大高速公路资源节约循环利用科技示范工程"于2013年获得交通运输部批准实施。

鹤大高速公路科技示范工程以提高工程质量和服务水平为核心,落实国家"生态文明建设"和交通运输行业"绿色、循环、低碳"发展的要求,建设"技术先进、资源节约、抗冻耐久、生态环保"的现代化高速公路,实现路与自然环境的和谐、路与社会环境的和谐、建设过程的低碳节约、运营过程的节能高效。

鹤大高速公路科技示范工程包含7个专项、23个子项的科技示范项目(表6-2-2),集中展示2003—2013年10年间交通运输行业科技创新研究和技术攻关中所取得的各项新技术、新材料、新工艺、新装备,切实解决高速公路设计、建设、运营管理过程中的各种问题,促进交通运输行业技术进步和高速公路建设理念的创新。通过科技示范工程项目,推广应用成熟的技术成果,形成系列标准和工法,解决公路建设过程中的复杂工程问题,提升工程建设项目的科技含量和技术水平,对吉林省高速公路建设发挥示范和引领作用,对全国季冻区高速公路的建设起到示范带动作用。

(一)季冻区柔性组合基层沥青路面合理结构形式的推广应用

1. 推广技术内容

(1)高速公路柔性基层沥青路面优化组合设计的推广应用;

(2)沥青路面边缘合理结构形式与施工工艺的推广应用。

2. 关键技术

(1)通过试验,确定柔性材料的合理材料设计控制指标;

(2)通过室内重复动三轴试验系统研究,建立材料动弹性模量与其影响因素之间的关系,为优化结构设计和施工质量控制提供合理参数;

(3)对典型的路面结构进行标准轴载、超重荷载、施工荷载作用下垂直式边部路面结构的受力特性和不同边部构造情况下结构的稳定性分析。

3. 推广规模

在鹤大高速公路主线269km进行应用。

长白山区鹤大高速公路科技示范项目一览表

表 6-2-2

主题	技术类型	序号		序号	项目名称	技术支撑单位
资源节约	基于全寿命周期成本理念的季冻区高速公路建设关键技术	I	推广	1	季冻区柔性组合基层沥青路面合理结构形式的推广应用	吉林省交通规划设计院,哈尔滨工业大学,长安大学
				2	结构混凝土抗冻耐久关键技术推广应用	吉林省交通科学研究所,吉林省交通规划设计院,交通运输部公路科学研究院
				3	高寒山区隧道保温防冻技术推广应用	吉林省交通科学研究所,吉林省交通规划设计院,中交第一勘察设计研究院有限公司
			攻关	4	生态敏感路段湿地路基修筑关键技术研究应用	吉林省交通科学研究所,吉林省交通规划设计院,交通运输部公路科学研究院
				5	季节性冻土地区高速公路路基路面长期使用性能研究应用	吉林省交通科学研究所,吉林省高等级公路建设局,吉林省高速公路管理局
	地产筑路材料升级利用技术	II	推广	6	填料型火山灰改性沥青混合料技术推广应用	吉林省交通科学研究所,吉林省交通规划设计院,大连理工大学,同济大学
				7	火山灰作为胶凝材料在大体积结构水泥混凝土中的推广应用	吉林省交通科学研究所,吉林省交通规划设计院,交通运输部公路科学研究院
				8	填料型硅藻土改性沥青混合料技术推广应用	吉林省交通科学研究所,吉林省交通规划设计院,吉林省高速公路管理局
	高速公路低碳节能技术	III	推广	9	寒区高速公路房屋建筑工程节能保温技术推广应用	吉林省交通科学研究所,吉林省高等级公路建设局,长春工程学院
				10	RFID无源电子标签不停车收费技术与部标ETC兼容性开发应用	吉林省高速公路管理局,吉林省高等级公路建设局,交通运输部公路科学研究院
			攻关	11	基于环境感知的高速公路隧道及服务区照明节能与智慧控制技术研究应用	大连海事大学,吉林省高等级公路建设局,吉林省交通科学研究所

第六章
高速公路建设的科技成果

续上表

主题	序号	技术类型		序号	项目名称	技术支撑单位
资源节约	IV	高速公路建设生态恢复与民俗旅游融合技术	推广	12	植被保护与恢复技术推广应用	交通运输部科学研究院，吉林省高等级公路建设局
				13	民俗文化及旅游服务与沿线设施景观融合技术应用	交通运输部科学研究院，吉林省高等级公路建设局
	V	废旧材料改性沥青混合料关键技术	攻关	14	应对极端气候的橡胶粉SBS复合改性沥青成套技术研究与应用	吉林省交通科学研究所，吉林省交通规划设计院，交通运输部公路科学研究院
				15	植物沥青混合料路用性能研究与应用	吉林省交通科学研究所，吉林省交通规划设计院
				16	油页岩沥青混合料路用性能研究与应用	吉林省交通科学研究所，吉林省公路管理局，吉林大学
循环利用	VI	工程废弃材料综合利用成套技术	推广	17	寒区公路边坡生态砌块及道面铺装成套技术推广应用	吉林省交通科学研究所，吉林久盛建材有限公司
				18	弃渣弃方巨粒土路基填筑技术推广应用	吉林省交通科学研究所，交通运输部公路科学研究院
				19	机制砂在寒区结构混凝土中的推广应用	吉林省交通科学研究所，交通运输部公路科学研究院
				20	尾矿渣筑路技术推广应用	吉林省交通规划设计院
				21	煤矸石筑路技术推广应用	吉林省交通科学研究所
	VII	公路建设水环境保护技术	推广	22	季冻区服务区污水处理与回用技术推广应用	交通运输部科学研究院，吉林省高等级公路建设局
			攻关	23	基于生态补偿的湿地营造技术研究应用	交通运输部科学研究院，吉林省高等级公路建设局

(二)结构混凝土抗冻耐久关键技术推广应用

1. 推广技术内容

(1)混凝土有害冻融次数及合理抗冻等级的推广应用;
(2)抗冻混凝土各项原材料技术指标的推广应用;
(3)抗冻混凝土配合比优化设计方法的推广应用;
(4)抗冻混凝土关键施工技术及质量控制措施的推广应用。

2. 关键技术

(1)具有抗冻要求的水泥混凝土结构或构件经济、合理抗冻等级的确定方法;
(2)抗冻混凝土各项原材料及外观辅助产品技术指标的确定;
(3)抗冻混凝土配合比优化设计方法;
(4)抗冻混凝土施工关键技术和质量控制措施。

3. 推广规模

在鹤大高速公路吉林省内段,包括小沟岭至抚松、靖宇至通化全线主线桥涵混凝土、伸缩缝、伸缩缝下盖梁、护栏底座、防撞墙路线,全长339km。其中特大桥2座、大桥105座、中桥48座、小桥5座、互通式立交24座、分离式立交13座、通道桥70座。

(三)高寒山区隧道保温防冻技术推广应用

1. 推广技术内容

(1)隧道冻害分类分级技术推广应用;
(2)隧道抗冻保温技术推广应用;
(3)隧道立体防渗漏技术推广应用。

2. 关键技术

(1)基于地域特点的鹤大高速公路隧道冻害分类及分级技术;
(2)基于温度梯度、大地标准冻深、围岩类别计算隧道保温隔热设防长度方法;
(3)寒区隧道综合抗冻保温技术。

3. 推广规模

在鹤大高速公路全线18座隧道进行推广应用,施工过程中根据围岩现场实际情况对隧道保温技术具体应用段落进行实时动态调整。

(四)生态敏感路段湿地路基修筑关键技术研究应用

1. 研究内容

专题一:季冻区公路建设对湿地影响调查及评价

(1)公路建设湿地占用情况调查；

(2)公路建设对湿地切割破坏引起的范围内植被死亡、湿地退化情况调查；

(3)公路建设对湿地蓄水能力及水系连通的影响,包括地下水位、地表水位变化调查；

(4)公路建设对地域生态环境综合影响,包括水、生物、土地等自然资源变化情况以及生态破坏和环境污染情况；

(5)对应路基填料、结构形式、施工组织调查。

专题二：鹤大高速公路沿线湿地分布及水文地质、工程特性研究

(1)高速公路沿线湿地分布、土层结构及生物组成；

(2)高速公路沿线湿地水文、地质特性调查研究：地表、地下水的分布和运动规律,物理性质和化学成分；

(3)高速公路沿线湿地工程特性；

(4)高速公路沿线湿地分类。

专题三：季冻区生态敏感路段湿地路基修筑技术研究

(1)人工湿地挖除换填技术；

(2)天然湿地地基粒料桩处治技术；

(3)天然湿地碎石盲沟修筑技术；

(4)天然湿地波纹钢管涵洞实施技术；

(5)轻型材料台背回填修筑技术。

专题四：生态敏感路段湿地路基修筑监测评定

(1)生态敏感路段湿地路基修筑跟踪监测技术；

(2)生态敏感路段湿地路基修筑对环境影响监测与评定。

2.关键技术及创新点

(1)季冻区路基修筑对湿地影响因素；

(2)基于湿地保护的直接填筑路基修筑技术；

(3)基于湿地保护的碎石桩地基处治技术；

(4)基于湿地保护的盲沟+波纹钢管组合方案处治技术；

(5)基于湿地保护的路基修筑综合处治施工工艺；

(6)沿线湿地生态功能恢复力监测与评定技术。

(五)季节性冻土地区高速公路路基路面长期使用性能研究应用

1.研究内容

专题一：鹤大高速公路路基路面使用性能分析

（1）气候条件对路基路面使用性能影响；

（2）交通荷载对路基路面使用性能影响；

（3）土基强度对路基路面使用性能影响。

专题二：冻胀融沉条件下公路路基使用性能监测技术

（1）公路路基温度监测；

（2）公路路基湿度监测；

（3）基于光纤传感器的路基变形监测。

专题三：季冻区公路路面使用性能监测技术

（1）路面长期使用性能监测指标；

（2）路面长期使用性能监测仪器设备的调研及选型；

（3）基于光纤传感技术的路面使用性能监测方案设计及实施。

专题四：气候条件及公路交通荷载组成监测技术

（1）影响路面长期使用性能的气象环境监测；

（2）基于动态称重系统的交通荷载组成监测。

专题五：季冻区公路沥青路面结构长期使用性能评定

（1）沥青路面长期使用性能预测分析；

（2）季冻区沥青路面设计指标和模型的多尺度评价研究；

（3）路面结构长期使用性能影响因素分析；

（4）提高沥青路面长期使用性能的路基路面工程建设技术对策。

2. 关键技术及创新点

（1）基于光纤传感的路基路面指标测试技术；

（2）路基路面长期性能监测设备选型及布设；

（3）沥青路面多尺度试验与长期性能指标的相关性；

（4）建立路基路面长期使用性能评价体系；

（5）沥青路面长期使用性能评定；

（6）基于光纤传感的路基路面指标测试技术；

（7）季冻区沥青路面长期性能预估模型。

（六）填料型火山灰改性沥青混合料技术推广应用

1. 推广技术内容

（1）火山灰填料型改性剂技术指标推广应用；

（2）火山灰填料型改性剂与橡胶粉改性沥青复合改性沥青配合比设计方法推广

应用;

(3)火山灰填料型改性剂与橡胶粉改性沥青复合改性沥青混合料性能分析;

(4)火山灰填料型改性剂与橡胶粉改性沥青复合改性沥青混合料施工工艺推广应用。

2. 关键技术

(1)火山灰填料型改性剂技术指标要求;

(2)火山灰填料型改性剂与橡胶粉改性沥青复合改性技术;

(3)火山灰填料型改性剂与橡胶粉改性沥青复合改性沥青混合料配合比优化设计;

(4)火山灰填料型改性剂与橡胶粉改性沥青复合改性沥青混合料施工工艺。

3. 推广规模

填料型火山灰改性沥青混合料应用于吉林省新建鹤大高速公路靖宇至通化段 B 合同段主线 K322+605~K335+350 下面层路面结构中,取代原设计沥青混合料中的矿粉,应用总里程共 12km(扣除构造物的长度)。

(七)火山灰作为胶凝材料在大体积结构水泥混凝土中的推广应用

1. 推广技术内容

(1)火山灰掺合料技术标准研究。

①物理指标要求;

②化学指标要求。

(2)掺入火山灰材料水泥混凝土配合比设计。

①火山灰掺料最佳掺量确定;

②掺入火山灰水泥混凝土配合比优化设计。

(3)掺入火山灰水泥混凝土性能研究。

①掺入火山灰水泥混凝土工作性;

②掺入火山灰水泥混凝土抗渗性;

③掺入火山灰水泥混凝土抗冻性;

④掺入火山灰混凝土钢筋腐蚀试验研究。

(4)火山灰掺入水泥混凝土的施工工艺及质量检测。

①掺入火山灰水泥混凝土施工工艺;

②掺入火山灰水泥混凝土质量检测。

2. 关键技术

(1)火山灰掺料技术标准;

(2)火山灰掺料最佳掺量;

（3）掺入火山灰水泥混凝土抗冻性。

3. 推广规模

在鹤大高速公路小沟岭至抚松段 C 设计标段部分桥梁承台大体积水泥混凝土中应用，应用规模为 410m³。

（八）填料型硅藻土改性沥青混合料技术推广应用

1. 推广技术内容

（1）硅藻土在沥青混合料中的合理掺量研究。

①验证已有成果的研究结论；
②明确硅藻土在沥青混合料中的合理掺量；
③硅藻土沥青混合料配合比设计。

（2）硅藻土沥青混合料路用性能研究。

①硅藻土沥青混合料高温稳定性；
②硅藻土沥青混合料低温抗裂性；
③硅藻土沥青混合料水稳定性。

（3）硅藻土沥青路面示范工程实施。

①施工质量控制；
②硅藻土沥青路面路用性能验证；
③完善《硅藻土沥青混合料设计与施工技术指南》。

2. 关键技术

（1）硅藻土在沥青混合料中的合理掺量的确定；
（2）硅藻土沥青混合料路用性能的提高幅度。

3. 推广规模

在鹤大高速公路小沟岭至抚松段泉阳连接线的下面层推广应用硅藻土沥青路面 7.998km。

（九）寒区高速公路房屋建筑工程节能保温技术推广应用

1. 推广技术内容

（1）季冻地区高速公路服务区建筑节能 65% 的标准研究；
（2）外墙 EPS 模块；
（3）预制外窗台板；
（4）窗的安装方法。

2. 关键技术

(1) 外围护结构外保温技术;

(2) 新型建筑构件的研制;

(3) 节能构造优化及外窗安装方法。

3. 推广规模

鹤大高速公路敦化南服务区的建筑节能保温。

(十) 基于环境感知的高速公路隧道及服务区照明节能与智慧控制技术研究应用

1. 研究内容

(1) 隧道照明节能与智慧控制系统;

(2) 以环境信息感知和人眼视觉效果为依据的照明亮度标准;

(3) 基于摄像机图像的照度实时监测方法。

2. 关键技术及创新点

(1) 研究了能见度、动视力、光生物效应和光源色温等对隧道照明和人眼视觉感知的影响,建立了适合人眼视觉感受的亮度计算方法和模型。

(2) 基于摄像机图像信息处理和定点照度监测,提出了隧道照明系统的闭环反馈自适应调光方法。

(3) 开发了一套隧道照明智慧控制系统,该系统通过信息融合、人工神经网络的有机结合,完成对隧道照明的"推理—决策—闭环控制",实现了对隧道照明亮度的合理有效调节。

(4) 构建了高速公路服务区照明用电多维情境模型,研发了基于环境感知、行为预测和智能控制的一体化高速公路服务区照明节能技术与装备系统。

(十一) 植被保护与恢复技术推广应用

1. 推广技术内容

(1) 路域原生植被分级保护技术;

(2) 分步清表施工技术;

(3) 基于表土资源利用的植被恢复技术。

2. 关键技术

(1) 路域原生植物筛查和分级保护;

(2) 分步清表施工中保护范围的控制和管理;

(3) 表土用于边坡和临时用地植被恢复技术的适用性。

3. 推广规模

在鹤大高速公路全线339km推广应用路域原生植被分级保护技术。

（十二）民俗文化及旅游服务与沿线设施景观融合技术应用

1. 推广技术内容

（1）沿线民俗文化调查与应用对策研究；

（2）服务区主题定位与选址优化；

（3）基于原地形保护和人性化服务的服务区功能布局优化；

（4）基于民俗文化和地域特色的服务区景观融合设计要点。

2. 关键技术

（1）基于文化旅游、自然生态的服务区选址优化原则；

（2）基于原地形保护及人性化服务的服务区布局优化原则；

（3）基于民俗文化和地域特色的景观融合设计要点。

3. 推广规模

在鹤大高速公路全线7处服务区推广应用选址优化、布局优化、景观融合技术。

（十三）应对极端气候的橡胶粉SBS复合改性沥青成套技术研究与应用

1. 研究内容

专题一： 适合鹤大高速公路气候和交通荷载条件的橡胶粉SBS复合改性沥青及沥青混合料路用性能的研究

（1）橡胶粉和SBS合理掺配比例确定；

（2）橡胶粉SBS复合改性沥青胶浆流变特性指标；

（3）不同层位橡胶粉SBS复合改性沥青混合料配合比组成设计；

（4）橡胶粉SBS复合改性沥青混合料路用性能研究。

专题二： 鹤大高速公路橡胶粉SBS复合改性沥青混合料力学性能研究

（1）橡胶粉SBS复合改性沥青混合料动弹模量试验研究；

（2）橡胶粉SBS复合改性沥青混合料抗压强度和劈裂强度试验研究；

（3）橡胶粉SBS复合改性沥青混合料疲劳特性研究；

（4）橡胶粉SBS复合改性沥青混合料间接拉伸、蠕变特性研究。

专题三： 鹤大高速公路橡胶粉SBS复合改性沥青混合料施工工艺研究

（1）提高橡胶粉SBS复合改性沥青存储稳定性措施的研究；

（2）橡胶粉SBS复合改性沥青混合料拌和、摊铺及碾压工艺；

（3）橡胶粉 SBS 复合改性沥青混合料施工过程质量控制。

专题四：温拌橡胶粉 SBS 复合改性沥青混合料技术研究

（1）橡胶粉改性沥青温拌降温技术；

（2）温拌橡胶粉 SBS 复合改性沥青混合料配合比设计方法；

（3）温拌橡胶粉 SBS 复合改性沥青混合料路用性能研究；

（4）温拌橡胶粉 SBS 复合改性沥青混合料施工工艺。

2．关键技术及创新点

（1）系统地提出了适用于季冻区的工厂化橡胶粉改性沥青评价指标。

（2）通过较为系统的路用性能和力学性能研究，提出了具有合适油石比和优良路用性能的橡胶粉改性沥青矿料级配范围。

（3）提出了季冻地区温拌橡胶粉改性沥青技术，有助于橡胶粉改性沥青技术在季冻地区的推广应用。

（4）系统地总结了施工工艺，撰写《鹤大高速公路橡胶粉 SBS 复合改性沥青混合料应用技术指南》，为橡胶粉改性沥青技术在鹤大高速公路沥青面层的应用提供了有效的技术支持。

（十四）植物沥青混合料路用性能研究与应用

1．研究内容

（1）植物沥青与石油沥青的相容共混机理及改性机理研究；

（2）混合植物沥青及改性混合植物沥青的路用性能评价；

（3）混合植物沥青混合料设计方法研究及性能评价；

（4）植物沥青试验示范工程设计、实施及评估。

2．关键技术

（1）植物沥青组成特征的材料测试及分析方法；

（2）混合植物沥青的配伍性、共混机理及改性机理分析；

（3）改善混合植物沥青混合料水稳定性措施；

（4）改善混合植物沥青混合料的抗老化性能及耐久性措施。

3．推广规模

技术应用到鹤大高速公路小沟岭至抚松段敦化连接线，推广应用 2km。

（十五）油页岩沥青混合料路用性能研究与应用

1．研究内容

（1）油页岩概况调查研究；

(2)油页岩灰渣单质材料基本性质分析;

(3)油页岩灰渣在沥青混合料中的合理应用形式研究;

(4)油页岩灰渣沥青混合料路用性能研究;

(5)油页岩灰渣沥青实体工程实施。

2.关键技术及创新点

(1)油页岩路用性能试验分析及合理应用形式;

(2)油页岩灰渣生产工艺与灰渣路用性能的关系;

(3)不同生产环节油页岩灰渣沥青混合料性能试验分析;

(4)油页岩灰渣用于沥青混合料的合理应用形式及掺量;

(5)油页岩灰渣路用性能指标研究。

(十六)寒区公路边坡生态砌块及道面铺装成套技术推广应用

1.研究内容

(1)隧道弃渣技术分析,基于抗冻性能优化的生态砌块配合比技术推广应用;

(2)上、下边坡砌块防护动态设计技术推广应用;

(3)路堑、路堤坡面砌块防护施工工艺推广应用;

(4)油页岩灰渣沥青混合料路用性能研究;

(5)油页岩灰渣沥青实体工程实施。

2.关键技术

(1)提出生态砌块配合比及抗冻指标;

(2)砌块坡面防护边坡坡率及砌块类型的确定方法;

(3)砌块坡面防护施工工艺。

3.推广规模

技术应用到鹤大高速公路小沟岭至抚松及靖宇至敦化段路堑边坡防护,推广总面积97万 m^2。

(十七)弃渣弃方巨粒土路基填筑技术推广应用

1.推广技术内容

(1)大粒径填料分类、分级技术推广应用;

(2)粒料规格分层位填筑技术推广应用;

(3)填料开挖、运输、碾压技术推广应用;

(4)质量控制及评定标准技术推广应用。

2. 关键技术

(1) 填石路基底层和路堤的填料及层厚技术指标控制；

(2) 填料的爆破、开挖、运输、摊铺和整平等技术指标控制；

(3) 碾压方式及组合形式指标控制；

(4) 质量控制及评定标准、沉降观测及施工监控技术环节指标控制。

3. 推广规模

在鹤大高速公路全线进行应用。

(十八) 机制砂在寒区结构混凝土中的推广应用

1. 推广技术内容

(1) 水泥混凝土用机制砂材料技术指标推广应用；

(2) 机制砂水泥混凝土配合比设计优化,提高混凝土抗冻性技术推广应用；

(3) 机制砂混凝土施工工艺及质量检验技术推广应用。

2. 关键技术

(1) 机制砂混凝土原材料质量控制方法；

(2) 机制砂混凝土配合比优化提高混凝土抗冻性能技术。

3. 推广规模

在鹤大高速公路 6 座桥梁墩台身混凝土进行应用。

(十九) 尾矿渣筑路技术推广应用

1. 推广技术内容

(1) 尾矿渣材料调查,重点是白山、通化地区分布的铁尾矿渣材料；

(2) 尾矿渣材料化学、物理性质分析及自然条件下的稳定性分析；

(3) 室内试验及现场试验对比分析；

(4) 尾矿渣路基填筑的路基断面、结构组合和排水等设计方法；

(5) 尾矿渣路基工程稳定性数值模拟分析；

(6) 尾矿渣路基材料施工级配、压实厚度、压实工艺和质量控制指标；

(7) 尾矿渣实施方案分析。

2. 项目技术关键

(1) 尾矿渣路基填筑的路基断面、结构组合和排水等设计参数；

(2) 尾矿渣路基材料施工级配、压实厚度、压实工艺和质量控制指标。

3. 推广规模

鹤大高速公路靖宇至通化段应用尾矿渣路基 2km,应用尾矿渣约 10 万 m^3。

(二十)煤矸石筑路技术推广应用

1. 推广技术内容

(1)煤矸石分级标准在公路工程的推广应用;

(2)煤矸石路面基层合理配合比的推广应用;

(3)煤矸石施工工艺及质量评价标准的推广应用。

2. 关键技术

(1)煤矸石基层最大粒径及级配要求;

(2)煤矸石分级指标的确定。

3. 推广规模

将煤矸石材料在鹤大高速公路路面基层上推广应用,抚松连接线 4.98km,预计应用煤矸石 $6000m^3$。

(二十一)季冻区服务区污水处理与回用技术推广应用

1. 推广技术内容

(1)季冻区污水处理及回用技术;

(2)污水处理及回用设施冬季稳定运行技术;

(3)污水处理及回用设施管理养护技术。

2. 关键技术

(1)选择合适增温保温方式,保证全年稳定的处理效果;

(2)结合当地冻土层深度,确定最适宜的填料层深度;

(3)降低污水处理系统运行成本,减少管理养护操作。

3. 推广规模

鹤大高速公路 7 处服务区建设季冻区污水处理及回用示范工程。

(二十二)基于生态补偿的湿地营造技术研究应用

1. 研究内容

(1)高速公路建设对湿地生态系统的影响研究;

(2)高速公路沿线湿地保护研究;

(3)湿地补偿技术研究。

2. 关键技术及创新点

(1)探索公路建设对湿地水系阻隔的关键因素,寻求水力连通的最优条件也是本研究的难点与关键。

(2)从生态系统角度阐明高速公路建设对湿地的影响。

(3)针对高速公路不同区域的特点,提出基于生态补偿的人工湿地营造技术。

3. 推广规模

在鹤大高速公路2处互通式立体交叉所在区域、2处服务区应用。

第三节 标准、专著、专利及获奖情况

依托高速公路建设主编完成行业标准2项,地方标准10项,出版科技专著5部,完成发明专利23项,获得省部科技进步奖励80余项。

一、行业标准

已颁布实施的行业标准见表6-3-1。

已颁布实施的行业标准统计表 表6-3-1

序号	标准名称	文号	发布单位	编制单位
1	《季节性冻土地区公路设计与施工技术规范》	JTG/T D31-06—2017	交通运输部	吉林省交通运输厅
2	《公路工程抗冻设计施工与技术指南》	—	交通运输部	吉林省交通运输厅

(一)《季节性冻土地区公路设计与施工技术规范》

依据交通运输部《关于下达2012年度公路工程标准制修订项目计划的通知》(厅公路字〔2012〕184号),编写组对季节性冻土地区公路工程冻害进行了广泛的调研,全面总结了季节性冻土地区公路工程抗冻设计与施工的实践经验,充分吸纳了近年来国内外先进的研究成果和成熟技术,针对抗冻设计与施工方面的主要问题,开展了专题研究工作。在《公路工程抗冻设计与施工技术指南》(部颁2006年)的基础上,编写了本行业规范(2015年报部审批)。

规范参编单位包括吉林省交通科学研究所、哈尔滨工业大学、甘肃省交通规划勘察设计院有限责任公司等典型地区的科研院所及设计施工单位。

规范共包括8章42节,涵盖路基、路面、桥涵、隧道及抗冻混凝土的抗冻设计及施工技术要求。作为季冻区首部公路设计与施工行业规范,既与现行公路行业设计及施工规范相容,又是对行业规范关于季冻区关键技术的补充,对季节性冻土地区公路工程抗冻设计与施工做出了全面的规定。

(二)《公路工程抗冻设计施工与技术指南》

2001年,交通部下达了《公路工程抗冻设计与施工技术指南》(交公路发〔1999〕739号文)的编制计划,由吉林省交通运输厅组织编写,揭开了季冻区公路工程抗冻耐久性关键研究的序幕。编写组梳理了国内外公路工程抗冻研究的成果,借鉴俄罗斯、美国、欧盟、日本在抗冻理论、路基平衡湿度、水泥混凝土抗冻等方面的研究经验,基于中国公路工程抗冻研究基础观测数据和阶段成果,依托东三省高等级公路冻害系统调查和道路冻深、路基容许冻胀、路面材料抗冻性评价等专题研究,针对新时期公路建设需求,对季冻区公路工程抗冻设计与施工做出了全面的规定,2006年颁布实施。

规范参编单位包括吉林省交通科学研究所、哈尔滨工业大学。

规范共包括7章24节,涵盖路基、路面、桥涵及抗冻混凝土的抗冻设计及施工技术要求。

二、地方标准

已颁布实施的地方标准见表6-3-2。

已颁布实施的地方标准统计表　　　　　表6-3-2

序号	标准名称	文号	发布单位	编制单位
1	《沥青玛蹄脂碎石混合料设计与施工技术规范》	DB22/T 349—2003	吉林省质量监督局	吉林省交通科学研究所
2	《石灰粉煤灰稳定材料路面基层、底基层设计施工技术指南》	DB22/T 470—2009	吉林省质量监督局	吉林省交通科学研究所
3	《公路工程火山灰材料应用技术指南》	DB22/T 2092—2014	吉林省质量监督局	吉林省交通科学研究所
4	《寒区公路工程煤矸石应用技术指南》	DB22/T 2062—2014	吉林省质量监督局	吉林省交通科学研究所
5	《硅藻土沥青混合料设计与施工技术指南》	DB22/T 2225—2014	吉林省质量监督局	吉林省交通科学研究所
6	《公路填石路基施工技术规范》	DB22/T 1961—2013	吉林省质量监督局	吉林省交通科学研究所
7	《公路隧道LED照明应用技术指南》	DB22/T 2308—2015	吉林省质量监督局	吉林省交通科学研究所
8	《橡胶粉改性沥青及沥青混合料应用技术指南》	JLJTG/T E03—2016	吉林省交通运输厅	吉林省交通科学研究所

续上表

序号	标准名称	文号	发布单位	编制单位
9	《公路工程水泥混凝土生态砌块应用技术指南》	JLJTG/T E04—2016	吉林省交通运输厅	吉林省交通科学研究所
10	《波纹钢管涵洞设计与施工技术规范》	DB22/T 2419—2015	吉林省质量监督局	吉林省交通科学研究所

（一）《沥青玛蹄脂碎石混合料设计与施工技术规范》

沥青玛蹄脂碎石混合料（SMA）是一种性能优良的沥青混合料，具有抗滑耐磨、稳定耐久的特点。自1985年在吉林省推广应用，到目前为止在吉林省高等级公路中已应用近3000km，取得了显著的经济效益和社会效益。2003年，吉林省交通厅组织编写的《沥青玛蹄脂碎石混合料设计与施工技术规范》在全省颁布执行。通过对10年来SMA技术在吉林省应用的总结，发现SMA技术又有许多成熟的研究成果和设计及施工经验应纳入规范中。同时由于行业标准如《沥青路面设计规范》（JTG D50）的修订，使原规范中的一些条文与行业标准不适应。根据现行国家与行业规范中对SMA混合料技术指标的要求，结合吉林省自身特点，参照以往SMA路面设计施工经验，对原规范进行修订。修订内容包括：

（1）依据吉林省高速公路SMA路面使用性能需求及吉林省各地区材料性能指标检测数据，对粗集料、细集料、填料以及纤维等原材料性能指标要求进行了修订。

（2）基于近年来对吉林省高速公路SMA路面混合料各项性能指标检测数据，对SMA沥青混合料矿料级配及性能指标要求进行了修订。

（3）总结吉林省多年来SMA路面施工经验，结合近年来新工艺、新技术的应用情况，对SMA路面施工工艺进行了修正和完善。

（4）在施工质量控制章节补充了原材料、混合料及施工过程质量控制要求。

（5）为新版《沥青路面设计规范》（JTG D50—2017）补充了SMA动态回弹模量参考值。

（6）结合近年来新技术、新材料、新工艺的应用，新增了SMA材料低温指标要求、橡胶粉改性沥青技术、温拌技术等内容。

通过修订、完善《沥青玛蹄脂碎石混合料设计与施工技术规范》，可为吉林省SMA技术的应用提供可靠的技术基础和保障，使吉林省在使用SMA技术时做到有法可依、有据可查，既能满足相关国家或行业规范要求，又符合吉林省实际施工情况，更可有效地提高SMA路面施工质量，延长SMA面层的使用寿命，因此具有较好的社会效益和经济效益。

（二）《石灰粉煤灰稳定材料路面基层、底基层设计施工技术指南》

自20世纪80年代初，吉林省公路建设开始应用石灰粉煤灰（以下简称"二灰"）稳定材料作路面基层、底基层,到目前已在各等级公路中广泛应用,取得了良好的经济效益和社会效益。为进一步提高二灰稳定材料基层、底基层的技术性能,结合吉林省的自然条件和使用经验,编制本指南。

本指南只包括石灰粉煤灰稳定材料路面基层、底基层。二灰稳定材料设计中增加了温缩、干缩和抗冻性指标要求。考虑到目前有关规范用7d抗压强度来控制施工质量,在工程实践中感到其代表性不强,因此改用28d强度作为控制施工质量的指标。为方便28d强度指标在工程中的应用,研究了相应的快速养生方法。

对二灰稳定材料原材料指标提出要求;修改了石灰含水率指标要求,提出石灰细度控制指标;提出粉煤灰细度检验方法、标准;对石料含泥量等指标做了详细的规定;增加了早强剂的应用。总结了吉林省多年的施工经验;提出了不同于部颁规范的二灰稳定碎(砾)石集料的级配范围;提出了二灰稳定集料按体积法计算材料组成的方法和步骤。对二灰稳定材料基层、底基层施工、养生方法做出具体的规定,以便于根据不同公路等级选择应用。提出了二灰稳定材料的干缩、温缩、抗冻、高温快速测强、筛分法测定粉煤灰细度等试验方法。

本指南是在总结吉林省二灰稳定类基层、底基层多年设计与施工经验的基础上编写的,对设计和施工具有指导意义。

(三)《公路工程火山灰材料应用技术指南》

根据吉林省质量技术监督局文件《吉林省质量技术监督局关于2013年度吉林省地方标准制修订项目立项计划公告》(2013年第4号),发布地方标准《公路工程火山灰材料应用技术指南》(DB22/T 2092—2014)。

该标准在火山灰物理化学性质及颗粒组成分析和在道路工程中的应用范围、火山灰路基抗冻性能及隔温性能、火山灰稳定材料基层、底基层技术指标及火山灰的颗粒组成范围、火山渣替代水泥混凝土路面中部分粗集料的比例、磨细火山灰提高水泥混凝土性能的效果及最佳比例、火山灰材用于道路工程中的施工工艺上取得了突破。

(四)《寒区公路工程煤矸石应用技术指南》

根据吉林省质量技术监督局文件《吉林省质量技术监督局关于2014年度吉林省地方标准制修订项目立项计划公告》(2013年第4号),发布地方标准《寒区公路工程煤矸石应用技术指南》(DB22/T 2062—2014)。

该标准规定了煤矸石路基和路面基层的术语定义、煤矸石材料路用分级标准、煤矸石路基和基层的设计与施工等。适用于寒冷地区采用煤矸石新建或改建的各等级公路的路基和路面基层的设计和施工,其他地区也可参考使用。

(五)《硅藻土沥青混合料设计与施工技术指南》

根据吉林省质量技术监督局文件《吉林省质量技术监督局关于2014年度吉林省地方标准制修订项目立项计划公告》(2014年第4号),发布地方标准《硅藻土沥青混合料设计与施工技术指南》(DB22/T 2225—2014)。

该标准规定了硅藻土沥青混合料的术语和定义、材料、配合比设计、施工工艺、施工质量管理和检查验收等。

该标准适用于新建、改建和养护工程各等级公路沥青路面面层用硅藻土沥青混合料的设计和施工。

(六)《公路填石路基施工技术规范》

根据吉林省质量技术监督局文件《吉林省质量技术监督局关于2013年度吉林省地方标准制修订项目立项计划公告》(2013年第4号),发布地方标准《公路填石路基施工技术规范》(DB22/T 1961—2013)。

该标准适用于新建和改建高速公路、一级公路填石路基施工,其他道路填石路基施工可参照执行。

(七)《公路隧道 LED 照明应用技术指南》

吉林省交通科学研究所编制完成地方标准《公路隧道 LED 照明应用技术指南》,2015年10月由吉林省质量技术监督局发布实施。该指南在国家及行业现行有关技术标准基础上,结合吉林省公路隧道的环境特点及使用要求,并参考国内外最新研究成果,对公路隧道应用 LED 照明的有关技术要求进行规定,适用于全省各等级公路隧道新建 LED 照明系统和既有隧道照明系统的更新改造。指南主要内容包括:范围、规范性引用文件、术语和定义、LED 照明灯具技术要求、设计与施工、质量检验、验收、运营维护管理,共8个部分。

(八)《橡胶粉改性沥青及沥青混合料应用技术指南》

由吉林省交通运输厅组织编写、吉林省交通科学研究所编写的《橡胶粉改性沥青及沥青混合料应用技术指南》,于2015年12月31日通过吉林省交通运输厅组织的专家评审,批准文号为 JLJTG/T E03—2016。《橡胶粉改性沥青及沥青混合料应用技术指南》也是鹤大高速公路"双示范"工程实施技术支持项目之一,该指南编制过程中广泛征求了国内相关专家的意见,从原材料要求、橡胶粉改性沥青性能指标要求、橡胶粉改性沥青生产工艺、橡胶粉改性沥青混合料配合比优化设计、橡胶粉改性沥青面层和碎石封层施工工艺及质量验收等方面进行了详细的规定,规范了橡胶粉改性沥青在吉林省公路工程中的生产与施工,有利于提高吉林省橡胶粉改性沥青路面建设质量,有利于促进橡胶粉改性沥青的技术进步,标准达到了国内领先水平。

(九)《公路工程水泥混凝土生态砌块应用技术指南》

《公路工程水泥混凝土生态砌块应用技术指南》为鹤大高速公路"双示范"工程实施技术支持项目,该指南的制定对水泥混凝土生态砌块在公路边坡生态、防护方面具有积极的指导作用,对公路工程的保护环境、节约资源、循环利用具有重要意义。

(十)《波纹钢管涵洞设计与施工技术规范》

《波纹钢管涵洞设计与施工技术规范》为省质量技术监督局批准的地方标准编制计划项目,也是鹤大高速公路"双示范"工程实施技术支持项目之一。规范编制过程中广泛征求了国内相关专家的意见,从原材料要求、勘测、结构与构造设计、防腐设计、波纹管涵洞施工及质量验收等方面进行了详细的规定,有利于提高波纹钢管涵洞的设计和施工质量,有利于促进波纹钢管涵洞的技术进步,标准达到了国内先进水平。

三、交通科技专著

出版交通科技专著5部,见表6-3-3。

主要专著统计表　　　　表6-3-3

序号	专著名称	著作者	出版社	出版时间
1	《火山灰材料在道路工程中的应用》	陈志国、陈东丰	人民交通出版社	2013年
2	《长白山区公路建设生态、景观恢复技术研究与实践》	韩继国、陆旭东、陈东丰,等	人民交通出版社	2013年
3	《运营期路基安全监测与评价技术》	陈东丰、凌建明、郑纯宇,等	人民交通出版社股份有限公司	2014年
4	《煤矸石筑路技术研究及应用》	时成林、沙爱民、闫秋波、谭永波、韩继国	人民交通出版社股份有限公司	2016年
5	《公路工程造价控制管理政策及计价研究》	闫秋波、封佩杰、付巍、张骞,等	人民交通出版社股份有限公司	2016年

(一)《火山灰材料在道路工程中的应用》

该书以作者近几年来研究成果和工程实践为基础,全面系统地介绍了火山灰的物理、化学性质和颗粒组成,火山灰用于填筑路基、修筑路面基层、水泥混凝土路面以及改善沥青混合料路用性能等相关技术,同时还阐述了火山灰材料用于道路工程中的施工关键技术,为火山灰在道路工程中的应用提供了全方位的支持,有助于火山灰这种新型筑路材料的推广应用。

该书依据2008年完成的交通运输部交通建设科技项目"火山灰材料在道路工程中的应用研究"研究成果,同时参考"细火山灰改善沥青混合料路用性能的应用研究"的研究成果,经过作者系统地整理、总结和提炼撰写而成。以往火山灰材料在国内外主要用于化工、印刷和服装等行业,建筑行业里多用于制作空心砖,而用于道路工程的较少。利用火山灰的活性稳定路面基层及以火山灰作为沥青混合料的改性剂在国内外的研究中尚属于首创,填补了国内外空白。该项技术已成功在长白山区公路建设中推广应用,应用里程300km,节约公路建设费用8000余万元。

该书第一、二章介绍了火山灰材料在国内外的分布、物理化学特性及在道路工程中的应用技术要求。第三章介绍了火山灰填筑路基的压实稳定性、抗冻性能及边坡稳定性等施工工艺。第四章论述了火山灰稳定基层的力学性能指标及抗收缩等特性,通过实体工程研究提出了火山灰稳定基层的施工工艺。第五章介绍了火山粒料和磨细火山灰在水泥混凝土路面中的应用。第六章探讨了火山灰填料型改性剂的改性机理、沥青胶浆的流变特性,以及火山灰复合改性沥青混合料的路用性能。全书较系统地介绍了火山灰材料在路基、路面中的应用技术,对火山灰材料的应用具有指导作用,对同类研究具有借鉴作用。

(二)《长白山区公路建设生态、景观恢复技术研究与实践》

该书主要阐述了长白山区概况及公路建设中的生态问题、生态影响与恢复区划技术、乡土植物筛选、路域生态景观恢复技术、客土喷播生态恢复工程效果评估及质量验收评价标准、景观设计及生态景观恢复模式、生态景观恢复工程效益分析等。

该书以交通运输部交通建设科技项目"长白山区公路建设的生态、景观恢复技术研究"为依托,结合长白山区自然地理和气候特点,经过4年的试验研究,进行了大量、细致、全面的室内外试验研究工作,获得了多项具有创新性的研究成果,达到了国际先进水平,为公路建设生态景观恢复提供了技术依据。该项目研究依托长白山区典型公路——吉林至延吉高速公路工程建设,开展了3大类、12小项的试验示范研究工作,通过后期跟踪观测,获得了丰富、可靠的观测资料。在此基础上开展的分析评价研究工作,提出了适合长白山区公路建设生态景观恢复的区划分类、植物种类、恢复模式和验收技术标准,开发研究的岩石坡面快速生态景观恢复技术——"离子型双层喷附+保育块苗移栽"技术,经过现场应用和观测分析,证明该技术所构建的人工土壤层稳定可靠,经受住了7年的雨水和冻融作用,植被层生长茂密,正在逐渐向自然生态系统演替。该项目获得的研究成果已经在吉林省近年来开工建设的"图们至珲春高速公路""通化至新开岭高速公路""营城子至松江河高速公路"等多条高速公路中广泛推广应用,并已取得显著效果,带来了良好的经济和社会效益。

(三)《运营期路基安全监测与评价技术》

该书以交通运输部西部交通建设科技项目"运营期路基安全监测与评价技术"为依托,围绕运营期路基安全的内涵要求,进行了大量的调查、室内外试验及理论分析工作,获得了多项具有创新性的研究成果,达到了国际先进、部分国际领先水平,为运营期路基安全监测与评价提供了技术依据。项目研究中,在对运营期路基安全病害调研、分类的基础上,以路基安全机理分析为依据,建立了基于路基整体稳定和路面使用性能的路基安全监测技术与预警体系以及典型工况条件下路基结构安全评价的指标与标准。项目组还自主研发了具有实时监测和无线传输功能的公路路基开裂位移采集装置,提出了路基开裂位移的采集方法,并经过在敦化草炭土监测路段长达5年的使用,证明该专利技术实用可行。综合项目研究成果,开发了具备路基监测数据分析与预测、安全隐患判别、安全评价与预警、养护决策等功能的路基结构安全监测与养护管理系统。项目取得的研究成果已经用于鹤大公路草炭土不良地基路基稳定的长期性和连续性安全监测,为制定适宜的养护维修决策提供了科学依据。还用于长春至松原高速公路辅道低填路基在水、温度、荷载共同作用下的安全性态及其变化规律持续监测,为研究季冻区低填方路堤在冻融及荷载作用下安全性态变化机理和制定行业技术标准提供了数据支持。

(四)《煤矸石筑路技术研究及应用》

主要对煤矸石及其应用情况进行了论述,通过试验分析了东北地区代表性煤矸石的单质材料物理化学性质,明确了煤矸石材料路用分级标准的指标,结合煤矸石路基和路面基层试验分析及实际应用路段的跟踪监测,总结了煤矸石路基填料和基层材料的路用性能、评价方法和评价指标。

该书可供采用煤矸石新建或改建的各等级公路路基及路面基层的设计和施工参考使用。

(五)《公路工程造价控制管理政策及计价研究》

该书立足于公路建设全过程造价监管,提出了适合国家公路建设发展的造价控制管理政策及计价的总体构想,旨在为公路工程造价的合理确定、科学控制和有效监管提供理论指导,最大限度地体现造价计价工作的实用性和指导性。

四、发明专利

共完成专利23项(表6-3-4),其中实用新型专利17项,发明专利6项。

第六章
高速公路建设的科技成果

主要发明专利统计表

表6-3-4

序号	专利或软件著作权名称	授权号	专利或软件著作权类型名称	获得授权时间	主要完成人
1	低功耗磁翻转可变数码显示牌	ZL 02 2 73604.2	实用新型专利	2003年5月21日	张飞军、王晓珂、张跃
2	充气式路面渗水测试仪	ZL 03 2 51688.6	实用新型专利	2004年5月12日	孙延忠、吕得保、李世杰
3	纤维吸油率测定仪	ZL 03 2 51719.x	实用新型专利	2004年8月4日	吕得保、孙延忠、李世杰
4	木质素纤维筛分析仪	ZL 03 2 51720.3	实用新型专利	2004年8月4日	吕得保、孙延忠、李世杰
5	液晶显示可变情报板	ZL 03 251792.0	实用新型专利	2004年12月15日	张飞军、陈东丰、王晓珂
6	道路防滑除冰雪液	ZL 02 1 09118.8	发明专利	2005年7月6日	王晓珂、陈东丰、王丽勋
7	土质冻胀率测定仪	ZL 2005 2 0029335.2	实用新型专利	2007年2月21日	陈志国、王晓珂、陈东丰
8	高性能道路路面灌缝材料及生产工艺	ZL 2004 1 0010907.2	发明专利	2007年4月4日	韩继国、时成林、孙延忠
9	环保道路颗粒除雪剂	ZL 2005 1 0017196.6	发明专利	2007年5月23日	王丽勋、王晓珂、陈东丰
10	火山灰改善沥青混合材料	ZL 2007 1 0193576.4	发明专利	2010年3月3日	陈志国、纪景义
11	路面材料温度收缩测试仪	ZL 2007 1 0193574.5	发明专利	2011年7月13日	陈志国、纪景义
12	公路路基开裂位移采集装置	ZL 2011 2 0019178.2	实用新型专利	2011年9月7日	陈东丰、王晓珂、秦卫军
13	公路隧道太阳能专用LED灯	ZL 2011 2 0195803.9	实用新型专利	2012年1月18	张飞军、陈晓冬、刘佳力
14	预制组合式水渠	ZL 2005 2 0029205.9	实用新型专利	2007年3月7日	田树成、韩继国
15	硼灰路面基层材料	ZL 2010 1 0221660.4	发明专利	2012年11月28日	时成林、王晓珂、陈东丰
16	车载式公路路面三维测量装置	ZL 2011 2 0270600.1	实用新型专利	2012年3月28日	李清泉、胡珊、曹民
17	路基冻融循环转台下毛细水上升高度试验仪	ZL 2010 2 0688638.6	实用新型专利	2011年10月12	栾海、胡珊、霍玉霞
18	路基毛细水上升高度成型试验仪	ZL 2010 2 0688651.1	实用新型专利	2011年11月5日	程海帆、胡雪峰、焦明伟
19	利用植物沥青添加至石油沥青作为道路用沥青及生产方法	ZL 2011 2 0270600.1	实用新型专利	2012年3月28日	栾海、纪青山、霍玉霞

续上表

序号	专利或软件著作权名称	授权号	专利或软件著作权类型名称	获得授权时间	主要完成人
20	表面无缝型桥梁伸缩缝	ZL 2015 1 0182776.4	实用新型专利	2016年5月11日	王玉娟、栾海、纪青山
21	公路养护管理系统	ZL 2015 2 0611158.2	实用新型专利	2015年12月16日	李平、栾海、赵含
22	碎石封层试件成型模具	ZL 2015 2 1613972.8	实用新型专利	2016年5月25日	李平、栾海、王艳军
23	金属撕裂式阻尼器	ZL 2016 2 0101092.7	实用新型专利	2016年8月31日	程海帆、胡雪峰、焦明伟

(一)低功耗磁翻转可变数码显示牌

该实用新型专利公开一种低功耗可变数码显示牌,由7个翻转单元构成7段多组数字码,装置在后板上,翻转单元包括主轴及可绕主轴转动的外壳组成,主轴上设有铁芯和线圈,通过引线与控制电路连接,空心结构的外壳套在主轴上,外壳的内壁对应于铁芯、线圈的位置,固定有永磁铁块。空心结构的外壳涂成两种不同颜色。采用电磁翻转结构原理,通过改变电路的电流方向即可控制显示牌翻转,不需要传感器和碳刷,结构简单,工作可靠,操作方便,减少了功耗,降低了成本,不受温度影响,不怕阳光照射,是高速公路可变速标志显示牌的理想装置,还可用于大型运动场的记分牌。

低功耗可变数码显示牌,其特征在于:由数个翻转单元构成多段数码显示装置,翻转单元由主轴及可绕主轴转动的外壳组成,主轴上设有铁芯和线圈,通过引线与控制电路连接,空心结构的外壳套在主轴上,外壳的内壁对应于铁芯、线圈的位置,固定有永磁铁块。

(二)充气式路面渗水测试仪

该实用新型专利提供了一种充气式路面渗水测试仪,由量筒、渗水管、压盖构成渗水测量机构,并装置在芯样模具室上,芯样模具室内设有可充气的环状轮胎,道路芯样可放置在轮胎的中部,利用轮胎的弹性和充气之后形成的膨胀力封住模具侧壁与试件之间的空隙。利用轮胎的弹性和充气之后形成的膨胀力封住模具侧壁与芯件之间的空隙,避免了水从连通的空隙返到路面上的可能,影响试验结果,以便确认路面是否渗水。该仪器可用于在沥青混凝土配合比设计时进行渗水试验;也可对SMA路面取芯试件进行渗水试验及对密实悬浮结构的沥青路面进行渗水试验。操作简便,数据可靠,配件易得,便于维修。

充气式路面渗水测试仪,其特征在于:芯样模具室内设有可充气的环状轮胎,道路芯样可放置在轮胎的中部,利用轮胎的弹性和充气之后形成的膨胀力封住模具侧壁与试件之间的空隙。

(三)纤维吸油率测定仪

该实用新型专利公开一种纤维吸油率测定仪,摇摆板上并联装置有若干过滤筒,通过滚动轴承支承在测定仪本体上,过滤筒的底部设有过滤网和溢流孔,收集管对应设在溢流孔的下方,另一端接收集筒,电机经传动皮带与传动轮连接设在测定仪本体的下方,传动轮上设有偏心销轴,偏心销钉通过连杆与摇摆板构成运动副,由电机带动摇摆板振动。采用偏心连杆振动机构,结构简单,性能可靠,降低了测定仪的价格,通过制作独立标准筛网,大大提高了试验的工作效率,保证了试验的精度和准确度,同时具有收集残油的功能,适用于公路工程建设中的各级试验检测单位。

纤维吸油率测定仪,其特征在于:摇摆板上并联装置有若干过滤筒,通过滚动轴承支承在测定仪本体上,过滤筒的底部设有过滤网和溢流孔,收集管对应设在溢流孔的下方,另一端接收集筒,电机经传动皮带与传动轮连接设在测定仪本体的下方,传动轮上设有偏心销轴,偏心销钉通过连杆与摇摆板构成运动副,由电机带动摇摆板振动。

(四)木质素纤维筛分析仪

该实用新型专利公开一种木质素纤维筛分析仪,筛子与筛盖构成封闭的容器,筛子的底部为筛网,筛盖中部设有转动轴,一端装置有摇动手柄,另一端装置有尼龙刷子,可与筛网构成运动副,转动手柄将木质素纤维均匀地筛分,进行准确测量。筛分析仪通过特制的标准孔径筛网制成标准筛,将特制的毛刷安装与筛盖,试验时由筛盖盖住标准筛,形成一个密闭的空间,不受试验环境的影响,不损失试样,大大提高了试验的精度和准确度。试验仪器因其价格低、试验准确、操作方便,适用于公路工程建设中的各级试验检测单位。

木质素纤维筛分析仪,其特征在于:筛盖上装置有转轴和转动手柄,转轴另一端固定有刷子,可随转动轴转动,与筛网构成运动副。

(五)液晶显示可变情报板

该实用新型专利公开一种液晶显示可变情报板,由编辑显示通信计算机发送显示数据给通信控制器,通信控制器中的单片机 8051 在收到传送来的显示数据后,再以点阵位格式将显示数据地址传送给移位寄存器,将显示数据传送给数据锁存器,LCD 显示板上的显示控制器在收到显示数据和选通地址后,再将指定位的 LCD 显示点打开,显示规定的内容。大点液晶 LCD 显示矩阵,之间缝隙在显示图文中忽略不计,采用 8051 单片机控制液晶显示模块以高速串行静态方式显示点阵图文,$10m^2$ 的显示屏只需 1s 左右即能完成画面变换显示。解决了现在 LCD 发光二极管大屏汉字显示屏的功耗大和白天在户外受阳光影响显示不清楚的问题。

(六)道路防滑除冰雪液

该发明专利公开一种道路防滑除冰雪液,取粮食深加工过程中的浸泡液、碱金属盐与醇类混合物,搅拌均匀,制成除雪剂。在下雪前将该发明产品喷洒在道路表面,可以防止雪和冰黏结于路面;也可在冰雪路面上直接喷洒,融雪化冰。该发明产品水溶解度适当,溶液凝固点低,原料易得丰富,使用方便,无腐蚀,无毒害,不污染环境,成本低廉,具有抑制盐的腐蚀作用,可广泛用于道路、桥梁、飞机跑道及屋顶表面的防冰除雪。

(七)土质冻胀率测定仪

该实用新型专利公开一种土质冻胀率测定仪,由底部的制冷源、中部的制冷工作室及上部的测量室构成封闭的箱式结构,其中,冷源设在制冷室底部,将冷量传递给制冷工作室,使制冷室内形成负温度环境,在制冷室与测量室连接处设有金属导温板,导温板上装有土样试件模具,试件模具上设有测试位移传感器,并与显示控制仪表连接,并使量的位移在二次仪表上得以显示。该仪器为专用的土质冻胀率检测设备,减少了其他因素对测量的影响,可直接量测低温状态下土的冻胀变形,具有较高的测量精度,提高了测量的效率,为建筑、公路的建设提供了质量保证。

(八)高性能道路路面灌缝材料及生产工艺

该发明专利提供一种高性能道路路面灌封材料及生产工艺,它是由改性沥青、芳烃类油、丁苯橡胶粉、增塑剂按质量份数比构成,是将改性沥青加热到 $130 \sim 150℃$,加入 $4 \sim 10$ 质量份数的芳烃类油,由搅拌装置搅拌,搅拌同时加入 $15 \sim 25$ 质量份数的橡胶粉和 $3 \sim 8$ 质量份数的增塑剂一起搅拌均匀,搅拌时保证温度不低于 $130℃$。该发明材料的低温延度($5℃$)大于 $60cm$,针入度指数 PI 为 $4.0 \sim 7.0$,当量软化点可达 $60 \sim 85℃$,当量脆点达到 $-60 \sim -100℃$,弹性恢复可达 $98\% \sim 100\%$,正常使用寿命可达到 5 年以上。灌缝材料有较好的抗高、低温性能,黏韧性较强,有较好的弹性恢复性能,适于沥青路面、水泥混凝土路面灌缝使用。

高性能道路路面灌缝材料,其特征是:由改性沥青 100 份、芳烃类油 $4 \sim 10$ 份、丁苯橡胶粉 $15 \sim 30$ 份、增塑剂 $3 \sim 8$ 份,按质量份数比制成的。

(九)环保道路颗粒除雪剂

该发明专利提供一种环保道路颗粒除雪剂,取玉米淀粉加工过程的副产物 $14 \sim 80$ 质量份数,无机物 15~64 质量份数和有机酸盐 5~22 质量份数,分别粉碎成细粉后,搅拌均匀,按常规造粒方法制成颗粒状,干燥后制成固体除雪剂。该发明产品为固体颗粒制剂,包装、储藏、运输方便,直接撒在冰雪路面上,5~20min 即可起到防滑、融化冰雪,使冰层松动的效果,可快速融化路面冰雪,有效抑制盐的副作用,保护路面不受腐蚀,周边环境不受污染。该发明产品原料丰富易得,加工工艺简单,产品成本低廉,可广泛用于寒冷地区道路的防冰除雪。

环保道路颗粒除雪剂,由以下质量份数原料制成:玉米淀粉加工过程的副产物 14~80 质量份数,无机物 15~64 质量份数、有机酸盐 5~22 质量份数;上述的玉米淀粉深加工过程的副产物中含有蛋白质 70%~80%、植酸 3%~5%、麦芽糖 3%~5%、维生素 3%~5%,余量为矿物质;无机物选自 $NaCl$、$CaCl_2$、KCl、$MgCl_2$、磷酸铵、磷酸钾、磷酸钠、磷酸钙、磷酸镁的一种或多种混合。

(十)火山灰改善沥青混合材料

该发明专利公开一种火山灰改善沥青混合材料,由 SiO_2 含量小于 65% 的火山灰与硅酸三钙进行混合制成,两者的质量份数比例为:硅酸三钙:火山灰 =(10~30):100,然后将两者的混合料研磨到 30~60μm,得改性剂。该发明在沥青混合料拌和过程中使用,改性剂与沥青混合料的质量份数比例为:改性剂:沥青混合料 =(2~8):100,改性剂的掺加工艺同普通矿粉。试验结果表明,掺加发明的改性剂后,沥青混合料冻融劈裂残留强度比可达 80% 以上,动稳定度可达 1000 次/mm 以上。不仅提高了火山灰分布地区沥青路面的使用性能与质量,而且明显降低工程造价和减少维护费用,经济社会效益显著。

火山灰改善沥青混合材料,是由以下原料按质量份数比构成的:SiO_2 含量小于 65% 的火山灰 10~30、硅酸三钙 100。

(十一)路面材料温度收缩测试仪

该发明专利公开一种路面材料温度收缩测试仪,测试仪本体由底部的制冷源、上部的制冷工作室兼测量室构成封闭的箱式结构,制冷源使制冷工作室内形成负温度环境,在制冷室设有固定支架,其上固定有摩擦系数可以忽略的圆柱杆,与圆杆垂直方向连接有水平方向位移传感器,位移传感器与制冷室左上方的数据采集器相连,数据采集器将温缩变形引起的压电信号转换为数字信号传输给计算机,通过计算机生成温缩数据及图形文件。测试仪设计成专用的路面材料温缩变形检测设备,模拟野外工作环境,提高测量精度,可直接测量低温状态下路面材料的温缩变形,具有较高的测量精度,提高了测量的效率,为公路的建设提供了质量保证。

（十二）公路路基开裂位移采集装置

该实用新型专利公开一种公路路基开裂位移采集装置，包括电感调频式位移传感器、刚性测杆、保护套筒、锚固底座，刚性传力杆穿过保护套筒固定在所测失稳路基两端的锚固底座上。电感调频式位移传感器由密封的圆柱形金属管及内置的磁芯、电感螺旋线圈、温度传感器、串行存储芯片、模数转换器、555时基电路构成。磁芯的一端可连接刚性传力杆，磁芯受外力作用可在电感螺旋线圈内平移，位移量的变化引起电感螺旋线圈电感量的变化，电感螺旋线圈电感量的变化传送给555时基电路，555时基电路转变成频率输出给存储芯片，根据存储芯片中的标定系数及预置传感器计算公式就可计算出测杆位移变化量，得出测量路基裂缝数据传送给模数转换器，将模拟信号转换为数字信号。数字信号经电缆传输给采集模块。通过埋设在路基内部微裂缝两侧电感调频式位移传感器的位移扩展情况，实现路基内部微裂缝的实时自动监测，避免现场人工读数，省时省力，快捷有效。

（十三）公路隧道太阳能专用 LED 灯

该实用新型专利的目的是解决目前公路隧道照明灯具普遍存在的能耗高，不能采用太阳能供电系统的问题，设计在太阳能供电系统安装初期和后期不同供电系统的公路隧道太阳能专用 LED 灯。该实用新型专利利用二极管的单向导电性，设计了整流电路；电路中采用发光二极管；电路中，电容 C1 降压电容降压后进行全桥整流，并采用 C2 电容滤波和并联稳压二极管 TL431 进行稳压；R2 为限流电阻，用于控制电流，为 LED 照明电路中串联的多个 LED 提供恒流；R3 是保护电阻，用于防止电压升高和温度升高 LED 电流增大，击穿串联的 LED 管。该实用新型专利的主要优点有三条：①具有直流特性，满足了太阳能光伏系统直流供电的需求。②节能效果特别明显。据测算，该灯具的功率仅为 5.4W，远远低于目前常用的高压钠灯（后者一般从数十瓦到数百瓦不等）。③灯具照度集中。经测量，灯具中心照度可达 60lx 以上，有效保证了隧道照明应用需求。

（十四）预制组合式水渠

预制组合式水渠，其特点是：包括渠体，在渠体的一端设有连接槽口，另一端设有连接沿，在渠体内壁上设有若干个凸起的加强筋和若干个小通孔，一个预制组合式水渠的连接沿与另一个预制组合式水渠的连接槽口间隙配合且通过连接件连接。所述的连接件结构具有自紧铆钉，在自紧铆钉的孔中设有膨胀芯。在所述的渠体两侧均设有固定沿。该水渠具有预制成型，适于工业化制造，现场组合安装，安装方便快捷，使用寿命长，能够使自然植被正常生长，保持绿色生态等优点。

（十五）硼灰路面基层材料

该发明专利提供了一种硼灰路面基层材料,是由水泥、石灰、硼灰、砂土组成的,按上述比例将硼灰与砂土混合,同时加入石灰,拌和均匀后加入相应的水泥,再拌和,最后加入指定含水率的水,得到最大干密度及最佳含水率的混合物。该发明的积极效果在于:应用硼灰做路面基层材料,将硼灰变废为宝,解决了硼灰堆放产生的对河流、土壤和大气的严重污染问题,降低了公路工程造价,具有较大的经济效益、社会效益和环保效益。

硼灰路面基层材料是由以下物质按质量份数比制成的:水泥:石灰:硼灰:砂土 =5:8:43.5:43.5。

（十六）车载式公路路面三维测量装置

该实用新型专利涉及一种车载式公路路面三维测量装置,该装置包含移动站和基站,其中,移动站包含 GPS 接收机、IMU、激光扫描仪、距离传感器、工业计算机以及车辆,基站由 GPS 接收机、数据记录装置以及三脚架构成,其能在车辆运行过程中,自动记录公路路面的空间信息,然后通过计算机软件计算得到路面的三维数据,解决了路面测量的精度问题,可以满足路面高程精度为 ±5cm 的要求,同时大大提高了测量效率,降低了测量人员的劳动强度,提高了测量作业的安全感性。

（十七）路基冻融循环转台下毛细水上升高度试验仪

路基冻融循环状态下毛细水上升高度试验仪,属于公路建设设备、仪器技术领域,其特征是:①在上、中、下三个冷冻室的底部都开有三个圆孔,并一字横排,圆孔与土样试验管插入配合,每个冷冻室的三个圆孔都与另外冷冻室的三个圆孔上下垂直对应,冷冻室的门都是单独保温玻璃窗门,在每个冷冻室都安装有制冷管和温度传感器,并各自连接一台空气压缩机和风冷凝器;②供水瓶通过进水管与土样试验管底部连通;③在土样试验管底孔安装有铜丝网和塑料多孔透水板,并放置在有水槽内。仪器优点是:它可以在一定程度上模拟路基土在一定温度、湿度下的冻融环境,并实时监测土样毛细水的上升过程,还可以实现土样不同的给水条件。

（十八）路基毛细水上升高度成型试验仪

路基毛细水上升高度成型试验仪,属于公路建设设备、仪器技术领域,其特征是:在底座上垂直固定有有机玻璃管,在有机玻璃管上开有数个取样孔;在击实锤顶部分别固定有导向杆和软绳,击实锤的外径小于有机玻璃管内径。仪器优点是:采用自制的不锈钢击实锤,在透明的有机玻璃管中成型土样,做到有机玻璃管不碎裂、成型的土样密度均匀,这种操作方法属于国内首创,实现了按照压实度要求控制土样的密度、按照最佳含水率制备土样的目的,能有效地模拟路基土的实际含水率和密度,能够测定该含水率和密度下土样的毛细水上升高度。

(十九)利用植物沥青添加至石油沥青作为道路用沥青及生产方法

利用植物沥青添加至石油沥青作为道路用沥青及生产方法,属于交通运输领域,由下述材料以一定质量比组成:石油沥青:100;植物沥青:20~100;纤维素或淀粉:植物沥青份数的0.01~0.1;松香:植物沥青份数的0.01~0.03。优点是:采用植物沥青和石油沥青(或橡胶沥青、橡胶改性沥青)在稳定剂和增黏剂的作用下,使其具有较好的相溶性,改善沥青和沥青混合料的使用性能,是替代部分石油沥青的一个新的途径和新的方法。它具有高黏度、高软化点,在良好的配合比设计的前提下,沥青混合料具有一定的高温稳定性,能够提高沥青混凝土路面高温和重载交通的抗车辙变形的能力。

(二十)表面无缝型桥梁伸缩缝

该实用新型专利发明的桥梁伸缩缝,属于道路桥梁工程技术领域,其特征是:在两水泥主梁顶部分别通过锚固装置固定有下滑板块,在承载板两端安装弹性变形体,弹性变形体一端与承载板固定连接,另一端与主梁预留的连接钢筋固定连接,在两水泥主梁顶部和承载板之间安装有滑动轴,在下滑板块与承载板的接触面上设有润滑剂槽,在承载板与桥面铺装层接触面上设有防滑槽,在承载板下部中间固定有限位挡块。优点是:桥梁的伸缩变形主要在承载板下面、弹性变形体和桥面铺装层完成,桥梁伸缩缝结构因表面无缝,提高了行车的舒适性,减弱了行车动荷载对桥梁的冲击作用,施工工期短,减少了伸缩缝的维修更换时间,方便桥面养护维修及加铺层改造,延长了使用寿命。

(二十一)公路养护管理系统

公路养护管理系统,包括处理器以及移动终端。所述处理器内包含有地理信息服务组件、Web应用中间件、数据库、认证组件和数据传输组件;所述移动终端内包含有地理信息服务组件、GPS定位组件、音视频采集组件、Web应用中间件、数据库、认证组件和数据传输组件;所述处理器与移动终端之间通过网络连接。本实用新型设计合理,操作性强,涉及公路养护管理者利用地理信息系统及无线数据传输技术实现公路资产信息数字化查询、录入和信息传递,可以方便地查询、统计和汇总,适应大规模的公路养护管理信息传递与公路资产状况查询与评估的要求,可提升公路养护管理工作的质量与效率。

(二十二)碎石封层试件成型模具

该实用新型模具涉及碎石封层设备领域,模拟碎石封层的铺筑实际及真实地反映出碎石封层的材料组成性能。该模具包括试件成型压头、试件成型模具、试件托盘、模具成型工作台。该碎石封层试件模具的试件制备模具能够很好地满足碎石封层成型的需要，模具易于操作，试件成型速度快，成型试件误差小，试件成型方法简单，采用本模具制作成型的试件为碎石封层的材料性能测试提供了便捷且有效的支持。

（二十三）金属撕裂式阻尼器

该实用新型阻尼器包括保护套管、多个沿保护套管轴向均匀固定在保护套管外侧的固定支撑装置、传力索、多节消能单元和撕裂装置，外部保护套管通过固定支撑装置固定在混凝土护栏或其他固定物上；多节消能单元并列设置在保护套管内部，撕裂装置位于保护套管远离防护设施的一端内部且与位于末端的消能单元相互卡合；传力索一端与防护设施固定连接，另一端与撕裂装置固定连接。本实用新型阻尼器能够保证较小的阻尼力输出峰值，阻尼力输出稳定可靠；能够有效地减小传统碎石避险车道长度，增强避险车道的防护能力，降低工程成本；在实际应用中，可以通过调节阻尼器长度来满足不同避险车道防护等级，满足实际的防护需求。

五、获奖情况

吉林省交通运输厅按照交通运输部提出的"科技兴路"、建设创新型交通行业的要求，以发展观为统领，以科研为龙头，努力推动公路建设养护科技进步。多年来，吉林省的科研成果多次获得省部级奖项，具体见表6-3-5～表6-3-9。

国家科学技术奖获奖情况统计表　　表6-3-5

序号	项目名称	颁奖部门	获奖等级	奖励年度
1	公路养护关键技术及系列装备的研究	国务院	三等奖	2005年

省科学技术奖获奖情况统计表　　表6-3-6

序号	项目名称	颁奖部门	获奖等级	奖励年度
1	长余高速公路上面层SMA与改性沥青技术的研究	吉林省政府	三等奖	2003年
2	公路防滑除冰液的研制	吉林省政府	二等奖	2004年
3	燃烧法沥青含量测定仪研究	吉林省政府	三等奖	2004年
4	吉林省高速公路收费系统改造及联网技术研究	吉林省政府	三等奖	2004年
5	沥青玛蹄脂碎石混合料设计及施工技术的研究	吉林省政府	三等奖	2005年
6	公路工程三维测设方法的应用研究	吉林省政府	三等奖	2007年
7	填挖交界路基变形与稳定机理研究	吉林省政府	三等奖	2008年
8	火山灰材料在道路工程中的应用研究	吉林省政府	三等奖	2009年

续上表

序号	项目名称	颁奖部门	获奖等级	奖励年度
9	公路隧道太阳能照明系统研究	吉林省政府	三等奖	2010年
10	沥青混合料冷拌冷补技术的应用研究	吉林省政府	三等奖	2010年
11	吉林省沥青路面再生推广成套技术应用研究	吉林省政府	二等奖	2012年
12	填石路基施工技术研究	吉林省政府	三等奖	2013年
13	半刚性基层强度无损检测技术研究	吉林省政府	三等奖	2014年
14	桥梁钻孔灌注桩结构设计理论及计算方法的研究	吉林省政府	二等奖	2014年
15	细火山灰改善沥青混合料路用性能的应用研究	吉林省政府	一等奖	2015年
16	改性矿料沥青混合料的应用研究	吉林省政府	三等奖	2015年
17	运营期路基安全监测与评价技术	吉林省政府	二等奖	2015年
18	氯盐类融雪剂对公路交通基础设施及环境影响检测评价防治技术	吉林省政府	三等奖	2015年
19	隧道阻燃沥青路面关键技术研究	吉林省政府	三等奖	2015年
20	生态敏感区高速公路景观及资源环境综合保护技术研究与示范	吉林省政府	二等奖	2016年
21	多年冻土地区公路养护与维修技术研究	青海省政府	二等奖	2009年

中国公路学会奖项获奖情况统计表   表6-3-7

序号	项目名称	颁奖部门	获奖等级	奖励年度
1	季冻区高等级公路边坡防护工程实用技术的研究	中国公路学会	三等奖	2003年
2	体外预应力混凝土桥梁设计理论及施工技术研究	中国公路学会	三等奖	2003年
3	提高二灰粒料早期强度的研究	中国公路学会	三等奖	2003年
4	公路防滑除冰液的研制	中国公路学会	三等奖	2004年
5	草炭土地区公路建设技术研究	中国公路学会	一等奖	2007年
6	公路除雪及技术的研究	中国公路学会	三等奖	2007年
7	多年冻土地区公路养护与维修技术研究	中国公路学会	特等奖	2007年
8	季节性冰冻地区路基路面稳定技术研究	中国公路学会	二等奖	2007年
9	高等级公路柔性基层沥青路面优化组合设计的研究	中国公路学会	二等奖	2007年
10	公路工程抗冻设计与施工技术指南	中国公路学会	二等奖	2008年
11	火山灰材料在道路工程中的应用研究	中国公路学会	二等奖	2009年
12	沥青路面加铺层设计及施工技术研究	中国公路学会	二等奖	2009年
13	季冻区高性能路面混凝土研究	中国公路学会	二等奖	2009年
14	寒冷地区综合利用煤矸石筑路技术的研究	中国公路学会	三等奖	2010年
15	长白山区公路建设的生态、景观恢复技术研究	中国公路学会	三等奖	2010年
16	西部季冻区路基土冻胀破坏机理及防治技术研究	中国公路学会	三等奖	2010年
17	季冻区长寿命沥青路面合理结构及沥青混合料设计、施工质量控制关键技术研究	中国公路学会奖	二等奖	2010年

第六章
高速公路建设的科技成果

续上表

序号	项目名称	颁奖部门	获奖等级	奖励年度
18	吉林省高速公路工程建设信息管理系统	中国公路学会奖	三等奖	2010年
19	轻型高速公路节地关键技术研究	中国公路学会	一等奖	2011年
20	东北地区高速公路路面典型结构及材料指标的研究	中国公路学会	二等奖	2012年
21	西部季冻区路基冻胀破坏机理及防治技术研究	中国公路学会	三等奖	2012年
22	低路堤防排水技术研究	中国公路学会	一等奖	2012年
23	交通应急管理关键环节研究	中国公路学会	一等奖	2012年
24	吉林省沥青路面再生推广成套技术应用研究	中国公路学会	一等奖	2012年
25	季冻区路面材料温度收缩机理及检测手段的研究	中国公路学会	三等奖	2013年
26	公路与桥梁水毁防治设计、施工及养护关键技术研究	中国公路学会	三等奖	2013年
27	季冻地区70号沥青路用性能的应用研究	中国公路学会	三等奖	2013年
28	绿色通道检测系统研究	中国公路学会	三等奖	2013年
29	细火山灰改善沥青混合料路用性能的应用研究	中国公路学会	一等奖	2014年
30	路面材料干缩测试仪的研究	中国公路学会	二等奖	2014年
31	季冻区高等级公路柔性基层沥青路面合理结构及使用性能研究	中国公路学会	二等奖	2014年
32	公路沥青路面柔性基层设计与施工技术的研究	中国公路学会	二等奖	2014年
33	运营期路基安全监测与评价技术	中国公路学会	三等奖	2014年
34	氯盐类融雪剂对公路交通基础设施及环境影响检测评价防治技术	中国公路学会	三等奖	2015年
35	季冻区橡胶粉改性沥青、橡胶粉SBS复合改性沥青及相应沥青混合料成套技术研究	中国公路学会	二等奖	2015年
36	生态敏感区绿色高速公路建设关键技术研究	中国公路学会	一等奖	2016年
37	季冻地区公路工程抗冻耐久关键技术	中国公路学会	一等奖	2016年

咨询类奖项获奖情况统计表　　表6-3-8

序号	项目名称	颁奖部门	获奖等级	奖励年度
1	珲乌公路长春至松原段工程可研报告	吉林省工程咨询协会	铜奖	2000年
2	公路桥梁无黏结预应力混凝土技术应用的研究	吉林省工程咨询协会	一等奖	2005年
3	伊通至辽源公路工程可行性研究报告	吉林省发展和改革委员会	三等奖	2007年
4	长春至深圳高速公路长春至双辽段工程可行性研究报告	吉林省发展和改革委员会	三等奖	2010年
5	伊通至开原高速公路辽源至乌龙岭(省界)段工程可行性研究报告	吉林省发展和改革委员会	三等奖	2012年
6	长春绕城高速公路腾飞互通立交工程可行性研究报告	吉林省工程咨询协会	铜奖	2013年
7	省道大安至通辽公路大安嫩江大桥工程可行性研究报告	吉林省工程咨询协会	铜奖	2013年

勘察设计奖项获奖情况统计表

表 6-3-9

序号	项目名称	获奖内容	颁奖部门	获奖级别	奖励年度
1	四平至长春高速公路	国家第八届优秀工程设计铜奖	全国优秀工程勘察设计评选委员会	国家	1999年
		第八次省级优秀工程设计一等奖	吉林省建设厅	省级	1998年
		第六次省级优秀工程勘察一等奖	吉林省建设厅	省级	1998年
2	长春至吉林高速公路	1999年度交通部公路工程优秀勘察一等奖	交通部	部级	1999年
		1999年度交通部公路工程优秀设计一等奖	交通部	部级	1999年
		吉林省厅级优秀工程勘察一等奖	吉林省建设厅	省级	2000年
		国家第九届优秀工程设计金奖	全国优秀工程勘察设计评选委员会	国家	2000年
		第九次省级优秀工程设计一等奖	吉林省建设厅	省级	2000年
		第七次省级优秀工程勘察一等奖	吉林省建设厅	省级	2000年
		第二届詹天佑土木工程大奖	中国土木工程学会,中国科学技术发展基金会,詹天佑土木工程科技发展基金	国家级	2002年
		国家环境保护百佳工程	国家环境保护总局	国家级	2003年
3	长春至营城子高速公路	第九次省级优秀工程设计一等奖	吉林省建设厅	省级	2000年
		第七次省级优秀工程勘察一等奖	吉林省建设厅	省级	2000年
		吉林省厅级优秀工程勘察一等奖	吉林省建设厅	省级	2000年
4	延吉至图们高速公路两阶段施工图设计	省级优秀勘察设计二等奖	吉林省建设厅	省级	2002年
5	吉林至江密峰高速公路两阶段施工图设计	省级优秀勘察设计一等奖	吉林省建设厅	省级	2002年

第六章
高速公路建设的科技成果

续上表

序号	项目名称	获奖内容	颁奖部门	获奖级别	奖励年度
6	拉林河至长春高速公路两阶段施工图设计	全国第十一届优秀工程设计银奖	全国优秀工程勘察设计评选委员会	国家	2004年
		吉林省省级优秀工程勘察设计一等奖	吉林省建设厅	省级	2004年
		2003年度交通部公路工程优秀设计奖	交通部	部级	2004年
7	大庆至广州高速公路肇源至松原段一阶段施工图设计	2010年度吉林省建设工程优秀勘察设计三等奖	吉林省建设厅	省级	2011年
8	营城子至松江河高速公路营城子至抚民段	2012年度公路交通优秀设计三等奖	中国公路勘察设计协会	部级	2012年
		2012年度吉林省建设工程优秀设计三等奖	吉林省住房建设厅	省级	2012年
9	大庆至广州高速公路松原至双辽段两阶段施工图设计	2012年度吉林省建设工程优秀设计二等奖	吉林省住房建设厅	省级	2012年
10	鹤大高速公路通化至新开岭（吉辽界）段	2012年公路交通优秀设计二等奖	中国公路勘察设计协会	部级	2012年
		2012年公路交通优秀勘察三等奖	中国公路勘察设计协会	部级	2012年
		2012年度吉林省建设工程优秀设计一等奖	吉林省住房建设厅	省级	2012年
		2012年度公路交通优秀设计一等奖	中国公路勘察设计协会	部级	2012年
		2013年度吉林省建设工程勘察设计二等奖	吉林省住房建设厅	省级	2013年
11	同江至三亚国道主干线长春至珲春支线图们至珲春段高速公路	2012年度吉林省建设工程优秀设计一等奖	吉林省住房建设厅	省级	2012年
		2013年度吉林省建设工程勘察设计二等奖	吉林省住房建设厅	省级	2013年
		2013年度全国优秀工程勘察设计行业优秀勘察项目	中国公路勘察设计协会	部级	2013年
12	营城子至松江河高速公路长板隧道	第五届吉林省照明设计一等奖	吉林省照明学会	省级	2013年

续上表

序号	项目名称	获奖内容	颁奖部门	获奖级别	奖励年度
13	吉林至草市高速公路	2014年度吉林省建设工程优秀设计一等奖	吉林省住房建设厅	省级	2014年
		2014年度公路交通优秀设计一等奖	中国公路勘察设计协会	部级	2014年
14	大广高速公路解放至二莫段宁江松花江特大桥	2014年度公路交通优秀设计三等奖	中国公路勘察设计协会	部级	2014年
		2014年度吉林省建设工程优秀设计二等奖	吉林省住房建设厅	省级	2014年
15	伊通至辽源高速公路	2014年公路交通优秀设计三等奖	中国公路勘察设计协会	部级	2014年
		2015年吉林省优秀工程勘察二等奖	吉林省住房建设厅	省级	2015年
16	营城子至松江河高速公路松阳隧道	第七届吉林省照明设计一等奖	吉林省照明学会	省级	2015年
17	营城子至松江河高速公路抚民至松江河段交通工程及沿线设施	2016年度公路交通优秀设计奖二等奖	中国公路勘察设计协会	部级	2016年
18	伊通至开原高速公路连昌至乌龙岭（省界）段	吉林省优秀勘察设计二等奖	吉林省建设厅	省级	2016年
19	大庆至广州高速公路解放至二莫段	2016年度公路交通优秀设计奖二等奖	中国公路勘察设计协会	部级	2016年
		吉林省优秀勘察设计一等奖	吉林省建设厅	省级	2016年

第七章
高速公路文化建设

高速公路是经济快速发展的产物,是现代文明的标志。高速公路文化是在长期的实践中所积累起来的经过提炼和提升形成的一种文化氛围、核心价值观、精神、经营和管理理念。高速公路文化建设主要包括精神文化和物质文化,精神文化是核心的价值理念,物质文化是文化的物质体现。随着全省经济建设的快速发展和人们物质生活水平的逐步提高,高速公路越来越显示出在区域经济发展以及社会公众出行中的重要作用,树立统一、规范、优质的吉林高速公路品牌形象成为发展的必然。

第一节 高速公路建设与精神文明

从1993年省交通厅开始实施"文明在交通"活动以来,全省交通系统坚持以"文明在交通"为主线,以"创建文明窗口,争当岗位标兵"、"主旋律"教育、"文明交通,美好出行""巾帼建功"、向社会献爱心以及丰富多彩的文体活动为载体,把提高科学文化和加强思想、道德、纪律教育为一体,形成了交通人的行业核心价值观,交通行业精神文明建设水平不断提高,交通运输系统的凝聚力和活力显著提升,为交通事业的全面发展提供着不竭的精神动力和智力支持,推动了交通各项事业的发展。全省交通系统连续7届被吉林省委省政府命名为精神文明建设先进系统,省交通运输厅先后被命名为国家级文明单位和全国民族进步先进单位;一批基层单位获得全国、全省文明单位、文明行业表彰。截至2015年底,全系统先后有20个单位获得国家级文明单位称号,347个单位获得省部级文明单位称号,46人次先后获得国家级劳模称号,921人次获得省部级劳模及先进个人称号。

一、先进人物及事迹

在吉林省高速公路20余载的建设进程中,大量的公路建设者毫无保留地奉献出自己的聪明才智,他们或在工程管理方面精益求精,或在科研、设计工作中刻苦钻研,或在建设工地不分昼夜、挥汗如雨,他们用日复一日年复一年看似平凡的行动,诠释了"勇于担当、务实重行、爱岗敬业、无私奉献"的吉林交通人精神。

（一）辛德刚

辛德刚（图 7-1-1），男，1939 年 2 月生，中共党员，1963 年大学毕业，同年参加工作。从事过工程技术、计划统计、现场施工、质量管理、技术资料、材料管理、拆迁占地、财务管理、施工指导等。1987 年 1 月被评为高级工程师。曾任苏丹青尼罗河大桥技术专家组副组长，长平、长余办副主任及监理公司总经理。1995 年被交通部授予"先进工作者"，1996 年享受国务院特殊津贴，1998 年被交通部授予"全国百名优秀工程师"称号。

图 7-1-1

主持编制完成交通部行业标准《公路工程抗冻设计与施工技术指南》，曾主持、指导编制施工组织设计 7 项次；编制招标文件、标前答疑及评标 20 余项次；编写技术规范、施工手册 16 册，施工要点 42 项；提出较大的技术改进措施 50 多项；编制竣工资料 4 套 6500 卷。在公路桥梁建设方面，指导了 44m 跨预应力桥施工（1987 年前完成了全省最大跨径的桥梁施工）、1400m 前扶大桥和 80m 跨三段吊装双曲拱桥技术等。这些技术工作对吉林省高速公路和大桥建设发挥了重要作用。

1994 年担任吉林省高等级公路建设指挥部总工程师，建成了"吉林第一路"——长春至四平高速公路，结束了吉林省没有高速公路的历史，为高速公路建设创出良好的开端。

1997 年任长春至营城子高速公路总工程师和总监理工程师。建成了沥青路面厚度仅 10cm 的吉林省第三条高速公路，将高速公路建设的技术和质量水平提升到一个新的台阶。

1999 年任营城子至白山公路的总工程师。指导了全省当时最长（182km）的水泥混凝土高等级公路建设。在路基、垫层和基层方面解决了多项关键技术难题，设计抗冻耐久混凝土和采用填缝、养护等新技术。

2000—2003 年任高等级公路建设指挥部长余办顾问。重点指导当时吉林省最长（1600m）的陶赖昭松花江大桥工程管理和技术工作。组织施工技术力量，突破了主跨钻孔灌注桩和悬浇箱块等关键性技术难题，使大桥提前 1 个月合龙贯通。后期参与长余高速公路沥青路面技术指导及编写交通部和吉林省交通厅下达的编制施工技术规范（指南）的任务。审查沥青路面上、下、中面层的混合料配合比设计，各层对沥青、石料及矿粉材料的选择应用，制定落实路面及陶赖昭特大桥桥面铺筑方法，取得了显著效果。

(二)张龙义

张龙义(图7-1-2),男,1953年3月生,中共党员。1975年毕业,同年参加工作。曾任吉林省公路勘测设计院测量队副队长、队长、院长助理,吉林省公路管理局副局长,吉林省高速公路管理局副局长兼总工程师,吉林省高等级公路建设局副局长。1998年被授予吉林省交通系统优秀科技管理工作者称号,被中国公路学会授予百名优秀工程师称号,被评选为吉林省第五批有突出贡献的中青年专业技术人才。2001年被评选为交通建设项目环境保护先进个人,吉林省第一批拔尖创新人才工程第三层次人选;同年享受国务院特殊津贴。

图 7-1-2

张龙义主持建设了吉林至延吉、伊通至辽源和图们至珲春3条高速公路,建设总里程395km,总投资147.91亿元。在工程建设管理过程中,长期驻守工程一线,率先垂范,履职尽责,攻坚克难,勇于担当,圆满完成了各项工程建设任务。吉林至延吉项目建设历时5年,其间正值全国公路建设理念转化更新阶段。该项目全面贯彻落实新理念,首次采用全寿命沥青路面结构,对高速公路进行景观设计,落实生态安全理念,设置不停车收费系统,建设民俗文化服务区,开发应用高速公路工程建设信息管理系统进行工程管理。吉延高速公路的探索和实践获得了交通部和国内外专家学者的充分肯定,并在全国予以推广。吉延项目获2008年全国公路施工企业重点工程劳动竞赛优胜奖;图珲高速公路04合同段被评为2010年"全国加快交通基础设施建设重点工程劳动竞赛优质工程奖";图珲项目办荣获2011年中国海员建设工会全国委员会"五型班组"称号。

图 7-1-3

(三)张翊翱

张翊翱(图7-1-3),1963年生,省高建局建设管理处处长,通化至梅河口高速公路项目指挥长,2012年荣获"全国交通运输行业文明职工标兵"称号,2014年荣获首届"最美吉林交通人"称号。

图珲高速公路建设期间,为了保工期、保质量,张翊翱在11月仍然坚守工地,晚上11点多,他担心施工单位保温措施做不到位,影响工程质量,无法入眠,忍着寒冷,趁着夜色,与项目办其他同志一起查看全线冬季施工的作业点,重点检查了冬季混凝土施工的养护保温措施,每到一处他都下车亲临施工现场,查看保暖措施、测量温度,全线检查结束时已凌晨1点多。在他看来,冬季混凝土施工保温措施不到位,后果不堪设想,最终会导致豆腐渣工程。

张翊翱几乎每天都要在工地上查看进展、督促质量,他不知疲惫地工作着,牺牲了节假日,牺牲了与家人的团聚时间,将自己所有的精力都献给了公路。张翊翱对公路事业奉献得太多太多,因此他无暇顾及妻子和女儿,无法给予她们所需要的关心和呵护,不是因为他不爱家,而是因为他为了公路事业别无选择。

2007年,张翊翱调到高建局任项目管理处处长,当时吉林至延吉高速公路进入最重要的施工期,吉延路是吉林省"十一五"高速公路规划的重中之重,张翊翱一上任,局里就安排他主抓吉延高速公路项目。责任感让他迅速进入角色,由于工期紧张,保证工程进度是项目管理工作的一个重点,也是他要着力攻克的一个难关,但是还有一个比进度更让他紧张的,就是工程质量。"打造长寿命路面,一定要保证质量。我最怕就是出现质量问题,路面一旦损坏,可就是几千万,甚至上亿元的损失呀!"张翊翱上路检查工作时,经常拎着螺丝刀,到正在摊铺的路面上去扎一扎,检查一下摊铺厚度,对摊铺完的路面,他常拿瓶矿泉水往路面上倒,检查是否漏水。功夫不负有心人,在他和同事们的努力下,吉延高速公路顺利通车。

紧张的工作、沉重的责任让张翊翱的神经长期处于紧张的状态,每天晚饭后,自幼学习音乐的他,常爱拉拉二胡或弹弹吉他,暮色中,在驻地院子里听听他的演奏,成为这些长住工地的人们在漫漫长夜中的一种享受。

张翊翱对党、对事业热爱的背后,蕴藏着巨大的能量,这能量来自于他甘洒热血的筑路情,来自于他高度的责任心和事业心。

(四)张铁英

张铁英(图7-1-4),1983年4月生,省交通运输厅技术处工作人员,负责高速公路建设项目设计审查审批等技术管理工作。在平时工作中,他积极主动,勤奋努力,尽心尽职,充分发扬了交通人不怕苦累的无私奉献精神,出色地完成本职工作任务。为高速公路建设把好技术关、质量关,为交通事业的发展做出了自己应有的贡献。作为主要勘察设计人员参与的"图们至珲春段高速公路""吉林至草市段高速公路"项目先后荣获吉林省优秀勘察设计一等奖。2016年中国共产党建党95周年之际获得"吉林省交通运输厅厅直机关优秀共产党员"荣誉称号,2017年荣获第二届"最美吉林交通人"称号。

图 7-1-4

为保障高速公路项目设计审查审批工作的效率和质量,他在技术管理制度建设方面做出了卓有成效的实践。在广泛收集全国交通运输行业关于设计咨询审查工作的相关资料基础上,认真研究,从中汲取了宝贵的工作经验,开展《吉林省高速公路勘察设计咨询审查工作管理办法》的编写工作,办法的编写对于一名技术管理人员绝非易事,文字功夫既没有一个衡量的标准,又十分吃苦,而且还难以看到成绩。为了使自己的编写内容达到较高的水准,他在学习、辨析、思考上下了大量功夫,对机关各类制度性办法和文件进行了大量的阅读,在阅读中深入地分析理解,通过思考融入自己的思想。办法编写的过程中,他并不急于求成,而是首先对布局精心构思,然后对内容字斟句酌,认真修改完善。他在办法编写期间广泛征求了相关部门的意见,认真听取了相关人员的合理化建议,历经初稿、征求意见稿、审定稿,圆满完成了《吉林省高速公路勘察设计咨询审查工作管理办法》的编写工作,得到了领导的好评。

(五)薛焕东

薛焕东(图7-1-5),1973年生,中共党员,吉林省高速公路集团有限公司计划合同部部长,2010年荣获省直机关"第一届吉林省直机关青年五四奖章",2014年荣获首届"最美吉林交通人"称号。

2007年5月,薛焕东担任吉草高速公路建设指挥部工程管理处副处长,他几乎没有休过节假日,加班加点成为家常便饭,但他从没怨言,始终恪尽职守,完成一个又一个工作任务,解决一个又一个工作难题。他组织完成吉草高速公路26个主线合同段近500套图纸的设计审查工作,提出审查意见600余条,节省工程建设资金近亿元。

图 7-1-5

2010年7月28日,永吉县遭遇百年一遇的洪水灾害,吉草三期工程5个施工合同段位于重灾区,水电不通、道路冲毁、通信中断,施工完全停止,三期工程面临着严峻的考验。作为三期前指办主任,薛焕东满怀高度的社会责任感,义无反顾地投身到抗灾自救、恢复生产的工作中。洪灾发生后第一时间赶赴施工现场,组织救援现场被困人员,保护受灾物资,安抚工人情绪,组织从外围运进食品物资,解决重灾区被困人员饮食问题。在遭遇重灾的情况下,吉草三期工程保证了5000多名施工人员无一人伤亡,财产损失降到最低。灾后恢复生产任务艰巨,薛焕东一直与施工单位共同奋战,不分昼夜研究抗洪及生产自救措施,克服诸多困难,以超乎寻常的速度恢复了正常规模化的生产,确保了当年施工任务的顺利完成。

2011年9月末,吉草三期工程顺利实现通车,根据工作需要,薛焕东担任吉草指挥部计划合同处处长兼吉林至舒兰项目筹备办主任。时处吉草一期工程在建,二、三期工程进入缺陷期阶段,工作事多而繁杂。为提高工作效率,薛焕东带领部门人员对存在的问题进行综合梳理,每周定期召开一次部门会议,理顺工作思路、科学安排工作,使计划处工作有条不紊地开展。在工作中,他严格管理工程计划、进度、招标、合同、费用、材料等各项工作,多次为领导提出建设性意见,为领导决策提供重要参考依据。他组织完成吉草一期工程绿化、安全设施招标及吉林至舒兰项目招标工作,起草合同文件50余份,组织审查设计变更1000余份,及时组织审核全线86家施工、监理单位计量支付1000余次,组织完成各年度省政府绩效考评及施工、监理单位信用评价等各项工作。

出色的工作业绩和过硬的工作能力,为薛焕东赢得了诸多荣誉。面对荣誉,他总是谦虚地说:"我要将组织给我的褒奖和鼓励化为工作中的动力,继续做好自己的本职工作,回馈社会,实现自己的人生价值!"

(六)崔洪海

崔洪海(图7-1-6),1972年10月生,中共党员,吉林省交通规划设计院第一勘察设计分院副院长。连续多年被评为院"先进工作者"或"优秀共产党员",并被省厅授予"优秀共产党员"称号。所在团队先后获得共青团中央交通运输部"青年文明号"、省交通运输厅直属机关"先进基层党组织"和"五好党支部"等荣誉称号,2017年荣获第二届"最美吉林交通人"称号。

1995年毕业时,他怀着振兴吉林交通事业的热忱,毅然回到家乡工作。参加工作20年来,他从一名桥梁、路面、路基等专业的普通设计人员,逐渐成长为分项负责人、设计负责人,其间担任过多个国家及省内重大公路工程项目的专业分项负责人或设计负责人,专业上主要负责路基、路面

图 7-1-6

和桥涵等专业的设计工作。工作期间,主持或参与完成了10余条国省干线高速公路的设计,以及多项公路难点工程专项设计,高速公路累积设计里程达1100余公里。其中,作为主要完成人参与的长春至延吉高速公路被评为"建国60周年公路交通勘察设计经典工程",江延高速公路被评为"全国优秀工程设计银奖"和"省优秀设计一等奖",图珲高速公路被评为"省优秀设计一等奖",吉草高速公路被中国公路协会评为"公路交通优秀设计一等奖"。科研项目"公路沥青路面柔性基层设计与施工技术的研究"获中国公路学会科学技术二等奖。

外业勘测,他身先士卒,带领团队克服各种不利条件,跋山涉水、寒暑无阻,精心采集数据;内业设计,他连续多年放弃年假、大部分的节假日和双休日,披星戴月、早出晚归,精

心完成每一个设计作品。他主持了全省高速公路建设期间最大滑坡的治理设计(鹤大高速公路通化至新开岭段二密滑坡治理),在全省公路行业设计中率先采用了预应力管桩处理深层软基技术,率先将白山地区大量的尾矿废弃材料循环再利用于高速公路路基填筑和路面结构的材料设计中,主持了全省第一条高速公路改扩建(长平高速公路改扩建)设计中的新旧路基差异沉降控制等。

他主持参与多项部级及省厅科研项目,包括"高等级公路沥青路面柔性基层研究"和"双示范工程科研成果在辉白高速公路建设中的推广应用"等多项科研项目。在《公路》等国内主要刊物上发表了10余篇专业论文。其中《一种表面无缝型桥梁伸缩缝结构》用以解决桥面跳车问题,已获得国家发明专利。

(七)陈志国

陈志国(图7-1-7),1965年9月生,吉林省交通科学研究所副所长,交通运输部"季节性冻土区公路建设与养护技术交通行业重点实验室"主任、路面方向学术带头人,曾获"吉林省劳动模范""吉林省五一劳动奖章""中国公路百名优秀工程师""交通运输行业优秀科技人员"等称号,2014年荣获首届"最美吉林交通人"称号。

参加工作以来,主持和参加省部级交通科技项目34项,科研总经费达5000余万元,研究成果达到了国内领先及国际领先水平;"十二五"期间完成的省部级科研项目24项中获得省部级奖13项,其中中国公路学会科学技术奖7项,吉林省科技进步奖2项,吉林省标准创新贡献奖1项;先后在国内外刊物上发表论文10余篇,出版专著《火山灰材料在道路工程中的应用》,并入选"交通科技丛书"。

图 7-1-7

他作为主要编写人员,完成了交通部行业标准及吉林省地方标准4部,其中《公路工程抗冻设计与施工技术指南》已成为国内第一部有关公路工程抗冻的交通行业标准,在全国发布执行。他参与交通运输部"季节性冻土区公路建设与养护技术交通行业重点实验室"的申报工作,带领相关人员主持编写了长达30多万字的申报材料,在众多省份竞争中以预审第一名和现场考核第一名的成绩获得交通运输部认定。

他高度重视科研成果对工程建设的技术支撑,凭借多年的成果积累,"十二五"期间连续承担了省内5个重点工程建设项目、6条高速公路路面施工技术服务工作,累计服务里程430余公里,涉及工程造价280亿元。他连续奋战60多个昼夜,编写"鹤大高速公路科技示范工程"实施方案,历时2个月,先后经过5次专家评审、16次协调会议、前后26

遍的反复修改,最终顺利通过了交通部组织的专家评审,为鹤大高速公路"双示范"工程的成功申请做出了贡献。他依托交通部西部项目"细火山灰改性沥青混合料路用性能的应用研究",研发了新的细火山灰填料型沥青改性剂,在鹤大高速公路、延蒲高速公路、伊辽高速公路等新建工程中得到应用,为成熟科研成果的转化探索了新思路。

(八)张羽

张羽(图7-1-8),1979年10月生,2002年毕业于武汉理工大学后一直从事路桥施工工作。先后荣获"交通部第一批部级'平安工地'示范项目""全国建设工程优秀项目管理成果二等奖""2012—2014年度江西省优质建设工程杜鹃花奖"等奖项;荣获"优秀项目经理"、江西省交通厅"劳动模范"等称号。

图 7-1-8

2013年底,他被公司任命为鹤大高速公路ZT05标的项目经理。项目进场伊始,他就在全体参建者中大力宣贯鹤大项目是中交直属项目、是品牌项目、是交通部确立的"双示范"工程项目,鼓励大家要树立品牌意识,抓准项目定位和自身定位,齐心协力建设鹤大高速公路、创国优精品工程。

在他的积极倡导下,项目全体员工品牌意识渐浓,全力打造"双示范"工程成为项目的建设目标,从项目临建工作到现场文明施工,全部按规范高标准要求。在全线的控制性工程柞木台隧道进出口建设更是高标准要求,首次引进隧道安全施工管理远程监控视频系统,利用信息系统对隧道施工的安全监控实现了全覆盖,成为省内隧道施工管控的示范项目。在路基清表施工之初,他要求对施工区域内的耕地、荒地、山地的腐殖土、种植土、草炭土等进行收集、统一堆放,这些富含有机物的清表土用于日后绿化、临时用地复耕等工程,实现了循环再利用;对毗邻农田的施工区域进行规范的围挡,挖掘排水沟,防止水土流失冲刷农田等一系列措施的实施,规范了项目施工、树立了良好的企业形象、和谐了地方关系,为项目顺利开展施工奠定了坚实基础。

面对着茂密的森林、无人踏进的雪地,张羽知道他必须带领他的团队走进这冰封的大地。他们克服无通信、无道路、无机械的重重困难。"兄弟们,走吧,带你们去打猎喽,免费体验一下林海雪原的生活!"无论面临多大困难,张羽向来不缺乏抗压能力和乐观主义精神。就这样他带着一行人背着已被寒冷侵蚀的仪器徒步踏入了杳无人烟的林区雪地,开始了前期的地形勘测;为了更准确地找到洞口的所在位置,节约往返时间,他和他的队员只带些简单的干粮充饥,在坚持了数十个这样的日子后,柞木台隧道施工的序幕被拉开了。柞木台隧道作为全线及项目的重点控制性工程,自然从各个方面备受重视,重压之下他提出化"重难点"为"闪光点",得到了项目领导班子的一致认可。明确新的目标后,张羽积极学习借鉴集团和公司的标准化建设要求,最终确定隧道进出口场地标准化建设规划图;集合项目优质资源力量,领导班子轮流带班坚守隧道场地标准化建设,他本人亲自蹲守与安装工人沟通,现场指导各类标识标牌的摆放,以求达到规划效果,展现项目良好形象,营造和谐施工氛围。经过他不懈的努力与积极建设,柞木台隧道进口的标准化形象建设大为改观,得到了集团领导、业主及其他兄弟标段的一致好评。

(九)朴顺梅

朴顺梅(图7-1-9),1970年生,吉林省公路工程监理有限责任公司副总工程师,多次荣获优秀共产党员、先进工作者和优秀监理工程师等荣誉称号,2009年荣获省直机关"三八红旗手"称号,2012年荣获中国交通建设监理协会"优秀监理工程师"称号,2004年她所在的公司女子监理组荣获吉林省"巾帼文明示范岗",2014年荣获首届"最美吉林交通人"称号。

"谁拿工程质量开玩笑就是拿自己的生命开玩笑,监理工程师要对工程质量终身负责。"这是朴顺梅最常说的一句话。参加工作以来,她先后参加了长平、长营、营白、长余、吉延、通丹等高速公路项目的监理工作,历任监理员、专业监理工程师、监理项目中心试验室主任、驻地监理代表、

图 7-1-9

公司试验检测站技术负责人、公司总工办副总工程师。工作中,她把监理工程的重点放在事前控制,要求对工程进展具有前瞻性,在做好三控三管工作的同时,协调好建设单位、施工单位及设计单位等工程建设相关各方的关系。她还善于仔细观察,勤于思考,把施工过程每个环节都记得清清楚楚,把每个试验数据记录得明明白白,强烈的使命感和事业心、责任感不断鞭策着她在监理工作中勇于担当。

在对工程建设实行严格监理,为业主提供优质高效服务的同时,朴顺梅廉洁自律,绝不徇私,职业道德深深植根在她的心里,绝不向施工单位伸手,从不吃、拿、卡、要、报,受到业主和施工单位等多方的好评。

在技术研究方面,她勇于创新和探索。长余高速公路开工伊始,她便参与了预防桥头跳车课题的研究,对全线每一个构造物都制订了具体的处理方案;在通丹高速公路建设中,她与总监办人员共同编制了《通丹高速公路施工技术要点》;担任通丹高速公路吉林段建设项目总监办中心试验室主任期间,她完成了本项目沥青路面用集料各项指标验证试验、沥青混凝土配合比设计及验证试验,为东北地区常温沥青混凝土铺筑积累了大量的

数据,被业主评为该项目2011年度"优秀监理工程师"。

在二十几年的工作中,她还先后参与编制了《长营高速公路沥青混凝土路面施工技术规范》《营白二级公路施工技术规范》等,组织、参与了多项工程竣工资料的编制、整理工作,先后独立编写了《榆江二级公路新站至漂河岭段竣工资料编制办法》等,为科学开展监理工作奠定了基础。

(十)韩笑

韩笑(图7-1-10),1987年生,吉林管理分局蛟河收费站收费员。2012年获省直机关优秀团员,2014年荣获首届"最美吉林交通人"称号。2011年5月,她走进吉林省高速公路管理分局蛟河收费站,成为收费一线普通一员,收费工作是收费站对外服务的窗口,岗位虽小,但影响大责任也大。她深知收费员的一举一动、一言一行,代表着收费站、队伍的整体形象,影响着群众对收费站和整个高速公路系统的印象。因此,她用一颗感恩的心去诠释自己对收费工作全部热情,一直坚持用真诚的微笑,做好文明服务,美化收费窗口。

图 7-1-10

从参加工作的第一天起,她便虚心向老收费员学习车型判断、假钞识别、特殊车辆处理等专业知识,不断提高收费速度;为了使自己在驾乘人员询问时少说几个"不知道",多给他们一些满意的答复,多提供一些他们所需要的信息,她还利用休息时间深入了解收费站周边的行车路线路况,准确地掌握了市区宾馆、餐厅及附近加油站或修理厂的位置和路线,争取能用最简洁、最易懂的语言告诉驾驶员最准确的路线,尽可能多地掌握驾乘人员经常询问的问题。

了解收费工作的人都知道,这个岗位最大的困难不是劳动的辛苦,不是工作的单调,也不是无处不在的噪声、灰尘、废气,而是驾乘人员对收费工作的不理解、刁难甚至动武。但收费员担负着"应征不漏、应免不收"的重任,遇到个别不想交费、甚至故意刁难的驾驶员该怎么办?韩笑的解决之道是,心平气和地讲政策,礼貌热情地去沟通,首先让自己保持一个良好的心态,把驾驶员当成朋友,才能真正用自然、真诚的微笑化解僵局,打动驾驶员,解决矛盾,赢得他们的理解和支持。从事收费工作近3年来,她用仪表美、语言美、心灵美的"三美"树立了收费人员文明服务的良好形象,从未发生过一起服务质量投诉事件。因为工作成绩优异,站里连续两年开展了"向身边榜样——韩笑同志学习"的活动,韩笑也在2012年度吉林分局岗位标兵评选中取得了优异的成绩。

在工作上一丝不苟,在日常生活中热心公益,是收费骨干,是文体"尖兵",韩笑不仅工作出色,还积极参加单位与社会上的爱心捐助,主动帮助孤寡老人和因家庭贫困上不起学的孩子,用自己微薄的力量帮助弱势群体。"因为汗水,让生活如此充实;因为艰辛,让青春如此精彩。"韩笑始终坚定地追求着,为吉林高速管理事业的发展而努力奉献。

(十一)马淑兰

马淑兰(图 7-1-11),1963 年生,中共党员,白山市高速公路建设管理处副处长,2007 年获全国妇联"巾帼建设标兵"称号,2013 年获白山市交通运输系统"最美交运人"称号,2014 年荣获首届"最美吉林交通人"称号。

1983 年,马淑兰从原吉林省交通学校(现吉林交通职业技术学院)道桥专业毕业,到白山市交通部门参加工作以来,一直从事公路勘测设计、公路建设管理工作。为适应公路建设日新月异、突飞猛进的发展需要,马淑兰不断学习新知识,先后用 6 年时间不脱产学习工程管理、土木工程等专业知识,使专业理论水平得到了提高。1997—2000 年,在营白公路建设期间,面对繁重的征地拆迁工作任务,马淑兰组织工作人员认真学习土地法、土地管理条例、林木补偿标准、拆迁有关规定等,学懂弄通相关知识。

图 7-1-11

2010 年 6 月开始,白山市政府成立了"鹤大高速公路白山段征地拆迁领导小组",鹤大高速公路白山段征地拆迁工作也就此紧锣密鼓地展开了,具体工作由白山市高速公路建设管理处承担,为完成好征地拆迁补偿标准调查、确定和被拆迁的厂矿、企事业单位的统计等任务,马淑兰做了大量的协调与沟通工作。她组织编制了《白山市境内鹤大高速公路征地拆迁管理办法》,在设计单位外业勘测过程中,她组织处里工作人员全程跟踪,白天她和同志们一起逐村、逐户、逐块地进行登记、拍照、录像,晚上进行信息收集汇总工作。就在征拆工作刚刚进行到一半时,马淑兰由于长时间工作在一线,风吹日晒加上吃饭不及时,得了病毒性肠炎,医生要求她住院治疗,可是她知道自己身上的重任,拒绝了医生的要求,仍然继续坚持工作在第一线,一直到整个征地拆迁普查工作全部完成。

2013 年,鹤大高速公路征地拆迁工作进入具体实施阶段,为了做好相关工作,马淑兰编制了《鹤大高速公路白山境内段征地拆迁工作实施方案》,积极筹备白山市鹤大高速公路征地拆迁动员大会,通过马淑兰的积极运作和创新的工作方法,为鹤大高速公路在白山境内的建设创造了良好的外部环境,为工程开工建设奠定了良好的基础。在征地拆迁实施过程中,她对各县区遇到的难点及时协调市政府组织相关部门现场解决,对在耕地上抢种抢栽的行为依法组织有关部门进行治理,保证国家资金合理合规使用。

（十二）董明

董明（图7-1-12），1973年生，吉林高速双辽管理分局养护科小修队队长。2011年获得双辽分局"先进个人"，2012年获得省高管局"十佳岗位标兵"，2013年获得省总工会"吉林省经济技术创新能手"，同年还获得了省直机关党工委"五一劳动奖章"荣誉称号，2014年荣获首届"最美吉林交通人"称号。

图 7-1-12

大广高速公路通车前夕，也是他到高速公路上班的第一年，所面临的是"新人、新路、设备"，一切都是新的。在地方公路时，他是事业编制的技术干部，到高速公路后是一名普通的合同制养路工，心理落差非常大，尤其是穿着黄马褂上路保洁作业时很怕让以前的同事看见，感到不好意思，但转念一想，这就是自己的工作，吉林高速就是自己的家。一个人必须尊重自己的岗位，热爱自己的家。于是董明同志带领小修队员上路作业，起早贪黑，脸都晒破了，手也裂了，浑身上下都是灰，当大家下班休息时他总是最后一个离开施工现场，检查一下是否有遗留的工具和安全隐患等。利用业余时间逐步掌握了各种机械的使用性能并交流给同志们，还向经验丰富的同志学习高速公路养护知识和安全常识等。经过这段时间的努力，他的自身素质、业务水平以及团队的协作能力都有了很大提高，完成了"人与人之间、人与设备之间、人与路之间"的磨合，实现了一个地方公路人到一名高速公路养路人的转变。

2010年12月20日凌晨1点多，董明带着养护部门进行除雪作业时，其中的一台除雪车出现了故障，雪大路滑，维修人员根本无法及时赶到，为了保证除雪时间，董明凭借多年的经验，按照"先简后繁，先易后难"的原则逐步对故障车辆进行检查，手冻得不听使唤了，就进到驾驶室暖和一会儿再出来，反复几次，董明终于查出了原因，原来是变速杆下端的高低挡转换阀漏气所致。故障终于排除了，浑身也冻透了，他用自己的实际行动赢得了同志们的赞许与尊敬。

在日常工作中，他发挥所学专长，带领大家开展了"修旧利废、自主研发和技术革新"活动，他带领分局组建的养护技术革新创造小组完成了4项修旧利废项目：用报废的小解放车和一辆小拖车改制成3台沥青保温罐车；利用废弃的W板立柱制作了18组水暖式散热器；利用报废的W板制作了10个特色保洁箱；利用废弃柱标制成反光栅栏。他们还自主制作垃圾清理车、公路美化综合作业车、污水自吸车等15项养护设施设备；实现了改制W板防盗螺栓等技术革新5项。这些革新和创造，有效地解决了生产和生活中的问题和困难，累计节省资金50余万元。现在，董明和他的团队又开始组织研制高速公路树木修整、草坪修剪、路面吹风保洁等多功能一体化的公路美化综合作业车,勇于创新、节约资金的工作态度蔚然成风。

"大家"顾得好,"小家"难免亏欠。刚上班时,女儿在四平读高中,他和妻子都有工作不能陪伴女儿,一次晚间雷雨大作,孩子一个人在租来的房子里吓得直哭,妈妈电话打不通,女儿只好把电话打给在外作业的爸爸,电话里董明听到女儿的哭声心如刀绞,却仍然狠狠心留在了作业现场。后来,妻子只好辞去工作照顾孩子,到现在还在给别人打短工。

董明常说,他现在感觉很幸福,他所拥有的一切,都源自于亲人的理解、领导的关心和高管局提供的机会。他将心怀感恩继续努力工作,以此回报高速公路,回报社会,实现自己的人生梦!

二、受表彰的先进集体和个人

（一）先进集体

1. 1998年

吉林省公路勘测设计院获得建设部"全国工程建设管理先进单位"称号。

2. 1999年

吉林省高速公路管理局获得"省级精神文明建设先进单位"称号。

3. 2003年

（1）白城市交通局获得"全国创建精神文明行业先进单位"称号。

（2）吉林省高等级公路建设局获得2002—2003年度"精神文明建设先进单位"称号。

4. 2005年

（1）吉林公路勘测设计院设计的拉林河至长春高速公路（简称长余高速公路）,以其设计方案合理、技术先进、环境景观协调、行车安全舒适、交通工程设施齐全完善、服务水平较高等优点,被交通部授予优秀设计奖。

（2）人事部、交通部授予吉林省公路管理局、吉林省交通规费征收管理局、吉林省公路勘测设计院、通化市交通局、敦化市交通局"全国交通系统先进集体"荣誉称号。

（3）吉林省公路勘测设计院完成的拉林河至长春高速公路两阶段施工设计图获得国家优秀工程设计银奖。

（4）吉林市公路客运总站、白城市公路处收费总站到保大桥收费站、长白公路朝阳山收费站、高速公路管理局拉林河收费站4个青年集体被交通部、共青团中央授予2004年度"全国青年文明号"荣誉称号。

（5）"肇源松花特大桥桩基承载力综合研究"获吉林省发展和改革委 2005 年全省优秀成果一等奖；"国道集锡公路五女峰隧道工程可行性研究"和"国道 303 线三江口大桥至巴西段工程可行性研究"两个项目获省优秀工程咨询成果二等奖；"黑大公路亮子河至草市段工程可行性研究"获省优秀工程咨询成果三等奖。

5. 2006 年

（1）吉林省高速公路管理局、吉林省公路勘测设计院、吉林省长春市运输管理处、吉林省交通规费征收管理局四平分局、吉林省梅河口市运输管理所、吉林省舒兰民强公路养护有限责任公司获得"创建文明行业先进单位"称号。

（2）吉林省高等级公路建设局获得"精神文明建设先进单位"称号。

（3）高管局拉林河收费站、吉林省长白公路凉水收费站、吉林省大安市公路客运总站、吉林省公主岭运输管理所获得"文明示范窗口"称号。

（4）省交通厅直属机关团委被评为先进团委；省高速公路管理局四平管理处总支等 12 个团（总支）获先进团（总支）支部称号。

（5）省高建局、省交通规费征收管理局长春分局绿园稽征所、出租车代征所、省自然村老年事业部 4 个集体被共青团吉林省直机关委员会命名为"2006 年度省直机关青年文明号"。

（6）吉林省高速公路管理局拉林河收费站被授予全省创建"青年安全生产示范岗"称号。

6. 2007 年

（1）辽源市客运总站、省高速公路管理局龙嘉机场收费站获得"全国巾帼文明岗"称号。

（2）长春市客运总站、通化市公路客运站、省交通信息通信中心话务班获得"全国交通行业巾帼文明岗"称号。

（3）省交通厅直属机关团委、省高管局团委、省交通规费征收管理局长春分局团委获评"五四红旗团委"；省高管局长吉管理处团总支、省公路勘测设计院团总支、省高管局营城子收费站团支部、拉林河收费站团支部、兴隆山收费站团支部、省交通信息通信中心团支部、省交通规费征收管理局团支部、省公路工程监理公司团支部、省自然村团支部获评"五四红旗团支部"。

（4）省交通厅直属机关团委获得 2006 年度"吉林省五四红旗团委标兵"荣誉称号。

（5）省高管局伊通管理处营城子收费站、长白公路朝阳镇收费站、通化市通化收费站被交通部、共青团中央命名为 2006 年度"全国青年文明号"。

（6）省高速公路管理局营城子收费站党支部、厅人事劳资处党支部获得"先进基层党组织标兵"称号;省运输管理局党委等 25 个总支、支部被评为"先进基层党组织"。

(7)吉林省高等级公路建设局获得"五一劳动奖状"。

7. 2008 年

(1)吉林省高等级公路建设局获得"吉林省交通系统先进集体"荣誉称号。

(2)"长长高速公路营城子至松江河段建设项目"获全国公路建设施工企业重点工程劳动竞赛优胜奖。

(3)吉林省高等级公路建设局获得"全国交通建设系统工会工作先进集体"荣誉称号。

8. 2009 年

(1)吉林省交通运输厅(机关)、辽源市客运总站、通化市交通运输局被中央文明办授予第四批"全国精神文明建设工作先进单位"称号。

(2)长春市公路客运总站、图们市公路客运总站、省高管局指挥调度中心荣获"全国巾帼文明岗"荣誉称号。

(3)省交通运输厅直属机关团委、省高管局团委、省高建局团委获得"省直机关五四红旗团委称号"。省航道局团总支、省交通科研所团总支、省公路勘测设计院团总支、乐山收费站团总支、九站收费站团总支、净月收费站团支部、省交通规费征收管理局团支部、省交通信息通信中心团支部、省自然村团支部、省交通运输厅机关服务中心团支部被评为"省直机关五四红旗团委(总支、支部)"。

(4)省交通运输厅综合规划处被省政府评为"第四届全省人民满意的公务员集体"。

(5)省高建局获得"全国交通运输行业精神文明单位"称号。

9. 2010 年

(1)在交通运输部 2008—2009 年度全国交通运输行业精神文明建设先进集体和个人评选中,省运管局获评全国交通运输文明行业;长春市交通局、通化市交通局、省高建局获评全国交通运输行业文明单位。

(2)省委、省政府印发了《关于表彰全省防汛抢险救灾先进集体和先进个人的决定》,省交通运输厅被授予"全省防汛抢险先进集体"。

(3)省高速公路管理局指挥调度中心、省高等级公路建设局营抚项目办、省高等级公路建设局长松项目办、省高等级公路建设局通丹项目办、省高等级公路建设局松辽项目办、省公路重点工程建设管理办工程科、省交通基本建设质量监督站三科、省高等级公路投资开发公司吉草高速公路三期工程办公室等吉林省交通系统 15 家基层单位获得 2009—2010 年度全国交通建设系统"工人先锋号"称号。

(4)松辽项目办大广线(松原至双辽工程、松原至双辽交安工程、松辽 01 标段、松原至双辽段、图珲高速公路04合同段)分别被评为2010年全国加快交通基础设施建设重点工程劳动竞赛"优质工程奖"。

(5)省高建局被珲春市委、市政府授予"富民强市"二等奖。

10. 2011年

(1)吉林省交通运输厅获得省政府授予的"2010年度安全生产目标责任制考评优胜单位"荣誉称号。

(2)在全国公路交通系统开展的"加快交通基础设施建设重点工程劳动竞赛"活动中,吉林省珲乌高速公路珲春至图们段04合同段,大广高速公路松原至双辽段(包括交安工程)项目获得优质工程奖。

(3)吉林省交通运输厅(厅机关)、通化市交通运输局、松原市运输管理处获得全国文明单位荣誉称号。

(4)珲乌高速公路珲春至图们段项目办公室荣获中国海员建设工会全国委员会"五型班组"称号。

(5)大广高速公路、长长高速公路营城子至抚民段、鹤大高速公路通化至新开岭段、珲乌高速公路长春至松原段项目办公室荣获中国海员建设工会全国委员会"工人先锋号"集体称号。

(6)省高建局交通工程处被评为省直"青年文明号"集体。

11. 2012年

(1)吉林省交通运输厅被交通运输部评为"全国交通运输行业文明行业",被吉林省文明委评为"全省文明行业先进行业"称号。

(2)在吉林省直机关第九次党的工作会议上,省交通运输厅荣获省直机关2011年度党的工作目标管理责任制先进单位、2011年度"机关党建工作创新奖"、省直机关学习型党组织建设先进单位、省直机关建功"十二五"突出业绩等四项荣誉称号。

(3)吉林省交通运输厅直属机关工会委员会被评为省直机关先进工会;省高管局指挥调度中心被省总工会授予"省五一巾帼标兵岗";省自然村被授予省直机关"三八"红旗集体荣誉称号。

(4)吉林省高速公路管理局、长春市交通运输局、延吉市运管所等单位获评"2011—2012年度全国交通运输依法行政先进集体"。

(5)吉林省高速公路管理局长春管理分局亚泰大街收费站、吉林省高等级公路建设局营抚项目管理办公室、吉林省交通规划设计院试验室、吉林省高速公路运营管理有限公司、吉林市金珠收费站、吉林省高速公路管理局梅河口分局筹备组磐石路政科、吉林省高速公路管理局伊通管理分局指挥调度中心、辽源客运总站、省高建局营松项目办、吉林高速公路管理局通化管理分局二密收费站、通化市通化收费站、吉林省高速公路管理局松原管理分局查干湖收费站、吉林省高速公路管理局白城管理分局侯家收费站、和龙市和南超限运输检测站、国道京哈线四平市南出口超限运输检测站获得 2012 年度省级"青年文明号"荣誉称号。

（6）省高建局团委获得团省委 2011 年度"五四红旗团委"称号。

12. 2013 年

（1）省交通运输厅行政审批办公室荣获"省政务大厅 2012 年度优秀窗口单位"称号。

（2）省高等级公路建设局松辽项目党支部荣获"省直机关优秀党支部"称号；省高建局团委荣获"省直机关五四红旗团委"称号。

（3）省高建局获省直机关"五一劳动奖状先进集体"称号。

13. 2014 年

省高建局营抚项目指挥部荣获省级"青年文明号"称号。

14. 2015 年

（1）通化市交通运输局、梅河口市交通运输局、吉林省运输管理局、吉林省高速公路集团有限公司 4 个单位获"2012—2013 年度全国交通运输行业文明单位"称号。白山市公路客运站、四平市公共汽车公司、辽源市客运总站、吉林省高速公路管理局亚泰大街收费站、吉林省高速公路集团有限公司长春管理分公司蛟河服务区 5 个单位获得"全国交通运输行业文明示范窗口单位"称号。

（2）省航道管理局荣获省直机关"五一劳动奖状"先进单位，省高建局营抚项目建设指挥部荣获省直机关"工人先锋号集体"称号。

15. 2016 年

（1）中国公路学会、《中国公路》杂志社举办了"最美中国路姐"评选活动。省高管局指挥调度中心被授予"最美中国路姐团队"，吉林管理分局蛟河收费站收费员韩笑荣获"最美中国路姐"入围奖。她们用良好的形象和优质的服务，为高速公路管理事业增添了靓丽的色彩。

（2）吉林省高等级公路建设管理局鹤大高速公路通化至新开岭（辽界）段获得交通运输部公路优质工程（李春）奖。

16. 2017 年

鹤大高速公路项目雁大、大抚、靖通和集通项目获得"全国交通基础设施重点工程建设劳动竞赛优胜单位"称号。

(二)先进个人

1.1995年

(1)吉林省交通系统耿玉杰、傅文元、李桂月获得"全国劳模"和"全国先进生产者"称号。

(2)吉林省高等级公路建设指挥部长吉办公室张清田获得"吉林省先进军转工作者"称号。

(3)省交通厅辛德刚获得"全国交通系统先进工作者"称号。

2.1996年

吉林省公路管理局宋炬峰荣获吉林省政府绿化二等功。

3.2005年

(1)吉林省交通厅冷曦晨、闫长文、关长禄、曲延德、张连庆、罗广辉、孙长山、丁洪民、王焕金、闫秋波获得"全国交通系统先进工作者"荣誉称号。

(2)宇辉公司工程师刘天明、省高速公路管理局王艳被授予"2004年度全国青年岗位能手"称号。

4.2006年

(1)省高速公路管理局朱跃坤获省直机关"十大杰出青年"表彰。

(2)省公路勘测设计院胡珊获得"吉林省五一劳动奖章"。

5.2007年

(1)白山市沈长公路工程建设指挥部马淑兰、辽源市公路客运总站王大平、省交通规费征收管理局龙玉玲、四平市榆树台收费站张凤梅获得"巾帼建功标兵"称号。

(2)省交通运输厅王潮海获得"吉林省五一劳动奖章"。

(3)省交通科学研究所张飞军获得"省直三八红旗手"称号。

6.2008年

(1)省高建局柳雁玲被省妇联授予"巾帼标兵"称号。

(2)省高建局王岩松被交通运输部授予"五四青年能手"称号。

7.2009年

(1)白城市华一公路建设集团公司侯伟被评为"全国巾帼建功标兵"。

(2)省高建局李长江、鲁亚义,省公路勘测设计院栾海,省交通科学研究所陈志国被评为"全国第五届中国公路学会百名优秀工程师"。

(3)柳河县县长助理、交通运输局局长王金友被评为"第四届人民满意的公务员"。

(4)省交通科学研究所陈志国获得"吉林省劳动模范"称号。

8. 2010 年

(1)省公路勘测设计院胡珊获得全交通运输行业"文明职工标兵"称号。

(2)省厅防汛办陈德华被授予"全省防汛抢险救灾先进个人"荣誉称号。

(3)吉林省交通运输厅纪景义、代艳杰(女)获得交通运输部"优秀科技管理人员"称号;陈东丰、陈志国、韩继国、栾海获得交通运输部"优秀科技人员"荣誉称号。

(4)省高建局王震飞获得"全国五一劳动奖章"。

(5)省高建局张龙义、丁洪民获得"全国加快交通基础设施建设重点工程劳动竞赛先进个人"称号。

(6)省高建局马铁伟获得省直党工委"青年标兵"称号。

9. 2011 年

(1)厅安监处李彦文获得"全省安全生产先进个人"称号。

(2)在全国公路交通系统开展的"加快交通基础设施建设重点工程劳动竞赛"活动中,吉林省交通运输厅张龙义、丁洪民、初广波、邵泽宏、伞国峰、穆俊豪荣获先进个人称号。

(3)省高建局张翊翱获得全国交通运输行业"文明职工标兵"称号。

10. 2012 年

(1)在 2011 年群众评议省(中)直机关处长的活动中,吉林省交通运输厅法规处处长邵新怀被评为"优秀处长",厅建设处处长方向阳、运输处处长金虹被评为"群众满意处长"。

(2)省公路管理局于志东、省高速公路管理局董明、省交通科学研究所孙福申、省公路工程监理公司金祥秋获得"省直机关五一奖章"。

(3)省高建局张辉获得全国公路交通系统金桥奖。

(4)省高建局高磊、孙岩获得省直机关"青年岗位能手"称号。

11. 2014 年

(1)省交通运输厅付秀丽、王长春、靳朝辉、运亮、揣国栋、隋芹、杨光、马淑兰、杨世清、孙国文、武洲、罗猛、董明、韩笑、张翊翱、初志刚、谢睿、陈志国、薛焕东、朴顺梅荣获首届"最美吉林交通人"称号。

(2)省交通科学研究所陈晓冬荣获全省首届"吉林省创新创造好青年标兵"称号。

12. 2015 年

(1)省交通运输厅张兴华、刘毅、王宇辉、董明、史永超5人获得"全国交通运输行业文明职工标兵"称号;曲权获得"全国交通运输行业精神文明建设先进工作者"称号。

（2）省交通规划设计院吴洪涛、省交通科学研究所闫秋波荣获"五一劳动奖章先进个人"。

（3）省高建局马铁伟获得全国交通运输系统"先进工作者"称号。

13. 2016年

（1）吉林省交通科学研究所孙福申、松原公路客运站武夏清获得交通运输部"2015感动交通人物"称号。

（2）省高建局张翊翱获得"全省优秀共产党员"称号。

（3）省高建局张广庆、郭明洋获得"全省交通系统先进工作者"称号。

（4）省高建局王岩松获得交通运输部"2015—2016年度交通运输青年科技英才"称号。

（5）省高建局董书奎、崔巍武、刘军获得"全国交通基础设施重点工程建设劳动竞赛先进个人"称号。

14. 2017年

省交通运输厅王京、颜成山、冀长伟、乔双、马兆艳、李善林、唐艳洪、王春飞、吕洪哲、纪长鑫、张修海、闻玉莲、王慧娟、魏志刚、常峥、韩明智、崔洪海、王书娟、隋洪岩、张铁英获得第二届"最美吉林交通人"称号。

三、文学作品

建设高速公路的壮举，蕴藏着许多生动感人的人和事。把这些人和事挖掘并写下来，记录当代交通人的生态和风采是有意义的事。本节收录了部分高速公路建设过程中发表的文学作品，从不同角度反映了公路的建设过程、建设者的生活和工作场面以及这一过程中的所思所悟。

（一）长篇纪实文学

《走出柳条边》（陈景河著）（2000年）

陈景河的《走出柳条边》是迄今为止全省字数最多、分量最重的一部纪实文学，也是一部弘扬主旋律的成功作品，该书部分章节由报刊发表后，受到普遍关注并在省内外产生广泛影响。

内容梗概：

郊原百里，血汗凝筑，短短五年内，吉林人掘开残存的柳条边墙，在祖国东北中轴区建设起大气磅礴的四条高速公路。

作者以改革开放和中国交通大文化为经纬，从高速公路策划者、设计者、建设者时代的应有坐标点入手,全方位、气势恢宏地展现了这个鲜为人知的群体多姿多彩的生活场景和异于常人的生态命运,为人们认识当今社会和人类进步提供了鲜活的形象材料。

由于作者文化积淀较厚,对劳动者抱有极大热情,采访与写作极用功力,不仅使作品具有厚重的文化内涵,而且形象生动,情节感人,许多章节催人泪下。

(二)散文

1.《雪松》(文/迟增君)

忽如一夜春风来,千树万树梨花开。清晨推门出来,抬眼看去,满园尽是银装素裹。深吸一口,清冽的空气把一夜的浊闷都从肺里挤压了出来,整个人从里到外都清清爽爽,已然准备好迎接崭新的一天。

驱车赶往现场,测量队的小伙子们正要去和房建单位的测量员进行基础复测,车轮碾压过路面上的积雪,吱吱呀呀地响个不停。道路两旁闪烁而过的松树上挂满了皑皑的白雪,沉甸甸地压在枝头叶梢,仿若秋熟的麦穗悠悠垂下,但那黝黑粗糙的树干,仍然挺立在山风之中,岿然不动,傲视严寒。

长白山的树林有着明显的地域特色,尤其是在冬天,万物岑寂,仅余数丈的青松和三两灌木点缀在灰白的天地间,大片大片的松林在群山间随风摆动,波涛翻滚,气势惊人。谁也不知道它们在这片苍茫的土地上屹立了多少岁月,经历了无数的暑去寒来、雨雪风霜。虽然不像平时的青葱葱郁,但冬日里的雪松让人尤其欣爱。

还记得朋友去黄山,回来的时候兴奋地和我讲他的游记,谈到迎客松的时候,他沉默许久,"其实没什么看头的,名不副实、索然无味……"那溢于言表的失落却使我心里颇多几分窃喜,身边的这些松树虽然千篇一律、默默无闻,但是长年累月的缄默经过发酵散发出来的坚韧,让远离人烟的我们总能享受到别样的宁静。

覆满白雪的苍松虽然没有在山巅峭壁上养成独特的遒劲,却有着遮天蔽地的粗犷,那绷紧的伟岸身躯蕴藏着无穷的力量和坚不可摧的意志,张开臂膀几欲踏平群山、撕裂苍穹。从不羡慕依依杨柳的轻拂,也不和生活在优渥环境的梧桐香樟攀比,只是淡然怀揣足以自傲于世的博大情怀,默默地扎根在这片土地,骄傲而又深沉。

车行一半便无法深入了,我们踏着及膝的雪穿梭在树林中,看着不远处的高速路早已不复黑黝黝的面貌,白茫茫一片晃得眼睛刺痛,耳边"吱溜溜"的北风响个不停,颇有几分"智取威虎山"的风采。

"你们说我喊一嗓子会不会雪崩啊?"

"雪崩你个头啊! 赶紧干活,麻溜的还能回去赶上顿热乎饭。"

测量队员爽朗的笑声在林间回响,丝毫不为积雪和寒风所动。作为工地上的一双眼睛,也许是早已习惯了这刺骨的寒冷,到了目的地后,下桩插旗支仪器,一气呵成,瞬间进入工作状态,那一丝不苟的表情和坚定的眼神,和年轻的面庞既显得格格不入却又相得益彰。紧张的现场工作和艰苦的一线环境让这帮刚刚离开校园的"90后"年轻人迅速成长起来,如同那雪松,深深扎根在这崇山峻岭之间。夏练三伏,冬战三九,他们把烈日寒霜当作煅炉,让自己锤炼得更纯粹、更坚韧。

无论是荒凉大漠还是雪域高原,无论是崇山峻岭还是戈壁沙滩,就是这样一群人,在五湖四海、大江南北短短的驻足,用青春和汗水,在祖国的腾飞路上勾勒出优美的线条。他们虽然不像雪松一样高大,却像雪松一样在岁月中琢磨,在时光中永不凋零。

靖潜处以永思兮,经日月而弥远。筑基修道,是一种传承,我们无法像雪松一样屹立千年,只能把流淌在骨子里的血脉,自先辈而来,向后代而去。或许多年以后,还会有这样一群人,显现着你的轮廓,咀嚼着你的名字……

【编者按】作者通过对公路勘测设计工作者在长白山区冬季外业生活的描写,向读者展示了吉林交通人朴实而又高尚的精神世界。以雪松之高洁暗喻交通人在严寒、渺无人烟的环境中能吃苦、肯奉献、克服困难、积极乐观的高尚情操。

2.《寻觅·定位·发展》(文/刘雷)

"路漫漫其修远兮,吾将上下而求索。"

我们一直在寻找,从未放弃。当今天我问自己,我在"求索"什么的时候,我无法给自己一个确切的答案,我的心头掠过一丝慌乱。慌乱过后,我有了些许感悟。我们"求索"的就是,不断地改变自己,让自己这件半成品,最终以最完美的一面展现于世界。而在这个过程中,非破无立。

烟花,只有冲出束缚的那一刹那,才会绽放绚烂。和我们的人生路一样,一点点破除束缚的茧,才能让自己有翱翔天空的那一天,尽管这个过程中有痛苦、有艰辛。相信很多刚刚参加工作的同事都有一样的感受,这不是我想要的生活,而当别人问我们"你到底想要什么?",我们却只能以沉默回答。

自从走进鹤大,我的人生观伴随着不同的事情的发生逐刻被雕磨着,从格格不入到慢慢适应。打破了我对学生时代观念的固立,重塑了我对新工作新环境的认知。原来施工也不仅仅是尘土飞扬,还有尘埃落定后朴实的笑容;也不仅仅是机械般重复劳动,也有闪耀智慧的小创新。就像是鸡蛋一样,从外打破是鸡蛋,从内打破却是生命。不仅仅是我,我身边的同事也在蜕变,卸下了学生时代的稚气,添加了路桥人应有的志气。细细想来,我们的人生之路和施工建设是相符相通的。学校就是人生项目进场的物资准备和调度时间,毕业参加工作证实我们的人生之路开工建设,经历苦难、挫折、打破、重塑,就像施工时的挖方与回填。经历了一系列的摔摔打打,成就坚实的基础。基础之上建立上层建筑,我们人生之路的"路面"完工之时也就是我们登上人生巅峰之时。也许,当那时我们回首这一切,是那样的顺理成章,又是那样的曲折与坎坷。一次次的打破、一次次的重塑,才使我们拥有坐拥天下的胸怀与能力。

拉斯金说过：青年时代是培养习惯、希望和信念的一段时光。我很庆幸，在如此珍贵的时光里，能在这里找到施展才华的事业平台，完成自己的蜕变。拳心搭梯千垒起，同力撑船万里帆。在这里，和同事们一起把青春挥洒在这片所热爱的土地上，和一群充满激情与梦想的人一起开创未来。

【编者按】青年人的成长需要适宜的土壤，需要艰苦环境的磨炼。年轻的公路建设者们在高速公路建设现场学习技能、增长见识、磨炼品格、塑造人格、提升境界，从"半成品"逐渐走向成熟，为祖国的交通事业贡献热情和才华。

3.《一封家书》（文／吕宝林）

家书对于现在的我们似乎已经变成了与家人沟通最陌生的方式，随着现代通信科技的发展，我们更愿意选择用微信、短信、电话、语音或者视频聊天的方式跟家人联系，因为方便快捷省时，能够快速拉近与远方亲人的距离。

可是为什么在看到"一封家书"这四个字时我脑海中闪现的第一个影子，却是一封微微泛黄的夹在书里或珍藏在盒子里的一封信呢？轻轻地拆开信封，稿纸上那一行行熟悉的字迹，或倾诉着写信人对家人的深深思念与牵挂，或记录着自己近期生活的点点滴滴，并期许着能够尽快得到家人是否安好和快乐的消息……

还记得儿时与笔友通信的经历，那时可能一个月通信一次，虽然间隔很长，但每一次写信都迫不及待地想把自己近期发生的有趣的事情分享给小伙伴。当小心翼翼地将信投递以后，又满心期待着她的回复和分享，急切地想知道她的近况。

相比现在微信、短信的发送和接收，书信确实慢了太多，可是信中的每一个字迹、每一个符号都能够在不经意间流露出写信人的情感。小时候，每次惹母亲生气的时候我都会偷偷地在妈妈枕下塞一封信，内容嘛，自然是不好意思当面说、又想说的心里话，母亲看过信后也都会若无其事地当作什么都未发生，但是在过后适当的时候又总会轻松地聊上几句，结果当然是我乖乖地知错就改喽。

可惜有件遗憾的事情，就是在外地上大学的时候没有写过一封家书。刚上学的时候也很想家，可是多半会打电话报个平安。后来慢慢适应了大学生活，学习课程也紧张了起来，就更没有写家书的想法了。现在想想，如果当时想家的时候不只是打个电话，而是写几封家书，不论是表达想念、困惑还是记录一下忙碌而有趣的校园生活，也是个有念想的东西。妈妈总说，"美好的瞬间用手机、相机记录下来后，记得冲洗出来，留着以后翻看"。

家书，虽不及现代通信方式表达得简单直接，但它所承载的或许是最深的情感。如果不是很忙，如果不是很急，趁远方的家人还能看得清家书上的字迹，还能亲自与你用书信往来的时候，试着写一封家书吧，哪怕只是唠唠家常，说说近况，若干年后当我们再看到这些字迹时,或许会有暖意悄然涌上心头。

【编者按】小小的家书,寄托了公路建设者淳朴的情感。文中不经意间流露出的对家人的思念不禁令人动容。想念亲人、思念故乡乃人之常情,但由于工程建设的需要,千千万万普通公路建设者长期坚守在工程建设一线,舍小家顾大家,保证了工程质量和进度,为交通事业的快速发展做出了贡献。

4.《行者无疆》(文/赵世龙)

奔波在外近十年,习惯了走南闯北好似行军打仗的生活,也开始喜欢上半隐居的漂泊工作。上个项目刚结束,还没回到家里看一看,就被公司急令调到鹤大高速公路这边。

印象中的北国,就只有风雪素裹的景象,土地冰封,长天一色,没有半点生机,人们所感受到的也只是冬眠般的懒散,昼短夜长,几乎要在睡眠中度过整个冬季。但到了这里,方才确信这里的冬天不一样,在这严寒冬日,我们投入到了鹤大高速公路冬期施工的大干热潮中,用热情温暖了吉林冬天,用辛勤的汗水浇注优质工程。

沉浸在这种漂泊的生活里,尽管有家,没有长驻,因为我们有责任、有使命。作为一个已过而立之年的男人,虽然心中时刻牵挂着家庭和亲人,但我还为着心中的梦,默默耕耘在异地他乡,为祖国建设贡献力量,为在中交一航局这个大舞台上舞出自己的土木人生。

我喜欢北方,因为我生长在这里,她哺育了我,我要让她更加辉煌。来到这里建设,我有着莫名的动力与向往。相对于一天的其他时刻,我更喜欢傍晚时分的山村。挑一个风和日丽的黄昏,约同事一起看夕阳,踏着落日的余晖,穿梭于白雪皑皑的山林间,听着鸟语雀鸣,感受冬日之美,仰望远景,闲诉工作和生活的乐趣,是何等痛快!

十年寒窗为的就是有朝一日金榜题名,然而时过境迁。现代人上学读书虽说目的不同,但最后还是为了一份可心的工作,一个能养家糊口的饭碗。当初我选择这份工作,现今想来,虽说一路坎坷,但到目前为止,我已经把自己的心交给了一航局事业。大家常说爱岗敬业,这并不是枯燥的空口号,而是传承着前辈们的优良传统。人生短短几十载,若仅在方寸之地默默无闻,这一生的追求是什么?为了吃住?为了子女?平平淡淡的生活是真,平淡也照样可以光照于世,但我绝不可以平庸,我要用我身上的亮点,在一航局闪光。

行者无疆,建设祖国对我来说是快乐的人生旅行。作为一航人,哪里需要,我就去哪里;去哪里,哪里就是我的家。从这一点上说,我们的人生比一般人要丰富得多。风华正茂,书生意气,为了铮铮铁骨,为了喜爱的土木事业,我已吹响了人生征途的战斗号角,不断学习工程"新常态",认识工程"新常态",引领工程"新常态"!

【编者按】广大公路建设者们往往是项目在哪里,家就在哪里,走南闯北、风餐露宿成为常态。尽管如此,不能磨灭他们心中的火花,"有一份热就要发一份光",这种信念源于他们对于伟大祖国的热爱,源于他们对于"交通报国"理想信念的执着追求。

5.《有雪无诗俗了人》(文/肖丰发)

岩雪如尘,春早城寒,岁初时节正值乍暖还寒,长山远树一片银装素裹,煞是好看。

江南的雪,滋润美艳之至,那是还在隐约着的青春的消息,是极壮健的处子的皮肤。鲁老爷子曾如是说道,朔方的雪花在纷飞之后,却永远如粉,如沙。其实不然,鲁老爷子当年有感革命形势,心有所念,自然难以感触那纯白世界。偶有顽童小儿奔跑作乐,笑语散落在雪地里,击碎了飞舞的精灵。

自古以来,文人骚客莫不阁笔费评,梅雪争春,香白各长。依我看来,雪给了美丽,梅却给予了生命。无论是梨花开落千枝万树,抑或是檐流未滴,梅花冰冻,清香自溢。

随风飘荡也好,驻足守望也罢,不同的路段有不同的风景。行走在白山深处,稀落的村庄略显破败,但却与这片纯白融为一体,袅袅炊烟更是给了这些寂静无限的生机。所有喷薄欲出的冲动,都是生命的不甘平庸,即便严寒加身。

正使尽情寒至骨,不妨桃李用年华,山谷道人一语中的。待到来年杨柳报春,山花烂漫,彼时冰封已破,何愁大雪阻路!傲雪争春不仅仅是一种姿态,更是一种信仰,人生莫不如是。即便冬天风雪再大,春天到来百花终究会盛开,生命恣意绽放。

【编者按】本文是公路建设者在工作之余写景喻人的佳作。作者来自南方,看惯了江南的雪,来到北方后不禁感慨南北雪景的不同,并由此升华为人生的感悟,"傲雪争春不仅仅是一种姿态,更是一种信仰,人生莫不如是",展现出作者笑面困难的乐观主义精神。

6.《走进白桦林》(文/谢秀莉)

初夏的一天,我坐在奔驰的列车上,望着窗外绵绵不断的山峦,思绪随着飞转的车轮在脑海中徜徉……不知不觉中,列车广播报出泉阳车站到了,我便走出站台,乘上项目部的车子向施工驻地驶去。当汽车驶进林区,道路两旁笔直的白桦树笔直冲天,我的心仿佛到了理想的天堂,年少时想置身白桦林中看蓝天白云的梦想就要实现了。是啊,我是怀着对长白山热土的向往,只身来到吉林省白山市抚松县项目部的筑路人。

项目部刘长德书记向我讲述了 2013 年冬季项目进场时的场景:在零下 20 多摄氏度的露水河畔,一航总承包先遣筑路人来了,他们踏着没膝的深雪,冒着寒冷的风霜,深一脚,浅一脚,考察驻地。那艰辛和汗水凝结的一段段往事,不断感动着我,震撼着我的内心深处。

"砬子河"村是项目部所在地,地处露水河林业局、露水河镇林场、泉阳林业局所辖地带。初到这里,第一印象是天高云淡,碧空如洗,项目驻地群山环抱,小山村溪水潺潺,直耸天空的白桦树、红松等数百种树木,郁郁葱葱。这里的山水清新自然,白桦松柏自然挺拔,天然风景映入眼帘,犹如一幅精致的图画,美景尽收眼底,令人心旷神怡。

当我走进长白山的这片热土,走进施工现场,所到之处无不凝聚着筑路人的身影;在露水河畔,筑路人用青春,用汗水,用热血,在长长的路基上书写着自己的传奇。那隧道,那涵洞,那大桥,那坚实的路基,那一条条混凝土梁柱,那榀榀T梁,那榀榀箱梁,组成了筑路人的一个个精彩片段。

在山林中,在烈日下,在暴雨中,在寒风里,无处不看到一航筑路人忙碌的身影。我知道,你也想去游览一下祖国的山川美景,然而你对施工工艺的严谨,不容许自己有半点的清闲;我知道,你也渴望恋人的情话,爱人的缠绵,然而你对公路建设的热忱,却让你只能把儿女私情埋在心间;我知道,你也想家的团聚和温暖,然而你更知道身上的重担,所以只能把思念寄托在梦里;我知道,你也想孝敬年迈的双亲,然而你知道一个筑路人的使命,你不得不把孝心深藏心底。晴天一身土,雨天一身泥,那满身泥土,一脸尘埃;那炎炎烈日,汗流浃背;那天寒地冻,皮肤皲裂,你从无怨言依然故我,你用双手建造着白山人民畅通的希望幸福大道。

巍巍白云山峰,潺潺松花江水,光荣的筑路人,是你们以排山倒海的英雄气概,筑起了白山人民的致富之路,幸福之路。身处险境,身先士卒,是你们用拼搏精神,架起吉林省高速公路网规划的"五纵、五横、三环、四联络"中五纵的第一纵重要组成部分。不久的将来,一条宽广优质通畅的高速公路在振兴东北老工业基地中发挥重要作用。

此刻,白桦树犹如奔向天空的理想,笔直而舒畅……在这片理想的晴空下,筑路人辛勤的汗水,让梦圆满,熠熠闪光。

【编者按】儿时看白桦林、成为筑路人的梦想在三十年后实现了。在长白山这片热土上,筑路人用自己的青春、汗水、热血书写传奇。不论风雨雷电、不论酷暑严寒,都挡不住筑路人的脚步。他们牺牲了与家人团聚的时光,牺牲了与恋人卿卿我我的缠绵,不能在双亲面前尽孝,却把品质工程、放心工程永远留在了白山松水,留给了吉林人民。

7.《工地双胞胎》(文/李慧萍)

因近期热播电影《超能陆战队》而迅速走红的"大白",相信大家并不陌生。他没有嘴巴,只有一对圆溜溜的眼睛,是个体型胖胖的治疗型机器人,呆萌的外表,善良的本质,始终如一地陪伴加上牺牲自我的保护,被封为年度暖男。微信朋友圈被它疯狂刷屏,一度满是"大白"的影子;在微博上,"大白"也红透半边天,众多明星红人、媒体官微、网络"大V"都求约"大白",纷纷点赞表白;互联网上,趁着"大白热",各个互联网公司也不怕"玩坏大白",借势而起,上演了一场场真情"大白";搜索引擎、视频网站、社交平台,都不约而同瞄准"大白",演绎卖萌求约的精彩对白。

而在工地试验室,也有一个酷似"大白"的"大白",一样呆萌的外表,善良的本质,胖胖的体型和对工地试验室始终如一的坚守,只不过这个大白还有个双胞胎弟弟——二白。

说起他们,那可真是很有"料",试验室的同事们像打开了话匣子,情绪瞬间高涨,一人一句的根本停不下来。

活宝"开心果"

由于长得一样,从小到大经常被人叫错,现在又同在工地试验室工作,更是经常发生这样的事情。"大白,这次一工区的压实度检测结果怎么样?""我是二白""哦,不好意思又认错了""大白,刚才看到你弟弟还以为是你,一工区的压实度检测结果怎么样?""我就是刚才那个认错的……""额……"主任满头黑线地走开了……

提到大家对白氏兄弟的印象,试验室艳姐抢着说,他们可是我们大家的"开心果",平时开玩笑不小心说过分了也不生气,我们平时休息时间也喜欢跟他们俩开玩笑,从来没有红过脸。还记得刚来到这个项目部的时候,工会举办篮球赛,看到两个长得一模一样的人在场上跑,虽然有点胖,却不失灵活,看客们也毫不"客气"地调侃场上的白氏兄弟:"大白大白你鞋带开了,赶紧把球扔了鞋带系上""二白,你看你肚子怎么会跳舞呢""哎哎,你俩站错队了",搞得白氏兄弟很无奈,引起阵阵笑声。

暖男

这两兄弟不但名字跟大白一样,连性格也是非常暖男,大哥憨厚老实,二哥诚恳勤劳,试验室的所有人都知道,他们除了所有的工资都上交,每天还必须给家里打个电话,至少半个小时,无论多晚。提到这里,二白只有最简单的几个字:"电话得打"。只有四个字,但我却能感受到语气里的哽咽……这个东北男人对家的那份牵挂和惦记,对他们来说,觉得对家人是亏欠的,能做的也就这么多了。每天给家里打个电话告诉家人自己在这一切都好,听听家里发生了什么有趣的事情,孩子最近在学校怎么样,父母双亲身体好不好,想象着自己也跟他们共同经历了那些喜怒哀乐,也是安慰的。

为了工地的试验工作,每个人都要暂时舍弃很多东西,尤其是亲情方面,但是他们不觉得委屈,他们愿意为工地的试验工作做出必要的牺牲,只是再坚强的男人,内心深处也有铁血柔情,相信这也是所有工地建设者们共同的牵挂。

"试验达人"工作狂

哥俩都是从 26 岁开始就从事试验检测工作,十几年来,积累了非常多的经验。试验室的同事都说,他们就是试验室的老大哥,技术非常过硬,不论是理论知识方面还是实际操作,请教他们准保没错。两兄弟任劳任怨,同是负责土工检测工作,虽然分管不同的工区,却是分工不分家,如果有一个人工作忙不过来,那么不论谁有时间都会顶上去。去年试验室进场没多久他们就过来了,几乎一整年没有回家,直到最后冬休,大部分人都回家和家人团聚,他们才抽出时间回家看一眼,又匆匆赶回来。当时只有哥俩和试验室主任坚守在试验室做信用评价和明年的基层备料工作,这一次直到腊月二十几才回家,过了年还没有来得及跟家人过上一个元宵节,这一来,也不知道要多久才能回家了。

不争功、不求名，这就是白氏兄弟哥俩。不论是什么时间，大多是没法看到两个人都在的，要么都在做试验，要么哥哥白永明去了现场，要一整天才能回来，要么就是埋在一堆资料里面，让我不忍打扰。

说到试验室的时候，两人的话突然多了起来，弟弟白永利说，他们觉得来到这里是特别幸运的一件事，试验室是个有爱的集体，在长白山脚下这么有灵气的地方，同事之间关系格外融洽，试验室的技术实力又强，在这里干得顺心顺意。

平时在试验室，加班到深夜也是经常的事情，有几次我晚上路过试验室，从窗户向里看的时候，都发现"二白"坐在一堆资料中忙的满头大汗，连口水都顾不上喝。5月初的露水河，空气中还是充满凉意的，别人都是套着厚厚的外套，他俩却汗流浃背，原因可想而知。

两兄弟的精彩还在继续上演，相信未来还会有更多面等待我们去发现，他们的"试验秘籍"也会继续"写"下去！

【编者按】试验室里的"白氏兄弟"是一对普通人，他们做着微不足道的试验、干着平凡的事，过着普通人的生活。由于技术过硬、为人厚道、任劳任怨，成为试验室里的"明星"。我们的工地就是由千千万万个"白氏兄弟"组成的，他们精益求精、乐于奉献，他们爱事业、爱家人、爱同事，日复一日年复一年，甘为事业奉献自己的才智和热血，用平凡的足迹书写壮丽的诗篇。

8.《夏天里的小苹果》（文／李慧萍）

红遍中国的神曲《小苹果》，以其轻松愉快的旋律、复古的电音节奏以及朗朗上口的歌词，带给人耳目一新的感觉。随之产生的征兵版《小苹果》视频更是在短短两天内点击量超过200万，很多网友甚至表示看了这个视频后很想参军，可见其强大的"洗脑"力。这不，连我们也受到了它的影响。

"5、6、7、8，你是我的小呀小苹果，怎么爱你都不嫌多……"最近在活动室就经常能听到这样的声音，怎么回事呢？原来是项目部的女孩子们为了给篮球赛的队员们打气助威，增加乐趣，丰富业余文化生活，在紧锣密鼓的排练舞蹈《小苹果》。虽然项目部的女生真的不多，但是却都积极踊跃地参加到这次的啦啦队活动中。就像她们原话说的，每天在办公室做资料，太缺乏锻炼了，现在有这样一个活动可以每天强迫自己抽出一个小时的时间来跳舞，既有意义又能给身体充电。

没有老师，她们自己在网上找教程，放慢速度，一个动作一个动作地反复放、反复学；没有专门的练功房，她们就趁着活动室晚上没活动，整理出一块空间，练完了在归到原样；没有镜子，想看自己跳得怎么样，动作是否标准是否有美感的时候，她们就把窗户当镜子，用手机、相机拍下来然后回放，找出不足……总之，无论有什么困难，在她们眼里都不是事儿，我是真被这些姑娘们执着、认真的态度感动了，还没有正式上场表演，已经忍不住要给她们鼓掌叫好。

【编者按】紧张忙碌的工作中也有娱乐,男生打篮球,女生做啦啦队,跳《小苹果》,伴随着《小苹果》的节奏翩翩起舞,放松精神、锻炼身体、调剂生活,只要有年轻人的地方就永远都不缺乏快乐!

9.《与松鼠"同居"的日子》(文/刘长德)

从201国道转入林道10公里,是项目部的空心板梁预制场,它建在红光林场场部旧址基础上,残垣断壁间,有一个暗红色的集装箱,那是施工员的宿舍和办公室。

第一个住进去的是个鼻音浓重的西北小伙陆文斌。锅碗瓢盆、挂面鸡蛋收拾停当后,小陆便跑到现场数钢筋了,张拉、安装芯模、合模、浇注混凝土,每个工序都不敢放松,一天盯下来,觉得挺充实。本想睡个好觉,可看着天色渐暗,松风四起,小陆心里就有了点武松在景阳冈上的心情,有点发毛,尤其是施工队陆陆续续回驻地,就剩他自己驻守预制场。四周彻底地安静下来,茫茫林海中只有集装箱窗口这一点微光,任何一点声音都在拨动着小陆绷紧的心弦。但就在这时,响起了微弱的敲门声,小陆一下跳起来,但不敢开门,拉开窗帘往外一看,心一下顶到嗓子眼,门外哪有人!他安慰自己说这是幻听,刚要躺回床上,微弱的敲门声再次出现了。"喀喀喀"的声音在漆黑的夜里格外清晰。毕竟是条西北汉子,小陆跳起身抓起酱油瓶就拉开了门,还是没有人。小陆走出门口四下察看,忽然有条黑影从集装箱下面窜了出来直扑小腿而去,小陆惊得一下撤出四五米,黑影却不依不饶逮着鞋就咬,定神一看,却是一只黑松鼠,一只愤怒的黑松鼠。赶走之后,小陆回到集装箱,不由地笑了。怪不得听见集装下面老是有动静,原来集装箱上是小陆的家,集装箱下却是黑松鼠的家。楼上楼下,成邻居街坊了。

第二天,小陆吃完早餐后,在集装箱的侧面和前面各放了一个鸡蛋。等这一天的工作忙完回来,黑松鼠已经领了这份情,鸡蛋不见了,也没再出来咬过他。就这样,每天小陆都会留一个鸡蛋给它,时间一长,了解也多了,十点黑松鼠出门,直到半夜两点多才回来,早上五点又会在集装箱下乱窜。两家作息时间也逐渐一致,它出门,他睡觉,它起床,他也醒来,开始自己从数钢筋开始的一天。有一次,施工队少绑了两根钢筋,小陆坚决要求返工重新调整钢筋间距,和现场工人吵吵了几句,心情有点差,但没想到收工回集装箱的时候,小陆第一次和黑松鼠见面了,像是安慰他一样,黑松鼠立起来作了个揖,然后又钻回了楼下。小陆有点感动。

十月底的长白山地区,气温已在零度。预制场要停工了。临走那天,小陆在集装箱前后左右都放了鸡蛋,远远地站在一边想再见它一面,但它没有出现。第二年春天复工后,小陆调到了工区负责桥梁施工,但他特意去了一趟预制场。

四个鸡蛋还在。不知道这只黑松鼠去了哪里。小陆在集装箱前站了很久,竟觉得有些伤感。

【编者按】这是一段属于交通人的独特经历。森林既是松鼠的家,也是小陆的家,作者选取交通人生活的一个有趣细节,通过小陆和松鼠做邻居的故事,展示了交通人的生活环境和与自然友好相处的生活方式。

10.《老智的笔记本》(文/夏诗文)

坐了两天的绿皮火车,又坐了6个小时的汽车,我和主人来到了长白山附近的新家。当他在我白白的扉页上写上了三个大字之后,我知道我主人的名字——智绪新。

他每天都忙忙碌碌的,带着我去了好多地方:梁场、搅拌站、工地、试验室、驻地、总监办……有时候坐车,更多时候深一脚浅一脚的,我在他的怀里默默地看着,有的时候他会皱着眉头,有的时候他会挂着微笑,有的时候他还会眨眼睛。无数个日日夜夜,他不停地在我身上描绘着,或是总结,或是计划。有时候加班到很晚,打着灯写啊写啊,让我很晚才能休息。可是没过一会,他又带着我出门了。

一个月还不到,我就添了新伙伴,待在办公室的时间也就变长了。在办公室里,我总会见到不同的面孔,有的是来给他送资料,有的是来找他谈合同,他们都叫他智总,这时我才知道,他是项目部常务副经理,不过我和我的小伙伴们看着他和蔼的面孔,更习惯叫他老智,这是我们对他的专属昵称。现在我有好多的小伙伴,我是老大工作日志,老二是会议记录,小三是自学笔记。哎,小伙伴们越来越多,管理起来真麻烦。

老智最近开会越来越多,听老二说每周的一、三、五要开交班会,时不时地要开计量会和生产大会,还要开班子会和业主、监理上级领导检查各种会议,一开起来就要到12点,老二说它累得都睁不开眼了,可是老智第二天不到6点就又起来了。

有的时候我常常想,老智不累吗?怎么每天都那么精神?不过,慢慢地我注意到了他那褶皱的衬衫,灰扑扑的皮鞋,疲倦的脸庞,被风扬起的白发……我发现他黑了,也瘦了,背也弯了,夜里翻来覆去地睡不好,不断地揉着腰,他怎么会不累?

今天,老智写到最后一页,我知道我要退休了,要被放到书桌的边上了,但是我还是会一直陪伴着老智,默默地注视着他。

【编者按】本文通过一个独特的视角反映了工程组织者们繁忙而有意义的生活。为了保证工程的顺利实施,他们起早贪黑,没有时间照顾自己的生活,把全部的身心扑在工作上。长期紧张忙碌的野外工作让他们黑了、瘦了、背弯了、腰痛了,但为了能够向党和人民交上一份满意的答卷,他们仍坚守在自己的岗位上,无怨无悔。

11.《宝贝老李》(文/马清华)

"怪不得水温上不来,原来是锅炉的进水管道堵了。"老李一边掸去裤子上的积雪,一边跟大伙儿念叨。

就在前几分钟,项目部的暖气片突然变凉了,大家都慌了神"大过年的,不会是锅炉出问题了吧？这年可怎么过呀？"。

身处林海雪原的项目部对于锅炉暖气的依赖，就好比汪洋大海里的船舶需要轮机动力一样。一旦停止供暖，不出半天儿整个管道就会冻结，再想恢复就难了。

"小王，你摸摸暖气热温度上来了没啊？"

"李部长，您还真厉害！您一出马，这温度还真就上来了。"

几个小伙子们都在调侃"家有一老，如有一宝，李部长你就是我们的宝贝呀！"

谁说不是呢？这位项目部安全环保部部长，不仅有着丰富的安全工作经验，而且也对处理这些锅炉设备的大小问题非常熟悉。

这一"宝"可不仅经验丰富，也是个非常慈爱、负责任的长者。快冬休的时候，项目部开会商量谁留下春节值班，其他的部门都安排了年轻人顶上。唯独安全环保部的老李站了出来，跟大家说"安全工作需要的是经验，年轻人经验不足，怕是难以应对突发状况啊！还是我留下吧。"

老李是天津人，去年随项目来到这片林海雪原工作。后来，他的老伴田姐也随他而来，在项目部食堂为大家做饭帮厨。大家都说老李家两口真是为项目部"各守一方"。

"我和我家小田，我们老两口在哪儿都是过年。让年轻人回去和家人团聚吧！"

听了老李的一番话，大家打心眼里感动。

于是，老李担起了春节期间现场巡视的重任。每天穿上棉服，踏着积雪，一步一个脚印儿，为项目的安全保卫工作付出着。

【编者按】"家有一老，如有一宝"。老李是项目部里的普通一员，他经验丰富，冲锋在前享受在后，关键时刻解决难题，凭借自己优良的工作作风和过硬的技术赢得了同事们的衷心爱戴，是项目组的主心骨。正是千千万万像老李一样的平凡交通人撑起了交通建设的脊梁，为全省高速公路网规划的顺利实施提供了坚实的保障。

12.《最美天桥》（文/杨鹏程）

一大早，山中的雾气还没散尽，吉林敦化市松江河村村民老王坐在南瓜地头儿吧唧吧唧使劲儿抽着旱烟，不时瞅一眼满地即将成熟的南瓜，紧接着是一声长长的叹息。只见他两道眉毛都拧成了一个疙瘩，似乎有说不尽的愁绪。

正好上工地路过此处的技术员李亚平注意到了这个细节，问道："老乡，满地的南瓜金灿灿的，今年肯定要大丰收了，怎么还愁眉苦脸的呢？""还不都是因为你们施工，把我们原来走的道挖断啦，还把两边的边坡越挖越陡。导致现在我们的农用机动车都上不去，过几天再不把南瓜拉出去全都得烂在地里。"老王看到技术员过来询问，好像终于逮到一个出气筒，语气里满是抱怨。

在弄清楚了村民老王的顾虑之后，李亚平笑了，"老乡，我就是来解决这个事的，项目部领导了解到村民马上就要秋收了，专门派我来负责给你们修一条机耕通道。"看到村民半信半疑的眼光,李亚平指了指不远处一处建筑,只见钢筋支架已经搭了出来。老王就像好不容易抓到了一棵救命稻草,但还是不放心地补充道:"我的南瓜顶多再有一星期就熟透了,到时候你们天桥修不好,损失我找你们赔"。

此时机耕天桥刚刚浇完底模板,按正常的工序,至少还需半个月才能完工,为让村民顺利完成秋收,李亚平开始"与时间的赛跑。"从那之后,李亚平的身影每天都会出现在现场,"夏工长,混凝土强度上来之后赶紧拆模往前面推进,得把桥面先做出来让村民过车。""张师傅,今天得把桥面混凝土浇完,好留出时间让强度上来,强度不够村民怎么走……"

在李亚平的督促下,原本计划于9月底通车的机耕天桥完工了。村民们开着满载黄灿灿南瓜、玉米的车辆走在坚实的天桥上时,脸上露出了简单而又幸福的笑容,老王边开着农用三轮车边赞叹道:"刚开始我觉得你们肯定不能在这么短的时间里完成,没想到你们干活竟然这么快,这是我见过的最美的机耕天桥!"

【编者按】 修筑机耕天桥本是一件小事,但在村民的眼里丰收的南瓜运不出去却是天大的事,能不能把天桥又快又好地修好也就成了项目组能否取信于民的天大的事。老百姓不管你说得怎么样,只看你做得怎么样,天桥修好了,村民的利益得到了保障,他才会真心地拥护建设项目,信任项目组。因此,小事不小,小事处理好才能办好大事。

(三)诗歌

筑 路 人

文/钱瑜

你是谁?
是高耸云天的青松?
是搏击长空的雄鹰?
你是——平凡而伟大的筑路者!
每一条公路都印着你的足迹,
每一座桥梁都凝聚你的汗水,
你用勤劳、责任、信念描绘家乡的美景,
你用钢筋、水泥、砂子奏响时代的乐章。
四通八达的交通网络,
拉近了城市乡村的距离,
推动了经济发展的脉搏,
让更多的人走上富裕的道路。
此时此刻,你充满了建设者的骄傲与自豪!

第七章
高速公路文化建设

赞美你,筑路人!

对我而言可爱的它

文/夏诗文

无论多忙

每天的调度会

不会迟到

特别时刻

只想与你们

分享心中的美好

大雨大雪

也有别样的韵味

这一年

无论你我聚散

打开施工日志

总能感受到手心握过的温度

坚定着曾经的信仰

不仅为温暖自己

也为让我们看清

前面的路

大步向前超越极限击败痛苦

鞭策自己,鼓励他人

做巨人做的事

走巨人走的路

对我而言可爱的它

我与你同行

对我而言温暖的它

我要与你踏上新的征程!

建设者之歌

文/陈晓冬

投身建筑行业

下定奉献终身的决心

与山水做伴，与事业共存

远离城市的霓虹

在每一个小镇

风餐露宿，汗如雨下

思念亲人，泪洒衣襟

远行时父母眼中的不舍

相聚时孩子的雀跃

但为了工程

我们不会回头

我们爱那用汗水铸就的公路

多苦多累

无怨无悔

通车那一刻

骄傲溢于心底

那一刻，激动荡于心间

无悔于付出，无愧于选择

那一刻，我要说

建设者是最可敬的人！

【编者按】这是一组来自工程一线的诗。诗歌中有热火朝天的建设场面，有与家人分居两地的思念之苦，有工程竣工通车时的兴奋与喜悦，也有"一朝生病神恍惚"。在这物欲横流的世上还有这么多无私无畏的人吗？是的，这样的人就在我们身边。不为名、不为利，拼着性命架桥筑路！无论是退回几个世纪，还是前进几个世纪，修路架桥都是造福当代、惠及子孙的至善至美的壮举！他们没有诗人的文学功底，雕琢文字不是他们的所长，但却有着对交通事业满腔的热情和爱。

第二节　高速公路文化特色

高速公路文化包括精神文化和物质文化。高速公路精神文化是核心价值体系。物质文化包括高速公路各种物质设施、建筑、站容站貌以及职工的工作娱乐设施等，是通过道路的清洁通畅、绿化美化、设施设备、路容路貌、站容站貌和工作环境等物质要素表现出的文化特征。

第七章
高速公路文化建设

一、精神文化建设

(一)抓机制建设,为精神文化建设提供有力保障

在省交通运输厅党组的领导下,全省高速公路管理部门按照《交通运输文化建设"十百千"工程实施方案》创建交通运输文化建设示范单位的要求成立了领导小组,形成党、政、工、团齐抓共管的模式。在实践中,紧密围绕高速公路管理的中心工作,制订了"文明在交通,满意在高速"创建活动方案,开展了"文明交通美好随行"主题文明创建活动,集中开展服务对象大走访和多种形式的理论和业务学习,培养创建各具特色的文明服务品牌,使精神文明建设成果进一步扩大。

(二)抓思想建设,为精神文明建设树立了正确导向

高速公路管理部门干部职工收看历次党的代表大会开幕式,召开专题会议学习会议精神。转发省直工委《关于省直机关贯彻落实八项规定切实改进工作作风的通知》和厅党组《关于全省交通运输系统深入贯彻中央"八项规定"的通知》,召开动员会,成立了活动领导小组及办公室,召开了基层职工座谈会。本着边查边改、真正解决问题的原则,对群众提出的问题和自身查找出的问题,着手研究制订整改工作方案,对具备条件的,立即进行整改;对一时难以解决的问题,落实责任,限期整改,一件事一件事地抓,一个问题一个问题地解决。组织副处级以上干部撰写学习心得,全体党员干部深刻剖析思想根源,认真查摆问题,撰写对照检查材料。召开专题民主生活会,认真开展批评与自我批评。通过交流学习,引导全局党员干部弘扬优良作风,真抓实干做好工作。

如图 7-2-1 所示为重温入党誓言现场。

图 7-2-1　重温入党誓言

(三)抓载体建设,搭建了广阔平台

结合高速公路行业特点,开展了创"青年文明号"、创"文明分局""岗位标兵""星级收费站""文明路政科""星级服务区"等活动,充分调动了职工的积极性、创造性。省高速公路管理局(图7-2-2)连续多年组织"文明分局"评选活动,激发了职工工作热情。在两届"岗位标兵"评选活动中,从指挥调度、收费、执法、养护、通信、服务六类岗位中共评选出31名"十佳岗位标兵",370名"岗位标兵",挖掘出普通职工的感人事迹,带动了高速公路管理部门干部职工的工作热情。

图7-2-2　英姿飒爽的省高速公路管理局职工

(四)抓队伍建设,提供人才保证

吉林省交通运输厅始终把提高职工素质、培养复合型人才作为高速公路现代化管理的战略任务来抓,同吉林大学、大连海事大学、长安大学等国内知名高校合作培养硕士研究生;基层站所通过推行"一帮一"活动,落实了班组长包保责任制,重点培养知识型、学习型人才,使干部职工的综合素质和业务能力得到了提高。建立干部培训基地,成功举办干部培训班,为精神文明建设提供了人才保证。

(五)打造管理文化,为高速公路科学管理增加内在动力

坚持"以人为本"的管理理念,全力打造高速公路管理文化,不断拓展"三个服务"理念,积极组织大型的文艺演出(图7-2-3)、书法、绘画、摄影、征文、演讲、板报、DV拍摄等系列活动。举办职工书画摄影手工作品展。通过各种文化建设,培养了全体职工的集体观念和团队精神,充分调动大家的积极性,使大家感到身为高速公路管理者的骄傲和自豪。

图 7-2-3　组织文艺演出

（六）抓服务建设，提供良好环境

按照省交通运输厅提出的要坚持"为吉林经济社会发展大局服务、为地方发展服务、为管理对象服务和为公众服好务"的要求，进一步丰富服务的内涵和形式，

提高公共服务能力。确立"大指挥"工作格局，筹建指挥附属中心，将高速公路指挥调度中心建成全省高速公路突发事件"统一指挥、快速处置"的中枢机构；以提高窗口单位服务品质为重点，在全线收费站开展创建"学习型、服务型、创新型"收费站主题实践活动，树立高速公路文明服务新品牌（图7-2-4）；在路政战线以建设"人民满意的路政"为目标，开展"能力作风提升年"活动；在养护系统开展安全养护、文明施工，打造"畅安舒美"新高速活动；整合宣传资源，加强宣传工作，增强工作透明度，提高行业美誉度，力争使服务水平实现较大幅度提升。

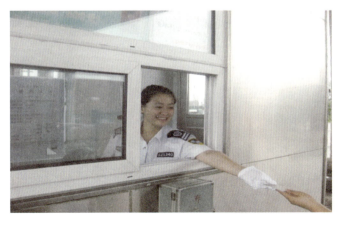

图 7-2-4　树立高速公路服务品牌

(七)抓环境建设,营造良好氛围

通过开展"打造新作风,建设新环境,树立新形象"主题活动,对全线收费站进行维修,达到了环境优美,整洁一新。省高速公路管理局属各管理分局和收费站都建立了图书室、阅览室、电脑室、文化活动室,购买了各种球类、健身器材等活动器材,在全局范围内积极推广建设党团活动室,极大地丰富了职工的文化生活。认真贯彻落实中央的方针政策,组织机关干部认真学习,并在各管理分局、服务区、收费站设立意见箱、举报箱和举报电话,在廉洁勤政方面做出表率。

(八)以服务为宗旨,为精神文化建设增添丰富内容

提出"服务人民、奉献社会"的口号,广泛开展各种活动。省高速公路管理局与吉林交通文艺台联合开办了"高速公路天气预报",在路上设立电子情报板进行"温馨提示",制定了行业职业道德规范,张贴上墙,受到社会群众的赞扬。组织广大职工向四川汶川灾区、青海玉树灾区、云南干旱灾区捐款,充分发挥了"一方有难八方支援"的精神。积极开展精神文明共建工作,先后与延边州图们市石头村、延边州和龙市头道镇广新村和榆树市泡子沿村结成了共建对子,帮助开展新农村建设。

二、物质文化特色

公路景观与单纯的造型艺术、观赏景观等存在显著不同,为满足车辆通行功能,在具有自身形态性能、组织结构的同时,又包含一定的社会、文化、地域、民俗等含义。公路的物质文化是自然风光、田野、建筑、村落、厂矿、城市、雕塑和小品以及沿线景观、设施等所构成的现象的复合体。公路的物质文化有两层意义,首先是空间上的,它是两个静止文化的桥梁,高速公路连接两个不同的城市,既然是两个实体,就理所当然拥有各自不同的地域文化,路不仅连接了这两个城市,同时也为这两种文化提供了一个融合交流的通道,进行高速物人流交换的同时就必然会进行文化交流;其次是时间上的,文化本身并不是一个静止的概念,它可以是运动的、迁移的,有过去、现在、未来之别,要把积淀于人们心中有关道路过去、现在、未来的记忆片段或憧憬用设计的语言加以外化表达,是一种道路文化的特殊再现。

高速公路是区域间陆路运输的主要交通脉络,也是展现地域文化、民族文化的重要窗口。吉林省以汉族为主,有满族、蒙古族、回族、锡伯族、朝鲜族等35个少数民族。少数民族占全省总人口的8.1%。朝鲜族主要聚居于延边朝鲜族自治州和长白朝鲜族自治县,吉林、通化和白山市次之;满族主要分布在吉林市和四平市,通化市和长春市次之;回族主要分布在长春市和吉林市,四平市、通化市和白山市次之;蒙古族主要聚居于白城市、松原

市,其中以前郭尔罗斯蒙古族自治县为最多。作为信息和文化交流的纽带及物质传递的"绿色展廊",高速公路以其高效性、便捷性和经济性在带动地区经济发展的同时,大大增强了民族区域文化的融合。民族文化特色主要体现在高速公路隧道、服务区、收费站上展示的少数民族符号,标志牌上的少数民族文字等。这些设计让行路人在不经意间领略了吉林这片土地上聚居的少数民族民风民情。

吉林省民族分布情况决定了在展示民族特色方面,东部地区主要以朝鲜族文化特色为主,兼有地域文化的内容。往延边去的延吉、拉法山、蛟河、白石山、安图、敦化等高速公路标识、服务区和收费站重点展示朝鲜族文化特色(图 7-2-5)。通往通化、辽源的服务区能看到生动别致的梅花鹿造型,体现了吉林久远的贡品文化的历史。明清时期,长白山地区每年都为中原地区提供大量的贡品,保持了中原王朝的稳定。在中国 3400 余种贡品中,吉林就提供了 2200 种之多。

图 7-2-5　延吉服务区展示朝鲜族文化特色

在反映民族文化、地域文化的同时,高速公路也有历史文化的传承作用。例如,鹤大高速公路吉林段全程景观小品设计以"古渤海国文化"为主,通过服务区小品设计等多种形式将历史文化、地域文化传承主线形成一条有机的文化主轴贯穿全线。文化展示情况如图 7-2-6 所示。

西部地区以展示蒙古族民族文化为主。王府收费站位于松原与农安交界处,收费站旁建有蒙古包式建筑,让人们到这里就很自然想起郭尔罗斯王爷和王府地名的由来。公主岭收费站旁筑有一个美丽姑娘的雕像,让人们联想起关于公主岭名字的古老传说。很多年前,郭尔罗斯王爷的女儿和一个猎人相爱了,由于门第悬殊,郭尔罗斯王爷想拆散他们,便设下毒计将猎人用箭射死。公主知道后痛不欲生,最终以死殉情,演绎了一段凄美绝伦的爱情故事。往白城去的新庙建有大量的鱼式建筑,体现了这里独有的查干湖渔猎文化。

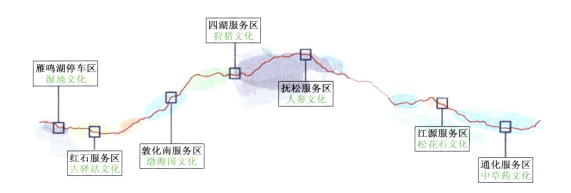

图 7-2-6　鹤大高速公路文化展示示意图

位于吉林省南部的抚松北岗、松江河、万良是人参的故乡。万良有中国最大的人参市场,"世界人参看中国,中国人参看吉林,吉林人参看抚松",抚松的很多收费站和服务区建筑通过展示长白山的人参文化很好抓住了长白山的特点,把长白山的自然文化、生态文化很好地展示出来。让人们走到这里后,不但能感受到这片土地上久远的历史文化,也能感受到今天秀美吉林的发展变化。

第八章
高速公路项目建设情况

2013年国家发展和改革委印发了《国家公路网规划（2013—2030年）》，其中明确国家高速公路网由7条首都放射线、11条南北纵线、18条东西横线，以及地区环线、并行线、联络线等组成。按照国家高速公路网调整思路，结合自身发展情况，吉林省对高速公路网规划布局进行了相应调整，形成了《吉林省高速公路网布局方案（2014—2030年）》，即"五纵四射三横二环十联络"布局，简称"五四三二一"高速公路网布局。到2030年，吉林省高速公路项目数总计24个，规划总里程5606km，高速公路网密度将达到2.99km/km²。其中，吉林省境内国家高速公路项目13个，规划里程4155km；省级高速公路项目11个，规划里程1451km。

截至2016年底，吉林省形成了"三纵二射一横"的高速公路主骨架，通车总里程达3113km，占规划高速公路总里程的56%，高速公路网密度为1.66km/km²。其中，已通车的国家高速公路吉林省境内里程为2548km，占吉林省境内国高规划里程的61%；已通车的省级高速公路里程为565km，占省高规划里程的39%。

按照吉林省高速公路规划布局方案，尚需建设的高速公路总里程为2493km，占规划总里程的44%，其中包括国家高速公路吉林省境内里程1607km，以及省级高速公路里程886km。吉林省高速公路完成情况见表8-0-1。

吉林省高速公路完成情况（截至2016年底） 表8-0-1

序号	编号	项目名称	段落名称	里程(km)	投资(亿元)	建设时间(开工~通车)	共线路段里程(km)	共线路段编号	备注
1	G1	京哈高速公路	四平(吉辽界)至长春段	133	23.95	1994.5~1996.9			
2			四平(吉辽界)至长春(半截沟)段改扩建	98	61.50	2013.7~2016.12			概算
3			长春至扶余(吉黑界)段	154	37.38	1998.10~2002.8			
4	G1015	铁科高速公路	解放(松原)至二莫(松原)段	27	17.74	2010.9~2013.11			
5			二莫(松原)至拐脖店(松原)段	13			13	G45	
6	G11	鹤大高速公路	敦化(吉黑界)至抚松段	232	165.70	2014.4~2016.10			概算
7			抚松至靖宇段	36	26.86	2008.8~2015.9			概算
8			靖宇至通化段	107	84.60	2014.4~2016.10			概算
9			通化至新开岭(吉辽界)段	52	30.31	2008.11~2011.9			
10	G1112	集双高速公路	快大茂(通化)至通化(马当)段	20			20	G11	
11			通化(马当)至梅河口段	98	70.39	2013.1~2015.11			概算
12			梅河口至东丰段	16	3.86	2009.4~2010.11			

续上表

序号	编号	项目名称	段落名称	里程（km）	投资（亿元）	建设时间（开工~通车）	共线路段 里程（km）	共线路段 编号	备注
13	G12	珲乌高速公路	珲春至图们段	63	30.05	2007.7~2010.9			
14			图们至延吉段	29	8.54	1997.5~2001.8			
15			延吉至江密峰（吉林）段	285	96.10	2003.10~2008.9			
16			江密峰（吉林）至魁元屯（吉林）段	30	7.67	1997.5~1999.11			
17			吉林（魁元屯）至长春东段	84	19.18	1995.5~1997.9			
18			龙嘉机场至长春段改扩建	20	1.34	2004.6~2005.8			
19			长春东至小西屯（长春）段	19			19	G1	
20			小西屯（长春）至长春北段	6					
21			长春北至松原（孙喜窝棚）段	141	52.95	2006.8~2010.11			
22			松原（孙喜窝棚）至白城（吉蒙界）段	243	63.01	2006.4~2010.10			
23	G1211	吉黑高速公路	吉林（巴虎屯）至江密峰（吉林）段	32	12.05	2008.8~2013.11			概算
24			江密峰（吉林）至陶家沟（吉林）段	5			5	G12	
25	G1212	沈吉高速公路	草市（吉辽界）至吉林（魁元屯）段	226	85.88	2008.8~2012.12			概算
26	G25	长深高速公路	大岭（公主岭）至双辽（大富）段	118	53.94	2012.10~2015.10			概算
27			双辽（大富）至金宝屯（吉蒙界）段	32	8.71	2007.12~2010.9			
28	G2501	长春绕城高速公路	长春绕城高速公路（西北环）	34	9.95	1995.5~2002.8			
				6			6	G12	
29	G2501	长春绕城高速公路	长春绕城高速公路（东南环）	46			46	G1	
30	G45	大广高速公路	肇源（吉黑界）至松原（孙喜窝棚）段	52	6.01	2006.9~2008.9			
31			孙喜窝棚（松原）至二莫（松原）段	10			10	G12	
32			松原（二莫）至双辽（吉蒙界）段	198	43.31	2007.12~2010.9			
33	G4512	双嫩高速公路	洮南（黑水）至白城（向阳）段	40	19.26	2014.11~2016.10			概算
34			向阳（白城）至白城北段	7			7	G12	
35			白城北至镇赉段	29	13.97	2012.12~2014.10			概算
36			镇赉至坦途（吉黑界）段	51	24.56	2014.7~2016.10			概算
37	S01	长长高速公路	长春至营城子段	70	10.54	1995.6~1997.8			
38			营城子至抚民段	112	40.30	2007.11~2010.9			概算
39			抚民至靖宇段	54	27.30	2009.5~2011.9			概算
40			靖宇至抚松（花园口）段	26	16.60	2008.8~2013.9	23	G11	概算
41			抚松（花园口）至松江河段	61	48.40	2009.6~2015.9	13	G11	概算
42	S0112	营东高速公路	营城子至东丰高速公路	59	13.83	2004.5~2010.10			
43	S0113	伊开高速公路	伊通至丰收（辽源）段	46	13.48	2006.11~2009.9			
44			辽源（连昌）至乌龙岭（吉辽界）段	17	12.13	2012.7~2014.9			概算
45	S1111	通沈高速公路	通化（快大茂）至赤柏（通化）段	5			5	G11	
46			赤柏（通化）至下排（吉辽界）段	42	15.81	2006.4~2008.9			
47	S1112	牡延高速公路	汪清至延吉段	52	23.95	2008.4~2012.10			
48	S1211	延长高速公路	延吉（八道）至龙井高速公路	34	33.92	2014.5~2016.10			概算
49	S1212	白城至洮北高速公路	白城至洮北高速公路	28	13.48	2012.12~2016.10			概算

第八章 高速公路项目建设情况

本书收录了截至 2016 年底吉林省境内已通车的高速公路项目的基本情况,其中涉及 18 个高速公路建设项目(按实施情况划分为 38 个路段)从前期决策到准备实施,以及运营管理的全面信息。

第一节 北京至哈尔滨高速公路(G1)吉林段

北京至哈尔滨高速公路(G1,以下简称"京哈高速公路"),原同江至三亚国道主干线,是《国家公路网规划(2013—2030 年)》的"71118"高速公路网中 7 条首都放射线的第一射,同时也是吉林省"五四三二一"高速公路网总体布局中"五纵"的第三纵。京哈高速公路是东北三省公路交通的咽喉要道,它的建设对贯通东北三省,促进经济与交通融合发展;振兴吉林省经济,实现吉林省"南联北拓"的经济发展战略;完善国道主干线网络,适应未来交通运输发展,以及促进吉林省旅游事业的发展均具有十分重要的意义。

京哈高速公路吉林省境内段起自四平市五里坡(吉辽界),经四平市、郭家店镇、公主岭市、范家屯镇、长春市、米沙子镇、德惠市、菜园子镇、陶赖召镇、扶余市,止于扶余市拉林河(吉黑界),全长 287km。因建设时序不同,共划分为两个段落,分别为四平(吉辽界)至长春段、长春至扶余(吉黑界)段。京哈高速公路四平(吉辽界)至长春段于 1994 年 5 月开工,1996 年 9 月建成通车,里程 133km,投资 23.95 亿元(决算),其中四平(吉辽界)至长春(半截沟)段因使用年限及车流量增加导致路面破损严重,于 2013 年 7 月由四车道改扩建为八车道,2016 年 12 月建成通车,里程 98km,投资 61.50 亿元(概算)。

京哈高速公路长春至扶余(吉黑界)段于 1998 年 10 月开工,2002 年 8 月建成通车,里程 154km,投资 37.38 亿元(决算)。

项目详细情况见下文,基础信息见表 8-1-1。

京哈高速公路(吉林段)基础信息表　　表 8-1-1

序号	编号	项目名称	规模(km)				建设性质	设计速度(km/h)	永久占地(亩)	投资情况(亿元)				建设时间(开工~通车)	共线路段		备注
			合计	八车道	六车道	四车道				估算	概算	决算	资金来源		里程	编号	
1		四平(吉辽界)至长春段	133			133	新建	120	19774	18.40	24.27	23.95	中央补贴、地方自筹、银行贷款	1994.5~1996.9			
2	G1	四平(吉辽界)至长春(半截沟)段改扩建	98	98			改扩建	120	4181		70.3	61.50	地方自筹、银行贷款	2013.7~2016.12			
3		长春至扶余(吉黑界)段	154			154	新建	100、120	16390	45.42	41.68	37.38	中央补贴、地方自筹、银行贷款	1998.10~2002.8			

一、京哈高速公路四平（吉辽界）至长春段

（一）概述

1. 基本情况

（1）主要控制点

四平市五里坡（吉辽界）、四平市、郭家店镇、公主岭市、范家屯镇、永春镇、英俊镇、兴隆山镇。

（2）建设时间

1994年5月10日开工建设，1996年9月19日建成通车。

（3）地形地貌

项目地处松辽沉积平原东部，在东辽河以南地面起伏较大，相对高差达20～30m，属于微丘地貌；东辽河以北地势平坦开阔，属平原地貌，微丘地貌约占全线43%。

（4）技术标准

设计速度为120km/h，双向四车道；路基宽度为26.0m；桥涵设计荷载为汽车—超20级，挂车—120，设计洪水频率1/100；沥青混凝土路面。

（5）建设规模

建设里程133km，全线设大桥2座，中桥24座，小桥11座，涵洞118道，互通式立体交叉8处，分离式立体交叉22处，天桥23座，通道85座；设收费站7处，服务区5处，停车场2处，管理处3处。

京哈高速公路四平（吉辽界）至长春段概况如图8-1-1、图8-1-2所示。

图8-1-1　京哈高速公路四平（吉辽界）至长春段老照片（一）　　图8-1-2　京哈高速公路四平（吉辽界）至长春段老照片（二）

项目主要桥梁及路面信息具体见表8-1-2、表8-1-3。

（6）投资规模

估算金额18.40亿元，概算金额24.27亿元，决算金额23.95亿元。

2. 参建单位

(1) 项目建设管理单位

项目的建设管理单位是长平高速公路建设办公室,即京哈高速公路四平(吉辽界)至长春段建设办公室。

(2) 勘察设计单位

项目的勘察设计任务由吉林省交通规划设计院(原吉林省公路勘测设计院)以及吉林省交通科学研究所共同承担。

总体设计单位是吉林省交通规划设计院,其中主体工程设计由吉林省交通规划设计院完成,交通工程和房建工程设计由吉林省交通科学研究所完成。

(3) 施工单位

项目的主体工程施工由抚顺市公路工程处等25家单位完成;交通工程施工由吉林省高速公路发展股份有限公司等6家单位完成;机电工程施工由吉信达公司等7家单位完成;绿化工程施工由长春园林处等8家单位完成;房建工程施工由抚顺市公路工程处等15家单位完成。

(4) 监理单位

项目的监理任务由吉林省公路工程监理公司和美国路易斯·伯杰公司共同承担。

项目参建单位具体信息见表8-1-4。

(二) 建设情况

1. 前期准备

1) 项目审批

(1) 立项审批

①1992年4月,国家计委下发了《关于四平至长春高速公路项目建议书的批复》(计交通〔1992〕371号);

②1992年10月,交通部下发了《关于四平至长春高速公路可行性研究报告审查意见的函》(交计发〔1992〕958号);

③1992年12月,国家计委批准了《长春至四平高速公路可行性研究报告》(计交通〔1992〕2420号)。

(2) 设计审批

①1993年3月,交通部下发了《关于四平至长春高速公路初步设计的批复》(交工发〔1993〕264号);

②1994年5月,吉林省交通厅下发了《关于对〈四平至长春高速公路施工图设计文件〉的批复》(吉交工字〔1994〕64号)。

京哈高速公路四平（吉辽界）至长春段主要桥梁信息表

表 8-1-2

序号	类型	名　称	桥梁长度（m）	主跨长度（m）	跨越障碍物	桥梁结构
1	大桥	东辽河大桥	205	20	河流	预应力钢筋混凝土实心板梁
2		伊通河大桥	185	20	河流	预应力钢筋混凝土空心板梁
3	中桥	南河夹信子中桥	85	20	河流	钢筋混凝土实心板梁
4		北河夹信子中桥	65	20	河流	预应力钢筋混凝土实心板梁
5		小塔子中桥	65	20	沟谷	钢筋混凝土实心板梁
6		营城子中桥	52	16	沟谷	钢筋混凝土实心板梁
7		三岔河中桥	85	20	河流	钢筋混凝土实心板梁
8		靠山屯中桥	65	20	河流	钢筋混凝土实心板梁
9		前赵家中桥	52	16	沟谷	钢筋混凝土实心板梁
10		干沟子中桥	52	16	河流	钢筋混凝土实心板梁
11		靠山中桥	52	16	河流	钢筋混凝土实心板梁
12		八里河中桥	65	20	河流	钢筋混凝土实心板梁
13		双龙河下甸子中桥	68	16	河流	钢筋混凝土实心板梁
14		双龙河韩家大院中桥	68	16	河流	钢筋混凝土实心板梁
15		南刘家屯中桥	68	16	河流	钢筋混凝土实心板梁
16		平洋中桥	52	16	河流	钢筋混凝土实心板梁
17		宋家店中桥	36	16	河流	钢筋混凝土实心板梁
18		单家中桥	36	16	河流	钢筋混凝土实心板梁
19		杨柳河中桥	43	13	河流	钢筋混凝土实心板梁
20		中桥	76	20	道路、铁路	钢混组合实心板梁
21		中桥	46	16	道路、铁路	钢混组合实心板梁
22		中桥	65	20	河流	钢混组合实心板梁
23		小河沿子中桥	65	20	河流	预应力钢筋混凝土空心板梁
24		拉拉屯中桥 1 号	65	20	沟谷	预应力钢筋混凝土空心板梁
25		拉拉屯中桥 2 号	52	16	沟谷	预应力钢筋混凝土空心板梁
26		大郸子沟中桥	65	20	沟谷	预应力钢筋混凝土空心板梁

第八章
高速公路项目建设情况

京哈高速公路四平（吉辽界）至长春段路面信息表

表 8-1-3

路面类型	起讫里程	长度(km)	路面结构	
			路面	上面层:4cm 中粒式沥青混凝土 中面层:5cm 中粒式沥青混凝土 下面层:6cm 粗粒式沥青混凝土
沥青路面	K847+000～K980+000	133	基层:25cm 二灰碎石和水泥稳定碎石	
			底基层:15～32cm 石灰水泥稳定砂土,二灰土,二灰砂土	
			垫层:30～50cm 砂砾,碎石土	

注:起讫里程来源于《全国道路网调整后里程桩号专递表》。

京哈高速公路四平（吉辽界）至长春段参建单位一览表

表 8-1-4

序号	参建单位	单位名称	合同段编号及起止桩号	主要负责人	备注
1	项目管理单位	长平高速公路建设办公室	K0+000～K133+255	韦志诚	
2	勘察设计单位	吉林省交通规划设计院,吉林省交通科学研究所	K0+000～K133+255	王国顺	
3		抚顺市公路工程处	01:K0+000～K5+400	王光林	路基工程
4		抚顺市公路建设集团	02:K5+400～K13+300	杨福春	路基工程
5		丹东市公路工程处	03:K13+300～K22+600	刘德才	路基工程
6		内蒙古大兴安岭林业建工局	04:K22+600～K29+200	孙学田	路基工程
7		中煤东北公司	05:K29+200～K41+400	宁国范	路基工程
8		吉林省公路工程局三处	06:K41+400～K51+000	旲庆文	路基工程
9		鞍山市公路工程处	07:K51+000～K59+800	王福华	路基工程
10	施工单位	白城市路桥公司	08:K59+800～K68+000	陈殿龙	路基工程
11		中国第三冶金建设公司	09:K68+000～K78+200	田旻枫	路基工程
12		通化市公路工程处	10:K78+200～K88+200	唐福安	路基工程
13		吉林省公路工程局一处	11:K88+200～K98+364	宁国范	路基工程
14		铁道部第十九工程局	12:K98+364～K109+773	文桂生	路基工程
15		长春市路桥公司	13:K109+773～K116+973	刘兴无	路基工程
16		吉林省公路工程局五处	14:K116+973～K125+773	宁国范	路基工程
17		吉林省公路工程局机械处	15:K125+773～K133+256.966	宁国范	路基工程
18		长春市政工程公司	01、02:K0+000～K5+400/K5+400～K13+300	周运生	面层混凝土施工单位

吉 林

续上表

序号	参建单位	单位名称	合同段编号及起止桩号	主要负责人	备注
19		四平市道桥公司	03:K13+300~K22+600	李永文	面层混凝土施工单位
20		大连市政工程公司	04、05:K22+600~K29+200/K29+200~K41+400	刘茂森	面层混凝土施工单位
21		沈阳高等级公路建设公司	06、07:K41+400~K51+000/K51+000~K59+800	郑玉生	面层混凝土施工单位
22		白城市路桥公司	08:K59+800~K68+000	姜福成	面层混凝土施工单位
23		中国第三冶金建设公司	09:K68+000~K78+200	李兆富	面层混凝土施工单位
24		通化市公路工程处	10:K78+200~K88+200	唐福安	面层混凝土施工单位
25		辽河油田筑路处	11:K88+200~K98+364	宫殿臣	面层混凝土施工单位
26		长春市郊区段	13:K109+773~K116+973	刘兴无	面层混凝土施工单位
27		吉林省公路工程局机械处	12、14、15:K98+364~K109+773/K116+973~K125+773/K125+773~K133+256.966	黎柏青	面层混凝土施工单位
28		吉林省高速公路发展股份有限公司	防撞护栏工程	张文厂	交通工程
29		吉安交通工程设施有限公司	隔离栅、标志、标线工程		交通工程
30		公安厅劳动服务公司四平标牌厂	限速标志、超车道 行车道标志工程、活动护栏工程	赵东升	交通工程
31	施工单位	中外合资准安末厂交通安全设施有限公司四平标牌厂	防眩栏工程	包有余	交通工程
32		公安厅劳动服务公司长白机械厂	互通立交分离墩工程	赵东升	交通工程
33		吉信达公司	连接线工程	孔 溶	机电工程
34		电信传输局	K0+000~K133+256.972	郝 辉	机电工程
35		北京爱立信公司	K0+000~K133+256.973	高东升	机电工程
36		长春市电信局	K0+000~K133+256.972	刘 刚	机电工程
37		吉林省邮电管理局	K0+000~K133+256.973	刘会忠	机电工程
38		长春市北星通讯技术开发公司	K0+000~K133+256.972	高建新	机电工程
39		四平市铁东区山门通讯器材服务部	K0+000~K133+256.972	李永文	机电工程
40		长春园林处	03标:K13+300~K22+600	孙树林	绿化工程
41		长春市净月绿化公司	中央分隔带	孙树林	绿化工程
42		长春市净月绿化公司	长春连接线、陶家屯停车场、中央分隔带	陈国辉	绿化工程
43		四平市园林管理处	长春、公主岭服务区、靠山屯停车场、中央分隔带		绿化工程

第八章 高速公路项目建设情况

续上表

序号	参建单位	单位名称	合同段编号及起止桩号	主要负责人	备注
45		长春园林处	中央分隔带	李永文	绿化工程
46		长春市净月绿化公司	14标K116+973～K125+773道路护坡、长春连接线	孙树林	绿化工程
47		吉林省交通工程实业公司	长春、四平服务区，公主岭管理所，长春服务区花池，草坪	曹福利	绿化工程
48		长春郊区蔡家花木苗圃	长春服务区	蔡同斌	场区、房建工程
49		抚顺市公路工程处	四平主线收费站、四平匝道收费站	高有才	场区、房建工程
50		内蒙古大兴安岭林业工建局	郭家店收费站	赵景禄	场区、房建工程
51		公主岭市公路管理段	公主岭、范家屯收费站	王臣	场区、房建工程
52		长春市四建公司	长春收费站	文永贵	场区、房建工程
53		吉林省公路工程六处	净月收费站、兴隆山A、F、北哈收费站	高有才	场区、房建工程
54		抚顺市工程建设集团	四平管理所场区道路	赵竹林	场区、房建工程
55		吉林省水利水电工程局	长春服务区场区道路	王臣	场区、房建工程
56	施工单位	抚顺市公路工程处	四平匝道收费大棚	侯文才	场区、房建工程
57		抚顺市公路工程建设集团	郭家店收费大棚	高有才	场区、房建工程
58		牙克石建工局	净月收费大棚、兴隆山A站收费大棚、兴隆山B站收费大棚、兴隆山北站收费大棚	易继先	场区、房建工程
59		公主岭市公路管理段	公主岭收费大棚、范家屯收费大棚	宋斌	场区、房建工程
60		长春市四建公司	长春收费大棚	朱剑锋	场区、房建工程
61		吉林省公路工程六处	四平服务区场区道路	修来福	场区、房建工程
62		抚顺市公路工程处	房建工程		收费系统工程
63		吉林省交通房地产开发公司	收费亭订购		收费系统工程
64		长春市亚东装潢闸门厂	收费亭订购		收费系统工程
65		武安市交通工业总公司	收费亭订购		收费系统工程
66		通化市交器材厂	收费系统工程		收费系统工程
67		深圳赛格集团公司		杨阳	收费系统工程
68		长春市科园电脑设计开发公司	车型判别和广场监视工程	姜国会	收费系统工程
69	监理单位	吉林省公路工程监理公司、美国路易斯·伯杰公司	K0+000～K133+255		

注：信息来源于竣工验收文件及建设管理单位。

（3）其他审批

①1992年9月24日,吉林省人民政府下发了《关于筹措四平至长春高速公路建设资金有关问题的批复》(吉政函〔1992〕224号);

②1993年6月,国家环境保护局批复了《关于京哈高速公路四平至长春段环境影响报告书审批意见的复函》(环监〔1993〕293号)。

2）资金筹措

京哈高速公路四平(吉辽界)至长春段概算金额24.27亿元,其中交通部投资4.00亿元,利用亚洲开发银行贷款1.26亿美元(约合人民币10.40亿元),其余由吉林省自筹;决算金额23.95亿元,平均每公里造价1700万元,为当时全国较低造价。

3）工程勘察设计

吉林省交通规划设计院受吉林省交通厅委托,同吉林省交通科学研究所共同承担主体工程的勘测设计、工程地质勘察、岩土试验以及交通工程和服务设施的设计工作。

京哈高速公路四平(吉辽界)至长春段作为吉林省第一条高速公路,自1989年开始前期工作至1993年完成施工图设计,历时五年,凝聚了工程技术人员的智慧和心血。1989年5月24日至29日,东北三省交通厅组成联合踏勘小组,对京哈高速公路四平(吉辽界)至长春段进行实地踏勘,并形成纪要以《关于报送沈哈高速公路踏查纪要的函》(吉交函字〔1989〕68号)呈报交通部计划司,原则上确定了路线的起终点、路线方案和省际接点,并成立前期工作协调小组,于1989年6月至9月开展工作。

1989年6月,吉林省交通规划设计院按照吉林省交通厅《关于下达北哈线我省境内(路段)预可行性研究任务的通知》(吉交规划字〔1989〕193号)的要求,于1989年9月底完成了预可行性研究报告的编制工作,同年10月通过了吉林省工程咨询服务中心的预评估,并上报交通部。1990年6月,通过了交通部对预可行性研究报告的评审,并于同年9月修改编制完毕。

1990年4月至7月,设计单位按照交通厅《关于下达京哈线四平至长春段工程可行性研究任务的通知》(吉交规划字〔1990〕74号)的有关要求,对沿线进行了踏勘测量,并对交通量及社会经济进行了调查。1991年3月,设计单位完成了工程可行性研究报告的编制工作,同年7月通过了中国国际工程咨询公司的评估。1992年10月,设计单位按照交通部下发的《关于四平至长春高速公路可行性研究报告审查意见的函》(交计发〔1992〕958号)的有关意见修改了可行性研究报告,同年12月,获得国家计委批准,完成立项审批。

1992年5月至7月,吉林省交通规划设计院根据《关于下达四平至长春高速公路初步设计任务书的通知》(吉高建办〔1992〕283号),提前进行了京哈高速公路四平(吉辽界)至长春段外业初步测量和地质勘探工作,同年11月完成初步设计文件的编制工作,并以《关于报审沈哈高速公路四平至长春段两阶段初步设计的函》（吉交函〔1992〕206号）呈报交通部。同年12月,通过了交通部审查。1993年3月,项目获得了交通部下发的《关于四平至长春高速公路初步设计的批复》（交工发〔1993〕264号）,设计单位得到了有关专家的肯定,被评价为初步设计资料收集比较齐全,设计步骤与设计方法符合有关规范规定,设计文件完整、清晰,深度符合申报要求,是一项比较好的设计。

1993年4月至5月,设计单位按照《关于下达四平至长春高速公路施工图设计任务书的通知》（吉高建办技字〔1993〕10号）,完成了外业详测工作,并于5月21日通过了吉林省交通厅和吉林省高等级公路建设指挥部的外业检查验收。同年8月31日,设计单位根据吉林省交通厅和吉林省高等级公路建设指挥部"要把四长高速公路建设成具有吉林省特色的国内一流的高速公路"的要求,精心勘测、用心设计,并通过学习国内外的先进技术和其他高速公路的先进经验,按要求高质量完成了施工图设计。1994年5月,项目获得了吉林省交通厅下发的《关于对〈四平至长春高速公路施工图设计文件〉的批复》（吉交工字〔1994〕64号）。

京哈高速公路四平（吉辽界）至长春段在总体设计方面,充分论证了起终点及中间控制点的位置,考虑了吉林省为产粮基地、工业基地及产品外运的特点,对项目与周边路网的衔接做了充分的规划;路线设计方面,在全面考虑地形地貌特点的基础上,首次对平、纵、横各组成部分进行了组合设计,采用动态透视图检验和评价平纵线形的视觉效果,同时,平面线形中也首次采用了曲线定线法,最大限度地与周围的地形和环境相协调;路基路面设计均经过多方面测算和验证,确保设计最优组合方案;桥涵设计方面,设计人员开发了相应的绘图软件,全部计算由计算机完成,出图率达到60%以上;互通式立体交叉和交通工程等方面的设计也都凝聚了测设人员大量的心血,打造了一个一流的设计方案。

在经过设计人员连续两年加班加点的精心设计之后,吉林省交通规划设计院抽调了总工程师及有丰富实践经验测设人员组成设计代表组,为京哈高速公路四平（吉辽界）至长春段施工服务,及时调查研究出现的问题,按要求及时提供变更图纸,最终确保了顺利完成建设任务。如图8-1-3所示为四（平）长（春）高速公路工程奖状。

图8-1-3　四（平）长（春）高速公路工程荣获"国家第八届优秀工程设计铜奖"

2. 项目实施

（1）招投标

项目的土建工程施工单位分为国内和国际两次招标,开创了吉林省采用国际招标的先例,15个标段分别由15家中标单位承担;交通工程、房建工程也通过招投标的方式分别确定。

1993年5月，中美合营华杰工程咨询有限公司受委托根据亚洲开发银行采购指南的原则编写了京哈高速公路四平（吉辽界）至长春段东辽河至朝阳沟段（国际标段CMC9301208）招标文件，同年8月，编制了京哈高速公路四平（吉辽界）至长春段土建工程国内竞争性招标文件（JPEC931115）。1993年10月7日，项目利用外资贷款的亚洲开发银行致函同意了上述两个招标文件。

1993年10月，京哈高速公路四平（吉辽界）至长春段开始实施国际、国内公开招标工作。1993年11月15日至18日，召开长春招标前会，对吉林省公路工程局等58家投标单位进行了资质审查。1994年1月21日，在长春市南湖宾馆召开开标会，长春市公证处当场宣布公开招标有效。1994年4月初，向吉林省公路工程局等15家中标单位颁发了中标通知书，并于4月22日签订了施工合同协议书。

监理单位于1993年11月通过国内竞争性议标确定为吉林省公路工程监理公司，于1993年12年月通过国际竞争性招标并通过亚行审批，确定美国路易斯·伯杰公司为项目监理和培训工作的外国咨询公司。

（2）征地拆迁

根据吉林省政府《关于筹措四平至长春高速公路建设资金有关问题的批复》（吉政函〔1992〕224号）和《研究长四高速公路征地拆迁问题》63号专题会议纪要等文件所制定的政策、补偿标准，编制了《征地拆迁办法》，落实了三市征地拆迁责任制。

征地拆迁工作由吉林省高等级公路建设办公室及四平、公主岭、长春三市"分指挥办公室"直接负责。具体由吉林省政府同沿线地方政府签订协议书，通过各级政府成立的分指挥部，执行占地拆迁的所有工作。

主线的征地拆迁工作于1993年10月开始，至1994年3月全部完成，保证了主线于同年5月开工。1994年4月至11月相继完成了取土场变更设计所需的征地，1995年完成了路面施工所需的拌和场临时征地。

全线共征用土地19774亩，拆迁国家和集体企事业单位38家，拆迁房屋972户，拆迁电力通信和管道设施278处，砍伐树木42万棵。全线征地拆迁费用总金额为2.34亿元。

（3）施工情况

在项目全线开工前，施工单位根据交通部《关于四平至长春高速公路初步设计的批复》（交工发〔1993〕264号）文件要求，于1993年5月至10月对公主岭软土路基进行提前处理，以此来增长预压及固结时间。

各施工单位签订施工合同后，积极组织施工人员学习合同条款和施工规范，领会设计意图，对有关人员进行技术交底工作，掌握施工工艺，熟悉施工管理程序，组建工地试验室，配备试验检测设备和各种施工设备及配置各类人员。同时对原材料逐项进行检验，组织有关人员进行恢复定线工作。

1994年5月项目全线开工后,施工单位首先进行了原地面处理和土方施工及桥涵基础工程施工。由于北方实际施工时间每年只有7个月,同时受雨季影响,实际有效工作日较少,施工人员须时刻保持高标准、高强度、高投入的工作状态。三年的工程建设中,共投入各类大型筑路设备和试验设备5000多台(套),筑路员工2万多名。经过全体施工人员争分夺秒、艰苦拼搏、辛勤工作,1994年完成了路基土石方总工程量的72.2%,桥梁钻孔桩工程的100%(26629.6m),桥梁下部工程的100%。1995年完成了路面垫层总计划量的93.44%(1379000m^2),底基层总计划量的58.7%(2113000m^2),基层总计划量的42.7%(1463000m^2),沥青混凝土下面层总计划量的3.4%(20km),同时完成了全部桥梁上部工程和剩余土石方工程。1996年9月,施工单位完成了剩余全部交通工程、绿化工程及相应配套工程,最终确保于9月19日建成通车,提前两年完成了建设任务。

项目建设期间,施工单位从各方面力争保证施工质量和工程进度。一是积极配合监理单位,通过实行"菲迪克"(FIDIC)合同条款,建立了以监理工程师为中心的业主、监理、承包商三方相互独立、相互制约的机制,对工程质量、工程进度和造价等进行了有效的控制;二是严格把关材料质量,对石料、沥青等材料严格检验,同时推广粉煤灰做基层材料这一先进技术,减少污染;三是加大新设备的投入,引进国外200~240t/h大型沥青混凝土拌和站、摊铺机及全自动划线机等机械;四是科学管理,严格按照《四平至长春高速公路施工技术规范》控制施工,在每道工序开工前都实行试验路段。施工单位根据相关标准,在施工各个阶段进行自检验收,最终以优质工程圆满完成建设任务。

如图8-1-4所示为原交通部部长黄镇东考察京哈高速公路。

图8-1-4 原交通部部长黄镇东考察京哈高速公路

(4)监理情况

1994年初,京哈高速公路四平(吉辽界)至长春段进入准备阶段,吉林省公路工程监理公司和美国路易斯·伯杰公司共同组建了总监理工程师办公室开始展开工作。项目建设过程中,各级监理在岗人数为136人,技术人员107人,平均每公里有0.81名监理人员。同时设立了3个中心试验室和3个驻地试验室两级试验机构,各级监理均配备满足工作需求的新型仪器、通信设施、交通设施等。京哈高速公路四平(吉辽界)至长春段是吉林省首例按照国际惯例执行FIDIC合同条款,全面实行监理工程师制度的重点工程。为确保工程顺利进行,一是监理工程师的培训工作贯穿始终,利用冬季和非施工时间,组织在岗培训,三年来进行国内在岗培训446人,海外培训68人;二是在工程开工前充分做好准备工作,制定完善的规章制度,编写完善的四长高速公路工程施工监理规程,配备完善的设施,第一时间完成现场全面踏勘和施工组织设计审批;三是以年度计划和每月调整的月度计划严格控制施工进度;四是各级监理做好自检记录,对不合格的工序及时进行修补或返工;五是严格进行合同管理和投资控制。

(5)资金落实

决算金额23.95亿元,于1993年完成投资1.10亿元,1994年完成4.44亿元,1995年完成5.31亿元,1996年完成12.75亿元。概算为24.28亿元,具体各年度资金到位情况见表8-1-5。

各年度资金到位情况一览表(单位:万元) 表8-1-5

资金来源	1993	1994	1995	1996	1997	合计
合计	21233	65192	74892	68364	7652	242767
1. 基建拨款合计	21233	44000	30500	-1113	866	100920
(1)吉林省交通厅拨款	21233	44000	30500	-1113	866	95486
(2)其他应付款						5435
2. 基建投资借款		21192	44392	69477	6786	141847
(1)亚洲开发银行贷款		16192	38392	43477	6786	104847
(2)吉林省建设投资贷款		3000	6000	13000		22000
(3)国家开发银行贷款		2000				2000
(4)光大银行贷款				6000		6000
(5)其他				7000		7000

京哈高速公路四平(吉辽界)至长春段的建设是20世纪80年代吉林省投资额度最大的公路建设项目,为保证工程顺利进行,采取了多种方法确保建设资金的落实。一是广开资金渠道,通过亚洲开发银行、国家开发银行、建设银行、光大银行、招商银行等金融机构贷款,同时组建股份公司,集中省内零散资金;二是争取优惠政策,吉林省政府先后下发了《关于筹措四平至长春高速公路建设资金有关问题的批复》(吉政函〔1992〕224号)、《研究四平至长春高速公路建设问题》(省政府1993年34次会议纪要)和《研究四长高速公路征地拆迁问题》(省政府1993年63次会议纪要),在相关建设问题上给予了政策上的优惠;三是加快资金调度,对于有特殊需求的施工单位,打破常规采取特殊的拨款方式或给予一定的投入倾斜。

在确保资金到位的同时,京哈高速公路四平(吉辽界)至长春段工程投资节余0.67亿元,工程没有超支。

(6)各项活动

建设期间,每逢重大节日,均举行各类文体活动,活跃职工文化生活,陶冶思想情操。同时,各施工单位始终坚持两个文明一起抓,深入开展"文明在交通"竞赛活动,每年制订和下发竞赛活动实施方案及考核评分细则。

在注重内容和形式统一的前提下,明确以"修建一流的高速公路,造就一流的施工队伍,培养一流的建设人才"为工作目标,各施工单位开展了丰富多彩的施工生产大会战。各承包单位均实行党员挂牌上岗,参加会战,保质量,保工期。吉林省公路工程五处项目部建立了决战京哈高速公路四平(吉辽界)至长春段的"党员责任区",展开了"青年岗""青年号""青年志愿者服务队"竞赛活动;大庆公路处实行了文明施工"十条线",民工编制连、排、班;沈阳高等级公路公司以生产为中心,在施工决战中开展"党员工程活动"等命名工程项目;中国三冶公司实施"党员示范工程""党员示范车活动",在全体职工思想上做到"三个知道",即人人知道京哈高速公路四平(吉辽界)至长春段的重大意义,人人知道任务的紧迫,人人知道争创国优的目标。各施工单位均做到了把文明建设和施工生产有机结合起来,活动内容生动具体,形式丰富多彩。

(7)工程建设特点

在京哈高速公路四平(吉辽界)至长春段的建设过程中,项目业主始终把"科学技术是第一生产力"贯穿于施工的全过程。深入开展技术创新和科研工作,大力推广使用新技术、新材料、新工艺,提出合理化建议30多项,提高了工程质量,加快了工程进度,节约了大量资金。

在桥梁工程建设中,一是跨径10m以上的上部梁板,全部设计为预应力钢筋混凝土结构,降低工程造价,耐久性好,制作进度快。10~20m板梁采用了先张法,实现了工厂化生产。全线设置2个预制构件厂,1年多生产时间,预制4100根板梁,完成混凝土26200m^3。二是30~35m后张法预应力大梁的质量达60~80t,吊装采用纵横移支架法、纵横移导梁法等,节约大量资金(每根梁节省7000~8000元)。三是桥涵台背填料全部采用易压实的砂砾或碎石掺砂分层填筑,并超载预压,加长桥头搭板2~4m。

在路面基层施工中,充分利用当时的废弃材料粉煤灰,采取石灰粉煤灰碎石结构。一是针对此种材料特点的施工工艺要点,要求石料级配合理,三种材料计量准确,拌和后经24~60小时闷料活化,在含水率略高于最佳含水率时用振动压路机振压,达到最大密实度。二是采取延长早期、晚期施工时间的措施,使北方寒冷地区施工期增长2个月左右。用塑料布覆盖15~20天,在负温度出现前用素土覆盖30cm厚,保温、保湿,做到安全越冬,来年春天达到要求强度。三是质量评定采用钻孔取芯方法,二灰碎石养生到一定时间后,都可取出芯样,成孔壁很光滑,芯样如水泥混凝土一样,这是国内外少有的检验二灰碎石质量的方法。

沥青混凝土路面施工中,一是专门成立了"路面材料与结构组成研究"课题,对抗滑、低温开裂、高温车辙、抗疲劳进行研究,取得一定成果,应用于路面结构设计中。二是上面层选用紧密嵌挤骨架密实型——长平 13 型,与规范 AC-13Ⅰ、AC-13Ⅱ、AK-13A、AK-13B 型用 8 项技术性能、每项 5 分相比较,分值达 32 分,位居榜首,填补国内空白。使用这种结构,提高抗裂性、抗车辙性能,减少透水和抗疲劳。三是沥青混凝土路面施工采用 200t/h 以上产量的间歇式拌和机,连续不停地提供摊铺料,提高路面平整度水平;用 12m 摊铺机单幅一次铺完,不出现纵向接缝,用双驱动调频、调幅振动压路机和胶轮压路机碾压沥青面层,使平整度、密度度达到最佳效果。四是沥青路面质量检测加大频率,跟踪检测,随时记录及改进,用"五五法"(5m 一个断面,每断面 5 点)定点检测,下、中、上各点位置相对应。

先进机械设备应用方面,长平办投资 7000 万元从国外引进 200～240t/h 的大型沥青混凝土拌和机 3 台及配套的 12m 宽幅摊铺机、红外线自动找平平地机等大型机械 11 台。各施工单位购置调入大型机械设备 78 台套,投资 2000 万元,有平地机、灰土路拌机、灰土厂拌机、双驱动压路机、摊铺机、沥青混凝土拌和机等 10 余种。

在环境保护方面,京哈高速公路四平(吉辽界)至长春段在设计和建设过程中,始终把环保工作放到重要位置,在管理和资金投入等诸多方面做了大量切实而有效的努力,不仅达到了"三同时"的要求,而且在生态环境恢复和污染防治等方面均取得了显著成效。一是取土设计上多采用纵向调配,尽量避免对周边环境造成破坏,因此未设专用的大型取土场,沿路的一些小型取土场均已进行整平,并恢复了植被。二是为避免公路建设造成沿线水土流失,项目修建了大量的集排水设施,如流水槽、浆砌片石边沟、截水沟、拦水带等,并在填挖高度大于 3m 的全部土质边坡上修建了六棱形水泥混凝土网格护坡,在风化砂边坡上采用锚碇板进行防护,在建桥的河道上修建了石笼护坡。由于采取了以上大量的工程防护措施,因此较好地防止了水土流失,达到了环评要求。三是项目采用草、灌木、乔木结合的立体绿化形式,对除采用工程措施防护以外的所有边坡、中央分隔带等对原地表产生扰动的地方均进行了全方位的植物防护,形成了一定规模的绿色屏障,起到了减噪、防尘、净化空气、保护水源、防止水土流失等综合环境效益。

3.竣(交)工验收

(1)交工验收

1997 年 6 月 26 日至 28 日,吉林省交通厅和吉林省发展计划委员会主持了项目交工验收工作。交工验收委员会由吉林省政府有关厅局和长春市、四平市、公主岭市政府以及该项目的建设、设计、施工、监理、接管养护、质量监督、造价管理等单位的代表组成,并组成了内业、外业检查专家组。在听取报告、审查资料和实地检查的基础上,吉林省公路工程质量监督站检验以及交工验收委员会检查评审认为:项目路线总体布局合理、线形舒顺流畅;施工精细,全面符合有关规范、规程的规定;质量指标、几何尺寸均满足设计要求;路基稳定坚实、软弱土基处理方法正确;路基路面综合排水系统效果良好;路面平整密实、抗滑性好;桥涵工程质量优良;交通安全设施齐全、鲜明;管理与服务设施房建工程造型新颖、美观适用;监控系统前期工程质量优良、收费系统工程全线计算机联网核对有效、使用方便;通信系统工程光纤干线通信和程控交换设备畅通、稳定;环保符合国家规定;竣工图表资料完整、准确、规范、系统,打印清晰,装订整齐;档案检索有序。项目主体工程质量评分为94.56分,工程质量达到了优良等级标准,同意通过交工验收。

(2)竣工验收

1997年8月,交通部组织了竣工验收。为做好竣工验收工作,交通运输部检测中心对全线路面主要指标进行了检测。1997年9月,由相关单位组织了项目的竣工验收工作。竣工验收委员认真听取了建设、设计、施工、监理、质量监督等有关单位和交工验收组的工作报告,对全线工程进行了实地查看,审阅了竣工资料和有关文件,经过认真讨论、评议认为:项目总体布局合理,线形顺适,设计平面、纵断面、横断面配合得当,路基基本稳定,路面平整密实,沥青面层质量均匀;桥涵构造物外观整齐,路容整洁,沿线环境保护绿化措施得当,效果良好,交通工程适用有效,竣工资料装订整齐,归档合理、检索有序。按照《公路工程竣工验收办法》的有关规定,验收委员会对工程进行了质量评定,总评分为94.55分,工程质量等级为优良,同意通过竣工验收。

二、京哈高速公路四平(吉辽界)至长春(半截沟)段改扩建

(一)概述

1.基本情况

(1)主要控制点

四平市五里坡(吉辽界)、四平市、郭家店镇、公主岭市、范家屯镇、长春市(半截沟)。

(2)建设时间

2013年7月开工建设,2016年12月建成通车。

(3)技术标准

设计速度为120km/h,双向八车道(图8-1-5);路基宽度为42.0m,除东辽河大桥段采用原路单侧(右侧)加宽外,其余段落均采用原路双侧对称加宽方案,每侧加宽8m;新建桥涵及利用桥涵加宽部分设计荷载为公路—Ⅰ级,改建桥涵设计荷载为汽车—超20级,挂车—120;设计洪水频率1/100;沥青混凝土路面。

图 8-1-5　八车道路段实景

（4）建设规模

建设里程 98km，全线设大桥 1 座，中桥 19 座，小桥 6 座，涵洞 81 道，互通式立体交叉 6 处，分离式立体交叉 18 处，天桥 18 座，通道 57 处；设收费站 6 处，服务区 2 处，停车区 2 处，管理分局 1 处，管理处 1 处，养护工区 2 处。

项目主要桥梁信息见京哈高速公路四平（吉辽界）至长春段介绍，路面信息具体见表 8-1-6。

京哈高速公路四平（吉辽界）至长春（半截沟）段改扩建路面信息表　　　表 8-1-6

路面类型	起讫里程	长度（km）	路面结构
沥青路面	K847+000～K945+000	98	上面层：5cm 沥青玛蹄脂碎石混合料 下面层：7cm 中粒式沥青混凝土 柔性基层上基层：13cm 沥青碎石

注：起讫里程来源于《全国道路网调整后里程桩号传递表》。

（5）投资规模

概算金额 61.5 亿元。

2. 参建单位

（1）项目建设管理单位

项目的建设管理单位是吉林省高速公路股份有限公司。

（2）勘察设计单位

项目的勘察设计任务由吉林省交通规划设计院以及北京交科公路勘察设计研究院有限公司共同完成，总体设计单位是吉林省交通规划设计院。

（3）施工单位

项目的主体工程施工由吉林省建设集团有限公司等 10 家单位完成；房建工程施工由德惠市兴达建筑工程有限公司完成；交通工程施工由江苏博纳华交通科技有限公司等 5 家单位完成；机电工程施工由吉林省科维交通工程有限公司等 5 家单位完成；绿化工程施

工由郑州绿元市政园林有限公司等4家单位完成。

（4）监理单位

项目的监理任务由吉林省公路工程监理有限责任公司和吉林省通达监理有限责任公司等9家单位承担。

项目参建单位信息具体见表8-1-7。

（二）建设情况

1. 前期准备

1）项目审批

（1）立项审批

①2010年，吉林省发展和改革委员会下发了《关于京哈高速公路省界段应急工程、刘房子段抢险工程项目的批复》（吉发改交运〔2010〕995号）；

②2011年，吉林省发展和改革委员会下发了《关于北京至哈尔滨高速公路四平至长春段省界段工程项目核准的批复》（吉发改审批〔2011〕968号）；

③2011年，吉林省发展和改革委员会下发了《关于北京至哈尔滨高速公路四平至长春段K10+700至K13+000段工程项目核准的批复》（吉发改审批〔2011〕969号）；

④2011年，吉林省发展和改革委员会下发了《关于北京至哈尔滨高速公路四平至长春段郭家店、公主岭范家屯收费站项目核准的批复》（吉发改审批〔2011〕970号）；

⑤2011年，吉林省发展和改革委员会下发了《关于北京至哈尔滨高速公路四平至长春段刘房子段抢险工程项目核准的批复》（吉发改审批〔2011〕971号）；

⑥2012年，国家发展和改革委员会下发了《关于吉林省四平（辽吉界）至长春高速公路改扩建工程项目核准的批复》（发改基础〔2012〕1935号）。

（2）设计审批

①2012年，交通运输部下发了《关于四平（辽吉界）至长春高速公路改扩建工程初步设计的批复》（交公路发〔2012〕520号）；

②2012年，吉林省交通运输厅下发了《关于京哈高速公路改扩建工程第一设计段（K0+000至K13+000）两阶段施工图设计批复》（吉交审批函〔2012〕18号）；

③2013年，吉林省交通运输厅下发了《京哈高速公路四平至长春段改扩建工程两阶段施工图设计的批复》（吉交审批函〔2013〕5号）；

④2014年，吉林省交通运输厅下发了《关于京哈高速公路四平至长春段改扩建工程机电工程两阶段施工图设计的批复》（吉交函〔2014〕116号）；

⑤2015年，吉林省交通运输厅下发了《关于京哈高速公路四平至长春段改扩建工程管养及服务设施施工图设计的批复》（吉交函〔2015〕1号）；

表 8-1-7

京哈高速公路四平(吉辽界)至长春(半截沟)段改扩建参建单位一览表

序号	参建单位	单位名称	合同段编号及起止桩号	主要负责人	备注
1	项目管理单位	吉林省高速公路股份有限公司			
2	勘察设计单位	吉林省交通规划设计院		杨 光	
3		北京交科公路勘察设计研究院有限公司			
4		吉林省建设集团有限公司	CP01 桩号 K0+000～K13+000	孙兆国	主体工程
5		中交隧道工程局有限公司	CP02 桩号 K13+000～K21+000	李亚武	主体工程
6		浙江金筑交通建设有限公司	CP03 桩号 K21+000～K31+000	申屠德进	主体工程
7		中铁一局集团有限公司	CP04 桩号 K31+000～K40+000	孙永刚	主体工程
8		中国中铁股份有限公司	CP05 桩号 K40+000～K50+000	李长进	主体工程
9		通化公远路桥建设有限公司	CP06 桩号 K50+000～K60+000	石春青	主体工程
10		中铁航空港集团第一工程有限公司	CP07 桩号 K60+000～K69+714.552	王吉明	主体工程
11		吉林省嘉鹏建设集团有限公司	CP08 桩号 K69+714.552～K82+000	高希君	主体工程
12		中铁五局集团路桥工程有限责任公司	CP09 桩号 K82+000～K89+000	焦 峰	主体工程
13		承德路桥建设总公司	CP10 桩号 K89+000～K98+100	武玉明	主体工程
14	施工单位	德惠市兴达建筑工程有限公司	CPFJ01 桩号 K0+000～K98+100	辛 兵	房建工程
15		江苏博纳华交通科技有限公司	CPJT01 桩号 K0+000～K13+000	陈文宁	交通工程
16		吉林省长吉交通发展建设有限公司	CPJT02 桩号 K13+000～K31+000	张学林	交通工程
17		吉林省远公路工程股份有限公司	CPJT03 桩号 K31+000～K50+000	陈万军	交通工程
18		苏州市安泰交通安全设施工程有限公司	CPJT04 桩号 K50+000～K69.7+000	陈建平	交通工程
19		青岛中建交通建设股份有限公司	CPJT05 桩号 K82+000～K98+100	石建磊	交通工程
20		吉林省科维交通工程有限公司	CPJD01 桩号 K0+000～K13+000	田玉平	机电工程
21		云南康迪科技有限公司	CPJD02 桩号 K0+000～K98+100	孙永海	机电工程
22		陕西政和汉唐工程有限公司	CPJD03 桩号 K0+000～K98+100	周训军	机电工程
23		江西路通科技有限公司	CPJD04 桩号监控管理分中心	秦小明	机电工程
24		吉林省联兴科技信息工程有限公司	CPJD05 桩号鄂家店收费站、十家堡收费站	包建民	机电工程

第八章 高速公路项目建设情况

续上表

序号	参建单位	单位名称	合同段编号及起止桩号	主要负责人	备注
25		郑州绿元市政园林有限公司	CPLH01 桩号 K0+000～K21+000	张丽英	绿化环保工程
26		河南省博达园林艺术工程有限公司	CPLH02 桩号 K21+000～K60+000	王加辉	绿化环保工程
27		江苏大自然环境建设集团有限公司	CPLH03 桩号 K60+000～K98+100	吴海峰	绿化环保工程
28		广东添虹交通工程有限公司	CPLH04 桩号 K0+000～K98+000	王远俊	绿化环保工程
29	施工单位	吉林省嘉鹏建设集团	CPSF01 桩号公主岭~范家屯收费站	高希君	收费站应急工程
30		吉林省宇信建筑有限公司	CPSF02 桩号公主岭~范家屯收费站	刘含	收费站应急工程
31		吉林省科维交通工程有限公司	CPSF03 桩号公主岭~范家屯收费站	田玉平	收费站应急工程
32		吉林省嘉瑞沥青科技有限公司	CPLQ1 桩号 K0+000～K98+100	庄严	材料供应
33		吉林省交通运输厅物资供应站	CPCJ 桩号 K0+000～K98+100	柴忠凯	材料供应
34		中铁九局集团有限公司	CSGT01 桩号 K8+023	段广和	四梅公铁
35		吉林省通达监理有限责任公司	ZJB01 桩号：K0+000～K13+000 和 K69+714.552～K82+000 ZJB02 桩号：K13+000～K69+714.552 和 K82+0002～K98+100	任长吉	主线工程
36		吉林省公路工程咨询监理有限责任公司	JDB02 桩号：K13+000～K31+000	李巍皎	主线工程
37	监理单位	吉林省天达工程咨询监理有限责任公司	JDB03 桩号：K31+000～K50+000	董燕英	主线工程
38		山东格瑞特监理咨询有限公司	JDB04 桩号：K50+000～K69+714	张燕群	主线工程
39		长春市公路工程监理咨询有限公司	JDB05 桩号：K69+714～K82+000	朱宏志	主线工程
40		吉林省通达监理工程咨询有限公司	JDB06 桩号：K82+000～K98+100	曹海建	主线工程
41		四平市盛博监理工程咨询有限公司	JDB07 桩号 K0+000～K98+100 房建	李国峰	房建工程
42		吉林省先胜建设工程咨询有限公司	JDB01 桩号：公主岭~范家屯收费站	王维剑	收费站应急工程
43		吉林省康桥交通建设监理有限公司		张斌	

注：信息来源于竣工验收文件及建设管理单位。

⑥2015年,吉林省交通运输厅下发了《关于四平至长春高速公路改扩建工程路面结构变更设计的批复》(吉交函〔2015〕13号);

⑦2015年,吉林省交通运输厅下发了《关于京哈高速公路四平至长春段改扩建工程路基段声屏障基础及景观植物保活设计变更的批复》(吉交函〔2015〕270号);

⑧2015年,吉林省交通运输厅下发了《关于长平高速公路穿越四梅线K8+023公铁立交桥改建工程施工图设计的批复》(吉交函〔2015〕318号)。

(3)其他审批

①2011年,国土资源部下发了《关于北京至哈尔滨高速公路四平至长春段改扩建工程建设用地预审意见的复函》(国土资预审字〔2011〕205号);

②2011年,环境保护部下发了《关于北京至哈尔滨高速公路四平至长春段改扩建工程环境影响报告书的批复》(环审〔2011〕366号);

③2011年,水利部下发了《关于北京至哈尔滨高速公路四平至长春段改扩建工程水土保持方案的批复》(水保函〔2011〕294号);

④2011年,吉林省国土资源厅下发了《吉林省工程建设项目地质灾害危险性评估报告备案登记表》(吉地灾评备字〔2011〕239号);

⑤2012年,国家发展和改革委员会下发了《关于北京至哈尔滨高速公路四平至长春段改扩建工程节能评估报告表的审查意见》(发改办环资〔2012〕595号);

⑥2013年,国土资源部下发了《关于四平(辽吉界)至长春高速公路改扩建工程建设用地的批复》(国土资函〔2013〕205号);

⑦2013年9月,交通运输部下发了施工许可(交公路施工许可〔2013〕17号)。

2)资金筹措

1999年,东北高速公路股份有限公司成立,京哈高速公路四平(吉辽界)至长春(半截沟)段作为经营性资产注入。2010年,东北高速公路股份有限公司拆分后,成立了吉林高速公路股份有限公司,经营京哈高速公路四平(吉辽界)至长春(半截沟)段,经营年限为1999年至2029年,并于2013年组织改扩建工程,全部资金来源于公司自筹及银行贷款。

3)工程勘察设计

吉林省交通规划设计院在进行勘测设计过程中,得到了各级领导的指导和大力支持,经过测设人员的努力,克服了时间紧、任务重、技术要求高的困难,攻克了一个又一个技术难关,并将先进技术和科研成果应用于设计中,提高了设计质量。

项目路线设计方案以不改变现有公路平面线形为原则,全线均利用原路两侧加宽(局部采用单侧加宽方案);纵断面设计在充分拟合原有旧路纵断面的基础上,按照现行规范要求优化调整;路基横断面设计结合国内既有改扩建高速公路的设计经验,严格控制新旧路基拼接拓宽的差异性沉降;桥涵构造物设计以"原桥两侧拼宽、旧桥顶升利用"为主,结合具体桥梁情况采用旧桥利用、原地重建、移位重建和新建相结合的设计方案。

为保证项目的顺利实施,设计单位针对交通组织编制了方案专项设计,尽量避免或降低工程施工对旧路正常通行的影响,推荐采用前期不封闭、后期半幅封闭的施工方案。专项设计中对交通分流方案、主要工程工期安排、临时设施设置、交通事故、交通拥堵专项应急预案等方面均进行了详尽的论述。配合施工期间的设计服务,保证了项目圆满建成通车。

2. 项目实施

(1) 招投标

施工单位及监理单位均通过公开招标方式确定。部分抢险路段(刘房子段)的施工单位和监理单位由吉林省高速公路股份有限公司直接委托确定。

(2) 征地拆迁

吉林省高速公路股份有限公司成立征地拆迁部门,与公主岭市、四平市政府密切合作,负责沿线的征地拆迁具体工作。在地方政府和交通部门的大力支持及协助下,征地拆迁工作得到了切实有效的落实,及时提供了建设用地,为工程建设的顺利实施创造了良好的外部环境,全线共征用土地4184亩。

(3) 施工情况

2013年7月,项目全线开工后,施工单位成立项目经理部,形成以项目经理为核心的质量保证和进度控制体系,保证了项目左幅道路于2015年9月恢复通车。

施工过程中,施工单位投入了大量的人力物力,以确保工程测量的准确性,为后续建设打下了良好的基础。在路基路面施工过程中,随时与设计单位沟通,确保准确性,缩短工期;桥梁工程施工中,后期建设及时吸取前期建设的经验,合理组织施工资源,最终在较短的时间内顺利完成,确保尽早实现全线贯通。2016年10月,施工单位以分项工程合格率100%的成绩圆满地完成了项目建设任务。

(4) 监理情况

监理单位自项目开工以来,认真贯彻交通部颁布的《公路工程施工监理规范》及有关合同文件,确保工程进度、质量及合同的认真执行。

在工程质量管理方面,运用源头把关、过程控制、环节验收的控制程序作为质量监理的基本思路。在进度控制方面,坚持进度服从质量以及工期服从质量的基本原则,同时依据各年度进度计划,逐月分解,制定并严格控制关键线路的阶段目标。在安全建设方面,监理人员在工作中督促、帮助施工单位更新理念,强化安全意识和安全管理,把"安全"始终放在"第一"。同时在审查施工方案或有关专项技术措施时突出"安全第一"的方针。

各监理单位本着"严格监理、热情服务、秉公办事、一丝不苟"的工作方针,对监理工作进行详细分工,对重点工程、隐蔽工程、关键部位全过程旁站,加强巡视,加大现场监理力度,最终圆满地完成了监理任务,确保项目顺利通车。

3. 竣(交)工验收

2016年12月6日,吉林高速公路股份有限公司邀请交通主管部门及地方政府等有关单位组成验收组,对京哈高速公路四平(吉辽界)至长春(半截沟)段改扩建工程进行了交工验收。经检查和审议,交工验收委员会认为该项目施工质量达到国家有关规范标准,全面执行了合同内容,工程质量等级合格,项目通过交工验收,即日起投入试运营。

三、京哈高速公路长春至扶余（吉黑界）段

（一）概述

1. 基本情况

（1）主要控制点

兴隆山镇、太平镇、小西屯镇、米沙子镇、德惠市、菜园子镇、陶赖召镇、扶余市、扶余市拉林河（吉黑界）。

（2）建设时间

1998年10月开工建设,2002年8月建成通车。

（3）地形地貌

项目位于松辽平原第二松花江下游,沿线地形开阔,地面起伏较小,属平原区地形。沿线植被主要为旱田,局部为水田和林地。

（4）技术标准

设计速度:拉林河至小西屯段为120km/h,小西屯至兴隆山段为100km/h,双向四车道;拉林河至小西屯段路基宽度为28.0m,小西屯至兴隆山段路基宽度为26.0m;桥涵设计荷载为汽车—超20级,挂车—120,特大桥设计洪水频率1/300,大、中、小桥设计洪水频率1/100;沥青混凝土路面。

（5）建设规模

建设里程154km,全线设特大桥1座,大桥3座,中桥4座,小桥16座,涵洞105道,互通式立体交叉8处,分离式立体交叉19处,天桥62座,通道110座;设收费站8处,服务区3处,停车场2处,管理处2处。

京哈高速公路长春至扶余（吉黑界）段路段实景见图8-1-6。项目主要桥梁及路面信息具体见表8-1-8、表8-1-9。

（6）投资规模

估算金额45.42亿元,概算金额41.68亿元,决算金额37.38亿元。

第八章 高速公路项目建设情况

图 8-1-6　京哈高速公路长春至扶余(吉黑界)段路段实景

京哈高速公路长春至扶余(吉黑界)段主要桥梁信息表　　　表 8-1-8

序号	类型	名称	桥梁长度(m)	主跨长度(m)	跨越障碍物	桥梁结构
1	特大桥	松花江特大桥	1597	100	河流	钢筋混凝土空心板梁
2	大桥	小西屯立交桥	107	25	道路、铁路	钢筋混凝土空心板梁
3		四道沟大桥	105	20	河流	钢筋混凝土连续箱梁
4		饮马河大桥	306	30	河流	钢筋混凝土连续箱梁
5	中桥	中桥	38	20	沟谷	预应力钢筋混凝土空心板梁
6		五家子中桥	85	20	河流	钢筋混凝土连续箱梁
7		大青沟中桥	53	16	河流	钢筋混凝土连续箱梁
8		陶赖昭中桥	80	20	河流	钢筋混凝土连续箱梁

京哈高速公路长春至扶余(吉黑界)段路面信息表　　　表 8-1-9

路面类型	起讫里程	长度(km)	路面结构
沥青路面	K980+000～K1134+000	154	上面层:4cm 沥青玛蹄脂碎石混合料 中面层:5cm 中粒式沥青混凝土 下面层:6cm 中粒式沥青混凝土 基层:25～28cm 石灰和粉煤灰 底基层:25～30cm 石灰水泥土、石灰粉煤灰土 垫层:28cm 砂砾

注:起讫里程来源于《全国道路网调整后里程桩号传递表》。

2．参建单位

(1)项目建设管理单位

项目的建设管理单位是吉林省高等级公路建设局。

(2)勘察设计单位

项目的勘察设计任务由吉林省交通规划设计院、长春市公路规划勘测设计院以及交通部科学研究所共同完成,总体设计单位是吉林省交通规划设计院。

(3)施工单位

项目的主体工程施工由吉林省交通建设集团一公司等24家单位完成;交通工程施工由吉林省科维交通工程公司等6家单位完成;房建工程施工由长春市第四建筑公司等6家单位完成;绿化工程施工由铁岭市园林绿化工程处等7家单位完成。

(4)监理单位

项目的监理任务由吉林省公路工程监理有限责任公司承担。

项目参建单位信息具体见表8-1-10。

(二)建设情况

1. 前期准备

1)项目审批

(1)立项审批

①1998年,国家发展和计划委员会下发了《印发国家发展计划委员会关于审批同江至三亚国道主干线拉林河至长春公路项目建议书的请示的通知》(计交能〔1998〕835号),完成对项目建议书的批复;

②1998年8月,国家发展和计划委员会下发了《国家发展计划委员会关于同江至三亚国道主干线拉林河至长春高速公路工程可行性研究报告的批复》(计基础〔1998〕1492号)。

(2)设计审批

①1998年,交通部下发了《关于拉林河至长春高速公路初步设计的批复》(交公路发〔1998〕665号);

②1999年,吉林省交通厅批复了《关于同江至三亚国道主干线拉林河至长春高速公路施工图设计批复》(吉交函字〔1999〕169号)。

(3)其他审批

1999年2月2日,国土资源部下发了《关于长春至拉林河高速公路建设用地的批复》(国土资函〔1999〕62号)。

2)资金筹措

决算金额为37.38亿元,其中基建拨款10.36亿元,吉林省交通厅自筹1.2亿元,基建投资借款25.80亿元。

3)工程勘察设计

吉林省交通规划设计院受吉林省交通厅委托,同长春市公路规划勘测设计院共同完成了项目的设计任务。自1996年开始前期工作至1998年完成施工图设计,历时两年,凝聚了工程技术人员的智慧和心血。

第八章 高速公路项目建设情况

京哈高速公路长春至扶余(吉黑界)段参建单位一览表

表8-1-10

序号	参建单位	单位名称	合同段编号及起止桩号	主要负责人	备注
1	项目管理单位	吉林省高等级公路建设局	K0+000～K143+516/BK0+000～BK10+840	张耀,王大为	
2	勘察设计单位	吉林省交通规划设计院	A:K0+000～K146+516/B:BK0+000～BK10+840	王国顺	A段,B段主线设计
3		长春市公路规划勘测设计院			
4		交通部科学研究所			
5	施工单位	吉林省交通建设集团一公司	01-1:K0+00～K12+000	张树海	路基,桥涵
6		吉林省交通建设集团二公司	01-2:K12+000～K27+00	王国恒	路基,桥涵
7		白城市公路工程处	01-3:K37+00～K40+900	丁洪民	路基,桥涵
8		吉林省交通建设集团六公司	04:K40+900～K44+300	崔晓国	松花江特大桥及引道路基
9		吉林省交通建设集团四公司	05-1:K44+300～K56+900	刘国辉	路基,桥涵
10		吉林省交通建设集团三公司	06-1:K56+900～K68+500	汤国权	路基,桥涵
11		吉林省交通建设集团机械公司	07:K68+500～K81+000	张绪杰	路基,桥涵
12		四平道桥公司	08:K81+000～K94+000	崔凤文	路基,桥涵
13		吉林省长城路桥公司	09:K9+000～K109+000	田荣才	路基,桥涵,底基层
14		大庆石油公路工程公司	10:K109+000～K123+100	霍金凯	路基,桥涵
15		吉林省高速公司远通路桥公司	11:K1223+100～K136+340	金龙大	路基,桥涵
16		吉林省交通建设集团五公司	12:K136+340～K143+516	郄青春	路基,桥涵
17		辽宁路桥总公司	13:BK0+000～BK10+840	李连昌	路基,桥涵
18		吉林省交通建设集团一公司	M02:K0+000～K21+000	王庆新	路面工程
19		白城市公路工程处	M03:K21+000～K41+792	丁洪民	路面工程
20		吉林省交通建设集团四公司	M05:K41+792～L56+900	刘国辉	路面工程
21		吉林省交通建设集团二公司	M06:K56+900～K68+500	汤国权	路面工程
22		吉林省交通建设集团机械公司	M07:K68+500～K81+000	张绪杰	路面工程
23		四平道桥总公司	M08:K81+000～K94+000	崔凤文	路面工程
24		吉林省交通建设集团三公司	M09:K94+000～K109+000	王智利	路面工程

续上表

序号	参建单位	单位名称	合同段编号及起止桩号	主要负责人	备注
25	施工单位	大庆石油管理局公路工程公司	M10:K109+00~K123+100	霍金凯	路面工程
26		吉林省高速公司远通路桥公司	M11:K123+100~K136+340	金龙大	路面工程
27		吉林省交通建设集团五分公司	M12:K136+340~K143+516	稻青春	路面工程
28		辽宁路桥总公司	M13:BK0+000~BK10+840	李连昌	路面工程
29		长春市高速公路护栏厂	A01:K0+000~K81+000	汤华	防撞护栏
30		吉林省木大集团公司	A02:K81+000~K143+516/BK0+000~BK10+840	陈福泉	防撞护栏
31		吉林交通发展建设有限公司	A03:K0+000~K143+516/BK0+000~BK10+840	朱杰	标志标线
32		天津市道路设施制造厂	交通工程	刘宝兴	交通工程及安全设施
33		吉林省科维交通工程公司	交通工程	王扬	交通工程及安全设施
34		亿阳集团公司	通信监控收费工程	曲飞	交通工程及安全设施
35		长春市第四建筑公司	扶余服务区房建工程	沈栗嘴	房建工程
36		德惠市建设公司	米沙子服务区、德惠服务区房建工程	赵俊成	房建工程
37		南通市第六建筑公司	蔡家沟收费站房建工程	许金华	房建工程
38		吉林省交通建设集团	房建工程	韩敏然	房建工程
39		东煤建设集团总公司	陶赖昭收费站房建工程	王基弟	房建工程
40		中色建设集团	房建工程	杨振东	房建工程
41		铁岭市园林绿化工程处	绿化01标段	李宏志	绿化工程
42		长春市净月绿化公司	绿化02标段	邵金玉	绿化工程
43		吉林省长吉交通发展有限公司	绿化03标段	张岩	绿化工程
44		长春市经济技术开发区风景园林公司	绿化04标段	姜涛	绿化工程
45		长春市宏达园林苗木公司	绿化05标段	苏立杰	绿化工程
46		长春市文达绿化公司	绿化06标段	张浩	绿化工程
47		龙运高速公路养护公司	绿化07标段	朱耀坤	绿化工程
48	监理单位	吉林省公路工程监理有限责任公司	K0+000~K143+516/BK0+000~BK10+840	金祥秋	

注：信息来源于竣工验收文件及建设管理单位。

第八章
高速公路项目建设情况

1996年10月至1997年5月,设计单位根据吉林省交通厅《关于下达同三公路拉林河至长春段高速公路初步设计任务的通知》,提前对京哈高速公路长春至扶余(吉黑界)段进行了控制测量,并完成了地形图的测绘工作。1997年6月,设计单位开始对全线进行工程勘察。1998年6月,设计单位完成了全线初步设计文件的编制工作并上报交通部审查。同年,项目获得了交通部对初步设计文件的批复。

1998年10月,设计单位根据吉林省交通厅下发的《关于下达同江至三亚国道主干线拉林河至长虹村段高速公路施工图设计任务的通知》(吉交函字〔1998〕183)和交通部初步设计的审查意见,完成了全线的施工图设计工作。1999年,项目获得了吉林省交通厅关于施工图设计的批复。

项目自开展前期工作以来,设计单位在设计过程中全面应用新技术、新材料、新工艺,充分吸取了省内外及国外的先进设计经验。在总体设计方面,设计人员充分论证了起终点及中间控制点的位置,考虑了沿线城镇的分布、城乡发展规划及公路网建设规划,确保路线走向的合理性;路线设计方面,在全面考虑地形地貌特点的基础上,经过多次实地勘察,全面比较,分析确定了多个比较方案,并采用曲线定线法进行平面线形设计;路基设计方面,设计人员对全线路基里面进行了综合排水设计,同时全线采用集中取土方案,以确保合理利用土地,保护自然环境;桥涵设计方面,设计单位组织技术骨干先后开发并引进了先进的桥梁设计软件,编制了桥涵设计通用图,同时对桥头跳车及伸缩缝等有关问题进行了专项课题研究;互通立交和交通工程等方面的设计也均凝聚了测设人员大量的心血,采用了计算机辅助设计系统进行优化并完成全部绘图,打造了一个一流的设计方案。

经过设计人员精心设计和后续的全面跟进,克服了许多技术难关,高质量、按计划完成了吉林省当年标准较高、里程最长的高速公路设计任务,最终确保了京哈高速公路长春至扶余(吉黑界)段顺利开工建设。

2. 项目实施

(1)招投标

项目的土建工程招标工作共分为14个标段,01、05、06标段采用国内招标,其他标段采用国际招标,最终由吉林省公路工程局等8家施工单位中标。

监理招标工作由吉林省公路工程监理有限责任公司受吉林省高等级公路建设指挥部长余办公室〔即京哈高速公路长春至扶余(吉黑界)段办公室〕委托,负责全线监理工作,并在国内进行了公开招标选聘驻地监理组,由吉林省金泉监理有限责任公司等4家具有甲级监理资质的监理单位中标后组成14个驻地监理组。同时按照银行贷款的规定,通过国际招标聘用了意大利咨询专家和国际监理组。

(2)施工情况

自1998年10月项目全线开工,参建的36家施工单位认真履行合同,定期向监理工程师报告项目主要管理人员及主要材料采购等情况。按照规定项目和频率进行各种试验,严格履行工程变更管理程序。施工过程中制订年、季、月、旬施工作业计划,定期进行计划检查,并且贯彻执行了 ISO 9001 质量管理模式。2001 年 5 月 31 日,施工单位完成了路基和桥涵工程;2001 年 9 月 19 日,完成了陶赖昭松花江特大桥主体工程;2002 年 7 月 26 日,完成了路面工程;2002 年 8 月全线建成通车。

施工过程中,各施工单位首先注重工地试验室的建设,所有标段工地试验室都经过了质量监督站的认可,均具有相关的试验设备和相应资格的检验人员。施工单位在路基路面、交通工程、机电工程、房建工程等方面均积极地采取有效技术措施,特别是桥涵工程方面,陶赖昭松花江特大桥作为项目的重点和难点,倾注了工程人员大量的心血。一是成孔时间平均在 13 天左右,钻孔灌注桩的主筋连接采用 CRBA 钢筋套管连接施工工艺,代替手工焊接,加快了进度;二是在半刚构连续梁施工中挠度的控制上,专门聘请了东北林业大学结构专家对全桥挠度进行了观测并指导施工;三是对于承台等大体积混凝土采用了内设冷却循环水管的工艺降温处理;四是采用新工艺解决了部分深水桥墩围堰施工和地下水位较高挖基困难等技术难题。

项目建设的同时,注重环境保护,尽可能地减少对土地的破坏。在公路建设中率先采用了取土场复垦技术,共复垦耕地 3600 亩,获得了国土资源部表彰,并在全国推广应用;路基施工中首次使用了粉煤灰填筑,使得 97 万 m^3 的工业废渣得到了有效利用;同时项目全线采用以绿色植物防护为主的边坡防护理念,全线未设置挡墙等圬工防护。

(3)监理情况

项目按国家有关规定要求,全面实行工程监理制,实现了监理方式向社会监理的转变。同长春绕城高速公路(西北环)的部分段落一起,配备的监理人员总数为 137 人,平均 0.86 人/km。

在监理队伍及监理模式的确立上,监理单位吸取了以往高速公路建设有关方面的经验教训,以确保工程顺利进行:一是监理工程师的培训工作贯穿始终,在每年度开工前准备阶段,连续举办了四期监理及施工人员技术培训班并进行考核;二是投入大量的试验检测设备,并配备计算机等现代化办公管理设备;三是制定完善的规章制度,严格执行工序检验签证制和分项工程报验制;四是各级监理做好自检记录,对不合格的工序及时进行修补或返工;五是严格进行合同管理和投资控制。

(4)资金落实

决算金额为 37.38 亿元,为保证工程顺利进行,在确保资金到位的同时,采取了多种方法确保成本的控制与管理。一是通过招投标特别是材料的采购招标降低工程成本;二是通过严格审查变更设计、计量支付控制工程成本;三是通过 BOT(建设—经营—转让)等建设形式活化工程成本;四是通过内部挖潜压缩工程成本。

(5)工程建设特点

京哈高速公路长春至扶余(吉黑界)段,一是在纵断设计上,在吉林省首次采用低路堤方案,减少占地宽度,注意填挖平衡,尽量避免出现高填深挖,破坏自然环境。同时使用加深路基边沟,形成人造路堤的方式,保证路床有较好的干湿状态,达到耐久性目的。二是边坡防护主要采用植物防护的形式,采用栽植紫穗槐、种紫花苜蓿、栽地锦等进行植物防护,仅在挖方较大的段落根据工程需要,设置了浆砌片石矮墙及混凝土预制块拱护坡。这样既保证了的稳定,又保护了生态环境,避免了水土流失的发生。三是率先实行取土场复垦。为保护有限的耕地,长余工程所有取土场都进行了复垦设计,认真进行了复垦并通过了土地部门和当地群众的验收,复垦土地 $241hm^2$。此举利国利民,造福子孙,受到吉林省政府和国土资源部的充分肯定。四是在防治高寒地区公路冻害方面,对低填、浅挖段的上路床采用填筑砂砾垫层的方法,降低毛细水上升高度,消除和减缓路基冻胀反射裂缝的发生;针对东北地区温差大,温缩严重的特点,对基层二灰碎石配比,提出了24种配比,通过大量的试验研究,最后采用了集料含量占80%、嵌挤骨架结构温缩和干缩系数小的7∶13∶80的配合比,其7天强度达到0.8MPa以上,减少了温缩与干缩裂缝,提高了路面的整体强度。小型预制构件混凝土通过招标进行集中预制,提出了抗冻标号大于200号、抗渗达到S10级的要求,这对小型预制件的抗冻耐久性将起到很大的作用。五是在防治桥头跳车方面,严格控制桥涵台背路基施工质量,在构造物开工之前,对每座桥的桥头都进行了地质钻探,针对不同的地质水文条件,根据土基的固结时间,分别计算出每一个构造物台背的工后沉降量和沉降完成时间,为了避免完工后桥头发生沉降,对每座桥、每道(座)涵洞都提出明确的处理方案,对地基条件不好的,结合实际分别采取换填砂砾、打砂桩、粉喷桩等方法进行处理。对桥涵台背采取白灰土填筑,每层填筑厚度不超过15cm,并对桥头采取超载预压的方法处理,最大限度地减少桥头跳车现象。六是在沥青混凝土路面结构设计方面,全线采用改性沥青SMA(沥青玛蹄脂碎石混合料)路面结构,是当时国内使用这一路面结构里程最长的一条高速公路。在当时改性沥青的SMA结构还没有完善的技术标准的前提下,通过上千次的试验研究,提出了改性的SMA沥青混合料标准,确定了稳定度高、水稳性好的面层沥青混凝土配合比;为了保证面层施工质量,从拌和、运输到摊铺、碾压都提出了详细的要求;为了满足SMA结构矿粉的填加数量,保证沥青混凝土的拌和质量,对全线的拌和站进行了改造,并购置了木质纤维素添加设备,使沥青混凝土的拌和质量得到了保证,避免了油斑、推移等质量通病的发生,为提高路面的使用寿命奠定了基础。七是在当时吉林省规模最大的陶赖昭松花江特大桥施工中(全长1597m,主桥采用65m+5×100m+65m七孔一联预应力混凝土半刚构—连续箱梁体系,两幅分离的单箱单室断面),下部钻孔桩钢筋笼使用CABR(钢筋套管冷挤压)连接新工艺,大大缩短了下钢筋笼的时间。上部主桥悬浇规模大,共有悬浇块240块,合龙段14个,现浇段4个,工艺复杂,质量要求严格、施工难度大,也是吉林省队伍第一次施工这种结构的大桥,同时也是整个大桥的控制工程,为提高悬浇块混凝土的早期强度,采用加大水泥用量,由原设计的 500kg/m³ 提高到 535kg/m³。同时选用效果较好的天津产 UNF-5 型减水剂,减少用水量,提高了混凝土品质。经过总结经验,采取有力措施,科学的管理和合理安排,大桥的主体工程比总工期提前 6 个月,为全线的顺利通车奠定了基础。八是采用新技术、新工艺方面,为使安全设施护栏工程达到内在质量好且外在美观的效果,通过大量的试验和专家论证,率先在北方地区使用热浸镀铝加喷涂聚酯的双涂层防护层结构,收到了良好的效果。九是路面沥青选用方面,在国内首先利用 PG 等级检验和评价沥青,首次根据气候条件提出了上面层改性沥青应满足 PG64-34 的要求,明确要求各种材料的生产工艺及质量控制指标,选派有经验的监理进驻生产厂家,进行质量监督管理。同时为保证路面面层材料质量,率先采用三级破碎石料加工工艺,使石料的质量得到了较大幅度提高。十是为解决调整公路早期病害问题,通过试验和工程实体调查,借鉴美国 SHPR 的研究成果,对交通部规范中的级配范围进行了改进,提出了合理的上、中、下面层混合料级配及技术指标,为有效控制沥青混合料工后空隙率,将路面压实度由交通部要求的 95% 提高至 98%。

3. 竣(交)工验收

(1) 交工验收

2002 年 9 月 3 日至 4 日,吉林省交通厅和吉林省发展计划委员会主持了项目交工验收工作。交工验收委员会由吉林省发展计划委员会、吉林省交通厅以及项目的建设、设计、施工、监理、接管养护、质量监督等单位和项目建设所在地长春市、松原市交通部门代表组成。交工验收委员会在听取报告、审查资料和实地检查的基础上,对吉林省公路工程质量监督站提出的工程质量鉴定意见和评分结果进行了重点讨论和审议。经检查和审议认为:项目路线总体布局合理、线形连续顺畅;施工精细,路基稳定坚实;路基、路面综合排水形成系统,效果良好;路面密实平整,接缝平顺,抗滑性能好;桥涵位置、结构尺寸正确,混凝土强度符合设计要求;交通安全设施齐全完整,醒目有效;环保符合要求;取土场复垦工作认真,效果显著;竣工文件完整、规范、档案检索有序。项目工程质量评分为 96.36 分,质量等级优良,同意通过交工验收。

(2) 竣工验收

2003 年 10 月,由相关单位组成的竣工验收委员会对项目进行了竣工验收工作。竣工验收委员认真听取了建设、设计、施工、监理、质量监督、交工验收等单位工作情况汇报和养护管理单位项目试运营情况汇报,对全线工程进行了实地查看,查阅了项目实施工程中的有关文件和原始档案资料。经过评议认为:项目总体布局合理,平、纵配合适当,线形顺适、流畅,与环境协调一致;经过 1 年多的通车试运营,路基稳定,边坡及防护工程稳固,路面平整密实,抗滑性能良好,桥涵构造物结构稳定,绿化效果良好,环保设施和交通安全设施规范、齐全,竣工资料完整;交工验收报告中提出的遗留问题已处理完毕。按照《公路工程竣工验收办法》规定,验收委员会对工程进行了质量评定和打分,项目工程质量评分为96.68分,工程质量等级为优良,同意通过竣工验收。

四、运营管理

(一)服务区及收费站设置

截至2016年底,京哈高速公路四平(吉辽界)至长春段设有5处服务区、长春至扶余(吉黑界)段设有3处服务区,具体情况见表8-1-11和表8-1-12。

京哈高速公路四平(吉辽界)至长春段服务区情况表　　　表8-1-11

序号	服务区名称	位置桩号	管理经营单位
1	四平服务区	K863	吉林省高速公路集团有限公司
2	靠山屯服务区	K875	吉林省高速公路集团有限公司
3	公主岭服务区	K902	吉林省高速公路集团有限公司
4	陶家屯服务区	K930	吉林省高速公路集团有限公司
5	长春服务区	K958	吉林省高速公路集团有限公司

京哈高速公路长春至扶余(吉黑界)段　　　表8-1-12

序号	服务区名称	位置桩号	管理经营单位
1	米沙子服务区	K1003	吉林省众诚汽车服务连锁有限公司
2	德惠服务区	K1052	长春新大石油集团有限公司
3	扶余服务区	K1120	中石化吉林松原石油分公司

京哈高速公路四平(吉辽界)至长春段共建有8处收费站,分别是五里坡、四平、郭家店、公主岭、范家屯、长春、净月及兴隆山收费站,开通时间为2002年。

京哈高速公路长春至扶余(吉黑界)段共建有6处收费站,其中德惠、陶赖昭、扶余、拉林河收费站于2002年开通;米沙子收费站于2014年开通;菜园子收费站于2006年开通。

(二)交通量发展状况

京哈高速公路(G1)交通量统计情况见表8-1-13。

京哈高速公路(G1)交通量统计表　　　表8-1-13

| 路线名称 | 年份 | 观测里程(km) | 年均日交通量(辆/日) | | | | | | | | 适应交通量(辆/日) | 交通拥挤度 |
			当量数合计	自然数合计	小型货车	中型货车	大型货车	特大型货车	集装箱车	中小型客车	大型客车		
京哈高速公路	2013	189.764	27676	12966	811	890	672	3954	286	5952	401	55527	0.50
	2014	173.764	30747	15460	1701	1126	795	4147	160	7103	429	55000	0.559
	2015	101.531	29499	14182	754	778	560	4232	312	7195	350	55000	0.536

(三)信息化建设

截至2016年底,京哈高速公路信息化设备设置情况见表8-1-14和表8-1-15。

京哈高速公路四平(吉辽界)至长春段信息化设备设置情况表　　表8-1-14

序号	设施名称	数量
1	小型可变情报板(悬臂式)(包含净月站匝道可变情报板)	4
2	道路摄像机(无隧道)	26
3	收费广场摄像机(不含净月站,因其在改扩建中)	6
4	车道和亭内摄像机(不含净月站,因其在改扩建中)	44

京哈高速公路长春至扶余(吉黑界)段信息化设备设置情况表　　表8-1-15

序号	设施名称	数量
1	小型可变情报板	5
2	道路摄像机	13
3	收费广场摄像机	12
4	车道和亭内摄像机	91

(四)养护管理

截至2016年底,京哈高速公路养护情况见表8-1-16。

京哈高速公路养护管理情况表　　表8-1-16

序号	路段名称	养护工区(个)	管理人员(人)	小修队(人)	养护工区明细	备注
1	四平(吉辽界)至长春段	2	15	35	公主岭、四平	2015年10月K851~K949+100进行改扩建
2	长春至扶余(吉黑界)段	3	13	29	米沙子、德惠、扶余	

五、科技创新工程

(一)勘测设计技术创新

1. 曲线定线法

在平面线形设计中,采用了先进的曲线定线法,使平面线形圆滑、连续、均衡,并与地形相适应,与周围环境相协调,全线没有设超高的曲线半径,平面线形顺畅,视觉诱导良好,景观协调,行车安全舒适。

2. 纵断面线形设计

纵断面线形设计因地制宜,采用了小纵坡、长坡段、微起伏、大半径竖曲线的方法,平、纵面线形密切配合,竖曲线包含在平面曲线内,使线形连续顺畅,解决了平原区路基高度低、排水困难的问题。

3. 动态透视图技术

路线设计中对平、纵、横线形进行组合设计,采用动态透视图检验和评价平、纵线形设计的视觉效果,保证了公路主体线形顺畅及视线诱导良好。

(二)工程技术创新

在京哈高速公路开展的科技创新有:路基土冻胀性试验研究、沥青玛蹄脂碎石路面应用研究、石灰粉煤灰基层材料应用技术、软基处理技术研究、桥头跳车预防技术、绿色通道检测系统、沥青路面老化及旧沥青路面厂拌热再生技术,提出了基于行车安全的沥青路面车辙养护标准。

1. 石灰粉煤灰基层材料应用技术

路面二灰碎石基层施工方法较传统的施工方法有三处大的改进。一是将厂拌的传统拌和方式一律改为强制式拌和机拌和;二是采用振碾工艺成型;三是部分合同段混合料用摊铺机摊铺,使二灰碎石路面基层拌和均匀、计量准确,碾压密实、及时成型,平整度均能达到要求,通过用钻孔取芯做二灰碎石的质量检验评定,二灰碎石养生到一定时间后,都可取出芯样,成孔孔壁光滑,芯样如同水泥混凝土。总结该技术工法,编制形成了吉林省地方标准《石灰粉煤灰稳定材料路面基层底基层技术规范》,用于指导吉林省半刚性基层路面施工。

2. 沥青玛蹄脂碎石路面技术

京哈高速公路长春至扶余(吉黑界)段路面上面层大规模采用先进的改性沥青SMA路面结构,极大改善沥青路面高温抗车辙、低温抗开裂和水损害功能,抗滑能力强、平整度好、噪声低,路面使用寿命长。通过分析SMA的强度形成机理以及结构特点,提出了沥青混合料配合比优化设计的方法,在马歇尔击实方法进行沥青混合料配合比设计的基础上,采用Superpave旋转压实方法进行验证,从而得到性能更加优越的沥青混合料。对SMA单质材料进行试验和筛选,并进行配合比设计,提出较为合理的沥青混合料配合比,测定SMA低温抗裂性、水稳定性、高温稳定性等路用性能,并对米沙子互通工程路面的摩擦系数、构造深度、平整度、渗水系数等性能进行了检测,米沙子互通工程的SMA-13性能优越。通过SMA的应用,并与普通的沥青混合料进行对比分析,得出其各方面性能较为优良,适合大面积推广的结论。

3. 沥青路面老化及旧沥青路面厂拌热再生技术

针对吉林省气候特点,首次将预防沥青老化与沥青混合料厂拌热再生相结合,用于高速公路沥青路面养护。通过对沥青老化原理进行理论及老化试验结果分析,总结吉林省高速公路沥青路面预防老化措施。结合室内试验结果、试验路修筑及观测,规范了吉林省厂拌热再生混合料设计流程,首次提出了吉林省厂拌热再生混合料用于高速公路的设计参数。提出了现有设备(SIM3000)条件下的旧沥青混合料掺量界限值,为进一步推广应用奠定了基础,并总结了吉林省高速公路厂拌热再生技术的施工工艺。

针对旧料的回收、储存等环节提出了具体的质量管理措施。对旧料的加热温度进行了研究。试验结果显示,将旧料加热到130℃,对沥青老化影响不大,但可以提高混合料的出料温度,具有较好的路用性能;通过再生混合料搅拌时间影响因素的试验研究,发现少装快拌比多装慢拌拌和出来的混合料更均匀、性能更好,并提出了推荐的搅拌时间。在室内试验、拌和塔模拟试验、现场摊铺,均进行了温度检测。检测结果认为,使用现有单滚筒设备,旧料再生的含量不宜超过40%。另外,拌和时间随旧料掺配率的增大要适当延长。总结了厂拌热再生的施工工艺,并进行了实体工程的试验段铺筑,试验段的各项检测试验结果表明,再生路面性能与普通沥青路面相比没有明显的差距,可以满足规范要求。

在京哈高速公路中应用沥青路面老化及旧沥青路面厂拌热再生技术,修建了6段试验路共计1452m,采用了8种配合比设计。三年后观测结果:表面平整,没有裂缝、坑槽、车辙等病害。

4. 提出了基于行车安全的沥青路面车辙养护标准

应用自主研发的传感器车辙仪和可变的多功能车辙承载装置对现有快速车辙检测系统进行完善,实现所采集数据与现有数据库的对接。通过分析车辙形成的原因,对比国内外典型车辙的不同形式,得出不同的路段具有不同的车辙形态,同一路段的车辙形态比较相似的理论。从行车安全的角度,对现有车辙各评价指标进行了讨论,提出了新的评价指标设想。仅用车辙深度单一指标无法准确描述车辙的真实断面情况,且该指标也无法全面反映车辆在有车辙路面上运行时的路面激励状况。因此,从行车安全角度,除车辙深度指标外,还需采用车辙侧壁倾角、车辙曲率等多指标评价方法。

车辙评价指标可分为三类:描述车辙几何形态的指标、与车辆行驶舒适性相关的评价指标、与车辆行驶安全性相关的评价指标。其中基于行车安全性的指标为:车辙侧壁倾角、车辙积水容许深度。

采用自行研发的传感器自动采集车辙仪在京哈高速公路检测中得到了应用,采集的数据通过研发的专用程序进行了处理,按照研究成果提出了基于行车安全的沥青路面车辙养护标准,对检测路段进行了评价,给出了养护建议。

5. 桥头跳车预防技术

京哈高速公路四平(吉辽界)至长春段建设中,为了减少桥头跳车,采取了一系列技术措施:桥涵台背填土全部采用易填筑易压实的砂砾或碎石掺砂填筑;对柱式桥台,先浇筑墩柱,然后四周分层填土,压路机全面分层碾压,最后浇筑横梁;对已填土达到高程的桥头路基,再堆填一定长度和厚度的土方进行预压下沉;加长桥头搭板,根据填土高度确定搭板长度;预留沉降高度,弥补以后的沉降;填土高度较高的桥头采用两节搭板,板与板之间设置混凝土桩及枕梁等,一定程度上预防和改善了桥头跳车现象。

京哈高速公路长春至扶余(吉黑界)段在设置桥头搭板、台背换填砂砾等常规方案基础上首次提出了桥头减密砂桩台背地基处理等解决方案,通过设置不同长度和密度的砂桩,形成一个有效的沉降过渡段,消除了处理段与非处理段较大的沉降差异的难题。

6.季冻区高速公路服务区建筑节能技术

高速公路服务区建筑节能技术采用多孔砖、空心砖、聚苯乙烯泡沫塑料(EPS)板进行墙体、屋面保温,调节房屋建设的保温散热功能,降低供暖及制冷需求,达到节约能源、提高能源利用效率的目的,见表8-1-17。

温度测定比较表　　　　　　　　表8-1-17

节能保温改造前					
位置	一楼阴面	二楼阳面	连廊	一楼走廊	二楼走廊
时间(上午)	10:00~11:00	10:00~11:00	10:00~11:00	10:00~11:00	10:00~11:00
室外温度(℃)	-12	-12	-12	-12	-12
室内温度(℃)	12.5	15	5.5	9	10.5
节能保温改造后					
位置	一楼阴面	二楼阳面	连廊	一楼走廊	二楼走廊
时间(上午)	10:00~11:00	10:00~11:00	10:00~11:00	10:00~11:00	10:00~11:00
室内温度(℃)	19.6	23.9	18.9	21.8	23.9
室外温度(℃)	-14	-14	-14	-14	-14
改造前后对比温差					
温差(℃)	7.1	8.9	13.4	12.8	13.4

聚苯乙烯泡沫塑料(EPS)板由很多封闭的多面体蜂窝组成,每个蜂窝的直径为0.2~0.5mm,蜂窝壁厚为0.001mm。其中聚苯乙烯只有约2%,其余为空气。蜂窝内的静止空气为热的不良导体,因而这种材料具有良好的保温性能。加上其具有独特的抗蒸汽渗透性、较高的抗压强度、便捷的施工安装及长久的使用寿命,是重要的建筑节能保温隔热材料。

将被动式技术理念引入高速公路服务区设施建筑,达到了季冻地区高速公路服务区建筑节能65%的指标。如图8-1-7所示为公主岭服务区建筑外景。

图 8-1-7 公主岭服务区建筑外景

第二节 铁力至科尔沁右翼中旗高速公路（G1015）吉林段

铁力至科尔沁右翼中旗高速公路（G1015，以下简称"铁科高速公路"）是《国家公路网规划（2013—2030年）》的"71118"高速公路网中绥芬河至满洲里高速公路的联络线，同时也是吉林省"五四三二一"高速公路网总体布局中"三横"的第一横。铁科高速公路是吉林省北部地区重要的横向通道之一，它的建设进一步加强了吉、黑、蒙三省区的沟通与联系，促进吉林省中西部地区间经济合作优势互补，为沿线地区资源开发、产业结构升级提供便捷的交通条件，进而带动粮食、石油、牧业和绿色能源、旅游等基地建设，对加快经济结构调整，全面提升和优化产业布局结构具有重要意义。

铁科高速公路吉林省境内段起自榆树市于家村（吉黑界），经榆树市、扶余市、松原市、乾安县、通榆县，止于通榆县同发村（吉蒙界），全长约428km。因建设时序不同，共划分为四个段落，分别为榆树（吉黑界）至解放（松原）段、解放（松原）至二莫（松原）段、二莫（松原）至拐脖店（松原）段、拐脖店（松原）至通榆（吉蒙界）段。

铁科高速公路榆树（吉黑界）至解放（松原）段，里程约183km，规划路段。

铁科高速公路解放（松原）至二莫（松原）段于2010年9月开工，2013年11月建成通车，里程27km，投资17.74亿元（决算）。

铁科高速公路二莫（松原）至拐脖店（松原）段，里程13km，与大广高速公路共线，具体情况见第八章第十节。

铁科高速公路拐脖店（松原）至通榆（吉蒙界）段，里程约205km，规划路段。

已建路段项目详细情况见下文，基础信息具体见表8-2-1。

铁科高速公路(已建路段)基础信息表

表 8-2-1

序号	编号	项目名称	规模(km)				建设性质	设计速度(km/h)	永久占地(亩)	投资情况(亿元)				建设时间(开工~通车)	共线路段		备注
			合计	八车道	六车道	四车道				估算	概算	决算	资金来源		里程(km)	编号	
1	G1015	铁科高速公路解放(松原)至二莫(松原)段	27			27	新建	100	3221	16.89	18.21	17.74	中央补贴、地方自筹、银行贷款	2010.9~2013.11			
2	G1015	铁科高速公路二莫(松原)至拐脖店(松原)段	13			13	—	—	—	—	—	—	—	—	13	G45	与大广高速公路共线,占地投资在大广高速公路中计列

一、铁科高速公路解放(松原)至二莫(松原)段

(一)概述

1. 基本情况

(1)主要控制点

解放村、罗斯村、农林村、奔布来村、二莫村。

(2)建设时间

2010年9月开工建设,2013年11月建成通车。

(3)地形地貌

项目地处松嫩平原,地势平坦开阔,起伏和缓,海拔在128~162m之间。路线沿线地势总体上为东北高、西南低。以第二松花江为界,江北地形略有起伏,地面高程多在140~160m之间,江南地形较平坦,地面高程在130~140m之间;两岸广泛发育有高、低漫滩,南岸为广阔的低漫滩区,北岸为高漫滩区,河流宽阔,沙土地为主,江北多为旱田,江南多为水田,松花江沿岸为林地,水流呈辫状水系,江心岛及江心滩较发育,一级阶地主要形成于第二松花江南岸。

(4)技术标准

设计速度为100km/h,双向四车道;路基宽度为26.0m;桥涵设计荷载标准为公路—Ⅰ级;特大桥设计洪水频率1/300,大、中、小桥及涵洞和路基的设计洪水频率为1/100;沥青混凝土路面结构。

(5)建设规模

建设里程27km,全线设特大桥1座,涵洞22道,互通式立体交叉4处,分离式立体交叉5处,天桥18座,通道5处;设收费站2处。

铁科高速公路实景见图 8-2-1。项目主要桥梁及路面信息具体见表 8-2-2、表 8-2-3。

图 8-2-1　铁科高速公路路段实景

铁科高速公路解放(松原)至二莫(松原)段主要桥梁信息表　　　表 8-2-2

类型	名　　称	桥梁长度(m)	主跨长度(m)	跨越障碍物	桥梁结构
特大桥	宁江松花江特大桥	2236	150	河流	混凝土斜拉桥

铁科高速公路解放(松原)至二莫(松原)段路面信息表　　　表 8-2-3

路面类型	起讫里程	长度(km)	路面结构
沥青路面	K579+000～K606+000	27	上面层:4cm 沥青玛蹄脂碎石混合料 下面层:6cm 中粒式沥青混凝土 柔性基层上基层:8cm 沥青碎石 基层:32cm 水泥碎石 底基层:16～20cm 水泥碎石 垫层:20cm 砂砾

注:起讫里程来源于《全国道路网调整后里程桩号传递表》。

(6)投资规模

估算金额 16.89 亿元,概算金额 18.21 亿元,决算金额 17.74 亿元。

2. 参建单位

(1)项目建设管理单位

项目的建设管理单位是吉林省高等级公路建设局。

(2)勘察设计单位

项目的勘察设计单位由吉林省交通规划设计院、交通运输部科学研究院以及辽宁省交通规划设计院共同完成。

总体设计单位是吉林省交通规划设计院,其中主体工程设计由吉林省交通规划设计院完成;景观和环保工程设计由交通运输部科学研究院完成;房建工程设计由辽宁省交通规划设计院完成。

(3) 施工单位

项目的主体工程施工由沈阳市公路建设股份有限公司等4家单位完成;房建工程施工由安图县第一建筑有限公司完成;交通工程由辽宁省交通工程有限公司和吉林省东吉公路建设有限公司完成;机电工程等施工由北京国交信通科技发展公司等3家单位完成。

(4) 监理单位

项目的监理任务由吉林省公路工程监理有限责任公司承担。

项目参建单位信息具体见表8-2-4。

铁科高速公路解放(松原)至二莫(松原)段参建单位一览表　　　　表8-2-4

序号	参建单位	单位名称	合同段编号及起止桩号	主要负责人	备注
1	项目管理单位	吉林省高等级公路建设局	K2+610~K28+887	纪景义	
2	勘察设计单位	吉林省交通规划设计院	K2+610~K28+887	胡珊	主体工程
3		交通运输部科学研究院	K2+610~K28+887	李奇峰	景观和环保工程
4		辽宁省交通规划设计院	K2+610~K28+887	寇继海	房建工程
5	施工单位	沈阳市公路建设股份有限公司	SLR01:K2+610~K12+230	李红星	路基、桥涵
6		大庆油田路桥工程有限责任公司	SLR02:K12+230~K18+800	任国强	路基、桥涵、路面
7		中铁十三局集团第一工程有限公司	SLR03:K18+800~K22+070	王涛	路基、桥涵
8		吉林省交通建设集团有限公司	SLR04:K22+070~K28+887	刘忠吉	路基、桥涵
9		安图县第一建筑有限公司	SLRFJ01:K2+610~K28+887	刘志祥	房建工程
10		辽宁省交通工程有限公司	SLRJT01:K2+610~K28+887	韩世伟	交通工程
11		吉林省东吉公路建设有限公司	SLRJT02:K2+610~K28+887	房井宏	交通工程
12		石家庄泛安科技开发有限公司	SLRGJ01:K2+610~K28+887	袁琳	管道基础
13		吉林省广泰安装有限公司	SLRGD01:K2+610~K28+887	刘建成	供电工程
14		北京国交信通科技发展公司	SLRJD01:K2+610~K28+887	宁海安	机电工程
15	监理单位	吉林省公路工程监理有限责任公司	K2+610~K28+887	金祥秋	总监办

注:信息来源于竣工验收文件及建设管理单位。

(二)建设情况

1. 前期准备

1) 项目审批

(1) 立项审批

2008年12月3日,国家发展和改革委员会下发了《国家发展改革委关于吉林省松原至双辽(吉蒙界)公路可行性研究报告的批复》(发改基础〔2008〕2889号)。

(2) 设计审批

①2009年4月15日,交通部下发了《关于松原至双辽(吉蒙界)公路初步设计的批复》(交公路发〔2009〕178号);

②2010年1月25日,吉林省交通运输厅下发了《吉林省交通运输厅关于大庆至广州高速公路解放至二莫段两阶段施工图设计的批复》(吉交审批函〔2010〕1号);

③2011年3月21日,吉林省交通运输厅下发了《吉林省交通运输厅关于松原至双辽高速公路解放至二莫段交通工程及沿线设施(机电、管道基础及10kV供电线路工程)施工图设计的批复》(吉交函〔2011〕39号);

④2012年3月25日,吉林省交通运输厅下发了《吉林省交通运输厅关于大广高速公路解放至二莫段收费站房建工程施工图设计的批复》(吉交函〔2012〕57号)。

(3)其他审批

①2008年6月4日,环境保护部下发了《关于大庆至广州高速公路松原至双辽(吉蒙界)段环境影响报告书的批复》(环审〔2008〕145号);

②2008年7月29日,吉林省水利厅下发了《吉林省水利厅关于大庆至广州高速公路松原至双辽段水土保持方案的批复》(吉水保〔2008〕525号);

③2012年8月23日,国土资源部下发了《国土资源部关于大庆至广州高速公路松原至双辽(吉蒙界)段解放至二莫段公路工程建设用地的批复》(国土资函〔2012〕670号)。

2)资金筹措

项目与大广高速公路松原(二莫)至双辽(吉蒙界)段和长深高速公路双辽(大岭)至金宝屯(吉辽界)段同步规划建设,其资金筹措具体情况见大广高速公路松原(二莫)至双辽(吉蒙界)段。

3)工程勘察设计

根据项目的计划安排,吉林省交通规划设计院于2008年4月开展了项目的前期准备工作,2008年4月21日至5月6日进行了全线GPS平面控制测量和四等水准高程控制测量,平面坐标采用1954年北京坐标系中央子午线124°45′的3度带坐标,高程采用1985国家高程基准。全线共布设GPS控制点30个,水准点29个。2008年6月26日至7月17日,设计单位对项目的5条路线方案进行了外业勘测和调查。2008年9月16日至17日,项目初勘工作通过了由吉林省交通厅组织的外业验收。由设计咨询单位对工程概况、地质勘查等进行现场检查,并提出了咨询意见。

项目初步设计进行期间,设计单位多次向吉林省交通厅进行项目勘查设计工作的中间汇报,就路线走向、特大桥设置及互通方案等重要问题初步达成了一致意见,并于2008年10月底完成初步设计文件的编制。2009年4月10日,项目通过了吉林省交通规划设计院总工办组织的施工图外业验收。2010年1月,项目通过了吉林省交通运输厅组织的施工图设计审查。

项目是对"安全、耐久、生态、和谐"建设新理念的一次较成功的实践,具体体现在:一是加大边坡坡率,实现以人为本的安全理念;二是完善景观设计,创造和谐自然的生态景观;三是贯彻长寿命路面结构理念,优化路面结构设计。

2. 项目实施

(1)招投标

项目施工单位及监理单位均采用公开招标方式确定,全线路基、路面工程划分为4个标段。根据工程进展情况对路基工程(含桥涵)、路面工程、交通工程、房建、机电等项目的施工单位分期分阶段进行公开招标。

(2)征地拆迁

按照吉林省政府的要求及根据工作需要,征地拆迁由地方政府负责。松原市成立了征地拆迁办公室,代表地方政府与吉林省高等级公路建设局分别签订了《征地拆迁承包责任书》,负责本地区的征地拆迁具体工作。在地方政府和交通部门的大力支持及协助下,征地拆迁工作得到了切实有效的落实,为工程建设的顺利实施创造了良好的外部环境。项目全线共征用土地3221亩。

(3)施工情况

项目全线施工过程中,各施工单位均能够按照合同要求认真组织工程施工,按期高质量完成了工程建设任务。在机构组成方面,各施工单位都能够按招标及合同约定,选派优秀的技术管理人员组建项目经理部,负责合同段的计划安排、生产调度、材料采购、价款结算等工作,并协调处理施工过程中出现的各种问题。

在质量安全管理方面,建立健全全面质量管理体系,认真开展全面质量管理活动。为切实开展好全面质量管理活动,保证工程质量目标的实现,各项目经理部成立以项目经理为首的全面质量管理小组。贯彻各级质量责任制,对全员进行全面质量管理的普及教育,将全面质量管理工作贯穿于工程的始终。

在施工进度控制方面,根据项目建设总体计划按年度分解,年度计划逐月分解,项目部根据整体进度计划目标,逐年下达年度计划,并将详细进度计划分解到月;工程技术部安排专职人员将月进度计划进一步细化,并逐项目督促落实,按月检查,动态管理,找出实际进度与计划的差距,分析进度滞后原因,采取补救措施,纠偏进度计划。实现进度管理计划—控制—分析—调整循环管理。

在文明施工方面,项目的施工过程注重生态环保,注重与地方政府和沿线居民和谐相处,注重展示交通建设队伍良好的精神风貌。驻地及施工场区注重整洁、卫生,少占地,完工后及时恢复;在主要构造物施工现场悬挂标语、条幅,展现施工队伍良好的形象;进入施工现场的职工必须佩戴表明身份、职务的胸卡;靠近居民区的施工场地,进行彩钢板隔离封闭,降低噪声和粉尘污染;施工便道及时洒水降尘,施工运料车辆做好封闭覆盖,减少对沿线居民生产生活的影响(图8-2-2、图8-2-3)。

图 8-2-2 施工现场(一)

图 8-2-3 施工现场(二)

(4) 监理情况

吉林省公路工程监理有限责任公司受吉林省高等级公路建设局委托,成立了项目总监理工程师办公室,与吉林省高等级公路建设局签订监理服务合同,全面负责项目总监办的施工监理工作。

按照服务合同要求,根据项目建设具体情况,项目实施总监办和驻地办的两级监理机构的管理体制。全线共设 1 个总监办,下辖 2 个驻地办。

在工程质量管理上,用源头把关、过程控制、环节验收的控制程序作为质量监理的基本思路,即严把材料进场关、缺陷处理关、开工审批关、施工控制关和阶段验收关。

在源头把关方面,把工程原材料质量、技术准备工作和资源的投入水平作为管理的重点。不合格材料坚决不准进场,进场材料不经检验合格不准使用。各施工单位投入的技术管理人员、机械设备不满足合同规定的强制性条件,不准开工。

在施工过程控制方面,要求现场监理人员对工程施工,特别是隐蔽工程的重点部位必须全过程旁站,死看死守,及时制止违规施工。

在环节验收方面,实行工序检验签证制和分项工程报验制。每道工序完成后,必须经驻地监理检验签证后方可进行下道工序施工。即施工工序间的转序工作由驻地监理完成。分项、分部、单位工程完工并经自检和监理抽检合格后报总监办及相关上级机构,按规定频率检验,合格后方可进行下一分项工程施工。对一些重要工序及关键部位,必须经总监办检验合格后方可进行下道工序施工。

(5) 工程建设特点

宁江松花江特大桥是吉林省第一座矮塔斜拉桥,全长 2236m,主桥桥梁宽度 26.5m,引桥采用上下行分离断面,半幅桥梁宽度 12.5m。主桥为 95m+3×150m+95m 的四塔单索面预应力混凝土矮塔斜拉桥,索塔为钢筋混凝土结构,主梁顶面以上高 23m,采用实心矩形截面,顺桥向长 4m,横桥向宽 2.1m,全桥共设 4×11 对斜拉索,斜拉索采用 ϕ15.20

的高强度低松弛环氧喷涂钢绞线,斜拉索穿过塔上索鞍对称锚固于梁体内。主桥主墩采用单薄壁式墩,主墩边墩采用柱式墩。其中11号桥墩与主梁固结,其他桥墩在梁墩之间采用支座。9号、10号、12号、13号、14号桥墩横桥向与主梁采用弹塑性阻尼装置连接。基础采用钻孔灌注桩基础,桩顶均设置承台与桥墩连接。主桥现浇箱梁采用挂篮悬臂现浇法施工。引桥起点侧为 $9 \times 40m$ 装配式预应力混凝土简支转连续T梁,终点侧为 $28 \times 40m$ 装配式预应力混凝土简支转连续T梁和 $30m + 48m + 30m$ 变截面预应力混凝土连续箱梁,简支转连续T梁形式为 $3 \times 40m$ 和 $4 \times 40m$ 一联;桥墩采用圆柱式墩,桥台采用肋板式桥台,基础均采用钻孔灌注桩。

基础钻孔桩施工中,宁江特大桥主桥钻孔桩直径为 2.5m,有效桩长为 71.2~83.5m,属大直径深孔钻孔灌注桩基础。由于地质情况复杂,需穿越细砂、中砂、粉砂、粉质黏土、进入强风化泥岩和弱风化泥岩,最长段需进入弱风化泥岩中 12m,细砂层多呈流沙状态,护壁不利极易塌孔;粉质黏土层软弱,包裹钻头,容易造成偏孔和夹钻;粉砂层为不稳定层,颗粒之间黏结力很差,呈松散状,极易塌方;泥岩硬度大,钻进困难,但浸水后呈松散状成块脱落,最大掉落块达 $1.8m \times 0.7m$,属易塌地层,钻孔施工控制难度大。根据地勘报告以及现场实际勘察,施工中选用施工速度快、精度高、功率大的旋挖钻机施工。施工过程中桩深度、垂直度、钻压、钻筒内装土容量等均可通过机身计算机控制。不但可自行行走,而且移机方便,不需要其他机械配合。旋挖桩机施工泥浆用量比较少,对周围环境的影响比较小,有利于环保。并且同条件下,由于旋挖桩机靠筒底角刃切土成孔,成孔后孔壁比较粗糙,成桩后桩体与土体的结合程度比较高,相对而言,单桩承载力要高。施工时埋设壁厚 12mm 超长护筒,打入深度不小于 2m,高度与钻孔平台持平,确保钻机施工时有足够的水头压力,同时避免水压过大造成护筒底部四周渗漏造成塌孔。钻孔过程中严格控制钻孔质量,尽量增大泥浆稠度,并根据不同地层调整钻进速度,有效避免了钻孔质量通病。同时采用钢筋滚轧直落纹连接技术缩短钢筋笼连接沉放就位施工时间,减少泥浆沉淀层厚度、预防坍孔缩孔等现象发生,有效地提高钻孔桩基础的施工质量。

主桥主墩承台施工中,由于主桥10号、11号、12号、13号墩均为水中墩,第二松花江水流湍急,且河床底部为河砂和淤泥层,因封底及下沉定位安装效果不理想,不宜钢套箱施工,因此采用钢板桩围堰来进行承台施工。由于河床底部砂层较厚,先利用搭设钻孔作业平台进行钢板桩定位施工,板桩单根宽40cm、厚17cm,板桩长度15m,采用振动锤、履带吊进行插打。围堰施工完毕后,拆除钻孔平台,采用大功率高压水泵清淤至设计高程,使用 C20 混凝土封底,之后进行主墩承台施工,确保了主桥承台的施工质量。

挂篮施工中,主梁采用单箱三室大悬臂变高度箱形截面结构,梁底为抛物线型。主墩墩顶处梁高 5.5m,边墩墩顶处、跨中处梁高 3.0m,索塔塔根至两侧梁体直线段之间梁底曲线按 1.8 次抛物线变化。箱梁顶宽 26.5m,单侧悬臂长 4.5m,跨中箱梁底宽 16.0m,支点箱梁底宽14.333m。箱梁外侧腹板采用斜腹板,厚度为50cm;内侧为直腹板,厚度为40cm;底板厚度在箱梁根部为80cm,渐变至跨中、边跨等高度梁段处25cm;边室顶板厚30cm,中室顶板厚度为50cm。主梁采用挂篮施工,0号段采用支架现浇法,前5个节段为无索节段,一共18个施工节段。大桥主桥一共分为5跨,先合龙中跨,再合龙两个次中跨,最后合龙边跨。主要工况为挂篮拼装、底模拼装与线性调整及挂篮承载力试验、挂篮施工技术、合龙段配重、张拉对高程调整、水上挂篮拆除等重难点问题。

3. 竣(交)工验收

(1)交工验收

2013年12月13日,吉林省高等级公路建设局组织相关部门,成立交工验收委员会,依据《公路工程竣(交)工验收办法》及《公路工程竣(交)工验收办法实施细则》要求,对铁科高速公路解放(松原)至二莫(松原)段进行交工验收。验收委员会认为,项目合同约定的各项内容已全部完成,各个检测项目均达到设计和相关规范要求,通过项目质量检测,内业资料已完善归档,认定为合格工程,工程质量评分96.72分,同意通过交工验收,即日起正式进入试运营。

(2)竣工验收

2015年12月,由吉林省交通运输厅组织,同大广高速公路松原(二莫)至双辽(吉蒙界)段一起完成竣工验收。

二、运营管理

(一)服务区及收费站设置

截至2016年底,铁科高速公路解放(松原)至二莫(松原)段没有设置服务区。

铁科高速公路解放(松原)至二莫(松原)段收费站设置情况见表8-2-5。

铁科高速公路解放(松原)至二莫(松原)段收费站情况表 表8-2-5

路 段 名 称	收费站名称
铁科高速公路解放(松原)至二莫(松原)段	宁江、松原大路

(二)信息化建设

截至2016年底,铁科高速公路解放(松原)至二莫(松原)段信息化设备设置情况见表8-2-6。

铁科高速公路解放(松原)至二莫(松原)段信息化设备设置情况表 表8-2-6

序号	设 施 名 称	数量
1	小型可变情报板	4
2	车辆检测器	5

续上表

序号	设施名称	数量
3	气象检测器	1
4	道路摄像机(含隧道)	2
5	收费广场摄像机	4
6	车道和亭内摄像机	24

（三）养护管理

截至2016年底，铁科高速公路解放(松原)至二莫(松原)段养护情况见表8-2-7。

铁科高速公路解放(松原)至二莫(松原)段养护管理情况表　　　表8-2-7

养护工区(个)	管理人员(人)	小修队(人)	养护工区明细
0	3	10	松原分局

第三节　鹤岗至大连高速公路(G11)吉林段

鹤岗至大连高速公路(G11，以下简称"鹤大高速公路")是《国家公路网规划(2013—2030年)》的"71118"高速公路网中11条北南纵线的第一纵，同时也是吉林省"五四三二一"高速公路网总体布局中"五纵"的第一纵。鹤大高速公路纵贯黑龙江、吉林、辽宁三省，为黑龙江省及吉林省开辟了一条通边达海的南北战略通道，扩大了丹东港、大连港的影响区域；是东北三省区域内外联系的主动脉，主要承担区域间及省际的中长距离运输。项目的建设对于加快融入"一带一路"建设，贯彻落实国家振兴东北老工业基地战略部署，巩固国防，维护边疆稳定，加快长吉图地区开发开放进程，促进沿线地区资源开发和经济社会协调发展，带动旅游开发及对外贸易，进一步提升交通运输基础设施供给能力和交通运输服务保障能力均具有重要意义。

鹤大高速公路（图8-3-1、图8-3-2）是交通运输部的"双示范工程"（即"交通部资源节约循环利用科技示范工程"和"绿色循环低碳公路主题性示范工程"），工程从始至终贯彻了"创新、协调、绿色、开放、共享"的发展理念，也是《吉林省东部绿色转型发展区总体规划》"落地"项目，打造了一条吉林省东部"以路连景、以景促业"的多功能大通道。

鹤大高速公路吉林省境内段起自敦化市小沟岭（吉黑界），经雁鸣湖镇、官地镇、敦化市、贤儒镇、大蒲柴河镇、沿江乡、露水河镇、北岗镇、万良镇、抚松县、花园口镇、靖宇县、江源区、兴林镇、光华镇、二密镇、通化县、大泉源乡，止于新开岭（吉辽界），全长427km。因建设时序不同，共划分为四个段落，分别为敦化（吉黑界）至抚松段、抚松至靖宇段、靖宇至通化段、通化至新开岭（吉辽界）段。

图8-3-1 鹤大高速公路路段实景(一)

图8-3-2 鹤大高速公路路段实景(二)

鹤大高速公路敦化(吉黑界)至抚松段于2014年4月开工,2016年10月建成通车,里程232km,投资165.70亿元(概算)。

鹤大高速公路抚松至靖宇段于2008年8月开工,2015年9月建成通车,里程36km,投资26.86亿元(概算),同长春至长白高速公路共同建设,具体情况见第八章第十二节。

鹤大高速公路靖宇至通化段于2014年4月开工,2016年10月建成通车,里程107km,投资84.60亿元(概算)。

鹤大高速公路通化至新开岭(吉辽界)段于2008年11月开工,2011年9月建成通车,里程52km,投资30.31亿元(决算)。

项目详细情况见下文,基础信息见表8-3-1。

鹤大高速公路(吉林段)基础信息表 表8-3-1

序号	编号	项目名称	规模(km)				建设性质	设计速度(km/h)	永久占地(亩)	投资情况(亿元)				建设时间(开工~通车)	共线路段		备注
			合计	八车道	六车道	四车道				估算	概算	决算	资金来源		里程	编号	
1	G1	鹤大高速公路敦化(吉黑界)至抚松段	232			232	新建	80	13437	150.7	165.70		中央补贴、地方自筹、银行贷款	2014.4~2016.10			
2		鹤大高速公路抚松至靖宇段	36			36	新建	80	4183	27.12	26.86		中央补贴、地方自筹、银行贷款	2008.8~2015.9			
3		鹤大高速公路靖宇至通化段	107			107	新建	80	10451	77.50	84.60		中央补贴、地方自筹、银行贷款	2014.4~2016.10			
4		鹤大高速公路通化至新开岭(吉辽界)段	52		5	47	新建	80	4851	31.08	31.17	30.31	中央补贴、地方自筹、银行贷款	2008.11~2011.9			

第八章 高速公路项目建设情况

一、鹤大高速公路敦化(吉黑界)至抚松段

(一)概述

1. 基本情况

(1)主要控制点

敦化市小沟岭(吉黑界)、雁鸣湖镇、官地镇、敦化市、贤儒镇、大蒲柴河镇、沿江乡、露水河镇、北岗镇、万良镇、抚松县。

(2)建设时间

2014年4月开工建设,2016年10月建成通车。

(3)地形地貌

走廊带地形属微丘及低山丘陵区,路线所经地区沟谷发育,河谷及台地多为旱田及水田,山地多为天然次生林及人工林。

(4)技术标准

设计速度为80km/h,双向四车道;路基宽度为24.5m;桥涵设计荷载为公路—Ⅰ级,设计洪水频率1/100;沥青混凝土路面。

(5)建设规模

建设里程232km,全线设特大桥2座,大桥58座,中桥21座,小桥4座,涵洞297道,隧道9座,互通式立体交叉11处,分离式立体交叉19处,天桥23座,通道105处;设收费站11处,服务区5处,管理处及养护工区4处,隧道管理站7处,隧道变电所9处。

鹤大高速公路敦化(吉黑界)至抚松段见图8-3-3。项目主要桥梁、隧道及路面信息具体见表8-3-2~表8-3-4。

图8-3-3 鹤大高速公路敦化(吉黑界)至抚松段

(6)投资规模

概算金额165.70亿元。

鹤大高速公路敦化(吉黑界)至抚松段主要桥梁信息表

表 8-3-2

序号	类型	名 称	桥梁长度(m)	主跨长度(m)	跨越障碍物	桥 梁 结 构
1	特大桥	富尔河特大桥	1408	40	河流	混凝土连续箱梁
2		二道松花江特大桥	1260	120	河流	混凝土连续箱梁
3		小沟高架	764	30	沟谷	预应力钢筋混凝土连续箱梁
4		大沟高架桥	674	30	沟谷	混凝土箱形梁
5		滴答咀1号大桥	182	25	沟谷	混凝土连续箱梁
6		滴答咀2号大桥	157	25	沟谷	混凝土连续箱梁
7		三道沟大桥	106	20	沟谷	混凝土连续箱梁
8		官地河大桥	132	25	沟谷	混凝土连续箱梁
9		官地北大桥	106	20	沟谷	混凝土连续箱梁
10		沙河大桥	517	30	河流	混凝土连续箱梁
11		后红石高架桥	307	30	道路、铁路	混凝土连续箱梁
12		红石牡丹江大桥	529	40	河流	混凝土连续箱梁
13		黄泥河大桥	328	40	河流	混凝土连续T梁
14		小石河大桥	257	25	沟谷	混凝土连续箱梁
15		大石河大桥	246	20	沟谷	混凝土连续箱梁
16		西黄泥河大桥	126	20	道路、铁路	混凝土连续箱梁
17		牡丹江大桥	277	30	河流	混凝土连续箱梁
18		光明大桥	132	25	沟谷	混凝土连续箱梁
19		驼道沟大桥	337	30	沟谷	混凝土连续箱梁
20	大桥	松江林场1号大桥	307	30	沟谷	混凝土连续箱梁
21		松江林场2号大桥	247	30	沟谷	混凝土连续箱梁
22		松江林场3号大桥	277	30	沟谷	混凝土连续箱梁
23		松江林场4号大桥	632	25	沟谷	混凝土连续箱梁
24		松江林场高架	157	25	道路、铁路	混凝土连续箱梁
25		松江林场5号大桥	732	25	沟谷	混凝土连续箱梁
26		松江林场6号大桥	582	25	沟谷	混凝土连续箱梁
27		松江林场7号大桥	482	25	沟谷	混凝土连续箱梁
28		浪柴河大桥	697	30	沟谷	混凝土连续箱梁
29		松江河村大桥	307	30	沟谷	混凝土连续箱梁
30		白水滩1号大桥	207	25	沟谷	混凝土连续箱梁
31		白水滩2号大桥	182	25	沟谷	混凝土连续箱梁
32		白水滩3号大桥	257	25	沟谷	混凝土连续箱梁
33		白水滩4号大桥	457	25	沟谷	混凝土连续箱梁
34		白水滩5号大桥	482	25	沟谷	混凝土连续箱梁
35		白水滩6号大桥	457	25	沟谷	混凝土连续箱梁
36		头道岭1号大桥	757	25	沟谷	混凝土连续箱梁
37		头道岭2号大桥	232	25	沟谷	混凝土连续箱梁

第八章
高速公路项目建设情况

续上表

序号	类型	名　　称	桥梁长度(m)	主跨长度(m)	跨越障碍物	桥　梁　结　构
38	大桥	二道岭1号大桥	217	30	道路、铁路	预应力钢筋混凝土箱形梁
39		二道岭2号大桥	328	40	沟谷	预应力钢筋混凝土T梁
40		二道岭3号大桥	337	30	道路、铁路	预应力钢筋混凝土箱形梁
41		二道岭4号大桥	397	30	道路、铁路	预应力钢筋混凝土箱形梁
42		二道岭5号大桥	568	40	河流	预应力钢筋混凝土T梁
43		二道岭6号大桥	307	30	道路、铁路	预应力钢筋混凝土箱形梁
44		二道岭7号大桥	337	30	道路、铁路	预应力钢筋混凝土箱形梁
45		二道岭8号大桥	182	25	沟谷	预应力钢筋混凝土连续箱梁
46		青岭岗大桥	532	25	沟谷	预应力钢筋混凝土连续箱梁
47		砬子河村大桥	532	25	沟谷	预应力钢筋混凝土连续箱梁
48		三道砬子河大桥	332	25	河流	预应力钢筋混凝土连续箱梁
49		二道砬子河大桥	447	40	河流	预应力钢筋混凝土连续T梁
50		头道砬子河大桥	407	25	道路、铁路	预应力钢筋混凝土箱形梁
51		明水村大桥	432	25	沟谷	预应力钢筋混凝土连续箱梁
52		河东村大桥	727	30	沟谷	预应力钢筋混凝土连续箱梁
53		万良镇大桥	427	30	沟谷	预应力钢筋混凝土连续箱梁
54		仁义村大桥	367	30	道路、铁路	预应力钢筋混凝土空心板梁
55		苇芦村大桥	697	30	沟谷	预应力钢筋混凝土连续箱梁
56		六品叶沟大桥	487	30	沟谷	预应力钢筋混凝土连续箱梁
57		荒沟门大桥	307	25	沟谷	预应力钢筋混凝土连续箱梁
58		荒沟门头道松花江大桥	637	30	河流	预应力钢筋混凝土连续箱梁
59		高丽城子头道松花江大桥	667	30	河流	预应力钢筋混凝土连续箱梁
60		抚生村头道松花江大桥	697	30	河流	预应力钢筋混凝土连续箱梁
61	中桥	中桥	80	20	道路、铁路	混凝土连续箱梁
62			84	20	道路、铁路	混凝土箱形梁
63		荒沟中桥	80	20	沟谷	混凝土箱形梁
64		干沟中桥	66	20	道路、铁路	混凝土箱形梁
65		马鹿沟中桥	66	20	沟谷	混凝土连续箱梁
66		官地河1号中桥	66	20	沟谷	混凝土连续箱梁
67		官地河2号中桥	66	20	沟谷	混凝土连续箱梁
68		惠民中桥	53	16	沟谷	混凝土空心板梁
69		中桥	53	16	沟谷	混凝土连续箱梁
70			86	20	沟谷	混凝土连续箱梁
71			53	16	道路、铁路	混凝土空心板梁
72			66	20	沟谷	混凝土连续箱梁
73			64	20	沟谷	混凝土连续箱梁
74			62	25	沟谷	混凝土连续箱梁
75		腰甸子中桥	66	20	沟谷	混凝土连续箱梁

续上表

序号	类型	名称	桥梁长度(m)	主跨长度(m)	跨越障碍物	桥梁结构
76	中桥	白水滩中桥	82	25	沟谷	混凝土连续箱梁
77		西北岔中桥	44	13	道路、铁路	预应力钢筋混凝土空心板梁
78		天桥沟中桥	44	13	沟谷	预应力钢筋混凝土空心板梁
79		青岗岭1号中桥	44	13	沟谷	预应力钢筋混凝土空心板梁
80		青岗岭2号中桥	44	13	沟谷	预应力钢筋混凝土空心板梁
81		青岗岭3号中桥	44	13	道路、铁路	预应力钢筋混凝土箱形梁

鹤大高速公路敦化(吉黑界)至抚松段隧道信息表　　　　表8-3-3

序号	类型	名称	隧道全长(m)	洞门形式	隧道分类	
					按地质条件划分	按所在区域划分
1	长隧道	小沟岭隧道(右)	1165	削竹式、削竹式	石质隧道	山岭隧道
2		小沟岭隧道(左)	1140	削竹式、削竹式	石质隧道	山岭隧道
3		荒沟隧道(右)	1547	削竹式、削竹式	石质隧道	山岭隧道
4		荒沟隧道(左)	1510	削竹式、削竹式	石质隧道	山岭隧道
5		马鹿沟隧道(右)	1389	削竹式、削竹式	石质隧道	山岭隧道
6		马鹿沟隧道(左)	1362	削竹式、削竹式	石质隧道	山岭隧道
7		柞木台隧道(右)	2910	端墙式、端墙式	石质隧道	山岭隧道
8		柞木台隧道(左)	2970	端墙式、端墙式	石质隧道	山岭隧道
9		大蒲柴河隧道(右)	2275	削竹式、削竹式	石质隧道	山岭隧道
10		大蒲柴河隧道(左)	2250	削竹式、削竹式	石质隧道	山岭隧道
11		白水滩隧道(右)	2325	削竹式、削竹式	石质隧道	山岭隧道
12		白水滩隧道(左)	2370	削竹式、削竹式	石质隧道	山岭隧道
13		后崴子隧道(右)	1777	削竹式、削竹式	石质隧道	山岭隧道
14		后崴子隧道(左)	1752	削竹式、削竹式	石质隧道	山岭隧道
15		二道岭隧道(右)	821	削竹式、削竹式	石质隧道	山岭隧道
16		二道岭隧道(左)	810	削竹式、削竹式	石质隧道	山岭隧道
17		荒沟门隧道(右)	638	端墙式、端墙式	石质隧道	山岭隧道
18		荒沟门隧道(左)	654	端墙式、端墙式	石质隧道	山岭隧道

鹤大高速公路敦化(吉黑界)至抚松段路面信息表　　　　表8-3-4

路面类型	起讫里程	长度(km)	路面结构
沥青路面	K526+000~K758+000	232	上面层:4cm沥青玛蹄脂碎石混合料 下面层:6cm中粒式沥青混凝土 柔性基层上基层:8cm沥青碎石

注:起讫里程来源于《全国道路网调整后里程桩号传递表》。

2. 参建单位

(1)项目建设管理单位

项目的建设管理单位是吉林省高等级公路建设局。

(2)勘察设计单位

项目的勘察设计任务由吉林省交通规划设计院、中交第一公路勘察设计研究院有限公司、吉林省交通科学研究所、中交公路规划设计院有限公司、交通运输部科学研究院以及吉林省建苑设计集团有限公司共同完成。

总体设计单位是吉林省交通规划设计院,其中主体工程设计由吉林省交通规划设计院、中交第一公路勘察设计研究院有限公司、吉林省交通科学研究所以及中交公路规划设计院有限公司完成;环境保护景观设计由交通运输部科学研究院完成;房建工程设计由吉林省建苑设计集团有限公司完成。

(3)施工单位

项目的主体工程施工由中国交通建设集团股份有限公司、中交路桥建设有限公司以及中交一航局有限公司完成;房建工程施工由吉林省盛鑫建筑工程有限公司等9家单位完成;交通工程和机电工程施工由烟台市诚信交通设施有限公司等18家单位完成。

(4)监理单位

项目主体工程的监理任务由吉林省公路工程监理有限公司等14家公司承担,房建工程监理任务由吉林省华城建设工程监理有限责任公司以及北京铁研建设监理有限责任公司承担。

项目参建单位信息具体见表8-3-5。

(二)建设情况

1. 前期准备

1)项目审批

(1)立项审批

2012年,国家发展和改革委员会下发了《关于吉林省小沟岭(吉黑界)至抚松公路可行性研究报告的批复》(发改基础〔2012〕3053号)。

(2)设计审批

①2013年,交通运输部下发了《吉林省小沟岭(吉黑界)至抚松公路初步设计的批复》(交公路发〔2013〕291号);

②2013年,吉林省交通运输厅下发了《关于鹤岗至大连高速公路小沟岭至抚松段两阶段施工图设计的批复》(吉交审批函〔2013〕10号);

③2015年,吉林省交通运输厅下发了《关于鹤岗至大连高速公路小沟岭至抚松段房建工程施工图设计的批复》(吉交函〔2015〕336号);

④2015年,吉林省交通运输厅下发了《关于鹤岗至大连高速公路小沟岭至抚松段机电工程施工图设计的批复》(吉交函〔2015〕382号)。

鹤大高速公路敦化(吉黑界)至抚松段参建单位一览表

表 8-3-5

序号	参建单位	单位名称	合同编号及起止桩号	主要负责人	备注
1	项目管理单位	吉林省高等级公路建设局		张广庆 崔威武	
2	勘察设计单位	吉林省交通规划设计院	A、B 合同段	杨 光	主体工程
3		中交第一公路勘察设计研究院有限公司	C 合同段	胡 炜	主体工程
4		中交公路规划设计院有限公司	C 合同段	孙福申	主体工程
5		交通运输部科学研究院	D 合同段	高巨田	主体工程
6		吉林省建苑设计集团有限公司			环保景观
7	施工单位		房建工程		房建
8		中国交通建设集团有限公司 (中交路桥建设有限公司、中交一航局有限公司)	ZT01-ZT11:K521+547.965~K753+649		主体工程
9		吉林省盛鑫建筑工程有限公司	HDFJ01:西沟主线收费站;小沟隧道入口变电所;荒沟岭隧道入口管理站及变电所;荒沟岭隧道出口变电所;雁鸣湖服务区		房建
10		沈阳山盟建设集团有限公司	HDFJ02:雁鸣湖收费站;马鹿沟隧道入口变电所;马鹿沟隧道出口管理处;营地管理处、收费站及养护工区		房建
11		吉林弘安建筑工程集团有限公司	HDFJ03:红石服务区		房建
12		保定广源建筑工程有限公司	HDFJ04:敦化南(永发)服务区;柞木台隧道入口变电所;柞木台隧道入口管理站;大浦柴河收费站		房建
13		中铁七局集团有限公司	HDFJ05:沿江管理处、收费站及养护工区;二道岭隧道出口变电所;露水河收费站;白水滩隧道入口变电所		房建,机电
14		黑龙江省建安公路工程有限公司	HDFJ06:泉阳管理处;后崴子隧道入口变电所;抚松北收费站;后崴子隧道出口管理处、收费站及养护工区	于永庆	房建,机电
15		城开建设集团有限公司	HDFJ07:敦化西收费站;贤崎管理处;荒沟门隧道出口变电所	耿明久	房建

第八章 高速公路项目建设情况

续上表

序号	参建单位	单位名称	合同编号及起止桩号	主要负责人	备注
16	施工单位	长春市宏达市政工程有限责任公司	HDFJ08:大蒲柴河隧道管理站;大蒲柴河隧道出口变电所;四湖服务区	魏景瑞	房建
17		中铁十五局集团有限公司	HDFJ09:抚松(北岗)服务区	衣本威	房建
18		烟台市诚信交通设施有限公司	HDJT01:K521+547.965~K558+000	王秀明	交通工程
19		淄博顺达交通设施工程有限公司	HDJT02:K558+000~K581+000	李尧	交通工程
20		湖南环达公路桥梁建设总公司	HDJT03:K581+000~K610+000	江小良	交通工程
21		湖南天弘交通建设工程有限公司	HDJT04:K610+000~K651+092.268	刘奉江	交通工程
22		江苏长城交通设施设备有限公司	HDJT05:K651+092~KK712+521.562	范启宏	交通工程
23		浙江久久交通设施有限公司	HDJT06:K711+000~K753+649	尤国成	交通工程
24		黑龙江农垦建工路桥有限公司	HDGJ02:K652+460~K753+649	唐玉国	管道基础
25		天津市高速公路科技发展有限公司	HDJD02:K535+000~K581+000	马德军	机电
26		科润智能科技股份有限公司	HDJD03:K581+000~K651+092.268	王天宇	机电
27		四川晴宇交通科技有限公司	HDJD04:K652+460~K712+521.562	印乃宁	机电
28		兰州朗青交通科技有限公司	HDJD05:K711+000~K753+649	唱鹤松	机电
29		中铁十二局集团电气化工程有限公司	HDJD06:K521+547.965~K581+000	赵连钧	机电
30		江西方兴科技有限公司	HDJD07:K581+000~K651+092.268	王德虎	机电
31		江苏智运科技发展有限公司	HDJD08:K652+460~K712+521.562	徐淼	机电
32		深圳市中航装饰设计工程有限公司	HDJD09:K711+000~K753+649	贾长龙	机电
33		四川天府消防工程有限公司	HDJD10:K521+547.965~K651+092.268	丁跃伟	机电
34		四川高路交通信息工程有限公司、厦门格绿能光电股份有限公司(联合体成员)	HDJD11:K652+460~K753+649	王珂	机电
35			HDJD12:K521+547.965~K753+649	郭树奎 王宇	机电

吉 林

续上表

序号	参建单位	单位名称	合同编号及起止桩号	主要负责人	备注
36		吉林省公路工程监理有限公司	HDZJ01:K521+547.965~K581+000	陶冶玉	总监
37		吉林省康桥交通建设监理有限公司	HDZJ03:K652+460~K712+521.562	赵国良	总监
38		吉林省计维建设监理有限公司	HDZJ02:K581+000~K651+092.268	郄宝君	总监
39		长春市公路工程监理咨询有限公司	HDZJ04:K711+000~K753+649	王东雷	总监
40		吉林省通达公路工程监理有限责任公司	HDJ04:K581+000~K610+000	刘冰林	驻地监理
41		吉林省公路工程监理事务所	HDJ01:K521+547.965~K535+000	王 锐	驻地监理
42	监理单位	辽宁驰通公路工程监理事务所	HDJ03:K558+000~K581+000	张 勤	驻地监理
43		四平市盛博公路工程咨询有限公司	HDJ02:K535+000~K558+000	李国峰	驻地监理
44		吉林省金泉公路工程咨询监理有限责任公司	HDJ05:K610+000~K632+700	韩家广	驻地监理
45		吉林省中维交通建设监理咨询有限公司	HDJ06:K632+700~K651+092.268	郄雁翔	驻地监理
46		山西交科公路工程咨询监理有限公司	HDJ07:K652+460~K673+000	王 强	驻地监理
47		北京华通公路桥梁监理咨询有限公司	HDJ08:K673+000~K691+000	李 君	驻地监理
48		吉林市万丰公路工程监理有限公司	HDJ09:K691+000~K712+521.562	公祥东	驻地监理
49		山东省交通工程监理咨询有限公司	HDJ10:K711+000~K734+600	郄 祥	驻地监理
50		吉林省华城建设工程监理有限责任公司	HDFJJ01:K521+547.965~K651+092.268	孙 强	房建监理
51		北京铁研建设监理有限公司	HDFJJ02:K652+460~K753+649	梁冠生	房建监理

注：信息来源于竣工验收文件及建设管理单位。

(3) 其他审批

①2014 年,国土资源部下发了《关于鹤岗至大连高速公路小沟岭至抚松段工程建设用地的批复》(国土资函〔2014〕752 号);

②2010 年,环境保护部下发了《关于鹤岗至大连高速公路小沟岭至抚松段环境影响报告书的批复》(环审〔2010〕363 号);

③2012 年,国家发改委下发了《关于鹤岗至大连高速公路小沟岭至抚松段项目节能评估报告的审查意见》(发改办环资〔2012〕979 号)。

2) 资金筹措

鹤大高速公路敦化(吉黑界)至抚松段概算金额为 165.70 亿元,项目资金来源为中央投资、地方自筹和银行贷款。

3) 工程勘察设计

吉林省交通规划设计院作为总体设计单位,协同中交第一公路勘察设计研究院有限公司等五家公司历时三年艰苦奋战,共同完成了鹤大高速公路敦化(吉黑界)至抚松段的设计任务。

鹤大高速公路在吉林境内穿越长白山腹地,地处季节性冰冻地区,是交通运输部首个以"资源节约、循环利用"为主题的交通科技示范工程,是吉林省"十二五"建设项目中地形最复杂、桥隧比最高、工程造价最高的高速公路。鹤大高速公路敦化(吉黑界)至抚松段作为鹤大高速公路的重要组成部分,途经的长白山区是中国生态环境最原始、最自然的保护区之一,多彩的自然景观和脆弱的生态环境是该区的典型特征。

设计单位本着"不破坏就是最大保护"的原则,将景观设计贯穿于路线选线的始终,充分把握公路自身景观及借用沿线自然和人文景观,认真落实新理念,反复推敲论证工程方案、技术方案和施工方案。路线的布设充分利用地形、地貌,考虑沿线的实际情况,合理运用标准;妥善处理公路建设与林业、工业、农业的关系,尽量绕避地质不良段,减少对沿线村镇的干扰及拆迁数量,最大限度地保护耕地。项目的桥涵比例较大,因项目所处野外的自然条件恶劣,所经地带地貌类型比较复杂,降水量分配不均,易形成径流或洪水,设计单位在进行景观设计的同时,在工程安全和自然环境保护方面也做了大量工作,确保项目的顺利实施。

按照项目法人要求,吉林省交通规划设计院在项目开工后成立专业技术全面的设计代表组,由院领导专门负责后期服务工作,分院院长担任组长,设计负责人、现场设计代表及业内设计人员组成。施工过程中,设计代表常驻工地现场,及时解决施工中遇到的技术问题,完善设计,确保项目顺利施工。

2. 项目实施

(1) 招投标

为解决先期建设资金不足、施工难度大、技术复杂等问题,项目法人借鉴吉林省鹤大高速公路通化至新开岭（吉辽界）段项目缓解建设资金不足的成功经验，主体工程施工单位的选择采用公开招标的方式，优选国内资质等级高、信誉优良、资金垫付能力强的大型企业。房建、机电和交通安全设施施工单位及全线监理单位按以往模式公开招标选择。

（2）征地拆迁

全线共征用土地13437亩，拆迁建筑物11.8万m^2，拆迁电力通信1239处。按照吉林省政府相关规定，征地拆迁工作由地方政府负责。吉林省高等级公路建设局与白山市、敦化市政府签订了《征地拆迁承包责任书》，由地方政府成立征地拆迁办公室，负责本地区的征地拆迁具体工作。在地方政府和交通部门的大力支持及协助下，征地拆迁工作得到了切实有效的落实，及时提供了建设用地，为工程建设的顺利实施创造了良好的外部环境。

（3）施工情况

项目于2014年4月正式开工建设，合同工期1003天，由于东北地区冬季气候严寒，实际可利用的有效作业时间仅为18个月，建设者在紧张的工期安排下，高质高效地完成了建设任务，于2016年10月完工。

项目采用施工总承包模式管理，根据合同约定和项目建设特点，采用两级管理。第一级由中国交通建设股份有限公司成立鹤大高速公路项目总部，代表中交建行使管理责任，总部设7个部门，即工程管理部、技术质量部、安全环保部、计划统计部、物资统购部、财务部、综合管理部；第二级根据全线划分的11个标段，分别设立了项目经理部，负责标段内的安全、质量、进度、成本管理，履行合同约定的责任。

在质量控制方面，在开工之初即确定了创国优的目标。施工中建立并不断完善质量保证体系，做到"三全一高"，即建立全方位的质量管理体系，健全全系统的质量管理制度，实施全过程的质量监控，推行高标准质量管理，对各质量要素进行全面控制，以推动质量保证体系的正常运转。过程中不断开展质量通病防治工作，根据工程特点，印发隧道、桥梁、路基工程质量通病防治手册，开展了质量通病防治工作，采用宣传图板形式进行宣贯，开展QC攻关活动，优化施工工艺，取得了良好的效果。

在进度控制方面，由于东北冬季气候严寒，合同工期33个月，实际可利用的有效作业时间仅18个月。建设中本着"精心组织、科学施工、严格管理"的原则，不断优化施工组织，确定2项全线控制性工程、12项标段控制性工程，实施分级管理，合理安排各阶段、各工种、各工序的施工，使每项工作保持施工过程连续性、协调性和均衡性。定期进行计划执行情况跟踪检查，发现问题，找原因，快落实，及时纠偏，并设置激励约束考核机制，适时开展劳动竞赛、百日大干、青年突击队等攻坚活动，最大限度地调动职工的积极性，加快施工进度。

在安全生产控制方面，本着"预防为主、安全第一"的原则，认真制定各项安全管理制度,建立健全管理保障体系,配置专职安全员,落实安全生产责任制,组织专题培训和教育,制定危大工程(隧道、特大桥、高墩、跨路、水上工程等)及安全风险评估制度,定期组织安全生产自检,强化现场安全值班制度和安全保护措施,严格执行安全操作规程。

在环保控制方面,对环保和水保等重要环境因素进行认真识别,制定环保水保施工管理方案,逐级签订责任书,责任落实到人。建设中始终本着"不破坏就是最大的保护"的原则,坚持最大限度地保护、最低程度地破坏、最大可能地恢复,使工程建设顺应自然、融入自然,通过人工恢复的手段加快生态恢复。一是对施工现场和运输便道等易产生粉尘的地段定时洒水降尘,对拉料车苫盖,勤洗施工机械车辆,使粉尘产生的危害减至最小。二是严格限制施工人员和施工机械的活动范围,尽可能缩小作业带宽度。三是施工结束后,及时清理现场,使之尽快恢复原状,将施工对生态环境的影响降到最低程度。四是按照土地复耕有关规定,对施工车辆、机械破坏的地方道路及时修复,对所有临时用地搞好复耕、绿化工作,恢复自然原貌。表土清理采用集中收集堆放,减少占地面积,用于中央分隔带及路基边坡绿化,最大限度地实现了黑土资源的再利用,使公路工程建设与当地生态环境真正融合。

在"四新"应用方面,在总结以往施工经验的基础上,结合目前公路建设先进工法,根据吉林省交通运输厅和项目法人有关要求,应用了碎石桩与小孔径波纹管增强湿地水系连通等5项新技术,火山灰作胶凝材料等3项新材料,大厚度整体成型水稳基层工艺等5项新工艺,静压植桩机打设钢板桩防护基坑等8项新设备。施工期间共征集论文120篇,在国家级核心期刊《公路》杂志发表论文66篇,申请专利16项,已获国家批准4项;开展的科研课题共24项,获公路行业协会"公路工程科技创新成果"1项;工法立项共25项,开展QC质量活动共33项,获得国家级奖励3项,省级奖励1项,局级奖励5项。同时不断加强管理创新力度,在路面施工中不断完善物资管理系统,堵塞材料进出环节漏洞,降低生产成本;隧道施工中应用智能化视频监控系统;施工期间用电采用永临结合,实现节地、节能、节材效果;提升环保理念,充分利用隧道弃渣作为路基填筑、碎石加工,生态砌块加工、基坑换填等基础性材料,总利用率达85%。

在"双示范"工作中,施工单位认真学习研究季冻区施工特点,加强宣贯学习,积极推动"双示范"项目的实施。结合具体课题项目,遵循"全方位、全过程、全员参与"的"三全"原则,精细组织,提升管理,将绿色循环低碳发展理念贯穿整个项目管理过程中,重点做好路面工程、长大隧道、特大桥技术质量管理,积极开展科技创新活动。三年来共开展了科技示范工程项目13项,开展了"绿色低碳公路主题示范项目"19项。

经过三年的辛勤劳作,高标准、高质量地实现了"生态路、景观路、环保路、安全路、廉洁路"的建设目标,同时完成了交通运输部"双示范"工程的建设任务。本项目成为交通运输部倡导实践"绿色公路"理念的先行者,并于2016年7月22日通过了中建协对项目的"绿色施工"示范工程检查,并在北京授牌。

(4)监理情况

项目的监理工作采用总监办、驻地办二级监理模式,全线共设4个总监理办公室和13个驻地监理办,监理总人数达307人,平均每公里1.2人,满足交通运输部规定。项目实施过程中,加强和规范监理队伍自身管理和建设工作,严格执行监理工作的十六字方针,加强事前事中监理管理,实现单位工程优良率达为100%,建设项目质量评分为99分,建设项目质量等级为优良的建设目标。

在质量监理方面,一是加强源头把关控制,把工程原材料质量、技术准备工作和资源的投入水平作为管理的重点,进场材料不经检验合格不准使用,投入资源不满足合同强制性条件不准开工。二是重点强化过程控制,规定详细的旁站和巡视项目,特别是对隐蔽工程的重点部位全过程旁站,及时纠正违规施工行为,并通过定期检查和不定期巡查,随时解决和处理质量问题,对违约行为按合同要求进行处罚,对不合格工程要求返工处理。三是重视中间环节验收,实行工序检验签证制和分项工程报验制。每道工序完成后,必须经驻地监理检验签证后方可进行下道工序施工,分项、分部、单位工程及重要工序及关键部位,经驻地监理抽检合格后报总监办抽验,满足要求后方可进行下一分项工程施工。

在进度监理方面,依据项目法人下达的各年度进度计划,逐月分解,制定并严格控制关键线路的阶段目标,过程中跟踪检查计划完成情况,建立日报制度,及时提出影响进度的因素和解决的办法,做好技术服务和技术调研工作。

在安全监理方面,强化安全意识和安全管理,在审查施工方案或有关专项技术措施时突出"安全第一"的方针,在巡视检查和旁站时要求施工单位及时采取有效措施消除隐患,达到预防的目的。过程中,形成一个监理企业内部各级都重视监理安全责任、人人认识监理安全责任、事事落实监理安全责任的安全管理氛围,积极落实安全生产法、安全生产管理条例等法律法规。同时开展监理内部安全教育,建立健全监理考核制度,强化安全责任。

在环保监理方面,一是建立环保组织机构,制订环保监理实施方案,配备了环保监理工程师,明确专人负责隧道弃渣、耕地和植被保护、边坡稳定治理等重点环保控制点。二是施工过程中,严格按照"先治理再开挖、先支挡再堆放、先拦坝再倒渣"要求,对线外排水系统进行现场调查处理,确保农田水系畅通。三是会同项目法人开展专项检查,督促施工单位各项环境保护、水土保持措施落实到位,各项污染物达标排放。

3.竣(交)工验收

2016年10月22日,吉林省高等级公路建设局邀请公安交警、安全生产监督管理等有关单位组成验收组,对项目进行了现场验收,交工验收委员会经检查和审议认为:项目工程质量达到国家有关规范标准;竣工文件编制规范,篇章齐全,内容完整,符合归档要求;根据交通运输部《公路工程竣(交)工验收办法》《公路工程质量检验评定标准》进行的质量检验评定结果真实可靠,各项检验评定指标符合国家规范规定,工程质量评分为 97.98 分;现场检查未发现影响运营安全的工程缺陷,同意通过交工验收。

二、鹤大高速公路靖宇至通化段

(一)概述

1. 基本情况

(1)主要控制点

靖宇县、江源区、回头沟村、兴林镇、光华镇、二密镇(通化)。

(2)建设时间

2014 年 4 月开工建设,2016 年 10 月建成通车。

(3)地形地貌

长白山西南麓支脉岗山岭山区,属中山—中低山地貌。山体总体北西走向,沿途跨越火山熔岩台地、中低山和山间河谷平原。

(4)技术标准

设计速度为 80km/h,双向四车道;路基宽度为 24.5m;桥涵设计荷载为公路—Ⅰ级,特大桥设计洪水频率 1/300,大、中、小桥、涵洞及路基设计洪水频率 1/100;沥青混凝土路面。

(5)建设规模

建设里程 107km,全线设特大桥 2 座,大桥 15 座,中桥 22 座,小桥 2 座,涵洞 184 道,隧道 9 座,互通式立体交叉 3 处,分离式立体交叉 4 处,天桥 7 座,通道 51 处;设收费站 3 处,服务区 2 处,管理处 1 处,养护工区 1 处,隧道管理站 3 处,隧道变电所 14 处。

鹤大高速公路靖宇至通化段见图 8-3-4。项目主要桥梁、隧道及路面信息具体见表 8-3-6~表 8-3-8。

图 8-3-4 鹤大高速公路靖宇至通化段

鹤大高速公路靖宇至通化段主要桥梁汇总表

表 8-3-6

序号	类型	名　　称	桥梁长度(m)	主跨长度(m)	跨越障碍物	桥　梁　结　构
1	特大桥	东风湿地高架桥一	1081	25	道路、铁路	预应力钢筋混凝土连续箱梁
2		东风湿地高架桥二	1631	25	道路、铁路	预应力钢筋混凝土连续箱梁
3	大桥	大桥	166	20	沟谷	预应力钢筋混凝土箱形梁
4		大桥	367	30	沟谷	预应力钢筋混凝土连续箱梁
5		大桥	156	25	沟谷	预应力钢筋混凝土连续箱梁
6		大桥	187	30	沟谷	预应力钢筋混凝土连续箱梁
7		大桥	397	30	沟谷	预应力钢筋混凝土连续箱梁
8		大桥	448	40	沟谷	预应力钢筋混凝土 T 梁
9		回头沟大桥	287	30	沟谷	预应力钢筋混凝土连续箱梁
10		庆升大桥	127	30	道路、铁路	预应力钢筋混凝土连续箱梁
11		朝阳大桥	126	20	道路、铁路	预应力钢筋混凝土连续箱梁
12		许可地大桥(右幅)	457	30	道路、铁路	预应力钢筋混凝土连续箱梁
13		许可地大桥(左幅)	337	30	道路、铁路	预应力钢筋混凝土连续箱梁
14		东升大桥	277	30	道路、铁路	预应力钢筋混凝土连续箱梁
15		哈泥河大桥(右幅)	827	30	道路、铁路	预应力钢筋混凝土连续箱梁
16		哈泥河大桥(左幅)	817	30	道路、铁路	预应力钢筋混凝土连续箱梁
17		闹枝沟大桥	106	20	道路、铁路	预应力钢筋混凝土连续箱梁
18		马当九队大桥(右幅)	282	25	道路、铁路	预应力钢筋混凝土空心板梁
19		马当九队大桥(左幅)	257	25	道路、铁路	预应力钢筋混凝土空心板梁
20		马当大桥	517	30	道路、铁路	预应力钢筋混凝土连续箱梁
21	中桥	中桥	44	13	沟谷	预应力钢筋混凝土空心板梁
22		中桥	70	13	沟谷	预应力钢筋混凝土空心板梁
23		中桥	66	20	沟谷	预应力钢筋混凝土连续箱梁
24		中桥	57	13	沟谷	预应力钢筋混凝土空心板梁
25		中桥	57	13	沟谷	预应力钢筋混凝土空心板梁
26		中桥	86	20	沟谷	预应力钢筋混凝土箱形梁
27		中桥	44	13	沟谷	预应力钢筋混凝土空心板梁
28		中桥	44	13	沟谷	预应力钢筋混凝土空心板梁
29		中桥	70	13	沟谷	预应力钢筋混凝土空心板梁
30		板石沟中桥	76	20	沟谷	预应力钢筋混凝土连续箱梁
31		北岔沟中桥	69	16	道路、铁路	预应力钢筋混凝土空心板梁
32		中桥	66	20	道路、铁路	预应力钢筋混凝土箱形梁
33		中桥	53	16	道路、铁路	预应力钢筋混凝土空心板梁
34		白家堡子中桥	86	20	道路、铁路	预应力钢筋混凝土连续箱梁
35		高丽沟中桥	69	16	道路、铁路	预应力钢筋混凝土空心板梁
36		夹皮沟 1 号中桥(右幅)	53	16	道路、铁路	预应力钢筋混凝土空心板梁
37		夹皮沟 1 号中桥(左幅)	53	16	道路、铁路	预应力钢筋混凝土空心板梁

第八章
高速公路项目建设情况

续上表

序号	类型	名　称	桥梁长度(m)	主跨长度(m)	跨越障碍物	桥梁结构
38	中桥	夹皮沟2号中桥(右幅)	53	16	道路、铁路	预应力钢筋混凝土空心板梁
39		夹皮沟2号中桥(左幅)	53	16	道路、铁路	预应力钢筋混凝土空心板梁
40		中桥	66	20	道路、铁路	预应力钢筋混凝土连续箱梁
41		中桥	66	20	道路、铁路	预应力钢筋混凝土连续箱梁
42		光华中桥	86	20	道路、铁路	预应力钢筋混凝土连续箱梁
43		中桥	53	16	道路、铁路	预应力钢筋混凝土空心板梁
44		中桥	53	16	道路、铁路	预应力钢筋混凝土空心板梁

鹤大高速公路靖宇至通化段隧道汇总表　　　　表8-3-7

序号	类型	名　称	隧道全长(m)	洞门形式	隧道分类	
					按地质条件划分	按所在区域划分
1	特长隧道	朝阳隧道(右)	3095	削竹式、削竹式	石质隧道	山岭隧道
2		朝阳隧道(左)	3070	削竹式、端墙式	石质隧道	山岭隧道
3		闹枝隧道(右)	3200	削竹式、削竹式	石质隧道	山岭隧道
4		闹枝隧道(左)	3181	削竹式、削竹式	石质隧道	山岭隧道
5	长隧道	十道羊岔隧道(右)	1325	削竹式、削竹式	石质隧道	山岭隧道
6		十道羊岔隧道(左)	1270	削竹式、削竹式	石质隧道	山岭隧道
7		兴林隧道(右)	2520	削竹式、削竹式	石质隧道	山岭隧道
8		兴林隧道(左)	2533	削竹式、削竹式	石质隧道	山岭隧道
9		东南岔隧道(右)	1770	削竹式、端墙式	石质隧道	山岭隧道
10		东南岔隧道(左)	1758	削竹式、削竹式	石质隧道	山岭隧道
11		光华隧道(右)	2063	端墙式、端墙式	石质隧道	山岭隧道
12		光华隧道(左)	2024	端墙式、端墙式	石质隧道	山岭隧道
13		马当隧道(右)	1018	削竹式、端墙式	石质隧道	山岭隧道
14		马当隧道(左)	1018	削竹式、削竹式	石质隧道	山岭隧道
15	中隧道	回头沟隧道(右)	733	削竹式、削竹式	石质隧道	山岭隧道
16		回头沟隧道(左)	683	削竹式、削竹式	石质隧道	山岭隧道
17	短隧道	高丽沟隧道(右)	305	端墙式、削竹式	石质隧道	山岭隧道
18		高丽沟隧道(左)	345	端墙式、削竹式	石质隧道	山岭隧道

鹤大高速公路靖宇至通化段路面信息表　　　　表8-3-8

路面类型	起讫里程	长度(km)	路面结构
沥青路面	K794+000~K901+000	107	上面层:5cm沥青玛蹄脂混凝土 下面层:7cm中粒式沥青混凝土 柔性基层上面层:8cm沥青碎石 基层:30cm水泥碎石 底基层:15~20cm水泥碎石 垫层:20cm碎石

注:起讫里程来源于《全国道路网调整后里程桩号传递表》。

(6)投资规模

估算金额为 77.50 亿元,概算金额为 84.60 亿元,预算金额为 79.60 亿元。

2. 参建单位

(1)项目建设管理单位

项目的建设管理单位是吉林省高等级公路建设局。

(2)勘察设计单位

项目的勘察设计任务由吉林省交通规划设计院、山东省交通规划设计院、中国公路工程咨询集团有限公司、吉林省建筑设计院有限公司(现吉林省建苑设计集团有限公司)、交通运输部科学研究院以及中咨泰克交通工程有限公司共同完成。

总体设计单位是吉林省交通规划设计院,其中主体工程设计由吉林省交通规划设计院以及山东省交通规划设计院完成;设计咨询工作由中国公路工程咨询集团有限公司完成;房建工程设计由吉林省交通规划设计院以及吉林省建筑设计院有限公司(现吉林省建苑设计集团有限公司)完成;环境保护景观设计由交通运输部科学研究院完成;机电设计由中咨泰克交通工程有限公司完成。

(3)施工单位

项目的施工由中国建筑股份有限公司等 19 家单位完成。

(4)监理单位

项目的监理任务由吉林省公路工程监理有限责任公司等 7 家单位承担。

项目参建单位信息具体见表 8-3-9。

(二)建设情况

1. 前期准备

1)项目审批

(1)立项审批

①2010 年,吉林省发展和改革委员会下发了《关于鹤岗至大连高速公路靖宇至通化段工程可行性研究报告的批复》(吉发改审批〔2010〕784 号);

②2011 年,交通运输部下发了《关于靖宇至通化公路可行性研究报告的审查意见》(交函规划〔2011〕91 号);

③2012 年,国家发展和改革委员会下发了《国家发展改革委关于吉林省靖宇至通化公路可行性研究报告的批复》(发改基础〔2012〕3077 号)。

(2)设计审批

①2013 年,交通运输部下发了《交通运输部关于靖宇至通化公路初步设计的批复》(交公路发〔2013〕295 号);

第八章 高速公路项目建设情况

鹤大高速公路靖宇至通化段参建单位一览表

表 8-3-9

序号	参建单位	单位名称	合同编号及起止桩号	主要负责人	备注
1	项目管理单位	吉林省高等级公路建设局		孙鹏程	
2	勘察设计单位	吉林省交通规划设计院	A	杨 光	主体工程,房建
3		山东省交通规划设计院	B	于 坤	主体工程
4		吉林省建苑设计集团有限公司	房建工程	刘 斌	房建
5		中国公路工程咨询集团有限公司		韩 蒙	咨询
6		中咨泰克交通工程有限公司		周 建	机电
7		交通运输部科学研究院			环保景观
8	施工单位	中国建筑股份有限公司	HDZT16-HDZT20:K314+552.026～K372+647.563		
9		中国建筑第六工程局有限公司	HDZT12-HDZT15:K266+263.924～K314+197.139		
10		东阳市顺风交通建设有限公司	HDJT07:K266+263.924～K314+197.139		
11		河北交建集团有限公司	HDJT08:K266+263.924～K314+197.139		
12		陕西鸿基建筑工程有限责任公司	HDFJ10:回头沟隧道出口变电所;朝阳隧道管理站及入口变电所;朝阳隧道(出口)变电所;兴林收费站(白山北收费站);兴林隧道(入口)变电所;兴林隧道(出口)变电所;东南岔隧道1号(入口)变电所;东南岔隧道2号(出口)变电所;光华管理处、收费站及养护工区		
13		吉林省宝捷建筑工程集团有限公司	HDFJ11:光华隧道(入口)变电所;光华隧道(光华)服务区;闹枝隧道管理站及闹枝隧道(出口)变电所;马当隧道入口变电所	李晓波	房屋建筑工程
14		贵州建工集团第一建筑工程有限责任公司	HDFJ12:江源收费站及养护工区;江源管理处	孔河东	房屋建筑工程
15		洪ூ建设集团公司	HDFJ13:江源服务区;十道羊岔隧道(入口)变电所;十道羊岔隧道(出口)变电所	赵元来	房屋建筑工程
16		河南乾坤路桥工程有限公司	HDGJ03:K266+263.924～K372+647.563	姜东蓬	管道基础工程
17		辽宁艾棒斯智能交通技术有限公司	HDJD13:K266+263.924～K323+343.518	高明坤	机电工程
18		南京俊云科技发展有限公司	HDJD14:K323+343.518～K344+700	侯俊明	机电工程

续上表

序号	参建单位	单位名称	合同编号及起止桩号	主要负责人	备注
19		安徽汉高信息科技有限公司	HDJD15：K344+700~K372+647.563	冯硕	机电工程
20		中咨询泰克交通工程集团有限公司	HDJD16：K266+263.924~K325+000	侯远明	机电工程
21		亿阳信通股份有限公司	HDJD17：K325+000~K341+300	李建宾	机电工程
22	施工单位	重庆市华驰交通科技有限公司	HDJD18：K341+300~K357+000	何海生	机电工程
23		湖南省湘交筑交通科技有限公司	HDJD19：K357+000~K372+647.563	何建国	机电工程
24		吉林省金旺智能消防工程有限公司	HDJD20：K266+263.924~K337+800	张文胜	机电工程
25		红太阳建设股份公司	HDJD21：K337+800~K372+647.563	翁新智	机电工程
26		山西四和交通工程有限责任公司（联合体成员：山海三思电子工程有限公司）	HDJD22：K266+263.924~K372+647.563	岳华伟	机电工程
27		吉林省公路工程监理有限责任公司	HDJ05：K266+263.924~K314+197.139	牛玉林	总监理工程师办公室
28		吉林省金泉公路工程咨询监理有限公司	HDJ06：K314+552.026~K372+647.563	王强国	总监理工程师办公室
29		河南省中原公路工程监理有限公司	HDJ12：K266+263.924~K294+830	陈耀华	驻地监理工程师办公室
30	监理单位	北京交科工程咨询有限公司	HDJ13：K294+830~K314+197.139	郭振国	驻地监理工程师办公室
31		吉林省公路工程监理事务所	HDJ14：K314+552.026~K337+800 K314+552.026~K344+700（路面）	郑海东	驻地监理工程师办公室
32		吉林省计维建设监理有限公司	HDJ15：K337+800~K359+300 K344+700~K372+647.563（路面）	于德春	驻地监理工程师办公室
33		吉林省通达公路工程监理有限责任公司	HDJ16	徐辉	驻地监理工程师办公室

注：信息来源于竣工验收文件及建设管理单位。

②2013年,吉林省交通运输厅下发了《吉林省交通运输厅关于鹤岗至大连高速公路靖宇至通化段两阶段施工图设计的批复》(吉交审批函〔2013〕11号);

③2015年,吉林省交通运输厅下发了《吉林省交通运输厅关于鹤岗至大连高速公路靖宇至通化段机电工程施工图设计的批复》(吉交函〔2015〕381号);

④2015年,吉林省交通运输厅下发了《吉林省交通运输厅关于鹤岗至大连高速公路靖宇至通化段房建工程施工图设计的批复》(吉交函〔2015〕281号)。

(3)其他审批

①2010年,吉林省国土资源厅下发了《吉林省工程建设项目地址灾害危险性评估报告备案登记表》(吉地灾评备字〔2010〕第80号);

②2010年,国土资源部下发了《关于鹤岗至大连高速公路靖宇至通化段项目建设用地预审意见的复函》(国土资预审字〔2010〕326号);

③2010年,环境保护部下发了《关于鹤岗至大连高速公路靖宇至通化段环境影响报告书的批复》(环审〔2010〕181号);

④2010年,水利部下发了《关于鹤岗至大连高速公路靖宇至通化段水土保持方案的复函》(水保函〔2010〕144号);

⑤2014年,国家林业局下发了《使用林地审核同意书》(林资许准〔2014〕103号);

⑥2014年,国家林业局下发了《国家林业局关于吉林省靖宇至通化公路项目临时占用林地的行政许可决定》(林资许准〔2014〕104号);

⑦2014年,吉林省国土资源厅下发了《吉林省国土资源厅关于鹤岗至大连高速公路靖宇至通化段工程压覆重要矿产资源的复函》审查意见(吉国土资储发〔2014〕24号);

⑧2014年,吉林省国土资源厅下发了《关于鹤岗至大连高速公路靖宇至通化段项目(取弃土场)土地复垦方案审核意见的复函》(吉国土资开发〔2014〕15号);

⑨2014年,国土资源部下发了《国土资源部关于鹤岗至大连高速公路靖宇至通化段工程建设用地的批复》(国土资函〔2014〕751号);

⑩2015年,吉林省交通质监站下发了《吉林省交通基本建设质量监督站关于对鹤岗至大连高速公路靖宇至通化段项目进行质量监督的通知》(吉交建质〔2015〕21号)。

2)资金筹措

估算金额为77.50亿元,其中国家安排中央专项基金(车购税)9.50亿元,吉林省安排公路建设基金13.00亿元,其余资金利用国内银行贷款。

概算金额为84.60亿元,其中中央投资9.50亿元,省级投资13.00亿元,银行贷款62.10亿元。

3)工程勘察设计

吉林省交通规划设计院以公开投标的方式被选定为主体设计单位,负责B设计段的设计任务,其余设计段(A设计段)由山东省交通规划设计院完成。

作为2013年交通运输部评选的科技示范工程,以"安全路、环保路、景观路、创新路"为主题,设计单位高质量地完成了鹤大高速公路靖宇至通化段的设计任务,在确保安全的前提下,充分与周边地形相结合,并在设计上体现长白山特色,体现旅游观光、南北向大动脉特点,体现生态、节能、环保新理念。项目路基路面的设计均采用了长期研究的典型结构;桥涵设计中,设计单位充分考虑野外自然条件恶劣等因素,构造物结构形式尽量做到标准化、系列化,以方便施工、节省投资、缩短工期;隧道设计依然遵循"早进洞晚出洞"的原则,尽量减少对山体的破坏。

在工程开工前,设计单位履行设计交底、文件答疑、交桩及修正控制点等必要程序;同时在施工过程中,保证至少有1名设计代表常驻工地现场,及时解决施工中存在的技术问题。

2. 项目实施

(1)招投标

项目的施工单位及监理单位均采用公开招标方式确定,与鹤大高速公路敦化(吉黑界)至抚松段招标方式相同,借鉴吉林省鹤大高速公路通化至新开岭(吉辽界)段缓解建设资金不足的成功经验,选择国内资质等级高、信誉优良、资金垫付能力强的大型企业。

(2)征地拆迁

项目全线共征用土地10451亩,拆迁房屋2.4万m^2,拆迁电力通信1088处。按照吉林省政府相关规定,征地拆迁由地方政府负责。吉林省高建局与通化市和白山市政府签订《征地拆迁承包合同》,实行总额包干合同制。两市四县均成立了征地拆迁办公室,负责本地区的征地拆迁具体工作。在地方政府和交通部门的大力支持及协助下,征地拆迁工作得到了切实有效的落实,及时提供了建设用地,为工程建设的顺利实施创造了良好的外部环境。

(3)施工情况

项目于2014年4月正式开工建设,合同工期1003天,由于东北地区冬季气候严寒,实际可利用的有效作业时间仅为18个月,建设者在紧张的工期安排下,高质高效地完成了建设任务,于2016年10月完工。

项目采用施工总承包模式管理,根据合同约定和项目建设特点,采用两级管理。第一级由中国建筑股份有限公司成立项目总经理部,代表中建行使管理责任,总部设7个领导岗位,1个专家顾问组和7个职能部门;第二级根据全线划分的9个标段,分别设立了项目经理部,负责对标段内的安全、质量、进度、成本管理,履行合同约定的责任。

在质量控制方面,按招标文件要求设立质量目标,建立健全质量保证体系,明确质量终身责任制。过程中严格施工方案审批程序,并将技术先进、经济合理、安全可靠等方面较好的技术方案在全线进行了推广。适时开展 QC 小组活动，组织技术和质量管理攻关。坚持技术培训和交底制度，确保质量目标、工艺方法、操作要点、施工参数等交底到责任人。坚持工艺试验首件认可制度，明确"一切以数据说话"的工艺原则，优选施工参数，优化资源配置，以点带面提高了工程质量水平。坚持执行材料准入和事前检验制度，不合格材料决不进场和报检。坚持月检查制度，奖优罚劣。

在进度控制方面，以合同工期为最后控制节点，认真识别关键节点工程，制定可行、有序、可控的工期管理目标，建立工期保证体系。根据总体施工进度安排，以合同段作为独立执行个体，分解到年、季、月、周进度计划，科学合理地安排施工顺序，对施工实行网络计划管理，各合同段根据施工情况及时合理调整计划，确保每月、每季度工期。建立月生产例会制度，组织各标段生产对照检查，找差距、找原因、完善管理，采取措施保证施工进度有序、有计划进行。积极开展劳动竞赛活动，在各班组、专业队伍之间形成比干劲、比能力、比进度的大干热潮，极大调动广大施工人员积极性。

在安全生产控制方面，牢固树立"安全第一、预防为主"的指导思想，坚持以人为本的安全生产理念，建立健全安全生产管理体系，制订安全保障措施，确保安全措施资金投入。逐级建立安全生产责任制，签订安全生产责任书，做到分工明确，责任到人。定期进行安全生产教育、培训和安全交底，坚持持证上岗制度。为有效地预防各类事故的发生，对现场可能出现的安全事故能够快速有效地抢险，编制高空作业、消防等 9 项大型应急预案，并有针对性地进行应急演练。

在环保水保控制方面，建立相应保证体系，根据环境影响评价报告书、水保方案报告书及相关批复要求开展环保、水保工作，在植物保护和恢复、噪声和大气污染防治、污水处理、湿地保护、施工扬尘等方面，制订可操作性强的制度办法，加强宣传和引导，提高施工人员的环保意识，强化现场检查和落实，不断完善环保水保设施，确定目标实现。

在新技术应用方面，依托鹤大项目"双示范"科研课题研究，在季冻区路基冻胀处置、碎石桩与小孔径波纹管增强湿地水系连通应用、长白山区路基生态防护、生态敏感区弃渣填筑路基技术、尾矿渣筑路技术推广、基于 GIS 遥感解译的高速公路沿线植被分级保护技术、表土集约利用、火山区材料综合利用、新型止水带应用技术、玄武岩纤维复合筋应用等 10 个方面进行了研究和应用，取得了良好经济和社会效益。

在全面落实"双示范"项目中新技术、新工艺、新材料之外，项目管理过程中还针对局部工程突破常规，采取非常举措，亦取得良好效果。如在东风湿地高架桥施工过程中，通过严格控制用地红线，不在桥梁投影面积外铺设纵向便道，不采用大型设备进行桩基施工等措施，极大地减少了对湿地环境的破坏，在桥梁建成后，原森林树木即成为桥面护栏的天然装饰，形成桥在林中过、人在林中游的效果。在朝阳隧道、闹枝隧道等特长隧道、长隧道内水泥混凝土路面施工过程中，为确保隧道内水泥混凝土路面行车舒适度，在吉林省省内首次采取滑膜摊铺机进行隧道内水泥混凝土路面施工,并取得良好效果。为保证集双高速公路通化至梅河口段项目在交工时能实现同鹤大高速公路已建成通化至新开岭(吉辽界)段、通化至沈阳高速公路联网通车,项目利用2年时间,克服各种困难,完成项目马当互通(通梅高速公路同鹤大高速公路靖通段连接处)至二密互通(鹤大高速公路靖通段同通丹段连接处)之间4km(K368+523~K372+647.563)高速公路项目建设任务,实现与集双高速公路通化至梅河口段同时交工通车。

(4)监理情况

项目的监理工作采用总监办、驻地办二级监理模式。项目实施过程中,加强和规范监理队伍自身管理和建设工作,严格执行监理工作的十六字方针,加强事前事中监理管理,全面实现工程建设目标。

在质量监理方面,一是认真落实"双示范",全面实行标准化管理,提升公路品质;二是严格执行质量标准,坚持做到事前预控、事中检查和事后验收;三是严格执行施工方案、工艺的报审制度;四是明确施工难点和重点,采取有效监控措施;五是实行首件工程认可制,及时总结施工参数,预防和纠正质量问题;六是及时检查和抽验,杜绝不合格材料进场,严格转序。

在进度监理方面,依据项目法人下达的各年度进度计划,逐月分解,制定并严格控制关键线路的阶段目标,过程中跟踪检查计划完成情况,建立日报制度,及时提出影响进度的因素和解决的办法。

在安全监理方面,认真贯彻"安全第一、预防为主、综合治理"的方针,制定安全生产检查制度,定期开展工程安全生产检查活动,审查应急预案和专项施工方案,组织开展安全演练和安全排查,对发现的隐患和问题监督整改。同时开展监理内部安全教育,建立健全监理考核制度,强化安全责任。

在环保监理方面,按照环境影响报告书和水保方案要求,认真梳理和识别每个敏感点,通过建立环保体系,加强重点部门和关键环保控制点的管理,严格落实植物保护和恢复、噪声和大气污染防治、污水处理、湿地保护、施工扬尘等方面监理实施方案,并定期开展专项检查,达到环保预期目标。

3.竣(交)工验收

2016年10月23日,吉林省高等级公路建设局邀请公安交警、安全生产监督管理等有关单位组成验收组,对项目进行了现场验收,交工验收委员会经检查和审议认为:项目施工质量达到国家有关规范标准;交工文件编制规范,篇章齐全,内容完整,符合归档要求;根据交通运输部《公路工程竣(交)工验收办法》《公路工程质量检验评定标准》进行的质量检验评定结果真实可靠,各项检验评定指标符合国家规范规定,工程质量评分为98.5分;现场检查未发现影响运营安全的工程缺陷,同意通过交工验收。

三、鹤大高速公路通化至新开岭（吉辽界）段

（一）概述

1. 基本情况

（1）主要控制点

二密镇（通化）、通化县、大泉源乡，新开岭（吉辽界）。

（2）建设时间

2007年8月开工建设，2011年9月建成通车。

（3）地形地貌

沿线地貌主要为中、低山、丘陵及沼泽；沿线所经地区沟谷发育，河谷及台地多为旱田及水田，山地多为天然次生林及人工林。

（4）技术标准

设计速度为80km/h，双向四车道；路基宽度为24.5m；桥涵设计荷载为汽车—超20级，挂车—120，特大桥设计洪水频率1/300，大、中、小桥及涵洞设计洪水频率1/100；沥青混凝土路面。

其中快大茂至赤柏段设计速度为80km/h，双向六车道；路基宽度32.0m。

（5）建设规模

建设里程52km，全线设特大桥1座，大桥16座，中桥8座，小桥1座，涵洞97道，隧道5座，互通式立体交叉4处，分离式立体交叉2处，通道30处；设收费站4处，服务区1处，管理处1处，养护工区1处，隧道管理站1处，隧道变电所7处。

鹤大高速公路通化至新开岭（吉辽界）段实景见图8-3-5。项目主要桥梁、隧道及路面信息具体见表8-3-10～表8-3-12。

图8-3-5　鹤大高速公路通化至新开岭（吉辽界）段

鹤大高速公路通化至新开岭（吉辽界）段主要桥梁汇总表

表 8-3-10

序号	类型	名称	桥梁长度(m)	主跨长度(m)	跨越障碍物	桥梁结构
1	特大桥	喇咕河特大桥	1343	35	河流	预应力钢筋混凝土连续箱梁
2	大桥	大恒道河三号大桥	277	30	河流	预应力钢筋混凝土连续箱梁
3		二密河大桥	814	40	河流	预应力钢筋混凝土连续箱梁
4		荒沟大桥	105	20	河流	预应力钢筋混凝土连续箱梁
5		黑坑沟一号大桥	458	30	道路、铁路	预应力钢筋混凝土连续箱梁
6		黑坑沟二号大桥	716	40	道路、铁路	预应力钢筋混凝土连续T梁
7		太安一号大桥	111	25	道路、铁路	预应力钢筋混凝土连续箱梁
8		太安二号大桥	182	25	道路、铁路	预应力钢筋混凝土连续箱梁
9		太安三号大桥	207	25	道路、铁路	预应力钢筋混凝土连续箱梁
10		驼子沟大桥	182	25	道路、铁路	预应力钢筋混凝土连续箱梁
11		喇咕河大桥	246	20	河流	预应力钢筋混凝土箱形梁
12		赶马河1号大桥（右幅）	277	30	河流	预应力钢筋混凝土箱形梁
13		赶马河1号大桥（左幅）	277	30	河流	预应力钢筋混凝土空心板梁
14		赶马河2号大桥	106	20	河流	预应力钢筋混凝土箱形梁
15		赶马河3号大桥	105	20	河流	预应力钢筋混凝土箱形梁
16		赶马河4号大桥	105	20	河流	预应力钢筋混凝土连续箱梁
17		和胜水库大桥（右幅）	205	20	河流	预应力钢筋混凝土连续箱梁
18		和胜水库大桥（左幅）	225	20	河流	预应力钢筋混凝土连续箱梁
19		头道河大桥	105	20	河流	预应力钢筋混凝土连续箱梁
20	中桥	黎明一组中桥	44	13	道路、铁路	预应力钢筋混凝土空心板梁
21		黎明中桥	52	13	道路、铁路	预应力钢筋混凝土空心板梁
22		杨宝沟中桥	53	16	道路、铁路	预应力钢筋混凝土空心板梁
23		曲柳川中桥	71	13	道路、铁路	预应力钢筋混凝土空心板梁
24		大都岭中桥	69	16	道路、铁路	预应力钢筋混凝土连续箱梁
25		干巴河一号中桥	69	16	河流	预应力钢筋混凝土空心板梁
26		干巴河二号中桥	69	16	河流	预应力钢筋混凝土空心板梁
27		干巴河三号中桥	65	20	河流	预应力钢筋混凝土连续箱梁

鹤大高速公路通化至新开岭（吉辽界）段隧道信息表

表 8-3-11

序号	类型	名称	隧道全长(m)	洞门形式	隧道分类	
					按地质条件划分	按所在区域划分
1	特长隧道	二密隧道（右）	3170	削竹式、削竹式	石质隧道	山岭隧道
2		二密隧道（左）	3160	削竹式、削竹式	石质隧道	山岭隧道
3	长隧道	太安隧道（右）	1020	削竹式、削竹式	石质隧道	山岭隧道
4		太安隧道（左）	1023	削竹式、削竹式	石质隧道	山岭隧道
5		虎马岭隧道（右）	1820	端墙式、端墙式	石质隧道	山岭隧道
6		虎马岭隧道（左）	1744	端墙式、端墙式	石质隧道	山岭隧道

续上表

序号	类型	名称	隧道全长(m)	洞门形式	隧道分类	
					按地质条件划分	按所在区域划分
7	长隧道	大川隧道(右)	1498	削竹式、削竹式	石质隧道	山岭隧道
8		大川隧道(左)	1515	削竹式、削竹式	石质隧道	山岭隧道
9	中隧道	新开岭隧道(右)	534	削竹式、削竹式	石质隧道	山岭隧道
10		新开岭隧道(左)	578	削竹式、削竹式	石质隧道	山岭隧道

鹤大高速公路通化至新开岭(吉辽界)段路面信息表　　表8-3-12

路面类型	起讫里程	长度(km)	路面结构
沥青路面	K901+000~K953+000	52	上面层:5cm沥青玛蹄脂碎石混合料 下面层:7cm中粒式沥青混凝土 柔性基层上基层:8cm沥青碎石 基层:30cm二灰碎石 底基层:20cm二灰碎石 垫层:20cm碎石

注:起讫里程来源于《全国道路网调整后里程桩号传递表》。

(6)投资规模

估算金额31.08亿元,概算金额31.17亿元,决算金额30.31亿元(投资金额包含与通化至沈阳高速公路共线段长5km由四车道扩建为六车道的建设费用)。

2.参建单位

(1)项目建设管理单位

项目的建设管理单位是吉林省高等级公路建设局。

(2)勘察设计单位

项目的勘察设计任务由吉林省交通规划设计院、吉林省林业勘察设计研究院、交通运输部科学研究院共同完成。总体设计单位是吉林省交通规划设计院。

(3)施工单位

项目的施工由中交隧道工程局有限责任公司等16家单位完成。

(4)监理单位

项目的监理任务由吉林省公路工程监理有限责任公司等3家单位承担。

项目参建单位信息具体见表8-3-13。

鹤大高速公路通化至新开岭(吉辽界)段参建单位一览表　　表8-3-13

序号	参建单位	单位名称	合同编号及起止桩号	主要负责人	备注
1	项目管理单位	吉林省高等级公路建设局	K374+740~K429+845.919	李恩会	新建工程
2		通沈高速公路指挥部		姜志军	扩建及通化管理处

续上表

序号	参建单位	单位名称	合同编号及起止桩号	主要负责人	备注
3	勘察设计单位	吉林省交通规划设计院	K374+740~K429+845.919	胡珊	
4		交通运输部科学研究院	K374+740~K429+845.919		景观与环保工程
5		吉林省林业勘察设计研究院	K374+740~K429+845.919		房建工程
6	施工单位	中交隧道工程局有限责任公司	TX01:K374+740~K429+845.919	李亚武	新建工程
7		吉林省道桥工程建设集团有限公司	JT01:K374+740~K393+708.23	刘瑞成	新建工程
8		白山市建兴建筑有限公司	TXFJ01:房建工程	曲志强	新建工程
9		江苏中瑞路桥建设有限公司	JT02:K401+122.575~K429+845.919	葛忠	新建工程
10		吉林省科维交通工程有限公司	TXJD01:机电工程	田玉平	新建工程
11		中国路桥工程有限责任公司	TXJD02:机电工程	张建初	新建工程
12		中铁十二局集团电气化工程有限公司	TXJD03:机电工程	程庆海	新建工程
13		北京亚太安设备安装有限责任公司	TXXF01:消防工程	郑贺田	新建工程
14		吉林省盈科电力有限公司	10kV外电	丁传勇	新建工程
15		中交二公局(洛阳)第四工程处	路基01标	何平	扩建及通化管理处
16		中铁十三局集团第四工程公司	路基02标	仲继红	扩建及通化管理处
17		山东省公路建设集团有限公司	路面01标	闻涛	扩建及通化管理处
18		长春绿缘绿化工程有限公司	绿化01标	王立明	扩建及通化管理处
19		通化路桥建设有限公司	交通工程01标	李强	扩建及通化管理处
20		通化市长江建筑安装有限公司	房建01标	于涛	扩建及通化管理处
21		安徽皖通科技股份公司	通化分中心机电工程	高泉峰	扩建及通化管理处
22	监理单位	吉林省公路工程监理有限责任公司	K374+740~K429+845.919	佟中锐	总监办
23		吉林省公路监理事务所	K374+740~K393+708.23	郭会	驻地办
24		吉林省天达工程咨询监理有限责任公司	K393+708.23~K429+845.919	常江	驻地办

注:信息来源于竣工验收文件及建设管理单位。

(二)建设情况

1.前期准备

1)项目审批

(1)立项审批

①2007年5月31日,吉林省发展和改革委员会下发了《关于鹤岗至大连高速公路通化至新开岭(吉辽界)段工程可行性研究报告的批复》(吉发改审批字〔2007〕401号);

②2008年10月6日,国家发展和改革委员会下发了《国家发展改革委关于吉林省通化至新开岭(吉辽界)公路可行性研究报告的批复》(发改基础〔2008〕2602号)。

(2)设计审批

①2007年9月12日,吉林省交通厅下发了《关于通化至沈阳与通化至新开岭高速公路快大茂至赤柏加宽公用段实施方案的批复》(吉交函〔2007〕201号);

②2008年4月7日,吉林省交通厅下发了《吉林省交通厅关于鹤岗至大连高速公路通化至新开岭(吉辽界)段两阶段施工图设计的批复》(吉交审批函〔2008〕7号);

③2009年1月14日,交通运输部下发了《关于通化至新开岭(吉辽界)公路初步设计的批复》(交公路发〔2009〕19号);

④2010年7月30日,吉林省交通运输厅下发了《关于通化至新开岭高速公路管养及服务设施施工图设计的批复》(吉交函〔2010〕209号);

⑤2011年3月31日,吉林省交通运输厅下发了《关于鹤岗至大连高速公路通化至新开岭段交通工程及沿线设施(机电及10kV供电线路工程)施工图设计的批复》(吉交函〔2011〕65号)。

(3)其他审批

①2007年8月27日,国家环境保护总局下发了《关于鹤岗至大连高速公路通化至新开岭(吉辽界)段环境影响报告书的批复》(环审〔2007〕335号);

②2007年9月10日,吉林省水利厅下发了《吉林省水利厅关于鹤岗至大连高速公路通化至新开岭(吉辽界)段水土保持方案的批复》(吉水保〔2007〕485号);

③2008年12月13日,国家林业局下发了《国家林业局关于批准鹤岗至大连高速公路通化至新开岭(吉辽界)段工程项目临时占用林地的行政许可决定》(林资许准〔2008〕272号);

④2010年11月29日,国土资源部下发了《国土资源部关于通化至新开岭(吉辽界)高速公路工程建设用地的批复》(国土资源〔2010〕967号)。

2)资金筹措

估算金额为31.08亿元,其中:国家安排中央专项基金(车购税)4.53亿元,吉林省安排财政投入1.58亿元、养路费4.02亿元、客货附加费0.49亿元,通化市筹集0.50亿元作为项目资本金,其余19.68亿元利用银行贷款;概算金额31.17亿元,决算金额30.31亿元。

3)工程勘察设计

2007年6月,通过招标邀请,确定吉林省交通规划设计院为项目的主体工程设计单位,吉林省林业勘察设计研究院为项目的房建工程设计单位。

设计单位在认真总结以往高速公路设计经验基础上进一步加强了路线方案设计和环境保护工程设计。确保路线与周围地形、地物相融合,做到靠山不碰山,同时尽可能采用隧道方案,避免高填深挖;路基用土尽量利用路堑和隧道挖方,少借土、少占地、少破坏自然植被;取弃土场选择在高速公路视线以外,并采取必要的防护和绿化措施;桥梁设计中,结构的确定充分与周围环境相适应;隧道采取早进洞、晚出洞的形式,洞门设计尽量融合周围地形,全面认真贯彻建设新理念的要求。在施工阶段,设计代表常驻工地现场,认真为工程服务,及时解决施工过程中发现的问题。如图 8-3-6 所示为野外放线。

图 8-3-6　野外放线

2. 项目实施

(1) 招投标

为缓解先期建设资金不足问题,经充分调研,项目法人采取提高履约保证金额度(30%合同价)的方式,通过邀请招标,选择国内技术资金实力雄厚的大型施工企业(中交隧道工程局),承建全部路基、路面、桥涵、隧道、绿化工程,这是吉林省第一次在一条高速公路上主体工程通过招标选择一个整建制单位进行施工的建管模式。房建工程、交通安全设施工程和机电工程施工单位均由项目法人进行公开招标择优选择。

监理单位采用公开招投标方式确定。

(2) 征地拆迁

按照吉林省政府的要求及工作需要,高速公路建设和征地拆迁工作由地方政府负责。通化市、通化县分别成立了征地拆迁办公室,由通化市代表地方政府签订了《征地拆迁承包责任书》,并委托通化县征地拆迁办公室负责鹤大高速公路通化至新开岭(吉辽界)段征地拆迁具体工作。在地方政府和交通部门的大力支持和协助下,鹤大高速公路通化至新开岭(吉辽界)段征地拆迁工作得到了切实有效的落实。全线共征用土地 4851 亩,拆迁房屋 31124m^2,拆迁电力电信 190 处,管线交叉 2 处。

(3) 施工情况

中交隧道工程局根据项目特点和招标文件要求,组建项目施工总指挥部,设指挥长 1 人、副指挥长 2 人,总工 1 人作为核心管理层,下设合同部、安持部、工程部、物资设备部、财务部、中心试验室、测量队、办公室等 8 个部门,全线共划分 7 个项目部,其中路基项目 4 个,路面项目部 2 个,绿化项目部 1 人。实施大项目、大标段施工是铁路系统大会战的成功经验,这种模式引入高速公路建设是吉林省第一次尝试,依靠大企业管理水平高、抵御风险能力强、施工组织力度大等优势,不仅可以节省项目法人、监理的管理力量,节约成本,简化中间环节,提高管理效率,同时也为企业提高信誉、扩大市场份额,优化施工组合,保证质量和工期目标提供很好经验。隧道施工及现场如图8-3-7、图8-3-8所示。

图8-3-7 隧道施工

图8-3-8 施工现场

在质量管理方面,一是建立健全质量保证措施,从组织上、制度上、技术上落实责任,实行质量岗位责任制、责任追究制和终身负责制,建立全方位、全过程和全员参与的质量管理体系;二是全面实行首件认可制,按照PDCA原理优化施工工艺和施工组织管理方式,杜绝无效劳动,规范增值性作业,节约资源,降低消耗;三是严格工序控制力度,将施工程序、关键操作、隐蔽工程及操作者行为等影响因素列为重点检测点,加强自检环节控制,抓好原材料和工序部位的标识,确保质量分析的可追溯性;四是严格材料进场检验制度,制订专门质量检测流程,实行材料进场前检测、验证、过程抽检等方式,确保材料质量;五是全面执行工艺流程设计制度,对重点、难点工程进行专项工艺流程设计,实行动态管理,过程中不断调整和优化。六是加强质量问题的整改,重视事前准备、全力抓好事中控制、严肃事后处理的施工全过程质量管理,以施工过程的零缺陷保证结果的零问题,在严格技术交底的基础上,加强过程检查,发现问题及时整改,并提出预防措施,举一反三。

在进度控制方面,一是成立以项目经理为总调度、各施工队分工负责的保证体系,对重大关键环节超前研究,制定措施,及时调整资源配置和工序安排;二是制订计划管理保证措施,按总体计划要求,分解年度和月度施工计划,从技术管理、劳动力安排、机械设备和材料供应、特殊施工季节保障等方面,制定详细保障措施,确保计划落实;三是加强现场调度,定期检查施工计划执行情况,根据施工进展和各种因素的变化情况,及时优化和调整施工方案,保证各工序衔接;四是采取各项有效办法,提高施工人员的生产积极性,通过举办劳动竞赛、百日会战等形式多样的活动,形成各标段比质量、比进度、比干劲的良好施工氛围,奖优罚劣,大大加快施工进度。

在安全控制方面,一是设立专职安全员和安全管理体系;二是层层签订安全生产责任书,落实安全生产责任;三是健全各项安全制度和安全操作规程;四是强化安全宣传教育和培训,提高全员安全生产意识;五是制订隧道塌方、防火消防等安全应急预案并定期进行演练,强化员工安全应急意识,提高队伍协作配合能力、快速反应能力和高效处置能力。

在环保控制方面,为深入贯彻落实交通部提出的"安全、耐久、生态、环保"的建设新理念及项目法人提出的把鹤大高速公路通化至新开岭(吉辽界)段建设为东北地区具有示范意义的以人为本、环境友好与自然协调的项目的目标,在整个施工过程中把工艺方法的拟定、施工组织安排、劳动组织等都融入环保优先的指导思想中,建设过程中少破坏自然地貌,边建设、边绿化,做到最大限度地保护,最低程度地影响,最强力度地恢复,实现公路建设与环境保护并重,公路项目与自然环境和谐。施工中,对生态恢复、施工噪声、控制扬尘、污水排放、取弃土场的复垦等关键的环保控制点进行专题研究,落实相关措施,把生态路、环保路、景观路的建设目标落到实处。

在"四新"应用方面,施工单位高度重视,成立QC小组,制订创新创优计划,优化工艺流程,提高工程质量。施工过程中,重点从混凝土外观质量控制技术,大厚度水稳碎石基层一次摊铺、一层碾压、一次成型工艺,沥青路面材料、配合比和施工质量控制关键指标体系和动态控制技术、桥面整体化真空抛丸表面处理技术、桥梁护栏底座和防撞墙等外露面混凝土防腐技术等方面进行攻关研究,取得多项成果。

项目全线中分带采取植物防眩,减少圬工数量;边坡的植物防护多采用客土喷播、人工种植乔灌木,边沟采用柔性化设计,路面采用长寿命沥青结构,隧道路面采用温拌沥青混凝土等,均体现了通丹高速公路建设全过程贯彻"生态路、景观路、安全路、环保路、廉洁路"的新的建设理念。

(4)监理情况

自项目开工以来,按照合同约定,总监办和驻地监理办公室配备人员总数为68人,平均每公里0.69人,具有高级技术职称的16名。监理过程中,建立健全的各项规章制度,认真贯彻执行公路工程施工监理规范,确保工程质量、进度、费用、安全、环保等方面满足设计要求,圆满完成监理任务。

在质量监理方面,一是开工前编制施工技术指导书,作为施工和监理的作业指导文件;二是严把材料进场关,进场材料不经检验合格不得进场;三是严把缺陷处理关,过程中除对关键部门和隐蔽工程加强旁站监理外,通过定期检查和不定期巡查,随时处理和纠正质量问题,对可能发生的质量问题及时提出预防措施,减少返工返修工程量;四是在中间转序方面,严格执行相关规程,分项、分部、单位工作完工后,两级监理单位的抽检同时进行,既满足了检测频率要求,又减少工作程序。

在安全监理方面,一是以人为本抓好安全生产,工作中随时督促和帮助施工单位更新安全理念,强化安全意识和安全管理;二是加强施工方案审查,对关键技术措施、安全措施重点审查,不满足要求决不通过;三是在巡查和旁站时发现的隐患和问题及时提出纠正措施,达到预防目的;四是在加强内部安全保障体系建立的基础上,监督施工健全安全体系和相关措施,形成各级都重视安全责任、人人认识安全责任、事事落实安全责任、避免施工失职而承担责任的安全管理氛围。

在环保监理方面,一是建立环保监理机构,配备专职环保监理工程师,制订环保监理计划,审查施工单位对隧道弃渣、表土利用、耕地保护、边坡稳定、水污染防治等重要环保措施;三是开展专项环保检查,确保环保措施和环保工程内容满足设计要求。

(5)工程建设特点

项目地处东北东部山区,沿线地形起伏较大,桥隧数量多,施工难度大。项目建设中认真贯彻公路建设新理念,积极采用新技术、新工艺、新材料,探索研究适合吉林省特点的高速公路建设新结构、新材料,有效提高了工程质量和技术含量,同时积累了丰富的公路建设经验。一是隧道内沥青路面施工采用了温拌沥青技术。为确保隧道内行车的舒适性及路面维护的方便性,本项目隧道内路面全部变更为复合路面。为解决隧道内特别是二密特长隧道通风条件差,常温沥青路面施工时浓烟对施工管理和人员伤害极大的难题,采用温拌沥青技术,将沥青混合料的摊铺温度控制在130℃左右,基本消除了沥青混合料的烟气排放,减少了对环境的污染和施工人员的人身伤害,同时由于施工环境的改善,使施工人员能安下心来进行精细施工,保证了工程质量。温拌沥青混合料在本项目中的使用,是吉林省高速公路建设中的第一次大面积应用,取得了良好的效果,为吉林省今后高速公路隧道内沥青路面的设计及施工提供技术和工艺支撑。二是采用贴花岗岩石板提高混凝土防腐性能。东北地区冬季冻害比较严重,当遭遇大雪天气,防滑保通依然靠撒布融雪剂方法,对桥梁混凝土破坏巨大。为了提高水泥混凝土的抗腐蚀性和耐久性,桥梁护栏底座、防撞墙等易受腐蚀的裸露混凝土处均采用贴大理石等方法进行特殊的防腐处理,保证了结构物混凝土的使用寿命,减少盐冻等病害的腐蚀。三是采用高黏沥青等提高桥面防渗防腐性能。在蜊蛄河特大桥修筑了不同类型的桥面铺装结构和防水层。课题组结合吉林省的气候特点和交通荷载情况提出了橡胶沥青、高黏沥青、SBS改性沥青防水层以及高黏沥青、SBS改性沥青混凝土下面层的铺装结构。通过将桥面混凝土进行抛丸处理,采用高黏度的热沥青进行黏结,极大地提高了桥面沥青混凝土铺装和桥面整体化水泥混凝土之间的连接,同时厚的热沥青层又起到了良好的防水效果。通过这一新技术的使用,将大大提高桥梁的使用寿命。

3.竣(交)工验收

2011年9月,吉林省高等级公路建设局和相关单位组成验收委员会,对项目进行了交工验收。验收委员会认为:项目合同约定的各项工程已全部完成,各检测项目均达到设计和相关规范要求,通过了项目质量检测,要求的施工、监理内业资料已完善归档,满足交通运输部《公路工程竣(交)工验收办法》及《公路工程竣(交)工验收办法实施细则》的要求,工程交工质量评分为97.59分,认定为合格工程,同意通过交工验收。

四、运营管理

(一)服务区及收费站设置

截至2016年底,鹤大高速公路设有7处服务区,具体情况见表8-3-14。

鹤大高速公路服务区情况表　　　　表8-3-14

序号	服务区名称	位置桩号	管理经营单位
1	雁鸣湖服务区	K578	吉林省高速公路集团有限公司
2	老白山服务区	K615	吉林省高速公路集团有限公司
3	六鼎山服务区	K665	吉林省高速公路集团有限公司
4	寒葱岭服务区	K714	吉林省高速公路集团有限公司
5	抚松服务区	K764	吉林省高速公路集团有限公司
6	江源服务区	K877	吉林省高速公路集团有限公司
7	通化服务区	K927	吉林省高速公路集团有限公司

鹤大高速公路共建有18处收费站,具体情况见表8-3-15。

鹤大高速公路收费站情况表　　　　表8-3-15

序号	路段名称	收费站名称
1	鹤大高速公路敦化(小沟岭)至抚松段	西沟、雁鸣湖、官地、敦化北、敦化西、敦化南、大蒲柴河、沿江、露水河、泉阳、抚松北
2	鹤大高速公路靖宇至通化段	江源、兴林、光华
3	鹤大高速公路通化(二密)至通化(新开岭)段	通化、通化西、大泉源、新开岭

(二)交通量发展状况

鹤大高速公路交通量统计情况见表8-3-16。

鹤大高速公路交通量统计表　　　　表8-3-16

路线名称	年份	观测里程(km)	年均日交通量(辆/日)								适应交通量(辆/日)	交通拥挤度
			当量数合计	自然数合计	小型货车	中型货车	大型货车	特大型货车	集装箱车	中小型客车	大型客车		
鹤大高速公路	2013	75	4049	2668	115	215	126	286	39	1795	92	80000	0.05
	2014	75	4257	2820	123	219	124	279	46	1910	101	80000	0.053
	2015	75	4644	3169	159	232	129	292	54	2178	125	80000	0.058

（三）信息化建设

截至 2016 年底，鹤大高速公路信息化设备设置情况见表 8-3-17~表 8-3-19。

鹤大高速公路敦化（吉黑界）至抚松段信息化设备设置情况表　　表 8-3-17

序 号	设 施 名 称	数 量
1	大型可变情报板	23
2	小型可变情报板	35
3	车辆检测器	80
4	气象检测器	2
5	道路摄像机（含隧道）	257
6	收费广场摄像机	16
7	车道和收费亭内摄像机	103

鹤大高速公路靖宇至通化段信息化设备设置情况表　　表 8-3-18

序 号	设 施 名 称	数 量
1	小型可变情报板	23
2	道路摄像机（含隧道）	111
3	收费广场摄像机	6
4	车道和收费亭内摄像机	36

鹤大高速公路通化至通化（吉辽界）段信息化设备设置情况表　　表 8-3-19

序 号	设 施 名 称	数 量
1	大型可变情报板	9
2	小型可变情报板	72
3	车辆检测器	45
4	气象检测器	12
5	道路摄像机（含隧道）	269
6	收费广场摄像机	10
7	车道和收费亭内摄像机	70

（四）养护管理

截至 2016 年底，鹤大高速公路养护情况见表 8-3-20。

养护管理情况表　　表 8-3-20

养护工区（个）	管理人员（人）	小修队（人）	养护工区明细
7	18	46	敦化（官地、贤儒、沿江）通化分局、通化分局（光华）、靖宇（泉阳、江源）

五、复杂技术工程

鹤大高速公路途经的长白山区是中国生态环境最原始、最自然的保护区之一,也是吉林省乃至东北地区的水系发源地,丰富的生物资源、多彩的自然景观和脆弱的生态环境是该区的典型特征,因此,在项目建设过程中最大限度地保护脆弱敏感的生态环境和水资源,减少原始生态的破坏是设计和施工中的重要原则;另一方面,独特的地形、地貌使得长白山区极端高低温气候特点鲜明,因此要求路基具有良好的稳定性与冰冻耐久性,路面兼顾高温稳定性和低温抗裂性,桥涵具有很好的抗冻耐久性,隧道抗冻耐久、安全运营;再一方面,项目全线建设里程长,建筑材料需求量大,但项目地处的长白山自然保护区和林区,建筑材料料场确定受限,材料运距远、造价高,因此,因地制宜、就地取材,实现资源综合利用对于项目建设至关重要;而且,由于全线隧道、服务区、收费站较多,照明设施耗电量大,后期运营过程中能源消耗高等,因此,建设运营中的低碳环保技术也是本项目建设存在的另一大技术难题。为保障鹤大高速公路的使用质量和寿命,结合科技示范工程,使用了抗冻耐久、环境保护、循环利用及节能减排四方面成套技术。

(一)高速公路建设抗冻耐久技术

建设抗冻稳定公路路基。针对季冻区路基典型病害及长白山区山间湿地分布广的特点,本着"筑牢基础、抗冻耐久"的建设理念,采用隧道弃渣填筑上、下路床,CFG 桩处理湿地路基,盲沟波纹钢管组合保证水系连通等技术来提高路基的冰冻稳定性。通过示范工程实施及监测,首次揭示了基于水温力平衡的季冻区路基冻胀机理,提出了基于湿地保护的路基抗冻耐久修筑关键技术,为广大季冻区建设抗冻耐久路基作出示范。

优化设计采用抗冻少裂路面结构。针对季冻地区路面出现的冻融破坏和低温开裂现象,由以往的被动接受变为主动设防,采用组合式基层沥青路面结构减少反射裂缝,应用路面低温缩裂指数预估方法指导路面结构设计和材料选择,对半刚性基层材料及沥青混合料进行抗冻性能检验提高抗冻耐久性,路面预期开裂减少 20% 左右,提高了行车的舒适性和路面的耐久性。同时结合季冻地区气候特点修筑了 10km 5 种典型路面结构试验路,建成首个季冻区高速公路沥青路面长期性能研究观测基地,为广大季冻区修筑长寿命路面结构及确定材料指标要求提供技术支持。

筑牢抗冻基础,建设百年桥隧。对于桥梁结构,在加强基础抗冻设计施工的基础上,采用抗冻耐久的箱梁结构形式,并综合应用公路工程水泥混凝土的冻融环境作用等级及抗冻等级标准、抗冻混凝土配合比设计及优化方法、双掺及硅烷浸渍混凝土抗冻措施等,提高桥涵抗冻耐久性。应用季冻区隧道抗冻设防等级技术,采用隧道保温层厚度、设置长度计算及优化设计方法,对全线 18 座隧道抗冻保温方案进行动态调整,为整个季冻地区隧道防冻保温提供了工程示范。

（二）生态敏感区高速公路建设环境保护技术

保护黄金水源。长白山是东北三江之源,是多个城市饮用水水源地,为保护水资源,在全线7处服务区推行多介质生物滤池与潮汐流人工湿地组合污水处理技术,利用低温反硝化菌群调控技术,解决了季冻区公路服务区冬季污水处理不达标的行业难题,同时运行成本仅为常规技术的1/4,管理养护简单,建设了全国季冻区首个服务区冬季污水处理稳定达标样板工程。

生态砌块防护。利用大量的隧道弃渣,通过自主设计制造的移动式全智能、高质量的生态型砌块生产设备,加工兼具美观、高强、抗冻于一体、适用不同边坡特点的生态砌块产品,对全线边坡进行生态防护,形成就地转化,就地应用,就地修复的一体化生态修复流程,转化利用率可达90%以上。

打造自然景观。针对沿线的秀美自然风光、源远流长而又独具特色的关东文化,基于早期介入、多学科合作、同步设计的理念,本着提早调查、整体定位、分步实施的设计思路与原则,应用民俗文化及旅游服务与沿线设施景观融合技术,充分挖掘古渤海国、抚松人参、靖宇红色文化等特色,融入建筑与景观小品设计中,展现了"悠悠古驿道述吉林故事、通边达海路展高速新姿"的设计主题,提升了旅游服务品质与旅游价值。

保护林木植被。针对长白山宝贵的森林资源,开发了公路路基分步清表技术,建立了植被分级保护方法,推广应用植被恢复技术,最大限度地保护了原生植物资源。全线共收集表土228.32万m^3,保护原生环境9.1万m^2,保留树木7.5万余棵,真正做到了高速公路建设过程中最大限度地保护自然环境。

（三）地产材料、废弃材料循环利用技术

利用地产材料,打造品质工程。充分利用沿线储量丰富的火山灰及硅藻土,改善沥青路面使用性能。在沥青路面中,采用火山灰填料型改性剂改性沥青混合料,提高高温抗车辙性能70%、低温抗变形能力15%,适合长白山区的环境特点,示范了填料型火山灰沥青改性剂的产业化和规模化应用;在抚松、泉阳连接线下面层推广硅藻土材料,改善沥青混合料的路用性能尤其是高温性能。这两项改性技术的示范及应用,为全国12个火山灰分布省份及10个硅藻土分布省份高速公路建设地产材料的应用提供了经验。

变废为宝,材料循环利用。积极探索废旧材料的循环利用,充分利用废旧轮胎,研究与应用应对极端气候的橡胶粉SBS复合改性沥青成套技术,沥青混合料的高温性能提高幅度可达70%,低温抗变形能力提高幅度达30%,冻断温度可达-36℃,可有效提高沥青路面应对极端高低温气候的能力;以数量巨大的油页岩废渣为原料,提出了不同种类油页岩灰渣在沥青混合料中利用的可行性；以玉米深加工废料为基材，开展植物沥青混合料路用性能研究与应用，开发了以植物沥青为添加剂的道路沥青生产方法。研发产品均在鹤大高速公路得到规模化应用，助推汽车工业、油页岩开发及农业深加工的持续健康发展。

（四）节能减排技术

隧道节能智慧照明。针对高速公路中隧道照明能耗巨大、运营开支居高不下的问题，采用LED照明灯具，实现节能50%，以"安全第一、以人为本、按需照明、节能减排"为宗旨，对全线18座隧道，利用行为感知、环境感知和光电测控技术，以信息处理与融合为手段，通过定点照度测量和差分图像处理对隧道照度进行实时监测，设计并实现了一种"车进灯亮，车走灯暗"的隧道照明节能智慧控制系统，实现了隧道灯光照明的按需供给，在保证行车安全的前提下，相比于灯具全提供80%亮度模式可实现48%的节能。

依托科技实施节能减排。鹤大高速公路在担纲科技示范工程的同时，也是绿色主题性示范项目，推广应用节能减排、资源循环利用及绿色环保等32项技术，施工期共包含施工期集中供电、拌和站油改气、粉煤灰利用、隧道温拌阻燃沥青等8个重点支撑项目，可替代标油4.22万t，节约标煤1.93万t，减排CO_2 12.84万t，节地2360亩，节能减排效益显著。

六、科技创新工程

（一）勘测设计创新技术

1. 测绘技术

设计单位利用先进的全球卫星定位系统（GPS），进行平面控制测量，每个孔位都使用莱卡全站仪、光电测距仪进行实地放位，使用莱卡自动安平水准仪测量高程，为提高勘察工作的精度提供了保障。在平面测量上，采用1：2000航测地形图，保证了用图精度。

2. 勘察技术

在勘察手段上，设计单位采用钻探、物探相结合的综合工程地质勘察方法，应用多项岩土指标工程地质条件进行评价，从而为岩土参数选择的宽泛性和精确性提供了条件。

在钻探工作中，针对不同构造物，采用不同钻探技术，隧道、大桥、互通立交等大型构造物，采用双管双动金刚石钻进技术，保证了岩石的岩芯采取率，针对不良地质地段，采用薄壁取土器应用静压方式采取原状土样，装箱运送，保证土样质量。对于风化岩土，采用双动二重管取土器取样，保证了取样数量。

对于隧道工程，除采用钻探方法外，还采用高密度电法查找构造，采用浅层地震进行层位划分，采用声波测试进行岩体完整性划分，为隧道围岩类别的划分提供了充分条件。

而大部分对勘查工作精确度要求很高的结构复杂的构造物，则采用面波仪、高密度电法仪对桥位区构造进行了探查，充分查明桥位区构造特征。

3. 数字地面模型与相关软件结合

路线的选线、定线及路线设计中，在实测的精密数字地面模型上，采用 CARD/1、纬地和设计单位开发的路线 CAD 系统进行路线的平、纵面线形设计和优化；全线采用运行速度检验平、纵面线形，使平纵组合设计更为合理，行车更为安全。

（二）工程技术创新

依托鹤大高速公路，成功申报了交通运输部"资源节约循环利用科技示范工程"，该工程共开展 22 项研究成果的工程示范，具体项目名称及实施规模见表 8-3-21。

"双示范"科技示范项目名称及实施规模统计表　　　表 8-3-21

序号	名　　　称	规　　　模
1	季冻区柔性组合基层沥青路面合理结构形式的推广应用	269km
2	水泥混凝土抗冻耐久关键技术推广应用	（1）全线桥涵混凝土； （2）伸缩缝、伸缩缝下盖梁、护栏底座、防撞墙
3	高寒山区隧道抗冻保温技术推广应用	全线 18 座隧道
4	火山灰作为胶凝材料在大体积结构水泥混凝土中的推广应用	两处桥梁构造物混凝土
5	填料型硅藻土改性沥青混合料技术推广应用	8km 泉阳连接线
6	植被保护与恢复技术推广应用	全线
7	民俗文化及旅游服务与沿线设施景观融合技术应用	全线旅游景点及服务区
8	弃渣弃方巨粒土路基填筑技术推广应用	全线
9	寒区公路边坡生态砌块及道面铺装成套技术推广应用	97 万 m^2 路基坡面及三座隧道的管理站、变电所场区路面、四湖服务区场区路面
10	机制砂在季冻区结构混凝土中的推广应用	6 座桥梁墩台身混凝土
11	尾矿渣筑路技术推广应用	10 万 m^3 尾矿
12	基于生态补偿的湿地营造技术研究应用	2 处立交区、2 处服务区
13	生态敏感路段湿地路基修筑关键技术研究应用	11km 湿地路段
14	季节性冻土地区高速公路路基路面长期使用性能研究应用	修筑 5 种路面结构，每种 2km
15	填料型火山灰改性沥青混合料技术推广应用	中面层 12km
16	寒区高速公路房屋建筑工程节能保温技术推广应用	雁鸣湖服务区及部分收费站、管理处
17	基于环境感知的高速公路隧道及服务区照明节能与智慧控制技术研究应用	全线隧道、广场、室内、服务区
18	应对极端气候的橡胶粉 SBS 复合改性沥青成套技术研究与应用	主线 81km

续上表

序号	名　　称	规　　模
19	季冻区服务区污水处理与回用技术推广应用	7处服务区
20	煤矸石筑路技术推广应用	抚松连接线4.98km
21	植物沥青混合料路用性能研究与应用	敦化连接线2km
22	油页岩沥青混合料路用性能研究与应用	露水河连接线2.033km

1.公路工程抗冻技术

（1）路基抗冻技术

鹤大高速公路地处季节性冰冻地区，气候对路基的影响主要体现在路基冻胀变形和强度衰减两个方面。在寒冷的冬季，路基土因冻结产生冻胀变形，冻胀达到一定程度后路面出现冻胀隆起及纵向开裂。到春融期，路基冻结土体融化，含水率增大，强度降低，路面易出现沉陷变形及翻浆等现象。路基运营过程中要经历多次冻融作用，土体冻融尤其是细粒土冻融后强度衰减明显，会导致路基本体强度衰减和稳定性降低，路基边坡融滑，影响路面结构的使用质量和使用寿命。此外，土体冻结过程中的水分迁移会加剧冻害程度。在寒冷季节来临时，季冻区土体冻结是上冷下暖模式，土体冻结过程存在水分迁移作用，尤其是地下水埋藏较浅的区域，水分迁移更加明显，冻害更为严重。

路基抗冻技术主要采用两种措施：

一是优选路基填料和改善路基压实状态。路基冻深范围内各层土质填料必须综合考虑路基高度、干湿类型、路面结构类型及容许总冻胀量等因素，结合材料来源，按交通运输部项目《季冻区公路工程抗冻耐久关键技术》提出的"季节性冻土地区路基土质填料冻胀等级要求"选择，优先选择非冻胀和弱冻胀性材料，并保证路基填料的均匀性。

二是通过设置抗冻层改善路基的温湿状态，包括设置路面防冻垫层、置换路基填料、设置隔温层和隔水层等。在相应段落选择了风化的山砂、砾岩以及经过筛选的碎石、砾石土、山间采石场的毛石等作为置换材料，计算了路基的最小置换深度，对路基填料进行了置换，部分段落设置了聚苯乙烯泡沫塑料块作为隔温层。

通过以上技术措施的应用有效地提高了路基的抗冻性能。

（2）路面抗冻技术

根据鹤大高速公路气候条件，推荐采用半刚性基层沥青路面作为主要路面结构形式，提出了组合式基层沥青路面典型结构，提出了适合鹤大高速公路所在的季冻区和交通荷载的沥青路面沥青混合料、半刚性基层材料以及柔性基层材料的性能指标。总结了碎石封层、橡胶改性沥青碎石封层与纤维碎石材料用量的设计方法、原材料选择基本依据、设计方法及施工工艺和质量检测要求。

针对季冻区的环境特点和交通特征，通过对柔性基层适应性的研究，提出了季冻区高等级公路柔性基层沥青路面的合理结构,并对季冻区柔性基层沥青路面材料设计、施工技术、信息监测等进行了深入的分析,推荐柔性基层沥青路面典型结构,开发柔性基层沥青路面使用性能分析系统专业软件,编写了《公路沥青路面柔性基层设计与施工技术指南》,为季冻区铺筑柔性基层沥青路面提供了有力的技术支持,具有显著的经济和社会效益。

(3)桥涵水泥混凝土抗冻技术

桥涵构造物在冰冻作用下的基础冻胀、冻拔现象于20世纪末基本得到解决,但桥涵混凝土在冻融循环、饱水程度、氯盐环境综合作用下的混凝土剥落、骨料外露、裂缝等病害多发问题未得到有效控制,不仅影响桥涵结构外观,并且病害会由表及里向结构内部发展,产生钢筋锈蚀,造成桥涵结构损伤,影响结构的使用寿命和安全。

针对鹤大高速公路有抗冻需求的混凝土构件,通过优化配比、掺加矿物掺合料、调整含气量和气泡特征参数,减轻甚至消除混凝土出现的抗冻耐久性病害以及衍生病害问题,提高构造物的长期耐久性能,降低工程后期的维修养护费用。

具体措施为护栏底座混凝土、伸缩装置预留槽混凝土采用优化配合比设计;墙式护栏混凝土采用透水模板布(仅限路线内侧);设伸缩装置处盖梁混凝土采用硅烷浸渍;另外,对护栏底座、伸缩装置预留槽、墙式护栏、盖梁的抗冻水泥混凝土提出原材料指标要求及精细化施工要求,编制了《鹤大高速公路抗冻水泥混凝土施工技术指导手册》,保证了抗冻水泥混凝土工程的质量。

(4)隧道抗冻保温技术

鹤大高速公路各隧道气象资料和地下水情况调查表明,隧道最冷月平均气温为-16.1～-13.6℃,最大冻结深度为1.45～1.84m。根据隧道寒冷程度分级可知,鹤大高速公路各隧道属于"寒"级到"重寒"级。同时当隧道内存在地下水,且存在一定补给时,容易发生Ⅳ、Ⅴ级冻害,所以有必要对隧道进行抗冻保温处理。

隧道保温防冻设计基本原则:小于等于800m的隧道全长进行保温技术设计;大于800m隧道,仅在两侧洞口段进行300m保温设计,洞中段采取其他抗冻技术措施。同时遵循动态调整原则:根据隧道抗冻等级选取不同的衬砌结构抗冻措施,在基本保持全线总的隧道保温长度计划规模前提下,各隧道之间可重新调配保温长度,由建设单位、设计单位、监理单位及技术推广单位等共同研究确定。最终根据现场调研结果以及隧道长度、排水长度和纵坡设计,确定鹤大全线要做保温的隧道共9座,所需要的保温层长度共13743m。另外,有3座隧道保温层缓做,包括小沟隧道、白水滩隧道大连端和东南岔隧道,总长度5545m。有6座隧道保温层可暂时不设,其中包括后崴子隧道、荒沟门隧道、十道羊岔隧道、兴林隧道、光华隧道和马当隧道。

通过与聚氨酯等其他保温材料进行技术经济对比研究,最终采用聚酚醛保温材料铺设保温层,厚度为51～66mm。该材料在保证保温层效果的同时,造价低,而且,由于其具有较高的阻燃性能,有效地增强了保温层在施工、运营期间的安全性,同时在火灾发生时,不产生有毒气体。通过聚酚醛保温材料在鹤大高速公路隧道保温工程中的应用,以国家推荐标准《绝热用硬质酚醛泡沫制品》为基础,参考工程协会建设标准《酚醛泡沫板薄抹灰外墙外保温工程技术规程》,并结合隧道结构、环境特征,提出了一套适合于隧道衬砌表面铺设的酚醛保温材料质量控制性参数及相应检测指标。

充分总结抗冻水泥混凝土、路基、路面、桥涵及隧道抗冻技术经验,吉林省交通运输厅作为主编单位编写了行业标准《季节性冻土地区公路设计与施工技术规范》(JTG/T D31-06—2017),该标准是国内第一部季冻区公路工程抗冻设计与施工推荐性标准。通过对全国季冻区不同片区已建和在建的公路工程开展技术调研和试验验证工作,提出了基本资料调查、抗冻水泥混凝土、路基、路面、桥涵及隧道抗冻技术指标与标准,能够适应季节性冻土地区公路建设的需要。与国内外相关规范相比较,体现了公路工程抗冻设计与施工新技术、新材料、新工艺发展的最新水平,并与国际规范相接轨,总体技术水平已达到国际先进水平。

2. 火山灰填料型改性沥青技术

将火山灰磨细作为填料改性沥青胶浆及沥青混合料性能。火山灰填料型改性剂的性能指标见表 8-3-22。

火山灰填料型改性剂技术指标要求　　表 8-3-22

项目	表观密度 (t/m³)	比表面积 (m²/g)	$K_2O + Na_2O$ 含量(%)	过渡金属元素 含量(%)	粒度范围(%)		
					<0.6mm	<0.15mm	<0.075mm
指标	≤2.7	≥2.0	≥3	≥3	100	90~100	75~100

填料型火山灰改性沥青混合料的各项技术指标要求见表 8-3-23。施工过程见图 8-3-9。

填料型火山灰改性剂沥青混合料技术指标　　表 8-3-23

试验项目	技术要求	
	普通沥青	改性沥青
双面击实次数(次)	75	
空隙率(VV,%)	3~5	
矿料间隙率(VMA,%)	≥13	
沥青饱和度(VFA,%)	65~80	
稳定度(kN)	≥8	
流值(mm)	2~4	—
车辙试验动稳定度(次/mm)	≥1500	≥4000
浸水马歇尔残留稳定度(%)	≥80	≥85
冻融劈裂试验残留强度比(%)	≥75	≥80
小梁弯曲应变(με)	≥2300	≥3000
渗水系数(mL/min)	≤120	

图 8-3-9　施工过程

火山灰沥青混合料施工过程与普通沥青混合料基本一致,无论是对混合料的拌和设备、摊铺温度,还是在碾压过程中对碾压次数、碾压时间、碾压温度等方面都没有特殊要求。施工过程严格按照《公路沥青路面施工技术规范》(JTG F40—2004)有关规定执行。

考虑到材料的特殊性,填料型火山灰改性剂进场后,应有专用工棚储存,并用苫布苫盖,避免裸露堆放,导致雨淋潮湿。火山灰填料型改性剂可用矿粉仓储料投料,也可单独立罐。

3. 基于湿地保护的路基修筑关键技术

1) 关键技术

在湿地路段修筑路基应在遵循路基安全稳定的前提下,最大限度地保证湿地的整体连接。湿地地基处理时采用直接填筑替换清除表土,以减少对原有湿地的扰动;湿地地基与高填方结合段,采用换填轻质 EPS 块等以降低路基自重(图 8-3-10);路基本体根据填高不同可以换填轻质材料、加铺土工格栅等;选料阶段考虑材料的酸碱性;此外边沟的形式也可以根据实际地形取消,或采用浅碟式等。

图 8-3-10　EPS 块换填施工

(1) 湿地地基处理技术

一般的，软土地基与不良地基处理主要是改善地基条件，改善地基土的剪切特性、压缩特性、透水特性、动力特性、特殊土的不良地基特性。在湿地地基处理选择方法时，可在常用的处理技术中选择性使用，如采用垫层法、粒料桩置换等方法。

(2) 湿地路基修筑技术

对于中等厚度以上的草炭土路段，采取挖出换填的方法并不经济，并且由于沼泽地地势低洼、地下水位浅甚至与地表水连通，泥炭土呈流塑状，排水困难。因此出于不破坏原状草炭土地层和保护湿地，及提高路基的整体稳定性和抗变形能力、方便施工、就地取材的原则，可采用直接填筑、轻质路堤、加筋路堤、砂砾风化软岩混合料垫层及复合土工布等处置对策。

(3) 湿地路段路基两侧水系连通性保障技术

为了更加定量化表征公路建设对湿地水系连通性产生的影响，从大模型中选取公路覆盖区周边地下水流向较为一致的区域建立嵌套模型，使其更准确反映不同公路路线与水流方向的夹角、不同路基填筑方式、不同地层分布情况等对湿地水流的阻隔效应大小，从而提出有效的湿地水系连通性保护技术。

采用排水垫层与横向盲管的组合方式可以有效补偿湿地水系连通。由于满铺碎石排水垫层存在增加自重、压缩原始湿地、降低地基横向透水系数的缺点，可根据等截面换算的方法进行间断式铺设横向碎石盲沟。横向盲管经长期使用后存在淤堵问题，后期维护有一定的困难，可采用地面横向铺设波纹钢管的方法予以解决。

2) 工程实施情况

通过气候、水文、地质及筑路材料的分布情况比选，确定鹤大高速公路敦化（吉黑界）至抚松段及靖宇至通化段 2 个应用段落。这两段落均位于山岭重丘区，地下水系较丰富，且多为山涧沟谷地，地表排水不畅，部分路段已沼泽化，腐殖土较厚，路线经过的这二个段落均为典型林下湿地。典型的地层结构是：表层 0~1.5m 草炭土及淤泥质土，呈软塑状态，下部土质较好，个别段落为软土层，层厚度在 150cm 以内的小范围段落。

结合工程设计方案，本技术成功设置了 24 道碎石盲沟+波纹钢管组合结构，具体方案如表 8-3-24 所示。

湿地路段分布及自治方案　　　　表 8-3-24

序号	段落桩号	路基平均填高（m）	地质描述	原设计方案	采用处治方案	具 体 桩 号
1	K695+100~K696+400	3.25	7.8m 淤泥质土（林间湿地）	清除表层土，打入 CFG 桩或排除明水，清除淤泥换填风化碎石	直接填筑+CFG+盲沟+波纹钢管	K695+120、+250、+310、+370、+490、+640、+780、+940、K696+000、+060、+120、+270、+330

续上表

序号	段落桩号	路基平均填高（m）	地质描述	原设计方案	采用处治方案	具体桩号
2	K696+889～K697+159	2.82	1.5m 草炭土	清除泥质土，换填风化碎石	直接填筑+土工格栅+盲沟+波纹钢管	K696+890、+950 K697+070、+130、+300、+420
3	K697+299～K697+469	4.41				
4	K283+300～K283+760	5.75	软土（沼泽湿地）	粒料桩（或者清除泥质土，换填风化碎石）	原设计+盲沟+波纹钢管	K283+350、+410、+470、+530、+590

施工时，先填筑路基，之后反向开挖碎石盲沟坑槽，铺设土工布后回填碎石并加铺透水盲管。利用碎石盲沟作为基础，将波纹钢管置于其上，同时对入水口及出水口进行防淤堵及防冲刷处理。

本结构在季冻区湿地填方路基路段从方案到实施的应用尚属首次，具有易于施工、结构耐久、工程造价低、效果明显等优点，并在湿地路段填方路基两侧湿地保护的设计上取得了突破性的进步。从工程实施效果看，路基两侧水系通畅，且本结构与生态敏感湿地自然结合，与周边环境和谐统一。

4. 生态砌块产品研发及应用技术

利用弃渣作为主要原材料的多种规格的路面砖、路缘石、护坡砌块、挡土墙砌块等特殊异形砌块，用于公路边坡防护工程以及公路服务区建设工程。

生态砌块防护工程质量应按表 8-3-25 的要求逐项进行检验。

生态砌块铺装检测标准 表 8-3-25

项次	检查项目	规定值或允许偏差	检查方法和频率	分值
1	防护坡面顶面高程（mm）	±20	水准仪，20m 检 3 点	15
2	各铺筑段铺砌长度（mm）	±30	尺量，20m 或自然段，长、宽各 3 处	20
3	平整度（mm）	30	2m 尺，20m 检 5 处×3 点	20
4	坡度（%）	0.5	坡度尺，20m 检 3 点	20
5	基础、坡脚尺寸（mm）	符合设计，±30	尺量，20m 检 5 点	15
6	外观评定	符合设计	目测	10

在鹤大高速公路全线，边坡防护采用梅花形、一字形、宝字盖形、燕尾形、中字形等生态砌块（图 8-3-11）。生态砌块以隧道弃渣为主要原料，大大减少了取弃土数量、减少占地、降低成本，十分有效地变废为宝，更减少了对生态环境的破坏。

在鹤大高速公路沿线敦化市红石乡建立生态砌块厂，年产 5 万 m^3 生态混凝土砌块制品，全自动化生产线成套设备由配料搅拌系统、成型系统、输送系统、码垛系统和控制系统五大部分组成。

图 8-3-11　鹤大高速公路生态砌块护坡

5. 弃方弃渣巨粒土填石路基技术

以隧道弃渣、边坡开挖的风化板岩和灰岩为填石料,可减少土地资源的占用,推动公路弃渣的资源化。

填石路堤按水平分层挂线作业,严格控制高程、摊铺厚度,采用分层压实的方法进行施工,施工工艺如下:

(1)松铺层厚根据岩石饱水抗压强度确定分为两种,硬质岩石(饱水抗压强度 60MPa 以上)层厚为 60cm、80cm、100cm,中硬质岩石(饱水抗压强度 30~60MPa 之间)层厚为 50cm、60cm、80cm。

(2)对于用作填料的石质挖方路段,施工时应考虑填方石料的要求,合理选择爆破方案和参数,尽量减小爆破后的岩石粒径。填料在运输时应尽量使填料大、小粒料混合均匀,避免大粒径填料集中装运。

(3)完成该段路线的中线控制、水准点复测及桩号加密工作,以备填筑过程中的质量控制检测所用。

(4)填石路基要求进行边坡码砌,边坡码砌必须和路基填筑同步进行,做到层层码砌,各层的码砌应在填料压实后进行,边坡码砌前应先用挖掘机刷破,并对初步修整后边坡进行适当的压实。

(5)填石路堤的边坡坡率按岩石强度(硬质岩石和中硬岩石)和填高(8m 以上和 8m 以下)确定。硬质岩石 8m 以上采用 1∶1,8m 以下采用 1∶1.3;中硬质岩石 8m 以上采用 1∶1.3,8m 以下采用 1∶1.5。

(6)填石路基要采用渐进式铺料法进行施工。施工时要求填料的料堆和摊铺同时进行,首先摊铺一个工作面,面积宜在 40m^2 左右,摊铺厚度可低于最终摊铺厚度 10cm 以上。填石料可直接堆放在摊铺初面的表面上,由大功率推土机向前摊铺,形成新的工作面。自卸汽车在新的工作面上卸料,大功率推土机再向前摊铺,填料向前推移的距离不宜小于 3m。

(7)摊铺时填石料表面平整度要求不大于层厚的10%。未达到平整度要求的填石路堤,应在表面局部补充细料并加强人工整平,在达到填料平整度要求后,方可进行下一步工序。

(8)需有专门的人工配合进行大粒径料的破碎及整平,较大的石块可用于边坡码砌。对于摊铺后明显缺乏细料的地方应补充细料。

(9)应加强人工对路基边缘部位的整平。摊铺平整的填石路堤,除平整度应达到要求外,填料表面应无明显的突出点。

在鹤大高速公路吉林省境内共339.43km,分别为敦化(吉黑界)至抚松段共计推广利用石方填筑1229万 m^3,靖宇至通化段共计推广利用石方填筑418万 m^3。

第四节 集安至双辽高速公路(G1112)吉林段

集安至双辽高速公路(G1112,以下简称"集双高速公路")是《国家高速公路网(2013—2030年)》的"71118"高速公路网中鹤大高速公路的联络线,同时也是吉林省"五四三二一"高速公路网总体布局中"三横"的第三横。集双高速公路的建设对于加快国家、东北、吉林省高速公路网主骨架的形成,以及完善优化区域路网布局结构等都将起到巨大的推动作用。

集双高速公路(图8-4-1)起自集安市,经清河镇、头道镇、通化县、通化市、二密镇、三源浦镇(机场)、柳河镇、进化镇、梅河口市、东丰县、渭津镇、辽源市、泉太镇、天德镇、石岭子镇、四平市、梨树县、林海镇、刘家馆子镇,止于双辽市,全长394km(不包括鹤大高速公路共线段和辽宁省内路段)。因建设时序不同,共划分为五个段落,分别为集安至快大茂(通化)段、快大茂(通化)至通化(马当)段、通化(马当)至梅河口段、梅河口至东丰段、东丰至双辽段。

图8-4-1 集双高速公路(吉林段)路段实景

集双高速公路集安至快大茂(通化)段,里程82km,在建路段。

集双高速公路快大茂(通化)至通化(马当)段,里程20km,与鹤大高速公路共线,具体情况见第八章第三节。

集双高速公路通化(马当)至梅河口段于2013年1月开工,2015年11月建成通车,里程98km,投资70.39亿元(概算)。

集双高速公路梅河口至东丰段于2009年4月开工,2010年11月建成通车,里程16km,投资3.86亿元(决算)。

集双高速公路东丰至双辽段,里程198km(不含辽宁省内9km),在建路段。

已建设路段项目详细情况见下文,基础信息具体见表8-4-1。

集双高速公路(已建路段)基础信息表　　　表8-4-1

序号	编号	项目名称	规模(km)			建设性质	设计速度(km/h)	永久占地(亩)	投资情况(亿元)				建设时间(开工~通车)	共线路段		备注
			合计	八车道	六车道	四车道				估算	概算	决算	资金来源		里程	编号	
1		集双高速公路快大茂(通化)至通化(马当)段	20			20	—	—	—	—	—	—	—		20	G11	与鹤大高速公路共线,占地投资在鹤大高速公路中计列
2	G1112	集双高速公路通化(马当)至梅河口段	98			98	新建	100	11895	69.70	70.39	—	中央补贴、地方自筹、银行贷款	2013.1~2015.11			
3		集双高速公路梅河口至东丰段	16			16	新建	100	753	4.31	4.57	3.86	中央补贴、地方自筹、银行贷款	2009.4~2010.11			

一、集双高速公路通化(马当)至梅河口段

(一)概述

1. 基本情况

(1)主要控制点

马当村(二密镇)、三源浦镇(机场)、柳河县、进化镇、梅河口市、湾龙镇(梅河口)。

(2)建设时间

2013年1月开工建设,2015年11月建成通车。

(3)地形地貌

吉林省南部半山区,属长白山脉,总体地势东南高西北地,地形起伏变化相对较大。按地形、地貌形态沿线可划分为低山、丘陵状台地、山前倾斜台地、山间谷地、河谷一级阶

地漫滩 5 个地质单元,区域稳定性较好。

(4)技术标准

设计速度为 100km/h,双向四车道;路基宽度为 26.0m;桥涵设计荷载为公路—Ⅰ级,设计洪水频率 1/100;沥青混凝土路面。

(5)建设规模

建设里程 98km,全线设大桥 17 座,中桥 8 座,涵洞 221 道,隧道 8 座,互通式立体交叉 6 处,分离式立体交叉 17 处,天桥 27 座,通道 50 处;设收费站 5 处,服务区 2 处,管理处及养护工区 3 处,管理处分局 1 处,隧道变电所 10 处。

项目主要桥梁、隧道及路面信息具体见表 8-4-2 ~ 表 8-4-4。

集双高速公路通化(马当)至梅河口段主要桥梁信息表 表 8-4-2

序号	类型	名称	桥梁长度(m)	主跨长度(m)	跨越障碍物	桥梁结构
1	大桥	三道阳岔大桥	632	25	沟谷	预应力钢筋混凝土箱形梁
2		八宝沟大桥	427	20	沟谷	钢筋混凝土箱形梁
3		曙光村 1 号大桥	364	25	沟谷	钢筋混凝土箱形梁
4		四道阳岔大桥	187	20	沟谷	钢筋混凝土箱形梁
5		曙光村 2 号大桥	210	20	沟谷	钢筋混凝土箱形梁
6		新华村大桥	577	30	沟谷	钢筋混凝土箱形梁
7		柞木村大桥	509	20	沟谷	钢筋混凝土空心板梁
8		辛家街大桥	140	20	沟谷	钢筋混凝土箱形梁
9		三统河大桥	608	40	河流	钢筋混凝土 T 梁
10		板庙子大桥	575	25	沟谷	钢筋混凝土箱形梁
11		柳树河子大桥 1 号	107	20	河流	预应力钢筋混凝土连续箱梁
12		柳树河子大桥 2 号	107	20	河流	预应力钢筋混凝土连续箱梁
13		一统河大桥	337	30	河流	预应力钢筋混凝土连续箱梁
14		碱水河大桥	487	20	河流	预应力钢筋混凝土连续箱梁
15		帽沟村大桥	187	20	道路、铁路	预应力钢筋混凝土连续箱梁
16		崔粉坊大桥	107	20	河流	预应力钢筋混凝土连续箱梁
17		辉发河大桥	937	30	河流	预应力钢筋混凝土连续箱梁
18	中桥	宋树经沟中桥	45	13	沟谷	钢筋混凝土 T 梁
19		宋树经沟中桥	45	13	沟谷	钢筋混凝土 T 梁
20		曲家沟中桥	45	13	沟谷	钢筋混凝土 T 梁
21		福利屯中桥	60	20	沟谷	钢筋混凝土箱形梁
22		大横道河中桥	67	20	沟谷	钢筋混凝土箱形梁
23		曙光村中桥	67	20	沟谷	钢筋混凝土箱形梁
24		新发中桥	67	20	河流	预应力钢筋混凝土连续箱梁
25		张家粉坊中桥	45	13	河流	预应力钢筋混凝土 T 梁

集双高速公路通化（马当）至梅河口段隧道信息表　　表8-4-3

序号	类型	名　　称	隧道全长(m)	洞门形式	隧道分类	
					按地质条件划分	按所在区域划分
1	长隧道	板庙子隧道(左)	2458	端墙式、削竹式	石质隧道	石质隧道
2		板庙子隧道(右)	2458	端墙式、削竹式	石质隧道	石质隧道
3		柳树河隧道(左)	2086	削竹式、端墙式	石质隧道	石质隧道
4		柳树河隧道(右)	2039	削竹式、端墙式	石质隧道	石质隧道
5	中隧道	新华村1号隧道(左)	860	削竹式、削竹式	石质隧道	山岭隧道
6		新华村2号隧道(右)	860	削竹式、削竹式	石质隧道	石质隧道
7		湾沟一号隧道(左)	786	端墙式、削竹式	石质隧道	石质隧道
8		湾沟一号隧道(右)	786	端墙式、削竹式	石质隧道	石质隧道
9		湾沟二号隧道(左)	748	削竹式、削竹式	石质隧道	石质隧道
10		湾沟二号隧道(右)	748	削竹式、削竹式	石质隧道	石质隧道
11		福利屯隧道(左)	792	削竹式、削竹式	石质隧道	石质隧道
12		福利屯隧道(右)	792	削竹式、削竹式	石质隧道	石质隧道
13	短隧道	新华村2号隧道(左)	500	端墙式、削竹式	石质隧道	石质隧道
14		新华村2号隧道(右)	500	端墙式、削竹式	石质隧道	石质隧道
15		新华村3号隧道(左)	434	削竹式、端墙式	石质隧道	石质隧道
16		新华村3号隧道(右)	434	削竹式、端墙式	石质隧道	石质隧道

集双高速公路通化（马当）至梅河口段路面信息表　　表8-4-4

路面类型	起讫里程	长度(km)	路面结构
沥青路面	K101+000～K199+000	98	上面层:4cm 沥青玛蹄脂碎石混合料 下面层:6cm 中粒式沥青混凝土 柔性基层上基层:8cm 沥青碎石 下基层:34cm 水泥碎石 底基层:18cm 水泥砂砾 垫层:15cm 碎石

注：起讫里程来源于《全国道路网调整后里程桩号传递表》。

（6）投资规模

估算金额69.70亿元，概算金额70.39亿元。

2．参建单位

（1）项目建设管理单位

项目的建设管理单位是吉林省高等级公路建设局。

（2）勘察设计单位

项目的勘察设计任务由中交路桥技术有限公司、山西交科公路勘察设计院及北京五豪世纪建筑设计有限公司共同完成。

(3)施工单位

项目的施工任务由吉林省交通建设集团有限公司完成。

(4)监理单位

项目的监理任务由吉林省公路工程监理有限责任公司等9家公司承担。

项目参建单位信息具体见表8-4-5。

集双高速公路通化(马当)至梅河口段参建单位一览表　　表8-4-5

序号	参建单位	单位名称	合同段编号及起止桩号	主要负责人	备注
1	项目管理单位	吉林省高等级公路建设局	K1+856.434~K99+990	谢玉田	
2	勘察设计单位	中交路桥技术有限公司	K1+856.434~K99+990	余景顺	
3		山西交科公路勘察设计院			
4		北京五豪世纪建筑设计有限公司			
5	施工单位	吉林省交通建设集团有限公司	K1+856.434~K99+990	孙学奎	主体工程
6	监理单位	吉林省公路工程监理公司	TMZJ01:K1+846~K49+950	佟中锐	总监办
7		北京泰克华城技术信息咨询有限公司	TMZJ02:K49+950~K99+990	高清波	总监办
8		山东格瑞特监理咨询有限公司	TMJ01:K1+846~K15+000	赵宝声	驻地办
9		吉林市万丰公路工程监理有限责任公司	TMJ03:K30+000~K49+950	延辉	驻地办
10		辽宁省公路工程监理咨询有限公司	TMJ04:K49+950~K68+200	杨胜	驻地办
11		吉林省康桥交通建设监理有限公司	TMJ05:K68+200~K83+600	姜才峰	驻地办
12		吉林省公路工程监理事务所	TMJ06:K83+600~K99+990	尹广河	驻地办
13		中安铁(北京)国际工程监理有限公	TMJ07:K1+846~K49+950	高英	房屋建筑工程监理
14		吉林省利达工程项目管理有限责任公司	TMJ08:K49+950~K99+990	朴相吉	房屋建筑工程监理

注:信息来源于竣工验收文件及建设管理单位。

(二)建设情况

1. 前期准备

1)项目审批

(1)立项审批

①2010年,吉林省发展和改革委员会提交了《关于报批集双高速公路通化至东丰段工程可行性研究报告的请示》(吉发改审批〔2010〕313号);

②2011年,吉林省发展和改革委员会提交了《关于集双高速公路通化至东丰段资金落实情况的报告》(吉发改交运〔2011〕1219号)及有关补充材料;

③2012年,国家发展和改革委员会下发了《国家发展改革关于吉林省通化至东丰公路可行性研究报告的批复》(发改基础〔2012〕1152号)。

(2) 设计审批

①2012年8月10日,交通运输部下发了《交通运输部关于通化至东丰公路初步设计的批复》(交公路发〔2012〕378号);

②2012年12月21日,吉林省交通运输厅下发了《关于通化至梅河口高速公路两阶段施工图设计的批复》(吉交审批函〔2012〕28号);

③2014年6月3日,吉林省交通运输厅下发了《吉林省交通运输厅关于通化至梅河口高速公路管养及服务设施施工图设计的批复》(吉交函〔2014〕178号);

④2014年7月7日,吉林省交通运输厅下发了《吉林省交通运输厅关于通化至梅河口高速公路机电、预埋管道及10kV供电工程两阶段施工图设计的批复》(吉交函〔2014〕235号)。

(3) 其他审批

①2011年3月16日,水利部水土保持监测中心下发了《关于报送〈集双高速公路通化至东丰段工程水土保持方案报告书〉技术审查意见的报告》(水保监方案〔2011〕41号);

②2011年,水利部下发了《关于集双高速公路通化至东丰段工程水土保持方案的复函》(水保函〔2011〕126号);

③2011年9月29日,环境保护部下发了《关于集双高速公路通化至东丰段工程环境影响报告书的批复》(环审〔2011〕272号);

④2013年7月1日,吉林省国土资源厅下发了《吉林省国土资源厅关于集双高速通化至梅河口段取土场、弃土场项目土地复垦方案审核意见的复函》(吉国土资函〔2013〕124号);

⑤2014年3月7日,吉林省国土资源厅下发了《〈集双高速公路通化至东丰段建设项目压覆矿产资源调差报告〉审查意见》(吉国土资压字〔2014〕15号);

⑥2014年12月8日,国土资源部下发了《国土资源部关于集安至双辽高速公路通化至东丰段工程建设用地的批复》(国土资函〔2014〕619号)。

2) 资金筹措

项目资金来源为中央补贴、地方自筹和银行贷款,其中银行贷款42.98亿元,中央补贴9亿元,地方自筹17.72亿元。

3) 工程勘察设计

路线平面设计综合考虑地形地质条件、现有道路、河流、沟渠及环境保护要求等因素,灵活运用直线、圆曲线等现行要素,构造顺适、均衡、各项指标协调的平面线形。纵断面设计在满足地形、地质条件等要求的前提下,合理地控制设计高程,尽量避免路基大填大挖,力求纵坡均匀连续,平纵面配合得当。线形设计依照平面流畅、纵面均衡、配合得当的原则进行,保证汽车行驶的安全性及驾驶员视觉的连续性。

路基横断面分为整体式断面和分离式断面,设计高程为中央分隔带外侧边缘高程。路基设计涉及填方路基、挖方路基、地基表层处理、低填浅挖路基及土质路床处理、公路用地界、中央分隔带、填石路基、高填方路基、深路堑路基、纵横向填挖交界路基及陡坡路堤、桥头路基处理、特殊路基设计、路基支挡加固及防护工程设计、取弃土方案及环保节约用地的措施、路基路面排水。

路面设计采用双圆垂直均布荷载作用下的多层弹性连续体系理论,以路表面回弹弯沉值、沥青混凝土层底拉应力及半刚性基层、底基层的层底拉应力为设计指标,计算路面结构厚度。

桥梁跨径选择根据地形、地质、水文条件及地方需求、跨越铁路等情况,主要采用13m跨简支T梁,20m、25m、30m跨装配式预应力混凝土连续箱梁、40m跨装配式预应力混凝土连续T梁;下部结构桥墩根据高度不同主要采用圆柱墩和矩形实心墩,桥台主要采用肋板台、柱式台、U形台和一字台;基础根据地基承载力不同分别采用钻孔灌注桩基础和明挖扩大基础。

隧道设计遵循"早进洞晚出洞"的原则,尽量减少对洞口山体及植被的破坏,保护自然环境,同时结合洞口排水、防护等因素选择进、出洞口位置。隧道洞门设计考虑其观赏效果,对洞口进行绿化防护,使洞口与自然景观相协调。

2. 项目实施

(1)招投标

2012年7月30日吉林省政府专题会议纪要《研究解决省交通建设集团改制遗留有关问题》确定,为解决吉林交建集团改制方案中承诺的事项,吉林省国资委作为采购人承接集双高速公路通化(马当)至梅河口段高速公路工程。2013年1月吉林省人民政府国有资产监督管理委员会与吉林省交通建设集团有限公司签订《施工合同》,将项目施工任务交给吉林交建集团,同时吉林省国资委全权委托吉林省高等级公路建设局负责项目建设的组织和管理。

项目监理工作由吉林省高建局通过公开招标择优选择。

(2)征地拆迁

集双高速公路通化(马当)至梅河口段批复征地拆迁费6.02亿元,永久占地793hm^2,其中林地262hm^2,耕地及其他土地531hm^2。拆迁建筑物费用0.65亿元,赔偿树木、青苗费用0.97亿元,拆迁电力电信线路0.65亿元。征地拆迁工作分别委托给通化县、柳河县以及梅河口市政府负责。省高建局与地方政府签订《征地拆迁承包责任书》,由地方政府成立高速公路建设指挥部,负责本地区的征地拆迁具体工作。在地方政府和交通运输部门的大力支持及协助下,征地拆迁工作得到了切实有效的落实,及时提供了建设用地,为工程建设的顺利实施创造了良好的外部环境。

（3）施工情况

为安全、优质、按期完成施工任务,创建一条生态路、环保路、高质量路,施工单位本着精干、高效的原则,以集团总经理为总指挥,党委书记、总工程师、技术副总、财务副总组建交建集团总部管理小组,对集双高速公路通化(马当)至梅河口段整体质量、安全、进度、资金使用进行总体调控,同时组建10个路基桥隧项目部、1个绿化项目部、1个交安项目部、1个机电项目部及房建项目部共计14个项目经理部,全面负责项目具体施工组织管理工作。

在质量管理上,建立以项目经理为首的质量保证体系,在各施工队、作业组监理质量管理小组,建立健全内部质量检查机构,根据项目质量管理需要,制定施工交底复核制度、材料采购制度、工艺流程设计及试验制度、隐蔽工程检查签证制度、质量检测制度、关键岗位培训和持证上岗等重要质量管理制度,有效保证了工程质量。

在进度管理上,本着精心组织、科学施工、严格管理的原则,以施工组织设计来指导生产,对工程的重点、难点和控制工期的工序,认真研究,抓住关键线路,对施工重点优先安排,增加人力、物力、财力的投入,确保各项工程按期完成。

在安全管理方面,牢固树立"安全第一、预防为主"的指导思想,坚持以人为本的安全生产理念,建立健全安全生产管理体系,落实安全生产教育制度和检查制度,执行事故处理报告制度和现场施工安全值班制度,并根据现场实际制定安全保护措施和安全操作规程。施工中严格落实安生产各项制度,对施工现场的防火、防爆、防涝、防雷、高空作业、施工机械操作、基坑开挖和钻孔技术等关键工程做好各项应急措施,并进行相关应急演练,杜绝了重大安全生产事故的发生。

在环保水保控制方面,建立相应保证体系,根据环境影响评价报告书、水保方案报告书及相关批复要求开展环保水保工作,在植物保护和恢复、噪声和大气污染防治、污水处理、施工扬尘等方面,制订可操作性强的制度办法,加强宣传和引导,提高施工人员的环保意识,强化现场检查和落实,不断完善环保水保设施,确定目标实现。

（4）监理情况

项目实行总监理工程师负责制,设二级监理机构,即总监理工程师办公室和驻地监理工程师办公室。总监办设工程部、合同部、综合办公室、监理中心试验室。驻地监理办公室有监理代表及道路、结构、计划、试验、测量监理工程师组成。

为满足监理工作的需要,总监理办公室在工程上配备的监理人员总数为22人,监理人员中具有高级技术职称的有8名,占监理人员总数的37%;具有中级技术职称的监理人员有10名,占监理人员总数的45%;具有初级技术职称的监理人员有4名,占监理人员总数的18%。监理人员构成符合交通部规定的监理人员组合比例。进场监理人员全部持有证书,其中持有交通部全项或专项监理工程师证书16名,监理员证书6名,持证上岗率100%,符合规定要求。

在质量监理方面,对原材料、施工过程和工序交接三大方面加强质量监管,严格执行监理实施细则要求,严把质量关,不合格材料决不允许进场,不合格工程坚决返工,不合格分项工程决不通过验收或转序,从总监办中心试验室测定的检测数据上看,单位工程优良率为100%,建设项目监理单位质量评分为98.4分,圆满完成监理任务。

在进度监理方面,坚持进度服务质量的基本原则,在总体工期计划的基础上,认真审核施工单位年度和月度施工计划,重点监督施工企业资源配置、计划落实及施工方案是否合理,现场随时发现问题,及时纠偏,建立日报表制度,及时统计进度完成情况,对计划完成严重失衡的标段,与施工企业共同研究调整计划,确保工程按期交工。

在安全监理方面,一是建立内部监理安全保证体系和相关制度;二是强化施工企业安全意识和安全管理行为,加强对施工方案中安全措施的审查;三是加强旁站和巡视中安全隐患排查,及时要求整改;四是及时督促落实安全生产费用;五是针对存在的问题,夯实安全生产责任,落实安全生产法律法规;六是对存在的重大安全隐患按合同要求进行处罚。

在环保水保监理方面,一是建立环保水保管理体系,配备专职监理工程师,编制弃渣管理、耕地保护、植被保护、边坡稳定治理、水污染治理等监理方案;二是重点审查环保方案,特别对隧道进出口植被保护方案依据环境影响报告书要求全方位进行审查;三是定期开展环保水保检查,及时处理存在的问题,督促完善环保水保措施和相关设施。

3. 竣(交)工验收

2015年11月,吉林省高等级公路建设局、吉林省高速公路管理局、吉林省高速公路集团公司、吉林省公路管理局、吉林省通化市交通运输局及吉林省交通基本建设质量监督站组成交工验收委员会,依据《公路工程竣(交)工验收办法》及《公路工程竣(交)工验收办法实施细则》要求,对集双高速公路通化至梅河口段进行交工验收。经施工单位自检、监理抽检、指挥部检查评定,工程质量评分96.26分。交工验收委员会根据工程现场、交工文件检查情况及吉林省交通基本建设质量监督站《集安至双辽高速公路通化至梅河口段工程建设项目交工检测意见》认定本项目为合格工程,同意通过交工验收,即日起试运营。

二、集双高速公路梅河口至东丰段

(一)概述

1. 基本情况

(1)主要控制点

湾龙镇(梅河口)、东丰县。

(2)建设时间

2009年4月开工建设,2010年11月建成通车。

(3)地形地貌

项目所经地区为丘陵区,平均海拔374m,川谷平地星罗棋布,分水岭多为波浪状起伏,起伏较大,区内植被以旱田、林地为主,局部为水田。

(4)技术标准

设计速度为100km/h,双向四车道,路基宽度为26.0m,桥涵荷载为公路—Ⅰ级,设计洪水频率为1/100;沥青混凝土路面。

(5)建设规模

建设里程16km,全线设中桥3座,涵洞41道,互通式立体交叉2处,分离式立体交叉1处,天桥5座,通道13处;设收费站1处。

项目主要桥梁及路面信息具体见表8-4-6、表8-4-7。

集双高速公路梅河口至东丰段主要桥梁信息表　　　　表8-4-6

序号	类型	名称	桥梁长度(m)	主跨长度(m)	跨越障碍物	桥梁结构
1	中桥	共安中桥	66	20	道路、铁路	预应力钢筋混凝土连续箱梁
2		庆和中桥	66	20	道路、铁路	预应力钢筋混凝土连续箱梁
3		仁和中桥	66	20	河流	预应力钢筋混凝土空心板梁

集双高速公路梅河口至东丰段路面信息表　　　　表8-4-7

路面类型	起讫里程	长度(km)	路面结构
沥青路面	K199+000～K215+000	16	上面层:5cm沥青玛蹄脂碎石混合料 下面层:8cm中粒式沥青混凝土 基层:36cm二灰稳定碎石 底基层:15～20cm石灰水泥稳定土 垫层:20cm砂砾

注:起讫里程来源于《全国道路网调整后里程桩号传递表》。

(6)投资规模

估算金额4.31亿元、概算金额4.57亿元、决算金额3.86亿元。

2.参建单位

(1)项目建设管理单位

项目的建设管理单位是吉林省公路重点工程建设管理办公室及辽源市营城子至梅河口高速公路建设办公室。

(2)勘察设计单位

项目的勘察设计任务由吉林省交通规划设计院完成。

(3)施工单位

项目的施工任务由吉林省中盛路桥工程有限公司等16家单位完成。

(4)监理单位

项目的监理任务由长春市公路工程监理咨询有限公司等6家单位承担。

项目参建单位信息具体见表8-4-8。

集双高速公路梅河口至东丰段参建单位一览表　　　　表8-4-8

序号	参建单位	单位名称	合同段编号及起止桩号	主要负责人	备注
1	项目管理单位	吉林省公路重点工程建设管理办公室	K72+458~K133+850		
2		辽源市营城子至梅河口高速公路建设办公室	K72+458~K133+850		
3	勘察设计单位	吉林省交通规划设计院	K130+110~K133+850	胡　珊	
4		吉林省中盛路桥工程有限公司	01:K72+458~K104+350	崔凤文	
5		吉林省建设集团有限公司	02:K104+350~K130+700	张书森	
6		吉林省长城路桥建工有限公司	03:K130+700~K133+850	李国立	
7		吉林省建设集团有限公司	01:K72+458~K133+850	张书森	
8		吉林省宏运公路工程股份有限公司	01:K72+458~K133+850	段芳荣	
9		松原市粮食建筑有限责任公司	01:建国收费站、辽河源收费站及养护工区	程泰富	
10		黑龙江省东安建筑工程有限公司	02:黄河服务区、东丰收费站	梁吉敏	
11	施工单位	吉林省龙佳园林景观工程有限责任公司	01:K72+458~K90+954		
12		吉林市华艺公路绿化有限责任公司	02:K90+954~K105+419		
13		长春锦添园林有限公司	03:K105+419~K130+110		
14		沈阳市园林建设工程处	04:K130+110~K133+850		
15		紫光捷通科技股份有限公司			
16		交通运输部科技研究院交科院 路海(北京)投资有限公司			
17		吉林省龙运高速公路养护有限责任公司			
18		北京市中山新技术设备研究所			
19		吉林省高速公路管理局通信监控中心			
20	监理单位	长春市公路工程监理咨询有限公司	K72+458~K133+850	李长城	
21		吉林省天达工程咨询监理有限责任公司	J01		
22		吉林省金泉公路工程咨询监理有限责任公司	J02		
23		沈阳鑫通公路工程监理咨询有限公司	J03		
24		四平市诚信工程建设监理有限责任公司	J04		
25		吉林省公路工程监理有限责任公司			

注：信息来源于竣工验收文件及建设管理单位。

(二)建设情况

1. 前期准备

1)项目审批

(1)立项审批

①2006年,吉林省发展和改革委员会发布《关于营城子至东丰高速公路工程可行性

研究报告的批复》(吉发改交运字〔2006〕1680号);

②2007年,吉林省发展和改革委员会下发了《关于营城子至东丰高速公路工程可行性研究补充报告的批复》(吉发改审字〔2007〕309号)。

(2)设计审批

①2007年,吉林省交通运输厅下发了《关于对营城子至东丰高速公路施工图设计的批复》(吉交函〔2007〕79号);

②2007年,吉林省交通运输厅下发了《关于对营城子至东丰高速公路东丰至梅河口段一阶段施工图设计的批复》(吉交函〔2007〕124号);

③2007年,吉林省交通运输厅下发了《关于对营城子至梅河口高速公路一阶段施工图设计的补充批复》(吉交函〔2007〕261号);

④2010年,吉林省交通运输厅下发了《关于营城子至梅河口高速公路设计预算及路面补强施工图设计的批复》(吉交函〔2010〕133号);

⑤2011年,吉林省交通运输厅下发了《关于营梅高速公路起点连接道(含伊通河大桥)一阶段施工图设计的批复》(吉交函〔2011〕278号)。

(3)其他审批

①2010年,国土资源部下发了《关于营城子至东丰高速公路东丰至梅河口段工程建设用地的批复》(国土资函〔2010〕749号);

②吉林省交通运输厅下发了《准予许可决定书》(Q14014100129001)。

2)资金筹措

资金来源为申请银行贷款和项目法人自筹。

3)工程勘察设计

吉林省交通规划设计院通过公开投标,承担了项目的设计任务,克服了设计周期短的实际情况,结合新建、半幅利用及局部全幅利用的工程特点,重点考虑了合理的施工方案,采用先进的勘察勘测手段,保证了设计质量。总体设计方案合理,线形顺适,平纵横组合适当,为行车安全、舒适提供了技术保障。项目开工后,设计代表组深入施工现场,及时解决施工中出现的设计问题,提供技术支持,保障了项目顺利实施。

2. 项目实施

(1)招投标

在项目建设过程中,严格遵守基本建设程序,依据国家规范,参照国际通用FIDIC条款和交通运输部《通用招标文件范本》制定了建设项目施工、监理招标文件,通过国内公开招标选择施工和监理单位。

(2)征地拆迁

辽源市营城子至梅河口高速公路建设办公室与辽源市政府及沿线县政府签订了《征

地拆迁协议书》，有效地保证了项目征地拆迁工作的顺利进行。在市、县两级政府的高度重视下，在沿线乡镇政府、村委会和相关部门支持配合下，通过采取建立机构、宣传发动、强化责任、坚持标准、依法拆迁、规范操作等一系列行之有效的措施，顺利实施了征地拆迁工作，沿线共征占地753亩。

(3)施工情况

施工前各项目对工程做了详尽的施工组织计划，根据项目实际情况、合同工期、招标要求及投标承诺，为项目施工组成了一套精干、高效、强有力的领导机构和施工水平过硬的队伍。实行项目经理负责制，全权负责项目的施工组织安排、生产经营、内外关系协调、材料供应、安全监督、质量验收等工作，全面认真履行合同，制定了项目人员进程计划、机械设备进场计划、材料采购计划，并完全按照计划进场。

采取相应质量控制措施，认真完成了工程质量自检任务，通过全体参建人员的共同努力，主体工程基本满足设计要求，线形合理，排水功能较齐全，桥涵构造物坚固，路基稳定，路面较平整，沿线交通安全设施完备，绿化协调美观，房屋建筑及收费设施样式新颖、美观实用。按照《公路工程质量检验评定标准》，各合同段、单位、分布、分项工程评分均达到90分以上，工程质量评定为优良。

(4)监理情况

监理单位按招标人员全部进场，严格按照监理规程的要求开展监理工作，应旁站的部位未发现一次漏站，抽检频率达到规定要求，在施工过程中严格执行建设单位的管理办法、规章制度及总体控制目标，发挥出监理应有的作用，为项目安全、质量、进度、费用、环保管理把好了第一关。

监理单位在不断完善和优化质量管理措施的同时，加大现场管理和试验检测力度，坚持"首件工程认可制"，严把工程材料关、严控施工工艺关，全面推行精细化管理，注重过程控制，力求精益求精。

采取相应质量管理措施，认真完成工程质量评定，做好计量支付，制定控制工程进度计划，严格按照有关的法律法规和合同对工程进行管理，掌握合同管理的方法，运用科学的合同管理的手段，依据合同对工程的质量、投资、进度、安全进行控制。

3.竣(交)工验收

(1)交工验收

2010年11月，建设单位组织了项目的交工验收，工程项目验收质量得分95.66分，工程质量等级评定为合格。

(2)竣工验收

2013年10月，吉林省交通运输厅组织成立营城子至东丰(梅河口)高速公路建设项目竣工验收委员会，对项目进行竣工验收。竣工验收委员会听取了建设单位的项目建设总体情况和质量监督单位的监督工作报告,查阅了工程建设有关文件和竣工档案资料,进行了实地察看。经审议并根据质量鉴定成果综合评定,项目质量得分为91.56分,等级为优良。

三、运营管理

(一)服务区及收费站设置

截至2016年底,集双高速公路设有2处服务区,情况见表8-4-9。

集双高速公路服务区情况表　　　　　　　　　　表8-4-9

序号	服务区名称	位置桩号	管理经营单位
1	柳河服务区	K192	吉林省高速公路集团有限公司
2	梅河口服务区	K121	吉林省高速公路集团有限公司

集双高速公路共建有5处收费站,全部于2015年开通,分别为三源浦、柳河东、柳河北、梅河南及梅河东收费站。

(二)信息化建设

截至2016年底,集双高速公路信息化设备设置情况见表8-4-10。

集双高速公路信息化设备设置情况表　　　　　　表8-4-10

序号	设施名称	数量
1	大型可变情报板	3
2	小型可变情报板	11
3	车辆检测器/(收费站VLD)	9/8
4	气象检测器	1
5	道路摄像机(含隧道)	111
6	收费广场摄像机	2
7	车道和亭内摄像机	12
8	隧道事件检测器	5

(三)养护管理

截至2016年底,集双高速公路养护情况见表8-4-11。

集双高速公路养护管理情况表　　　　　　　　　表8-4-11

养护工区(个)	管理人员(人)	小修队(人)	养护工区明细
2	9	23	通化(三源蒲)、梅河分局

四、科技创新工程

隧道温拌阻燃路面技术。隧道温拌阻燃路面技术是在普通路面材料中掺入温拌剂和阻燃剂,可解决传统热拌沥青混合料施工时的高能耗和高污染问题,降低沥青材料的燃烧性能,抑制烟雾的产生,以确保隧道运营期间的路面防火安全。

在施工过程中,使用浓缩液型温拌剂,采用小型泵控制系统集成到沥青拌和站。添加温拌剂需要在拌和锅内安装喷洒杆件,通过独立系统实现与沥青的同步添加,具有准时足量、自动添加的功能。温拌剂在沥青开始喷洒后延时 2~3s 开始喷入(图 8-4-2)。

图 8-4-2　集双高速公路温拌沥青施工状况

混合料拌料前需确保拌和站运转正常,浓缩液输送设备必须安装调试到位,并运转正常,出料温度根据不同需要进行调整。混合料拌和过程中,温拌剂与沥青按质量比 5∶95 喷入拌缸,温拌剂在沥青开始喷洒后延时 2~3s 开始喷入,喷入时间控制在 8~10s 以内,且必须保证在沥青喷洒结束前完成温拌剂的喷洒。拌和时间以混合料拌和均匀和所有颗粒全部裹覆沥青为准。在沥青喷洒结束后 5~6s 添加矿粉,再继续湿拌 30s,每盘总拌和时间不少于 60s。混合料运输、摊铺机碾压要与热拌沥青混合料一致。

隧道温拌阻燃沥青路面用于 2 座隧道路面,应用里程 30.8km。

第五节　珲春至乌兰浩特高速公路(G12)吉林段

珲春至乌兰浩特高速公路(G12,以下简称"珲乌高速公路"),原同江至三亚国道主干线长春至珲春支线,是《国家公路网规划(2013—2030 年)》的"71118"高速公路网中 18 条东西横线中的第二横,同时也是吉林省"五四三二一"高速公路网总体布局中"三横"的第二横。珲乌高速公路在吉林省高速公路网中具有贯通东西、连接南北、沟通国际口岸的突出地位,为发展长吉图开发开放先导区提供了一条重要的、快捷的大通道。它的建成对吉林省发展外向型经济、改善投资环境,促进交通运输事业和旅游事业的发展,支援边疆少数民族地区经济建设,加强民族团结,振兴东北老工业基地,巩固国防具有重要意义。

珲乌高速公路吉林省境内段起自珲春市（圈河口岸），经敬信镇、珲春市、凉水镇、图们市、延吉市、安图县、大石头镇、敦化市、黄泥河镇、黄松甸镇、蛟河市、新站镇、天岗镇、江密峰镇、吉林市、桦皮厂镇、九台区、龙嘉机场、长春市、开安镇、农安县、哈拉海镇、王府站镇、松原市、查干湖、大安市、安广镇、舍力镇、到保镇、白城市、平安镇、岭下镇，止于白城市石头井子（吉蒙界），全长约936km。因建设时序不同，共划分为9个段落，分别为圈河（口岸）至珲春段、珲春至江密峰（吉林）段（不含图们至延吉段）、图们至延吉段、江密峰（吉林）至魁元屯（吉林）段、吉林（魁元屯）至长春东段、长春东至小西屯（长春）段、小西屯（长春）至长春北段、长春北至松原（孙喜窝棚）段、松原（孙喜窝棚）至白城（吉蒙界）段。另外，随着交通量的增长以及长春龙嘉国际机场的开通，于2004—2005年对珲乌高速公路龙嘉机场至长春段实施了二期改扩建工程。

珲乌高速公路圈河（口岸）至珲春段，里程约36km，规划路段。

珲乌高速公路珲春至江密峰（吉林）段（不含图们至延吉段）包括珲春至图们段及延吉至江密峰（吉林）段，其中：珲春至图们段于2007年7月开工，2010年9月建成通车，里程63km，投资30.05亿元（决算）。延吉至江密峰（吉林）段于2003年10月开工，2008年9月建成通车，里程286km，投资96.10亿元（决算）。

珲乌高速公路图们至延吉段于1997年5月开工，2001年8月建成通车，里程29km，投资8.54亿元（决算）。

珲乌高速公路江密峰（吉林）至魁元屯（吉林）段于1997年5月开工，1999年11月建成通车，里程30km，投资7.67亿元（决算）。

珲乌高速公路吉林（魁元屯）至长春东段于1995年5月开工，1997年9月建成通车，里程84km，投资19.18亿元（决算）。

珲乌高速公路长春东至小西屯（长春）段，里程19km，与京哈高速公路共线，具体情况见第八章第一节。

珲乌高速公路小西屯（长春）至长春北段，里程6km，与长春绕城高速公路共线，具体情况见第八章第九节。

珲乌高速公路长春北至松原（孙喜窝棚）段于2006年8月开工，2010年11月建成通车，里程141km，投资52.95亿元（决算）。

珲乌高速公路松原（孙喜窝棚）至白城（吉蒙界）段于2006年4月开工，2010年10月建成通车，里程243km，投资63.01亿元（决算）。

珲乌高速公路龙嘉机场至长春段改扩建于2004年6月开工，2005年8月建成通车，里程20km，投资1.34亿元（决算）。

珲乌高速公路（已建路段）基础信息见表8-5-1。

第八章 高速公路项目建设情况

珲乌高速公路(已建路段)基础信息表

表 8-5-1

编号	项目名称	规模(km) 合计	规模(km) 八车道	规模(km) 六车道	规模(km) 四车道	建设性质	设计速度(km/h)	永久占地(亩)	投资情况(亿元) 估算	投资情况(亿元) 概算	投资情况(亿元) 决算	资金来源	建设时间(开工~通车)	共线路段 里程	共线路段 编号	备注
G12	珲乌高速公路珲春至图们段	63			63	新建	80	5602	32.15	34.60	30.05	中央补贴、地方自筹、银行贷款	2007.7~2010.9			
	珲乌高速公路图们至延吉段	29			29	新建	60	3031	9.00	8.55	8.54	中央补贴、地方自筹、银行贷款	1997.5~2001.8			
	珲乌高速公路延吉至江密峰(吉林)段	285			285	新建	80	27722	92.85	99.80	96.10	中央补贴、地方自筹、银行贷款	2003.10~2008.9			
	珲乌高速公路江密峰(吉林)至魁元屯(吉林)段	30			30	新建	100	4308	8.60	7.73	7.67	中央补贴、地方自筹、银行贷款	1997.5~1999.11			
	珲乌高速公路吉林(魁元屯)至长春东段	84			84	新建	120	10600	—	20.25	19.18	中央补贴、地方自筹、银行贷款	1995.5~1997.9			
	珲乌高速公路龙嘉机场至长春段改扩建	20		20		扩建	120	—	0.78	1.03	1.34	中央补贴、地方自筹、银行贷款	2004.6~2005.8			
	珲乌高速公路长春东至小西屯段	19			19	—	—	—	—	—	—	—	—	19	G1	与京哈高速公路共线,占地投资在京哈高速公路中计列
	珲乌高速公路小西屯(长春)至长春北段	6			6	—	—	—	—	—	—	—	—			占地投资在长春绕城高速公路中计列
	珲乌高速公路长春北至松原(孙喜窝棚)段	141			141	新建	100	13264	50.30	58.05	52.95	中央补贴、地方自筹、银行贷款	2006.8~2010.11			
	珲乌高速公路松原(孙喜窝棚)至白城(吉蒙界)段	243			243	新建	100	19882	50.70	66.78	63.01	中央补贴、地方自筹、银行贷款	2006.4~2010.10			

一、珲乌高速公路珲春至江密峰（吉林）段

珲乌高速公路珲春至江密峰（吉林）段（不含图们至延吉段）于 2007 年 11 月经国家发展和改革委员会批准立项。在实际建设实施过程中，项目分为珲乌高速公路珲春至图们段（以下简称"图珲段"）和珲乌高速公路延吉至江密峰（吉林）段（以下简称"吉延段"）两个路段。其中，吉延段因开工时间不同，又分为江密峰至黄松甸段（以下简称"江黄段"）、黄松甸至敦化段（以下简称"黄敦段"）和敦化至延吉段（以下简称"敦延段"）3 个路段。

（一）概述

1. 基本情况

（1）主要控制点

珲春市板石镇、珲春市、凉水镇、图们市、延吉市、安图县、大石头镇、敦化市、黄泥河镇、黄松甸镇、蛟河市、新站镇、天岗镇、江密峰镇。

（2）建设时间

项目采用分期、分段建设。其中图珲段于 2007 年 7 月开工建设，2010 年 9 月建成通车；江黄段和敦延段于 2003 年 10 月以半幅一级公路开工建设，2005 年 10 月改为全幅高速公路建设；黄敦段于 2006 年 8 月以高速公路全幅开工建设，以上三段组成的吉延段于 2008 年 9 月建成通车（图 8-5-1）。

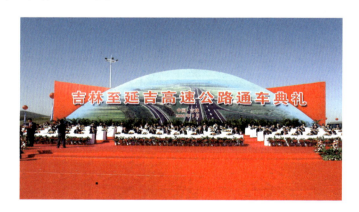

图 8-5-1　珲乌高速公路延吉至江密峰（吉林）段通车典礼

（3）地形地貌

江黄段和黄敦段地处吉林省中部平原向东部山区的过渡区域，由西向东地形起伏逐渐加大，沿线所经地区沟谷发育，河谷及台地多为水田及旱田，山地多为天然次生林及小面积人工林。

敦延段地貌为山岭区，地形起伏较大，海拔一般在 260～830m 之间。沿线除越岭处

多为灌木林和次生林外,其余均以旱田为主。在长兴河、朝阳河及烟集河流域内有部分水田。

图珲段地貌为山岭区,地形起伏较大,海拔一般在35～380m之间。沿线越岭山地主要为灌木林和次生林,其余为季节性农作物,甩湾子至珲春段多为水田。

(4)技术标准

设计速度为80km/h,双向四车道;路基宽度为24.5m;桥涵设计荷载为汽车—超20级、挂车—120(江黄段、敦延段)和公路—Ⅰ级(黄敦段、图珲段);设计洪水频率为1/100;沥青混凝土路面。

(5)建设规模

建设里程348km,全线设大桥37座,中桥30座,小桥30座,涵洞754道,隧道10座,互通式立体交叉12处,分离式立体交叉36处,天桥12座,通道201处;设收费站11处,服务区7处,管理处5处,养护工区7处。

项目主要桥梁、隧道及路面信息见表8-5-2～表8-5-4。

珲乌高速公路珲春至江密峰(吉林)段主要桥梁信息表　　　　表8-5-2

类型	名　　称	桥梁长度(m)	主跨长度(m)	跨越障碍物	桥梁结构
大桥	珲春河大桥	607	20	河流	预应力钢筋混凝土连续箱梁
	车大人沟大桥	106	15	河流	预应力钢筋混凝土连续箱梁
	英安河大桥	120	20	河流	预应力钢筋混凝土连续箱梁
	半截沟大桥	360	20	道路、铁路	预应力钢筋混凝土T梁
	密江大桥	653	21	河流	预应力钢筋混凝土连续箱梁
	羊草甸子高架桥	248	40	道路、铁路	预应力钢筋混凝土T梁
	板石沟高架桥(右幅)	488	120	道路、铁路	预应力钢筋混凝土连续T梁
	板石沟高架桥(左幅)	416	120	道路、铁路	预应力钢筋混凝土连续T梁
	黄家店高架桥	328	40	道路、铁路	预应力钢筋混凝土T梁
	石头河大桥	308	30	河流	预应力钢筋混凝土连续箱梁
	南大河大桥	247	20	河流	预应力钢筋混凝土连续箱梁
	琵琶沟大桥	367	20	河流	预应力钢筋混凝土连续箱梁
	林场沟高架桥	248	30	沟谷	预应力钢筋混凝土连续箱梁
	高岭高架桥(右幅)	334	40	沟谷	预应力钢筋混凝土连续T梁
	高岭高架桥(左幅)	289	40	沟谷	预应力钢筋混凝土连续T梁
	高岭沟高架桥(右幅)	215	70	沟谷	预应力钢筋混凝土连续箱梁
	高岭沟高架桥(左幅)	185	40	沟谷	预应力钢筋混凝土连续箱梁
	新鲜高架桥(右幅)	329	40	沟谷	预应力钢筋混凝土连续T梁
	新鲜高架桥(左幅)	894	40	沟谷	预应力钢筋混凝土T梁
	水南高架桥	248	40	沟谷	预应力钢筋混凝土连续T梁
	烟集河大桥	157	30	沟谷	预应力钢筋混凝土连续T梁

续上表

类型	名称	桥梁长度(m)	主跨长度(m)	跨越障碍物	桥梁结构
大桥	合作高架桥	447	40	沟谷	预应力钢筋混凝土连续T梁
	长新高架桥	597	120	沟谷	预应力钢筋混凝土连续T梁
	朝阳川大桥	207	20	沟谷	预应力钢筋混凝土连续T梁
	仲坪村大桥	107	20	河流	预应力钢筋混凝土连续T梁
	小明月沟大桥	146	20	河流	预应力钢筋混凝土连续T梁
	长兴河大桥	227	20	河流	预应力钢筋混凝土连续T梁
	碱厂沟大桥	247	30	河流	预应力钢筋混凝土连续T梁
	沙河大桥	188	30	沟谷	钢筋混凝土连续T梁
	东昌沙河大桥	128	30	河流	钢筋混凝土连续T梁
	大桥乡大桥	85	60	沟谷	钢筋混凝土肋拱
	牡丹江大桥	188	30	河流	钢筋混凝土连续T梁
	太平岭大桥	157	30	沟谷	钢筋混凝土箱形梁
	长图铁路大桥	193	45	道路、铁路	钢筋混凝土连续箱梁
	嘎呀河大桥	338	30	河流	预应力钢筋混凝土T梁
	柳树林子大桥	106	20	道路、铁路	钢筋混凝土T梁
	兴隆水库大桥	237	20	河流	钢筋混凝土T梁
	拉法河大桥	278	30	河流	预应力钢筋混凝土T梁
	东大姑河大桥	107	20	河流	钢筋混凝土T梁
	红星牤牛河大桥	127	30	河流	预应力钢筋混凝土T梁
	牤牛河大桥	310	33	河流	预应力钢筋混凝土T梁
中桥	中桥	60	20	河流	钢筋混凝土T梁
	八二村中桥	52	13	道路、铁路	钢筋混凝土T梁
	烟集河中桥	67	20	河流	钢筋混凝土T梁
	仲平村中桥	66	20	沟谷	钢筋混凝土连续T梁
	大兴村中桥	86	20	沟谷	预应力钢筋混凝土连续T梁
	小半截沟中桥	90	25	河流	预应力钢筋混凝土连续T梁
	东林屯中桥	67	20	道路、铁路	钢筋混凝土T梁
	东明沟中桥	103	16	沟谷	钢筋混凝土连续T梁
	中桥	55	16	河流	钢筋混凝土连续T梁
	下石庄中桥	66	20	沟谷	钢筋混凝土箱形梁
	唐家店中桥	45	13	道路、铁路	钢筋混凝土连续箱梁
	干巴沟中桥	66	20	河流	钢筋混凝土箱形梁
	秋梨沟中桥	60	20	道路、铁路	钢筋混凝土箱形梁
	向阳中桥	66	20	河流	钢筋混凝土箱形梁
	大川中桥	86	20	道路、铁路	钢筋混凝土箱形梁
	干巴河中桥	66	20	河流	钢筋混凝土箱形梁

第八章 高速公路项目建设情况

续上表

类型	名称	桥梁长度(m)	主跨长度(m)	跨越障碍物	桥梁结构
中桥	长青中桥	66	20	河流	钢筋混凝土箱形梁
	沙掌河中桥	86	20	河流	钢筋混凝土箱形梁
	大庙中桥	66	20	道路、铁路	钢筋混凝土T梁
	同乐Ⅱ号桥	87	20	道路、铁路	钢筋混凝土T梁
	同乐Ⅰ号桥	45	13	河流	钢筋混凝土空心板梁
	东安乐中桥	87	20	河流	钢筋混凝土T梁
	拉法中桥	67	20	道路、铁路	钢筋混凝土T梁
	义马河中桥	87	20	河流	钢筋混凝土T梁
	北沟中桥	71	16	道路、铁路	钢筋混凝土T梁
	二道沟二号桥	54	16	河流	钢筋混凝土T梁
	二道沟一号桥	54	16	河流	钢筋混凝土T梁
	苇子沟中桥	67	20	沟谷	钢筋混凝土T梁
	沙河中桥	97	30	河流	预应力钢筋混凝土T梁
	小川河中桥	65	20	河流	预应力钢筋混凝土箱形梁

珲乌高速公路珲春至江密峰(吉林)段隧道信息表　　表8-5-3

类型	名称	隧道全长(m)	洞门形式	隧道分类 按地质条件划分	隧道分类 按所在区域划分
长隧道	密江隧道(右)	1165	削竹式、端墙式	石质隧道	山岭隧道
	密江隧道(左)	1135	削竹式、削竹式	石质隧道	山岭隧道
	东南里隧道(右)	1410	削竹式、削竹式	石质隧道	山岭隧道
	东南里隧道(左)	1290	削竹式、削竹式	石质隧道	山岭隧道
	高岭隧道(右)	1995	削竹式、削竹式	石质隧道	山岭隧道
	高岭隧道(左)	1917	削竹式、削竹式	石质隧道	山岭隧道
	新交洞隧道(右)	2400	端墙式、端墙式	石质隧道	山岭隧道
	新交洞隧道(左)	2262	端墙式、端墙式	石质隧道	山岭隧道
	老爷岭隧道(右)	2297	端墙式、端墙式	石质隧道	山岭隧道
	老爷岭隧道(左)	2360	端墙式、端墙式	石质隧道	山岭隧道
	下庆沟隧道(右)	1055	削竹式、削竹式	石质隧道	山岭隧道
中隧道	下庆沟隧道(左)	906	削竹式、削竹式	石质隧道	山岭隧道
	板石沟隧道(右)	930	削竹式、削竹式	石质隧道	山岭隧道
	板石沟隧道(左)	953	削竹式、削竹式	石质隧道	山岭隧道
	黄家店隧道(右)	690	削竹式、削竹式	石质隧道	山岭隧道
	黄家店隧道(左)	690	削竹式、削竹式	石质隧道	山岭隧道
	梅花洞隧道(右)	920	端墙式、端墙式	石质隧道	山岭隧道
	梅花洞隧道(左)	974	端墙式、端墙式	石质隧道	山岭隧道

续上表

类型	名称	隧道全长(m)	洞门形式	隧道分类	
				按地质条件划分	按所在区域划分
短隧道	木匠沟隧道(右)	259	削竹式、削竹式	石质隧道	山岭隧道
	木匠沟隧道(左)	258.93	削竹式、削竹式	石质隧道	山岭隧道

珲乌高速公路珲春至吉林(江密峰)段路面信息表　　　　表 8-5-4

路面类型	起讫里程	长度(km)	水泥混凝土路面	路面结构
沥青路面	K36+000~K99+000、K128+000~K413+000	348	—	江黄段、敦延段： 上面层：5.5cm 沥青玛蹄脂碎石混合料 中面层：7cm 中粒式沥青混凝土 下面层：12.5cm 沥青碎石 基层：20cm 水泥碎石 底基层：20~30cm 水泥砂土 黄敦段、图珲段： 上面层：5cm 沥青玛蹄脂碎石混合料 中面层：7cm 中粒式沥青混凝土 柔性基层上基层：8cm 沥青碎石 基层：30cm 水泥碎石 底基层：16~20cm 水泥砂土 垫层：20cm 砂砾

注：起讫里程来源于《全国道路网调整后里程桩号传递表》。

(6)投资规模

估算金额 125.00 亿元,概算金额 134.35 亿元,决算金额 126.15 亿元。

2. 参建单位

(1)项目建设管理单位

项目建设管理单位是吉林省高等级公路建设局。

(2)勘察设计单位

项目的勘察设计任务由吉林省交通规划设计院及交通运输部科学研究院共同完成。

总体设计单位是吉林省交通规划设计院,其中主体工程及交通工程设计由吉林省交通规划设计院完成;路线景观与环保工程设计由交通运输部科学研究院完成。

(3)施工单位

项目的主体工程施工由中铁十三局集团第三工程有限公司等 23 家单位完成;房建工程施工由吉林省阳光建筑工程有限公司等 9 家单位完成;交通工程施工由吉林永大集团有限公司等 7 家单位完成;景观绿化工程施工由长春绿缘绿化工程有限责任公司等 4 家单位完成;机电及消防工程施工由吉林省联兴机电工程有限公司等 13 家单位完成。

第八章 高速公路项目建设情况

（4）监理单位

项目的监理任务由吉林省天达工程咨询监理有限责任公司等8家单位承担。

项目参建单位信息见表8-5-5。

珲乌高速公路珲春至江密峰（吉林）段参建单位一览表　　　　表8-5-5

参建单位	单 位 名 称	合同段编号及起止桩号	主要负责人	备 注
项目管理单位	吉林省高等级公路建设局	K26+589.244~K310+990、K338+800~K403+535.811	李恩会	
勘察设计单位	吉林省交通规划设计院	K26+589.244~K310+990、K338+800~K403+535.811	胡 珊	主体、房建、机电工程
	交通运输部科学研究院	K26+589.244~K310+990、K338+800~K403+535.811		环保绿化工程
施工单位	中铁十三局集团第三工程有限公司	JH01：K26+589.244~K49+200	肖乾举	路基、路面、桥梁、隧道
	中铁十八局集团第三工程有限公司	JH02：K49+200~K69+300	胡恒谦	路基、路面、桥梁、隧道
	吉林省交通建设集团有限公司	JH03：K69+300~K87+180	王庆新	路基、路面、桥梁
	吉林省高速公路发展股份有限公司	JH04：K87+180~K107+000	李大军	路基、路面、桥梁
	中铁五局集团有限公司	JH05：K107+00~K128+130	崔学钧	路基、路面、桥梁
	吉林省嘉鹏公路建设有限公司	HD13：K128+130~K140+000	孙继山	路基、桥梁
	吉林省交通建设集团有限公司	HD14：K140+000~K149+000	刘 贵	路基、桥梁
	中铁十二局集团有限公司	HD15：K149+000~K158+500	付永德	路基、桥梁
	吉林省亨通公路建设集团有限责任公司	HD16：K158+500~K167+200	崔永海	路基、桥梁
	白城市公路工程有限责任公司	HD17：K167+200~K177+000	孟青华	路基、桥梁
	吉林省建设集团有限公司	HD18：K177+000~K188+727	王超平	路基、桥梁
	中交一公局厦门工程有限公司	HDM01：K128+130~K149+000	田 兴	路面工程
	四川公路桥梁建设集团有限公司	HDM02：K149+000~K167+200	张水全	路面工程
	天津五市政公路工程有限公司	HDM03：K167+200~K188+727	刘宪生	路面工程
	吉林省高速公路发展股份有限公司	DY06：K188+727~K206+327	张大强	路基、路面、桥梁
	大庆油田路桥工程有限责任公司	DY07：K206+327~K222+177	霍金凯	路基、路面、桥梁
	山西路桥第一工程有限责任公司	DY08：K222+177~K237+627	蔚小英	路基、路面、桥梁
	中交二公局第四工程有限公司	DY09：K237+627~K253+727	唐家淇	路基、路面、桥梁
	中铁隧道集团二处有限公司	DY10：K253+727~K268+727	王明阳	路基、路面、桥梁、隧道
	中铁隧道集团二处有限公司	DY11：K268+727~K291+727	晞青春	路基、路面、桥梁、隧道
	龙建路桥股份有限公司第五工程处	DY12：K291+727~K310+990	关向鹏	路基、路面、桥梁
	中交第二公路工程局有限公司	TH01：K338+800~K352+800	杨世勇	路基、路面、桥梁、隧道
	中铁十五局集团有限公司	TH02：K352+800~K369+700	胡超群	路基、路面、桥梁、隧道

续上表

参建单位	单位名称	合同段编号及起止桩号	主要负责人	备注
施工单位	甘肃路桥建设集团有限公司	TH03：K369+700~K389+500	曹贵	路基、路面、桥梁、隧道
	吉林省长城路桥建工有限责任公司	TH04：K389+500~K397+295 路基/K389+500~K403+535.811 路面	伞国峰	路基、路面、桥梁
	吉林省中盛路桥工程有限公司	TH05：K397+295~K403+535.811	李 平	路基、桥梁
	吉林省阳光建筑工程有限公司	JYFJ01：房建工程	谢京山	吉延房建工程
	吉林省新生建筑工程公司	JYFJ02：房建工程	张彦平	吉延房建工程
	长春东亚建筑工程有限公司	JYFJ03：房建工程	张仕奇	吉延房建工程
	长春新星宇建筑安装有限公司	JYFJ04：房建工程	阚学芬	吉延房建工程
	空军第一建筑安装工程总队	JYFJ05：房建工程	丁 一	吉延房建工程
	四川星星建设集团有限公司	JYFJ06：房建工程	匡建华	吉延房建工程
	沈阳双兴建设集团有限公司	THFJ01：凉水服务区	黄 建	图珲房建工程
	四川星星建设集团有限公司	THFJ06：凉水管理处	刘为民	图珲房建工程
	吉林永大集团有限公司	JYH01：K26+315~K77+000	吕永祥	吉延交通工程（防护栏）
	江苏华夏交通工程集团有限公司	JYH02：K77+000~K128+130	刘彩亚	吉延交通工程（防护栏）
	哈尔滨交研交通工程有限责任公司	JYH03：K188+727~K248+727	曹贵允	吉延交通工程（防护栏）
	淄博玉泰公路设施有限公司	JYH04：K248+727~K310+990	张 玉	吉延交通工程（防护栏）
	北京华纬交通工程有限公司	JYB01：K26+315~K128+130	石江海	吉延交通工程（标志、标线）
	北京深华科交通工程有限公司	JYB02：K188+727~K310+990	陈淑珍	吉延交通工程（标志、标线）
	吉林省吉长交通发展建设有限责任公司	HDH01：K128+130~K188+727	李玉宝	黄敦交通工程（防护栏）
	吉林省吉长交通发展建设有限责任公司	HDB01：K128+130~K188+727	李玉宝	黄敦交通工程（标志、标线）
	吉林省吉长交通发展建设有限责任公司	THJ01：K338+800~K403+535.811	李玉宝	图珲交通工程（护栏、标志、标线）
	长春绿缘绿化工程有限责任公司	JYL01：厂区绿化	王立明	吉延环保绿化工程
	吉林省长源绿化工程有限公司	JYL02：厂区绿化	陈长主	吉延环保绿化工程
	吉林省名侨园艺有限公司	JYL03：厂区绿化	乔长江	吉延环保绿化工程
	吉林省华通园林绿化工程有限公司	HDL01：K128+130~K188+727	李玉宝	黄敦环保绿化工程
	吉林省华通园林绿化工程有限公司	THL01：K338+800~K403+535.811	李玉宝	图珲环保绿化工程
	四川京川公路工程（集团）有限公司	JYG01：全线收费系统	雷志彬	收费系统工程
	北京瑞华赢科技发展有限公司	JYG02：全线监控系统	娄海林	监控系统（包含隧道监控工程）
	吉林省科维交通工程有限公司	JYG03：全线通信系统	田玉平	通信系统工程

续上表

参建单位	单位名称	合同段编号及起止桩号	主要负责人	备注
施工单位	北京诚达交通科技有限公司	JYG04:于木匠沟、老爷岭隧道	王安	隧道通风、照明、供配电系统
	中铁电气化局集团第一工程有限公司	JYG05:新交洞、下庆沟、梅花洞隧道	宋景奇	隧道通风、照明、供配电系统
	黑龙江省松达消防设施安装有限责任公司	JYG06:于木匠沟、老爷岭、新交洞、下庆沟、梅花洞隧道	杨春森	隧道消防工程
	吉林省联兴机电工程有限公司	JYS01:全线计算机、服务器	张琦鸿	吉延机电工程
	烽火通信科技股份有限公司	JYS02:全线光缆	童国华	吉延机电工程
	启明信息技术股份有限公司	JYS03:全部操作系统及软件	竺延风	吉延机电工程
	长春希达电子技术有限公司	JYS04:全线情报板	宋志义	吉延机电工程
	江苏安防科技有限公司	THJD01:K338+800~K403+535.811	董涛	收费、通信、道路监控系统工程
	中资泰克交通工程有限公司	THJD02:K338+800~K403+535.811	王卿	隧道供配电、监控、通风、照明
	南京市消防工程有限公司	THXF01:K338+800~K403+535.811	王珂	隧道消防系统工程
	长春华星建筑工程有限责任公司	FJ02-01:房建工程	张玉生	吉延房建工程
	长春建工集团华宇建筑有限公司	JY-FJ05-01:房建工程	林柏东	吉延房建工程
监理单位	吉林省公路工程监理有限责任公司	K26+589.244~K128+130	佟中锐	江黄段总监办
	吉林省公路工程监理有限责任公司	K128+130~K188+727	侯伟	黄敦段总监办
	吉林省公路工程监理有限责任公司	K188+727~K310+990	高连天	敦延段总监办
	吉林省公路工程监理有限责任公司	K338+800~K403+535.811	甄静宾	图珲段总监办

注:信息来源于竣工验收文件及建设管理单位。

珲乌高速公路珲春至江密峰(吉林)段穿越各景观段见图8-5-2~图8-5-5,板石沟高架桥见图8-5-6,密江隧道见图8-5-7。

图8-5-2 河流村庄景观段

图8-5-3 红叶谷景观段

图 8-5-4　田园牧场景观段

图 8-5-5　灌丛湿地景观段

图 8-5-6　板石沟高架桥

图 8-5-7　密江隧道

（二）建设情况

2003年，吉林省发展计划委员会批复敦延段和江黄段一级公路初步设计。2006年，吉林省发展和改革委员会批复黄敦段初步设计。2007年吉林省发展和改革委员会将上述三段（合称"吉延段"）以及图珲段统一合并为珲乌高速公路珲春至江密峰（吉林）段项目的可行性研究报告报国家发展和改革委员会批复，即珲乌高速公路珲春至江密峰（吉林）段由江黄段、黄敦段、敦延段和图珲段四段组成。

1. 前期准备

1）项目审批

（1）立项审批

2007年11月26日，国家发展和改革委员会下发了《国家发展改革委关于吉林省珲春至江密峰公路可行性研究报告的批复》（发改交运〔2007〕3155）。

（2）设计审批

①2003年11月30日，吉林省交通厅下发了《关于对同江至三亚国道主干线长春至珲春支线江密峰至黄松甸段两阶段施工图设计的批复》（吉交函〔2003〕391号）；

②2003年12月9日,吉林省交通厅下发了《吉林省交通厅关于对同江至三亚国道主干线长春至珲春支线敦化至延吉段两阶段施工图设计的批复》(吉交函〔2003〕401号);

③2003年,吉林省发展计划委员会下发了《关于新建敦化至延吉一级公路初步设计的批复》(交公路发〔2003〕678号);

④2003年,吉林省发展计划委员会下发了《关于新建江密峰至黄松甸一级公路初步设计的批复》(交公路发〔2003〕679号);

⑤2006年,吉林省发展和改革委员会下发了《关于黄松甸至敦化段高速公路初步设计的批复》(吉发改审批字〔2006〕29号);

⑥2006年5月17日,吉林省交通厅下发了《关于对珲乌高速公路黄松甸至敦化段两阶段施工图设计的批复》(吉交函〔2006〕102号);

⑦2006年6月9日,吉林省交通厅下发了《吉林省交通厅关于对珲乌高速公路敦化至延吉段施工图设计的批复》(吉交函〔2006〕117号);

⑧2006年6月9日,吉林省交通厅下发了《关于对珲乌高速公路江密峰至黄松甸段施工图设计的批复》(吉交函〔2006〕118号);

⑨2007年5月8日,吉林省交通厅下发了《关于对图们至珲春高速公路两阶段施工图设计的批复》(吉交函〔2007〕84号);

⑩2008年5月13日,交通运输部下发了《关于珲春至江密峰公路初步设计的批复》(交公路发〔2008〕77号)。

(3)其他审批

①2003年,吉林省环保局下发了《关于同江至三亚国道主干线长春至珲春支线敦化—延吉段公路环境影响报告书的批复》(吉环建字〔2003〕92号);

②2005年8月18日,国土资源部下发了《关于江密峰至延吉一级公路建设用地的批复》(国土资函〔2005〕762号);

③2006年1月5日,吉林省水利厅下发了《关于同江至三亚国道主干线长春至珲春支线江密峰至珲春段水土保持方案的批复》(吉水保〔2006〕006号);

④2006年2月8日,吉林省国土资源厅下发了《同江至三亚国道干线长春至珲春支线黄松甸至敦化段高速公路工程建设用地压覆矿产资源情况评估报告》(吉国土资压字〔2006〕5号);

⑤2006年6月5日,国家环境保护总局下发了《关于同江至三亚国道主干线长春至珲春支线江密峰至珲春段工程环境影响报告书的批复》(环审〔2006〕241号);

⑥2006年12月11日,吉林省国土资源厅下发了《图们至珲春高速公路工程建设项目压覆矿产资源情况评估报告》(吉国土资压字〔2006〕119号);

⑦2008年,国土资源部下发了《关于江密峰至延吉高速公路建设用地的批复》(国土资函〔2008〕536号);

⑧2008年10月13日,国土资源部下发了《关于图们至珲春段高速公路工程建设用地的批复》(国土资函〔2008〕626号)。

2)资金筹措

项目批复估算投资为125.00亿元。由国家安排中央专项基金(车购税)25.02亿元、吉林省安排财政资金2.00亿元、客货附加费2.10亿元、养路费资金15.00亿元作为项目资本金,约占总投资的35%,其余80.88亿元建设资金利用国内银行贷款,另2009年利用国债专项资金(高速公路项目0.80亿元)。

交通部批复概算投资134.35亿元,实际结算投资为126.15亿元。其中,建筑安装工程投资90.61亿元,设备投资2.05亿元,待摊投资33.49亿元,与概算比较节约投资8.20亿元。

3)工程勘察设计

通过招投标方式,吉林省交通规划设计院被确定为主体设计单位对项目全线主体工程及交通工程进行设计。后期根据建设新理念要求,交通运输部科学研究院对景观绿化及环保工程进行完善、补充设计。

项目全线共分为4个设计段,分别为:江黄段、黄敦段、敦延段和图珲段。江黄段和敦延段原按全封闭全立交的一级公路(左幅)完成施工图设计,并于2003年获得了吉林省交通厅的批复。经审查认为,项目施工图设计成果满足现行技术标准、设计规范的有关规定和设计合同的要求,并符合相关文件的要求,可以作为施工依据。2005年经过多次缜密研究,最终确定江黄段和敦延段在原有一级公路(左幅)基础上建设右幅,使之达到全封闭全立交的高速公路标准。2006年5月至6月,江黄段、黄敦段、敦延段的施工图设计分别获得了吉林省交通厅的批复。2007年吉林省发展和改革委员会将江黄段、黄敦段和敦延段(合称"吉延段")以及图珲段统一合并为珲乌高速珲春至江密峰(吉林)段项目的可行性研究报告报国家发展和改革委员会,并于同年获得吉林省发展和改革委员会的批复。2008年,根据吉林省交通厅的请示以及发改交运〔2007〕3155号文确定的建设规模、技术标准和总投资,并结合该项目的建设情况,交通部对该项目的初步设计进行了审查。2008年5月14日,项目的初步设计获得了交通部的批复。

项目的工程设计经过多次调查、踏查及复查,反复比较比选论证设计方案,广泛征求各级地方政府的意见,通过了各级审查,经全体测设人员的精心设计,整个工程项目设计满足公路工程技术标准的要求,符合现行规范和实际。

原生树木保护路段见图8-5-8,季冻区栅洞结构见图8-5-9。

图 8-5-8　原生树木保护路段　　　　　　　图 8-5-9　季冻区首个棚洞结构

2. 项目实施

1）招投标

（1）施工单位招标

全线路基、路面划分为 27 个标段。根据工程进展情况对路基工程（含桥隧）、路面工程、交通工程、绿化、房建、养护设备等项目的施工单位分期分阶段进行了公开招标。在严格执行《招标投标法》及国家相关的法律法规的基础上，一是建立和完善招标代理市场，改变以往指定招标中介的做法，通过招标选择招标中介机构，引入竞争机制，打破行业垄断，奖励招标成本，提高招标质量，在源头上保证招标的公平、公开、公正。二是采用合理低价评标法，避免人为因素的干扰。"合理低价法"即建设管理单位先确定投标控制价上限，并于开标前 7 天予以公布，开标时，将施工单位多家投标价与投标控制价上限加权确定复合标底，并现场随机抽取复合标底的浮动系数，确定评标基准价。将计算出的投标人评标价由高到低进行排序，取评标价得分最高者。三是加大资格审查力度，严格履约诚信考核。四是坚持纪检监督和行政监督全过程监督机制，封闭清标、封闭评标，确保招标工作公开、公平、公正。

（2）监理单位招标

黄敦、图珲段的监理单位通过公开招标方式确定，江黄及敦延段监理单位通过委托方式确定为吉林省公路工程监理有限责任公司，全线监理单位共 8 家。

2）征地拆迁

按照吉林省政府相关规定，征地拆迁由地方政府负责。吉林省高等级公路建设局与吉林市和延边州政府签订《征地拆迁承包责任书》，两市州成立了拆迁办公室，负责本地区的征地拆迁具体工作。在地方政府和交通部门大力支持及协助下，征地拆迁工作得到了切实有效的落实，及时提供了建设用地，为工程建设的顺利实施创造了良好的外部环境。项目全线共征用土地 33324 亩，拆迁房屋 78330 m^2、拆迁电力电信 641 处。其中江黄段、敦延段于2003年8月开始征地拆迁;黄敦段于2006年2月开始征地拆迁;图珲段于2006年4月开始征地拆迁。征地拆迁资金由吉林省高等级公路建设局根据工作进度拨付给各市州人民年政府所属分指挥部,各分指挥部负责拨付征地拆迁补偿费用。

3)施工情况

项目采用分期、分段建设,其中,江黄段、敦延段于2003年10月以半幅一级公路开工建设,2005年10月改为全幅高速公路建设,于2008年9月28日交工;黄敦段于2006年8月以高速公路全幅开工建设,于2008年9月28日交工;图珲段分图们至七户洞段和七户洞至珲春段两段,分别于2007年7月、2009年5月开工建设,2010年9月图珲段交工。

项目全线各施工单位调遣富有高速公路施工经验的管理人员、业务骨干、技术人员和施工队伍组建了项目经理部,实行项目经理负责制。项目经理部由项目经理、项目书记、项目总工程师、项目副经理等领导组成,下设工程部、计划部、财务部、物资部、设备部、安质部、试验室、测量班及综合办公室等业务部门。在项目实施工程中,项目经理负责合同段的计划安排、生产调度、材料采购、价款结算、施工过程中出现问题协调处理等工作,并派专人负责各项工作的施工和质量控制,在施工中配备性能良好的施工机械、车辆以及测量试验仪器,从人、财、物3方面来保证工程的顺利实施。

为保证工程质量,施工单位根据ISO9001质量保证体系标准,结合工程具体情况,以全员、全方位、全过程质量管理为内容,建立了由组织保证体系、制度保证体系以及施工保证体系3部分组成的质量保证体系。同时,以全员、全方位、全过程管理为内容,加强工序、关键过程的控制为主要手段,确保质量保证体系得以有效运行,实现质量方针和质量目标。

4)监理情况

自2003年10月起,吉林省公路工程监理有限责任公司陆续成立建设项目的总监理部门,与吉林省高等级公路建设局签订监理服务合同,全面负责项目建设的施工监理工作。

根据项目具体情况,按项目法人和服务合同要求,监理单位建立和完善了监理组织机构,实施总监办和驻地办的两级监理机构的管理体制。全线共设总监理办公室4个和驻地办19个,分别为:江黄总监理办公室,下辖5个驻地办;黄敦总监理办公室,下辖3个驻地办;敦延总监理办公室,下辖7个驻地办;图珲总监理办公室,下辖4个驻地办。

为满足项目施工监理工作的需要,全线工程配备的监理人员总数为330人,平均每公里0.94人,其中具有高级技术职称的74名;中级技术职称的监理人员100名;初级技术职称的监理人员125人,全部持证上岗。

5)资金落实

截至2012年6月底,该项目累计到位资金123.88亿元,其中:中央车购税25.02亿元,地方财政资金1.71亿元,国债转贷1.3亿元,银行贷款95.85亿元。

截至2012年9月30日决算基准日,决算草案金额126.72亿元。其中:建筑安装工程投资91.18亿元,设备投资2.05亿元,待摊投资33.49亿元(其中勘察设计费2.52亿元,土地征用及拆迁补偿费11.63亿元,建设单位管理费1亿元,其他待摊投资18.34亿元),该项目形成资产126.72亿元。

6)工程建设特点

珲乌高速公路延吉至江密峰(吉林)段为落实交通部提出的"坚持以人为本,人与自然相和谐,坚持可持续发展"的理念,在吉林省首次提出"生态路、环保路、景观路、安全路、廉洁路"建设理念,也是吉林省第一条采用长寿命路面结构(25cm厚沥青路面结构)的高速公路;全线284.7cm上面层SMA-16粗集料采用玄武岩碎石,在沥青混合料级配、压实度、各方面严格按规范控制;首次采用柔性基层ATB-30,厚度12.5cm。自2008年10月通车运营至今,珲乌高速公路延吉至江密峰(吉林)段全线沥青路面状况良好,未发生坑槽、车辙等病害。安全方面采用浅碟式边沟,并进行生态绿化,贯彻容错理念,不让驾驶员的错误以生命为代价。生态景观方面采用客土喷播技术,建立良好植被群,确保边坡稳定性;中央分隔带采用植物防眩,路堑边坡采用植物遮挡、弱化圬工防护,在保证边坡稳定的前提下尽量减少不必要的窗式护面墙的应用。在黄松甸至敦化段山区高速公路60cm建设中,2007年开工,2008年与江黄、敦延段一同通车。在保质保量的前提下,开创了吉林省山区高速公路仅2年完工的先河,为高速公路建设管理积累了宝贵经验。在延边地区沿线广泛发育一种膨胀性软岩,公路建设中多次发生软岩滑坡事件。珲乌高速公路延吉至江密峰(吉林)段首次采用压力分散型预应力钢锚索加固处理措施及抗滑桩处理措施,并进行了现场的基本试验,保证了边坡稳定性,为今后在处理滑坡体方面提供了经验数据和设计依据。在全线水泥混凝土桥面铺装施工中,采用喷砂抛丸工艺处理,保证了桥面与沥青路面的结合,确保了工程质量,至今桥面未发生损坏。

在珲乌高速公路珲春至图们段的板石沟高架桥当时为东北第一高墩,桥面距沟底地面高差达103m。该桥主桥为连续刚构结构,引桥为预应力箱梁、预应力T梁结构。左幅全长479.02m,跨径30m+(4×40)m+(80+120+80)m;右幅全长405.42m,跨径(3×40)m+(80+120+80)m。主墩墩身最高70.648m。边跨现浇段施工是板石沟高架桥的重难点控制性工程。边孔现浇段长19.92m,重量达431t,位于坡角25°~50°的山坡上。图们(起点)侧边跨现浇段位置较高,最高达46.6m;珲春(终点)侧边跨现浇段位于隧道口约50°的陡坡上,纵向高差最高达25.1m。现浇段长度之大,支架之高,地形之艰险,施工难度之大,在国内同类公路桥梁施工项目中比较少见。施工支架采用挖孔桩基础配合螺旋管桩($\phi72\times1.4$cm)拼装最高达46.6m的满堂支架,在东北地区尚属首次应用。桩基承载力、拼装杆件及结构强度、结构刚度、压杆稳定、结构稳定性(抗风稳定性)及支架结构变形等技术指标难度在省内均属最大。大桥合龙情况良好,所有关键技术指标均达到预控标准。该桥钢管桩支架方案的采用,起到了缩短工期、减少投入的作用。钢管桩支架施工对于场地狭小,地面坡度较大的现浇梁施工提供了宝贵的经验。

在珲春河大桥施工中(桥长607.04m,上部结构为5-6×20预应力混凝土简支转连续箱梁,下部结构为肋板台/扩大基础、墩柱/桩基础),于2009年5月下旬开工,施工中科学组织、合理安排、严控施工质量,到11月初完成桥面系工程,有效工期仅5个月。其施工进度创造了吉林省当时高速公路建设的最快纪录,为吉林省高速公路建设管理积累了宝贵的经验。

在桥梁防腐方面,由于珲乌高速公路珲春至图们段处于季节性冰冻地区,冬季时间长、雨雪天气多。冬季高速公路管理部门为了快速去除桥路上积雪,需要大量使用除雪剂,导致桥梁路面结构混凝土长期处于冰盐腐蚀环境中,大大降低了结构物的使用寿命。为提高桥梁护栏底座及伸缩缝混凝土的防腐蚀耐久性,保证工程质量,图珲高速公路采用了在桥梁护栏底座和伸缩缝混凝土表面使用硅烷浸渍混凝土防腐蚀技术。喷涂硅烷后混凝土的抗氯离子渗透性能和抗水渗透性以及抗冻性能都得到大大提高,取得了良好的技术经济效益。

在生态环保和景观管理上,深入贯彻公路建设新理念,努力打造生态景观路,从项目建设伊始,立足于人与自然的和谐,致力于建设生态景观路。首先,秉承"不破坏就是最大的保护"的建设理念,在砍伐林木方面严格控制砍伐边线,对占地线与开挖线之间的林木、植被进行最大的保护,在满足施工条件前提下,尽可能地保护路线周边不被人为破坏;二是贯彻自然环保理念,尽可能采用植物防护与生态边沟,采用人工导入方式,加速自然恢复进程,注重在细节中融入自然、保护自然,最大限度地实现人与自然相融合;三是注重人文关怀,贯彻容错理念。取消了路基两侧的硬性砌筑防护,有针对性地放缓路基边坡,设置路侧净区,将砌石边沟改为植草生态边沟,采用宽容和人性的路侧设计方式,有效降低交通事故率,减轻事故损失,保护行人的生命安全,彰显人文关怀。依托于图珲沿线优美的自然风光,结合施工期对周边环境的保护,在实现工程建设功能性指标的同时,展现路线柔顺与延展的曲线之美和桥梁结构跨越力学线条的张扬之美,浑然天成而又彰显智慧的雕琢。

3. 竣(交)工验收

(1)交工验收

项目交工验收工作分吉延段和图珲段分别进行。

2008年12月20日,吉林省高等级公路建设局组织成立了交工验收组,对吉延段进行交工验收检查,并召开了交工验收会议。经交工验收委员会检查和审议认为:吉延段工程施工质量达到设计和规范标准,文件编制规范,篇章齐全,内容完整,符合归档要求。根据交通运输部《公路工程竣(交)工验收办法》《公路工程质量检验评定标准》进行的质量检验评定结果真实可靠,各项检验评定指标符合国家规范规定,工程质量评分为96.89分;现场检查未发现影响运营安全的工程缺陷,同意交工验收。从即日起移交省高速公路管理局管理养护,试运营期为2年,缺陷责任期为2年。

2011年3月,吉林省高等级公路建设局组织相关部门,成立了交工验收委员会,根据交通运输部《公路工程竣(交)工验收办法》及《公路工程竣(交)工验收办法实施细则》要求,对图珲段进行交工验收,交工验收委员会认为:项目工程质量等级优良,质量鉴定评分为93.77分,同意通过交工验收。

(2)竣工验收

2013年9月28日,交通运输部组织相关单位组成竣工验收委员会,对项目进行竣工验收。竣工验收委员会经认真评议认为:项目各项工程指标符合设计和相关规范要求,交工验收遗留问题得到处理,档案和环保已通过专项验收,竣工决算经过审计。根据《公路工程竣(交)工验收办法》及实施细则的有关规定,项目符合竣工验收要求,同意通过竣工验收。对各参建单位及建设项目综合评分如下:建设管理综合评分93.92分,设计工作综合评分92.17分,监理工作综合评分94.31分,施工管理综合评分93.84分,建设项目综合评分为94.15分,项目综合评价等级为优良。

二、珲乌高速公路图们至延吉段

(一)概述

1. 基本情况

(1)主要控制点

图们市、伊兰镇、延吉市。

(2)建设时间

1997年5月开工建设,2001年8月建成通车。

(3)地形地貌

路线所经地区为山岭重丘区,地形起伏较大,植被覆盖主要为季节性农作物和灌木,少数为荒地和次生林地。

(4)技术标准

设计速度60km/h,双向四车道;路基宽度为21.5m;桥涵设计荷载为汽车—超20级,挂车—120;设计洪水频率为1/100;水泥混凝土路面。

(5)建设规模

建设里程29km,全线设大桥6座,小桥及通道桥23座,涵洞87道,隧道2座,互通式立体交叉3处;分离式立体交叉3处,天桥2座;设收费站2处,管理处1处,隧道变电室

1处。

项目主要桥梁、隧道及路面信息见表8-5-6～表8-5-8。

珲乌高速公路图们至延吉段主要桥梁信息表　　　　表8-5-6

类型	名称	桥梁长度(m)	主跨长度(m)	跨越障碍物	桥梁结构
大桥	嘎呀河大桥	427	30	河流	预应力钢筋混凝土连续T梁
	中里大桥	367	30	河流	预应力钢筋混凝土连续T梁
	碧水大桥	367	30	河流	预应力钢筋混凝土连续T梁
	小盘岭大桥	337	30	河流	预应力钢筋混凝土连续T梁
	长安大桥(右幅)	305	30	河流	预应力钢筋混凝土组合式梁
	长安大桥(左幅)	285	30	河流	预应力钢筋混凝土连续T梁
	依兰河大桥	166	20	河流	预应力钢筋混凝土连续T梁

珲乌高速公路图们至延吉段隧道信息表　　　　表8-5-7

类型	名称	隧道全长(m)	洞门形式	隧道分类	
				按地质条件划分	按所在区域划分
中隧道	小盘岭隧道(右)	615	端墙式、端墙式	石质隧道	山岭隧道
	小盘岭隧道(左)	655	端墙式、端墙式	石质隧道	山岭隧道
	长安隧道(右)	565	端墙式、端墙式	石质隧道	山岭隧道
	长安隧道(左)	622	端墙式、端墙式	石质隧道	山岭隧道

珲乌高速公路图们至延吉段路面信息表　　　　表8-5-8

路面类型	起讫里程	长度(km)	路面结构
水泥混凝土路面	K99+000～K128+000	29	面层:24cm水泥混凝土 基层:20cm二灰碎石 底基层:15～20cm二灰土 垫层:25～35cm砂砾

注:起讫里程来源于《全国道路网调整后里程桩号传递表》。

(6)投资规模

估算金额9.00亿元,概算金额8.55亿元,决算金额8.54亿元。

2.参建单位

(1)项目建设管理单位

项目建设管理单位是吉林省高等级公路建设指挥部长吉办公室(以下简称"长吉办")。

(2)勘察设计单位

项目的勘察设计任务由吉林省交通规划设计院完成。

(3)施工单位

项目的主体工程施工由铁道部第十九工程局第二工程处等18家单位完成;房建工程施工由河南获加豫北公司完成;交通工程和机电工程施工由北京华纬交通工程公司等4

家单位完成。

（4）监理单位

项目的监理任务由吉林省天达工程咨询监理有限责任公司（原吉林省天达公路工程咨询监理事务所）承担。

项目参建单位信息见表8-5-9。

珲乌高速公路图们至延吉段参建单位一览表　　　　表8-5-9

参建单位	单位名称	合同段编号及起止桩号	主要负责人	备注
项目管理单位	吉林省高等级公路建设指挥部长吉办公室	K310+060～K338+800	王大为	
勘察设计单位	吉林省交通规划设计院	K310+060～K338+800	胡珊	
施工单位	铁道部第十九工程局第二工程处	A-1：RK326+997.26～RK327+760/LK326+997.26～LK329+000	杨仕福	长安大桥、隧道（上行）
	中煤建设开发总公司东北公司	A-2：RK327+760～RK328+950	杨浩青	长安隧道（下行）
	铁道部第十八工程局第三工程处	B-1：RK328+950～RK329+452/LK329+000～LK330+670	朱协和	小盘岭大桥、隧道（上行）
	中国华北冶金建设公司	B-2：RK329+452～RK330+610	郭平俊	小盘岭隧道（下行）
	四平市道路桥梁工程总公司	YL：K323+400～K324+018	黄克宪	伊兰河大桥
	四平市道路桥梁工程总公司	BS：LK330+670～LK331+219.338/RK330+610～RK331+179.928	黄克宪	碧水大桥
	铁道部第十三工程局第二工程处	ZL：K331+219.338～K332+300	宋云才	中里大桥
	吉林省林业工程公司	GY：K335+800～K337+000	张吉文	嘎呀河大桥
	沈阳铁路局吉林工程总公司	SL：K331+574.5～K331+627	刘兴富	水礼公铁立交
	沈阳铁路局吉林工程总公司	XG：K336+257.513～K336+481	刘兴富	下嘎公铁立交
	白城市公路工程处	01-1：K312+300～K316+400	杨颖奇	路基、桥涵
	吉林省林业工程公司	01-2：K310+320～K312+300	邹军	路基、桥涵
	吉林省弘盛交通建设开发有限公司	01-3：K310+060～K310+320	杨成	延吉互通

续上表

参建单位	单 位 名 称	合同段编号及起止桩号	主要负责人	备 注
施工单位	吉林省公路工程局第二工程处	02-1：K316+400～K321+200	侯文海	路基、桥涵
	辽宁新海工程公司	02-2：K321+200～K323+400	张玉廷	路基、桥涵
	吉林省公路工程局第三工程处	3：K324+018～K326+997.276	王崇奇	路基、桥涵、喷锚防护
	延边朝鲜自治州公路工程处	06-1：K334+150～K335+800	赵风洙	路基、桥涵
	吉林省长城路桥建筑工程有限责任公司	06-2：K332+300～K334+150	田荣才	路基、桥涵
	吉林省公路工程局第九工程处	7：K337+100～K338+800	郭玉山	路基、桥涵
	吉林省交通建设集团一公司	A：K310+060～K323+400	彭宝隆	路面工程
	吉林省远通路桥工程股份有限公司	B：K323+400～K338+800	关晓龙	路面工程
	吉林省吉长交通发展建设有限责任公司	C：K310+060～K338+800	张 岩	收费站雨棚、场区道路标志、隔离栅
	北京华纬交通工程公司	D：K310+060～K338+800	朱 杰	标线、防撞护栏
	吉林省科维交通工程有限公司	E：延吉收费站	鞠成文	收费、监控
	山西太原中铁十二局集团电务工程有限公司	F：长安、小盘岭隧道照明、供电	祁 元	隧道照明
	河南获加豫北公司	G：房建工程	张新功	房建工程
监理单位	吉林省天达工程咨询监理有限责任公司	K310+060～K338+800	夏福祥	总监办

注：信息来源于竣工验收文件及建设管理单位。

（二）建设情况

1. 前期准备

1）项目审批

（1）立项审批

①1997年2月，吉林省发展计划委员会下发了《关于新建延吉至图们公路项目建议书的批复》（吉交计字〔1997〕156号文）；

②1997年,吉林省发展计划委员会下发了《关于延吉至图们段高速公路可行性研究报告的批复》(吉计交字〔1997〕644号);

③1998年,交通部下发了《关于延吉至图们公路可行性研究报告的批复》(交计发〔1998〕78号文)。

(2)设计审批

1998年,交通部下发了《关于延吉至图们公路初步设计的批复》(交公路发〔1998〕237号)。

(3)其他审批

①1998年,吉林省交通厅下发了《关于同意延吉至图们、营城子至白山公路工程进行开工前准备工作的函》(吉计交函〔1998〕25号文);

②1998年,吉林省人民政府下发了《关于印发1998年全省中点建设项目名单及年度工作目标的通知》(吉政明电〔1998〕26号);

③1998年,国家环保局下发了《关于同江至三亚国道主干线长春至珲春支线延吉至图们段公路环境影响报告书审批意见的复函》(环发〔1998〕243号文);

④2001年,交通部下发了《关于延吉至图们高速公路调整概算的批复》(交公路发〔2001〕781号)。

2)资金筹措

项目实际完成工程投资8.54亿元。投资来源有银行贷款5.54亿元,地方国债投资0.75亿元,交通部补助投资1.39亿元,公路建设专项资金投资0.87亿元。

3)工程勘察设计

吉林省交通规划设计院承担了项目的勘察设计工作。在吉林省交通厅的领导下,吉林省交通规划设计院自1995年开始前期工作,1997年完成施工图设计。该设计结合项目沿线的自然特点,吸收国内外已建成高等级公路的勘测设计经验,本着技术先进、造价合理、方便施工、便于维护、因地制宜的原则,克服了设计周期较短、技术复杂、质量要求高等困难,高标准、高质量地完成了各个阶段的设计论证工作,保证了工程的顺利开工。

(1)预可研设计阶段

根据吉林省交通厅的计划安排,吉林省交通规划设计院于1995年开始进行同三线长春至珲春支线的路线规划和预可行性研究报告的编制工作。1997年2月,该项目的项目建议书获得了吉林省发展计划委员会的批复。

(2)工可研设计阶段

1997年初,吉林省交通规划设计院接到吉林省交通厅下发的《关于下达同江至三亚国道主干线长春至珲春支线吉林至江密峰、延吉至图们段工程可行性研究任务的通知》(吉交函字〔1997〕35号文)。根据该工程可行性研究任务书的要求,吉林省交通规划设计院对沿线的经济、交通状况进行了认真细致的调查研究,对路线方案进行了工程踏勘测量,对该段公路的路线走向、技术标准提出了具体方案,于1997年3月末完成了可行性研究报告的编制工作。1998年,项目的工程可行性研究报告获得了交通部下发的《关于延吉至图们公路可行性研究报告的批复》(交计发〔1998〕78号文)并立项建设。

（3）初步设计阶段

1997年初,吉林省交通规划设计院接到吉林省交通厅下发的《关于下达同江至三亚国道主干线长春至珲春支线吉林至江密峰、延吉至图们高速公路初步设计任务的通知》(吉交函字〔1997〕38号文)、《关于下达吉林至江密峰、延吉至图们高速公路初步设计补充任务的通知》(吉交函字〔1997〕209号文)。按照初步设计任务书要求,吉林省交通规划设计院组织人员在工可研方案的基础上,对路线走向、工程方案进行了深入细致的比较论证,编制完成延吉至图们高速公路的初步设计文件,并通过吉林省交通厅、吉林省发展计划委员会组织的设计审查。1998年,项目的初步设计获得了交通部下发的《关于延吉至图们公路初步设计的批复》(交公路发〔1998〕237号)。

（4）施工图设计阶段

1997年,吉林省交通规划设计院按照吉林省交通厅下发的《关于下达国道主干线同江至三亚公路长春至珲春支线延吉至珲春段是公路设计任务的通知》(吉交函字〔1997〕28号文)要求,承担了该项目施工图设计工作。1997年4月至6月,吉林省交通规划设计院完成了外业勘测和调查工作,并通过了交通厅组织的外业验收。1997年6月至12月,完成了该段高速公路的施工图设计工作。

项目地处吉林省东部山区,地形复杂、构造物多、地质条件较差、设计难度大等特点,全体测设人员在工作中应用先进科技手段和最新科研成果,吸取省内已建相关高速公路勘测设计的经验教训,增强质量意识,实行科学管理,精心勘测、精心设计,保质保量地完成施工图设计工作。

2. 项目实施

（1）招投标

项目通过公开招标,择优选择优秀施工队伍参加项目全线工程的建设。按照"公开、公平、公正"的原则,采取"三封闭"的办法,邀请监察和公证部门参加招标工作,确保招标的公正性。开标后,对施工单位进行严格的资格后审,重点审查投标单位的管理水平、技术水平、机械设备能力、施工经验、财务状况以及企业信誉等。投标工作严格控制以下几个环节,首先对投标单位的资质、施工能力、财务状况、企业信誉等方面进行了预审,筛选出较为理想的投标单位。其次,开标后对进入标底范围的投标单位进行严格的后审和评标,强中择强,优中选优。最后,选择综合能力强、信誉好的施工队伍为中标单位。

（2）征地拆迁

项目路线穿越延吉和图们市郊。为了搞好征地拆迁工作,成立了由长吉办和延边分指挥部主要领导参加的征地拆迁领导小组,延吉和图们两市主管交通的副市长亲自挂帅。征地拆迁工作得到了延吉、图们两市及其所属县、乡领导以及交通、国土部门的高度重视和大力支持。吉林省政府与延边州政府签订了征地拆迁责任书,由延边分指挥部具体负责征地拆迁工作,各市、县国土局,各乡(镇)成立征地拆迁办公室,抽调精干力量负责具体工作,市、县、乡(镇)领导亲自做拆迁难点工作,本着"政治动员、行政干预、经济补偿、多方支持、妥善安排"的方针,仅用1个月时间,顺利完成了征地拆迁工作,确保了工程的按时开工,全线实际征用土地3031亩。

(3)施工情况

根据合同文件要求及项目建设管理单位计划安排,在考虑工序衔接、路基沉降、桥涵背沉降和预压所需必要时间,在确保工期、质量优良的前提下,如期地完成各阶段性计划目标。

为确保工程按合同规定日期完成任务,施工单位在接到中标通知书后,立即抓紧做好施工前的各项准备工作,按投标书所填报的人员、机械设备准时到场,从而保证了工程按合同要求准时开工。1997年5月8日至1998年7月30日,完成了大桥、隧道的主体工程,保证了路基和台背填土有充足的自然沉降时间。1998年8月5日至1999年9月30日,完成了全部土石方工程和桥涵工程。2000年3月20日完成了路面底基层和基层的备料工作,8月31日全面完成了路面底基层和基层的施工。2001年5月1日路面备料量完成了计划量的80%,6月10日路面备料全部完成,保证了路面正常施工,通过严格控制原材料质量及碎石采用反击式加工设备加工等措施,确保进场石料质量全部符合标准规定要求,为修筑优良等级的路面提供了可靠的保证,2001年7月25日完成了全部路面面层的施工。2001年8月10日,完成了全部管理设施、服务设施、交通安全设施及环保绿化施工。

(4)监理情况

在项目建设过程中,吉林省天达公路工程咨询监理有限责任公司,受吉林省高等级公路建设指挥部长吉办公室的委托,承担了项目的施工监理工作。按照合同要求,监理单位组建了项目总监办、副总监办和驻地监理组三级监理组织机构。总监办由总监理工程师和各专业监理工程师及中心试验室组成,负责全线的质量、进度、费用、合同管理及监理管理等工作;副总监办由副总监理、道路、桥梁、试验检测、合同管理等专业工程师组成,负责本路段所辖标段的各方面具体监理工作;驻地监理组由高级驻地监理代表、各类专业监理工程师及监理员等组成,具体负责本合同标段的全面监理工作。工作在各主要岗位上的监理人员中,具有高级技术职称的占30%,具有中级技术职称的占45%,具有初级技术职称的占25%,所有监理人员均持有省级以上的监理工程师资质证书或监理员资质证书,监理持证上岗率为100%。

为进一步提高监理人员的业务水平,使其熟练掌握新技术、新工艺、新标准、新规范,更好地胜任高等级公路建设施工中的监理工作,在五年的监理工作过程中,监理单位利用冬闲时间举办了包括施工测量、路基施工技术与质量管理、路面施工技术与质量管理、桥涵施工技术与质量管理、党风廉政建设等20余科目的监理业务培训与教育,对培训后考核未达到上岗标准的人员实行下岗处理。

在施工监理工作中,监理单位自始至终坚持"质量第一"的方针,只要有施工,监理就在岗在位,不分昼夜地对工程质量进行"全方位、全天候、全过程"的监督和管理。

在工程进度监理中采取层层把关的办法,使得整个建设过程中,不论是各个阶段工期,还是总工期,都得到了保证。

在费用控制上,做到了层层把关、相互监督、相互制约,各项费用按程序审批。整个项目实施过程中,资金拨付及时,未发生假报、虚报的现象。

在合同管理上,认真按合同条款办事,没有发生索赔、延误、延期、纠纷等事件。

(5)工程建设特点

项目是吉林省首条山区高速公路,地理、地质条件复杂,也是吉林省高速公路设计中首先采用隧道工程(全段28.7km共设2座隧道),同时是吉林省首次并唯一全部采用水泥混凝土路面的高速公路,施工采用滑模摊铺机进行路面摊铺,保证了工程质量及行车舒适性。在水泥混凝土路面上首次尝试采用纵向刻纹,降低了行车噪声的同时,提高了路面横向抗滑性能。运营5年检测断板率仍满足规范要求,至今路面使用状况良好。

3.竣(交)工验收

(1)交工验收

根据部颁《公路工程竣工验收办法》(交公路发〔1995〕1081号)和《公路工程质量检验评定标准》(JTJ 071—1998)的规定,2001年8月吉林省公路工程质量监督站对项目进行了质量检测,并出具了《延吉至图们高速公路建设项目工程质量检验评定报告》。2001年8月30日至8月31日,吉林省发展计划委员会和吉林省交通厅联合组织了项目交工验收工作,工程质量评分95.06分,建设项目工程质量等级为优良。

(2)竣工验收

2002年8月29日至8月30日,受交通部委托,吉林省交通厅按照《关于做好2002年度公路建设项目竣工验收工作的通知》(交通部厅公路字〔2002〕147号)文件要求,组织了竣工验收委员会及竣工验收专家组对项目进行竣工验收,工程质量评分为95.06分,等级为优良。

三、珲乌高速公路江密峰(吉林)至魁元屯(吉林)段

(一)概述

1. 基本情况

(1)主要控制点

江密峰镇、九站街镇、魁元屯。

(2)建设时间

1997年5月开工建设,1999年11月建成通车。

(3)地形地貌

路线位于吉林省中部平原向东部山区的过渡区域,地形起伏变化较大,为重丘区地形。路线所经地段多为耕地,局部路段为荒地和人工林。

(4)技术标准

设计速度为100km/h,双向四车道;路基宽度为24.5m;桥涵设计荷载为汽车—超20级,挂车—120,设计洪水频率为1/100;沥青、水泥混凝土路面。

(5)建设规模

建设里程30km,全线设大桥1座,中桥1座,小桥5座,涵洞83道,互通式立体交叉5处(含分岔工程1处),分离式立体交叉7处,天桥5座,通道18处,设收费站4处。

项目主要桥梁及路面信息见表8-5-10、表8-5-11。

珲乌高速公路江密峰(吉林)至魁元屯(吉林)段主要桥梁信息表　表8-5-10

类型	名称	桥梁长度(m)	主跨长度(m)	跨越障碍物	桥梁结构
大桥	九站松花江大桥	977	120	河流	预应力钢筋混凝土连续箱梁
中桥	江密峰桥	62	22	道路、铁路	预应力钢筋混凝土连续箱梁

珲乌高速公路江密峰(吉林)至魁元屯(吉林)段路面信息表　表8-5-11

路面类型	起讫里程	长度(km)	路面结构
沥青路面	K413+000~K431+000	18	上面层:4cm沥青玛蹄脂碎石混合料 中面层:4cm中粒式沥青混凝土 下面层:5cm粗粒式沥青混凝土 基层:20~30cm石灰粉煤灰稳定粒料 底基层:15~20cm石灰粉煤灰稳定土 垫层:28cm砂砾
水泥混凝土路面	K431+000~K443+000	12	面层:24cm水泥混凝土 基层:20cm的石灰粉煤灰稳定粒料 底基层:15~20cm石灰粉煤灰稳定土 垫层:25cm砂砾

注:起讫里程来源于《全国道路网调整后里程桩号传递表》。

（6）投资规模

估算金额 8.60 亿元,概算金额 7.73 亿元(不含未完工成黑大连接线 0.53 亿元);决算金额 7.67 亿元。

2. 参建单位

（1）项目建设管理单位

项目的建设管理单位是吉林省高等级公路建设指挥部长吉办公室。

（2）勘察设计单位

项目的勘察设计任务由吉林省交通规划设计院完成。

（3）施工单位

项目的主体工程施工由吉林省公路工程局第一工程处等 16 家单位完成,交通工程施工由吉林省高速公路实业公司等 10 家单位完成,绿化工程施工由长大生物产业公司等 5 家单位完成。

（4）监理单位

项目的监理任务由吉林省天达公路工程咨询监理事务所等 6 家单位承担。

项目参建单位信息见表 8-5-12。

珲乌高速公路江密峰(吉林)至魁元屯(吉林)段参建单位一览表　　表 8-5-12

参建单位	单 位 名 称	合同段编号及起止桩号	主要负责人	备　注
项目管理单位	吉林省高等级公路建设指挥部长吉办公室	MK79+911.22～NK83+138.814/K0+000～K26+589	王大为	
勘察设计单位	吉林省交通规划设计院	MK79+911.22～NK83+138.814/K0+000～K26+589	王国顺	
施工单位	延边州公路工程处	01：魁元屯分岔工程（MK79+911.22～NK83+138.814）	李秉模	路基、桥涵工程
	吉林省公路工程局第五工程处	02：K0+000～K4+200	黄存礼	路基、桥涵工程
	吉林省公路工程局第二工程处	03-1：K4+200～K6+140	刘继忠	路基、桥涵工程
	沈阳铁路局吉林工程总公司	03-2：九站互通 AK0+842 桥	刘英弟	路基、桥涵工程
	黑龙江省路桥总公司第五工程处	04：K6+140～K7+550	孙宏志	路基、桥涵工程
	吉林省公路工程局第四工程处	05-1：K8+700～K12+000	樊新彬	路基、桥涵工程
	吉林省公路管理局工程处	05-2：K7+550～K8+700	温永军	路基、桥涵工程

第八章
高速公路项目建设情况

续上表

参建单位	单 位 名 称	合同段编号及起止桩号	主要负责人	备 注
施工单位	吉林省公路工程局第三工程处	06-1：K12+600~K14+500	赵玉忠	路基、桥涵工程
	吉林市公路工程处	06-2：K12+000~K12+600	张文奇	路基、桥涵工程
	吉林省公路工程局机械处	07-1：K16+200~K21+610	刘树杰	路基、桥涵工程
	沈阳军区司令部辽宁新海公司	07-2：K14+500~K16+200	张玉廷	路基、桥涵工程
	吉林省公路工程局第一工程处	08-1：K21+610~K25+350	彭宝隆	路基、桥涵工程
	吉林省长城路桥公司	08-2：K25+350~K26+025	田荣才	路基、桥涵工程
	吉林省运通筑路有限公司	08-3：K26+025~K26+589	李树山	路基、桥涵工程
	沈阳铁路局吉林工程总公司	08-4：江密峰立交K25+218.481	邵永泰	路基、桥涵工程
	蛟河市公路段工程处	A：魁元屯分岔工程（MK79+911.22~NK83+138.814）	王延广	路面工程
	吉林省公路工程局第四工程处	B：K0+000~K18+490	樊新彬	路面工程
	吉林省公路工程局第一工程处	C：K18+490~K26+344	彭宝隆	路面工程
	吉林省公路建筑维修公司	A1：九站收费站房建工程	刘春风	交通工程
	长春建工集团吉润建设股份有限公司	A2：棋盘街收费站房建工程	王 海	交通工程
	吉林市建材建筑工程公司	A3：江密峰收费站房建工程	张国光	交通工程
	吉林冶金建设公司	A4：九站、棋盘街、江密峰收费站雨棚工程	卢 岷	交通工程
	蛟河市公路段工程处	B：九站、棋盘街、江密峰收费站场区和道路工程	王延广	交通工程
	哈尔滨亿阳集团公司	C1：九站、棋盘街、江密峰收费系统	曲 飞	交通工程
	吉林省高速公路管理局实业公司	C2：九站、棋盘街、江密峰通信系统	邱晓文	交通工程
	吉林省高速公路管理局养护中心	D：沿线标志牌工程	于佰祥	交通工程

续上表

参建单位	单位名称	合同段编号及起止桩号	主要负责人	备注
施工单位	北京华伟交通工程公司	E:路面标线、波形护栏安装工程	陈文澎	交通工程
	吉长交通工程公司	GLS隔离栅		交通工程
	长大生物产业公司等五个单位	L环保绿化		绿化工程
监理单位	吉林省天达公路工程咨询监理事务所	MK79+911.22~NK83+138.814/K0+000~K26+589	张岩	总监办

注:信息来源于竣工验收文件及建设管理单位。

(二)建设情况

1. 前期准备

1)项目审批

(1)立项审批

①1997年2月,吉林省发展计划委员会以吉交计字〔1997〕156号文件对该路的项目建议书进行批复;

②1997年,吉林省发展计划委员会下发了《关于吉林至江密峰高速公路可行性研究报告的批复》(吉计交字〔1997〕643号);

③1997年,交通部下发了《关于吉林至江密峰公路可行性研究报告的批复》(交计发〔1997〕875号)。

(2)设计审批

1998年,交通部下发了《关于吉林至江密峰公路初步设计的批复》(交公路发〔1998〕236号)。

(3)其他审批

1998年8月,国家环境保护总局下发了《关于同江至三亚国道主干线长春至珲春支线吉林至黄松甸段公路环境影响报告书审批意见的复函》(环发〔1998〕244号)。

2)资金筹措

交通部批复项目概算金额为8.27亿元(含黑大连接线0.54亿元);实际完成投资7.67亿元,节余金额633万元。

投资来源:国家银行贷款4.41亿元,国债投资0.25亿元;交通部补助投资1.36亿元,其余省内自筹。

3)工程勘察设计

在吉林省交通厅的领导下,在吉林省高等级公路建设指挥部长吉办的帮助下,吉林省交通规划设计院自 1995 年开始项目前期工作,1997 年完成施工图设计,历时 3 年时间,克服了重重困难,高质量、高标准地完成了各个阶段的设计论证工作,保证了工程如期开工。

(1) 预可研设计阶段

根据吉林省交通厅的计划安排,吉林省交通规划设计院于 1995 年开始进行同三线长春至珲春支线的路线规划和预可行性研究报告的编制工作。1997 年 2 月,该项目的项目建议书获得了吉林省发展计划委员会的批复。

(2) 工可研设计阶段

1997 年初,吉林省交通规划设计院接到吉林省交通厅下发的《关于下达同江至三亚国道主干线长春至珲春支线吉林至江密峰、延吉至图们段工程可行性研究任务的通知》(吉交函字〔1997〕35 号),根据任务书的要求,吉林省交通规划设计院在过去调查资料的基础上,开展了大量补充调研工作,对项目的路线走向、技术标准提出了具体方案;在征求有关部门意见以后,对路线方案进行了工程踏勘测量,于 1997 年 3 月末完成了工程可行性研究报告的编制工作。

1997 年,项目的工程可行性研究报告获得了吉林省发展计划委员会下发的《关于吉林至江密峰高速公路可行性研究报告的批复》(吉计交字〔1997〕643 号)批准项目立项建设。随后项目的工程可行性研究报告由吉林省交通厅以《关于批准吉林至江密峰高速公路可行性研究报告的请示》(吉交计字〔1997〕122 号)上报交通部。随后获得了交通部下发的《关于吉林至江密峰公路可行性研究报告的批复》(交计发〔1997〕875 号)批准项目立项建设。至此,项目完成立项阶段工作,转入设计阶段。

(3) 初步设计阶段

1997 年,吉林省交通规划设计院接到吉林省交通厅下发的《关于下达同江至三亚国道主干线长春至珲春海鲜吉林至江密峰、延吉至图们高速公路初步设计任务的通知》(吉交函字〔1997〕38 号)、《关于下达吉林至江密峰、延吉至图们高速公路初步设计补充任务的通知》(吉交函字〔1997〕209 号)。根据初步设计任务书要求,吉林省交通规划设计院组织设计队伍在工可研方案的基础上,对路线走向、工程方案进行进一步深入细致的比较论证,编制完成延吉至图们高速公路的初步设计文件,并通过吉林省交通厅、吉林省发展计划委员会组织的设计审查。1998 年,项目的初步设计获得了交通部下发的《关于吉林至江密峰公路初步设计的批复》(交公路发〔1998〕236 号)。

(4) 施工图设计阶段

1997 年 3 月,吉林省交通规划设计院接到吉林省高等级公路建设指挥部长下发的《关于下达长春至珲春公路吉林至江密峰段两阶段施工图设计任务的通知》(吉办字〔1997〕7 号),根据吉林省交通厅、长吉办的要求,吉林省交通规划设计院于 1997 年 3 月至 5 月完成了项目的外业勘测和调查工作,并通过了吉林省交通厅组织的外业验收,按时完成了项目的施工图设计工作。

2. 项目实施

(1)招投标

根据路线地形变化、工程量大小、施工段落难易程度以及合理标段、合理造价、合理工期原则,把项目全线划分为8个标段,路面工程划分为3个标段,通过公开招标选择施工单位。

1997年3月,进行资格预审工作,对65家单位的资质(交通部一、二级资信登记、交通厅二级资信登记)、施工能力、财务状况、企业信誉等方面进行了预审,筛选出较为理想的45家单位,揭标后对进入标底范围的27家单位进行后审和评标,强中择强,优中选优。选择综合能力强、信誉好的16家路基桥涵施工单位中标,3家路面工程施工单位中标,9家交通工程施工单位中标。

(2)征地拆迁

项目穿越吉林市郊,沿线经济发达,村镇密集,征地拆迁量大。为了搞好征地拆迁工作,成立了由长吉办和吉林市分指挥部主要领导参加的征地拆迁领导小组,并由吉林市主管交通的副市长挂帅。征地拆迁工作得到了吉林市及其所属县、乡领导以及交通、国土部门的高度重视和大力支持。省政府与吉林市政府签订了征地拆迁责任书,由吉林市分指挥部具体负责征地拆迁工作,各市、县国土局、各乡(镇)成立征地拆迁办公室,抽调精干力量负责具体工作,市、县、乡(镇)领导亲自做拆迁难点工作,本着"政治动员、行政干预、经济补偿、多方支持、妥善安排"的方针,用了仅仅一个月时间,顺利完成了征地拆迁工作,征用土地4308亩,动迁226户,拆迁厂房6处,拆迁电力电信112处。

(3)施工情况

根据合同文件要求及项目建设管理单位计划安排,在考虑工序衔接、路基沉降、桥涵背沉降和预压所需必要时间,在确保工期、质量优良的前提下,如期地完成各阶段性计划目标。

为确保工程按合同规定日期完成任务,接到中标通知书后,各施工单位立即抓紧做好施工前准备工作,按投标书填报的人员、机械准时到场,从而保证了按合同要求1997年5月18日全线开工。1997年5月18日至10月30日,完成了路基土石方总量的90%、完成了全部小桥涵工程、完成了大中桥下部工程及上部梁预制量的100%,保证了路基和台背填土有充足自然沉降时间。松花江大桥左侧设便桥,确保了全线贯通,既便于施工管理又有利于合同段间的协调。1998年4月30日,完成了路面底基层和基层的备料工作,1998年6月30日,完成了全部土石方工程和大中桥工程。1998年9月15日,全面完成了路面基层和底基层施工。1999年4月30日,完成了路面计划备料量的80%,由于碎石加工设备先进和超前的准备工作,从而使生产的路面石料全部符合规定要求标准,为修筑优良等级的路面提供了可靠保证。1999年9月10日,完成了全部路面面层施工。1999年11月10日,完成了全部管理设施、服务设施、交通安全设施及环保绿化施工,实现了项目建设管理单位提出的一次性"交钥匙"工程。

(4)监理情况

受长吉办委托,吉林省天达公路工程咨询监理事务所采取省内公开招标方式选择了吉林省公路工程监理事务所、吉林省金泉监理公司、吉林省公路工程监理公司、吉林省吉平监理公司、吉林省育才监理公司5家监理公司,负责路基工程8个标段,路面工程3个标段及图乌改线的监理工作。

根据合同条款设立了总监办、副总监办、驻地办三级管理体系,择优选择了监理队伍,全面推行了监理制。全线设总监理工程师1人,副总监理工程师1人,总监办配置工作人员5~7人(含中心试验室),副总监办配置人员4~6人,驻地监理56人,全部持有交通运输部或吉林省颁发的全项或专业监理工程师证书,持证率100%。1997—1998年度路基、桥涵及路面基层施工时,设9个驻地监理组,平均每公里1.3名监理。路面工程设4个驻地监理组,平均每公里0.367名监理。

在质量控制方面,项目在监理质量机制上的做法是建立三级监理制和三级监理质量否决制,即总监办、副总监办和驻地监理组。监理在工程管理过程中实行质量一票否决,而总监对副总监、副总监对标段长的质量决定有否决权,形成监理层层把关,上下制约的保证体系,严格控制施工的各个环节。

在施工进度方面,为促进长吉办对各项工程提出的分阶段实施目标的落实,监理单位每周召开一次全线生产调度会,协调解决各施工单位在工程施工中存在的问题;召开典型现场会,促使施工单位互相学习达到了后进单位赶先进,先进单位更先进,取长补短共同提高的目的。驻地监理每周都按时组织施工单位召开工地会议,落实长吉办的决定,并以简报形式交流,相互促进,使承包人按时完成长吉办下达的施工任务。

在造价控制方面,监理单位按照以工程量清单有的项目,设计图纸或变更批准的数量和报验检查合格的工程作为计量依据的原则严把计量关,进而有效地控制整个施工过程中的工程造价。

3.竣(交)工验收

2001年9月,受交通部委托,吉林省交通厅组织相关单位组成验收委员会及专家组,对项目进行了竣工验收。验收委员会在听取建设、设计、施工、监理、质量监督及养护等单位的工作报告,查阅审查资料和实地察看的基础上,对工程质量、建设管理等情况进行了全面审议。参加验收的厅直有关部门的同志对工程存在的主要缺陷和有关问题进行了认真讨论,并取得一致意见,经审议认为,该工程建设项目综合评价等级为优良。

四、珲乌高速公路吉林(魁元屯)至长春东段

(一)概述

1. 基本情况

(1)主要控制点

魁元屯、桦皮厂镇、九台区、龙嘉机场、莲花山开发区、英俊镇(长春东)。

(2)建设时间

1995年5月开工建设,1997年9月建成通车。

(3)地形地貌

路线经过松辽沉积平原的东部边缘,其地形地貌为:长春至石头口门水库为平原地貌,地形平坦,起伏较小;石头口门水库至吉林,地形起伏较大,沟谷较多,属微丘地貌。

(4)技术标准

设计速度为120km/h,双向四车道,一期按六车道修建路基,路面为四车道;路基宽度为34.5m;桥涵设计荷载为汽车—超20级,挂车—120;设计洪水频率为1/100;沥青混凝土路面。

(5)建设规模

建设里程84km,全线设大桥3座,中桥17座,小桥21座,涵洞135道,互通式立体交叉4处(其中与京哈高速公路共用1处),分离式立体交叉9处,通道44处;设收费站4处,服务区2处,管理处2处。

项目主要桥梁及路面信息见表8-5-13、表8-5-14。

珲乌高速公路吉林(魁元屯)至长春东段主要桥梁信息表　　表8-5-13

类型	名称	桥梁长度(m)	主跨长度(m)	跨越障碍物	桥梁结构
大桥	鳌龙河大桥	145	20	河流	预应力钢筋混凝土箱形梁
	饮马河大桥	185	20	沟谷	预应力钢筋混凝土连续箱梁
	大黑林子大桥	125	20	沟谷	预应力钢筋混凝土连续箱梁
中桥	大绥河中桥	85	20	河流	预应力钢筋混凝土箱形梁
	搜登河中桥	43	13	河流	预应力钢筋混凝土空心板梁
	前搜登河中桥	56	13	河流	预应力钢筋混凝土空心板梁
	丁家窝棚中桥	43	13	河流	预应力钢筋混凝土实心板梁
	岳家油坊中桥	52	16	沟谷	预应力钢筋混凝土空心板梁
	连道湾中桥	68	16	沟谷	预应力钢筋混凝土空心板梁
	川心店中桥	81	25	沟谷	预应力钢筋混凝土连续箱梁
	大顶子六队中桥	68	16	沟谷	预应力钢筋混凝土空心板梁
	大顶子三队中桥	42	13	沟谷	预应力钢筋混凝土空心板梁

续上表

类型	名称	桥梁长度(m)	主跨长度(m)	跨越障碍物	桥梁结构
中桥	莲花沟中桥	85	20	道路、铁路	预应力钢筋混凝土连续箱梁
	马家屯中桥	52	16	沟谷	预应力钢筋混凝土空心板梁
	饮马河西渠中桥	43	13	河流	预应力钢筋混凝土空心板梁
	放牛沟中桥	24	20	沟谷	预应力钢筋混凝土实心板梁
	西沟屯中桥	65	20	沟谷	预应力钢筋混凝土连续箱梁
	张家店中桥	65	20	沟谷	预应力钢筋混凝土连续箱梁
	高家屯中桥	52	16	沟谷	预应力钢筋混凝土空心板梁
	小黑林子中桥	52	16	沟谷	预应力钢筋混凝土空心板梁

珲乌高速公路吉林(魁元屯)至长春东段路面信息表　　表8-5-14

路面类型	起讫里程	长度(km)	路面结构
沥青路面	K443+000～K527+000	84	上面层:4cm 中粒式沥青混凝土 中面层:5cm 中粒式沥青混凝土 下面层:6cm 粗粒式沥青混凝土 基层:25cm 石灰粉煤灰稳定粒料 底基层:20cm 石灰粉煤灰稳定土 垫层:30～50cm 砂砾

注:起讫里程来源于《全国道路网调整后里程桩号传递表》。

(6)投资规模

概算金额 20.25 亿元,决算金额 19.18 亿元。

2.参建单位

(1)项目建设管理单位

项目的建设管理单位是吉林省高等级公路建设局。

(2)勘察设计单位

项目的勘察设计任务由吉林省交通规划设计院完成。

(3)施工单位

项目的主体工程施工由吉林省公路工程局第一工程处等 22 家单位完成;房建工程施工由吉林省公路工程局建筑公司等 9 家单位完成;交通工程施工由北京华伟交通工程公司完成;机电工程施工由长春通讯发展有限公司完成;绿化工程施工由吉林省公路管理局苗圃服务队等 13 家单位完成。

(4)监理单位

项目的监理任务由吉林省天达公路工程咨询监理事务所等单位承担。

项目参建单位信息见表 8-5-15。

珲乌高速公路吉林(魁元屯)至长春东段如图 8-5-10 所示。

珲乌高速公路吉林(魁元屯)至长春东段参建单位一览表

表 8-5-15

参建单位	单位名称	合同段编号及起止桩号	主要负责人	备注
项目管理单位	吉林省高等级公路建设局	K0+000~K85+555.32	王维舟	
勘察设计单位	吉林省交通规划设计院	K0+000~K85+555.32	王国顺	
施工单位	黑龙江省路桥建设四公司	01:K0+000~K3+500	尚永达	路基、路面基层、桥梁工程
	吉林省军区建筑工程处	02-2:K3+500~K5+450	张玉文	路基、路面基层、桥梁工程
	辽宁省朝阳市公路工程总公司	02-1:K5+450~K9+000	郑玉国	路基、路面基层、桥梁工程
	吉林省公路工程局机械处	03-1:K9+000~K12+000	黎柏青	路基、路面基层、桥梁工程
	吉林省公路工程局第四工程处	03-2:K12+000~K18+000	李大军	路基、路面基层、桥梁工程
	长春市路桥工程公司	04:K18+000~K26+000	周好义	路基、路面基层、桥梁工程
	吉林省公路工程局第六工程处	05:K26+000~K29+000	孙福山	路基、路面基层、桥梁工程
	吉林省公路工程局第一工程处	06:K29+000~K34+000	江志兴	路基、路面基层、桥梁工程
	白城市路桥总公司	07-2:K34+000~K35+000	吕国林	路基、路面基层、桥梁工程
	鞍山钢铁公司矿山公司	07-1:K35+000~K39+000	徐丙聪	路基、路面基层、桥梁工程
	中煤建开发总公司东北公司	08-2:K39+000~K41+440	谢景忠	路基、路面基层、桥梁工程
	吉林省公路工程局第二工程处	08-1:K41+440~K44+000	杨树林	路基、路面基层、桥梁工程
	铁道部第十九工程局第一工程处	09:K44+000~K46+800	刘汝臣	路基、路面基层、桥梁工程
	延边朝鲜自治州公路工程处	10:K46+800~K50+300	金在洙	路基、路面基层、桥梁工程
	吉林省公路工程局第三工程处	11:K50+300~K58+000	侯树文	路基、路面基层、桥梁工程
	铁道部第十三工程局第二工程处	12-2:K58+000~K59+550	张洪利	路基、路面基层、桥梁工程
	黑龙江省路桥建设三公司	12-1:K59+550~K65+400	傅华	路基、路面基层、桥梁工程
	吉林省公路工程局第四工程处	13-2:K65+400~K68+000	李大军	路基、路面基层、桥梁工程
	吉林省公路工程局第五工程处	13-1:K68+000~K72+000	姜正平	路基、路面基层、桥梁工程
	四平市道路桥梁建设总公司	14-2:K72+000~K74+500	王久贵	路基、路面基层、桥梁工程
	辽阳公路工程建设集团公司	14-1:K74+500~K77+232	王维章	路基、路面基层、桥梁工程
	永吉县公路管理段	14-3:K77+232~K79+000		路基、路面基层、桥梁工程
	吉林市路桥工程建设总公司	15:K79+000~K83+555.32	许兴顺	路基、路面基层、桥梁工程
	吉林省公路工程局机械处	A:K0+000~K15+200	董加生	路面面层
	吉林省公路工程局第四工程处	B:K15+2000~K28+000	李大军	路面面层
	吉林省公路工程局第一工程处	C:K28+000~K49+300	侯喜林	路面面层
	吉林省公路工程局第三工程处	D:K49+300~K69+300	宋金贵	路面面层
	吉林省公路工程局第五工程处	E:K69+300~K83+555.32	金成库	路面面层
	北京华伟交通工程公司	K0+000~K85+555.32	王晓东	交通工程
	长春通讯发展有限公司	K0+000~K85+555.32	栗景元	机电工程
	吉林省公路工程局建筑公司等9家单位	K0+000~K85+555.32	宁国范	房建工程
	吉林省公路管理局苗圃服务队等13家单位	K0+000~K85+555.32	高连民	绿化工程

续上表

参建单位	单位名称	合同段编号及起止桩号	主要负责人	备 注
监理单位	吉林省天达公路工程咨询监理事务所	K0+000~K85+555.32		总监办

注:信息来源于竣工验收文件及建设管理单位。

图 8-5-10 珲乌高速公路吉林(魁元屯)至长春东段

(二)建设情况

1. 前期准备

1)项目审批

(1)立项审批

1993 年 11 月 15 日,交通部下发了《关于吉林至长春公路项目建议书的批复》(交计发〔1993〕1256 号)。

1995 年 1 月 11 日,国家计划委员会批复了《关于请批图乌公路吉林至长春段高速公路项目建议书的请示》(计交能〔1995〕23 号)。

(2)设计审批

1996 年 4 月 26 日,交通部下发了《关于长春至吉林高速公路初步设计的批复》(交公路发〔1996〕370 号)。

(3)其他审批

1995 年 8 月 9 日,国家环境保护局下发了《关于吉林至长春高速公路环境影响报告书审批意见的函复》(环监〔1995〕433 号)。

2)资金筹措

项目实际一期工程决算 19.18 亿元,批复概算 22.79 亿元(其中一期概算 20.25 亿元),资金来源包括利用中国建设银行贷款 3.00 亿元,国家开发银行贷款 2.50 亿元,交通补助投资 5.70 亿元,其余 11.60 元由省内自筹解决。

3）工程勘察设计

在吉林省交通厅的领导下和吉林省高等级公路建设指挥部长吉办的指导下，吉林省交通规划设计院自1993年开始项目前期准备工作至1995年完成施工图设计，历时3年，克服了时间短、任务重、质量要求高的重重困难，高质量、高标准、高水平地完成了施工图设计，保证了工程如期开工的需要。

(1) 预可研设计阶段

1993年5月吉林省交通规划设计院接到吉林省交通厅下发的《关于下达图乌公路吉林至长春段可行性研究任务的通知》（吉交计字〔1993〕74号），为加快项目的前期工作，吉林省交通规划设计院需在1993年7月底以前完成预可行性研究报告的编制工作。

1993年5月至7月，根据吉林省交通厅吉交计字〔1993〕74号文的要求，吉林省交通规划设计院，组织相关测设人员开展了大量的调研工作，对项目的路线走向提出了3个路线方案，征求有关部门意见后于5月至6月对3个路线方案进行了工程踏勘测量，搜集交通、经济及路线方案的有关资料。1993年7月末，完成了预可研报告的编制工作。1993年8月10日至12日，《吉林至长春高速公路预可行性研究报告》（以下简称《报告》）通过了由吉林省工程咨询服务中心组织省内外专家开展的评估会，与会专家一致认为《报告》提出的建设理由充分，交通调查和预测数据准确可靠，建设标准选择和建设规模的确定符合吉林省的实际情况，路线方案比选较为详尽，推荐的路线方案选择慎重，项目建设条件好，经济效益和社会效益显著，该项工程的建设是必要的，方案是可行的，《报告》符合实际，质量较好。1993年8月，吉林省交通厅向交通部报送《关于图乌公路吉林至长春段高速公路项目建议书的请示》（吉交计字〔1993〕171号）。1993年11月17日，交通部公路规划勘察设计院将《图乌公路吉林至长春段预可行性研究报告》审核意见，以公规审〔1993〕243号文复函交通部计划司。1993年11月15日，项目建议书获得了交通部下发的《关于吉林至长春公路项目建议书的批复》（交计发〔1993〕1256号）；同意吉林省交通厅推荐的路线方案、资金筹措、建设工期安排等；要求先开展工作，并在工程可行性研究阶段进一步深化研究路线走向、吉林市绕行方案和起、终点位置，是否预留将来扩建成六车道的路基宽度等。1993年11月，吉林省计划经济委员会向国家计划委员会报送了《关于图乌公路吉林至长春段高速公路项目建议书的请示》（吉计经交字〔1993〕1583号文）。

(2) 工可研设计阶段

1993年9月16日，吉林省交通规划设计院接到吉林省交通厅下发的《关于下达图乌公路吉林至长春段可行性研究任务的通知》（吉交计字〔1993〕135号），按照任务书要求，吉林省交通规划设计院需在1993年12月底以前完成工程可行性研究报告的编制工作。

1993年9月至11月，吉林省交通规划设计院根据吉交计字〔1993〕135号文、公规审〔1993〕243号文和交通部交计发〔1993〕1256号文的要求，组织测设力量对项目沿线进行工程踏勘测量、经济、交通补充调查,于1993年12月末完成工程可行性研究报告的编制工作。1994年1月28日至29日,项目通过了由吉林省工程咨询服务中心组织省内外专家开展的预评估会。与会专家仔细审查了报告,经现场踏察,并广泛听取各方面意见,对路线走向、路线方案、起终点位置、互通立交设置、报告内容作了评估,认为报告符合编制要求,质量较高。1994年3月,吉林省发展计划委员会向国家计划委员会报送了《关于请批图乌公路吉林至长春段高速公路项目建议书的请示》(吉交计字〔1994〕212号)。1995年1月11日,国家计划委员会以计交能〔1995〕23号文对《关于请批图乌公路吉林至长春段高速公路项目建议书的请示》作了批复:同意建设吉林至长春高速公路。1995年3月9日,吉林省交通厅以《关于报批珲乌公路吉林至长春高速公路可行性研究报告的请示》(吉交函字〔1995〕20号)呈报国家计划委员会。1995年3月14日,吉林省发展计划委员会以《关于报批珲乌公路吉林至长春高速公路可行性研究报告的请示》(吉计交字〔1995〕92号)呈报国家计划委员会。1995年5月8日至5月15日,项目工可研报告通过了由中国国际工程咨询公司组织专家开展的评估会,与会专家认为项目建设是必要的,报告资料翔实,数据可靠,结论正确,路线方案合理可行,工程规模适当,项目经济效益和社会效益明显。

(3)初步设计及施工图设计阶段

1994年5月4日,吉林省交通规划设计院接到吉林省交通厅下发的《关于下达珲乌公路吉林至长春高速公路勘测设计任务的通知》(吉交计字〔1994〕年54号),按照任务书要求,吉林省交通规划设计院需在1994年8月底以前完成初步设计及概算的编制工作。1994年5月至7月,吉林省交通规划设计院根据吉交计字〔1994〕54号文要求组织第一测设队、第二测设队、地质队进行项目的外业测量、工程地质勘察工作,外业勘测结束后,马上投入设计工作。1994年9月29日,吉林省交通规划设计院接到吉林省交通厅下发的《关于下达珲乌公路吉林至长春高速公路勘测设计补充任务的通知》(吉交函字〔1994〕115号),通知要求将路基宽度由26.0m改为34.5m,四车道改为六车道,其中两车道为预留宽度,要求在1994年11月20日前提交初步设计文件。吉林省交通规划设计院接到补充任务书通知后,马上组织力量,进行外业补充测量,又经过全体测设人员加班加点,努力拼搏,从而在1994年11月20日前按要求保质、保量地完成了初步设计及概算的编制工作。

1996年1月18日,吉林省交通规划设计院接到吉林省高等级公路建设指挥部长吉办下发的《关于下达珲乌公路吉林至长春高速公路两阶段施工图设计任务的通知》(长办计字〔1996〕12号),要求于1996年5月提交施工图设计文件和预算。但是,为了尽快做好项目的前期工作,在设计任务书未下达之前,吉林省交通规划设计院就根据吉林省交通厅、长吉办的指示以及交通部对工可研报告的批复意见,于1994年10月至1995年4月完成了项目外业详测及施工图设计。

1996年4月2日,由吉林省发展计划委员会主持,组织有关单位对项目的初步设计进行了初审,并以《关于我省长春至吉林高速公路工程项目初步设计审查的请示》(吉计重字〔1996〕183号)呈报国家计委。1996年4月22日,吉林省交通厅根据吉林省发展计划委员会对项目的初步设计初审意见以《长春至吉林高速公路初步设计初审意见的报告》(吉交计字〔1996〕41号)呈报交通部。1996年4月26日,项目的初步设计获得了交通部下发的《关于长春至吉林高速公路初步设计的批复》(交公路发〔1996〕370号)。

2. 项目实施

(1)招投标

吉林省高等级公路建设指挥部长吉办在选择施工队伍上,结合吉林省的实际情况,对招标工作进行了大胆的探索和创新。首先,合理划分了标段。在编制标书阶段按路基桥涵以4~6km、标价5000万~8000万元划为一个标段;路面面层以15km,标价4000万~6000万元划为一个标段。为达到"公开、公正、公平",按"三封闭"的办法进行招标与投标。招投标过程中请监察和公证部门参加,对招标工作全过程进行监督和公证。为防止因低价中标而产生不利于进度、不利于质量、不利于施工单位效益等的弊端,确定上限为标底的+5%,下限为标底的-10%,保证了施工单位的合理中标。

招标工作初期,首先对施工单位进行严格的资格预审,重点考察投标单位的管理水平、技术水平、机械设备能力、施工经验、财务状况及企业信誉等因素。经过对143家报名的投标单位进行认真的资格预审,选出84家较为理想的施工单位参加投标工作。开标后,又对进入有效标范围的单位进行了更为细致、严格的资格后审,最后由评标委员会优选出15家施工单位为中标单位,从而为项目建设实现"创全国一流水平"的目标打下了坚实的基础。

(2)征地拆迁

项目公路沿线经济发达,村镇密集,征地拆迁量大,能否顺利解决征地拆迁工作是顺利开展工程建设的关键。为了卓有成效地搞好征地拆迁工作,成立了由长吉办及两市分指挥部主要领导参加的征地拆迁领导小组,并由两市主管交通的副市长挂帅。征地拆迁工作得到了长春、吉林两市及县、镇领导和交通、国土部门的重视与支持。并且省政府与长春、吉林两市政府签订了征地拆迁责任书,由两市分指挥部承包完成征地拆迁工作。具体工作依靠市、县国土局,各镇成立征地拆迁办公室,本着"政治动员、行政干预、经济补偿、多方支持、妥善安排"的方针,用了仅仅一个月时间,顺利完成了征地拆迁工作,征用土地10600亩。

(3)施工情况

根据合同文件要求及吉林省高等级公路建设局计划安排,在考虑工序衔接、路基沉降、桥涵背沉降和预压所需必要时间,在确保3年总工期、质量优良、不超概算的前提下,如期地完成各阶段性计划目标。

为确保工程按合同规定日期完成任务,接到中标通知书后,各施工单位积极投入到各项施工准备中,准备工作完成后,由总监主持召开第一次工地会议并批准于1995年5月18日全线开工。1995年5月18日至1995年11月15日,完成了路基土石方总量的80%、完成了全部小桥涵工程、完成了大中桥下部工程及上部梁预制量的30%,保证了路基和台背填土有充足自然沉降时间。至1996年6月30日,完成了全部土石方工程和半幅大中桥,确保了全线贯通,既便于施工管理又利于合同段间的协调。至1996年8月15日,全面完成了路面基层和底基层施工,1996年9月10日前,完成了全部桥梁工程。由于长吉办积极支持和施工单位加大投入,在1995年冬季基本完成了路面底基层和基层的备料工作,从而确保了1996年路面基层的顺利完成。至1996年11月15日,完成了全部防护和排水工程,避免了与路面面层施工的交叉污染和干扰。至1997年8月15日,完成了全部路面面层施工,因"长吉办"在碎石加工设备上的投入,至1997年4月30日,完成了计划备料量的80%,由于碎石加工设备先进和超前的准备工作,从而使生产的路面用石料质量全部符合规范要求标准,为修筑优良等级的路面提供了可靠保证。至1997年9月5日,完成了全部管理设施、服务设施、交通安全设施及环保绿化施工,实现了项目建设管理单位提出的一次性"交钥匙"工程。

(4)监理情况

项目的施工监理工作由吉林省天达公路工程咨询监理事务所承担。在吉林省高等级公路建设指挥部长吉办公室统一领导下,具体组织实施监理业务。

为做好项目的监理工作,"长吉办"决定成立吉林省天达公路工程咨询监理事务所负责全线监理工作,并领导下设的吉林省公路研究所等6家外聘的监理公司。派驻79名监理负责17个标段路基桥涵监理工作,29名监理负责5个标段路面面层监理工作,7名监理负责沿线收费设施、管理设施、服务设施、安全设施的监理工作,平均每公里设监理工程师1.14人,满足了工程监理的需要。

监理事务所在长吉办公室统一领导下开展各项监理工作。设总监1人;长春市、吉林市两段各设副总监1人;各标段设驻地监理标段长,标段长下设专项监理工程师。

监理机构是在总监领导下设监理处;副总监领导下设监理科;路基、路面、交通工程分别设标段监理组;形成三级监理管理体制。

在工程质量监理方面,监理单位对承办商以及施工单位均实施了"全员、全方位、全过程"的质量控制,从施工准备工作开始,直至验收合格为止,实行全面的质量管理。

在工程进度控制方面,通过审查施工单位施工组织设计、坚持生产调度会和碰头会及抓住阶段性进度目标3大方面实施监理工作,从而达到了每项进度安排有保证,工程进度计划实施有保证。

在工程造价控制方面,监理单位严把关键环节:一是用现场办公集体审批变更设计办法,杜绝个人行为;二是用控制图和台账控制计量,保证计量不重不漏;三是用"监理日志"控制索赔;四是通过优质优价和优质优酬办法使长吉办、监理、施工统一目标。

(5)工程建设特点

项目建设初期决策者立足长远、超前谋划,确定了首次在项目内侧预留两车道,为今后加宽改造施工,创造了良好条件。同时实现了后期节约资金、提升中央分隔带景观绿化效果,节约二次占地费用等。2005年龙嘉机场至长春段18km加宽改造工程仅用一年时间就完成了,成为吉林省第一条六车道高速公路。在建设过程中,推广采用二灰碎石、二灰土作为基层、底基层结构,充分利用工业废渣粉煤灰,节约资源、保护环境,提高了工程质量。项目在吉林省首次实行了工程优质优价和监理优质优酬办法。按分项工程综合得分,给予不同的奖励系数,工程质量越好,综合合格率越高,奖金越高。同样,监理的工资及奖金与其所监管工程的质量挂钩,所监管的工程得分越高,监理收入也越高。双优双奖制度和阶段性目标奖的推行,充分调动了承包商和工程监理的积极性,提高了质量意识。中国工程院院士沙庆林经过认真考察和了解后,对项目建设给予了充分肯定:"项目的管理模式很有特色,整套管理办法是成功的,尤其是优质优价、优质优酬办法对提高工程质量效果显著"。1999年,在交通部的"优质工程、优秀勘察设计、优秀施工"3个项目的评比中,珲乌高速公路吉林(魁元屯)至长春东段获得3个项目的一等奖,成为来自全国66个参评的公路工程项目中唯一获此殊荣的公路工程项目。2000年度获得国家优质工程金奖,是全国第一条获此殊荣的高速公路。2002年经提名、遴选、申报,并经国家核准,由于该项目设计合理,线形顺畅,在建设过程中严把质量关,采用新技术、新材料、新工艺等技术措施,注重了沿线的生态与环境保护,防护工程以绿色植被为主,既保护了生态,美化了环境,又减少了道路在运营期间的病害,具有突出的创新性和很高的科技含量,荣获全国土木工程领域的最高荣誉奖——"第二届詹天佑土木工程大奖"。

3.竣(交)工验收

(1)交工验收

1997年9月,吉林省交通厅与吉林省发展计划委员会联合组织了项目的交工验收工作,经交工验收委员会评议:项目工程质量评分96.23分,工程质量等级为优良,同意通过交工验收。

(2)竣工验收

1999年10月,吉林省发展计划委员会和吉林省交通厅联合组织了项目的竣工验收工作,竣工验收委员会在对项目建设情况进行全面了解后,认为:项目在建设过程中,能够履行国家基本建设程序,认真执行公路工程技术标准、规范和有关法规。设计方案论证充分,注重结合沿线地理和环境特点进行设计创新,较好地处理了土地保护及环境保护的关系。建设中精心组织,科学管理,顺利完成了工程建设任务。路面平整度指标经检测达到全国先进水平。竣工文件编制完整齐全,归档档案实行了计算机辅助管理,为提高档案管理水平进行了有益尝试,积累了经验。经竣工验收委员会评议:项目工程质量评分为94.84分,工程质量为优良等级,同意通过竣工验收。

五、珲乌高速公路长春北至松原（孙喜窝棚）段

（一）概述

1. 基本情况

（1）主要控制点

两甲窝堡村（长春北）、谭家屯、合隆镇、开安镇、华家镇、农安县、柴岗镇、哈拉海镇、王府站镇、孙喜窝棚村（松原市）。

（2）建设时间

2006年8月开工建设,2010年11月建成通车。

（3）地形地貌

沿线地貌类型均属冲积洪积台地平原,地形起伏变化较小,属平原区地形,海拔125~300m;西、南、北三面被松花江环绕,地势东高西低,中间低洼,自东西两端逐渐向中部倾斜,形成菱形冲积平原。有坎上坎下之分,坎上为台地平原,坎下为河谷平原。沿线植被以旱田为主,坎下多为水田。

（4）技术标准

设计速度为100km/h,双向四车道;改建段路基宽度为25.5m,桥涵设计荷载为汽车—超20级、挂车—120;新建段路基宽度为26.0m,桥涵设计荷载为公路—Ⅰ级;设计洪水频率为1/100;沥青混凝土路面。

（5）建设规模

建设里程141km,其中长春至谭家屯段、王府至松原段为新建段,长53km,其余段落为利用一级公路封闭改扩建段,长88km。全线设大桥8座,中桥10座,涵洞64道,互通式立体交叉7处,分离式立体交叉12处,天桥97座,通道51处;设收费站6处,服务区2处,停车场1处,管理处2处,养护工区2处。

项目主要桥梁及路面信息见表8-5-16、表8-5-17。

（6）投资规模

估算金额50.30亿元,概算金额58.05亿元,预算金额52.52亿元,决算金额52.95亿元。

珲乌高速公路长春北至松原(孙喜窝棚)段主要桥梁信息表　　　表8-5-16

类　型	名　　称	桥梁长度(m)	主跨长度(m)	跨越障碍物	桥　梁　结　构
大桥	大桥	251	35	河流	预应力钢筋混凝土箱形梁
	西开源大桥	487	30	河流	预应力钢筋混凝土连续箱梁
	新开河大桥	201	20	河流	预应力钢筋混凝土T梁
	中央排水路大桥	116	20	沟谷	预应力钢筋混凝土连续T梁
	引松一号大桥	145	20	道路、铁路	预应力钢筋混凝土箱形梁
	引松二号大桥	125	20	道路、铁路	预应力钢筋混凝土空心板梁
	引松三号大桥	145	20	河流	预应力钢筋混凝土箱形梁
	小城子水库大桥	205	20	河流	预应力钢筋混凝土连续箱梁
中桥	中桥	43	13	道路、铁路	钢筋混凝土连续箱梁
	中桥	97	25	道路、铁路	钢筋混凝土箱形梁
	中桥	115	16	道路、铁路	预应力钢筋混凝土箱形梁
	中桥	71	20	道路、铁路	预应力钢筋混凝土箱形梁
	广宁中桥	85	20	河流	预应力钢筋混凝土连续箱梁
	袁家中桥	65	20	河流	预应力钢筋混凝土连续箱梁
	白家岗中桥	89	20	沟谷	预应力钢筋混凝土T梁
	八里堡桥	79	20	沟谷	预应力钢筋混凝土连续箱梁
	王家屯桥	45	15	沟谷	预应力钢筋混凝土连续箱梁
	中桥	65	20	道路、铁路	预应力钢筋混凝土连续箱梁

珲乌高速公路长春北至松原(孙喜窝棚)段路面信息表　　　表8-5-17

路面类型	起讫里程	长度(km)	路　面　结　构
沥青路面	K551+000～K692+000	141	上面层:5cm沥青玛蹄脂碎石混合料 下面层:8cm中粒式沥青混凝土 柔性基层上基层:9cm沥青稳定碎石 基层:32cm二灰稳定碎石 底基层:16～20cm二灰稳定粒料 垫层:20cm砂砾

注:起讫里程来源于《全国道路网调整后里程桩号传递表》。

2. 参建单位

(1)项目建设管理单位

项目的建设管理单位是吉林省高等级公路建设局。

(2)勘察设计单位

项目的勘察设计任务由吉林省交通规划设计院及辽宁省交通规划设计院共同完成。总体设计单位是吉林省交通规划设计院。

(3)施工单位

项目的主体工程施工由吉林省交通建设集团有限公司等11家单位完成;房建工程施

工由吉林省阳光建筑工程有限公司等3家单位完成;交通工程施工由吉林省东吉公路建设有限公司等5家单位完成;机电工程施工由榆树市送变配电力工程有限公司以及江西方兴科技有限公司共同完成。

(4)监理单位

项目的监理任务由吉林省天达公路工程咨询监理公司等5家单位承担。

项目参建单位信息见表8-5-18。

珲乌高速公路长春北至松原(孙喜窝棚)段参建单位一览表　　　表8-5-18

参建单位	单位名称	合同段编号及起止桩号	主要负责人	备注
项目管理单位	吉林省高等级公路建设局	K586+636~K727+256	李恩会	
勘察设计单位	吉林省交通规划设计院	K586+636~K727+256	胡珊	主线设计单位
	辽宁省交通规划设计院	K586+636~K727+256		房建工程设计单位
施工单位	吉林省广信公路建设有限公司	NS01标段:K642+000~K665+000	王延广	路基、桥涵、防护及排水、绿化工程
	长春路桥建设集团有限公司	NS02标段:K665+000~K692+268	么会英	路基、桥涵、防护及排水、绿化工程
	吉林省高等级公路工程有限责任公司	NS03标段:K692+268~K708+700	李忠伟	路基、桥涵、防护及排水、绿化工程
	吉林省亨通公路建设集团有限责任公司	NS04标段:K708+700~K720+000	崔永海	路基、桥涵、防护及排水、绿化工程
	吉林省嘉鹏公路建设有限公司	NS05标段:K720+000~K727+256	王志山	路基、桥涵、防护及排水、绿化工程
	吉林省华一公路建设集团有限公司	NSM01标段:K642+000~K708+700	陈亚君	路面工程
	吉林省亿丰路桥工程有限公司	NSM02标段:K708+700~K727+256	徐凤云	路面工程
	长春路桥建设集团有限公司	CNM01标段:K586+636~K604+500	么会英	路面工程、交通工程及沿线设施
	吉林省中盛路桥工程有限公司	CSBQ01标段:K604+500~K638+000	赵万福	路面补强工程
	吉林宏运公路工程股份有限公司	CSBQ02标段:K638+000~K658+000	马占江	路面补强工程
	吉林省广信公路建设有限公司	CSBQ03标段:K658+000~K692+286	王延广	路面补强工程
	榆树市送变配电力工程有限公司	CSGD01标段:12处高速公路收费站服务区10kV供电线路	孙文	机电、外电工程
	吉林省阳光建筑工程有限公司	CSFJ01标段:长春北收费站、开安管理处、收费站及养护工区	谢京山	房建工程

续上表

参建单位	单 位 名 称	合同段编号及起止桩号	主要负责人	备 注
施工单位	吉林省第二建筑有限责任公司	CSFJ02 标段：华家服务区、农安西收费站、农安北收费站、农安停车场	张荣辉	房建工程
	长春建工集团有限公司	CSFJ03 标段：哈拉海管理处、收费站及养护工区、刘家店服务区、王府收费站	王晓峰	房建工程
	吉林省交通建设集团有限公司	CN01 标段：K586+636～K591+600	刘忠吉	路基、桥涵、防护及排水、绿化工程
	吉林省建设集团有限公司	CN02 标段：K591+600～K604+500	孙兆国	路基、桥涵、防护及排水、绿化工程
	吉林省中盛路桥工程有限公司	CN03 标段：K604+500～K622+500	赵万福	路基、路面、桥涵、防护及排水、绿化工程
	吉林宏运公路工程股份有限公司	CN04 标段：K622+500～K642+000	马占江	路基、路面、桥涵、防护及排水、绿化工程
	吉林宏运公路工程股份有限公司	CN05 标段：K604+500～K642+000	马占江	服务区、互通立交、通道、防护及排水、路面工程
	吉林省东吉公路建设有限公司	CSJT01 标段：K586+636～K642+000	房井宏	波形钢板护栏、活动护栏、防眩板等附属工程
	江苏兴路交通工程有限公司	CSJT02 标段：K642+000～K692+268.129	张晓彤	波形钢板护栏、活动护栏、防眩板等附属工程
	北京华凯交通科技有限公司	CSJT03 标段：K692+268.129～K727+256.203	张晓兵	波形钢板护栏、活动护栏、防眩板等附属工程
	江苏中瑞路桥建设有限公司	CSJT04 标段：K586+636～K642+000	葛 忠	隔离墩、隔离栅、防撞桶、轮廓标、金属标志牌、百米牌、里程标志、公路界碑、标线
	吉林省天华交通工程有限公司	CSJT05 标段：K642+000～K727+256.203	李天佑	隔离墩、隔离栅、防撞桶、轮廓标、金属标志牌等
	江西方兴科技有限公司	CSJD01 标段：K586+636～K727+256	蒋雅辉	通信、收费、监控、照明、机电、供配电系统工程
	吉林省道隧工程有限公司	CSSP01 标段	黄 伟	
监理单位	吉林省天达工程咨询监理有限责任公司	K586+636～K727+256	李 冬	总监办

注：信息来源于竣工验收文件及建设管理单位。

珲乌高速公路长春北至松原（孙喜窝棚）段如图 8-5-11 所示。

图 8-5-11　珲乌高速公路长春北至松原(孙喜窝棚)段

(二)建设情况

1. 前期准备

1)项目审批

(1)立项审批

①2006 年,国家发展和改革委员会下发了《关于长春至松原公路项目建议书的批复》(发改交运〔2006〕477 号);

②2008 年 6 月 13 日,吉林省发展和改革委员会下发了《关于珲春至乌兰浩特高速公路长春至松原段辅道工程可行性研究报告的批复》(吉发改审批字〔2008〕250 号);

③2008 年 11 月 13 日,吉林省发展和改革委员会下发了《关于珲乌高速公路长春至松原段工程可行性研究报告的批复》(吉发改审批〔2008〕631 号);

④2011 年 2 月,国家发展和改革委员会下发了《关于吉林省长春至松原公路可行性研究报告的批复》(发改基础〔2011〕339 号)。

(2)设计审批

①2008 年 6 月 18 日,吉林省交通厅下发了《吉林省交通厅关于对珲春至乌兰浩特高速公路农安至松原段两阶段施工图设计的批复》(吉交审批函〔2008〕20 号);

②2008 年 6 月 18 日,吉林省交通厅下发了《吉林省交通厅关于对珲春至乌兰浩特高速公路长春至农安段两阶段施工图设计的批复》(吉交审批函〔2008〕22 号);

③2008 年 12 月 18 日,吉林省交通厅下发了《吉林省交通厅关于对珲春至乌兰浩特高速公路长春至农安段两阶段施工图设计的补充批复》(吉交函〔2008〕380 号);

④2009 年 2 月 23 日,吉林省交通运输厅下发了《吉林省交通运输厅关于对珲春至乌兰浩特高速公路长春至松原段辅道两阶段施工图设计的批复》(吉交审批〔2009〕2 号);

⑤2009 年 4 月 23 日,吉林省交通运输厅下发了《吉林省交通运输厅关于对长春至松

原高速公路辅道农安绕越线两阶段施工图设计的批复》（吉交审批函〔2009〕6号）；

⑥2009年7月22日，吉林省交通运输厅下发了《吉林省交通运输厅关于对长春至松原高速公路交通工程及沿线设施（管道及基础和10kV供电线路）施工图设计的批复》（吉交函〔2009〕224号）；

⑦2009年，吉林省发展和改革委员会下发了《关于珲春至乌兰浩特高速公路长春至松原段工程初步设计的批复》（吉发改审批字〔2009〕341号）；

⑧2009年11月21日，吉林省交通运输厅下发了《吉林省交通运输厅关于对长春至松原高速公路交通工程及沿线设施（安全设施）施工图设计的批复》（吉交函〔2009〕345号）；

⑨2009年，吉林省交通运输厅下发了《关于珲乌高速公路长春至农安段北兴路、富盈路分离立交施工图设计的批复》（吉交函〔2009〕347号）；

⑩2009年11月21日，吉林省交通运输厅下发了《吉林省交通运输厅关于对长春至松原高速公路机电工程施工图设计的批复》（吉交函〔2009〕348号）；

⑪2010年1月11日，吉林省交通运输厅下发了《关于长春至松原高速公路管理、养护及服务设施施工图设计的批复》（吉交函〔2010〕5号）；

⑫2010年，吉林省交通运输厅下发了《关于珲乌高速公路长春至农安段长春北互通B、D匝道桥施工图补充设计的批复》（吉交函〔2010〕90号）；

⑬2010年6月24日，吉林省交通运输厅下发了《吉林省交通运输厅关于长春至松原高速公路环保及景观施工图完善设计的批复》（吉交函〔2010〕156号）；

⑭2010年7月23日，吉林省交通运输厅下发了《吉林省交通运输厅关于长春至松原高速公路路面补强设计的批复》（吉交函〔2010〕196号）；

⑮2011年6月1日，交通运输部下发了《关于长春至松原公路初步设计的批复》（交公路发〔2011〕71号）；

⑯2012年7月16日，吉林省交通运输厅下发了《吉林省交通运输厅关于长春至松原高速公路农安至松原辅道哈拉海镇段施工图设计的批复》（吉交函〔2012〕172号）。

（3）其他审批

①2006年1月5日，吉林省水利厅下发了《吉林省水利厅关于珲春至乌兰浩特高速公路长春至松原段水土保持方案的批复》（吉水保〔2006〕007号）；

②2006年4月19日，国家环境保护总局下发了《关于珲春至乌兰浩特高速公路长春至松原段工程环境影响报告书的批复》（环审〔2006〕189号）；

③2006年，国土资源部下发了《关于长春至松原高速公路建设用地预审意见的复函》（国土资预审字〔2006〕245号）；

④2008年，国家发展和改革委员会下发了《关于吉林省长春至松原公路项目核准的

批复》(发改交运〔2008〕1476号)。

2)资金筹措

项目投资估算50.30亿元,其中,国家安排中央专项基金4.22亿元,省自筹资金10.58亿元,共计14.8亿元作为项目资本金,约占总投资的29.4%,其余35.5亿元资金利用国内银行贷款解决。

3)工程勘察设计

受吉林省交通厅的委托,吉林省交通规划设计院于2005年3月开始进行项目的初步设计工作,并于2006年2月完成了初步设计;2006年3月,吉林省交通规划设计院开始对项目全线进行详细勘测和调查工作,随后通过了吉林省交通厅组织的外业验收;2006年12月,完成了施工图设计。

在项目的勘测设计过程中,吉林省交通规划设计院在认真总结以往公路设计经验基础上,积极贯彻新的建设理念,加强细部环节的设计,注意保护自然环境,利用周围自然条件,使本路与自然景观协调,与自然融为一体。设计过程中利用全球卫星定位系统(GPS)完成平面控制测量;利用动态GPS(RTK)、全站仪配合"电子平板技术"实测1:2000数字化地形图;利用"CARD/1"软件监理三维数字地面模型,在数字地面模型上进行路线平面、纵面、横面优化设计;利用计算机软件和CAD技术进行结构计算和制图等先进技术,从而有效保证了勘测设计质量。

在项目勘测设计过程中,吉林省交通规划设计院在各级领导的指导和大力支持下,经过测设人员的努力,克服了时间紧、任务重、技术要求高的困难,攻克了一个又一个技术难关,将当时的先进技术和科研成果应用于设计中,提高了设计质量和水平。

2.项目实施

(1)招投标

项目施工单位及监理单位均采用公开招标方式确定。

(2)征地拆迁

项目沿线施工环境复杂,尤其是88km一级公路改扩建段,街道化里程长,依托原一级公路的商业经济带已经形成,改造为高速公路后,对沿线工厂、服务行业及居民生产生活影响较大,采用与省内其他地区相同的补偿标准很难实施,所有这些情况给征地拆迁工作带来了极大的难度。为此,建设单位积极协调地方政府及相关部门,逐项解决问题,尽力减少外部干扰。紧紧依靠法律法规,切实解决问题,突出重点,逐个击破,努力为工程建设创造有利的外部环境,保证了工程有序进行,经沿线政府的大力支持与全力攻坚,实现了高速公路按期通车,及时封闭运营,全线实际征用土地13264亩。

(3)施工情况

项目采用分期、分段建设,其中,长春至农安段于2006年8月开工,原由神龙公司以

BOT方式组织建设,2008年10月移交给吉林省高等级公路建设局对工程建设实施全面管理,2009年5月复工,2010年10月完工,实际工期18个月;农安至松原段于2008年6月开工,2010年9月完工,实际工期27个月;利用原一级公路封闭改扩建段即旧路补强段于2010年4月开工,2010年10月完工,实际工期6个月。

为安全、优质、按期完成施工任务,各施工单位本着精干、高效的原则,组建本合同段项目经理部负责施工组织管理工作。按照分工,项目经理部形成了生产技术管理、质量保证、安全保证3个体系,对下面各个职能部门实行纵向管理和横向内部协调的管理模式。

在设备投入方面,主要设备(碾压设备、摊铺设备、拌和设备)严格按照投标承诺书的要求进场,全线共投入大型机械设备1000余台套,基本满足工程建设需要。

在工程质量管理方面,采用多项质量控制措施,如:实行"事前、事中、事后"三阶段质量控制,建立健全质量管理组织机构和自检制度,认真制定施工组织设计,加强组织保证措施,制定常见质量通病的防治措施等,从而保证总体工程质量达到优良。

在施工进度控制方面,为保证工程施工进度能够按照计划顺利进行,积极组织各部门负责人及技术骨干多方征集好的意见和建议,制定科学合理、可行性强的施工方案、进度计划以及详细的进度保证措施,确保施工进度计划的顺利实施。

(4)监理情况

根据项目具体情况,按照项目法人和监理服务合同要求,项目采用二级监理组织模式,即实施总监办和驻地监理组两级监理机构的管理体制。全线共设4个总监理办公室和7个驻地监理组,分别为长农(长春至农安)总监理办公室,下设2个驻地监理组;农松(农安至松原)总监理办公室,下设2个驻地监理组;补强总监理办公室,下设3个驻地监理组;机电工程总监理办公室。

总监办下设技术质检部、计划合同部、中心试验室、行政综合室,负责质量、技术、计划、合同管理、工程试验、日常管理等工作。总监办由总监、各部门负责人及其他辅助人员组成,驻地监理组由驻地监理代表、专业监理组成。为满足建设项目的质量、进度、费用监理及合同管理的需要,总监办和驻地监理组在主线工程上配备的监理人员总数为216人,平均每公里1.5人,满足交通部规定的高速公路平均每公里0.8~1.2人的要求。监理人员构成符合规定的人员组合比例,监理人员持证率100%,总监办负责各级监理人员的考核管理。

在建设项目实施过程中,全体监理人员严格履行监理合同中所授予的职权,坚持"严格监理、优质服务、科学公正、廉洁自律"的原则,为进一步提高监理人员的业务水平,有针对性地进行了多次培训,使大家熟练掌握施工规范、质量标准及新技术等,更能胜任监理工作,建立健全了各项监理规章制度,重点抓好"三个控制,两个管理",强化质量意识,增强责任感,较好地履行了监理职责。

在工程实施过程中,紧紧围绕工程质量这个中心开展工作,明确质量监理工作程序,强调工序检查,严格执行监理工作的十六字方针,采取驻地监理组现场控制及分项工程检查、总监办抽检相结合的方式,对主要工序、隐蔽工程、关键部位严看死守,把质量、安全责任落实到人。

(5)工程建设特点

项目原由吉林省神龙高速公路有限责任公司以BOT的方式组织建设,于2006年8月开工建设,2007年8月因故停建,吉林省高建局于2008年10月接管。由于工程中途停建,工期十分紧张,按高速公路建设常规施工组织方法已很难按照省委、省政府要求的2010年建成通车的目标按期完成建设任务。面对严峻形势,建设管理单位从深入现场调查研究入手,详细掌握各单位剩余工程量、施工投入情况、交叉作业布置,针对建设工期的实际情况,采取倒排工期的方式确定各道工序阶段性工期,细化施工组织设计。在项目管理职责上,打破工作分工限制,业主单位、监理单位都是现场施工员,全员参与指挥调度,合理摆布施工现场,切实保证阶段性计划的按期执行。在对所有参建单位严格管理的同时,充分体现服务功能,切实为各参建单位解决问题,针对本项目多数单位资金垫付能力较差的实际情况,在严格履行计量审批程序的前提下,打破月计量的时间限制,施工单位只要有具备计量条件的工程量,随时给予核定并支付工程款,确保建设资金。同时加大力度协调推进征地拆迁工作。项目沿线施工环境复杂,尤其是88km一级公路改扩建段,街道化里程长,依托原一级公路的商业经济带已经形成,改造为高速公路后,对沿线工厂、服务行业及居民生产生活影响较大,采用与省内其他地区相同的征地拆迁补偿标准很难实施,所有这些情况给征地拆迁工作带来了极大的难度。由于原路线两侧绝大部分为基本农田,无法办理取土地征用手续,选定取土场并办理手续耗费了很长时间。针对复杂的外部环境及征地拆迁问题,吉林省高等级公路建设局积极团结调动沿线各地方政府,切实把他们纳入到高速公路建设管理团队中来。本项目中的88km改扩建段是征地拆迁及高速公路封闭的一大难点,为此,吉林省高等级公路建设局首先取得了农安县委、县政府的支持,县政府成立了以县长为组长的征地拆迁领导小组,公安局、法院、检察院及沿线乡镇负责人均为小组成员,分工负责,明确时限,完不成任务实行问责制,在整个农安县打响了征地拆迁攻坚战役。经各单位共同努力,达到了通车之际征地拆迁工作全面完成的目标,攻克了吉林省征地拆迁一大难题。

另外,为努力实现吉林省高速公路的生态、景观、长寿路理念。面对重重困难,参建单位在努力按期完成建设任务的同时,不忘建设精品路的思想,在生态、景观、环保、安全及长寿路上下大功夫。吉林省高等级公路建设局邀请交通部科学研究院重新进行景观环保设计,形成一条景观带,并尽力不对沿线居民生活造成影响。并根据不同地域特色进行了重点设计,针对长春市汽车城及松原市石油城的特点,分别在长春北互通设置了汽车主题雕塑,在松原互通设置了石油开采机模型,在华家服务区通过设置景观石刻字及雕刻图画等手段展现古城"黄龙府"的风貌,在王府服务区设置大型"马头琴"单体雕塑。由于一级公路改建段的路面情况已不满足高速公路通车标准,在工期压力极大的情况下,针对原设计采用对部分路基进行挖开处理的方案,根据不同质量状况进行不同处理的方案和在旧路上加铺13cm路面结构的原则,这样不但降低了工程造价,同时也增加了路面强度,缩短了工期,减少了交通干扰。

3. 竣(交)工验收

2011年4月,由相关单位组织了交工验收委员会对项目进行交工验收,交工验收委员会认为,项目合同约定的各项内容已全部完成,各检测项目均达到设计和相关规范要求,通过了项目质量检测,各施工、监理单位的内业资料已完善归档,满足交通运输部《公路工程竣(交)工验收办法》及实施细则的要求,工程交工质量评分为97.41分,认定为合格工程,同意通过交工验收。

六、珲乌高速公路松原(孙喜窝棚)至白城(吉蒙界)段

(一)概述

1. 基本情况

(1)主要控制点

孙喜窝棚(松原市)、二莫村、毛都站镇、查干湖、长山镇、八郎镇、大安市、红岗子乡、安广镇、舍力镇、道保镇、白城市、平安镇、岭下镇、石头井子村(吉蒙界)。

(2)建设时间

2006年4月开工建设,2010年10月建成通车。

(3)地形地貌

项目地处松嫩平原及科尔沁草原,地势平坦开阔,起伏缓和,海拔在130~150m之间,区域总体地势是西北高、中间低。主要地貌类型为冲积平原,主要分布在嫩江、松花江、霍林河等谷底,以湖沼洼地、漫滩为主,少量水田和林地,土地多以耕地和草地为主,土地沙化和盐渍化现象明显。

(4)技术标准

设计速度为100km/h,双向四车道;路基宽度为26.0m(改建段25.5m);桥涵设计荷载利用段为汽车—超20级,挂车—120;新建段为公路—Ⅰ级,设计洪水频率均为1/100;沥青混凝土路面。

(5)建设规模

建设里程243km,包括松原至大安段57km,大安至白城段119km,白城至石头井子段44km及白城绕越线23km。其中利用一级路111km,新建109km,白城绕越线23km。全线设大桥3座,中桥11座,小桥10座,互通式立体交叉15处(其中与铁科高速公路共用1处),分离式立体交叉15处,公铁立体交叉3处,天桥99座,通道45处;设收费站14处,服务区5处,停车场3处,管理分局1处。

项目主要桥梁及路面信息见表8-5-19、表8-5-20。

珲乌高速公路松原(孙喜窝棚)至白城(吉蒙界)段主要桥梁信息表　　　表8-5-19

类型	名称	桥梁长度(m)	主跨长度(m)	跨越障碍物	桥梁结构
大桥	查干湖水道大桥	307	25	道路、铁路	预应力钢筋混凝土空心板梁
	洮儿河大桥	606	25	河流	预应力钢筋混凝土箱形梁
	旱河大桥	107	25	沟谷	预应力钢筋混凝土箱形梁
中桥	中桥	90	22	道路、铁路	预应力钢筋混凝土T梁
	中桥	43	13	道路、铁路	预应力钢筋混凝土空心板梁
	中桥	53	16	道路、铁路	预应力钢筋混凝土空心板梁
	水利桥	54	16	道路、铁路	预应力钢筋混凝土实心板梁
	水利桥	53	16	河流	预应力钢筋混凝土空心板梁
	中桥	25	20	道路、铁路	预应力钢筋混凝土空心板梁
	中桥	52	20	道路、铁路	预应力钢筋混凝土空心板梁
	公路桥	82	25	道路、铁路	预应力钢筋混凝土空心板梁
	公路桥	96	30	道路、铁路	预应力钢筋混凝土箱形梁
	团结水库泄水渠中桥	87	20	河流	预应力钢筋混凝土箱形梁
	引水渠中桥	51	20	河流	预应力钢筋混凝土箱形梁

珲乌高速公路松原(孙喜窝棚)至白城(吉蒙界)段路面信息表　　　表8-5-20

路面类型	起讫里程	长度(km)	路面结构
沥青路面	K692+000~K935+000	243	上面层:4cm沥青玛蹄脂碎石混合料 中面层:6cm中粒式沥青混凝土 下面层:8cm粗粒式沥青混凝土 基层:32cm水泥稳定砂砾 底基层:18cm~20cm水泥稳定土 垫层:15cm砂砾

注:起讫里程来源于《全国道路网调整后里程桩号传递表》。

(6)投资规模

估算金额50.70亿元,概算金额66.78亿元,预算金额69.60亿元,决算金额63.01亿元。

2. 参建单位

(1)项目建设管理单位

项目的建设管理采取省地共建模式,项目法人为吉林省公路管理局(重点办),地方项目管理单位分别是松原市珲乌高速公路松原至大安段工程建设指挥部、白城市大安至白城高速公路建设办公室、白城市公路工程建设办公室。

(2)勘察设计单位

项目的勘察设计任务由交通运输部规划研究院、北京交科公路勘察设计研究院有限公司、吉林省交通规划设计院以及吉林省交通科学研究所共同完成。总体设计单位是吉林省交通规划设计院。

(3)施工单位

项目的主体工程施工由吉林省亿丰路桥工程有限公司等20家单位完成;房建工程施工由吉林四海建筑有限公司等10家单位完成;交通工程施工由北京华纬交通工程有限公司等12家单位完成;绿化工程由吉林宏运绿美化工程有限责任公司完成;机电工程由吉林省松江路桥建筑有限责任公司完成。

(4)监理单位

项目的监理任务由吉林省天达公路工程咨询监理有限责任公司等单位承担。

项目参建单位信息见表8-5-21。

珲乌高速公路松原(孙喜窝棚)至白城(吉蒙界)段参建单位一览表　　表8-5-21

参建单位	单位名称	合同段编号及起止桩号	主要负责人	备注
项目管理单位	吉林省公路管理局(重点办)	K0+000~K177+874.337、K200+006.275~K243+503、K0+000~K23+200	孙平义	项目法人
	松原市珲乌高速公路松原至大安段工程建设指挥部	K0+000~K58+810K177+874.337	姚敬实	松原至大安段
	白城市大安至白城高速公路建设办公室	K58+810~K177+874.337	李德安	大安至白城段
	白城市公路工程建设办公室	K200+006.275~K243+503、K0+000~K23+200	梁爱伟	白城至石头井子段白城绕越线
勘察设计单位	交通运输部规划研究院	第1~2设计段	李兴华	松原至长山段
	北京交科公路勘察设计研究院有限公司	第3~4设计段	张建华	长山至红岗子段
	吉林省交通规划设计院	第5~8设计段	胡珊	红岗子至白城段
	吉林省交通科学研究所	第9~12设计段	孙福申	白城至石头井子段
施工单位	江西省宜春公路桥梁工程有限责任公司	SD01:K0+000~K10+000	郑玉国	路基、桥梁
	北京鑫实路桥建设有限公司	SD02:K10+000~K25+000	高鹏	路基、桥梁
	吉林省亿丰路桥工程有限公司	SD03:K25+000~K36+691.5	白亚洲	路基、桥梁

第八章
高速公路项目建设情况

续上表

参建单位	单位名称	合同段编号及起止桩号	主要负责人	备注
	北京鑫畅路桥建设有限公司	SD04:K36+691.5~K39+000	朱立才	路基、桥梁
	吉林省亿丰路桥工程有限公司	SD05:K39+000~K58+810	徐凤云	路基、桥梁
	吉林省亿丰路桥工程有限公司	SDM01:K0+000~K36+691.5	徐凤云	路面工程
	通化公路工程有限公司	SDM02:K36+691.5~K58+810	张作波	路面工程
	北京华纬交通工程有限公司	SDJT01:K0+000~K22+000	藏卫国	交通工程(防护栏)
	吉林省弘盛交通建设开发有限公司	SDJT02:K22+000~K40+000	任立峰	交通工程(防护栏)
	徐州众安交通设施有限公司	SDJT03:K40+000~K58+810	李志毅	交通工程(防护栏)
	吉林省亿丰路桥工程有限公司	SDJT04:K0+000~K58+810	巩玉成	交通工程(标志、标线、防护栏)
施工单位	吉林四海建筑有限公司	FJ01	肖大军	房建工程
	沈阳顺天建筑有限责任公司	FJ02	韩岩峰	房建工程
	吉林省建设集团有限公司	DB01:K58+810~K71+000	左毅	路基、路面、桥梁
	吉林省道桥工程建设集团有限公司	DB02:K71+000~K83+500	丁增站	路基、路面、桥梁
	北京城建三建设集团有限公司	DB03:K83+500~K96+725.31	李泽义	路基、路面、桥梁
	山东通达路桥工程有限公司	DB04:K95+700~K104+700	翟德军	路基、路面、桥梁
	吉林华一公路建设集团有限责任公司	DB05:K104+700~K113+300	王东波	路基、路面、桥梁
	核工业华东建设工程集团公司	DB06:K113+300~K122+000	杨昕	路基、路面、桥梁
	通化公路工程有限公司	DB07:K122+000~K135+500	贺凤仪	路基、路面、桥梁
	吉林省松江路桥建筑有限责任公司	DB08:K135+500~K145+300	张作波	路基、路面、桥梁
	吉林省广信公路建设有限公司	DB09:K145+300~K157+500	邵泽宏	路基、路面、桥梁

续上表

参建单位	单位名称	合同段编号及起止桩号	主要负责人	备注
施工单位	吉林省宏运公路工程股份有限公司	DB09-1:K157+500~K161+000	高世平	路基、路面、桥梁
	核工业西南建设集团有限公司	DB10:K162+100~K177+874.337	罗恒	路基、路面、桥梁
	北京路路达交通设施有限责任公司	DBJT01:K58+810~K83+620	杨毅	交通工程
	中咨华科交通建设技术有限公司	DBJT02:K83+620~K106+440	上官甦	交通工程(标志、标线、防护栏)
	松原市顺达交通设施有限公司	DBJT03:K106+440~K127+100	孙兆旺	交通工程(标志、标线)
	吉林省道桥工程建设集团有限公司	DBJT04:K127+100~K144+400	刘成	交通工程(标志、标线、防护栏)
	北京华纬交通工程有限公司	DBJT05:K144+400~K161+300	刘承华	交通工程(标志、标线、防护栏)
	通化公路工程有限公司	DBJT06:K161+300~K177+874.337	张作波	交通工程(标志、标线、防护栏)
	白城地建建筑工程有限公司	FJ01	翟步安	房建工程
	吉林省阳光建筑工程有限公司	FJ02	艾庆	房建工程
	吉林省惠德建工集团有限公司	FJ03	孙金宝	房建工程
	吉林星泰集团有限公司	FJ04	李迎臣	房建工程
	吉林省亿丰路桥工程有限公司	BS01:K200+006.275~K205+400	李晓军	路基、路面、桥梁
	吉林宏运公路工程股份有限公司	BS02:K205+400~K213+900	刘钦增	路基、路面、桥梁
	吉林省嘉鹏公路建设有限责任公司	BS03:K213+900~K220+300	韩德庆	路基、路面、桥梁
	吉林省亨通公路建设集团有限责任公司	BS04:K220+300~K228+800	王海富	路基、路面、桥梁
	吉林省华一公路建设集团有限责任公司	BS05:K228+800~K237+300	王玉良	路基、路面、桥梁
	吉林省松江路桥建筑有限责任公司	BS06:K237+300~K243+503	邱福才	路基、路面、桥梁
	吉林省松江路桥建筑有限责任公司	BSJT01:20.294km	邹洪伟	交通工程(标志、标线、防护栏)

第八章
高速公路项目建设情况

续上表

参建单位	单位名称	合同段编号及起止桩号	主要负责人	备注
施工单位	辽宁省路桥建设有限公司	BSJT02;23.822km	张辉	交通工程(标志、标线、防护栏)
	白城市盛泰建筑工程有限责任公司	FJ01	张乐福	房建工程
	长春建工集团吉泽建设有限公司	FJ02	刘建华	房建工程
	长春建设股份有限公司	FJ03	杨玉生	房建工程
	黑龙江省建安公路工程有限公司	FJ04	程军	房建工程
	白城市公路工程有限责任公司	B01:K0+000~K11+000	蔡珉	路基、桥梁
	吉林省松江路桥建筑有限责任公司	B02:K11+000~K26+425	张代国	路基、桥梁
	白城市公路工程有限责任公司	A01:K0+000~K11+000	蔡珉	路面工程
	吉林通达路桥工程有限责任公司	A02:K11+000~K23+200	邱福才	路面工程
	吉林省华一公路建设集团有限责任公司	G01:K0+000~K11+000	蔡珉	桥梁工程
	吉林省松江路桥建筑有限责任公司	G02:K11+000~K23+200	邱福才	桥梁工程
	吉林宏运公路工程有限责任公司	JT01:K0+000~K23+200	王建军	交通工程
	吉林宏运绿美化工程有限责任公司	LH01:K0+000~K23+200	王建军	绿化工程
	吉林省松江路桥建筑有限责任公司	GD01:K0+000~K23+200	邱福才	机电工程
监理单位	吉林省天达工程咨询监理有限责任公司	K0+000~K58+810	孙喜民	总监办
	吉林省金泉公路工程咨询监理有限责任公司	K58+810~K177+874.337	陈中新	总监办
	吉林省公路工程监理事务所	K200+006.275~K243+503	谭成库	总监办
	白城市公路工程监理有限责任公司	K0+000~K23+200		总监办

注:信息来源于竣工验收文件及建设管理单位。

珲乌高速公路松原(孙喜窝棚)至白城(吉蒙界)段如图8-5-12所示。

图8-5-12　珲乌高速公路松原(孙喜窝棚)至白城(吉蒙界)段

(二)建设情况

1. 前期准备

1)项目审批

(1)立项审批

①2007年5月10日,吉林省发展和改革委员会下发了《关于珲春至乌兰浩特高速公路松原至石头井子段工程可行性研究报告的批复》(吉发改审批字〔2007〕305号);

②2009年,国家发展和改革委员会下发了《关于吉林省松原至石头井子(吉蒙界)公路工程可行性研究报告的批复》(发改基础〔2009〕827号)。

(2)设计审批

①2008年6月3日,吉林省发展和改革委员会下发了《关于珲春至乌兰浩特高速公路松原至石头井子段工程初步设计的批复》(吉发改审批字〔2008〕247号);

②2008年7月25日,吉林省交通厅下发了《关于松原至石头井子(吉蒙界)施工图设计的批复》(吉交审批函〔2008〕26号);

③2008年10月24日,吉林省交通厅下发了《关于对松原至石头井子高速公路红岗子至白城段施工图设计的批复》(吉交审批函〔2008〕38号);

④2008年12月22日,吉林省交通厅下发了《关于松原至石头井子高速公路松原至长山段施工图设计的批复》(吉交审批函〔2008〕36号);

⑤2008年,吉林省交通厅下发了《关于松原至石头井子高速公路长山至红岗子段施工图设计的批复》(吉交审批函〔2008〕32号);

⑥2009年2月26日,吉林省交通运输厅下发了《关于对松原至石头井子高速公路松原至长山段施工图设计的补充批复》(吉交审批函〔2009〕3号);

⑦2009年7月28日,交通运输部下发了《关于松原至石头井子(吉蒙界)公路初步设计的批复》(交公路发〔2009〕383号);

⑧2010年,吉林省交通运输厅下发了《关于松原至石头井子高速公路景观及环保施工图完善设计的批复》(吉交函〔2010〕244号);

⑨2010年,吉林省交通运输厅下发了《关于松原至石头井子高速公路管理养护及服务设施施工图设计的批复》(吉交函〔2010〕396号)。

(3)其他审批

①2007年6月29日,国土资源部下发了《关于国道长白山至阿尔山公路白城绕越线(松原至石头井子段)工程建设用地的批复》(国土资函〔2007〕510号);

②2008年2月14日,国家环境保护总局下发了《关于珲春至乌兰浩特高速公路松原至石头井子段工程环境影响报告书的批复》(环审〔2008〕56号);

③2008年7月29日,吉林省水利厅下发了《关于珲春至乌兰浩特高速公路松原至石头井子段水土保持方案的批复》(吉水保〔2008〕526号);

④2008年10月31日,国土资源部下发了《关于珲春至乌兰浩特高速公路松原至石头井子段建设用地预审意见的复函》(国土资预审字〔2008〕460号文件);

⑤2012年8月23日,国土资源部下发了《国土资源部关于珲春至乌兰浩特高速公路松原至石头井子段工程建设用地的批复》(国土资函〔2012〕658号)。

2)资金筹措

项目投资估算约为57.70亿元,(含利用在建的白城北绕越一级公路已发生投资4.93亿元),其中,国家安排中央专项基金(车购税)8.32亿元,吉林省安排公路建设资金13.38亿元作为项目的资本金,共计21.70亿元,约占总投资的37.6%,其余36亿元资金利用国内银行贷款解决。批复预算总金额为69.60亿元,实际投资72.11亿元(其中主线63.01亿元,辅道9.10亿元),资金来源:采用银行贷款及地方自筹(省投资90%,地方自筹10%)的方式。

3)工程勘察设计

项目采用设计公开招标,通过竞争性招投标,择优选择四家设计单位承担项目的设计工作。根据工程规模及有关部门意见,项目主线设计共划分为12个设计段,其中,第1~2设计段为松原至长山段,由交通运输部规划研究院承担设计任务;第3~4设计段为长山至红岗子段,由北京交科公路勘察设计研究院有限公司承担设计任务;第5~8设计段为红岗子至白城段,由吉林省交通规划设计院承担设计任务;第9~12设计段为白城至石头井子段,由吉林省交通科学研究所承担设计任务。

项目的勘察设计是在吉林省交通运输厅、松原市交通运输局、白城市交通运输局及项目沿线地方政府的直接关怀及指导下完成的,从项目实施情况来看,外业勘察考虑周到、细致,设计基本符合项目所在地区的实际情况。但项目所在地区人文环境较为复杂,设计外业勘察完成后因没有及时控制用地红线,造成了工程投资增加。农村村级政府的诚信问题比较突出,这为勘察期间合理布置通道、天桥及线外道路工程制造了不少困难,是同类项目勘察设计中应重视的问题之一。

对于施工期间的设计服务,通过成立项目后续服务设计代表组,派出 1~2 名设计代表常驻现场,设计代表组人员作为流动设计代表应甲方或现场设计达标的要求及时前往现场,解决施工中存在的问题,为项目按吉林省交通厅 2010 年 10 月建成通车的目标做出了应有的贡献。

2. 项目实施

1）招投标

（1）施工单位招标

施工招标本着公平、公正、公开的原则,委托吉林省中信公路科技咨询有限责任公司并在吉林省交通运输厅、吉林省公路管理局行政监督和廉政监督下,进行公开招标。

（2）监理单位招标

监理招标严格按照招投标法通用的监理招标范本,委托中介机构先后在三报一网上公布监理招标报告,进行公开招标。

2）征地拆迁

项目的征地拆迁工作由松原和白城市项目办成立征地拆迁指挥部负责实施,与相关乡镇签订了《征地拆迁协议书》,有效地保证了项目拆迁工作的顺利进行。

在松原市和白城市政府的高度重视下,在沿线乡镇政府、村委会和相关部门支持配合下,通过采取监督机构、宣传发动、强化责任、坚持标准、依法拆迁、规范操作等一系列行之有效的措施,顺利实施了征地拆迁工作,不仅保障了工程建设,保持了社会稳定,也得到省厅的充分肯定。

全线征用土地涉及松原市、大安市、白城市和前郭尔罗斯蒙古族自治县农用土地 19882 亩。拆迁房屋 3.0 万 m^2,即 348 户,动迁人口 1382 户,拆迁电力电信杆 759 根,砍伐树木 279841 棵,迁移电力铁塔 18 座,改移电力线路 30913m、电线线路 4916m、输油管道 31800m。

3）施工情况

项目是吉林省第一条由一级公路改建的高速公路,原路基、路面和桥梁状况一般,平交改立交的部位较多,部分工程是在边完善设计边施工的状态下进行。另外由于原一级公路是正在运营道路,征地拆迁、施工组织及交通调流情况复杂,安全隐患大。各施工单位能够在项目法人统一管理下,通过编制合理施工组织设计,加大施工投入,经过两年艰苦努力提前完成建设任务。

在工期控制方面,由于项目存在边通车边施工、改建工程量大、施工组织复杂、征地拆迁难度大、路基、路面、桥梁、房建工程交叉作业等多种特殊因素,工期极其紧张,各施工单位按照项目法人要求倒排工期确定各工序阶段任务,同时针对因不可预见因素可能导致阶段计划未完成制订应急措施。派专人负责协调便道通行、工序安排、材料和设备供应等工作,减少各交叉作业单位间施工干扰。另外加大材料储备力度,在路面施工前100%备足,避免大干季节抢料现象。以上措施为项目按期完成奠定基础。

在质量控制方面,由于项目工期紧,质量管理任务更加艰巨,在质量保证体系正常运行的同时,充分利用各种有效检测手段,加强履行质量管理程序,对不合格工程坚决返工处理,决不转序。另外针对路面工程各段落厚度和结构的不一致特点,招收吉林省交通科学研究所作为第三方检测和技术服务单位,从原材料检测、混合料配合比到交工检测均严格把关,为创优质工程提供坚实的数据支撑。同时为认真落实省厅关于长寿命路面理念,将原有18cm路面增至22cm,充分测评路面功能及养护期寿命,减少后期成本。同时为确保原一级公路路面使用性能,经吉林省交通厅同意对旧路进行加固和补强。

在安全管理方面,由于车流量大,不封闭交通施工,施工组织和安全管理难度极大,开工之初,密切与沿线政府和公安部门的联系,规范交通秩序,降低行车速度,同时施工单位严格执行安全保护措施,逐项研究、逐项落实,加密安全设施,设专人负责维护和更新。同时加强现场检查和督促,排查和消除安全隐患。

在环保和景观控制方面,邀请交通部科学研究院完善环保景观设计,根据沿线各区域特点,分别进行绿化设计,形成一条景观带。同时在拌和场、取土场、便道的维护和整治及车辆运输等方面,制定环保措施,重点从水土保持、农田污染、植被恢复、施工噪声和扬尘、施工临时排水等方面进行控制和管理,减少便道和改道工程临时占地,最大限度地减少征地和保护环境。

4)监理情况

项目采用二级监理组织模式,即总监办和驻地监理组两级监理机构。全线共设4个总监理办公室和7个驻地监理组,分别为长农(长春至农安)总监理办公室,下设2个驻地监理组;农松(农安至松原)总监理办公室,下设2个驻地监理组;补强总监理办公室,下设3个驻地监理组;机电工程总监理办公室。

总监办下设技术质检部、计划合同部、中心试验室、行政综合室,负责质量、技术、计划、合同管理、工程试验、日常管理等工作。总监办由总监、各部门负责人及其他辅助人员组成,驻地监理组由驻地监理代表、专业监理组成。为满足建设项目的质量、进度、费用监理及合同管理的需要,总监办和驻地监理组在主线工程商配备的监理人员总数为216人,平均每公里1.5人,满足交通运输部规定的高速公路平均每公里0.8~1.2人的要求。监理人员构成符合规定的人员组合比例,监理人员持证率100%。

在建设项目实施过程中,全体监理人员严格履行监理合同中所授予的职权,坚持"严格监理、优质服务、科学公正、廉洁自律"的原则,为进一步提高监理人员的业务水平,有针对性地进行了多次培训,使大家熟练掌握施工规范、质量标准及新技术等,更能胜任监理工作,建立健全了各项监理规章制度,重点抓好"三个控制,两个管理",强化质量意识,增强责任感,较好地履行了监理职责。

在工程监理中,一是明确质量监理工作程序,强调工序检查,严格执行监理工作的十六字方针,采取驻地监理组现场控制及分项工程检查、总监办抽检相结合的方式,对主要工序、隐蔽工程、关键部位严看死守,把质量、安全责任落实到人。二是通过合同条款、路基路面检测、SMA工艺方法、预应力张拉及交竣工资料等方面的专业培训,提高监理人员管理能力与水平。三是加强重点部位的监理,严控地质不良、低填浅挖、台背回填、钢筋加工制作、预应力工程及沥青混凝土路面等关键工程,实行全过程监督管理。四是加强试验检测工作,充分发挥中心试验室作用,按频率及时进行抽检,分析质量问题成因,与施工单位一起落实整改措施,做到不合格工程不转序,不计量。五是加强安全管理工作,落实安全生产责任制,经常对施工现场、拌和站、高空作业、用电、开放交通段落及危险源进行巡视检查,设专职安全监理,同时要求每个现场监理都作为兼职安全员,协助做好安全工作,确保万无一失。

3. 竣(交)工验收

项目分松原至大安段、大安至白城段、白城至石头井子段(含白城绕越线)三段分别进行交工验收。其中松原至大安段于2010年12月进行交工验收,验收委员会认为该工程平、纵线形流畅,路基稳定,边坡平顺,排水功能齐全,桥涵位置、结构尺寸正确,混凝土强度满足设计要求,伸缩缝伸缩有效,桥涵、排水及防护工程外观质量良好。检测项目施工质量均达到设计和规范标准要求,各项检验评定指标符合国家颁布的规范规定,工程质量"合格",同意通过交工验收;大安至白城段和白城至石头井子段(含白城绕越线)均于2011年9月进行交工验收,验收委员会认为项目各项检验评定指标符合国家颁布的规范规定,同意通过交工验收。

七、珲乌高速公路龙嘉机场至长春段改扩建

(一)概述

1. 基本情况

(1)主要控制点

龙嘉机场、东湖街道、莲花山开发区、英俊镇(长春东)。

(2)建设时间

2004年6月1日开工建设,2005年8月25日建成通车。

(3)技术标准

设计速度为120km/h,双向六车道;路基宽度为34.5m;桥涵设计荷载为汽车—超20级,挂车—120;设计洪水频率1/100;沥青混凝土路面。

(4)建设规模

建设里程20km,在原有工程中间预留的两车道上加铺路面后扩建成标准的六车道高速公路。全线新建分离立交1座,改建东湖互通1处及跨线桥1座,加宽涵洞7道,通道4道,拆除新建交通工程。

项目主要桥梁及路面信息见表8-5-22、表8-5-23。

珲乌高速公路龙嘉机场至长春段改扩建主要桥梁信息表　　　　表8-5-22

类型	名　称	桥梁长度(m)	主跨长度(m)	跨越障碍物	桥梁结构
大桥	大黑林子大桥	125	20	沟谷	预应力钢筋混凝土连续箱梁
中桥	放牛沟中桥	24	20	沟谷	预应力钢筋混凝土实心板梁
	西沟屯中桥	65	20	沟谷	预应力钢筋混凝土连续箱梁
	张家店中桥	65	20	沟谷	预应力钢筋混凝土连续箱梁
	高家屯中桥	52	16	沟谷	预应力钢筋混凝土空心板梁
	小黑林子中桥	52	16	沟谷	预应力钢筋混凝土空心板梁

珲乌高速公路龙嘉机场至长春段改扩建路面信息表　　　　表8-5-23

路面类型	起讫里程	长度(km)	路　面　结　构
沥青路面	K527+000~K507+000	20	上面层:4cm沥青马蹄脂碎石混合料 中面层:5cm中粒式沥青混凝土 下面层:6cm粗粒式沥青混凝土 基层:30cm石灰粉煤灰二灰碎石 底基层:15~25cm石灰粉煤灰土土 垫层:25cm碎石

注:起讫里程来源于《全国道路网调整后里程桩号传递表》。

(5)投资规模

估算金额0.78亿元,概算金额1.03亿元,预算金额1.34亿元,决算金额1.34亿元。

2.参建单位

(1)项目建设管理单位

项目的建设管理单位为吉林省高等级公路建设局。

(2)勘察设计单位

项目的勘察设计任务由吉林省交通规划设计院完成。

(3)施工单位

项目的施工由吉林省中胜路桥工程有限公司完成。

(4) 监理单位

项目的监理任务由吉林省公路工程监理有限责任公司承担。

项目参建单位信息见表 8-5-24。

珲乌高速公路龙嘉机场至长春段改扩建参建单位一览表　　表 8-5-24

参建单位	单位名称	合同段编号及起止桩号	主要负责人	备注
项目管理单位	吉林省高等级公路建设局	K0+000~K20+300	张清田	
勘察设计单位	吉林省交通规划设计院	K0+000~K20+300	胡　珊	
施工单位	吉林省中盛路桥工程有限公司	K0+000~K20+300	张宝忠	
监理单位	吉林省公路工程监理有限责任公司	K0+000~K20+300	金祥秋	

注：信息来源于竣工验收文件及建设管理单位。

(二) 建设情况

1. 前期准备

1) 项目审批

(1) 立项审批

2004 年 2 月 6 日，吉林省发展计划委员会下发了《关于同江至三亚国道主干线长春至珲春支线长春至东湖镇段扩建工程可行性研究报告的批复》（吉计交字〔2004〕44 号）。

(2) 设计审批

①2000 年，吉林省发展计划委员会下发了《关于长吉高速公路长春龙嘉堡机场连接线项目的批复》（吉交计字〔2000〕218 号）；

②2000 年，吉林省发展计划委员会下发了《关于长吉高速公路与长春龙嘉堡机场连接线工程设计的批复》（吉计设审字〔2000〕269 号）；

③2001 年，吉林省发展计划委员下发了《关于同意长吉高速公路长春龙嘉堡机场连接线工程设计变更及概算调整的函》（吉计资函字〔2001〕193 号）；

④2001 年，吉林省交通厅下发了《关于长春至吉林高速公路长春龙嘉堡机场连接线施工图设计的批复》（吉交函字〔2001〕178 号）；

⑤2004 年 6 月 30 日，吉林省交通厅下发了《关于对长春至吉林高速公路长春至东湖镇段扩建工程施工图设计的批复》（吉交函〔2004〕210 号）；

⑥2013 年 11 月 5 日，吉林省交通运输厅下发了《关于长春至吉林高速公路长春至东湖镇段扩建工程施工图设计调整预算的批复》。

(3) 其他审批

①1998 年 8 月 21 日，国土资源部下发了《关于长春至吉林高速公路建设用地的批复》（国土资函〔1998〕202 号）；

②2004 年 7 月 2 日，吉林省交通厅批准了《长吉高速公路长春至东湖镇段二期工程

开工报告》。

2）资金筹措

项目总估算投资为0.78亿元,来源为吉林省公路建设专项资金0.28亿元,申请银行贷款0.5亿元。批复预算投资1.34亿元,实际工程造价1.34亿元,资金来源为吉林省公路建设专项资金和申请银行贷款。

3）工程勘察设计

根据吉林省交通厅下发的勘察设计任务书,吉林省交通规划设计院承担珲乌高速公路龙嘉机场至长春段改扩建项目的设计工作。

现有珲乌高速公路龙嘉机场至长春段为四车道,中央分隔带10.5m,原设计中已经预留了扩建所需的加宽车道,珲乌高速公路龙嘉机场至长春段改扩建设计保持了路基宽度34.5m不变,路面由原有的四车道扩建为六车道,中央分隔带3.0m,设计采用种花、植草防护。新建路面面层采用三层结构,旧路路面结合调查情况采取修补处理,恢复路面设计高度,新旧路面衔接部分清除(15+20+20)cm宽的路面面层,并将原路面基层、底基层、垫层边缘的三角部分凿除后加铺新路面结构。桥涵工程随主线设计加宽或重新铺装桥面。东湖镇互通匝道采用单向双车道标准进行了重新设计,在满足标准的前提下尽量利用原有线形,以减少工程规模,满足交通量增长的需求,对互通中的跨线桥加宽利用。交通工程及沿线设施以满足行车安全为准重新设计。

2. 项目实施

(1) 招投标

项目采取公开招标方式,选择优秀施工单位。在招标过程中,重点抓好两个环节：一是对投标人进行严格审查,严把资格审查关,对投标单位的资格认真评审,施工单位中标组织进场时,再对人员、设备、仪器进行核对,及时纠正不按合同约定进场的行为。二是将整个招投标过程置于纪检、监察监督之下,使招投标各项工作合法合规进行。

(2) 征地拆迁

项目的综合施工场地及弃土场地合建一处,共计占地32亩,该场地按永久性占地征用,近期作为弃土场和施工场地,工程竣工后作为收费站场区规划用地,进行项目的配套设施建设。

全线拆迁电力线1处,迁移通信光缆3处,拆迁长春吉来新型建材厂厂房108m^2。

(3) 施工情况

项目全线共划分为一个合同段,由吉林省中盛路桥工程有限公司承建。项目于2004年6月1日开工建设,2005年8月25日完工。

工程合同签订后,施工单位根据招标文件及合同承诺成立了项目经理部。项目经理部设项目经理1名,项目总工1名,副经理1名,管理人员30人(含技术干部12人),技术工人40人(包括机械操作手),民工350人。

由于项目属于改、扩建工程,其涵盖了路基、路面、桥涵工程,再加上施工作业线长、点多、面窄、工期紧等实际情况,工程质量不容易控制。为了保证工程质量,在工程的施工过程中采取了一系列技术措施对工程的重点及难点部位进行有效控制。

经过一年多的艰苦施工,工程全部竣工。从数十万个自检数据上看:工程内在质量可靠,路基弯沉合格率100%,基层、底基层强度合格率100%,路面厚度合格率100%,沥青面层压实度合格率100%。所有情况表明路基坚实稳定、路面平整。经监理单位抽检单位工程合格率100%,项目质量评分96.2分。

(4)监理情况

受吉林省高等级公路建设局的委托,吉林省公路工程监理有限责任公司承担了珲乌高速龙嘉机场至长春段改扩建的监理工作。为满足项目施工监理工作的需要,监理公司派12人组建了项目监理办,实行总监办和驻地监理组的两级监理机构的管理体制,全面负责项目的监理工作。进场监理人员全部持有监理工程师证书,其中持有交通部全项或专项监理工程师证书4名,持有吉林省交通基本建设质量监督站颁发的监理工程师证书8名,持证上岗率达到100%。

为保证工程质量,项目的建设全面施行了"政府监督、社会监理、企业自检"的工程质量保证体系,在工程质量管理上,运用源头把关、过程控制、环节验收的控制程序作为质量监理的基本思路,严把材料进场关、质量缺陷关、开工审批关、施工控制关和阶段验收关。

项目的计划工期仅为1年,工期紧张,工程量较大。在坚持进度服从质量和工期服从质量的原则下,要求施工单位实行日进度报告制度,以计划进度与逐日实际施工安排和完成情况进行跟踪对比,合同监理及监理代表根据监理的进度信息反馈系统,掌握计划执行情况,作为检查施工进度和进行决策的依据,确保工程施工全过程总工期目标的实现。

3.竣(交)工验收

(1)交工验收

2005年12月16日,吉林省高等级公路建设局根据交通部现行《公路工程竣(交)工验收办法》《公路工程质量检验评定标准》组织了项目交工验收工作。交工验收委员会经检查和审议认为:项目路基稳定坚实;路面密实平整,接缝平顺,抗滑性能好;路基、路面综合排水系统功能齐全;桥涵位置、结构尺寸正确,混凝土强度符合设计要求;交通安全设施齐全完整、醒目有效;环保符合使用要求;交工文件完整、规范、归档有序;工程施工质量达到设计和规范标准,各项检验评定指标符合国家规范,项目工程质量评分为96.3分,同意通过交工验收并通车试运行。

(2)竣工验收

2013年11月26日,吉林省交通运输厅组成竣工验收委员会,在听取项目建设总体情况报告、质量监督报告和质量鉴定报告并认真审议后认为:项目已按设计完成了各项建设任务,通过了档案、环保专项验收,竣工决算已通过审计,同意竣工验收,即日起正式运营。经竣工委员会认真审议和综合评定,对参建单位及建设项目综合评分如下:建设管理综合评分 93.37 分,设计工作综合评分 95.83 分,监理工作综合评分 93.73 分,施工管理综合评分 90.23 分,建设项目综合评分 92.96 分,该建设工程综合评价等级为优良。

八、运营管理

(一)服务区及收费站设置

截至 2016 年底,珲乌高速公路设有 17 处服务区,具体情况见表 8-5-25 ~ 表 8-5-27。

珲乌高速公路珲春至吉林段服务区表 表 8-5-25

序号	服务区名称	位置桩号	管理经营单位
1	图们服务区	K47	吉林省高速公路集团有限公司
2	延吉服务区	K111	吉林省高速公路集团有限公司
3	安图服务区	K173	吉林省高速公路集团有限公司
4	敦化服务区	K219	吉林省高速公路集团有限公司
5	黄泥河服务区	K256	吉林省高速公路集团有限公司
6	蛟河服务区	K309	吉林省高速公路集团有限公司
7	江密峰服务区	K371	吉林省高速公路集团有限公司

珲乌高速公路吉林至长春东段服务区表 表 8-5-26

序号	服务区名称	位置桩号	管理经营单位
1	桦皮厂服务区	K425	吉林省高速公路集团有限公司
2	石头口门服务区	K457	吉林省高速公路集团有限公司

珲乌高速公路长春北至白城(吉蒙界)段服务区表 表 8-5-27

序号	服务区名称	位置桩号	管理经营单位
1	华家服务区	K541	吉林省高速公路集团有限公司
2	王府服务区	K606	吉林省高速公路集团有限公司
3	松原服务区	K662	吉林省高速公路集团有限公司
4	大安服务区	K707	吉林省高速公路集团有限公司
5	安广服务区	K764	吉林省高速公路集团有限公司
6	到保服务区	K813	吉林省高速公路集团有限公司
7	平安停车场	K867	吉林省高速公路集团有限公司
8	石头井子服务区	K888	吉林省高速公路集团有限公司

珲乌高速公路收费站情况见表 8-5-28。

珲乌高速公路（G12）收费站情况表　　　　　　　　　　　　　　　　　　　　　　　表8-5-28

序号	路段名称	收费站名称
1	珲乌高速公路珲春至图们段	珲春、凉水
2	珲乌高速公路图们至延吉段	图们、延吉北
3	珲乌高速公路延吉至江密峰（吉林）段	八道、安图、大石头、敦化、黄泥河、黄松甸、蛟河、新站、天岗
4	珲乌高速公路江密峰（吉林）至魁元屯（吉林）段	华丹大街、九站
5	珲乌高速公路吉林（魁元屯）至长春东段	吉林、九台、龙嘉机场、莲花山、长春东
6	长春绕城段（共线段）	太平
7	珲乌高速公路长春北至松原（孙喜窝棚）段	亚泰大街、开安、农安西、农安北、哈拉海、王府、松原南
8	珲乌高速公路松原（孙喜窝棚）白城（吉蒙界）段	松原西、查干湖、大安、安广、舍力、到保、白城东、侯家、平安、岭下、石头井子

（二）交通量发展状况

珲乌高速公路交通量统计见表8-5-29。

珲乌高速公路交通量统计表　　　　　　　　　　　　　　　　　　　　　　　表8-5-29

路线名称	年份	观测里程（km）	年均日交通量（辆/日）								适应交通量（辆/日）	交通拥挤度
			当量数合计	自然数合计	小型货车	中型货车	大型货车	特大型货车	集装箱车	中小型客车	大型客车		
珲乌高速公路	2013	625.211	9448	6548	433	536	208	625	59	4359	329	56276	0.17
	2014	625.211	10141	7066	482	560	221	672	61	4766	302	56276	0.18
	2015	483.211	10092	6753	360	444	243	700	131	4603	272	56650	0.17

（三）信息化建设

截至2016年底，珲乌高速公路信息化设备设置情况见表8-5-30至表8-5-35。

珲乌高速公路珲春至图们段信息化设备设置情况表　　　　　　　　　　　　　表8-5-30

序号	设施名称	数量	设施名称	数量
1	大型可变情报板	2	道路摄像机（含隧道）	90
2	小型可变情报板	3	收费广场摄像机	4
3	车辆检测器	4	车道和亭内摄像机	26
4	气象检测器	2	隧道事件检测器	16

珲乌高速公路图们至延吉段信息化设备设置情况表　　　　　　　　　　　　　表8-5-31

序号	设施名称	数量	设施名称	数量
1	大型可变情报板	0	道路摄像机（含隧道）	14
2	小型可变情报板	4	收费广场摄像机	4
3	车辆检测器	4	车道和亭内摄像机	34
4	气象检测器	2	隧道事件检测器	0

第八章
高速公路项目建设情况

珲乌高速公路延吉至江密峰(吉林)段信息化设备设置情况表   表 8-5-32

序号	设施名称	数量	设施名称	数量
1	大型可变情报板	1	道路摄像机(含隧道)	18
2	小型可变情报板	3	收费广场摄像机	6
3	车辆检测器	6	车道和亭内摄像机	32
4	气象检测器	2	隧道事件检测器	0

珲乌高速公路吉林(魁元屯)至长春东段信息化设备设置情况表   表 8-5-33

序号	设施名称	数量
1	大型可变情报板(门架式)	5
2	小型可变情报板(悬臂式)(包含净月站匝道可变情报板)	16
3	车辆检测器	19
4	气象检测器	4
5	道路摄像机(无隧道)	88
6	收费广场摄像机(不含净月站,因其在改扩建中)	36
7	车道和亭内摄像机(不含净月站,因其在改扩建中)	310

珲乌高速公路长春北至松原(孙喜窝棚)段信息化设备设置情况表   表 8-5-34

序号	设施名称	数量	设施名称	数量
1	大型可变情报板	2	道路摄像机(含隧道)	9
2	小型可变情报板	9	收费广场摄像机	6
3	车辆检测器	10	车道和亭内摄像机	36
4	气象检测器	2	隧道事件检测器	0

珲乌高速公路松原(孙喜窝棚)至白城(吉蒙界)段信息化设备设置情况表   表 8-5-35

序号	设施名称	数量	设施名称	数量
1	大型可变情报板	13	道路摄像机(含隧道)	26
2	小型可变情报板	0	收费广场摄像机	22
3	车辆检测器	20	车道和亭内摄像机	135
4	气象检测器	4	隧道事件检测器	0

(四)养护管理

截至 2016 年底,珲乌高速公路养护情况见表 8-5-36。

珲乌高速公路养护管理情况表   表 8-5-36

养护工区(个)	管理人员(人)	小修队(人)	养护工区明细
17	86	143	延吉分局、延吉(安图、凉水)、敦化分局、敦化(黄泥河)、吉林分局、吉林(天岗、蛟河)、长春分局、长春(开安、哈拉海)、松原分局、松原(查干湖)、白城分局、白城(安广、侯家、镇赉)

九、复杂技术工程

珲乌高速公路珲春至图们段地处东南部山区,河流交错,山峰纵横,桥隧比高,地质工程复杂,路线设计方案至关重要;项目隧道工程地质条件复杂,特别是东南里隧道和密江隧道,设计与施工技术难度大;桥涵遵循技术可行、经济合理、造型美观的原则进行综合考虑,桥梁与隧道相连,是本项目的一大特点。

1. 隧道施工技术

本项目隧道工程地质条件复杂,尤其是东南里隧道和密江隧道,穿越浅埋层的Ⅴ级和Ⅵ级围岩段落较长,多为自承能力较差的淤泥质软岩或极为破碎的煤系地层,地质构造带多、地下水系发育,勘察设计与施工难度较大。为确保施工高效安全,采用"新奥法"施工。密江隧道首次采用微台阶工艺,杜绝了大面积暴露掌子面造成片帮垮顶的隐患,积极采用光面爆破技术,较好地控制了超欠挖,保护了围岩的完整性。

隧道施工中采用超前地质预报手段,对隧道开挖前的围岩特性及富水带进行探测和预报,根据分析结果,采取相应的措施和方法。通过超前地质预报,有效地预防了塌方事故的发生概率及节约了成本。

为保护环境和减小工程量,同时减少边坡侧的刷坡,在高岭隧道及高架桥前结合地形,在季冻区首次设置长61.6m的棚洞。棚洞靠山侧(面向洞口方向右侧)结构内轮廓采用单心圆拱加平行顶板结构,左侧采用斜柱支撑体系,此种体系在东北地区首次采用。在美观环保上,通过棚洞顶回填土植草、植树及藤蔓等植物,有效的绿化了洞顶边仰坡,减小了刷坡范围,并且棚洞结构美观大方,结构轻巧,与环境协调性好。

2. 高架桥施工技术

板石高架桥的8座高架桥是本工程中的难点和控制点,其采用(80+120+80)m连续刚构结构,主墩高达70m,桥面至沟底高差达103m,为当时吉林省第一高桥,在东北三省也创新高,其勘测、施工和质量控制难度均较大,板石高架桥处地形艰险,现浇段支架高,工程难度极大。

为方便施工,在一个标段内尽量采用相同的桥梁形式,为标准化施工提供了保证。设计中采用湿接缝和桥面系钢筋同时安装后桥面板整体化混凝土一次浇注成型施工新工艺,采用预埋 $\phi30mm$ 钢管内套制 $\phi24mm$ 联结螺栓加固湿接缝底模,简易移动挂篮拆除湿接缝底模的方法,解决了湿接缝与桥面板整体化混凝土分层问题,优化了桥面板整体化混凝土受力结构,提高了工程质量。

为提高桥面铺装质量,在FYT三涂防水层施工前,采用"真空喷砂抛丸工艺"对混凝土表面进行处理,彻底去除表面附浆,得到粗糙、平整而又干净的表面。

为提高桥梁护栏底座及伸缩缝混凝土防腐蚀耐久性,在混凝土表面喷涂辛基或异丁基硅烷作为硅烷浸渍材料,增强了东北地区混凝土抗"除冰盐"腐蚀能力,确保桥梁外露混凝土的质量及耐久性能。

十、科技创新工程

(一)勘测设计技术创新

1.设计理念创新

(1)安全和谐的路线设计

珲乌高速公路在路线设计中以"随弯就势、标准灵活、合理优化、保护环境"为原则,在保证行车安全、舒适、快捷的前提下,尽量采用短捷的路线方案,充分合理地利用地形条件,减少工程量,降低工程造价,提高营运效益。对全线线形,特别是对弯道半径、平纵配合、分合流渐变段及隧道出入口等处线形,进行动态透视图检验及运行速度安全性评价,确保路线线形平顺、连续、诱导良好、无扭曲、凹陷、遮挡等不良效果,保证了行车安全。

路线穿越长白山余脉,为最大限度地不破坏自然环境,采用隧道群方案,并根据地质情况选择上下行隧道的最佳穿越位置,高架桥与隧道相连,采用不同平面布线的分离断面,离而不远,相互呼应,体现了环保和节约。

在珲春市附近,路线经过珲春矿务局煤炭采空区,是吉林省高速公路第一次在煤炭采空区通过,为解决相关技术难题,经与矿务局沟通并请教有关专家和教授,合理的确定了路线方案,保证了各方面的利益,积累了相关经验。为减少对环境的破坏,保证平、纵、横指标的均衡,设计中在隧道进出口处采用降低纵坡的方法来提高行车安全系数,在深沟高填方路堤处采用高架桥跨越,在坡面陡峻段落首次采用棚洞结构,在连续上坡路段设置爬坡车道,在连续下坡路段设置4处避险车道等方案,既节约林地资源,避免了对山体大的开挖,又有利于环境保护,保证了行车安全。

(2)融入自然的路基设计

路基设计以"保证质量、贴切自然、平整美观、安全舒适"为原则,在认真分析地质勘探资料,结合当地筑路材料,首次在高速公路建设的路基设计中采用粉煤灰这一新材料,利用了污染环境的废旧材料,保护了环境,降低了工程造价。

根据工程进展,对排水防护工程重新进行了优化设计,取消了原来的砌筑防护与排水工程,尽可能采用植物防护与生态边沟,采用人工导入方式,加速自然恢复进程,注重在细节中融入自然、保护环境,最大限度地实现人与自然相融合。

注重人文关怀,贯彻容错理念,取消了路基两侧的硬性砌筑防护,有针对性地放缓路基边坡,设置路侧净区,将砌石边沟改为植草生态边沟,采用宽容和人性化的路侧设计方式,有效降低交通事故率,减轻事故损失,保护行人的生命安全,彰显人文关怀。

在一些坡度较陡的路段,横断面采用分幅式设计,这样既减少了对山体的破坏,保护了植被,又减少了工程量。对全线3m以下的边坡进行缓边坡改造设计,有效提高道路使用安全性的同时,也使公路景观更好地融入到自然景观之中。

2. 数字地面模型技术

首先在1/2000航测数字地形图建立数字地面模型,利用CARD/1软件在模型上进行路线总体方案的研究和论证,确定合理的路线基本设计方案。实测基本设计方案工程范围的精密数字地面模型,再利用精密数字地面模型深入优化路线设计方案,提高了定线速度、精度,保证了线位的合理性。并采用实时、动态全景透视的方法,模拟未来,全程检验汽车行驶条件、安全条件及景观效果。为了更好地适应地形、地物的变化,多处采用了复曲线线形,个别路段采用了等于或接近于一般最小半径值的平曲线,最大限度地减少了对环境的破坏。为了更好地提高平面线形指标,桥梁设计服从路线设计,曲线桥梁与隧道通过分离式断面的组合,形成了有机整体,也体现了本条高速公路的路线设计风格。

3. 先进的仪器设备

勘测中的测量数据全部利用GPS(RTK)卫星定位系统、全站仪、电子水准仪、自动安平水准仪进行采集。采用钻探、电探、触探、震探及面波勘探等办法相结合,进行工程地质、水文地质勘探。

4. 生态选线——不破坏就是最大的保护

在保证行车安全的前提下,充分利用地形,因地制宜地选用技术指标,不片面追求线形的高指标。使路线与地形条件相互协调,充分考虑隧道和桥梁方案,对东明林场湿地、大石头林场湿地的尽量绕避、于木匠沟连拱隧道替代原路堑大挖大边坡等设计方案都体现了以最小破坏为原则,以对生态最大的保护为目标的设计新理念。

(二)工程技术创新

在珲乌高速公路珲春至江密峰(吉林)段,进行的科技创新有:草炭土地区公路建设技术、季冻区水泥混凝土路面抗滑构造、珲乌公路景观设计;在珲乌高速公路图们至延吉段,进行的科技创新有:氯盐类融雪剂对公路交通基础设施及环境影响检测评价防治技术、节理裂隙岩体隧道爆破技术;寒冷地区隧道保温防冻技术、季冻区长寿命沥青路面合理结构及沥青混合料设计施工质量控制关键技术、面向多数据源的高速公路网交通信息融合与利用技术;在珲乌高速公路江密峰(吉林)至魁元屯(吉林)段,进行的科技创新有:碎石土压实工艺及检测方法;在珲乌高速公路吉林(魁元屯)至长春东段,进行的科技创新有:沥青混合料冷拌冷补技术、高速公路护栏板表面修复技术等。

1. 季冻区长寿命沥青路面合理结构及沥青混合料设计、施工质量控制关键技术

(1) 季冻区沥青路面设计技术

季冻区重交通沥青路面结构、材料设计。对东北季冻区重交通轴载参数、换算方法进行研究,以有限元分析为基础,计算分析重载车辆对沥青路面各结构层的应力、应变影响。并根据东北季冻区交通、材料等特点,推荐合理的沥青路面结构,同时,对所推荐的结构进行材料组成优化设计,为季冻区重交通沥青路面设计、施工提供基础。

季冻区长大纵坡沥青路面结构、材料设计。根据季冻区长大纵坡路段沥青路面结构受力特点,分析在水平荷载系数下的路面结构力学响应。同时,根据结构受力要求,对长大纵坡路面结构层厚度进行分析,推荐出合理的结构层厚度,并根据珲乌高速公路原材料供应状况,进行珲乌高速公路长大纵坡路段上面层混合料优化设计,使其满足季冻区长大纵坡的要求。

季冻区长寿命沥青路面结构设计。分析国内外关于长寿命路面结构设计指标和东北季冻区长寿命路面的疲劳极限,并根据设计指标要求,以及季冻区交通、环境特点的不同,推荐出相应的长寿命路面结构类型,并对珲乌高速公路各类型长寿命路面结构进行对比分析,推荐出季冻区长寿命试验路结构类型。

(2) 季冻区长寿命沥青路面混合料离析检测评价与预防控制技术

深入分析季冻区沥青路面离析现象的产生原因,重点包括集料离析、温度离析、碾压离析等,得到路面两类主要离析现象——集料离析和温度离析的检测方法和判别标准。分析集料离析、温度离析、碾压离析的预防和控制技术,为东北季冻区沥青路面的设计、施工提供理论基础和指导。

(3) 季冻区长寿命沥青路面施工关键技术

以推荐出的长寿命路面结构铺筑为基础,进行施工配合比调整和施工工艺、施工质量控制研究。

2. 软土路基处治

珲乌高速公路延吉至江密峰(吉林)段所处地区大部分为山区及半山区,经过大量的软土地段,共计42段,总长度达12848m,其中,江密峰至黄松甸8段,总长3525m;黄松甸至敦化11段,总长2691m;敦化至延吉23段,总长6632m。主要为淤泥质土、泥炭、泥炭质土这三类软土地基,分布于山前及两山之间沟谷地段,软基处理是本段高速公路建设中的主要。

基于大部分地段软土厚度不大,下伏土层性状较好的特点,在软土地基的处治方法上,全线都充分利用了当地的砂砾和风化岩石丰富的便利条件,一种方法是不论软土地基地段的长短,换填砂砾及风化岩石珲乌高速公路,江密峰至黄松甸段和敦化至延吉段基本上

都是采用这种方法;另一种方法是直接滚填风化岩石,珲乌高速公路黄松甸至敦化段就是采用这种手段的,这种方法减少了对软土的清运工作量及对弃土场的需求。另外,针对沿线的草炭土地区,开展了"草炭土地区公路建设技术研究",针对草炭土地区公路存在的突出病害调查和分析,修筑了8种不同处治技术路段依托工程,首次揭示了草炭土的工程特性及冻胀特性,提出了考虑荷载作用、季节性冰冻影响的草炭土地基应力及变形稳定规律以及路堤最大、最小高度的确定方法,并将新型轻质隔温材料应用于草炭土路基中,取得了多项关键技术的突破和创新成果,编写了《设计施工手册》,用于指导草炭土地区公路建设。

3. 边坡稳定性评价及防护措施

通过现场调查和工程类比,提出了珲乌高速公路珲春至江密峰(吉林)段重点开挖区段的划分原则与标准,确定了沿线开挖段的重点边坡;系统地对沿线膨胀性软岩进行了试验研究,找出了延边地区极缓边坡变形破坏的主要原因是含有大量膨胀性矿物,并指出了该地区易滑地层和滑坡的特征;对开挖边坡重点地段,提出了考虑多种对边坡不利因素的耦合分析方法和加固设计方法,完善了基于MSARMA法极限平衡理论的边坡稳定性耦合分析和加固设计系统,编制了不平衡传递系数法和平面滑动法计算程序,开发了圆弧形滑坡危险滑弧搜寻系统;运用边坡工程稳定性MSARMA分析设计系统优化滑坡段路基开挖方案,运用先进的数值计算软件FLAC对边坡开挖方案进行数值分析,再根据稳定性计算和数值分析结果,提出了锚管桩和长锚索联合加固设计,并采用多次高压注浆技术等工程措施进行了综合治理;为监控应用效果,研制开发了软岩边坡支护结构的远程智能监测系统,实现了边坡稳态的远程实时监测,证明设计施工效果良好。

4. 珲乌公路景观设计

1) 互通立交区生态景观建造技术

选择了天岗、蛟河互通立交区作为推广示范区。

(1) 天岗互通立交(K41+600)

天岗互通立交处于老爷岭景观段,是通往著名石材重镇天岗镇和旅游区蛟河红叶谷的重要互通。该互通立交以"石"为主题,通过大孤石、石组等造景手法充分体现"石"文化。在植物造景方面要适当配置大乔木、亚乔木、大灌木、小灌木等种类,以充分体现植物层次,呈现秋天的红、黄叶景观,烘托老爷岭山林气氛。

(2) 蛟河互通立交(K92)

蛟河互通立交也处于拉法山景观段,距离拉法山较近,能很好地观看拉法山,周围景观为微丘和农田。该互通立交环内地形高于公路路面,但坡度过渡生硬,为和周围景观协调,将环内的地形修成和周围农田相似的缓坡地形,植物造景为疏林草地景观,以达到与周围植被类型相协调。

在实地勘察时发现大环中间现状为低洼地,故在景观恢复设计时结合地形为景观水池,周围种植水生植物,整个景观示范区融于周边自然环境之中(图8-5-13)。

图8-5-13 蛟河互通立交生态景观恢复后期效果

2)服务区生态景观建造技术

珲乌高速公路珲春至江密峰(吉林)段服务区景观建造设计中,多采用植物造景,局部设园路、小广场,方便游客游览,同时采用乡土、抗污染、净化尾气的树种,减少服务区内的污染,为游客营造良好的休闲环境。珲乌高速公路珲春至江密峰(吉林)段(包括图们至延吉段)有江密峰服务区、蛟河服务区、黄泥河服务区、敦化服务区、东明服务区、延吉服务区6个服务区。6个服务区分处起始重点段、拉法山景观段、白桦林景观段、山林景观段、民族风情景观段等不同景观段,其具体的景观建造方案充分融合了所处的景观段落的特点,反映地域文化,融于周边环境,给人一种郊外山林风光休闲放松的感觉。尤其是蛟河服务区引入了活鱼村、延吉服务区营建了民族风情园,这种因地制宜的做法开启了长白山区高速公路服务区建设的新思路。

(1)蛟河服务区——体现地方饮食文化和旅游特色

蛟河服务区处于拉法山景观段,该服务区的右侧为拉法河,左侧为拉法山,服务区沿着地形有傍山倚水之地利优势,所以服务区建筑的定位为山地建筑,并且要充分利用景观资源,借景拉法山,使建筑融入其中,成为环境中的亮点;另外在服务区内的绿地内设计步行道和小休息广场,供游人休憩、观景;在休憩广场周围设计介绍拉法山的指示牌,以丰富行人的旅游知识,并体现旅游特色。

(2)延吉服务区——体现民族风情

延吉服务区处于民族风情景观段,接近延边朝鲜族自治州首府延吉市,所以服务区定位于现代朝鲜文化特色(图8-5-14)。周围林木茂盛,建筑设计充分结合和利用周围地形和植物,在充分考虑行车、停车等功能的前提下,形成不同层的台地,建筑高低错落,充分结合山地环境并融合朝鲜族建筑风格。在植物种植方面多采用开白花的植物和延吉州花——金达莱,并在服务楼和特色餐厅前摆放两组朝鲜族特色的坛子,以体现当地文化特色。

图 8-5-14　延边民俗村及朝鲜族歌舞表演

3) 组合式柔性边沟技术

(1) 结构设计及工作原理

基本结构为:一端设有连接槽口,另一端设有连接沿,在渠体内壁设有凸起的若干加强筋和若干通气孔,渠片通过连接沿与连接槽咬合形成连续渠体,并用自紧锚钉(PE 材料)紧固,最后渠体两侧增加固定沿。

(2) 应用及施工工艺

在珲乌高速公路 K77+560~K77+610 段进行了挖方路基边沟组合式柔性排水边沟安装,按照边沟设计尺寸打桩挂线,确定边沟深度、底宽、上沿边线位置,根据土质软硬不同预留 4~8cm 的尺寸;按照放样尺寸挖掘边沟,防止超挖回填,达到预留尺寸后开始对边沟表面夯拍,达到表面土质密实为止,并填补土质保证边沟外形尺寸满足设计要求,如有条件可在表面铺撒一层植土层(1.5~3cm);在边沟连接沿处预留宽 0.03m,深 0.03m 横向沟槽;分段对挖成的边沟沟底进行高程检测。先在边沟外分段(一般可以 10m 一段)组装柔性塑料边沟,包括片间螺栓连接、片间卡槽连接和侧面挡水板连接,并保证每片连接平整,安放组合式边沟。将分段组装好的边沟整体抬至挖整好的边沟内,并调整边沟纵向底部土层薄厚,保证边沟到达设计要求的高程;按照以上程序将其余几段组装好的边沟一一放入挖整好的边沟内,并将相互的卡槽连接好,建议每隔 50m 用地锚固定 3~5 处,更好地起到整体固定作用。对铺装好的组合式边沟进行锚固,并人工夯拍压实,保证沟底设计高程,并调整锚杆间距达到整体稳定。如果是填方或截水边沟,可以在其上少量播撒适宜的草种,使草在预留孔内生长。

柔性边沟质地柔韧、抗变形能力强,在使用过程(图 8-5-15)中,没有出现变形、冻裂、冻胀、脱皮等现象(如 2006 年 5 月施工车辆偶然冲入边沟,使部分边沟破坏变形,但经施工人员修复,组合式边沟又完好如初,证明其抗破坏和变形后的恢复能力较强);抗冲刷能力强,由于聚乙烯材料的自润滑的特点,抗砂石水流冲刷能力极强;抗老化能力强,此种材料抗太阳紫外线、抗热老化、抗低温能力很好,目前没有发现任何问题,在公路使用期内不会发生老化破坏。

图 8-5-15 夏季、冬季观测使用情况

第六节 吉林至黑河高速公路(G1211)吉林段

吉林至黑河高速公路(G1211,以下简称"吉黑高速公路")是《国家公路网规划(2013—2030年)》的"71118"高速公路网中珲春至乌兰浩特高速公路的联络线,同时也是吉林省"五四三二一"高速公路网总体布局中"第二纵"的组成部分。吉黑高速公路是吉林省中、东部及相邻黑龙江省部分地区进关出海的公路运输通道,是实现区域有机连接的关键纽带,它的建成对加强区域路网功能,提高公路的服务水平,推动吉林省经济和旅游业发展,发挥路网规模效益等具有重要意义。

吉黑高速公路吉林省境内段起自吉林市巴虎屯,经红旗、兰旗、江密峰镇、大口钦镇、吉舒镇、舒兰市,止于舒兰市荒岗(吉黑界),全长约140km。因建设时序不同,共划分为3个段落,分别为吉林(巴虎屯)至江密峰(吉林)段、江密峰(吉林)至陶家沟(吉林)段、陶家沟(吉林)至荒岗(吉黑界)段。

吉黑高速公路吉林(巴虎屯)至江密峰(吉林)段于2008年8月开工建设,2013年11月建成通车,里程32km,投资12.05亿元(概算)。

吉黑高速公路江密峰(吉林)至陶家沟(吉林)段,里程5km,与珲乌高速公路共线,具体情况见第八章第五节。

陶家沟(吉林)至荒岗(吉黑界)段,里程约103km,在建路段。

吉黑高速公路(吉林段)路网位置示意见图8-6-1,吉黑高速公路(已建路段)基础信息见表 8-6-1。

图 8-6-1　吉黑高速公路（吉林段）路网位置示意图

吉黑高速公路（已建路段）基础信息表　　　　表 8-6-1

编号	项目名称	规模（km）				建设性质	设计速度（km/h）	永久占地（亩）	投资情况（亿元）				建设时间（开工~通车）	共线路段		备注
		合计	八车道	六车道	四车道				估算	概算	决算	资金来源		里程	编号	
G1211	吉黑高速公路吉林（巴虎屯）至江密峰（吉林）段	32			32	改建	100	2993	12.04	12.05		中央补贴、地方自筹、银行贷款	2008.8~2013.11			
	吉黑高速公路至江密峰（吉林）至陶家沟（吉林）段	5			5	—	—	—	—	—	—	—	—	5	G12	与珲乌高速公路共线，占地投资在珲乌高速公路中计列

一、吉黑高速公路吉林（巴虎屯）至江密峰（吉林）段

（一）概述

吉黑高速公路吉林（巴虎屯）至江密峰（吉林）段不仅是吉黑高速公路的重要组

成部分,也是吉林绕城高速公路的一段,在建设过程,与沈吉高速公路草市(吉辽界)至吉林(魁元屯)段一期工程(包括沈吉高速公路巴虎屯至魁元屯段、吉黑高速公路巴虎屯至江密峰段)一并建设。

1. 基本情况

(1) 主要控制点

巴虎屯、红旗、兰旗、石井子、大三家子村、榆树沟、北小川、江密峰镇。

(2) 建设时间

2008年8月开工建设,2013年11月建成通车。

(3) 地形地貌

项目地处吉林省中南部长白山腹地向松嫩平原过渡地带,南北斜长,东西较短,属低山丘陵区,地形起伏较大,地貌主要为低山丘陵区和山间沟谷,松花江东岸为二级台地。路线所经地区植被较发育,沟谷及台地多为水田及旱田,山地多为天然次生林及小面积人工林。

(4) 技术标准

项目在原有一级公路基础上封闭改造为高速公路,设计速度为100km/h,双向四车道;路基宽度为26.0m;桥涵设计荷载为公路—Ⅰ级;特大桥设计洪水频率1/300,大、中、小桥设计洪水频率1/100;沥青混凝土路面。

(5) 建设规模

为确保数据的准确性,项目建设规模按沈吉高速公路草市至吉林段一期工程计列。

全线设特大桥1座,大桥2座,中桥3座,小桥15座,涵洞36道,互通式立体交叉4处(其中与珲乌高速共用1处),分离式立体交叉21处,通道7处;设收费站4处(其中与珲乌高速共用1处),养护工区1处。

项目主要桥梁及路面信息见表8-6-2、表8-6-3。

吉黑高速公路吉林(巴虎屯)至江密峰(吉林)段主要桥梁信息表　　表8-6-2

类　型	名　称	桥梁长度(m)	主跨长度(m)	跨越障碍物	桥梁结构
特大桥	兰旗松花江特大桥	631	240	河流	预应力钢筋混凝土斜拉桥
大桥	二道河大桥	176	20	河流	预应力钢筋混凝土箱形梁
	石井沟大桥	281	40	河流	预应力钢筋混凝土连续箱梁
中桥	二道沟中桥	67	20	河流	预应力钢筋混凝土箱形梁
	榆树沟中桥	67	20	河流	预应力钢筋混凝土箱形梁
	中桥	67	20	道路、铁路	钢筋混凝土连续箱梁

吉黑高速公路吉林(巴虎屯)至江密峰(吉林)段路面信息表　　　　表8-6-3

路面类型	起讫里程	长度(km)	路面结构
沥青路面	K0+000~K32+000	32	上面层:4cm沥青玛蹄脂碎石混合料 下面层:6cm中粒式沥青混凝土 柔性基层:8cm沥青碎石 基层:32cm二灰碎石 底基层:16~20cm二灰碎石 垫层:20cm砂砾

注:起讫里程来源于《全国道路网调整后里程桩号传递表》。

(6)投资规模

估算金额12.04亿元,概算金额12.05亿元。

2.参建单位

项目属于吉草高速公路一期工程的组成部分,其参建单位的情况按照吉草高速公路一期工程的合同段编号及起止桩号划分情况统计。

(1)项目建设管理单位

项目的建设管理单位是吉林省高速公路集团有限公司。

(2)勘察设计单位

项目的勘察设计任务由中交第二公路勘察设计研究院以及大连理工大学共同完成。

(3)施工单位

项目的主体工程施工由大庆油田路桥工程有限责任公司、吉林省建设集团有限公司以及吉林省长城路桥建工有限责任公司完成;交通工程施工由山东联泰公路工程有限公司以及北京泽阳科信交通科技发展有限公司完成;机电工程施工吉林省科维交通工程有限公司完成;绿化工程施工由长春市北国园林绿化工程有限责任公司和吉林省长源绿化工程有限公司完成。

(4)监理单位

项目的监理任务由吉林省通达公路工程有限责任公司等承担。

项目参建单位信息见表8-6-4。

吉黑高速公路吉林(巴虎屯)至江密峰(吉林)段参建单位一览表　　　　表8-6-4

参建单位	单位名称	合同段编号及起止桩号	主要负责人	备注
项目管理单位	吉林省高速公路集团有限	第一部分为吉林绕城封闭段:K0+621~K47+211.109	韩增义、刘天铭、张书林、骆实	吉草一期
勘察设计单位	中交第二公路勘察设计研究院有限公司	K0+621~K47+211.109	余泽新	吉草一期
	大连理工大学	兰旗松花江特大桥		特大桥

第八章 高速公路项目建设情况

续上表

参建单位	单位名称	合同段编号及起止桩号	主要负责人	备 注
施工单位	大庆油田路桥工程有限责任公司	A25合同段：K14+512~K37+500路基（含C、D、E、F、G辅道）	房 义、卿建华	吉草一期
	吉林省建设集团有限公司	A26合同段：K37+500~K47+211.109路基路面（含江密峰互通）	刘 昊、许洪川	吉草一期
	吉林省长城路桥建工有限责任公司	A27合同段：K0+621~K37+500路面（含魁元屯互通）	伞国峰、陈建荣	吉草一期
	山东联泰公路工程有限公司	HL06合同段：吉林绕城K14+512~K47+211.109段护栏工程	刘爱明	吉草一期
	北京泽阳科信交通科技发展有限公司	SS05合同段：吉林绕城K0+621~K47+211.109段安全设施工程	朱燕民	吉草一期
	长春市北国园林绿化工程有限责任公司	LH13合同段：吉林绕城K14+512~K30+000段绿化工程	周晓丽	吉草一期
	吉林省长源绿化工程有限公司	LH14合同段：吉林绕城K30+000~K47+211.109段绿化工程	王 晶	吉草一期
	吉林省科维交通工程有限公司	JD01合同段：吉林绕城K0+358.730~K46+609.10段机电工程	张济群	吉草一期
监理单位	吉林省通达公路工程有限责任公司	AZJB01合同段：K0+621~K47+211.109	高君成	一期总监办

注：信息来源于竣工验收文件及建设管理单位。

吉黑高速公路吉林(巴虎屯)至江密峰(吉林)段实景图如图8-6-2所示。

图8-6-2 吉黑高速公路吉林(巴虎屯)至江密峰(吉林)段路段实景图

（二）建设情况

吉黑高速公路吉林（巴虎屯）至江密峰（吉林）段项目审批、项目设计、施工、招标、征地拆迁等与沈吉高速公路草市（吉辽界）至吉林（魁元屯）段一并完成，具体见第八章第七节。

二、运营管理

（一）服务区及收费站设置

截至2016年底，吉黑高速公路吉林省境内没有设服务区。

吉黑高速公路吉林省境内段收费站设置情况见表8-6-5。

吉黑高速公路吉林段收费站情况表　　　表8-6-5

路　段	收费站名称
吉黑高速吉林（巴虎屯）至吉林（江密峰）段	红旗、丰满、天南、江密峰

（二）信息化建设

截至2016年底，吉黑高速公路吉林段未设置监控设备。

（三）养护管理

截至2016年底，吉黑高速公路吉林段养护情况见表8-6-6。

吉黑高速公路吉林段养护管理情况表　　　表8-6-6

养护工区（个）	管理人员（人）	小修队（人）	养护工区明细	备　注
1	3	11	丰满	

第七节　沈阳至吉林高速公路（G1212）吉林段

沈阳至吉林高速公路（G1212，以下简称"沈吉高速"公路）是《国家公路网规划（2013—2030年）》的"71118"高速公路网中珲春至乌兰浩特高速公路的联络线，同时也是吉林省"五四三二一"高速公路网总体布局中"第二纵"的组成部分。沈吉高速公路与吉黑高速公路构成了吉林省境内又一条纵贯东北地区的南北向公路大通道，是吉林省中东部地区和辽宁省联系的主要通道。它的建成可加强吉、辽、黑三省与京津冀、环渤海经济圈的交通连接，对振兴东北老工业基地，促进沿线资源开发，实现区域经济一体化等具有重要意义。

沈吉高速公路吉林省境内段,即沈吉高速公路草市(吉辽界)至吉林(魁元屯)段起自草市镇(吉辽界),经梅河口市、磐石市、永吉县、吉林市,止于吉林市西侧魁元屯,全长226km。于2008年8月开工,2012年12月建成通车,投资85.88亿元(概算)。

沈吉高速公路(吉林段)基础信息见表8-7-1。

沈吉高速公路(吉林段)基础信息表 表8-7-1

编号	项目名称	规模(km)			建设性质	设计速度(km/h)	永久占地(亩)	投资情况(亿元)				建设时间(开工~通车)	共线路段		备注
		合计	八车道	六车道	四车道				估算	概算	决算	资金来源		里程	编号
G1212	沈吉高速公路草市(吉辽界)至吉林(魁元屯)段	226			226	新建	100	21329	85.81	85.88		中央补贴、地方自筹、银行贷款	2008.8~2012.12			

一、沈吉高速公路草市(吉辽界)至吉林(魁元屯)段

(一)概述

沈吉高速公路草市(吉辽界)至吉林(魁元屯)段由两部分组成:第一部分为吉林(巴虎屯)至魁元屯段(同为吉林绕城高速);第二部分为草市至吉林(巴虎屯)段。

1. 基本情况

(1)主要控制点

草市镇(吉辽界)、山城镇、梅河口市、湾龙乡、牛顶心镇、磐石市、明城镇、烟筒山镇、双河镇、西阳镇、春登乡、吉林市二道乡、巴虎屯、蔡家沟、虎牛沟村、魁元屯。

(2)建设时间

项目分三期建设,其中一期工程(包括沈吉高速公路巴虎屯至魁元屯段、吉黑高速公路巴虎屯至江密峰段)于2008年8月开工,2012年12月建成通车;二期工程(磐石至草市段)于2008年8月开工,2011年9月建成通车;三期工程(吉林至磐石段)于2009年4月开工,2011年9月建成通车。

(3)地形地貌

项目地处吉林省中南部长白山腹地向松嫩平原过渡地带,属丘陵和平原区。沿线所经地区沟谷发育,河谷及台地多为旱田及水田,山地多为天然次生林及小面积人工林。

(4)技术标准

设计速度为100km/h,双向四车道;路基宽度为26.0m(巴虎屯至魁元屯段路基宽度

为 25.5m);桥涵设计荷载为公路—Ⅰ级;设计洪水频率 1/100;沥青混凝土路面。

(5)建设规模

项目共分为两部分,其中:

草市至吉林(巴虎屯)段建设里程 213km,全线设大桥 26 座,中桥 28 座,小桥 12 座,涵洞 294 道,隧道 2 座,互通式立体交叉 12 处(其中与珲乌高速公路共用 1 处),分离式立体交叉 26 处,天桥 73 座,通道 172 处;设收费站 11 处(其中与珲乌高速公路共用 1 处),服务区 4 处,管理处 3 处,养护工区 3 处。

巴虎屯至魁元屯段(吉林绕城高速公路)建设里程 13km,与吉黑高速公路吉林(巴虎屯)至江密峰(吉林)段作为同一项目建设实施,其建设规模及投资具体见第八章第六节。

项目主要桥梁、隧道及路面信息见表 8-7-2 ~ 表 8-7-4。

沈吉高速公路草市(吉辽界)至吉林(魁元屯)段主要桥梁信息表　　　　表 8-7-2

类型	名　　称	桥梁长度(m)	主跨长度(m)	跨越障碍物	桥　梁　结　构
大桥	白银河大桥	147	20	河流	预应力钢筋混凝土空心板梁
	横道河大桥	107	20	河流	预应力钢筋混凝土连续箱梁
	良善大桥	107	20	道路、铁路	预应力钢筋混凝土连续箱梁
	梅河大桥	207	20	河流	预应力钢筋混凝土连续箱梁
	莲河大桥	247	20	河流	预应力钢筋混凝土连续箱梁
	共安水库大桥	207	25	道路、铁路	预应力钢筋混凝土连续箱梁
	桦树河大桥	207	20	河流	预应力钢筋混凝土连续箱梁
	沙河大桥	187	20	河流	预应力钢筋混凝土连续箱梁
	亮子河大桥	107	20	河流	预应力钢筋混凝土连续箱梁
	王永河大桥	207	20	河流	预应力钢筋混凝土连续箱梁
	向阳大桥	207	20	道路、铁路	预应力钢筋混凝土连续箱梁
	玻璃河大桥	127	20	河流	预应力钢筋混凝土连续箱梁
	七间房大桥	187	20	道路、铁路	预应力钢筋混凝土连续箱梁
	梨树南大桥	127	20	道路、铁路	预应力钢筋混凝土连续箱梁
	梨树北大桥	167	20	道路、铁路	预应力钢筋混凝土连续箱梁
	连合水库大桥	167	20	道路、铁路	预应力钢筋混凝土连续箱梁
	黄河大桥	127	20	河流	预应力钢筋混凝土连续箱梁
	饮马河大桥	608	30	河流	预应力钢筋混凝土连续箱梁

续上表

类型	名　　称	桥梁长度(m)	主跨长度(m)	跨越障碍物	桥　梁　结　构
大桥	桦树大桥	107	20	道路、铁路	预应力钢筋混凝土连续箱梁
	双河镇大桥	207	20	河流	预应力钢筋混凝土连续箱梁
	蚕场沟大桥	188	30	道路、铁路	预应力钢筋混凝土连续箱梁
	两家子大桥	428.24	30	道路、铁路	预应力钢筋混凝土连续箱梁
	前两家子大桥	278	30	道路、铁路	预应力钢筋混凝土连续箱梁
	红石河大桥	127	20	河流	预应力钢筋混凝土连续箱梁
	柳条河大桥	167	20	河流	预应力钢筋混凝土连续箱梁
	前二道跨铁路桥	336	30	道路、铁路	预应力钢筋混凝土连续箱梁
中桥	甸新村中桥	57	13	河流	预应力钢筋混凝土空心板梁
	福兴屯中桥	69	16	道路、铁路	预应力钢筋混凝土空心板梁
	卧牛中桥	54	16	河流	预应力钢筋混凝土空心板梁
	虎顶中桥	44	13	道路、铁路	预应力钢筋混凝土空心板梁
	双龙二队中桥	86	16	河流	预应力钢筋混凝土空心板梁
	双龙六队中桥	44	13	河流	预应力钢筋混凝土空心板梁
	永宁中桥	69	16	道路、铁路	预应力钢筋混凝土空心板梁
	东胜中桥	69	16	河流	预应力钢筋混凝土空心板梁
	三山水库中桥	86	16	河流	预应力钢筋混凝土空心板梁
	永宁中桥	67	20	道路、铁路	预应力钢筋混凝土连续箱梁
	柳树河中桥	44	13	河流	预应力钢筋混凝土空心板梁
	冯家沟中桥	87	20	道路、铁路	预应力钢筋混凝土连续箱梁
	东兴中桥	53	16	河流	预应力钢筋混凝土空心板梁
	团结中桥	54	16	道路、铁路	预应力钢筋混凝土空心板梁
	挡石河中桥	87	20	河流	预应力钢筋混凝土连续箱梁
	甲砬子中桥	44	13	道路、铁路	预应力钢筋混凝土空心板梁
	七间房中桥	47	13	道路、铁路	预应力钢筋混凝土空心板梁
	洞口东中桥	69	16	道路、铁路	预应力钢筋混凝土空心板梁
	永安中桥	98	30	道路、铁路	预应力钢筋混凝土连续箱梁
	余富中桥	67	20	沟谷	预应力钢筋混凝土连续箱梁

续上表

类型	名称	桥梁长度(m)	主跨长度(m)	跨越障碍物	桥梁结构
中桥	兴隆中桥	70	16	沟谷	预应力钢筋混凝土空心板梁
	大梨河中桥	70	16	河流	预应力钢筋混凝土空心板梁
	小东岭中桥	54	16	沟谷	预应力钢筋混凝土空心板梁
	半拉川中桥	87	20	沟谷	预应力钢筋混凝土连续箱梁
	狼头山中桥	67	20	河流	预应力钢筋混凝土连续箱梁
	山前村中桥	53	16	沟谷	预应力钢筋混凝土空心板梁
	张家沟中桥	67	20	河流	预应力钢筋混凝土连续箱梁
	中桥	75	22	沟谷	预应力钢筋混凝土箱形梁

沈吉高速公路草市(吉辽界)至吉林(魁元屯)段隧道信息表　　表8-7-3

类型	名称	隧道全长(m)	洞门形式	隧道分类	
				按地质条件划分	按所在区域划分
长隧道	石咀子隧道(右)	1125	削竹式、削竹式	石质隧道	山岭隧道
	石咀子隧道(左)	1080	削竹式、削竹式	石质隧道	山岭隧道
中隧道	卧牛山隧道(右)	750	削竹式、削竹式	石质隧道	山岭隧道
	卧牛山隧道(左)	766	削竹式、削竹式	石质隧道	山岭隧道

沈吉高速公路草市(吉辽界)至吉林(魁元屯)段路面信息表　　表8-7-4

路面类型	起讫里程	长度(km)	路面结构
沥青路面	K160+000~K386+000	226	上面层:4cm沥青玛蹄脂碎石混合料 下面层:6cm中粒式沥青混凝土 柔性基层:8cm沥青碎石 基层:32cm二灰碎石 底基层:16~20cm二灰碎石 垫层:20cm砂砾

注:起讫里程来源于《全国道路网调整后里程桩号传递表》。

（6）投资规模

估算金额85.81亿元,概算金额85.88亿元。

2.参建单位

项目分三期建设,其中一期工程包括吉黑高速公路吉林(巴虎屯)至魁元屯段(吉林绕城高速)和吉黑高速公路吉林(巴虎屯)至江密峰(吉林)段,两段同步建设实施,合同段编号及起止桩号无法拆分,因此,本书所列的吉草高速公路参建单位含吉黑高速公路吉林(巴虎屯)至江密峰(吉林)段工程。

（1）项目建设管理单位

项目的建设管理单位是吉林省高速公路集团有限公司。

（2）勘察设计单位

项目的勘察设计任务由中交第二公路勘察设计研究院有限公司、铁道第三勘察设计院集团有限公司以及吉林省交通规划设计院共同完成。总体设计单位是吉林省交通规划设计院。

（3）施工单位

项目的主体工程施工由山东省昆仑路桥工程有限公司等26家单位完成；房建及房建装饰工程施工由松原市江城建筑工程有限责任公司等7家单位完成；交通工程施工由吉林省荣发公路工程有限公司等11家单位完成；绿化工程施工由吉林省福源绿化工程有限公司等14家单位完成；机电工程施工由吉林省科维交通工程有限公司等4家单位完成。

（4）监理单位

项目的监理任务由吉林省通达公路工程监理有限责任公司等12家单位承担。

项目参建单位信息见表8-7-5。

沈吉高速公路草市（吉辽界）至吉林（魁元屯）段参建单位一览表　　　表8-7-5

参建单位	单位名称	合同段编号及起止桩号	主要负责人	备注
项目管理单位	吉林省高速公路集团有限公司	第一部分为吉林绕城封闭段：K0+621～K47+211.109 第二部分为吉林（巴虎屯）至草市段：K109+150～K322+948.142	韩增义、刘天铭、张书林、骆实	共分三期建设
勘察设计单位	铁道第三勘察设计院集团有限公司	第一设计段～第三设计段：K114+000～K154+900	齐志芹	吉草三期C02～C05合同段
	吉林省交通规划设计院	第四设计段～第十四设计段：K154+900～K322+948.172	胡珊	吉草三期C06～C09合同段 吉草二期
	中交第二公路勘察设计研究院有限公司	第十五设计段～第十六设计段：K0+621～K47+211.109、K109+150～K114+000	余泽新	吉草一期
施工单位	山东省昆仑路桥工程有限公司	A01合同段：K109+150～K114+000（含西解放互通、B辅道及吉林连接线）	丁良静、曹建波	吉草一期
	中国中铁航空港建设集团有限公司	A24合同段：K0+621～K12+212路基（含魁元屯互通路基、A辅道）	王志明	吉草一期
	大庆油田路桥工程有限责任公司	A25合同段：K14+512～K37+500路基（含C、D、E、F、G辅道）	房义、卿建华	吉草一期
	吉林省建设集团有限公司	A26合同段：K37+500～K47+211.109路基路面（含江密峰互通）	刘昊、许洪川	吉草一期

续上表

参建单位	单位名称	合同段编号及起止桩号	主要负责人	备注
施工单位	吉林省长城路桥建工有限责任公司	A27合同段:K0+621~K37+500路面(含魁元屯互通)	伞国峰、陈建荣	吉草一期
	黑龙江嘉昌路桥建筑有限责任公司	B10合同段:K216+700~K223+600路基	匡志新、杨 立	吉草二期
	吉林省建设集团有限公司	B11合同段:K223+600~K231+200路基,K216+700~K231+200路面	王超平、李继臣	吉草二期
	辽河石油勘探局筑路工程公司	B12合同段:K231+200~K239+000路基,K231+200~K246+200路面	朱 柏、王文建	吉草二期
	中铁二十局集团第六工程有限公司	B13合同段:K239+000~K246+200路基	王世信、崔文镇	吉草二期
	中铁四局集团第四工程有限公司	B14合同段:K246+200~K254+000路基	李永良、韩卫国	吉草二期
	四川川交路桥有限责任公司	B15合同段:K254+000~K261+261.542路基,K246+200~K261+261.542路面	李国立、庞 军	吉草二期
	吉林省建设集团有限公司	B16合同段:K263+600~K277+247路基路面	徐鸿斌、苏云长	吉草二期
	沈阳市公路建设股份有限公司	B18合同段:K277+250~K285+400路基	石 立、郭再龙	吉草二期
	中铁三局集团第五工程有限公司	B19合同段:K285+400~K293+000路基,K277+250~K293+000路面	高 健、周伍义	吉草二期
	中铁四局集团第四工程有限公司	B20合同段:K293+000~RK300+310.737路基	浦玉东、刘功大	吉草二期
	山东省昆仑路桥工程有限公司	B21合同段:K300+307.925~K308+330.766路基,K293+000~K308+330.766路面	姜 华、于明潭	吉草二期
	中铁一局集团第一工程有限公司	B22合同段:K307+000~K315+400路基	魏忠诚、瞿 坤	吉草二期
	大庆油田路桥工程有限责任公司	B23合同段:K315+400~K322+948.172路基,K307+000~K322+948.172路面	高金德、张 勇	吉草二期
	包头市公路工程股份有限公司	C02合同段:K114+000~K127+000路基路面	唐玉峰、魏 强	吉草三期
	山东省昆仑路桥工程有限公司	C03合同段:K127+000~K143+825.61路基路面	于开恒、王 卫	吉草三期
	中铁二局第四工程有限公司	C04合同段:K143+825.61~K147+100路基	郑柏松、周 程	吉草三期

第八章
高速公路项目建设情况

续上表

参建单位	单 位 名 称	合同段编号及起止桩号	主要负责人	备 注
施工单位	中铁三局集团第五工程有限公司	C05 合同段：K147+100～K154+900 路基，K143+825.61～K154+900 路面	窦文智、王晓明	吉草三期
	吉林省弘盛交通建设开发有限公司	C06 合同段：K154+900～K170+000 路基路面	李 新、秘希胜	吉草三期
	天津五市政公路工程有限公司	C07 合同段：K170+000～K185+100 路基路面	王 野、姜凤龙	吉草三期
	吉林省嘉鹏公路建设有限责任公司	C08 合同段：K185+100～K200+000 路基路面	庄金昌、李 友	吉草三期
	沈阳市公路建设股份有限公司	C09 合同段：K200+000～K216+700 路基路面	郑立军、陈 刚	吉草三期
	松原市江城建筑工程有限责任公司	FJ01 合同段：西解放、天南、红旗、江密峰、丰满收费站房建工程	国志威	吉草一期及吉草三期
	吉林省建筑工程有限责任公司	FJ02 合同段：吉林南服务区、永吉、明城、烟筒山服务区、双河、石咀子变电所房建主体工程	孙 健	吉草三期
	沈阳顺天建筑有限责任公司	FJ03 合同段：明城、磐石养护工区、磐石服务区、一座营房建主体工程	马 超	吉草二期
	锦州缔一建筑安装有限公司	FJ04 合同段：梅河口养护工区、梅河口服务区、大阳、卧牛山变电所、山城、大湾房建主体工程	佟艳义	吉草二期
	大连百施得装修有限公司	ZS02 合同段：吉林南服务区、永吉、明城、烟筒山服务区、双河、石咀子变电所房建装修工程	黄晓东	吉草三期
	吉林省清华装饰工程有限公司	ZS03 合同段：明城、磐石养护工区、磐石服务区、一座营房建装修工程	孟凡斌	吉草二期
	陕西有色建设有限公司	ZS04 合同段：梅河口养护工区、梅河口服务区、大阳、卧牛山变电所、山城、大湾房建装修工程	余洪斌	吉草二期
	吉林省荣发公路工程有限公司	HL01 合同段：K114+000～K170+000（含永吉连接线、含双河连接线、双河联络线）护栏工程	单红艳	吉草一期吉草三期
	沈阳市公路建设股份有限公司	HL02 段：K170+000～K216+700 段护栏工程	郑立军	吉草三期

续上表

参建单位	单 位 名 称	合同段编号及起止桩号	主要负责人	备 注
施工单位	吉林省道桥工程建设集团有限公司	HL03 合同段:K216+700~K277+250(含磐石连接线)段护栏工程	丘春莲	吉草二期
	常州市交通设施有限公司	HL04 合同段:K277+250~K322+948.172(含大阳连接线)段护栏工程	何伟民	吉草二期
	北京云星宇交通工程有限公司	HL05 合同段:吉林绕城 K0+621~K12+212 段护栏工程	张志勇	吉草一期
	山东联泰公路工程有限公司	HL06 合同段:吉林绕城 K14+512~K47+211.109 段护栏工程	刘爱明	吉草一期
	吉林省东吉公路建设有限公司	SS01 合同段:K114+000~K170+000(含永吉连接线、含双河连接线、双河联络线)设施工程	宁学军	吉草一期 吉草三期
	吉林省荣发公路工程有限公司	SS02 合同段:K170+000~K216+700 设施工程	陈家铭	吉草三期
	吉林中通路桥工程有限公司	SS03 合同段:K216+700~K277+250(含磐石连接线)设施工程	徐忠平	吉草二期
	福建省漳州市公路机械修配厂	SS04 合同段:K277+250~K322+948.172(含大阳连接线)	刘 斌	吉草二期
	北京泽阳科信交通科技发展有限公司	SS05 合同段:吉林绕城 K0+621~K47+211.109 段安全设施工程	朱燕民	吉草一期
	吉林省福源绿化工程有限公司	LH01 合同段:K114+000~K127+000(含永吉连接线)段绿化工程	乔长江	吉草三期
	哈尔滨松源市政建设有限公司	LH02 合同段:K127+000~K154+900 段绿化工程	邢嘉雯	吉草三期
	吉林省荣发绿化工程有限公司	LH03 合同段:K154+900~K170+000(含双河连接线)段绿化工程	王 芳	吉草三期
	延边磴煌环艺有限公司	LH04 合同段:K170+000~K185+100 段绿化工程	陈长主	吉草三期
	长春净月园林绿化工程有限公司	LH05 合同段:K185+100~K216+700 段绿化工程	邵金玉	吉草三期
	黑龙江新天地市政环境工程有限公司	LH06 合同段:K216+700~K231+200 段(含磐石连接线)绿化工程	李 立	吉草二期

第八章
高速公路项目建设情况

续上表

参建单位	单位名称	合同段编号及起止桩号	主要负责人	备注
施工单位	吉林省华林园林绿化有限公司	LH07 合同段：K231+200～K261+261.542 段绿化工程	李丽霞	吉草二期
	长春林海园林绿化有限责任公司	LH08 合同段：K263+600～K277+247 段绿化工程	冷 梅	吉草二期
	黑龙江森鑫园绿化工程有限公司	LH09 合同段：K277+250～K285+400 段绿化工程	孙晓雷	吉草二期
	吉林省大地绿化工程有限公司	LH10 合同段：K285+400～K307+000 段绿化工程	邢国芳	吉草二期
	吉林华艺园林绿化工程有限责任公司	LH11 合同段：K307+000～K322+948.172 段绿化工程	王 鹏	吉草二期
	长春桐林环境景观工程有限公司	LH12 合同段：吉林绕城 K0+621～K12+212 段绿化工程	庄 伟	吉草一期
	长春市北国园林绿化工程有限责任公司	LH13 合同段：吉林绕城 K14+512～K30+000 段绿化工程	周晓丽	吉草一期
	吉林省长源绿化工程有限公司	LH14 合同段：吉林绕城 K30+000～K47+211.109 段绿化工程	王 晶	吉草一期
	吉林省科维交通工程有限公司	JD01 合同段：吉林绕城段 K0+358.730～K46+609.10，主线段 K109+150～K188+760 段机电工程	张济群	吉草一期 吉草三期
	北京瑞华赢科技发展有限公司	JD02 合同段：主线 K188+760～K322+948 段机电工程	孙光杰	吉草二期
	北京诚达交通科技有限公司	JD03 合同段：石咀子隧道、卧牛山隧道供配电、通风、照明系统工程	傅清海	吉草二期 吉草三期
	北京安泰信达消防工程有限公司	JD04 合同段：石咀子隧道、卧牛山隧道消防系统工程	赵志忠	吉草二期 吉草三期
监理单位	吉林省通达公路工程有限责任公司	AZJB01 合同段：K0+621～K47+211.109、K109+150～K114+000	高君成	一期总监办
	山东省德州市交通工程监理公司	BZJB02 合同段：K216+700～K322+948.172	郭祥武	二期总监办
	山东省交通工程监理咨询公司	CZJB03 合同段：K114+000～K216+700	李新蔚	三期总监办

注：信息来源于竣工验收文件及建设管理单位。

沈吉高速公路草市(吉辽界)至吉林(魁元屯)段见图8-7-1,石咀子隧道见图8-7-2,山城镇互通见图8-7-3,兴隆枢纽互通见图8-7-4。

图8-7-1　沈吉高速公路草市(吉辽界)至吉林(魁元屯)段实景

图8-7-2　石咀子隧道

图8-7-3　山城镇互通

图8-7-4　兴隆枢纽互通

(二)建设情况

1. 前期准备

1)项目审批

(1)立项审批

①2007年5月31日,吉林省发展和改革委员会下发了《关于珲春至乌兰浩特高速公路吉林至沈阳联络线吉林至草市段工程可行性研究报告的批复》(吉发改审批字〔2007〕399号);

②2009年7月1日,国家发展和改革委员会下发了《国家发展改革委关于吉林省吉林至草市(吉辽界)公路可行性研究报告的批复》(发改基础〔2009〕1755号);

③2011年5月18日,吉林省发展和改革委员会下发了《关于珲乌高速公路吉沈联络线吉林至草市段交警用房项目可行性研究报告的批复》(吉发改审批〔2011〕579号)。

(2)设计审批

①2007年8月29日,吉林省发展和改革委员会下发了《关于珲春至乌兰浩特高速公路吉林至沈阳联络线吉林至草市段初步设计的批复》(吉发改审批字〔2007〕594号);

②2008年5月23日,吉林省交通运输厅下发了《吉林省交通厅关于对珲春至乌兰浩特高速公路吉林至沈阳联络线吉林至草市高速公路吉林绕城段(第十五、第十六设计段)施工图设计的批复》(吉交审批涵〔2008〕16号);

③2008年5月28日,吉林省交通运输厅下发了《吉林省交通厅关于对珲春至乌兰浩特高速公路吉林至沈阳联络线吉林至草市高速公路磐石至草市段(第八～第十四设计段)施工图设计的批复》(吉交审批函〔2008〕19号);

④2008年7月18日,吉林省交通运输厅下发了《吉林省交通厅关于对珲春至乌兰浩特高速公路吉林至沈阳联络线吉林至草市高速公路吉林至磐石段(第一～第七设计段)施工图设计的批复》(吉交审批函〔2008〕27号);

⑤2009年12月3日,交通运输部下发了《关于吉林至草市(吉辽界)公路初步设计的批复》(交公路发〔2009〕742号);

⑥2010年7月14日,吉林省交通运输厅下发了《关于吉林至草市高速公路安全设施两阶段施工图设计的批复》(吉交涵〔2010〕175号);

⑦2010年7月30日,吉林省交通运输厅下发了《关于吉林至草市高速公路管养及服务设施工图设计的批复》(吉交函〔2010〕206号);

⑧2011年8月18日,吉林省交通运输厅下发了《关于吉林至草市高速公路完善景观工程施工图设计的批复》(吉交函〔2011〕254号)。

(3)其他审批

①2007年8月30日,国家环境保护局下发了《关于珲春至乌兰浩特高速公路吉林至沈阳联络线吉林至草市(省界)段环境影响报告书的批复》(环审〔2007〕350号);

②2008年2月25日,吉林省交通厅下发了《关于对吉草高速公路征地拆迁工作的批复》(吉交函〔2008〕34号);

③2008年7月29日,吉林省水利厅下发了《吉林省水利厅关于珲春至乌兰浩特高速公路吉林至沈阳联络线吉林至草市高速公路水土保持方案的批复》(吉水保〔2008〕527号);

④2011年8月10日,国土资源部下发了《国土资源部关于珲春至乌兰浩特高速公路吉林至沈阳联络线吉林至草市(省界)段工程建设用地的批复》(国土资函〔2011〕503号);

⑤2011年12月3日,国土资源部下发了《国土资源部关于珲春至乌兰浩特高速公路吉林至沈阳联络线吉林至草市段(吉林市城区段)工程建设用地的批复》(国土资函

〔2011〕871号）。

2）资金筹措

吉草高速公路［含吉黑高速公路吉林（巴虎屯）至江密峰（吉林）段］估算金额为97.85亿元（静态投资约为88.93亿元），其中国家安排中央专项基金（车购税）12.99亿元、吉林省安排公路建设资金22.85亿元作为项目的资本金，共计35.84亿元，约占总投资的36.6%，其余62.01亿元资金利用国内银行贷款解决。交通部批复概算总金额97.92亿元，其中，中央补贴12.99亿元，地方自筹20.98亿元，银行贷款63.95亿元。

3）工程勘察设计

根据项目的计划安排，吉林省交通规划设计院从2006年3月初开始进行全线的工程勘测和调查工作，勘测调查工作历时较长，到2006年底基本结束。经吉林省交通厅外业预验收后，吉林省交通规划设计院随即开始进行初步设计工作。

在项目的勘测设计过程中，采用先进的测设技术提高了设计质量和水平：一是利用全球卫星定位系统（GPS）完成了平面控制测量；二是路线的选线、定线及总体设计应用了数字地面模型技术，提高了定线精度，保证了线位的合理性、经济性；三是利用德国IB&T公司CARD/1软件和吉林省交通规划设计院自行开发研制的路线CAD系统完成路线、路基设计；四是地形图测量采用数字化电子测图技术进行野外数据采集，建立了测区内带状三角网数字地面模型，完成了1:2000数字化地形图；五是利用桥涵CAD设计系统进行桥涵设计；六是采用钻探、电探、触探、振探及面波勘探等办法相结合，进行工程地质、水文地质勘探。

2. 项目实施

（1）招投标

吉林省高速公路集团有限公司委托吉林省宏信工程咨询有限公司、吉林省中信公路科技咨询有限责任公司进行代理招标，在项目的建设过程中，对工程相关项目陆续进行了招标，具体为：

2008年5月对吉林绕城段高速公路建设项目路基、路面、桥梁等附属工程进行了施工公开招标，并划分为A01、A24、A25、A27合同段。

2008年6月对吉林绕城段高速公路建设项目主线工程施工总监办、中心试验室、驻地监理进行了公开招标，并划分为AZJB01、ASYS01、AZDB01、AZDB02合同段。

2008年8月对磐石至草市段建设项目路基、路面、桥梁、隧道工程进行了施工公开招标，并划分为B10、B11、B12、B13、B14、B15、B16、B18、B19、B20、B21、B22、B23合同段。

2008年8月对磐石至草市段建设项目路基、路面、桥梁、隧道施工总监办、中心试验室、驻地监理进行了公开招标，确定了BZJB02、BSYS02、BZDB03、BZDB04、BZDB05、BZDB06、BZDB07、BZDB08、BZDB09合同段。

2009年3月对吉林至磐石段建设项目路基、路面、桥梁、隧道工程进行了施工公开开标,并划分为C02、C03、C04、C05、C06、C07、C08、C09合同段。

2009年3月对吉林至磐石段建设项目路基、路面、桥梁、隧道工程施工总监办、中心试验室、驻地监理进行了公开开标,并划分为CZJB03、CSYS03、CZDB10、CZDB11、CZDB12、CZDB13、CZDB14、CZDB15、CZDB16合同段。

2010年7月对吉草高速公路建设项目房建工程进行了施工公开开标,并划分为FJ01、FJ02、FJ03、FJ04合同段。

2010年9月对吉草高速公路建设项目交通安全设施工程进行了施工公开开标,并划分为HL01、HL02、HL03、HL04、SS01、SS02、SS03、SS04合同段。

2011年2月对吉草高速公路建设项目绿化环保工程进行了施工公开开标,并划分为LH01、LH02、LH03、LH04、LH05、LH06、LH07、LH08、LH09、LH10、LH11合同段。

2011年5月对吉草高速公路建设项目机电工程进行了施工公开开标,并划分为JD01、JD02、JD03、JD04合同段。

2011年5月对吉草高速公路建设项目房建装修装饰工程进行了施工公开开标,并划分为ZS01、ZS02、ZS03、ZS04合同段。

2012年5月对吉林绕城段交通安全设施及绿化环保工程进行了施工公开开标,并划分为HL05、HL06、SS05、LH12、LH13、LH14合同段。

招标工作采用公开招标方式进行,首先发布招标公告,并依据程序分别进行资格预审、发送投标邀请书、举行标前会、现场勘探、公开开标和评标等程序,按照交通部《公路工程国内招投标文件范本》中合理低价法和综合评估法(主要用于机电工程)选择出中标单位,并上报吉林省交通运输厅备案后,发出中标通知书,谈判并签订合同。

项目的监理单位采用公开招标方式确定。

(2)征地拆迁

根据《国土资源部关于珲春至乌兰浩特高速公路吉林至沈阳联络线吉林至草市段(省界)段工程建设用地的批复》(国土资函〔2011〕503号)、《国土资源部关于珲春至乌兰浩特高速公路吉林至沈阳联络线吉林至草市段(吉林市区城区段)工程建设用地的批复》(国土资函〔2011〕871号)和吉林省交通运输厅《关于对吉草高速公路征地拆迁工作的批复》(吉交函〔2018〕34号)等文件所制定的政策、补偿标准,落实了项目的征拆工作。全线共征用土地24322亩。

(3)施工情况

一期工程由吉林绕城西南环改建工程及西解放互通至二道段新建工程组成,共由5个施工单位承建,于2008年8月开工,2013年11月1日建成通车;二期工程由磐石至草市段、磐石连接线及大阳连接线组成,均为新建工程,共由13个施工单位承建,于2008年

8月开工,2011年9月30日建成通车;三期工程为主线K114+000~K216+700段,均为新建工程,共由8个施工单位承建,于2009年4月开工,2011年9月30日建成通车。

根据投标承诺及工程需要,先后组建主线路基、路面、桥涵、隧道等共26个项目经理部、14个绿化项目经理部、11个安全设施项目经理部、4个机电项目经理部、4个房建项目经理部和3个装饰项目经理部,由项目经理部对现场施工生产进行直接管理,实行项目经理负责制。项目施工工程量大、施工工艺多样化、建设环境复杂,施工时采用平行流水作业法组织施工。本着"精心施工、精心管理"的原则,做到质量上符合设计及规范要求,施工工艺上力求创新、使用上安全可靠、外观舒适美观,努力塑造精品工程。

(4)监理情况

项目监理单位由招标代理机构按照招投标法,通过公开招标确定,实行合同监管制,实行二级监管,由总监理工程师办公室和驻地监理工程师办公室组成,所有监理单位均具有交通部、建设部核定的公路工程、水运工程建设监理甲级资质。

总监办和驻地办按照合同约定和要求组织监理机构,根据合同要求和各标段工程特点配备相应的监理人员。项目一期工程共设1个总监办和中心试验室,下设2个驻地办;二期工程共设1个总监办和1个中心试验室,下设7个驻地办;三期工程共设1个总监办和1个中心试验室,下设7个驻地办。各驻地办机构设立与总监办对接,根据各自合同任务不同调整,人员投入15~23人。

在工程施工阶段,监理单位结合项目的工程特点、施工工艺等特点,制定了详细的监理实施细则,明确监理目标,确定监理任务,保证工程在监理程序的控制下进行。同时制定各项规章制度,明确监理人员岗位职责和权限,真正做到分工到人、责任到人。

在工程质量监理方面,建立健全质量管理体系,落实质量管理制度,实行全面质量管理,把对质量的监控贯穿到工程施工的每道工序和每个环节。

在工程造价控制方面,一是加强计划编制及审核工作,及时调整施工计划;二是现场监理人员每天参加驻地办召开工程调度会,了解施工单位每天的进度计划安排,对各分部之间的工作进行协调、沟通,及时调整施工力量;三是在施工过程中超前提示、超前监理,实时发现影响工程进度的苗头并及时提醒施工单位应注意的事项,避免走弯路;四是总监理工程师和驻地代表不定期巡视工地,对现场发现的问题,现场办公并解决。

3. 竣(交)工验收

项目共分三期建设,其中二、三期工程于2012年2月10日通过交工验收。吉林绕城高速公路一期工程西南环于2013年11月20日通过交工验收;吉林绕城高速公路一期工程东南环于2014年10月9日通过交工验收。

经交工验收检查,各参建单位能够按照竣工文件立卷归档管理办法的要求,完成档案资料的收集、整理及归档工作,资料分类清除,组卷合理,表格填写规范、签字齐全,能够真实反映工程的实际情况。该工程平、纵线形顺适,各实体工程外观质量良好。路基稳定,边坡平顺。路面行车舒适,平整度较好。桥涵位置,结构尺寸正确,混凝土强度满足设计要求,伸缩缝伸缩有效。各参建单位路基、路面、桥涵、隧道、交通安全设施总体施工质量控制较好,满足有关规范、标准要求,工程质量评分为 97.57 分,工程质量等级评定为合格,具备交工验收条件,满足通车试运营要求,同意通过交工验收。

二、运营管理

(一)服务区及收费站设置

截至 2016 年底,沈吉高速公路设有 4 处服务区,具体情况见表 8-7-6。

沈吉高速公路服务区情况表　　　　表 8-7-6

序号	服务区名称	位置桩号	管理经营单位
1	东梅服务区	K204	吉林省高速公路集团有限公司
2	磐石服务区	K257	吉林省高速公路集团有限公司
3	烟筒山服务区	K303	吉林省高速公路集团有限公司
4	吉林南服务区	K370	吉林省高速公路集团有限公司

沈吉高速公路的收费站设置情况见表 8-7-7。

沈吉高速公路收费站情况表　　　　表 8-7-7

路 段 名 称	收 费 站 名 称
沈吉高速公路草市(吉辽界)至吉林(魁元屯)段	大湾、山城、大阳、东梅、一座营、磐石、明城、双河、永吉、西解放

(二)养护管理

截至 2016 年底,沈吉高速公路养护情况见表 8-7-8。

养护管理情况表　　　　表 8-7-8

养护工区(个)	管理人员(人)	小修队(人)	养护工区明细
3	9	27	磐石、双河、梅河

三、科技创新工程

(一)勘测设计技术创新

1. 数字化三维测设技术

结合吉林省承担的交通运输部项目"公路工程三维测设方法的应用研究"的研究成果,本项目在国内首次联合采用了航测成图、GPS 全球定位系统控制测量、RTK 动态卫星定位系统中桩放样及三维数字地面模型等数字化三维测设技术,为工程提供了可靠的基础数据。

沈吉高速公路是吉林省高速公路中第一次采用真正意义上的基于数字地面模型的全三维纸上定线,通过采用航测数字化地形图建立了沿线地形的三维立体数字模型,采用吉林省交通规划设计院自主二次开发的德国 CARD/1 设计软件进行路线设计,并进行三维实时动态行驶模拟来检验路线设计成果,在设计阶段就可以模拟建成后的公路,同时通过一体化和可视化的虚拟三维仿真系统,模拟高速公路上的实际行车感受,设计水平处于国内领先水平。全线经动态透视图检验、运行速度安全性评价和行车安全的理念对全线线形指标进行优化设计和总体协调设计,提高了道路的行车安全舒适性,充分体现"安全至上,以人为本"的设计理念。

2. 互通设计超前性技术

本项目在初步设计阶段对具有比较价值的互通立交方案均进行了多方案比较,使之适应路网节点交通组成及未来的交通发展。在吉林绕城封闭段重点是对魁元屯、红旗、江密峰互通改造为功能完善的全枢纽互通。在沈吉高速公路吉林(西解放)至草市段中设西解放、兴隆全枢纽型互通,考虑到西阳镇的未来发展和本项目与规划的长春至大蒲柴河高速公路关系,重点考虑了西阳、烟筒山互通的预留远期方案,做好整体设计、分期修建,保证该项目在实施时,对本项目的通行不产生影响,减少了工程浪费。本项目互通的设计的超前性主要体现在:

(1)在吉林省高速公路中第一次对现有互通进行改造为功能完善的全枢纽互通,通过巧妙构思,有效地利用既有工程,降低成本的同时形成功能完善、保证功能的互通。

(2)在吉林省高速公路中第一次在互通设计中考虑了一定的超前性,采用近远期相结合的综合设计、分期实施方案并成功应用于西阳、烟筒山远期规划预留方案中。

(3)互通设计结合地形,布局紧凑,构思巧妙,功能完善,各具特色,节约投资,并具有强烈的视觉效果,获得了地方政府和交通主管部门的一致认可。

(4)在互通设计中,结合地域合理地布设加油站、大小车的停车场和各具特色的服务区综合楼等一系列不同功能、不同氛围的场区空间。进行了路基路面综合排水设计、路基边坡防护和美化、绿化设计,对互通匝道环内的挖方边坡结合环内地形、排水进行修饰放缓,使本互通成为绿化景观。结合主线余方,在互通匝道内侧回填土方进行缓坡处理减少了弃方占地,增加匝道转弯处曲线半径,保证了加长车辆能够顺利、安全通过。

(二)工程技术创新

1. 废旧橡胶粉改性沥青技术

将废旧轮胎制成胶粉,作为改性剂加入沥青中制成改性沥青,称作废旧橡胶粉改性沥青技术。不仅可以减少废旧轮胎的污染,保护环境,而且还可以有效地改善沥青的高低温性能、抗老化性能,降低噪声。但橡胶粉单一改性沥青中胶粉掺量大,改性沥青黏度大,施工拌和、摊铺、碾压温度较高,施工质量难以控制,容易导致路面空隙率大,耐久性差。因此,采用橡胶粉与SBS复合改性沥青技术(CR/SBSCMA)。相对于单一改性技术而言,CR/SBSCMA在保障沥青的改性效果的同时,黏度比单一橡胶粉改性沥青更低,提高了施工和易性,降低了施工难度,且降低了SBS改性剂的掺量。

参考国内外橡胶沥青评价标准要求,结合室内试验结果以及季冻区气候特点和实际需求,提出季冻地区道路使用的工厂化CR/SBSCMA的技术指标,见表8-7-9。

推荐季冻区工厂化CR/SBSCMA技术指标 表8-7-9

检测项目	指标要求	测试方法
PG分级	82~28	SHRP
175℃旋转黏度(Pa·s)	1.5~4.0	T0625—2000
25℃针入度(0.1mm,100g,5s)	60~100	T0604—2000
软化点(℃)	>60	T0606—2000
弹性恢复(25℃,%)	>80	T0662—2000
48h离析(℃)	<4.0	T0661—2000

工厂化橡胶粉与SBS复合改性沥青混合料具有优良的路用性能,高温性能提高幅度可达59%,低温性能提高幅度最高可达154%,低温冻断温度降低约18℃,水稳定性也有一定的改善,抗疲劳性能提高幅度超过30%。

沈吉高速公路草市(吉辽界)至吉林(魁元屯)段2011年建成通车,截至目前已运营5年,对该公路采用CR/SBSCMA的路段路况进行了调查,结果见表8-7-10,路面横向开裂间距为36~40m,对比段SBS改性沥青路面横向开裂间距为30m,说明CR/SBSCMA路面具有较好的抗裂性能。

沈吉高速公路路面开裂情况调查数据 表8-7-10

路面类型	CR/SBSCMA路面	SBS改性沥青路面
路面横向开裂裂缝数量(条/km)	25	34
路面横向开裂间距(m/条)	40	29.8

运营5年来,CR/SBSCMA路面无车辙、坑槽、网裂等病害,路况良好,而对比段SBS改性沥青路面局部位置已产生大量的网裂、坑槽,个别地段出现车辙病害,表明采用CR/SBSCMA能够大幅度提高路面高、低温性能以及抗冻耐久性(图8-7-5)。

2."真空喷砂抛丸工艺"及CFG桩处理桥梁桩基技术

为提高桥面铺装质量,在FYT三涂防水层施工前,首次采用"真空喷砂抛丸工艺"对混凝土表面进行处理,彻底去除表面附浆,得到粗糙、平整而又干净的表面。在一个标段内尽量采用相同的桥梁形式;首次采用 CFG 桩处理位于涵洞附近的软弱地基,为以后工程提供借鉴。

a) CR/SBSCMA路面　　　　　　　　　　　　b) SBS改性沥青路面

图 8-7-5　沈吉高速公路

对于上跨主线构造物,根据不同地形及周围环境,采用了斜腿刚构、连续箱梁等不同结构,通过桥型和孔数变化增加了桥梁的观赏性,也给驾驶者一种清新与美的感受,并且加大中孔跨径,为以后的改扩建留有空间。

第八节　长春至深圳高速公路(G25)吉林段

长春至深圳高速公路(G25,以下简称"长深高速公路")是《国家公路网规划(2013—2030年)》的"71118"高速公路网中 11 条南北纵线中的第三纵,同时也是吉林省"五四三二一"高速公路网总体布局中"四射"的第三射。长深高速公路的建设为吉林省西部地区增加了一条快捷的进关出海通道,也为吉林省入京开辟了第二大通道,使吉林省中西部地区与辽宁省和京津冀以及关内各省市紧密地连接在一起,加强了与沈阳、大连、京津冀环渤海经济圈的联系,加速吉林省中西部地区的经济发展。

长深高速公路吉林省境内段(图 8-8-1)起自长春市,经大岭镇、怀德镇、秦家屯镇、八屋镇、桑树台镇、双山镇、大富屯、红旗镇、双辽市,止于金宝屯(吉蒙界),全长约 156km。因建设时序不同,共划分为三个段落,分别为长春至大岭(公主岭)段、大岭(公主岭)至双辽(大富)段、双辽(大富)至金宝屯(吉蒙界)段。图 8-8-2 为长深高速公路路段实景。

长深高速公路长春至大岭(公主岭)段,里程约 6km,规划路段。

长深高速公路大岭(公主岭)至双辽(大富)段于 2012 年 10 月开工,2015 年 10 月建成通车,里程 118km,投资 53.94 亿元(概算)。

长深高速公路双辽(大富)至金宝屯(吉蒙界)段于 2007 年 12 月开工,2010 年 9 月建成通车,里程 32km,投资 8.71 亿元(决算)。

第八章
高速公路项目建设情况

图 8-8-1　长深高速公路(吉林段)路网位置示意图

图 8-8-2　长深高速公路路段实景

已建路段项目详细情况见下文,基础信息具体见表 8-8-1。

长深高速公路(已建路段)基础信息表　　　　　　　　　　　表 8-8-1

编号	项目名称	规模(km)			建设性质	设计速度(km/h)	永久占地(亩)	投资情况(亿元)				建设时间(开工~通车)	共线路段		备注
		合计	八车道	六车道	四车道				估算	概算	决算	资金来源		里程	编号	
G25	长深高速公路大岭(公主岭)至双辽(大富)段	118			118	新建	120	12191	52.10	53.94		中央补贴、地方自筹、银行贷款	2012.10~2015.10			
G25	长深高速公路双辽(大富)至金宝屯(吉蒙界)段	32			32	新建	100	2362	8.29	8.94	8.71	中央补贴、地方自筹、银行贷款	2007.12~2010.9			

一、长深高速公路大岭(公主岭)至双辽(大富)段

(一)概述

1.基本情况

(1)主要控制点

大岭镇、怀德镇、秦家屯镇、八屋镇、十屋镇、桑树台镇、双山镇、双辽市大富屯。

(2)建设时间

2012年10月开工建设,2015年10月建成通车。

(3)地形地貌

项目地处吉林省中西部松辽平原,地势平坦开阔,起伏缓和。海拔在106~214m之间。路线所经地形多属岗丘和台地,地势较高,唯有新开河、小辽河两岸个别路段地势低洼。全线植被以旱田为主,有部分水田、林地,水田多分布在起点的新开河东岸。

(4)技术标准

设计速度为120km/h,双向四车道;路基宽度为28.0m;桥涵设计荷载为公路—Ⅰ级;设计洪水频率1/100;沥青混凝土路面。

(5)建设规模

建设里程118km,全线设大桥3座,中桥11座,小桥101m/4座,涵洞106道,互通式立体交叉7处(其中大富互通为续建工程),分离式立体交叉11座,天桥70座,通道37处;设收费站6处,服务区3处,管理处1处,养护工区2处。

项目主要桥梁、路面信息具体见表8-8-2、表8-8-3。

(6)投资规模

估算金额52.10亿元,概算金额53.94亿元。

第八章 高速公路项目建设情况

长深高速公路大岭(公主岭)至双辽(大富)段主要桥梁信息表　　表8-8-2

序号	类型	名　　称	桥梁长度(m)	主跨长度(m)	跨越障碍物	桥梁结构
1	大桥	翁克河大桥	147	20	河流	预应力钢筋混凝土连续箱梁
2	大桥	小辽河大桥	407	25	河流	预应力钢筋混凝土箱形梁
3	大桥	温德河大桥	107	20	河流	预应力钢筋混凝土箱形梁
4	中桥	中桥	70	13	沟谷	预应力钢筋混凝土空心板梁
5	中桥	中桥	67	20	河流	预应力钢筋混凝土连续箱梁
6	中桥	中桥	86	16	河流	预应力钢筋混凝土空心板梁
7	中桥	宋家洼子中桥	86	16	河流	预应力钢筋混凝土空心板梁
8	中桥	兴隆中桥	70	16	河流	预应力钢筋混凝土空心板梁
9	中桥	下屯中桥	86	16	沟谷	预应力钢筋混凝土空心板梁
10	中桥	中桥	54	16	河流	预应力钢筋混凝土空心板梁
11	中桥	中桥	67	20	河流	预应力钢筋混凝土连续箱梁
12	中桥	中桥	54	16	河流	预应力钢筋混凝土空心板梁
13	中桥	中桥	57	13	道路、铁路	预应力钢筋混凝土空心板梁
14	中桥	中桥	86	16	道路、铁路	预应力钢筋混凝土空心板梁

长深高速公路大岭(公主岭)至双辽(大富)段路面信息表　　表8-8-3

路面类型	起讫里程	长度(km)	路面结构
沥青路面	K7+000～K125+000	118	上面层:4cm沥青玛蹄脂碎石混合料 下面层:6cm中粒式改性沥青混凝土 柔性基层上基层:8cm沥青稳定碎石

注:起讫里程来源于《全国道路网调整后里程桩号传递表》。

2. 参建单位

(1)项目建设管理单位

项目的建设管理单位是吉林省高等级公路建设局。

(2)勘察设计单位

项目的勘察设计任务由吉林省交通规划设计院及辽宁省交通规划设计院共同完成。

总体设计单位是吉林省交通规划设计院,其中主体工程、交通工程及机电工程设计由吉林省交通规划设计院完成,房建工程设计由辽宁省交通规划设计院完成。

(3)施工单位

项目的主体工程施工由山东泰东公路工程有限公司等18家单位完成;房建工程施工由长春建工集团吉泽建设有限公司等7家单位完成;交通工程由江苏宏达交通工程有限公司等4家单位完成;机电工程施工由紫光捷通科技股份有限公司等4家单位完成。

(4)监理单位

项目的监理任务由吉林省公路工程监理有限责任公司等10家单位承担。

项目参建单位信息具体见表8-8-4。

长深高速公路大岭(公主岭)至双辽(大富)段参建单位一览表 表8-8-4

序号	参建单位	单位名称	合同段编号及起止桩号	主要负责人	备 注
1	项目管理单位	吉林省高等级公路建设局	K7+180~K125+680.833	谢玉田	
2	勘察设计单位	吉林省交通规划设计院	K7+180~K125+680.833	杨 光	路基、路面、桥涵、交安设施、机电工程
3		辽宁省交通规划设计院	K7+180~K125+680.833	王秀明	房建工程
4	施工单位	山东泰东公路工程有限公司	CSL02:K7+180~K16+540	杨学永	路基、桥梁
5		天津第二市政公路工程有限公司	CSL03:K16+540~K23+850	张昌润	路基、桥梁
6		山东东方路桥建设总公司	CSL04:K23+850~K32+080	孙成义	路基、桥梁
7		湖南对外建设集团有限公司	CSL05:K32+080~K42+680	单建平	路基、桥梁
8		山东鲁中公路建设有限公司	CSL06:K42+680~K51+960	宋 勇	路基、桥梁
9		无锡市交通工程有限公司	CSL07:K51+960~K62+240	高 峰	路基、桥梁
10		河南高速发展路桥工程有限公司	CSL08:K62+240~K74+400	王崇利	路基、桥梁
11		湖北兴达路桥股份有限公司	CSL09:K74+400~K84+400	陈剑利	路基、桥梁
12		中交隧道局第二工程有限公司	CSL10:K84+400~K92+570	李雪东	路基、桥梁
13		通化公路工程有限公司	CSL11:K92+570~K105+050	耿东兴	路基、桥梁
14		吉林达通公路工程有限公司	CSL12:K105+050~K117+050	李忠良	路基、桥梁
15		青岛建工集团有限公司	CSL13:K117+050~K125+680.833	腾金龙	路基、桥梁
16		中交隧道局第二工程有限公司	CSM01:K7+180~K23+850	李胜战	路面工程
17		中铁五局集团路桥工程有限责任公司	CSM02:K23+850~K42+860	张 华	路面工程
18		吉林省广信公路建设有限公司	CSM03:K42+860~K62+240	张爱东	路面工程

第八章
高速公路项目建设情况

续上表

序号	参建单位	单位名称	合同段编号及起止桩号	主要负责人	备注
19	施工单位	中城北方交通建设发展股份有限公司	CSM04:K62+240~K84+400	唐 辉	路面工程
20		中交隧道工程局有限公司	CSM05:K84+400~K105+050	黄玉江	路面工程
21		核工业华东建设工程集团公司	CSM06:K105+050~K125+680.833	袁积尧	路面工程
22		长春建工集团吉泽建设有限公司	CSF02:大岭收费站	李 君	房建工程
23		大安市长城有限责任公司	CSF03:怀德服务区	魏景瑞	房建工程
24		农安县龙华建筑工程有限公司	CSF04:怀德管理收费站	孙峻辉	房建工程
25		长春建工集团有限公司	CSF05:秦家屯、八屋收费站	刘立峰	房建工程
26		吉林省宇信建筑工程有限公司	CSF06:八屋服务区	陈 达	房建工程
27		安图县第一建筑有限责任公司	CSF07:桑树台管理处及养护工区、双山收费站	郭 鹏	房建工程
28		长春市吉达建设有限责任公司	CSF08:八屋服务区	吴 影	房建工程
29		江苏宏达交通工程有限公司	CSJT01:K7+180~K32+080	曹林军	交通工程
30		郑州大发交通设施有限公司	CSJT02:K32+080~K62+240	张红朝	交通工程
31		吉林省龙运高速公路养护有限责任公司	CSJT03:K62+240~K92+570	杨海波	交通工程
32		北京路路达交通设施有限责任公司	CSJT04:K92+570~K125+680.833	许 翔	交通工程
33		紫光捷通科技股份有限公司	CSJD01:K7+180~K62+240	吴桐山	机电工程
34		华睿交通科技有限公司	CSJD02:K62+240~K125+680.833	白亚鹏	机电工程
35		吉林广垠工程有限公司	CSD01:10kV线路工程	梁德明	10kV线路
36		江苏铁电交通科技集团有限公司	CSETC01:12条国标ETC车道及其路侧设备	宁剑锋	国标ETC工程

续上表

序号	参建单位	单位名称	合同段编号及起止桩号	主要负责人	备注
37	监理单位	吉林省公路工程监理有限责任公司	K7+180~K62+240	高连天	总监办
38		吉林省金泉公路工程咨询监理有限责任公司	K62+240~K125+680.833	张景双	总监办

注：信息来源于竣工验收文件及建设管理单位。

(二)建设情况

1. 前期准备

1)项目审批

(1)立项审批

①2010年11月30日,吉林省发展和改革委员会下发了《关于长春至深圳高速公路长春至双辽段可行性研究报告的批复》(吉发改审批〔2010〕783号);

②2011年11月29日,国家发展和改革委员会下发了《关于吉林省长春至双辽公路可行性研究报告的批复》(发改基础〔2011〕2604号)。

(2)设计审批

①2012年4月10日,交通运输部下发了《关于长春至双辽公路初步设计的批复》(交公路发〔2012〕150号);

②2012年8月23日,吉林省交通运输厅下发了《关于长春至深圳高速公路长春至双辽段两阶段施工图设计的批复》(吉交审批函〔2012〕22号);

③2013年7月2日,吉林省交通运输厅下发了《关于长春至双辽高速公路管养及服务设施施工图设计的批复》(吉交函〔2013〕169号);

④2014年6月30日,吉林省交通运输厅下发了《关于长春至双辽高速公路机电、预埋管道及10kV供电工程两阶段施工图设计的批复》(吉交函〔2014〕226号);

⑤2014年10月8日,吉林省交通运输厅下发了《关于调整长春至双辽高速公路大岭互通立交工程规模的批复》(吉交函〔2014〕374号)。

(3)其他审批

①2010年7月27日,水利部下发了《关于长春至深圳高速公路长春至双辽段水土保持方案的复函》(水保函〔2010〕191号);

②2010年11月5日,环境保护部下发了《关于长春至深圳高速公路长春至双辽段环境影响报告书的批复》(环审〔2010〕358号);

③2010年11月19日,国土资源部下发了《关于长春至深圳高速公路长春至双辽段工程建设用地预审意见的复函》(国土资预审字〔2010〕329号);

④2014年12月12日,国土资源部下发了《关于长春至深圳高速公路长春至双辽段工程建设用地的批复》(国土资函〔2014〕664号)。

2)资金筹措

长深高速公路长春至双辽(大富)段(含长深高速公路长春至大岭(公主岭)段和长深高速公路大岭(公主岭)至双辽(大富)段)项目估算总投资约为55.4亿元(静态投资约51.7亿元),其中,国家安排中央专项资金(车购税)6.85亿元,省安排公路建设基金8.55亿元,共计15.4亿元作为项目的资本金,约占总投资的28%;其余40亿元资金利用国内银行贷款解决。

3)工程勘察设计

项目通过公开招标,确定两个勘察设计单位。其中,吉林省交通规划设计院负责路基、路面、桥涵、交通工程及机电工程的勘察设计任务,辽宁省交通规划设计院负责房建工程的勘察设计任务。

项目的路线布设方案综合考虑本地区特点,充分贯彻了"安全、环保、舒适、和谐"的设计理念,在征求地方政府意见、合理利用走廊带资源的基础上,综合考虑互通位置、连接线设置等与城镇规划等的关系,适当采用设计标准的中低值,以达到控制占地、土石方、圬工防护及拆迁数量的目的。

在设计中严格执行国家有关法律法规及工程建设强制性标准,做到了科学、严谨、合理。一是体现了低路基的设计理念,减少占地,最大可能地保护沿线生态;二是放缓边坡,对填方路段采用灵活的坡率设计,力争通过几年的生态恢复,与周围自然条件和自然景观融为一体;三是贯彻"全寿命周期成本"理念,优化了路面和路床结构,延长使用寿命;四是倡导"以人为本、生命至上"的安全理念,完善指示、指路、警告和禁令标志,以及防护网、护栏等安全设施的设计,从而提高路用安全系数。

2. 项目实施

(1)招投标

项目通过公开招标,分期分阶段的确定了33家施工单位负责12个路基工程标段、6个路面工程标段、7个房建工程标段、4个交通安全设施标段、3个机电工程标段和1个10kV外电线路标段的施工工程,10个监理单位负责全线监理工作。

(2)征地拆迁

吉林省高等级公路建设局分别与公主岭市和双辽市政府签订了《征地拆迁承包责任书》,由地方政府成立征地拆迁办公室,负责本地区的征地拆迁具体工作。在地方政府和交通部门的大力支持及协助下,征地拆迁工作得到了切实有效的落实,及时提供了建设用地,为工程建设的顺利实施创造了良好的外部环境。项目共征用土地12191亩,拆迁房屋9522m^2、大棚36580m^2,拆移电力电信设施154处。

（3）施工情况

项目是吉林省西部平原区采取低路基设计理念的高速公路，也是吉林省第一条实行标准化施工的高速公路。建设之初，按照项目法人确定的"生态环保、资源节约、安全耐久、景观和谐"的建设理念，在组建项目经理部的同时，根据沿线自然地形地貌特征，按照招标文件和设计文件要求，针对工程建设六大目标，建立健全各项保证体系并认真落实。

在质量管理方面，对关键材料、新设备和工艺控制等方面加强管理和控制。水泥、钢材和沥青等主要材料由项目法人搭建采购平台，支座、伸缩缝、外加剂、锚具、钢绞线、木质素纤维等重要材料实行准入制，确保材料质量；按标准化要求，增加钢筋笼自动滚焊机、钢筋数控弯曲机、预应力智能张拉机、碎石清洗机、混凝土自动喷淋养生装置，提高质量指标的稳定性；在工艺控制上，实行首件工程认可制，推广先进工法，提高施工精细化程度，严格要求钢模板加工和处理、支座和伸缩缝安装工艺、台背回填工艺、桥面铺装工艺、水稳碎石分层和整体摊铺等工艺控制。同时完善质量检测手段，做到桩号搞不清不施工、无技术交底不施工、无复测资料不施工、无质量签证不施工、无监理批复不施工，严格质量标准和质量验收，加强过程控制，确保工程质量达到优良标准。

在进度管理方面，在明确总体计划的前提下，根据项目法人要求编制年度、月度计划和施工组织设计，制订阶段工作目标。定期检查计划的执行和落实情况，发现问题及时分析原因，提出解决办法。合理安排各阶段、各工种、各工序的施工，使每项工作保持施工过程的连续性、协调性和均衡性，并有效利用奖罚措施，适时开展劳动竞赛活动，调动广大职工生产积极性，使工程自始至终按计划进行。

在安全管理方面，一是建立安全保证体系，配备专职安全员，落实安全生产责任制，层层签订安全协议；二是定期开展安全教育和培训，使每名员工掌握必要的安全常识和安全防卫知识，各类工种须持证上岗；三是重点从用火、用电、交通、食品卫生、高空作业和基坑开挖等易发生事故的薄弱点上，认真落实相关制度和文件，配齐配足安全设施和防护物品；四是经常和定期进行安全检查，堵塞事故漏洞，以罚为主，互查为辅，边查边改；五是建立伤亡事故报告制度，严格执行"三不放过"原则，即事故原因分析不清不放过，事故责任人和当事人未受到教育不放过，没有防范措施不放过。并加强对机械设备和防护措施的定期检查和维护。

在水保环保管理方面，一是参加项目法人组织的相关培训；二是根据表土剥离专项方案，认真收集和存放表土；三是根据环境影响报告要求，认真识别环境敏感点，加强对农田、树木保护，加强施工排水，减少雨季对农田侵害；四是严禁夜间施工，增加洒水设备减少施工扬尘；五是严格按设计要求进行景观绿化施工，采取各种有效措施提高植物成活率，实现生态环保目标。

（4）监理情况

项目由总监办和驻地办两级监理机构组织监理管理体系,实行总监负责制,总监办下设计划合同部、工程技术部、中心试验室、安全环保部和综合部,驻地办由驻地办主任、道路、结构、计划、试验、测量、安全、环保监理工程师组成。根据合同要求总监办和驻地办配备的监理总人数为168人,平均每公里1.35人,监理人员中具有高级技术职称的人员62人,占监理人员总数的36%;具有中级技术职称的监理人员84人,占监理人员总数的50%;具有初级技术职称的监理人员22人,占监理人员总数的14%;进场监理人员全部持有监理证书,其中持有交通运输部全项或专项监理工程师证书122人,持有省专业监理工程师证书和监理员证书46人,持证上岗率百分之百。

质量监理方面,一是认真落实质量管理措施,加强进场人员业务培训和考核;二是抓好材料监理,杜绝不合格材料进场;三是完善工艺控制,提高工程质量;四是强化标准统一,实行首件工程认可制;五是加强事前指导、事中控制、工后验收;六是加强试验检测工作,一切以数据说话,加大抽检力度,保证工程质量。3年来监理单位共下达黄牌1张、白牌5张、监理指令180分,下发监理通知44份。对质量不合格或存在明显缺陷的工程该拆除的拆除,该返工的返工。全线因混凝土外观不合格拆除墩柱30根,底基层、基层不合格返工处理9处,合计长度3km,路基填筑返工处理合计里程1.8km,经返工处理后均达到了质量标准要求。

安全监理方面,一是建立安全监理控制体系,层层签订安全生产责任书;二是对安全监理、施工专职安全员进行培训和教育;三是狠抓关键人员、关键部位、关键设备的安全管理;四是对危险源进行挂牌督办,实行销号制度,做到不留死角,不留隐患;五是建立安全费用使用台账,确保安全费用足额到位并正确使用;六是实行安全生产一票否决制度,对有安全隐患的部位或工序,不彻底整改不复工。

(5)工程建设特点

一是继续贯彻低路基建设理念,项目全长118.501km,采用低路基路段主线41.998km、互通匝道6.564km,估算减少土方约300万m^3、估算节省主线占地约$29hm^2$、估算节省取土场占地约$90hm^2$。二是桥梁工程标准化施工建设理念,提高工程质量。长深高速大岭(公主岭)至双辽(大富)段是吉林省第一条全路段推行施工标准化的项目,对全省同行业起到巨大推动作用,指挥部顶住各方面的压力,全力推广,实施效果很好。吉林省交通运输厅在2013年8月发文,推广项目标准化施工管理做法。三是探索彩色铺装路面技术研究。平原微丘区高速公路平、纵线形指标高,车辆行驶速度快,易造成驾驶员注意力分散、警觉性降低,尤其是互通立交合(分)流区驶入(出)车辆的速度较低,与主线车辆会形成较大的速度差与交通冲突,存在引发事故的风险。因此,有必要对这些路段采取一定的技术措施,提高驾驶警觉性,适当控制车辆行驶速度,对事前预防交通事故的发生、安全运营管理及节约社会成本等具有重要意义。依托本项目,吉林省交通运输厅开展了

"彩色铺装黏结材料稳定性与摩擦骨料抗滑性研究""彩色铺装结构、材料组成及施工方法研究""彩色铺装外形构造对视认与减速效果影响研究"和"彩色铺装在驶入驶出、长直线等典型路段的设置技术研究",总计示范面积3159.24m^2。

3. 竣(交)工验收

2012年10月25日,吉林省高等级公路建设局、吉林省高速公路管理局、吉林省高速公路集团有限公司、吉林省公主岭市交通运输局及吉林省交通基本建设质量监督站组织了交工验收。依据《公路工程竣(交)工验收办法》及《公路工程竣(交)工验收办法实施细则》要求,对项目进行交工验收。经施工单位自检、监理抽检、指挥部检查评定,工程质量评分96.9分。交工验收委员会根据工程现场、交工文件检查情况及吉林省交通基本建设质量监督站《长春至深圳高速公路长春(大岭)至双辽段建设项目检测意见》认定:项目为合格工程,同意通过交工验收。

二、长深高速公路双辽(大富)至金宝屯(吉蒙界)段

(一)概述

1. 基本情况

(1)主要控制点

大富屯、红旗镇、金宝屯镇(吉蒙界)。

(2)建设时间

2007年12月开工建设,2010年9月建成通车。

(3)地形地貌

项目地处辽河冲积平原,地势东北高,西南低,相对高差80~90m。路线所经地貌属吉林省西部沙丘覆盖的冲积平原区,沙丘多以复合型纵向沙垄为主,多为固定或半固定沙丘,近东西向延伸,垄长达40km,宽1~4km,相对高度5~10m,沙垄顶部起伏和缓。

(4)技术标准

设计速度为100km/h,双向四车道;路基宽度为26.0m;新建桥涵设计荷载为公路—I级,利用桥涵设计荷载为汽车—超20级、挂车—120;设计洪水频率1/100;沥青混凝土路面。

(5)建设规模

建设里程32km,其中新建红旗至终点段24km,其余8km利用现有半幅一级公路扩建。全线设大桥667m/1座,中桥132m/3座,小桥1座,涵洞5道,互通式立体交叉2处,分离式立体交叉3处,天桥23座,通道3处;设收费站3处(其中主线收费站1处,规划收费站1处),管理处1处,养护工区1处。

项目主要桥梁、路面信息具体见表8-8-5、表8-8-6。

长深高速公路双辽(大富)至金宝屯(吉蒙界)段主要桥梁信息表　　表8-8-5

序号	类型	名　称	桥梁长度(m)	主跨长度(m)	跨越障碍物	桥梁结构
1	大桥	西辽河大桥	667	30	河流	混凝土实心板梁
2	中桥	清河中桥	44	13	沟谷	预应力钢筋混凝土空心板梁
3		张家排干中桥	44	13	河流	混凝土空心板梁
4		建设中桥	44	13	道路、铁路	混凝土空心板梁

长深高速公路双辽(大富)至金宝屯(吉蒙界)段路面信息表　　表8-8-6

路面类型	起讫里程	长度(km)	路面结构
沥青路面	K125+000~K157+000	32	上面层:4cm沥青玛蹄脂碎石混合料 下面层:6cm中粒式沥青混凝土 柔性基层上基层:8cm沥青碎石 下基层:32~38cm二灰碎石、水泥稳定碎石 底基层:16~20cm砂砾、碎石 垫层:20cm砂砾

注:起讫里程来源于《全国道路网调整后里程桩号传递表》。

(6)投资规模

估算金额8.29亿元,概算金额8.94亿元,决算金额8.71亿元。

2.参建单位

(1)项目建设管理单位

项目的建设管理单位是吉林省高等级公路建设局。

(2)勘察设计单位

项目的勘察设计任务由吉林省交通规划设计院、交通运输部科学研究院、辽宁省交通规划设计院共同完成。

总体设计单位是吉林省交通规划设计院,其中主体工程设计由吉林省交通规划设计院完成,景观和环保工程设计由交通运输部科学研究院完成,房建工程设计由辽宁省交通规划设计院完成。

(3)施工单位

项目的主体工程施工由吉林省弘盛交通建设开发有限公司等4家单位完成,交通工程由海南中咨泰克交通工程有限公司完成。

(4)监理单位

项目的监理任务由吉林省金泉公路工程咨询监理有限责任公司等单位承担。

项目参建单位信息具体见表8-8-7。

长深高速公路双辽(大富)至金宝屯(吉蒙界)段参建单位一览表　　表8-8-7

序号	参建单位	单位名称	合同段编号及起止桩号	主要负责人	备注
1	项目管理单位	吉林省高等级公路建设局	K216+250~K248+350	纪景义	
2	勘察设计单位	吉林省交通规划设计院	K216+250~K248+350	胡珊	主体工程
3		交通部科学研究院	K216+250~K248+350	李奇峰	景观和环保工程
4		辽宁省交通规划设计院	K216+250~K248+350	寇继海	房建工程
5	施工单位	吉林省弘盛交通建设开发有限公司	SL17：K216+250~K232+000	李伯川	路基、桥梁
6		江苏苏辰公路工程有限公司	SL18：K232+000~K243+500	沙国江	路基、桥梁
7		杭州市交通工程集团有限公司	SL19：K243+500~K248+350	杨永灿	路基、桥梁
8		吉林省广信公路建设有限公司	SLM09：K216+250~K248+350	王延广	路面工程
9		海南中咨泰克交通工程有限公司	SLJT04：K216+250~K248+350	杨晓明	交通工程（标志、标线）
10	监理单位	吉林省金泉公路工程咨询监理有限责任公司	K216+250~K248+350	胡珊	总监办

注：信息来源于竣工验收文件及建设管理单位。

(二)建设情况

为尽快发挥高速公路的规模效益,完善路网功能,长深高速公路双辽(大富)至金宝屯(吉蒙界)段(又称"长深国家高速公路双辽过境段")与大广高速公路松原(二莫)至双辽(吉蒙界)段同期实施,故其具体建设情况见第八章第十节。

三、运营管理

(一)服务区及收费站设置

截至2016年底,长深高速公路吉林省境内段设有3处服务区,具体情况见表8-8-8。

长深高速公路服务区情况表　　表8-8-8

序号	服务区名称	位置桩号	管理经营单位
1	怀德服务区	K24	吉林省高速公路集团有限公司
2	八屋服务区	K66	吉林省高速公路集团有限公司
3	双山服务区	K117	吉林省高速公路集团有限公司

长深高速公路共建有9处收费站,分别是大岭、怀德、秦家屯、八屋镇、十屋镇、桑树台镇、金宝屯、查日苏、布敦花收费站。

（二）交通量发展状况

长深高速公路交通量统计见表8-8-9。

长深高速公路交通量统计表 表8-8-9

路线名称	年份（年）	观测里程（km）	年均日交通量（辆/日）								适应交通量（辆/日）	交通拥挤度
			当量数合计	自然数合计	小型货车	中型货车	大型货车	特大型货车	集装箱车	中小型客车	大型客车		
长深高速公路	2013	46.00	2842	1345	94	133	101	377	27	577	36	55000	0.05
	2014	46.00	4332	2049	201	178	147	585	39	848	48	55000	0.079
	2015	46.00	6558	3096	278	250	214	900	58	1325	70	55000	0.119

（三）信息化建设

截至2016年底，长深高速公路信息化设备设置情况见表8-8-10、表8-8-11。

长深高速公路双辽（大富）至金宝屯（吉蒙界）段信息化设备设置情况表 表8-8-10

序号	设施名称	数量	序号	设施名称	数量
1	大型可变情报板	1	5	道路摄像机（含隧道）	4
2	小型可变情报板	5	6	收费广场摄像机	4
3	车辆检测器	4	7	车道和亭内摄像机	28
4	气象检测器	1	8	隧道事件检测器	0

长深高速公路大岭（公主岭）至双辽（大富）段信息化设备设置情况表 表8-8-11

序号	设施名称	数量	序号	设施名称	数量
1	大型可变情报板	1	5	道路摄像机（含隧道）	4
2	小型可变情报板	2	6	收费广场摄像机	4
3	车辆检测器	0	7	车道和亭内摄像机	23
4	气象检测器	2	8	隧道事件检测器	0

（四）养护管理

截至2016年底，长深高速公路吉林省境内段养护情况见表8-8-12。

长深高速公路养护管理情况表 表8-8-12

编号	养护工区（个）	管理人员（人）	小修队（人）	养护工区明细
1	3	10	23	长春（怀德）、双辽分局、双辽（桑树台）

四、科技创新工程

复合固结土路面基层材料是以土为基本材料，用土质固化剂和路面基层结合料按一定比例与土均匀掺配而形成的、能够满足路用技术指标要求的路面基层混合材料。该材料具有良好的路用性能,主要力学指标达到或超过常用的二灰碎石、水稳砂砾、二灰土、石灰土等传统路面基层材料。土质固化剂具有很强的分散性、渗透性,与土接触后能够在土中扩散,即使是较黏的土质,喷洒固化剂稀释液后也容易拌和均匀,无论是厂拌法还是路拌法施工,工程质量都较容易控制。复合固结土是用土替代传统筑路材料作为路面基层材料,实现就地取材,同时能够满足路用性能要求,从而大大降低成本。一般情况下,替代石灰土或二灰土,可节约成本10%~25%;替代二灰碎石和水稳砂砾,可节约成本20%~25%。应用复合固结土技术减少石灰和水泥用量。生产水泥、石灰需要消耗大量资源和能源。每使用1t土质固化剂可节省石灰200~300t,节省水泥50~150t。而生产100t石灰,要排放80t CO气体,需要矿石资源180t,煤炭30t;生产100t水泥,要排放52t CO气体,需要矿石资源120t,煤炭24t。因此,应用固化剂具有明显的环保效益和社会效益,符合发展低碳经济的需要。

第九节 长春绕城高速公路(G2501)

长春绕城高速公路(G2501,以下简称"长春绕城高速公路")是《国家公路网规划(2013—2030年)》的高速公路网总体布局中的重要组成部分,同时也是吉林省"五四三二一"高速公路网总体布局中"两环"的第一环。它的建设对长春乃至东北地区高速公路网络的形成,疏导和分流过境车辆,以及缓解市区交通拥挤状况具有重要作用,同时对改善长春市投资环境,加快长春经济发展,将长春市建设成国际性现代化城市等具有重要意义。

长春绕城高速公路起自小西屯互通,经后存金堡、冯家屯、驿马店、郑家屯、半截沟、永春镇、英俊镇、兴隆山镇,止于小西屯,形成绕城环线。路线全长86km。因建设时序不同,共划分为两个段落,分别为长春绕城高速公路(西北环)和长春绕城高速公路(东南环)。

长春绕城高速公路(西北环)分为长春过境段(后存金堡至冯家屯)、西段(冯家屯至无名河大桥)和南段(无名河大桥至半截沟)三个路段建设,长春过境段与京哈高速公路长春至扶余(吉黑界)段同步建设。于1995年5月开工,2002年8月建成通车,里程40km,投资9.95亿元(决算)。西北环详细情况见下文,基础信息见表8-9-1。

长春绕城高速公路(东南环)与京哈高速公路同步建设,里程46km,具体情况见京哈高速公路。

第八章 高速公路项目建设情况

长春绕城高速公路建设项目基础信息表　　　　表 8-9-1

序号	编号	项目名称	规模(km)			建设性质	设计速度(km/h)	永久占地(亩)	投资情况(亿元)				建设时间(开工~通车)	共线路段		备注
			合计	八车道	六车道	四车道				估算	概算	决算	资金来源		里程	编号	
1	G2501	长春绕城高速公路(西北环)	34 6			34 6	新建	80、120	5782	10.19	9.95		中央补贴、地方自筹、银行贷款	1995.5~2002.8	6	G12	与珲乌高速公路共线,占地投资在本项目中计列
2		长春绕城高速公路(东南环)	46			46	—	—	—	—	—	—	—	—	46	G1	与京哈高速公路共线,占地投资在京哈高速公路中计列

一、概述

(一)基本情况

1. 主要控制点

后存金堡、冯家屯、驿马店、郑家屯、拉洛屯、半截沟。

2. 建设时间

项目采用分期分段建设。其中,长春过境段于1999年10月开工建设,2002年8月建成;西段于1995年5月开工建设,1997年9月建成;南段于1997年7月开工建设,1999年8月建成。

3. 地形地貌

项目位于松辽平原边缘的东南部,属于平原微丘地貌。

4. 技术标准

长春过境段设计速度80km/h,双向四车道;路基宽度为24.5m;桥涵设计荷载为汽车—超20级,挂车—120;沥青混凝土路面。

西段设计速度120km/h,双向四车道;路基宽度为24.5m;桥涵设计荷载为汽车—超20级,挂车—120;沥青混凝土路面。

南段设计速度120km/h,双向四车道;路基宽度为26.0m;桥涵设计荷载为汽车—超20级,挂车—120;特大桥设计洪水频率1/300,大、中、小桥设计洪水频率1/100;沥青混凝土路面。

5. 建设规模

建设里程40km,全线设特大桥1座,大桥1座,中桥5座,小桥6座,涵洞80道,互通式立体交叉4处(其中与珲乌高速公路共用1处),分离式立体交叉7处,天桥3座,通道47处;设收费站4处,服务区1处(与珲乌高速公路共用)。

项目主要桥梁及路面信息具体见表8-9-2、表8-9-3。

长春绕城高速公路(西北环)主要桥梁汇总表　　　　表8-9-2

序号	类型	名　称	桥梁长度(m)	主跨长度(m)	跨越障碍物	桥梁结构
1	特大桥	富锋特大桥	1016	45	道路、铁路	预应力钢筋混凝土箱形梁
2	大桥	无名河大桥	105	20	河流	钢筋混凝土空心板梁
3	中桥	战备桥	46	16	道路、铁路	钢筋混凝土空心板梁
4		西新中桥	65	20	河流	预应力钢筋混凝土空心板梁
5		开源中桥	49	20	河流	预应力钢筋混凝土空心板梁
6		双龙中桥	44	16	河流	预应力钢筋混凝土空心板梁
7		潘家店中桥	29	20	河流	钢筋混凝土空心板梁

长春绕城高速公路(西北环)路面信息表　　　　表8-9-3

路面类型	起讫里程	长度(km)	路面结构
沥青路面	K0+000~K40+000	40	长春过境段: 上面层:4cm沥青玛蹄脂碎石混合料 中面层:5cm中粒式沥青混凝土 下面层:6cm中粒式沥青混凝土 西段: 上面层:4cmAK-13A型 中面层:5cm中粒式沥青混凝土 下面层:6cm中粒式沥青混凝土 南段: 上面层:5cm中粒式沥青混凝土 下面层:6cm中粒式沥青混凝土

注:起讫里程来源于《全国道路网调整后里程桩号传递表》。

6. 投资规模

概算金额10.19亿元,决算金额9.95亿元。

(二)参建单位

1. 项目建设管理单位

项目的建设管理单位是长春绕城高速公路建设办公室。

2. 勘察设计单位

项目的勘察设计由长春市公路规划勘测设计院完成。

3. 施工单位

项目长春过境段的施工由长春路桥开发建设有限责任公司完成；西段的主体工程施工由长春市公路工程处等9家单位完成，交通工程施工由北京华纬交通工程公司完成，房建工程施工由长春市安装公司完成；南段的主体工程由铁道部第一工程局一处等8家单位完成，交通工程由北京华纬交通工程公司完成。

4. 监理单位

项目长春过境段的监理任务由吉林省公路工程监理有限责任公司承担；西段及南段的监理任务由长春市监理办公室承担。

项目参建单位信息具体见表8-9-4。

长春绕城高速公路(西北环)参建单位一览表　　　　表8-9-4

序号	参建单位	单位名称	合同段编号及起止桩号	主要负责人	备注
1	项目管理单位	长春市绕城高速公路建设办公室	K143+536.919～K148+922.238/K14+600～K50+533	李松棠	全段
2	勘察设计单位	长春市公路规划勘测设计院	K143+536.919～K148+922.238/K14+600～K50+533	蒋舒兰	全段
3	施工单位	长春路桥工程开发建设有限责任公司	13-B：K143+536.919～K148+922.238	王德春	长春过境段路基、路面、桥梁
4		吉林省惠东交通工程有限责任公司(长春铁路分局工程段)	13-B：K143+536.919～K148+922.238	郭天庆	长春过境段交通安全设施
5		铁道部第一工程局	01：K14+600～K16+000		西段
6		榆树公路段	02-1：K16+000～K19+600		西段
7		农安公路段	02-2：K19+600～K23+100		西段
8		铁边部第一工程局	03：K23+100～K25+100		西段
9		九台公路段	04-1：K25+100～K28+100		西段

续上表

序号	参建单位	单位名称	合同段编号及起止桩号	主要负责人	备注
10	施工单位	双阳公路段	04-2：K28+100~K29+000		西段
11		德惠公路段	04-3：K29+000~K30+400		西段
12		长春市公路工程处	05：K30+400~K36+000		西段
13		郊区公路段	06：K36+000~K37+600		西段
14		辽河油田	A：K14+6020~K25+100		西段面层
15		长春市公路工程处	B：K25+100~K37+600		西段面层
16		北京华纬交通工程公司	K14+600~K37+600		西段安全设施
17		农安项目经理部	01-1		南段
18		德惠项目经理部	01-2		南段
19		铁道部第一工程局一处	02-1		南段
20		铁道部第十九工程局二处	02-2		南段
21		长春市公路工程处	03-1		南段
22		铁道部第十三工程局五处	03-2		南段
23		吉林省高速公路有限责任公司	04		南段
24		长春市市政工程公司六处	K37+600~K50+533		南段路面工程
25		北京华纬交通工程公司	K37+600~K50+533		南段交通工程
26	监理单位	长春市公路工程监理咨询有限公司	13-B：K143+536.919~K148+922.238		长春过境段
27		长春市公路工程监理办公室	K14+600~K37+600		西段
28		长春市公路工程监理办公室	K37+600~K50+533		南段

注：信息来源于竣工验收文件及建设管理单位。

二、建设情况

(一)前期准备

1. 项目审批

(1)立项审批

①1993年11月25日,吉林省计划经济委员会下发了《关于长春市西、北环城公路工程可行性研究报告的批复》(吉计经交字〔1993〕1697号);

②1994年10月26日,吉林省计划委员会下发了《关于长春市西北环城公路工程可行性研究补充报告的批复》(吉计交字〔1994〕392号);

③1996年12月30日,吉林省计划委员会下发了《关于对长春绕城高速公路工程可行性研究补充报告的批复》(吉计交字〔1996〕893号);

④1999年8月10日,吉林省计划委员会下发了《关于吉林省长春绕城高速公路工程可行性补充研究报告的批复》(吉计交字〔1999〕817号)。

(2)设计审批

①1994年2月2日,吉林省交通厅下发了《关于长春市西、北环城公路初步设计的批复》(吉交总工字〔1994〕12号);

②1995年5月4日,吉林省交通厅下发了《吉林省交通厅关于长春市绕城高速公路西段施工图设计的批复》(吉交基建字〔1995〕47号)。

(3)其他批复

①1996年12月25日,长春市人民政府下发了《关于缓免长春绕城高速公路建设有关税费的批复》(长府函〔1996〕67号);

②1997年,长春市交通局下发了《关于长春绕城高速公路西段施工图预算的批复》(长交字〔1997〕127号)。

2. 资金筹措

长春过境段概算1.57亿元;西段概算为4.62亿元,实际造价为4.54亿元;南段概算4.00亿元,交通部投资0.70亿元,吉林省交通厅投资0.30亿元,地方养路费投资0.30亿元,贷款自筹2.70亿元。

3. 工程勘察设计

长春市公路规划勘测设计院受吉林省交通厅委托,承担了项目的长春过境段、西段和南段的设计任务。在长春过境段、西段和南段的设计过程中均作了充分的准备和学习工作,大力引进CAD系列软件,购置必要的勘测设备,吸取国内外设计高等级公路的设计经验。路线方面全面考虑长春市城市总体规划的需求,确定出入口位置,进行多方案比选;路基、路面和桥涵设计都做到因地制宜。由于施工条件的局限和部分水文地质状况的变化,对项目进行了局部变更,并且在项目刚开工就安排了设计负责人作为设计代表,进行现场技术交底,全程协助施工单位解决工程技术问题。

(1)绕城高速公路长春过境段

1993年2月8日,长春市公路规划勘测设计院接到长春市交通局下发的《关于下达编制长春西、北环城公路工程可行性研究报告任务的通知》(长交字〔1993〕17号),启动了长春过境段的前期工作。

根据交通部、吉林省计划委员会、吉林省交通厅对初步设计的批复意见,以及长春市交通局组织专家组对初步设计的审查意见,长春市公路规划勘测设计院于1998年11月完成了长春过境段的施工图设计。设计过程中路基、路面、桥涵及概预算等方面全面应用了CAD技术,全过程实行质量管理,有效地保证了设计质量。

(2)绕城高速公路西段

1990年6月28日,在哈尔滨市审查"京哈线沈哈高速公路工程项目四平至四方台段预可行性研究报告"时,提出增补长春绕城高速公路的要求。1990年7月,长春市公路规划勘测设计院接到吉林省交通厅和长春市交通局下达的设计任务。

1993年8月,长春市公路规划勘测设计院完成了工程可行性研究报告的编制工作。同年11月,设计单位接到长春市交通局以长交字〔1993〕164号文件下达的长春市绕城高速公路的初步设计任务。

1994年1月31日,设计单位完成了初步设计文件的编制出版工作,同时长春市交通局下发了《关于报送〈长春市西、北环城公路初步设计审查意见〉的函》(长交字〔1994〕17号)。同年2月2日,吉林省交通厅下发了《关于长春市西、北环城公路初步设计的批复》(吉交总工字〔1994〕12号)。同年4月,长春市交通局组织专家对初步设计进行审查,同年5月,下发了《长春市绕城高速公路初步设计审查意见》的批复。

1994年8月,长春市交通局以长交字〔1994〕58号文件下达了长春市绕城高速公路施工图阶段勘察设计任务,同年12月,设计单位完成了施工图设计工作。1995年5月4日,吉林省交通厅下发了《吉林省交通厅关于长春市绕城高速公路西段施工图设计的批复》(吉交基建字〔1995〕47号)。

(3)绕城高速公路南段

1990年7月,长春市公路规划勘测设计院接到吉林省交通厅和长春市交通局下达绕城高速公路南段工程可行性研究任务。1993年8月,设计单位完成了工程可行性研究报告,并于同年10月通过了由吉林省工程咨询公司主持(交通部派员参加)的评估。

1996年11月,长春市交通局以长交字〔1996〕142号文件下达了长春绕城高速公路南段初步设计任务,设计单位于同年12月末完成。

1997年4月,设计单位根据交通局下达的长交字〔1996〕31号文件《关于下达长春绕城高速公路南段施工图设计任务的通知》,并于同年完成了施工图设计任务。

(二)项目实施

1. 招投标

长春过境段工程招标工作同京哈高速公路长春至扶余(吉黑界)段共同进行,具体见京哈高速公路相关章节。

西段工程于1995年1～3月对已通过资格预审的国内注册企业进行公开招标,铁道部一局一处中标01、03合同段,其余合同段通过议标确定由7家市属公路系统内部单位承担除沥青路面和交通工程以外的工程项目施工工作。1996年9月,通过议标确定了长春市公路工程处和辽河油田筑路公司两家施工单位负责沥青路面摊铺工作。1997年2月,对交通工程和附属工程也进行了议标,择优确定了施工单位。

南段土建工程共分为4个标段,路面面层1个标段,通过公开招标的形式确定铁道部第一工程局一处等7家单位中标;交通工程、收费监控系统工程、通信工程、绿化工程分别采用邀请招标的形式,确定北京华纬交通工程公司等4家施工单位为中标单位。

2. 施工情况

(1)长春绕城高速公路长春过境段

为确保工程按期开工,施工单位提前一个月进驻施工现场,主要管理人员、技术人员全部积极地提前投入到准备工作中,对主要机械设备、检测仪器进行检定,熟悉图纸,恢复定线。项目开工后,建立完善的质量管理制度,严格执行自检、中检、报检、验收;考虑到路段内地质条件复杂,河流及水田较多,同时冬季不能施工的特点,施工单位在路基、路面及桥涵工程上采取了多种有效方法确保工程质量和进度。

(2)长春绕城高速公路西段

西段工程自1995年开工,历时28个月,以精品工程的标准向长春人民交出了一份满意的答卷。施工工作严格按照FIDIC条款加行政干预的管理模式,积极配合监理工程师,落实每一个细节,确保工程质量。大力推广使用新技术、新材料、新工艺和先进的检测手段。加强培训学习,借鉴、学习省内外多条高等级公路建设经验。

1998年,长春绕城高速公路建设办公室组织专业队伍对缺陷进行了修复,对破损的拦水带、路缘石进行了修复,对部分段落的桥头跳车和路面局部沥青混凝土脱粒问题进行了综合处理。

(3)长春绕城高速公路南段

南段工程自1997年6月25日签订合同后,各施工单位积极组织人员熟悉设计文件,进行现场踏勘,同时组织人员和设备进场。开工后严格按施工组织计划执行,抓重点,抓难点,履行合同条款,积极配合监理工程师,并配合项目建设管理单位制定了一系列的规章制度,以确保工程质量和工程进度。

3. 监理情况

(1)长春绕城高速公路长春过境段

长春过境段同京哈高速公路长春至扶余(吉黑界)段共同设置一个总监办,下设驻地监理办(二级监理机构)。全线共设总监理工程师1人、副总监理工程师1人;驻地监理办下设路基、桥涵2个监理组。所有监理人员均持有交通部或吉林省颁发的全项或专业监理工程师证书。在监理工作中,各级监理人员严格按照合同条款开展工作,随时抽查,控制进度,调整计划,通过多次检查,严格把握工程质量和工程计量。

(2)长春绕城高速公路西段

西段工程的监理工作由长春市监理办公室承担,全线共设置4个驻地监理组,工程项目实施二级监理组织机构,即总监理办公室和驻地监理组。各级监理人员平均在岗人数为25人,每公里1.07名监理人员,其中高级职称技术人员12人,占总人数的48%。各级监理办公室于1995年4月进驻工地实施工程监理,同设计代表、建设管理单位代表同时开展工作。1995年3月,长春公路工程监理办公室起草了《长春市绕城高速公路建设项目工程监理规程》和《现场监理操作规程》。严格按照FIDIC条款和相关规程对工程进行管理监督,确保工程质量和进度,并严格执行计量审批程序。

(3)长春绕城高速公路南段

南段工程的监理工作由长春市公路工程监理办公室承担,实行二级监理组织机构,各级监理人员在岗人数18人,每公里1.3名监理人员,其中高级职称技术人员12人,占总人数的27%。监理人员在上岗前均集中进行培训,针对南段工程的特点,系统的建立对管理模式和对规范标准的理解。项目施工过程中,监理人员及时根据具体工程情况调整方案,严格对工程质量进行多次检验,确保工程质量和进度。

(三)竣(交)工验收

1. 交工验收

1997年10月30日,长春市政府、吉林省交通厅和吉林省计委组织了长春绕城高速公路西段的交工验收工作,主体工程质量等级被评定为"优良"。

2. 竣工验收

2003年11月30日,长春市政府、吉林省交通厅和吉林省计委组织了长春绕城高速公路西段的竣工验收工作,工程质量等级被评定为"优良"。

三、科技创新工程

(一)矿物纤维改性沥青技术

将矿物纤维作为改性剂加入沥青中制成改性沥青,称作矿物纤维改性沥青技术。矿物纤维作为一种无机纤维,具有良好的耐热性能与抗老化性能,利于再生利用,在集料中具有良好的分散性和很高的吸油能力,能显著提高沥青混合料的高温稳定性和低温抗裂性,与沥青具有良好的亲和性,增强了混合料的抗水损害能力。而且,矿物纤维具有优良的抗酸、抗碱、抗盐等抗腐蚀的能力。

施工过程中,矿物纤维改性沥青混合料生产过程与 SMA 沥青混合料生产过程相同,施工过程无特殊工艺要求,所以在施工、养护、改建及使用时无须增加额外费用。矿物纤维沥青混合料试验段位于长春绕城高速公路西北环 K29+750~K29+930 处。

该路段路面结构设计为:4cm 中粒式沥青玛蹄脂碎石(SMA-16)、8cm 粗粒式密级配沥青混凝土(AC-25)以及 30cm 水泥稳定碎石基层。试验段将 4cm 中粒式沥青玛蹄脂碎石中的木质素纤维用矿物纤维(图 8-9-1)替代,结合室内试验的研究成果,确定矿物纤维的最佳掺量为 0.5%。

图 8-9-1 矿物纤维沥青路面采用的纤维原材料及施工后效果

矿物纤维沥青路面施工完成后,表面均匀平整、质量优良。

(二)提高二灰粒料早期强度技术

半刚性基层材料以其强度高、稳定性好等优点在我国高等级公路及干线公路中广泛采用,但存在冻融后强度低、易缩裂和耐疲劳性能差等不足。通过添加加固料提高二灰粒料的早期强度。二灰加固粒料所发生的物理和化学过程都是以石灰在液相中解离为基础,因此,溶液的状态是决定混合料强度形成和发展的一个十分重要的条件。石灰解离成 Ca^{2+} 与 OH^- 离子,一方面为离子交换及各种化学反应提供可能的条件,同时在固相的周围形成碱性环境,使粉煤灰中的 SiO_2 和 Al_2O_3 得以溶蚀并与 Ca^{2+} 离子产生火山灰反应。因此,为了加速这一反应过程,就必须采取措施提高溶液中的离子浓度以及溶液介质的pH 值。

掺加 NaOH 等碱性材料,可以增加溶液中的 OH^- 离子浓度,提高 pH 值,促进 SiO_2 和 Al_2O_3 溶蚀。同时,它还以催化剂的方式直接参与化学反应,从而达到加速火山灰反应进程的目的。其具体过程是:NaOH 先与硅质材料反应生成中间产物硅酸钠,硅酸钠再与 $Ca(OH)_2$ 反应生成氢氧化钠与胶凝物质硅酸钙,而释放出的氢氧化钠继续与未反应的硅质材料发生化学反应。

(三)聚丙烯纤维半刚性基层

吉林省地处东北季冻地区,冬夏温差较大,经过几年的使用,半刚性材料本身具有的韧性差、抗拉强度低、抗冻性差、疲劳性能差等不足充分暴露出来,改善半刚性基层材料的路用性能,提高路面使用质量,降低公路养护维修费用非常必要。

聚丙烯纤维加固半刚性基层就是针对改善上述半刚性材料的不足而提出,通过在半刚性基层中掺入聚丙烯纤维而增加基体材料的韧性,改善其路用性能。在长春市绕城高速公路 K47+200～K47+700,修建了一条单侧 500m 长的聚丙烯纤维加固半刚性基层材料的路段,该路段属于填方段,面层为 15cm 沥青混凝土,分 4cm、5cm、6cm 三层铺筑;基层采用 25cm 二灰碎石,底基层采用二灰土,底基层下设 25cm 砂砾垫层;路段对原二灰碎石基层改为纤维加固二灰碎石基层,其余路面各层结构不变。纤维加固二灰碎石具有良好的承重层作用和较好的抗疲劳和抗收缩性能,路段开裂率小于横向对比段和纵向对比段的开裂率,而且路面裂缝细,路面使用质量优于普通二灰碎石基层的路面使用质量。

第十节 大庆至广州高速公路(G45)吉林段

大庆至广州高速公路(G45,以下简称"大广高速公路")是《国家公路网规划(2013—2030年)》的"71118"高速公路网中 11 条南北纵线中的第五纵,同时也是吉林省"五四三二一"高速公路网总体布局中"五纵"的第四纵。大广高速公路是贯穿东北地区西部的纵向通道,也是吉林省高速公路"十一五"期间重点建设项目之一。它的建设为黑龙江、吉林两省西部地区增加了一条快捷的进关出海通道,加强与京津冀、环渤海经济圈的经济联系,为振兴东北老工业基地提供强有力的交通保障,对充分发挥高速公路网络优势和规模效益,改善投资环境,促进吉林省西部地区和沿线经济发展及全面建设小康社会具有重要意义。

大广高速公路吉林省境内段(图 8-10-1)起自松原市北侧肇源松花江大桥北段(吉黑界),经大洼镇、松原市、孙喜窝棚村、二莫村、深井子镇、乌兰图嘎乡、长岭县、新安镇、兴隆镇,止于双辽市(吉蒙界),全长 260km。因建设时序不同,划分为三个段落,分别为肇源(吉黑界)至松原(孙喜窝棚)段、孙喜窝棚(松原)至二莫(松原)段、松原(二莫)至双辽(吉蒙界)段。图 8-10-2 为大广高速公路的草原路段,图 8-10-3 为湿地路段。

图 8-10-1　大广高速公路(吉林段)路网位置示意图

大广高速公路肇源(吉黑界)至松原(孙喜窝棚)段于 2006 年 9 月开工,2008 年 9 月建成通车,里程 52km,投资 6.01 亿元(决算)。

大广高速公路孙喜窝棚(松原)至二莫(松原)段,里程 10km,与珲乌高速公路共线,具体情况见第八章第五节。

图 8-10-2　草原路段

图 8-10-3　湿地路段

大广高速公路松原(二莫)至双辽(吉蒙界)段于 2007 年 12 月开工,2010 年 9 月建成通车,里程 198km,投资 43.31 亿元(决算)。

项目详细情况见下文,基础信息具体见表 8-10-1。

大广高速公路(吉林段)基础信息表　　　　表 8-10-1

序号	编号	项目名称	规模(km)				建设性质	设计速度(km/h)	永久占地(亩)	投资情况(亿元)				建设时间(开工~通车)	共线路段		备注
			合计	八车道	六车道	四车道				估算	概算	决算	资金来源		里程	编号	
1	G45	大广高速公路肇源(吉黑界)至松原(孙喜窝棚)段	52			52	新建	100	5324	5.80	5.51	6.01	中央补贴、地方自筹、银行贷款	2006.9~2008.9			
2	G45	大广高速公路孙喜窝棚(松原)至二莫(松原)段	10			10	—	—	—	—	—	—	—	—	10	G12	与珲乌高速公路共线,占地投资在珲乌高速公路中计列
3	G45	大广高速公路松原(二莫)至双辽(吉蒙界)段	198			198	新建	100	13330	41.22	44.44	43.31	中央补贴、地方自筹、银行贷款	2007.12~2010.9			

一、大广高速公路肇源(吉黑界)至松原(孙喜窝棚)段

(一)概述

1. 基本情况

(1)主要控制点

松花江特大桥、风华镇、大洼镇、雅达虹村、第二松花江特大桥、孙喜窝棚村。

（2）建设时间

2006年9月开工,2008年9月建成通车。

（3）地形地貌

路线所经地区属松嫩平原的东南部,地势平坦、开阔,略有起伏,海拔117～159m,主要河流有嫩江和第二松花江,两江汇合后为松花江。松花江两岸地势低洼,属冲积河谷平原地形,坎上为台地平原。

（4）技术标准

设计速度为100km/h,双向四车道;路基宽度为25.5m;利用原一级公路改造的桥涵设计荷载为汽车—超20级、挂车—120,新建的桥涵设计荷载为公路—Ⅰ级。特大桥设计洪水频率1/300,大、中、小桥设计洪水频率1/100;沥青混凝土路面。

（5）建设规模

建设里程52km,由原肇源至雅达虹段、雅达虹至松原段两段一级公路改建而成。全线设特大桥2座（图8-10-4）,大桥1座,中桥1座,小桥1座,涵洞69道,互通式立体交叉5处（其中与珲乌高速共用1处）（图8-10-5）,分离式立体交叉11处,天桥16座,通道4处;设收费站4处,服务区1处,管理处1处,养护工区1处。

图8-10-4　肇源松花江特大桥

图8-10-5　松原南互通

项目主要桥梁及路面信息具体见表8-10-2、表8-10-3。

大广高速公路肇源(吉黑界)至松原(孙喜窝棚)段主要桥梁信息表　　表8-10-2

序号	类型	名　　称	桥梁长度(m)	主跨长度(m)	跨越障碍物	桥梁结构
1	特大桥	肇源松花江大桥	2678	120	河流	预应力钢筋混凝土连续箱梁
2		龙华松花江特大桥	2158	100	河流	预应力钢筋混凝土箱形梁
3	大桥	肇源松花江大桥南桥	578	30	道路、铁路	预应力钢筋混凝土T梁
4	中桥	风华中桥	67	20	道路、铁路	钢筋混凝土T梁

大广高速公路肇源(吉黑界)至松原(孙喜窝棚)段路面信息表　　表8-10-3

路面类型	起讫里程	长度(km)	路面结构
沥青路面	K147+000～K199+000	52	上面层:4cm沥青玛蹄脂碎石混合料 下面层:6cm中粒式沥青混凝土 基层:30cm二灰碎石 底基层:15～20cm二灰砂土 垫层:25cm砂砾

注:起讫里程来源于《全国道路网调整后里程桩号传递表》。

(6)投资规模

估算金额5.80亿元,概算金额5.51亿元,预算金额5.39亿元,决算金额6.01亿元。

2.参建单位

(1)项目建设管理单位

项目的建设管理单位是吉林省公路重点工程建设管理办公室。

(2)勘察设计单位

项目的勘察设计任务由吉林省交通规划设计院完成。

(3)施工单位

项目的主体工程施工由吉林省长城路桥建工有限责任公司等3家单位完成;房建工程施工由长春建工集团有限公司等3家单位完成;交通工程施工由吉林宏运公路工程股份有限公司及廊坊市交通公路工程有限公司完成;机电工程施工由中资泰克交通工程公司完成。

(4)监理单位

项目主体工程的监理任务由东北林业大学工程监理部及吉林省天达工程咨询监理有限责任公司完成;房建工程的监理任务由松原市顺达建筑工程监理公司完成;交通工程的监理任务由吉林省天达工程咨询监理有限责任公司完成。

项目参建单位信息具体见表8-10-4。

第八章 高速公路项目建设情况

大广高速公路肇源(吉黑界)至松原(孙喜窝棚)段参建单位一览表　　　表8-10-4

序号	参建单位	单位名称	合同段编号及起止桩号	主要负责人	备注
1	项目管理单位	吉林省公路重点工程建设管理办公室	K1+893~K53+646	孙平义	
2	勘察设计单位	吉林省交通规划设计院	K1+893~K53+646	胡珊	
3	施工单位	吉林省长城路桥建工有限责任公司	01标:K01+893~K23+000	李大新	主体工程
4		吉林省嘉鹏公路建设有限责任公司	02标:K23+000~K37+729	王海文	主体工程
5		白城市公路工程有限责任公司	05标:K37+729~K53+646	张东	主体工程
6	施工单位	长春建工集团有限公司	F01标:班德收费站、大洼服务区	刘建华	房建工程
7		长春新星宇建筑安装有限责任公司	F02标:松原管理处、松原东收费站	艾庆	房建工程
8		长春建工集团吉泽建设有限公司	F03标:松原南收费站	高嵩	房建工程
9		吉林宏运公路工程股份有限公司	F04标:K01+893~K53+646	张永超	护栏工程
10		廊坊市交通公路工程有限公司	F05标:K01+893~K53+646	杨涛	标志标线工程
11		中咨泰克交通工程公司	K1+893~K53+646		机电工程
12	监理单位	吉林省天达工程咨询监理有限责任公司	K1+893~K53+646	杨吉昌	总监办
13		东北林业大学工程监理部	K1+893~K53+646		
14		松原市顺达建筑工程监理公司	K1+893~K53+646		房建工程

注:信息来源于竣工验收文件及建设管理单位。

(二)建设情况

大广高速公路肇源(吉黑界)至松原(孙喜窝棚)段是原国道明水至沈阳公路在吉林省境内的北段,交通部以《关于国道203线肇源至松原公路可行性研究报告的批复》(交规发〔2001〕470号)批准了肇源(省界)至雅达虹段36km的立项,吉林省发展计划委员会以《关于国家重点公路加格达奇至锦州公路松原至拐脖店段改扩建工程可行性研究的批复》(吉计交字〔2003〕505号),其中批准雅达虹至孙喜窝棚段15.1km的立项。

根据批准的可行性研究报告,肇源松花江大桥至雅达虹段2005年按一级公路标准建成,雅达虹至松原南互通立交段按局部封闭的一级公路于2004年开工建设,计划于2006年建成。松原南互通立交至孙喜窝棚段也按一级公路于2002年建成通车。

2004年12月末国务院批准了《国家高速公路网规划》,大广高速公路肇源(吉黑界)至松原(孙喜窝棚)段被列入纵五线大庆至广州高速公路(编号G45)吉林省境内段的组成部分,现有一级公路技术标准已不符合国家高速公路要求。为适应国家和吉林省高速公路布局和建设要求,充分利用已建和在建工程,及时调整技术标准,吉林省交通运输厅提出对大广高速公路肇源(吉黑界)至松原(孙喜窝棚)段一级公路进行改扩建,达到全封闭、全立交的高速公路标准,以节约资金,最大限度的发挥投资经济效益。

1. 前期准备

1)项目审批

(1)立项审批

①2000年,交通部下发了《关于国道203线肇源至松原公路项目建议书的批复》(交规划发〔2000〕168号);

②2001年8月28日,交通部下发了《关于国道203线肇源至松原公路可行性研究报告的批复》(交规划发〔2001〕470号);

③2003年6月17日,吉林省发展计划委员会下发了《关于国家重点公路加格达奇至锦州公路松原至拐脖店段改扩建工程可行性研究报告的批复》(吉计交字〔2003〕505号);

④2006年6月23日,吉林省发展和改革委员会下发了《关于大庆至广州高速公路肇源至松原段工程可行性研究报告的批复》(吉发改交运字〔2006〕727号);

⑤2008年,国家发展和改革委员会下发了《国家发展改革委关于吉林省肇源(黑吉界)至松原公路可行性研究报告的批复》(发改交运〔2008〕2238号);

⑥2011年5月18日,吉林省发展和改革委员会下发了《关于珲乌高速公路松原至石头井子段、大广高速公路肇源至松原段、风华交警用房项目可行性研究报告的批复》(吉发改审批〔2011〕581号)。

(2)设计审批

①2002年4月22日,交通部下发了《关于国道203线肇源至松原公路初步设计的批复》(交公路发〔2002〕162号);

②2003年2月13日,吉林省交通厅下发了《关于对国道203线肇源至松原一级公路两阶段施工图设计批复》(吉交函〔2003〕35号);

③2004年5月26日,吉林省交通厅下发了《吉林省交通厅关于对国家重点公路加格达奇至锦州公路雅达虹至炼油厂段两阶段初步设计的批复》(吉交函〔2004〕156号);

④2004年9月21日,吉林省交通厅下发了《吉林省交通厅关于国家重点公路加格达

奇至锦州公路雅达虹至炼油厂段两阶段施工图设计的批复》(吉交函〔2004〕327号);

⑤2005年8月1日,吉林省交通厅下发了《关于加格达奇至锦州公路雅达虹至炼油厂段一级公路施工图补充设计(松原南互通二期工程)的批复》(吉交函〔2005〕177号);

⑥2006年8月1日,吉林省交通厅下发了《吉林省交通厅关于对肇源至松原高速公路一阶段施工图设计的批复》(吉交函〔2006〕172号);

⑦2008年2月20日,吉林省交通厅下发了《大庆至广州高速公路肇源至松原段机电工程施工图设计的批复》(吉交审批函〔2008〕127号);

⑧2008年5月12日,吉林省交通厅下发了《吉林省交通厅关于大庆至广州高速公路肇源至松原段交通工程及沿线设施一阶段施工图设计的批复》(吉交函〔2008〕127号);

⑨2008年5月13日,吉林省交通厅下发了《关于大庆至广州高速公路肇源至松原段房建工程施工图设计的批复》(吉交审批函〔2008〕15号);

⑩2011年3月28日,吉林省交通运输厅下发了《吉林省交通运输厅关于大庆至广州高速公路雅达虹至松原段松原南互通式立体交叉一阶段施工图补充设计的批复》(吉交函〔2011〕50号);

⑪2011年5月18日,吉林省交通运输厅下发了《吉林省交通运输厅关于国道203线雅达虹至炼油厂项目龙华特大桥航道整治专项工程施工图设计的批复》(吉交函〔2011〕127号);

⑫2011年9月13日,吉林省交通运输厅下发了《关于大庆至广州高速公路肇源至松原段交警用房房建工程施工图设计的批复》(吉交函〔2011〕282号)。

(3)其他审批

①2000年9月12日,国家环境保护总局下发了《关于国道203线肇源至松原(雅达虹)公路环境影响评价大纲审查意见的复函》(环监发〔2000〕144号);

②2002年12月5日,国家环境保护总局下发了《关于国道203线肇源至松原(雅达虹)公路环境影响报告书审查意见的复函》(环审〔2002〕333号);

③2004年6月21日,吉林省环境保护局下发了《关于国家重点公路加格达奇至锦州公路松原-拐脖店段工程环境影响报告书的批复》(吉环建字〔2004〕82号);

④2005年8月31日,国土资源部下发了《关于加格达奇至锦州公路松原至服先段工程建设用地的批复》(国土资函〔2005〕832号);

⑤2006年7月12日,吉林省环境保护局下发了《关于大庆至广州高速公路肇源(省界)至松原段工程环境影响报告书的批复》(吉环建字〔2006〕174号);

⑥2006年5月31日,吉林省国土资源厅下发了《关于大庆至广州高速公路肇源至松原段建设项目用地预审意见的复函》(吉国土资预审字〔2006〕401号);

⑦2007年7月6日,吉林省国土资源厅下发了《关于大庆至广州高速公路肇源至松

原段建设用地预审的请示》(吉国土资规发〔2007〕58号);

⑧2007年10月25日,国家环境保护总局下发了《关于肇源至松原公路环评报告书审批问题的复函》(环办函〔2007〕782号);

⑨2008年5月23日,国土资源部下发了《关于吉林省肇源至松原公路建设用地预审意见的复函》(国土资预审字〔2008〕169号)。

2)资金筹措

大广高速公路肇源(吉黑界)至松原(孙喜窝棚)段项目批复估算总投资5.80亿元,资金来源:申请银行贷款3.80亿元,建设单位自筹资金2.00亿元。

3)工程勘察设计

大庆至广州高速公路是2004年12月经国务院审议通过的《国家高速公路网规划》中一条南北纵线,肇源至雅达虹段、雅达虹至松原段高速公路是其中的一部分。

根据吉林省交通厅下达的通知,吉林省交通规划设计院承担了项目的勘测设计任务。吉林省交通规划设计院遵照现行国家及交通部颁发的标准、规范、规程进行设计,并于2006年完成可行性研究报告的编制。2006年4月28日,吉林省工程咨询中心受吉林省发展和改革委员会委托组织相关部门代表和省内外专家对吉林省交通规划设计院编制的《大庆至广州高速公路肇源(省界)至松原段工程可行性研究补充报告》进行评估。2006年5月,吉林省交通规划设计院将《大庆至广州高速公路肇源(省界)至松原段工程可行性研究报告(修改版)》报送吉林省发展和改革委员会批复。

2006年7月,吉林省交通规划设计院完成了《大庆至广州高速公路肇源至雅达虹段一阶段施工图设计》《大庆至广州高速公路雅达虹至松原段一阶段施工图设计》《大庆至广州高速公路肇源至雅达虹段辅道一阶段施工图设计》《大庆至广州高速公路雅达虹至松原段辅道一阶段施工图设计》及其补充设计,经审查认为设计成果满足施工图批复的要求,符合现行标准和规范的有关规定,可以作为施工的依据。2008年8月1日,吉林省交通厅对项目的施工设计文件进行批复。

2. 项目实施

1)招投标

吉林省公路重点工程建设管理办公室受吉林省交通厅委托作为大广高速公路肇源(吉黑界)至松原(孙喜窝棚)段建设项目的项目法人(下称"招标人")。招标人拟委托吉林省中信公路科技咨询有限责任公司(下称"中信公司")为项目的招标代理机构,对项目的施工、驻地监理进行公开招标。本着公开、公正、公平的原则,择优选择承包人。

项目招标按国家有关规定成立资格预审评审委员会和评标委员会,负责资格审查和评标工作。项目成立招标工作组,由招标人和中信公司选派熟悉招标工作的人员组成,负责协助做好资格评审(驻地监理招标采取资格后审)和评标有关工作。

①2006年5月25日在中国采购与招标网和《中国交通报》发布施工及监理招标资格预审公告。

②2006年5月25日至6月15日完成资格预审评审工作。

③2006年6月20日在中国采购与招标网和《中国交通报》发布驻地监理招标公告。

④2006年6月20日至6月24日向通过资格审查的投标人发售施工招标文件;向驻地监理投标人发售招标文件。

⑤2006年6月26至7月24日完成施工、监理招标各项工作。

(1)施工单位招标情况

项目主体工程于2006年6~9月由吉林省交通厅进行监督,经过资格预审和评标,确定5家中标单位;附属工程于2008年1月至4月由吉林省高等级公路建设局进行了监督,确定5家中标单位;机电工程于2008年4月至6月对施工和施工监理进行公开招标,最终确定1家中标单位。

(2)监理单位招标情况

项目于2006年6月开始进行公开招标,由吉林省交通厅进行监督,经过资格预审和评标,确定2家监理单位负责2个标段的主体工程监理工作;房建工程和交通工程的驻地监理按2个合同段进行了公开招标,因公开招标失败,最终以委托的方式确定2家单位负责。总监办采用委托方式选定吉林省天达工程咨询监理有限责任公司组建。

2)征地拆迁

项目征地拆迁工作由松原市政府成立征地拆迁指挥部负责实施,与相关乡镇签订了《征地拆迁协议书》,在松原市政府的高度重视下,在沿线乡镇政府村委会和相关部门支持配合下,通过采取建立机构、宣传发动、强化责任、坚持标准、依法拆迁、规范操作等行之有效的措施,顺利地完成了征地拆迁工作,不仅保障了工程建设进度,保持了社会稳定,也得到吉林省交通厅的充分肯定。项目共征用土地5324亩,拆迁电力电信杆94处,砍伐树木20714棵,拆迁房屋11079m^2,大棚20655m^2。

3)施工情况

项目于2006年8月开工建设,全线路基、桥涵于2007年9月15日完工,路面面层于2008年9月10日前完工。收费站机电、交通安全设施在2008年9月30日前完成,全部工程于2008年10月交工。图8-10-6为路面施工现场。

项目建设期间实行质量目标管理。质量目标为:分项工程验收一次合格率达到100%,工程优良率92%以上。并把质量目标分解到各作业组和各单位工程中去,实行签约包干。建立工程质量创优领导责任制,对各管理部门的工作进行分解,明确项目经理为工程质量的第一责任人,建立项目总工程师直接领导下的工程质检、试验、测量三位一体的质量保证体系。

图 8-10-6　路面施工

施工进度管理方面,通过建立以项目经理为核心的施工进度领导组,落实各层次的进度控制人员,确保责任明确;制定合理的施工进度计划,建立严密的工期目标体系,使工期目标实现分解化、具体化,从而逐个实现目标;实施科学的进度计划,实行每周一次的工地进度计划执行情况例行检查,责成相应的进度计划执行负责人书面报告实际进度情况,并审核进度执行情况,对滞后原因进行分析,从而对问题进行解决。

4)监理情况

项目执行机构依照国际惯例 FIDTC 合同条款,由项目法人、监理工程师和施工单位三方组成。按照合同项目设立总监办和驻地办两级监理机构。项目法人委托监理单位成立该项目的总监办公室,01、03、05 合同段驻地监理办公室由东北林业大学工程监理部承担,02、04 合同段驻地监理办公室由吉林省天达工程咨询监理有限责任公司承担。总监办下设计划合同部、技术质量检测部、中心试验室;驻地监理组设监理代表一人,下设道路、测量、试验、桥梁、投资和进度监理。同时建立健全各级监理岗位责任制,贯彻执行交通部颁发的《公路工程施工监理办法》和《公路工程施工监理规范》。

为满足项目的质量、进度、费用的需要,总监办和驻地监理组共配备人员累计总数为 69 人,满足交通部规定的要求。同时,为保证试验检测数据真实、准确、及时,总监办下设中心试验室,共配备各种仪器设备 140 台(套)。

在项目实施过程中,全体监理严格履行了监理合同中所授予的职权,很好地完成了质量、进度、费用、合同管理四项监理任务。根据国家有关的技术规范,针对本工程的实际,制订了《大庆至广州公路肇源至松原段高速公路施工监理规程》《大庆至广州公路肇源至松原段高速公路优质优价奖励办法》《亮牌处罚标准》《监理日常巡回检查考核评分标准》《质量监控程序》等管理办法,并且针对各阶段工程进展情况适时下发各单项工程施工技术要点等文件,有效地指导了施工。

费用管理方面,通过规范计量支付程序、财务支付办法等手段加强对费用的监理,企业自检合格后,再经驻地监理、总监办验收入口,登记台账后,方能上报计量;总监办计划合同部按频率进行抽检核实,严格按设计、技术规范和合同清单核对审查,并计入台账。

进度管理方面,在进场后要求施工单位编制较为详细、具有较强可操作性的施工组织设计和进度计划、资金需求计划,狠抓落实总体施工方案、机构设置、主要工程的施工工艺、工程质量保证措施等方面的工作,并围绕这几个方面来核定审查工、料、机的组织进场运转情况。以月份计划的完成来促成总体进度计划的实现。采取了超常规的做法,从施工准备、质检程序、施工工艺保证等诸多方面抓早、抓实、抓细。

合同管理方面,通过充分利用合同法规手段和企业的合同信誉意识,促进工程质量、进度、控制费用。施工单位进场以及整个工期内,定期、不定期核对检查施工人员、设备的在场情况,对不能满足合同工期质量等要求的,限期改正,对明显违约影响进度、质量的主要问题,除限期改正外,还动用经济手段予以罚款。对存在问题较大的单位,书面要求其企业法人到现场了解情况,解决问题;对工程的重要部位和主要分项工程,严格按合同约定清查非法分包转包,纠正和制止了层层转包,层层剥皮的非法转包、分包现象。严肃合同管理,有力地保证了工程的进度和质量。

3. 竣(交)工验收

(1)交工验收

2008年12月19日,建设单位组织对项目进行交工验收,评定工程项目质量得分为97.47分,工程质量等级评定为合格。

(2)竣工验收

2014年7月17~18日,吉林省交通运输厅成立项目竣工验收委员会,对项目进行竣工验收。竣工验收委员会听取了项目建设总体情况报告和质量监督单位的监督工作报告,查阅了工程建设有关文件和竣工档案资料,并进行实地察看。经审议认为:总体设计方案合理,利用一级公路的封闭改造与总体布局相协调,线形顺适流畅;路基稳定;路面较平整密实,路面厚度、强度符合设计要求;桥涵外观质量良好,混凝土强度满足设计要求;标志、标线、防护栏等使用效果良好;绿化、房建工程达到设计和规范标准;档案资料较齐全、归档有序;交工验收和试运营期间提出的主要问题已经处理。经审议并根据质量鉴定成果综合评定项目质量得分为91.0分,等级为优良,同意通过竣工验收。

二、大广高速公路松原(二莫)至双辽(吉蒙界)段

(一)概述

1. 基本情况

(1)主要控制点

二莫村、拐脖店村、深井子镇、乌兰图嘎镇、长岭县、新安镇、服先镇、兴隆镇、大富村、

双辽市、新开河(吉蒙界)。

(2)建设时间

2007年12月开工,2010年9月建成通车(图8-10-7)。

图8-10-7　大广高速公路松原(二莫)至双辽(吉蒙界)段通车典礼

(3)地形地貌

路线起于松辽分水岭台地,自东北向西南逐渐过渡到辽河冲积平原,地形从长岭至服先呈波状起伏,时升时降;自服先至卧虎段,地形约以0.15%的坡度下降,最高点位于新安镇附近,海拔207m,最低点位于卧虎镇附近,海拔120.7m,总体趋势为东北高,西南低,相对高差80~90m。路线所经地貌属吉林省西部沙丘覆盖的冲积平原区,沙丘多以复合型纵向沙垄为主,多为固定或半固定沙丘,近东西向延伸,垄长达40km,宽1~4km,相对高度5~10m,沙垄顶部起伏和缓。

(4)技术标准

设计速度为100km/h,双向四车道;路基宽度为26.0m(其中改建段利用已建成右幅路基宽度12.75m,加宽左幅路基);新建及新建左幅桥涵设计荷载为公路—Ⅰ级,利用已建右幅桥涵设计荷载为汽车—超20级、挂车—120,设计洪水频率1/100;沥青混凝土路面。

(5)建设规模

建设里程198km,其中,二莫至拐脖店段14km、大富至终点段15km为新建,其余169km利用现有半幅一级公路扩建。全线设大桥1145m/5座,中桥298m/6座,小桥11座,涵洞132道,互通式立体交叉9处(其中与铁科高速公路共用1处)(图8-10-8、图8-10-9),分离式立体交叉13处,天桥113座,通道5处;设收费站8处(其中主线收费站1处),服务区4处,管理处4处,养护工区4处。

项目主要桥梁及路面信息具体见表8-10-5、表8-10-6。

(6)投资规模

图 8-10-8　乌兰塔拉互通

图 8-10-9　长岭互通

大广高速公路松原(二莫)至双辽(吉蒙界)段主要桥梁信息表　　　表 8-10-5

序号	类型	名　　称	桥梁长度(m)	主跨长度(m)	跨越障碍物	桥　梁　结　构
1	大桥	二引干渠大桥	127	20	道路、铁路	预应力钢筋混凝土箱形梁
2		前乾团结干渠大桥	158	19	道路、铁路	预应力钢筋混凝土箱形梁
3		一引干渠大桥	126	20	道路、铁路	预应力钢筋混凝土箱形梁
4		万宝山大桥	327	20	道路、铁路	预应力钢筋混凝土箱形梁
5		新开河大桥	407	25	河流	预应力钢筋混凝土箱形梁
6	中桥	付好字井中桥	53	16	道路、铁路	预应力钢筋混凝土 T 梁
7		程广中桥	53	16	河流	混凝土空心板梁
8		两宝山一号	47	20	河流	预应力钢筋混凝土空心板梁
9		两宝山二号中桥	55	16	河流	混凝土空心板梁
10		耕耘排干支流中桥	45	13	河流	钢筋混凝土空心板梁
11		耕耘排干二桥	45	13	河流	混凝土空心板梁

大广高速公路松原(二莫)至双辽(吉蒙界)段路面信息表　　　表 8-10-6

路面类型	起讫里程	长度(km)	路面结构
沥青路面	K209+000～K407+000	198	上面层:4cm 沥青玛蹄脂碎石混合料 下面层:6cm 中粒式沥青混凝土 柔性基层上基层:8cm 沥青碎石 下基层:32～38cm 二灰碎石、水泥稳定碎石 底基层:16～20cm 砂砾、碎石 垫层:20cm 砂砾

注:起讫里程来源于《全国道路网调整后里程桩号传递表》。

估算金额 41.22 亿元,概算金额 44.44 亿元,决算金额 43.31 亿元。

2. 参建单位

(1)项目建设管理单位

项目的建设管理单位是吉林省高等级公路建设局。

(2)勘察设计单位

项目的勘察设计由吉林省交通规划设计院、吉林省交通科学研究所、交通部科学研究院以及辽宁省交通规划设计院共同完成。

总体设计单位是吉林省交通规划设计院,其中主体工程设计由吉林省交通规划设计院及吉林省交通科学研究所共同完成,景观和环保工程设计由交通部科学研究院完成,房建工程设计由辽宁省交通规划设计院完成。

(3)施工单位

项目的主体工程施工由吉林省嘉鹏公路建设有限公司等25家单位完成;交通工程施工由吉林省吉长交通发展建设有限责任公司等7家单位完成;房建工程施工由吉林建工集团有限公司等6家单位完成;机电工程施工由亿阳信通股份有限公司等3家单位完成。

(4)监理单位

项目的监理单位由吉林省公路工程监理有限责任公司及吉林省金泉公路工程咨询监理有限责任公司等11家单位承担。

项目参建单位信息具体见表8-10-7。

大广高速公路松原(二莫)至双辽(吉蒙界)段参建单位一览表　　　　　表8-10-7

序号	参建单位	单位名称	合同段编号及起止桩号	主要负责人	备注
1	项目管理单位	吉林省高等级公路建设局	K28+668.152~K229+960	纪景义	
2	勘察设计单位	吉林省交通规划设计院	K28+668.152~K229+960	胡珊	主体工程
3		吉林省交通科学研究所	拐脖店子至乌兰图嘎段		主体工程
4		交通部科学研究院	K28+668.152~K229+960	李奇峰	景观和环保工程
5		辽宁省交通规划设计院	K28+668.152~K229+960	寇继海	房建工程
6	施工单位	吉林省嘉鹏公路建设有限公司	SL01:K28+560~K35+000	王志山	路基、桥梁
7		北京市公路桥梁建设公司	SL02:K35+000~K43+200	陈贺	路基、桥梁
8		包头市公路工程股份有限公司	SL03:K43+200~K62+000	刘勇	路基、桥梁
9		北京市公路桥梁建设集团	SL04:K62+000~K77+000	陈贺	路基、桥梁
10		中交一公局第五工程有限公司	SL05:K77+000~K91+500	吴荡	路基、桥梁
11		吉林省广信公路建设有限公司	SL06:K91+500~K108+000	王延广	路基、桥梁
12		吉林省中盛桥工程有限公司	SL07:K108+000~K123+000	赵万福	路基、桥梁
13		中铁十八局集团第二工程有限公司	SL08:K123+000~K133+480.135	刘洪德	路基、桥梁
14		山东省昆仑路桥工程有限公司	SL09:K123+860~K136+000	许丰财	路基、桥梁
15		通化公路工程有限公司	SL10:K136+000~K150+000	陈志国	路基、桥梁
16		中交隧道工程局有限公司	SL11:K150+000~K162+612	陈玉胜	路基、桥梁
17		吉林省长城路桥建工有限责任公司	SL12:K175+150~K189+000	谢云集	路基、桥梁
18		吉林省中盛路桥工程有限公司	SL13:K189+000~K202+000	赵万福	路基、桥梁
19		中铁九局集团有限公司	SL14:K202+000~K215+100	柳汉桥	路基、桥梁

第八章
高速公路项目建设情况

续上表

序号	参建单位	单位名称	合同段编号及起止桩号	主要负责人	备注
20	施工单位	哈尔滨市公路工程处	SL15：K215+100～K223+200	杨兴全	路基、桥梁
21		中交隧道工程局有限公司	SL16：K223+200～K229+960	陈玉胜	路基、桥梁
22		吉林中通路桥工程有限公司	SLL01：K467+403～K472+820 双辽连接线	姚允正	路基、桥梁
23		吉林省嘉鹏公路建设有限责任公司	SLM01：K28+668.152～K43+200	王志山	路面工程
24		吉林省交通建设集团有限公司	SLM02：K43+100～K77+000	刘忠吉	路面工程
25		通化公路工程有限公司	SLM03：K77+000～K108+000	陈志国	路面工程
26		吉林省中盛路桥工程有限公司	SLM04：K108+000～K133+480.135	赵万福	路面工程
27		吉林省交通建设集团有限公司	SLM05：K123+860～K150+000	刘忠吉	路面工程
28		吉林省弘盛交通建设开发有限公司	SLM06：K150+000～K189+000	李伯川	路面工程
29		吉林省高等级公路工程有限责任公司	SLM07：K189+000～K215+100	李忠伟	路面工程
30		吉林省中盛路桥工程有限公司	SLM08：K215+100～K229+960	赵万福	路面工程
31		吉林省吉长交通发展建设有限责任公司	SLJT01：K28+688.152～K77+000	张学林	交通工程（防护栏）
32		河北龙威交通工程有限公司	SLJT02：K77+000～K136+000（断链K133+480.135＝K123+860）	刘玉凯	交通工程（标志、标线）
33		吉林中通路桥工程有限公司	SLJT03：K136+000～K202+000（断链K162+612＝K175+150）	姚允正	交通工程（防护栏）
34		海南中咨泰克交通工程有限公司	SLJT04：K202+000～K229+960及双辽连接线	杨晓明	交通工程（标志、标线）
35		中国公路工程咨询集团有限公司	SLJT05：K28+668.152～K108+000	王国锋	交通工程（防护栏）
36		北京深华科交通工程有限公司	SLJT06：K108+000～K189+000（断链K133+480.135＝K123+860，断链K162+612＝K175+150）	陈淑珍	交通工程（标志、标线）
37		吉林省东吉公路建设有限公司	SLJT07：K189+000～K229+600及双辽连接线	房井宏	交通工程（防护栏）
38		吉林建工集团有限公司	SLFJ01：8904m²	徐保政	房建工程
39		吉林省宇信建筑工程有限公司	SLFJ02：8633m²	田觉铁	房建工程
40		中铁十三局集团有限公司	SLFJ03：4906.03m²	雷开祥	房建工程
41		长春建工集团有限公司	SLFJ04：6061m²	王晓峰	房建工程

续上表

序号	参建单位	单位名称	合同段编号及起止桩号	主要负责人	备注
42	施工单位	空军第一建筑安装工程总队	SLFJ05；7998m²	丁一	房建工程
43		长春新星宇建筑安装有限责任公司	SLFJ06；11125m²	阚学芳	房建工程
44		榆树市送变电力工程有限公司	SLGD01；18处高速公路收费站服务区，新建线路整个路径长度约29.224km	孙文	供电工程
45		亿阳信通股份有限公司	SLJD01：K28+565.896～K126+987（断链K133+480.135=K123+860，含长岭管理处）	张学政	机电工程
46		北京云星宇交通工程有限公司	SLJD02：K126+987～K229+960（断链K162+612=K175+150）	樊进超	机电工程
47	监理单位	吉林省公路工程监理有限责任公司	SLZJB01：K28+560～K133+480	金祥秋	总监办
48		吉林省金泉公路工程咨询监理有限责任公司	SLZJB02：K123+860～K229+960、双辽连接线	胡珊	总监办

注：信息来源于竣工验收文件及建设管理单位。

(二) 建设情况

1. 前期准备

1) 项目审批

(1) 立项审批

国家发展和改革委员会下发了《国家发展改革委关于吉林省松原至双辽(吉蒙界)公路可行性研究报告的批复》(发改基础〔2008〕2889号)。

(2) 设计审批

①2008年5月4日，吉林省交通运输厅下发了《吉林省交通运输厅关于大庆至广州高速公路松原至双辽(吉蒙界)段两阶段施工图设计的批复》(吉交审批函〔2008〕12号)；

②2009年4月15日，交通运输部下发了《关于吉林省松原至双辽(吉蒙界)公路初步设计的批复》(交规划发〔2009〕178号)；

③2009年6月29日，吉林省交通厅下发了《吉林省交通厅关于对松原至双辽高速公路交通工程管道及10kV供电线路工程施工图设计的批复》(吉交函〔2009〕192号)；

④2009年11月21日，吉林省交通厅下发了《吉林省交通厅关于对松原(二莫)至双辽高速公路机电工程施工图设计的批复》(吉交函〔2009〕346号)。

(3) 其他审批

①2008年6月4日，环境保护部下发了《关于大庆至广州高速公路松原至双辽(吉蒙

界)段环境影响报告书的批复》(环审〔2008〕145号);

②2008年7月29日,吉林省水利厅下发了《吉林省水利厅关于大庆至广州高速公路松原至双辽段水土保持方案的批复》(吉水保〔2008〕525号);

③2010年10月27日,国土资源部下发了《国土资源部关于松原至双辽(吉蒙界)公路工程建设用地的批复》(国土资函〔2010〕915号)。

2)资金筹措

大广高速公路松原(二莫)至双辽(吉蒙界)段[含长深高速公路双辽(大岭)至金宝屯(吉辽界)段、铁科高速公路解放(松原)至二莫(松原)段]项目估算总投资为66.4亿元(静态投资61.3亿元)。交通运输部批复概算总投资为71.59亿元,其中国家安排的中央专项基金(车购税)11.48亿元,省安排财政投入3.38亿元、养路费5.50亿元、客货附加赞3.28亿元,共计23.64亿元作为项目的资本金;其余47.96亿元利用银行贷款解决。

3)工程勘察设计

2006年12月吉林省交通厅下达《关于下达大广高速公路松原至双辽段可行性研究任务的通知》(吉交函〔2006〕304号),通知要求为充分发挥路网整体规模效益,构建高效、便捷的省内纵向交通运输通道,将长深高速公路双辽(大富)至金宝屯(吉辽界)段纳入大广高速公路松原至双辽段项目可行性研究范围。按照任务要求,吉林省交通规划设计院及中交公路规划设计院有限公司于2006年12月组织成立了项目组,着手开展大广高速公路松原至双辽段可行性研究工作,并于2007年4月中旬完成工程可行性研究报告的编制。2007年9月2日至6日,交通部规划研究院组织专家进行了现场调研并召开了评估会。按照评估意见要求,吉林省交通厅组织工程可行性研究报告修改并报送了《吉林省交通厅关于报送大庆至广州高速公路松原至双辽(吉蒙界)段工程可行性研究补充材料的函》(吉交函〔2007〕279号),附《大庆至广州高速公路松原至双辽(吉蒙界)段工程可行性研究报告补充材料(2007年11月)》(以下统称《补充材料》),同时提交了《松原市高速公路过境方案专题研究报告(2007年10月)》(以下简称"松原过境专题报告")。2008年12月3日,国家发展和改革委员会对松原至双辽段(吉蒙界)段公路工程可行性研究报告进行了批复。

依据交通部对项目初步设计的批复意见、吉林省交通厅关于项目施工图外业验收意见以及现行国家及交通部颁发的标准、规范、规程,吉林省交通规划设计院与吉林省交通科学研究所共同完成了项目施工图设计并报送吉林省交通厅审批,2008年5月松原至双辽(吉蒙界)段施工图设计获吉林省交通厅批复。

项目是对"安全、耐久、生态、和谐"建设新理念的一次较成功的实践,具体体现在:一是贯彻全寿命周期成本理念,优化路面结构设计,增强高速公路使用耐久性。对旧路利用段路面结构进行了重新设计,虽然一次性投入加大了,但远期的经济效益和社会效益却大大增强,同时又避免了通车后短时间内路面破损,在修补过程中造成的社会不良影响。二是自然环保设计理念,对高速公路中央分隔带、路堤路堑边坡、桥体锥坡、互通立交区、场区等进行景观设计,加速自然恢复,实现高速公路与周边自然景观融为一体。三是贯彻以人为本理念,在征地范围内尽量加大边坡坡率,平缓的边坡让驾驶员避免因一时的错误而付出宝贵的生命。

2. 项目实施

(1) 招投标

大广高速公路松原(二莫)至双辽(吉蒙界)段全线路基、路面工程划分为25个标段,长深高速公路双辽(大岭)至金宝屯(吉辽界)段全线路基、路面工程划分为4个标段。根据工程进展情况对路基工程(含桥涵)、路面工程、交通工程、房建、机电、养护设备等项目的施工单位分期分阶段进行了公开招标(图8-10-10)。

图8-10-10 项目招投标

(2) 征地拆迁

按照省政府的要求及工作需要,征地拆迁由地方政府负责。松原市和双辽市分别成立了征地拆迁办公室,代表地方政府与建设单位分别签订了《征地拆迁承包责任书》,负责本地区的征地拆迁具体工作。在地方政府和交通部门的大力支持及协助下,征地拆迁工作得到了切实有效的落实,为工程建设的顺利实施创造了良好的外部环境。项目全线共征用土地15692亩。

(3) 施工情况

本项目分两期建设,第一期为松原(二莫)至双辽段,于2007年12月开工,2010年9月完工;第二期为松原(解放)至二莫段,于2010年9月开工,2013年11月完工。建设过程中,全体施工单位认真履行合同,诚信务实,安全、优质、高效地完成建设任务。图8-10-11和图8-10-12为施工现场。

图 8-10-11　施工现场（一）

图 8-10-12　施工现场（二）

在质量管理方面，一是建立健全全面质量管理体系，以贯彻 ISO9001 质量体系标准为载体，认真开展全面质量管理活动。二是建立质量教育、质量岗位责任、质量奖惩等制度，确保质量控制工作规范有序。三是以工序和关键过程为关键，确保质量体系运行。在质量目标分解的基础上，明确质量职责，实行质量责任追究和终身负责制，定期开展质量检查，兑现奖罚。四是贯彻首件工程认可制，强化数据管理质量的科学手段，突出过程控制，加强工序自检和原材料控制，发现问题及时处理，制订相应保证提高工程，确保工程质量。五是贯彻长寿命路面结构理念，右幅路面结构由原为 6cm 的 SMA16 改为 5cm 的 SMA16＋8cm 的 AC-25，延长路面使用寿命，为吉林省长寿命路面的推广首开先河。

在进度控制方面，一是根据项目总体计划，分解到年到月，通过编制施工组织设计，确定最优施工方案，做到点线明确、轻重分明、计划可靠、资源配置合理。二是加强网络计划管理，设专职人员将月进度计划进一步细化，并逐项目督促落实，按月检查，动态管理，找出实际进度与计划的差距，分析进度滞后原因，采取补救措施，纠偏进度计划。使进度管理从计划—控制—分析—调整循环管理。三是建立激励机制，举办各类争先评比活动，形成作业班组章的比、学、赶的良好局面，调动各作业队的主动性。

在安全生产管理方面，一是建立安全生产责任和保障体系，根据项目特点健全安全生产规章制度。二是配备专职安全管理人员，落实安全生产责任。本着谁主管谁负责的原则，层层签订安全责任书，落实特种作业人员持证上岗制度和安全培训制度。三是重视安全事故预防工作，定期进行全面排查，重点和危险部位设立警示标志，认真制订防火、防汛、防污染、防高空坠落等各项应急预案，并定期演练，把各种安全隐患消灭在萌芽之中。四是按照项目法人要求，对填土高度小于 3m 的路段，加大边坡坡率，发生事故时，使驾驶员不会因操作失误而付出生命代价，实现以人为本的安全容错理念。

在环保管理方面，立足人与自然的高度和谐，注重管理理念更新，以新的视角建设与自然相互和谐的生态路、环保路、景观路。为达到最大限度地保留和保护原生态环境这个目的，一是注意减少不必要的混凝土砌筑工程，尽可能采取植物防护，能不砍的树木一棵也不要砍，贴近自然，保护环境。二是适当采用喷播技术，建立良好的植被群落，确保了边坡的稳定性。三是深入分析公路沿线自然植被的演替规律,通过模拟周围植物群落,自然式栽植和周围环境相协调的乡土树种,选取和栽植当地树种,既保证了成活率,又体现出地方植物特色,并对沿线中央分隔带、路堤路堑边坡、桥体锥坡、互通立交区、场区等段落的树种选择、栽植方式、栽植时间、后期管护做详细设计和施工指南。四是改进边坡整形工艺,力争做到圆滑顺适,贴近自然,仿效周边的原始地貌。四是树立"不破坏是最好的保护"的施工理念。根据各自标段内的工程项目,找出可能导致对环境破坏的工艺、方案或工序,制订切实可行的纠正和预防措施,并重点对取土场使用及复垦、农田污染、噪声和扬尘、乱挖乱堆等易造成环境破坏的地方进行重点监督,发现问题及时纠偏,保护好沿线的水土和植被。通过以上措施,力争做到"少一些破坏,多一些保护;少一些人工痕迹,多一些自然恢复",实现高速公路与周边自然景观融为一体。

（4）监理情况

为满足建设项目施工监理工作的需要,总监办和驻地监理办公室在工程上配备的监理人员总数为282人,平均每公里1.09人。监理人员中具有高级技术职称的有83名,占监理人员总数的30%;具有中级技术职称的监理人员有173名,占监理人员总数的61%;具有初级技术职称的监理人员有26名,占监理人员总数的9%。进场监理人员全部持有证书,其中持有交通部全项或专项监理工程师证书208名,持有省专业监理工程师证和监理员证书74名,持证上岗率100%,符合规定要求。

在工程质量管理上,用源头把关、过程控制、环节验收的控制程序作为质量监理的基本思路,即严把材料进场关、缺陷处理关、开工审批关、施工控制关和阶段验收关。

在源头把关方面,把工程原材料质量、技术准备工作和资源的投入水平作为管理的重点。不合格材料坚决不准进场,进场材料不经检验合格不准使用。各施工单位投入的技术管理人员、机械设备不满足合同规定的强制性条件,不准开工。

在施工过程控制方面,要求现场监理对工程施工,特别是隐蔽工程的重点部位必须全过程旁站,死看死守,及时制止违规施工。

在环节验收方面,实行工序检验签证制和分项工程报验制。每道工序完成后,必须经驻地监理检验签证后方可进行小道工序施工,即施工工序间的转序工作由驻地监理完成。分项、分部、单位工程完工并经自检和监理抽检合格后报总监办及相关上级机构,按规定频率检验,合格后方可进行下一分项工程施工。对一些重要工序及关键部位,必须经总监办检验合格后方可进行下道工序施工。

在费用监理上,从计量支付入手,以工程计量作为建设管理单位向施工单位支付资金的依据。在工程建设实施过程中,驻地监理工程师严格执行工程计量的原则,做到不重计、不超计、不漏计,对施工单位提交的计量申请单进行审查签证后,作为初步计量上报到总监办审查修正,最后报建设管理单位审批。对变更设计、计日工、合同外工程,采取现场办公集体审查方式,减少个人行为,做到及时、准确、合理。

在进度监理方面,依据建设管理单位下达的各年度进度计划,逐月分解,制定并严格控制关键线路的阶段目标。对难以完成年度施工计划的标段,审查施工单位的施工组织计划,并跟踪检查计划完成情况,建立日报制度,及时向建设管理单位反映影响进度的因素和解决的办法,做好技术服务和技术调研工作,改变进度落后的局面。对因技术、机械设备投入不足方面的原因或施工组织安排不善,难以完成计划的,对其做出限期整改指令,并及时上报建设管理单位,提出建议,经建设管理单位同意后将工程进行重新调整和分配。

3. 竣(交)工验收

(1)交工验收

2011年3月,吉林省高等级公路建设局组织了项目的交工验收工作。验收委员会认为:路基平、纵线形顺畅,路基、路面压实度、弯沉满足设计及规范要求,桥涵构造物尺寸和混凝土强度满足设计要求,桩基、预应力构件张拉应力满足设计要求,房建工程主体结构满足设计要求,其他检测项目均达到设计和规范要求,检定指标符合国家颁布的现行规范。交工验收资料已完善归档。根据《公路工程质量检定办法》和《公路工程质量检验评定标准》,项目交工验收工程质量等级评定为合格。

(2)竣工验收

2015年12月29日,吉林省交通运输厅组织了项目的竣工验收工作。验收委员会认为:项目各项工程指标符合设计和相关规范要求,交工验收遗留问题得到处理,档案和环保已通过专项验收,竣工决算已经过审计。根据《公路工程竣(交)工验收办法》及实施细则的有关规定,项目符合竣工验收要求,对参建单位及建设项目综合评分如下:建设管理综合评分95.74分,设计工作综合评分95.94分,监理工作综合评分92.41分,施工管理综合评分94.05分,建设项目综合评分为93.89分,项目综合评价等级为优良,同意通过竣工验收。

三、运营管理

(一)服务区及收费站设置

截至2016年底,大广高速公路吉林段设有5处服务区,具体情况见表8-10-8。

大广高速公路吉林段服务区情况表　　　　表8-10-8

序号	服务区名称	位置桩号	管理经营单位
1	大洼服务区	K170	吉林省高速公路集团有限公司
2	拐脖店服务区	K222	吉林省高速公路集团有限公司

续上表

序号	服务区名称	位置桩号	管理经营单位
3	万宝山服务区	K278	吉林省高速公路集团有限公司
4	长岭服务区	K324	吉林省高速公路集团有限公司
5	天娇服务区	K380	吉林省高速公路集团有限公司

大广高速公路吉林段收费站设置情况见表8-10-9。

大广高速公路吉林段收费站情况表　　　表8-10-9

路段名称	收费站名称
大广高速公路肇源(吉黑界)至松原(孙喜窝棚)段	风华、班德、松原东
大广高速公路松原(二莫)至双辽(吉蒙界)段	拐脖店、深井子、乌兰塔拉、乌兰图嘎、长岭、新安、兴隆、双辽东、双辽南、双辽北

(二)交通量发展状况

大广高速公路吉林段交通量统计见表8-10-10。

大广高速公路吉林段交通量统计表　　　表8-10-10

路线名称	年份	观测里程(km)	年均日交通量(辆/日)								适应交通量(辆/日)	交通拥挤度
			当量数合计	自然数合计	小型货车	中型货车	大型货车	特大型货车	集装箱车	中小型客车	大型客车		
大广高速公路	2013	102.999	3972	2346	166	219	100	387	37	1351	85	55000	0.07
	2014	102.999	4995	2817	212	276	130	535	43	1527	95	55000	0.091
	2015	88.999	4598	2399	174	209	148	481	104	1196	87	55000	0.054

(三)信息化建设

截至2016年底,大广高速公路吉林段信息化设备设置情况见表8-10-11和表8-10-12。

大广高速公路肇源(吉黑界)至松原(孙喜窝棚)段信息化设备设置情况表　　　表8-10-11

序号	设施名称	数量	序号	设施名称	数量
1	大型可变情报板	4	5	道路摄像机(含隧道)	37
2	小型可变情报板	12	6	收费广场摄像机	22
3	车辆检测器	22	7	车道和亭内摄像机	108
4	气象检测器	3			

大广高速公路松原(二莫)至双辽(吉蒙界)段信息化设备设置情况表　　　表8-10-12

序号	设施名称	数量	序号	设施名称	数量
1	大型可变情报板	1	5	道路摄像机(含隧道)	12
2	小型可变情报板	5	6	收费广场摄像机	12
3	车辆检测器	9	7	车道和亭内摄像机	66
4	气象检测器	3			

(四)养护管理

截至 2016 年底,大广高速公路吉林段养护管理情况见表 8-10-13。

养护管理情况表　　　　表 8-10-13

养护工区(个)	管理人员(人)	小修队(人)	养护工区明细
4	18	59	松原(前郭、乌兰塔拉)、双辽(长岭、兴隆)

四、复杂技术工程——宁江松花江特大桥

宁江松花江特大桥为本项目的重要节点工程,位于吉林省西北部,第二松花江下游,结合两岸的实际景观,建设单位及当地政府对本桥梁设计和施工技术提出了很高的要求。

宁江松花江特大桥跨越第二松花江,主桥为四塔单索面 PC 箱梁矮塔斜拉桥,采用塔梁固结体系,其跨径布置为 95m + 3×150m + 95m,在严寒地区建设如此规模的多塔矮塔斜拉桥国内尚属首次。

矮塔斜拉桥是近年来在斜拉桥基础上发展起来的一种桥梁结构形式,在外观上表现为塔矮、梁刚、索集中。其受力特性介于斜拉桥和连续梁桥之间,与连续梁桥或连续刚构桥相比,增加了拉索的作用;与斜拉桥相比,主梁承担的荷载比例大而拉索承担的荷载比例小。桥塔与斜拉桥相比较矮,因此称为矮塔斜拉桥,在跨径 100~300m 范围内具有很强的优势。

1. 多塔矮塔斜拉桥抗寒技术

公路冬季除冰雪多使用除冰盐,为避免护栏底座及伸缩装置混凝土受腐蚀,护栏底座及伸缩装置混凝土采用防腐蚀混凝土,护栏底座内侧面及伸缩装置混凝土表面采用硅烷浸渍。

2. 多塔矮塔斜拉桥抗震技术

桥位地处的松原市是吉林省地震加速度值最大的地区,地震基本烈度值为Ⅷ度,E1 地震作用地表水平向设计基本地震动加速度峰值为 $0.117g$,E2 地震作用地表水平向设计基本地震动加速度峰值为 $0.351g$。

纵向抗震体系采用 11 号桥墩与主梁固接,纵向地震力作用下靠 11 号桥墩的延性耗散地震能量,其他桥墩梁墩之间采用支座。横桥向抗震体系采用梁墩间设置弹塑性阻尼装置。国内在高地震烈度地区建设如此规模的多塔矮塔斜拉桥尚属首次。

主桥为 B 类非规则桥梁,结构分析采用桥梁结构有限元程序 MidasCivil。E1 地震作用下,采用多振型反应谱法进行抗震分析,结构阻尼比取 5%,验算结构构件的强度;E2 地震作用下采用非线性时程分析方法进行抗震分析,采用瑞利阻尼,地震输入根据地震安

评结果采用一般冲刷线处反应谱和时程,验算结构构件的强度与变形。

3.水源保护技术

宁江松花江特大桥跨越第二松花江,第二松花江为松原、哈尔滨等城市的主要饮用水源。为避免桥上化学品运输车意外溢出污染饮用水源,桥梁设置了桥面水收集系统,将水引至桥头的生态蒸发池内。

4.大直径超长桩技术

桥址区表面软弱层厚度达60m,地质较差。主桥12号桥墩采用直径2.5m,长83.5m钻孔灌注桩,在吉林省尚属首次。

5.弹塑性阻尼器、铅芯隔震支座等减隔震装置技术

横向地震作用力由多个桥墩共同承担,桥墩横桥向与主梁采用新材料——弹塑性阻尼装置连接。为满足地震力的作用下墩顶位移要求,引桥支座采用水平力分散型支座和铅芯隔震支座。

6.先进的斜拉索体系

主桥斜拉索采用37ϕ^s15.20的高强度低松弛环氧喷涂钢绞线,单股钢绞线外包PE,整束斜拉索所外包白色聚乙烯(HDPE)管。斜拉索张拉端设在梁上,锚具采用和斜拉索配套的可换索式锚具。塔上斜拉索通过分丝管贯通,分丝管为多组钢管组焊而成,塔端设置抗滑锚筒,抗滑锚筒内灌注环氧砂浆。在拉索与主梁、拉索与索塔的锚固段设置高阻尼减振器。斜拉索下端离梁面2.5m高范围外包不锈钢管。

塔顶索鞍由多组钢管组焊而成,与传统索鞍(内外管形式)相比具有以下优点:容易穿索,换索及单根调索更加便利;单根无黏结钢绞线仅通过分丝管中的一个小钢管,不存在相互挤压问题,受力情况得到明显改善;小钢管内的无黏结钢绞线不剥PE,索在索鞍里的防腐较好;索鞍起到分散、均匀传递载荷作用,转向鞍下部混凝土的应力分布比较均匀,无应力集中现象。

7.桥面防水工艺技术

采用精洗刨工艺,洗刨高出设计高程5mm的桥面现浇层混凝土,其上设置2cm沥青砂防水层。

五、科技创新工程

(一)龙华松花江特大桥桩基承载力试验创新

提出了龙华松花江特大桥主桥及引桥桩与各土层在不同方法下桩土的应力分布、抗剪强度分布及侧摩阻力分布情况。针对不同的情况,分别运用了三种不同的取值方法来

确定各岩土层的侧摩阻力及桩基承载力,结合工程设计的安全可靠、经济合理的原则以及参考自平衡法所测得的桩基承载力,采用自重与加荷耦合分析法确定的承载力作为桩承载力最终取值。

运用实地测量、数值解析、类比分析等方法,解决工程中的实际问题。通过模拟试验,进行大量的物理力学试验,各参数的取值都具有充分的可信度。在中型剪切模拟试验及桩端的三轴模拟试验中,结合现场工程的实际情况,考虑了环境的相似性、侧摩阻力的相似性及端承载力的相似性等问题,最终确定出各土层侧摩阻力及桩端承载力,具有充分的可靠性,能客观地反映桩基的承载性能。同时该方法在保证安全可靠的前提下,还具有快速、经济、不受场地限制等优点。

(二)硅藻土改性沥青技术

用硅藻土替代部分矿粉,改性沥青胶浆及沥青混合料性能。通过试验确定硅藻土的最佳掺量为:掺加0.6%硅藻土并减少0.6×(矿粉密度/硅藻土密度)%矿粉。

硅藻土及硅藻土改性沥青混合料的技术要求见表8-10-14及表8-10-15。

硅藻土改性沥青混合料专用硅藻土技术指标要求　　表8-10-14

名称	外观	SiO_2含量	硅藻粒径(μm)	硅藻形状	非晶体含量	比表面积(m^2/g)	含水率(%)
指标	灰白色	宜大于80%	10~15	小环藻宜占90%以上	宜大于70%	>25	<5

硅藻土改性沥青混合料技术指标要求　　表8-10-15

性能指标	单位	技术指标要求
稳定度	kN	≥8
流值	mm	2~5
动稳定度	次/mm	≥1500
残留稳定度	%	≥80
冻融劈裂强度比	%	≥75
弯曲应变	$\mu\varepsilon$	≥2300

施工过程中,硅藻土改性沥青混合料生产宜采用干拌法,即先将硅藻土与矿料在拌和楼内拌和均匀后,再加入沥青进行拌和,最后加入矿粉拌和均匀,施工过程无特殊工艺要求(图8-10-13)。

大广高速公路采用硅藻土改性沥青路面,实施路段位于肇源(吉黑界)至松原(孙喜窝棚)段K225+100~K227+250(左幅)2.15km和K225+100~K227+810(右幅)2.71km处,单幅路面宽度为11m,路面结构为"4cmAC-16沥青混凝土、6cmAC-25沥青混凝土及25cm二灰稳定碎石,于2005年7月施工,左幅上面层采用AC-16九台硅藻土沥青混凝土,右幅上面层采用SAC-16长白硅藻土沥青混凝土,掺量均为沥青用量的14%,其

图 8-10-13　硅藻土材料及硅藻土改性沥青混合料摊铺

中左幅路段直接添加了硅藻土,未等量扣除矿粉,右幅路段采用等量的硅藻土替代矿粉。

大广高速公路硅藻土推广段检测和室内试验结果见表 8-10-16。

大广高速公路硅藻土推广段检测和室内试验结果　　　　表 8-10-16

检测项目	推广路段(左幅)	正常段(左幅)	推广路段(右幅)	正常段(右幅)
车辙(mm)	5.0	3.5	2.8	3.4
构造深度(mm)	0.29	0.82	0.86	0.89
摩擦系数(摆值 BPN)	57	54	56	54
平整度(mm)	2.0	1.5	1.0	1.2
路面裂缝率($m^2/1000m^2$)	13.2	20.7	17.1	17.7
试件毛体积密度(g/cm³)	2.583(2.570)	2.594(2.553)	2.570(2.551)	2.545(2.537)
空隙率(%)	3.247(3.957)	3.486(4.323)	3.674(5.029)	4.884(4.954)
稳定度(kN)	11.829(12.927)	7.863(7.719)	10.341(8.206)	6.852(5.882)
流值(0.1mm)	34.3(40.5)	35.5(49.4)	39.3(39.8)	47.3(39.8)
渗水系数(mL/min)	0	0	0	0

2005 年 7 月施工,上面层采用 AC-16 九台硅藻土沥青混凝土 4cm 和 SAC-16 长白硅藻土沥青混凝土 4cm,正常段为 SMA。

注:"( )"内数据为路面边缘。

硅藻土路段的车辙、平整度、构造深度、裂缝率等指标均优于正常路段,表明硅藻土沥青混合料具有较好的路用性能。

(三)盐碱土地区高等级公路施工病害防治

该地区盐渍土主要成分为 $NaHCO_3$,碱性较强,含盐量不高,可称为碱土或苏打盐渍土,盐渍土的水溶液具有较大的碱性。该盐渍土属于中压缩性的低液限粉质黏土,盐渍土矿物含量主要以石英和长石为主,黏土矿物主要是伊蒙混层,混层比在 50% 左右。随着含盐量的增加,盐渍土的收缩性增强,抗剪强度有先减后增的趋势;随着含水率的增加,土的抗剪强度减小明显;通过加入石灰改造后,通过不同加灰量的试验得到了最优加灰量,土的各项工程性质均有变好的趋势。此方法对我省西部盐渍土地区公路建设、土地资源的有效利用及保护具有重要意义。

第十一节 双辽至嫩江高速公路(G4512)吉林段

双辽至嫩江高速公路(G4512,以下简称"双嫩高速公路"),原嫩江至丹东国道主干线,是《国家公路网规划(2013—2030年)》的"71118"高速公路网中大广高速公路的联络线,同时也是吉林省"五四三二一"高速公路网总体布局中"五纵"的第五纵。双嫩高速公路是吉林省西部地区的一条重要的干线公路,也为黑龙江省西南部、吉林省西部和内蒙古东北部地区增加了一条快捷的进关出海高速通道,对改善该地区现有交通状况、加强省际间的经济联系、促进省内边远地区和民族地区经济的快速发展、沿线区域矿产等资源开发、加快东北老工业基地振兴均具有重要意义。

双嫩高速公路吉林省境内段(图8-11-1)起自双辽市,经卧虎镇、玻璃山镇、茂林镇、太平川镇、通榆镇、黑水镇、洮南市、白城市、镇赉县,止于坦途镇(吉黑界),全长约319km。因建设时序不同,共划分为4个段落,分别为双辽至洮南(黑水)段、洮南(黑水)至白城(向阳)段、白城(向阳)至白城北段、白城北至镇赉段、镇赉至坦途(吉黑界)段。图8-11-2为双嫩高速公路路段实景。

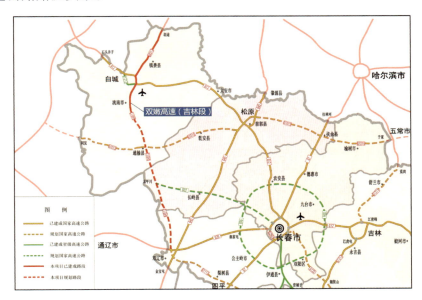

图8-11-1 双嫩高速公路(吉林段)路网位置示意图

双嫩高速公路双辽至洮南(黑水)段,里程约199km,规划路段。

双嫩高速公路洮南(黑水)至白城(向阳)段于2014年11月开工,2016年10月建成通车,里程40km,投资19.26亿元(概算)。

双嫩高速公路白城(向阳)至白城北段,里程7km,与珲乌高速公路共线,具体情况见

图 8-11-2 双嫩高速公路路段实景

第八章第五节。

双嫩高速公路白城北至镇赉段于 2012 年 12 月开工，2014 年 10 月建成通车，里程 29km，投资 13.97 亿元（概算）。

双嫩高速公路镇赉至坦途（吉黑界）段于 2014 年 7 月开工，2016 年 10 月建成通车，里程 51km，投资 24.56 亿元（概算）。

已建设路段项目详细情况见下文，基础信息具体见表 8-11-1。

双嫩高速公路（已建路段）基础信息表　　　　表 8-11-1

序号	编号	项目名称	规模（km）				建设性质	设计速度（km/h）	永久占地（亩）	投资情况（亿元）				建设时间（开工~通车）	共线路段		备注
			合计	八车道	六车道	四车道				估算	概算	决算	资金来源		里程	编号	
1	G4512	双嫩高速公路洮南（黑水）至白城（向阳）段	40			40	新建	100	5076	13.11	19.26	—	中央补贴、地方自筹、银行贷款	2014.11~2016.10			
2		双嫩高速公路白城（向阳）至白城北段	7			7	—	—	—	—	—	—	—	—	7	G12	与珲乌高速公路共线，占地投资在珲乌高速公路中计列
3		双嫩高速公路白城北至镇赉段	29			29	新建	100	3680	9.50	13.97	—	中央补贴、地方自筹、银行贷款	2012.12~2014.10			
4		双嫩高速公路镇赉至坦途（吉黑界）段	51			51	新建	100	6471	16.71	24.56	—	中央补贴、地方自筹、银行贷款	2014.7~2016.10			

一、双嫩高速公路洮南(黑水)至白城(向阳)段

(一)概述

1. 基本情况

(1)主要控制点

黑水镇、洮南市、白城市洮北区。

(2)建设时间

2014年11月开工建设,2016年10月建成通车。

(3)地形地貌

项目位于吉林省西北部的白城市,地势由西北向东南依次为低山、丘陵、平原,西南略有抬升。西北部为大兴安岭东麓褶皱地带,有敖牛山、大砬子山、马鞍山等丘陵和低山,海拔300~663m;东北部为平原,海拔130~140m;西南部广泛分布西北至东南走向大小沙丘、沙垄,海拔150~180m,是潜化沙漠区。沿线重要地层为下更新冰川堆积砾卵层。全线植被以旱田、水田为主,有部分林地。

(4)技术标准

设计速度为100km/h,双向四车道;路基宽度为26m;桥涵设计荷载为公路—Ⅰ级,设计洪水频率1/100;沥青混凝土路面。

(5)建设规模

建设里程40km,全线设大桥2座,中桥3座,小桥3座,涵洞27道,互通式立体交叉5处(其中与珲乌高速公路共用1处),分离式立体交叉3处,天桥25座,通道9处;设收费站4处,服务区1处,管理处1处。

项目全线主要桥梁及路面信息具体见表8-11-2、表8-11-3。

双嫩高速公路洮南(黑水)至白城(向阳)段主要桥梁信息表　　表8-11-2

序号	类型	名称	桥梁长度(m)	主跨长度(m)	跨越障碍物	桥梁结构
1	大桥	洮儿河大桥1号	288	20	道路、铁路	预应力钢筋混凝土箱形梁
2	大桥	洮儿河大桥2号	208	20	道路、铁路	预应力钢筋混凝土箱形梁
3	中桥	高喇嘛中桥	69	16	道路、铁路	预应力钢筋混凝土空心板梁
4	中桥	中桥	44	13	道路、铁路	预应力钢筋混凝土空心板梁
5	中桥	中桥	87	20	河流	预应力钢筋混凝土箱形梁

双嫩高速公路洮南(黑水)至白城(向阳)段路面信息表　　表8-11-3

路面类型	起讫里程	长度(km)	路面结构
沥青路面	K199+000～K239+000	40	上面层:4cm沥青玛蹄脂碎石混合料 下面层:6cm中粒式沥青混凝土 柔性基层上基层:8cm沥青碎石 下基层:32cm水泥稳定砂砾 底基层:16cm水泥稳定砂砾 垫层:20cm砂砾

注:起讫里程来源于《全国道路网调整后里程桩号传递表》。

（6）投资规模

估算金额13.11亿元,概算金额19.26亿元。

2.参建单位

（1）项目管理单位

项目的建设管理采取省地共建模式,项目法人为吉林省公路管理局(重点办),地方项目管理单位是白城市公路工程建设办公室。

（2）勘察设计单位

项目的勘察设计任务由长春市建业集团有限公司、吉林省林业勘察设计研究院及吉林省交通规划设计院共同完成。

总体设计单位是吉林省交通规划设计院,其中主体工程设计由长春市建业集团有限公司完成,房建工程由吉林省林业勘察设计研究院完成。

（3）施工单位

项目的主体工程施工由吉林省松江路桥建设有限责任公司和中铁十二局集团有限公司完成;房建工程施工由大安长城有限责任公司和吉林省吉罡建设工程有限公司完成;绿化工程施工由福建省浩发绿化工程有限公司和山东秀美园林工程有限公司完成;机电工程施工由江西际州建设工程集团有限公司、石家庄泛安科技开发有限公司和中咨泰克交通工程集团有限公司完成;交通工程施工由福建路桥建设有限公司和湖南高速公路配套设施有限公司完成。

（4）监理单位

项目的监理任务由吉林省计维建设监理有限公司等4家单位承担。

项目参建单位信息具体见表8-11-4。

双嫩高速公路洮南(黑水)至白城(向阳)段高速公路参建单位一览表　　表8-11-4

序号	参建单位	单位名称	合同段编号及起讫桩号	主要负责人	备注
1	项目管理单位	吉林省公路管理局（重点办）	D:K93+000～K133+486.678	付　巍	项目法人
2		白城市公路工程建设办公室	D:K93+000～K133+486.678	李德安	地方项目管理单位

第八章
高速公路项目建设情况

续上表

序号	参建单位	单位名称	合同段编号及起讫桩号	主要负责人	备注
3	勘察设计单位	吉林省交通规划设计院		杨 光	总体设计
4		长春建业集团有限公司	D：K93+000～K133+486.678	常玉丽	
5		吉林省林业勘察设计研究院	D：K96+034/NDFJ07	李景宏	房建
6	施工单位	吉林省松江路桥建设有限责任公司	NDBH02：K93+000～K112+000	邹亮东	路基、路面、桥梁工程、收费站
7		中铁十二局集团有限公司	NDBH03：K112+000～K133+487.678	王俊岭	路基、路面、桥梁工程、收费站
8		大安长城有限责任公司	NDFJ06：K96+034	王光军	洮河机场收费站
9		吉林省吉罡建设工程有限公司	NDFJ07	田 凯	房建
10		福建省浩发绿化工程有限公司	NDLH06	林其官	绿化
11		山东秀美园林工程有限公司	NDLH07	尚 进	绿化
12		江西际州建设工程集团有限公司	NDJD02	苗洪斌	机电
13		石家庄泛安科技开发有限公司	NDJD03	何 鑫	机电
14		中咨泰克交通工程集团有限公司	NDJD04	苗 玲	机电
15		福建路桥建设有限公司	NDJT06：K93+000～K101+000	杨丽洪	护栏、标志、标线等交通安全设施
16		湖南高速公路配套设施有限公司	NDJT07：K101+000～K133+487.678	易图权	护栏、标志、标线等交通安全设施
17		吉林航太电力实业有限公司	SBD01	王 晶	送变电
18	监理单位	吉林省计维建设监理有限公司	BHZJB01：K93+000～K133+487.678	孙喜民	总监办公室
19		赤峰天宇交通监理有限公司	BHZDB01：K93+000～K101+000 交通安全设施	朱国峰	

续上表

序号	参建单位	单位名称	合同段编号及起讫桩号	主要负责人	备注
20	监理单位	吉林省通达公路工程监理有限责任公司	BHZDB02：K93+000～K112+000 路基、路面、桥梁、收费站/K93+000～K133+487.678交通安全设施	曹爱春	
21		辽宁省公路工程监理咨询有限公司	BEZDB03：K112+000～K133+487.678路基、路面、桥梁、收费站/K101+000～K133+487.678交通安全设施	鲁荣刚	

注：信息来源于竣工验收文件及建设管理单位。

（二）建设情况

1. 前期准备

双嫩高速公路（吉林段）批复文件涵盖了已建设的3个段落，全部在本项目内计列。

1）项目审批

（1）立项审批

①2009年，吉林省交通运输厅提交了《吉林省交通运输厅关于请批嫩江至通辽高速公路坦途至通榆段工程可行性研究报告的函》（吉交函〔2009〕194号）；

②2010年，吉林省工程咨询服务中心对该项目《可研报告》进行了评估（吉资综字〔2010〕13号）；

③2010年2月8日，吉林省发展和改革委员会下发了《关于嫩江至丹东高速公路坦途至保康段工程可行性研究报告的批复》（吉发改审批〔2010〕83号）。

（2）设计审批

①2011年3月30日，吉林省发展和改革委员会下发了《关于嫩江至丹东高速公路坦途至黑水段初步设计的批复》（吉发改审批〔2011〕203号）；

②2011年11月9日，吉林省交通运输厅下发了《嫩江至丹东高速公路坦途至黑水段两阶段施工图设计的批复》（吉交审批函〔2011〕3号）。

（3）其他审批

①2009年8月20日，吉林省环境保护厅下发了《关于嫩江至通辽高速公路坦途至通榆段工程环境影响报告书的批复》（吉环行审字〔2009〕1362号）；

②2013年12月25日，国土资源部下发了《国土资源部关于嫩江至丹东高速公路坦途至黑水段工程建设用地的批复》（国土资函〔2013〕959号）；

③2014年4月21日，吉林省交通运输厅下发了《吉林省交通运输厅关于嫩江至丹东高速公路镇赉至白城段管养及服务设施施工图设计的批复》（吉交函〔2014〕129号）；

④2014年6月30日,吉林省交通运输厅下发了《吉林省交通运输厅关于嫩江至丹东高速公路镇赉至白城段机电工程两阶段施工图设计的批复》(吉交函〔2014〕225号)。

2)资金筹措

项目采用银行贷款及地方自筹方式,其中省投资90%,地方自筹10%。

3)工程勘察设计

设计单位通过公开投标,承担了项目的设计任务。2010年2月,设计单位根据吉林省工程咨询服务中心对该项目的《可研报告》的评估意见(吉资综字〔2010〕13号),修改完善了工程可行性研究报告,并获得了吉林省发展改革委员会下发的《关于嫩江至丹东高速公路坦途至保康段工程可行性研究报告的批复》,完成立项审批。

2011年3月30日,设计单位根据吉林省国家投资项目评审中心《关于嫩江至丹东高速公路坦途至黑水段工程初步设计审查意见的报告》(吉评审综字〔2011〕59号)提出的审查意见,修改完善了设计文件,并获得了吉林省发展和改革委员会下发的《关于嫩江至丹东高速公路坦途至黑水段初步设计的批复》(吉发改审批〔2011〕203号),同意初步设计方案及概算。

2011年11月9日,项目经过吉林省交通运输厅组织有关部门及专家对设计文件进行的审查,获得了《嫩江至丹东高速公路坦途至黑水段两阶段施工图设计的批复》(吉交审批函〔2011〕3号),设计成果满足现行技术标准和规范要求,可以作为组织施工的依据。

项目的路面设计技术标准采用双轮组单轴轴载100kN(BZZ-100)为标准轴载,面层采用改性沥青玛蹄脂碎石混合料表面层,中粒式改性沥青混凝土下面层,沥青稳定碎石和水泥稳定砂砾为基层,水泥稳定砂砾为底基层。桥涵设计跨径8m采用钢筋混凝土现浇板;跨径10m、13m及16m采用简支预应力混凝土空心板;跨径20m、25m及30m采用预应力混凝土简支转连续箱梁,仅在特殊地方采用35m跨径的预应力混凝土简支箱梁。

2. 项目实施

(1)招投标

项目单位严格执行国家有关招标投标的规定,项目勘察、设计、施工、监理、主要设备、重要材料等全部实行公开招标,招标组织形式为委托招标。

(2)征地拆迁

按照交通运输厅对于双嫩高速公路洮南(黑水)至坦途(吉黑界)段全线征地,部分开工的要求,完成了全线15227亩的征地拆迁工作,其中双嫩高速公路洮南(黑水)至白城(向阳)段征地5076亩。

(3)施工情况

施工中各施工单位在质量控制上,建立了一个完整的以自检为主的质量控制体系。认真履行了作为承包人应尽的自检职责,配备了先进的自检设备和强干的质量检测人员。

项目工程质量从自检和监理抽检情况及质量评定情况看,各分部、分项、工程质量均为合格工程,分项工程优良率达到 95% 以上。工程所用的主要建筑材料、各种构配件及设备均有合格证,按规范要求进行各种检测试验,其检测报告结果均合格。其中用于混凝土抗压试件、砂浆试块进行了见证取样检测,检测数量符合要求。

双嫩高速公路洮南(黑水)至白城(向阳)段自施工开始到完工,整个过程质量完全处于受控状态,未出现任何重大质量事故。各项工程质量均达到《公路工程质量检验评定标准》要求。项目未发生任何质量事故和其他事故,路基工程、路面工程质量均符合规范及设计要求。

各施工单位在施工中都建立、完善并执行了一套安全管理制度,其中包括安全生产责任制、安全生产教育制度、安全生产检查制度、安全事故的处理报告制度、现场施工安全值班制度,在此基础上,制定安全保护措施和安全操作规程。在确保工程质量、进度、安全以及文明施工的同时,还制定并落实了施工期间严格的环境保护措施。施工中坚持"以防为主,防治结合,综合治理,化害为利"的原则,防止污染和破坏自然环境,从而使受损的生态环境减少至最低程度。对于生活垃圾、废料、废方、废水做好善后处理工作,避免污染环境、堵塞交通以及对农田水利设施和排灌系统的影响,较好地保护了当地群众的庄稼、树木、花草。运输机械尽可能地采用排烟少、污染小的设备。

(4)监理情况

项目为二级监理机构,设 1 个总监办、3 个驻地监理办,监理单位分别由以下单位承担监理工作:总监办为吉林省计维工程监理有限公司,01 驻地监理办为赤峰天宇交通监理有限公司,02 驻地监理办为吉林省通达公路工程监理有限责任公司,03 驻地监理办为辽宁省公路工程监理咨询有限公司。

总监办下设技术质检部、计划合同部、中心试验室、行政综合部等 4 个部门,驻地监理办公室下设试验室、安全监理、计划监理、现场专业监理、试验监理等。

监理人员持证率 100%,人员和试验检测设备均满足招标文件要求。在工作中,各级监理以"严格监理、优质服务、公正科学、廉洁自律"为原则,严格按照行业规范、规程、标准和省厅标准化指南以及建设单位下发的办法和文件执行,认真做好"三控两管"工作,很好地完成了监理工作任务。

根据服务合同要求及工程实际,总监办、驻地办建立了完善的监理组织机构,设计划合同处、技术质检处、中心试验室。项目的监理工作真正做到了工程项目负责、为国家和人民负责的目的。在建设项目的实施过程中,监理单位加强和规范监理队伍自身管理和建设工作,严格执行监理工作的十六字方针,建立健全各项规章制度,认真贯彻交通部颁布的《公路工程施工监理规范》及有关合同文件。确保工程质量、确保施工安全、确保合同工期、确保监理合同的认真执行等,始终是监理工作持之以恒并坚持不懈的工作目标。

双嫩高速公路洮南(黑水)至白城(向阳)段经过两年的艰苦施工,现已全部交工,总监办中心试验室、驻地办工地试验室测定的数万个检测数据上看,工程内在质量可靠,路基压实度及弯沉合格率100%;半刚性基层、底基层强度合格率100%;路面厚度合格率100%;沥青面层压实度合格率100%;沥青混合料各项技术指标达到并超过部颁规范标准,路面平整度均方差均在1.2以下。路基坚实稳定,路面平整、无轮迹、无渗水,桥涵构造物内实外光。经监理检验单位工程优良率为100%,顺利通过交工验收,并受到各级领导和社会各界的广泛赞誉。

3. 竣(交)工验收

2016年10月,项目法人单位组织交工验收,经综合评定,工程各项指标满足设计要求,综合评分98.7分,同意通过交工验收。

二、双嫩高速公路白城北至镇赉段

(一)概述

1. 基本情况

(1)主要控制点

白城市、白城市洮北区、青山镇、后青龙村、巨宝山村、镇赉县。

(2)建设时间

2012年12月开工建设,2014年10月建成通车。

(3)地形地貌

项目位于吉林省西北部的白城市,地势由西北向东南依次为低山、丘陵、平原,西南略有抬升。西北部为大兴安岭东麓褶皱地带,有敖牛山、大砬子山、马鞍山等丘陵和低山,海拔300~663m;东北部为平原,海拔130~140m;西南部广泛分布西北至东南走向大小沙丘、沙垄,海拔150~180m,是潜化沙漠区。沿线重要地层为下更新冰川堆积砾卵层。全线植被以旱田、水田为主,有部分林地。

(4)技术标准

设计速度为100km/h,双向四车道;路基宽度为26m;桥涵设计荷载为公路—Ⅰ级,设计洪水频率1/100;沥青混凝土路面。

(5)建设规模

建设里程29km,全线设大桥1座,小桥5座,涵洞103道,互通式立体交叉5处,分离式立体交叉2处(其中与珲乌高速公路共用1处),天桥21座,通道7处;设收费站2处(其中与珲乌高速公路共用1处),服务区1处,管理处及养护工区1处。

项目全线主要桥梁及路面信息具体见表 8-11-5、表 8-11-6。

双嫩高速公路白城北至镇赉段主要桥梁信息表　　表 8-11-5

类型	名称	桥梁长度(m)	主跨长度(m)	跨越障碍物	桥梁结构
大桥	大桥	132	25	道路、铁路	预应力钢筋混凝土箱形梁

双嫩高速公路白城北至镇赉段高速公路路面信息表　　表 8-11-6

路面类型	起讫里程	长度(km)	路面结构
沥青路面	K239+000～K268+000	29	上面层:4cm 沥青玛蹄脂碎石混合料 下面层:6cm 中粒式沥青混凝土 柔性基层上基层:8cm 沥青碎石 下基层:32cm 水泥稳定砂砾 底基层:16cm 水泥稳定砂砾 垫层:20cm 砂砾

注:起讫里程来源于《全国道路网调整后里程桩号传递表》。

(6)投资规模

估算金额 9.50 亿元,概算金额 13.97 亿元。

2. 参建单位

(1)项目管理单位

项目建设管理采取省地共建模式,项目法人为吉林省公路管理局(重点办),地方项目管理单位是白城市公路工程建设办公室。

(2)勘察设计单位

项目的勘察设计任务由吉林省交通规划设计院、吉林省路桥设计有限公司、吉林省林业勘察设计研究院共同承担。

总体设计单位是吉林省交通规划设计院,其中主体工程设计由吉林省交通规划设计院以及吉林省路桥设计有限公司完成,房建工程设计由吉林省林业勘察设计研究院完成。

(3)施工单位

项目的主体工程施工由辽宁金帝路桥建设有限公司等 8 家单位完成;交通工程施工由陕西高速交通工贸有限公司及常州市交通设施有限公司完成;绿化工程施工由南京中天园林建设有限责任公司及江西昌宏园林建设有限公司完成;房建工程施工由松原市星星建设工程有限公司及长春建设集团股份有限公司完成。

(4)监理单位

项目的监理任务由吉林省公路工程监理有限公司等 5 家单位承担。

项目参建单位信息具体见表 8-11-7。

第八章 高速公路项目建设情况

双嫩高速公路白城北至镇赉参建单位一览表　　　　　　表 8-11-7

序号	参建单位	单位名称	合同段编号及起讫桩号	主要负责人	备注
1	项目管理单位	吉林省公路管理局(重点办)	K55+000~K93+000	孙平义	项目法人
2		白城市公路工程建设办公室	K55+000~K93+000	李德安	地方项目管理单位
3	勘察设计单位	吉林省交通规划设计院	C:K78+000~K93+000	杨光	白城绕越线
4		吉林省路桥设计有限公司	B:K55+000~K77+992.514	迟东彪	
5		吉林省林业勘察设计研究院	B:K55+599/K60+500	李景宏	房建
6	施工单位	辽宁金帝路桥建设有限公司	NDLJ01:K55+000~K63+000	孙智勇	
7		中铁十八局集团第三工程有限公司	NDLJ02:K63+000~K74+000	许力威	
8		天津鑫路桥建设工程有限公司	NDLJ03:K74+000~K80+903.533	王春保	
9		山西运城路桥有限责任公司	NDLJ04:K89+612.947~K93+000	朱昌华	
10		中铁二十局集团第一工程有限公司	NDYZ01:K55+000~K93+000	李文学	梁板预制
11		通辽市交通工程局	NDLM01:K55+000~K65+000	周建宇	
12		内蒙古路桥有限责任公司	NDLM02:K65+000~K80+903.533	王长在	
13		浙江华新交通工程有限公司	NDLM03:K89+612.947~K93+000	马行千	
14		陕西高速交通工贸有限公司	NDJT01:K55+000~K77+992.514	薛启章	
15		常州市交通设施有限公司	NDJT02:K78+000~K93+000	吴策	
16		南京中天园林建设有限责任公司	NDLH01:K55+000~K67+000	郭建勋	
17		江西昌宏园林建设有限公司	NDLH02:K67+000~K80+903.533/K89+612~K93+000	章熙保	
18		松原市星星建设工程有限公司	NDFJ01:K55+599	史艳清	镇赉西管理处收费站养护工区
19		长春建设集团股份有限公司	NDFJ02:K60+500	陈荣利	镇赉服务区
20	监理单位	吉林省公路工程监理有限公司	NDZJB:K55+000~K93+000	侯伟	总监办公室
21		吉林省天达工程咨询监理有限责任公司	J01:K55+000~K77+992.514	姜海春	
22		吉林省通达工程监理有限责任公司	J02:K74+000~K93+000	高丽君	
23		吉林省康桥交通建设监理有限公司	J03:K89+612.947~K93+000	贾继纯	
24		吉林省利达工程项目管理有限责任公司	J04:NDFJ01镇赉西管理处收费站养护工区 NDFJ02镇赉服务区	邹积恩	

注:信息来源于竣工验收文件及建设管理单位。

(二)建设情况

1. 前期准备

（1）项目审批

见双嫩高速公路洮南(黑水)至白城(向阳)段项目审批。

（2）资金筹措

项目采用银行贷款及地方自筹方式,其中省投资90%,地方自筹10%。

（3）工程勘察设计

项目的勘察设计同双嫩高速公路洮南(黑水)至白城(向阳)段共同完成,设计过程见相关部分描述。

项目的路面设计采用双轮组单轴轴载100kN(BZZ-100)为标准轴载,路面设计使用年限为15年。采用弹性层状连续体系理论的专用设计程序"PADS"对项目各种路面结构层进行了弯沉及层底拉应力的计算,同时验算了路面结构的抗冻性能,中湿、潮湿路段的路面总厚度不小于沥青路面最小防冻厚度。桥涵结构形式的确定以技术先进、安全可靠、适用耐久、经济合理、标准化、系列化、方便施工和有利于环保为原则,并适当考虑美观、因地制宜、就地取材、便于施工和养护等因素。上部结构跨径8m采用现浇钢筋混凝土实体板梁;跨径10m、13m、16m采用装配式先张法预应力混凝土空心板梁;跨径20m的大、中桥采用装配式预应力混凝土简支转连续箱梁。下部结构桥墩采用柱式桥墩,桥台根据桥头填土高度及地形地质情况采用柱式和肋板式桥台。基础根据沿线的水文、地质情况,大、中桥多采用钻孔灌注桩基础。

2. 项目实施

（1）招投标

项目单位严格执行国家有关招标投标的规定,项目勘察、设计、施工、监理、主要设备、重要材料等全部实行公开招标,招标组织形式为委托招标。

（2）征地拆迁

按照交通运输厅对于双嫩高速公路洮南(黑水)至坦途(吉黑界)段全线征地、部分开工的要求,完成了全线15227亩的征地拆迁工作,其中双嫩高速白城北至镇赉段征地3680亩。

（3）施工情况

施工中各施工单位在质量控制上,建立了一个完整的以自检为主的质量控制体系。认真履行了作为承包人应尽的自检职责,配备了高强的自检设备和质量检测人员。

项目工程质量按自检和监理抽检情况及质量评定情况看:各分部、分项、工程质量均为合格工程,分项工程优良率达到95%以上。工程所用的主要建筑材料、各种构配件及设备均有合格证,按规范要求进行各种检测试验,其检测报告结果均合格。其中用于混凝土抗压试件、砂浆试块进行了见证取样检测,检测数量符合要求。

双嫩高速公路白城北至镇赉段建设项目,自施工开始到完工,整个过程质量完全处于受控状态,未出现任何重大质量事故。各项工程质量均达到《公路工程质量检验评定标准》要求。项目未发生任何质量事故和其他事故,路基工程、路面工程质量均符合规范及设计要求。

各施工单位在施工中都建立、完善并执行了一套安全管理制度,其中包括安全生产责任制、安全生产教育制度、安全生产检查制度、安全事故的处理报告制度、现场施工安全值班制度,在此基础上,制定安全保护措施和安全操作规程。在确保工程质量、进度、安全以及文明施工的同时,还制定并落实了施工期间严格的环境保护措施。施工中坚持"以防为主,防治结合,综合治理,化害为利"的原则,防止污染和破坏自然环境,从而使受损的生态环境减少至最低程度。对于生活垃圾、废料、废方、废水做好善后处理工作,避免污染环境、堵塞交通以及对农田水利设施和排灌系统的影响。较好地保护了当地群众的庄稼、树木、花草。运输机械尽可能地采用排烟少、污染小的设备。

(4)监理情况

根据服务合同要求及工程实际,总监办、驻地办建立了完善的监理组织机构,设计划合同处、技术质检处、中心试验室。项目的监理工作真正做到了为工程项目负责、为国家和人民负责的目的。在建设项目的实施过程中,监理单位加强和规范监理队伍自身管理和建设工作,严格执行监理工作的十六字方针,建立健全各项规章制度,认真贯彻交通部颁布的《公路工程施工监理规范》及有关合同文件。确保工程质量、确保施工安全、确保合同工期、确保监理合同的认真执行等,始终是监理工作持之以恒并坚持不懈的工作目标。

在严格监理的同时,针对施工单位技术力量相对薄弱的情况加大了"热情服务"力度,多提合理化建议,加强"事前监理",让施工单位少走弯路,消灭质量问题于萌芽状态。全体监理人员严格履行监理合同中所授予的职权,圆满完成了质量、安全、环保、进度、费用控制和合同管理等监理工作任务。

双嫩高速公路白城北至镇赉段全面实行了"政府监督、业主管理、社会监理、企业自检"的工程质量保证体系。吉林省质量监督站不定期地到施工现场,对施工过程中的质量和监理工作行为进行专项监督。在工程质量管理上,运用源头把关、过程控制、环节验收的控制程序作为质量监理的基本思路,即严把材料进场关、缺陷处理关、开工审批关、施工控制关和阶段验收关。

双嫩高速公路白城北至镇赉段经过两年的艰苦施工,现已全部交工。从总监办中心试验室、驻地办工地试验室测定的数万个检测数据上看,工程内在质量可靠,路基压实度及弯沉合格率100%;半刚性基层、底基层强度合格率100%;路面厚度合格率100%;沥青面层压实度合格率100%;沥青混合料各项技术指标达到并超过部颁规范标准,路面平整度均方差均在1.2以下。路基坚实稳定,路面平整、无轮迹、无渗水,桥涵构造物内实外光。经监理检验单位工程优良率为100%,顺利通过交工验收,并受到各级领导和社会各界的广泛赞誉。

3.竣(交)工验收

2016年10月,项目法人单位组织交工验收,经综合评定,工程各项指标满足设计要求,综合评分98.6分,同意通过交工验收。

三、双嫩高速公路镇赉至坦途(吉黑界)段

(一)概述

1.基本情况

(1)主要控制点

白城市镇赉县、建平乡、东屏镇、坦途镇。

(2)建设时间

2014年7月开工建设,2016年10月建成通车。

(3)地形地貌

项目位于吉林省西北部的白城市,地势由西北向东南依次为低山、丘陵、平原,西南略有抬升。西北部为大兴安岭东麓褶皱地带,有敖牛山、大砬子山、马鞍山等丘陵和低山,海拔300~663m;东北部为平原,海拔130~140m;西南部广泛分布西北至东南走向大小沙丘、沙垄,海拔150~180m,是潜化沙漠区。沿线重要地层为下更新冰川堆积砾卵层。全线植被以旱田、水田为主,有部分林地。

(4)技术标准

设计速度为100km/h,双向四车道;路基宽度为26m;桥涵设计荷载为公路—Ⅰ级,设计洪水频率1/100;沥青混凝土路面。

(5)建设规模

建设里程51km,全线设大桥2座,中桥2座,小桥5座,涵洞75道,互通式立体交叉3处,分离式立体交叉4处,天桥62座,通道110处;设收费站4处,服务区1处,管理处1处,养护工区1处。

项目主要桥梁及路面信息具体见表8-11-8、表8-11-9。

(6)投资规模

估算金额16.71亿元,概算金额24.56亿元。

双嫩高速公路镇赉至坦途(吉黑界)段桥梁信息表

表 8-11-8

序号	类型	名称	桥梁长度(m)	主跨长度(m)	跨越障碍物	桥梁结构
1	大桥	引嫩入白大桥	337	30	道路、铁路	预应力钢筋混凝土箱形梁
2		二龙涛河桥	107	25	道路、铁路	预应力钢筋混凝土箱形梁
3	中桥	中桥	47	13	道路、铁路	预应力钢筋混凝土空心板梁
4		泄水干渠中桥	107	20	道路、铁路	预应力钢筋混凝土箱形梁

双嫩高速公路镇赉至坦途(吉黑界)段路面信息表

表 8-11-9

路面类型	起讫里程	长度(km)	路面结构
沥青路面	K268+000～K319+000	51	上面层:4cm沥青玛蹄脂碎石混合料 下面层:6cm中粒式沥青混凝土 柔性基层上基层:8cm沥青碎石 下基层:32cm水泥稳定砂砾 底基层:16cm水泥稳定砂砾 垫层:20cm砂砾

注:起讫里程来源于《全国道路网调整后里程桩号传递表》。

2. 参建单位

(1)项目建设管理单位

项目建设管理采取省地共建模式,项目法人为吉林省公路管理局(重点办),地方项目管理单位是白城市公路工程建设办公室。

(2)勘察设计单位

项目的勘察设计任务由吉林省交通科学研究所、吉林省路桥设计有限公司共同承担,总体设计单位是吉林省交通规划设计院。

(3)施工单位

项目的主体工程施工由天津市公路工程总公司等7家单位完成;房建工程施工由长春鸿源建设有限公司及松原市江城建筑工程有限责任公司完成;绿化工程施工由江苏辰海园林工程有限公司及中力禾生态建设股份有限公司完成;交通工程施工由江苏东方交通工程有限公司及湖南辰波交通工程有限公司完成;机电工程施工由北京云星宇交通科技股份有限公司及武汉东交路桥工程有限公司完成。

(4)监理单位

项目的监理任务由计维建设监理有限公司等3家单位承担。

项目参建单位信息具体见表8-11-10。

双嫩高速公路镇赉至坦途(吉黑界)段参建单位一览表

表 8-11-10

序号	参建单位	单位名称	合同段编号及起讫桩号	主要负责人	备注
1	项目管理单位	吉林省公路管理局(重点办)	K0+000～K55+000	付巍	
2		白城市公路工程建设办公室	K0+000～K55+000	李德安	

续上表

序号	参建单位	单位名称	合同段编号及起讫桩号	主要负责人	备注
3	勘察设计单位	吉林省交通科学研究所	A:K0+000~K34+397.402	成 铭	
4		吉林省路桥设计有限公司	B:K38+419.59~K55+000	迟东彪	
5	施工单位	天津市公路工程总公司	NDZT01:K0+000~K6+500	张秀纪	路基、路面、桥梁、收费站
6		北京市政路桥股份有限公司	NDZT02:K6+500~K14+000	李 鹏	路基、路面、桥梁、服务区
7		江西省交通工程集团公司	NDZT03:K14+000~K22+000	熊文勇	路基、路面、桥梁、收费站
8		中交四公局第一工程有限公司	NDZT04:K22+000~K34+397.402	崔胜利	路基、路面、桥梁
9		中铁七局集团第一工程有限公司	NDZT05:K28+000~K30+000	张卫东	路基、路面、桥梁
10		湖南益阳公路桥梁建设有限集团责任公司	NDZT06:K38+419.59~K44+800	肖卓能	路基、路面、桥梁
11		内蒙古路桥有限责任公司	NDZT07:K44+800~K55+000	景志远	路基、路面、桥梁
12		长春鸿源建设有限公司	NDFJ04	李 纬	房建工程
13		松原市江城建筑工程有限责任公司	NDFJ05	安凤波	房建工程
14		江苏辰海园林工程有限公司	NDLH04	高良成	绿化工程
15		中力禾生态建设股份有限公司	NDLH05	李莹莹	绿化工程
16		黑龙江省北龙交通工程有限公司	NDJD01	马德军	机电工程
17		北京云星宇交通科技股份有限公司	NDJD02	范文江	机电工程
18		武汉东交路桥工程有限公司	NDGJ01	刘召军	机电工程
19		吉林航太电力实业有限公司	SBD01	王 晶	送变电工程
20		江苏东方交通工程有限公司	NDJT04:K0+000~K21+000	姜春荣	护栏、标志、标线等交通安全设施
21		湖南辰波交通工程有限公司	NDJT05:K21+000~K34+397.402/K38+419.59~K55+000	廖汉武	护栏、标志、标线等交通安全设施
22		中铁一局集团第二工程有限公司	NDYZ02	宋 琼	全线梁板预制

续上表

序号	参建单位	单位名称	合同段编号及起讫桩号	主要负责人	备注
23	监理单位	吉林省计维建设监理有限公司	ZTZJB01：K0+000～K34+397.402/K38+419.59～K55+000	杨吉昌	总监办公室
24		吉林市万丰公路工程监理有限责任公司	ZTZDB01：K0+000～K6+000路基、路面、桥梁、收费站/K6+000～K14+000路基、路面、桥梁、服务区/全线梁板预制/K0+000～K21+000护栏、标志、标线等交通安全设施	谢锦忠	
25		吉林市康桥交通建设监理有限公司	ZTZDB02：K14+000～K22+000路基、路面、桥梁、收费站/K22+000～K34+397.402路基、路面、桥梁/K0+000～K34+397.402、K38+419.59～K55+000交通安全设施	王阵	
26		内蒙古公路工程咨询监理有限责任公司	ZTZDB03：K38+419.59～K44+800路基、路面、桥梁/K44+800～K55+000路基、路面、桥梁、收费站/K0+000～K34+397.402、K38+419.59～K55+000交通安全设施	于新民	
27		吉林长恒项目管理有限公司	ZTZDB04	曲佩刚	

注：信息来源于竣工验收文件及建设管理单位。

(二)建设情况

1. 前期准备

(1)项目审批

见双嫩高速公路洮南(黑水)至白城(向阳)段项目审批。

(2)资金筹措

项目采用银行贷款及地方自筹方式,其中省投资90%,地方自筹10%。

(3)工程勘察设计

项目的勘察设计同双嫩高速公路洮南(黑水)至白城(向阳)段共同完成,设计过程见相关部分描述。

项目的路面设计技术标准采用双轮组单轴轴载100kN(BZZ-100)为标准轴载,面层采用改性沥青玛蹄脂碎石混合料表面层,中粒式改性沥青混凝土下面层,沥青稳定碎石和水泥稳定砂砾为基层,水泥稳定砂砾为底基层。桥涵设计跨径8m采用钢筋混凝土现浇板;

跨径10m、13m及16m采用简支预应力混凝土空心板；跨径20m、25m及30m采用预应力混凝土简支转连续箱梁，仅在特殊地方采用35m跨径的预应力混凝土简支箱梁。

2．项目实施

（1）招投标

项目单位严格执行国家有关招标投标的规定，项目勘察、设计、施工、监理、主要设备、重要材料等全部实行公开招标，招标组织形式为委托招标。

（2）征地拆迁

按照交通运输厅对于双嫩高速公路洮南（黑水）至坦途（吉黑界）段全线征地、部分开工的要求，完成了全线15227亩的征地拆迁工作，其中双嫩高速公路镇赉至坦途（吉黑界）段征地6471亩。

（3）施工情况

施工中各施工单位在质量控制上，建立了一个完整的以自检为主的质量控制体系。认真履行了作为施工单位应尽的自检职责，配备了高强的自检设备和质量检测人员。

项目工程质量按自检和监理抽检情况及质量评定情况看：各分部、分项、工程质量均为合格工程，分项工程优良率达到95%以上。工程所用的主要建筑材料、各种构配件及设备均有合格证，按规范要求进行各种检测试验，其检测报告结果均合格。其中用于混凝土抗压试件、砂浆试块进行了见证取样检测，检测数量符合要求。

双嫩高速公路镇赉至坦途（吉黑界）段自施工开始到完工，整个过程质量完全处于受控状态，未出现任何重大质量事故。各项工程质量均达到《公路工程质量检验评定标准》要求。项目未发生任何质量事故和其他事故，路基工程、路面工程质量均符合规范及设计要求。

各施工单位在施工中都建立、完善并执行了一套安全管理制度，其中包括安全生产责任制、安全生产教育制度、安全生产检查制度、安全事故的处理报告制度、现场施工安全值班制度，在此基础上，制定安全保护措施和安全操作规程。在确保工程质量、进度、安全以及文明施工的同时，还制定并落实了施工期间严格的环境保护措施。施工中坚持"以防为主，防治结合，综合治理，化害为利"的原则，防止污染和破坏自然环境，从而使受损的生态环境减少至最低程度。对于生活垃圾、废料、废方、废水做好善后处理工作，避免污染环境、堵塞交通以及对农田水利设施和排灌系统的影响。较好地保护了当地群众的庄稼、树木、花草。运输机械尽可能地采用排烟少、污染小的设备。

（4）监理情况

根据服务合同要求及工程实际，总监办、驻地办建立了完善的监理组织机构，设计划合同处、技术质检处、中心试验室。项目的监理工作真正做到了工程项目负责、为国家和人民负责的目的。在建设项目的实施过程中，加强和规范监理队伍自身管理和建设工作，严格执行监理工作的十六字方针,建立健全各项规章制度,认真贯彻交通部颁布的《公路工程施工监理规范》及有关合同文件。确保工程质量、确保施工安全、确保合同工期、确保监理合同的认真执行等,始终是监理工作持之以恒并坚持不懈的工作目标。

在严格监理的同时,针对施工单位技术力量相对薄弱的情况加大了"热情服务"力度,多提合理化建议,加强"事前监理",让施工单位少走弯路,消灭质量问题于萌芽状态。全体监理人员严格履行监理合同中所授予的职权,圆满完成了质量、安全、环保、进度、费用控制和合同管理等监理工作任务。

双嫩高速公路镇赉至坦途(吉黑界)段全面实行了"政府监督、业主管理、社会监理、企业自检"的工程质量保证体系。吉林省质量监督站不定期地到施工现场,对施工过程中的质量和监理工作行为进行专项监督。在工程质量管理上,运用源头把关、过程控制、环节验收的控制程序作为质量监理的基本思路,即严把材料进场关、缺陷处理关、开工审批关、施工控制关和阶段验收关。

双嫩高速公路镇赉至坦途(吉黑界)段经过两年的艰苦施工,现已全部交工。从总监办中心试验室、驻地办工地试验室测定的数万个检测数据上看,工程内在质量可靠,路基压实度及弯沉合格率100%;半刚性基层、底基层强度合格率100%;路面厚度合格率100%;沥青面层压实度合格率100%;沥青混合料各项技术指标达到并超过部颁规范标准,路面平整度均方差均在1.2以下。路基坚实稳定,路面平整、无轮迹、无渗水,桥涵构造物内实外光。经监理检验单位工程优良率为100%,顺利通过交工验收,并受到各级领导和社会各界的广泛赞誉。

3. 竣(交)工验收

2016年10月,项目法人单位组织交工验收,经综合评定,工程各项指标满足设计要求综合评分98.6分,同意通过交工验收。

四、运营管理

(一)服务区及收费站设置

截至2016年底,双嫩高速公路洮南(黑水)至坦途(吉黑界)段设有2处服务区,具体情况见表8-11-11。

双嫩高速公路洮南(黑水)至坦途(吉黑界)段服务区情况表　　表8-11-11

序号	服务区名称	位置桩号	管理经营单位
1	洮南服务区	K210	洮南服务区
2	坦途服务区	K306	坦途服务区

双嫩高速公路洮南(黑水)至坦途(吉黑界)段收费站设置情况见表8-11-12。

双嫩高速公路洮南(黑水)至坦途(吉黑界)段收费站情况表　　　表8-11-12

序号	路段名称	收费站名称
1	双嫩高速公路洮南(黑水)至白城(向阳)段	黑水、洮南、长安机场
2	双嫩高速公路白城(向阳)至镇赉段	白城东、白城北、镇赉西、镇赉北
3	双嫩高速公路镇赉至坦途段	东屏、坦途、西明嘎

(二)信息化建设

截至2016年底,双嫩高速公路洮南(黑水)至坦途(吉黑界)段信息化设备设置情况见表8-11-13。

双嫩高速公路洮南(黑水)至坦途(吉黑界)段信息化设备设置情况表　　　表8-11-13

序　号	设 施 名 称	数　量
1	大型可变情报板	9
2	小型可变情报板	15
3	车辆检测器	15
4	气象检测器	2
5	道路摄像机(含隧道)	12
6	收费广场摄像机	16
7	车道和亭内摄像机	112

(三)养护管理

截至2016年底,双嫩高速公路洮南(黑水)至坦途(吉黑界)段的养护情况见表8-11-14。

养护管理情况表　　　表8-11-14

养护工区(个)	管理人员(人)	小修队(人)	养护工区明细
2	10	15	白城(洮南、东屏)

第十二节　长春至长白高速公路(S01)

长春至长白高速公路(S01,以下简称"长长高速公路")是吉林省"五四三二一"高速公路网总体布局中"四射"的第二射。长长高速公路的建成对加快东北区域骨架公路网和吉林省高速公路网主骨架的形成,加快东北地区老工业基地振兴,改善区域交通条件,促进长白山旅游资源开发和经济社会协调发展,加强国防建设、提升边境国防应急保障能力起到重要作用。

长长高速公路起自长春市,经乐山镇、伊通县、营城子镇、朝阳山镇、辉南县、辉南镇、抚民镇、靖宇县、板房子村、花园口镇、抚松县、松江河镇，止于长白县，全长约428km。因建设时序不同，共划分为6个段落，分别为长春至营城子段、营城子至抚民段、抚民至靖宇段、靖宇至抚松（花园口）段、抚松（花园口）至松江河段、松江河至长白段。图8-12-1和图8-12-2为长长高速公路路段实景。

图8-12-1　长长高速公路路段实景（一）

图8-12-2　长长高速公路路段实景（二）

长长高速公路长春至营城子段于1995年6月开工，1997年8月建成通车，里程70km，投资10.54亿元（决算）。

长长高速公路营城子至抚民段于2007年11月开工，2010年9月建成通车，里程112km，投资40.30亿元（概算）。

长长高速公路抚民至靖宇段于2009年5月开工，2011年9月建成通车，里程54km，投资27.30亿元（概算）。

长长高速公路靖宇至抚松（花园口）段于2008年8月开工，2013年9月建成通车，与鹤大高速公路共线，里程26km（包含与鹤大高速共线段23km），投资16.60亿元（概算）。

长长高速公路抚松（花园口）至松江河段于2009年6月开工，2015年9月建成通车，其中花园口至榆树川段与鹤大高速公路共线，里程61km（包含与鹤大高速公路共线段13km），投资48.40亿元（概算）。

长长高速公路松江河至长白段，里程约105km，规划路段。

已建路段项目详细情况见下文，基础信息具体见表8-12-1。

长长高速公路（已建路段）基础信息表　　　　表8-12-1

序号	编号	项目名称	规模(km) 合计	八车道	六车道	四车道	建设性质	设计速度(km/h)	永久占地(亩)	投资情况(亿元) 估算	概算	决算	资金来源	建设时间(开工~通车)	共线路段 里程	编号	备注
1		长长高速公路长春至营城子段	70			70	新建	100	7074	9.77	10.55	10.54	中央补贴、地方自筹、银行贷款	1995.6~1997.8			
2		长长高速公路营城子至抚民段	112			112	新建	100	26297	40.69	40.30		中央补贴、地方自筹、银行贷款	2007.11~2010.9			
3	S01	长长高速公路抚民至靖宇段	54			54	新建	100	7873	27.57	27.30		中央补贴、地方自筹、银行贷款	2009.5~2011.9			
4		长长高速公路靖宇至抚松（花园口）段	26		23	3	新建	80	2684	16.76	16.60		中央补贴、地方自筹、银行贷款	2008.8~2013.9			
5		长长高速公路抚松（花园口）至松江河段	61		13	48	新建	80	6712	48.87	48.40		中央补贴、地方自筹、银行贷款	2009.6~2015.9			

一、长长高速公路长春至营城子段

（一）概述

1. 基本情况

（1）主要控制点

长春市、乐山镇、伊通县、营城子镇。

（2）建设时间

1995年6月开工建设，1997年8月建成通车。图8-12-3为长长高速公路长春至营城子段路段实景。

图 8-12-3　长长高速公路长春至营城子段路段实景

（3）地形地貌

长长高速公路长春至营城子段沿线为松辽平原与东南部山区的过渡带，沿伊通河谷，地势由东向西倾斜，地势平坦，起伏较小，属平原微丘地区。

（4）技术标准

设计速度为 100km/h，双向四车道；路基宽度为 24.5m；桥涵设计荷载为汽车—超 20 级、挂—120，设计洪水频率 1/100；沥青混凝土路面。

（5）建设规模

建设里程 70km，全线设大桥 1 座，中桥 4 座，小桥 3 座，涵洞 79 道，互通式立体交叉 3 处，分离式立体交叉 3 处，天桥 14 座，通道 61 处；设收费站 3 处，停车场 1 处，管理所 1 处。

项目主要桥梁及路面信息具体见表 8-12-2、表 8-12-3。

长长高速公路长春至营城子段主要桥梁信息表　　表 8-12-2

序号	规模	名　　称	桥梁长度(m)	主跨长度(m)	跨越障碍物	桥　梁　结　构
1	大桥	伊通河大桥	396	30	河流	预应力钢筋混凝土连续箱梁
2	中桥	乐山中桥	85	20	河流	预应力钢筋混凝土连续箱梁
3		磨坊屯中桥	43	13	河流	预应力钢筋混凝土连续箱梁
4		两半屯中桥	52	16	河流	预应力钢筋混凝土连续箱梁
5		机房屯中桥	85	20	河流	预应力钢筋混凝土连续箱梁

长长高速公路长春至营城子段路面信息表　　表 8-12-3

路面形式	起讫里程	长度(km)	路　面　结　构
沥青路面	K0+000～K70+000	70	上面层：4cm 中粒式沥青混凝土 下面层：6cm 粗粒式沥青混凝土 基层：25cm 二灰碎石 底基层：15～30cm 二灰石、石灰水泥稳定砂土 垫层：30～50cm 砂砾

注：起讫里程来源于《全国道路网调整后里程桩号传递表》。

(6)投资规模

估算金额 9.77 亿元,概算金额 10.55 亿元,决算金额 10.54 亿元。

2. 参建单位

(1)项目建设管理单位

项目的建设管理单位是吉林省高等级公路建设指挥部。

(2)勘察设计单位

项目的勘察设计任务由吉林省交通规划设计院、吉林省交通科学研究所及吉林省公路工程局设计所共同完成,其中总体设计单位是吉林省交通规划设计院。

(3)施工单位

项目的施工任务由吉林省长城路桥建筑公司等 28 家单位完成。

(4)监理单位

项目的监理任务由吉林省公路工程监理公司承担。

项目参建信息具体见表 8-12-4。

长长高速公路长春至营城子段参建单位一览表　　表 8-12-4

序号	参建单位	单位名称	合同段编号及起讫桩号	主要负责人	备注
1	项目管理单位	吉林省高等级公路建设指挥部	K0+000～K68+735		
2	勘察设计单位	吉林省交通规划设计院	K0+000～K68+735	王国顺	主线设计单位
3		吉林省交通科学研究所	K0+000～K68+735	王晓珂	
4		吉林省公路工程局设计所	K0+000～K68+735	赵玉忠	
5	施工单位	长春市郊区公路段	16:K0+000～K11+000	李景春	
6		吉林省长城路桥建筑公司	16:K0+000～K11+000	谢云集	
7		内蒙古大兴安岭林业建工局	16:K0+000～K11+000 19:K38+369～K47+000	赵竹林	
8		大连市政工程公司	16:K0+000～K11+000	陶全林	
9		长春市郊区公路段分包给沈后长城路桥公司	16分包:K0+000～K11+000	谢云集	
10		吉林省水利水电工程局	17:K11+000～K24+000	聂瓦武	
11		吉林省公路工程局五处	17:K11+000～K24+000 面层 C:K30+500～K39+500	李柏川	
12		通化市公路工程处	17:K11+000～K24+000	唐福安	
13		通化市公路工程处分包给水利水电局	17分包:K11+000～K24+000	陈志国	
14		吉林省公路工程局机械处	18:K24+000～K38+369	黎柏青	

续上表

序号	参建单位	单位名称	合同段编号及起讫桩号	主要负责人	备注
15	施工单位	沈阳高等级公路建设总公司	18：K24+000~K38+369	朱未新	
16		通化县公路工程段	18：K24+000~K38+369	马 敏	
17		辽源市公路工程处	18：K24+000~K38+369 20：K47+000~K57+000	王金良	
18		大庆石油管理局公路工程公司	18：K24+000~K38+369	王建寿	
19		梨树县公路段	19：K38+369~K47+000	张 新	
20		丹东市公路工程处	20：K47+000~K57+000	高 林	
21		丹东市公路工程处分包辽源市公路工程处	20：K47+000~K57+000	崔永梅	
22		吉林省弘盛交通开发公司	21：K57+000~K68+735	李伯川	
23		沈后长城路桥公司	21：K57+000~K68+735	谢云集	
24		长春市建工集团机拖公司	新立城停车场房建工程	王永君	
25		吉林省一建四处	乐山收费站房建工程	徐保政	
26		伊通县建筑公司	伊通管理处房建工程	关书城	
27		吉林省长城路桥建筑公司	终点收费站房建工程	谢云集	
28		白城市公路工程处	面层A：K1+261~K14+000	丁洪民	
29		长春市市政工程公司	面层B：K14+000~K30+500	任青奎	
30		大连市政工程公司	面层D：K39+500~K56+000	张阿房	
31		通化市公路工程处	面层E：K56+000~K68+735	陈志国	
32		吉长交通设施有限公司	K0+000~K68+735	张学林	安全设施
33	监理单位	吉林省公路工程监理公司	K0+000~K68+735	陈耀宗	主线土建工程、安全设施

注：信息来源于竣工验收文件及建设管理单位。

(二)建设情况

1. 前期准备

1)项目审批

（1）立项审批

①1993年,吉林省计划经济委员会下发了《关于新建长春至浑江公路项目建议书的批复》(吉计经交字〔1993〕1693号文)；

②1994年1月,吉林省发展计划委员会组织有关部门进行了现场踏勘工作,并编制完成了工程预可行性研究报告；

③1994年，吉林省发展计划委员会下发了《关于长春至白山公路工程可行性研究报告的批复》（吉计交字〔1994〕452号）。

（2）设计审批

①1995年，吉林省人民政府办公厅下发了《吉林省人民政府办公厅关于印发1995年吉林省重点建设项目名单的通知》（吉政办发〔1995〕20号）；

②1995年，吉林省计划委员会下发了《关于长春至关地印子（营城子）一级公路工程初步设计的批复》（吉计重字〔1995〕732号）。

（3）其他审批

①1995年，吉林省环保局下发了《关于长春至白山公路工程环境影响报告书的批复》（吉环建字〔1995〕31号）；

②1998年，吉林省计划委员会下发了《关于长春至营城子高速公路概算调整的批复》（吉计设审字〔1998〕768号）；

③1998年，吉林省水利厅下发了《关于吉林至珲春公路和长春至白山公路跨主要江河建桥的批复》（吉水管〔1998〕141号）。

2）资金筹措

项目建设资金全部由吉林省交通厅自筹。

3）工程勘察设计

吉林省交通规划设计院通过公开投标被确定为总体设计单位。1994年4月，设计单位根据吉林省交通厅以吉交计字〔1994〕44号文《关于下达长春至白山公路勘测设计任务的通知》的要求，对长春至白山公路开始进行分段测设；同年9月26日，通过了吉林省交通厅对外业测量成果的验收；同年12月末，设计单位完成了两阶段初步设计及概算编制工作。

1995年3月，项目的初步设计通过了吉林省交通厅的审查，获得了吉林省发展计划委员会对项目初步设计的批复。1995年5月，设计单位根据初步设计的初审意见和现行技术规范的要求完成了施工图设计。

项目路线平面线形设计采用了曲线定线法，综合考虑了地形、地物、平、纵、横配合，与周围环境相协调，做到工程量最省，占地和拆迁少，平面线形顺适、连续、均衡并与地形相适应，与自然景观相协调。纵断面线形设计针对平原微丘区涵洞和通道多、路基填土高的特点，因地制宜地采用了小纵坡、长坡段、微起伏、大半径竖曲线的方法，平、纵面线形紧密配合，竖曲线包含在平曲线内，使线形连续、顺畅，解决了平原区排水困难的问题。

长长高速公路长春至营城子段全线除收费站采用水泥混凝土路面外，均采用沥青混凝土路面。为确保汽车高速安全行驶，沥青混凝土路面采用了防滑结构表层，根据路面材料不同，对于组合设计的混合料进行了全面的物理力学试验。

2. 项目实施

（1）招投标

按照"公开、公平、公正"的原则，于1995年1月～3月，对已通过资格预审的国内注册企业进行公开招标，使一批施工经验丰富、技术力量雄厚、机械设备先进、经营意识较强的施工队伍进入高速公路建设市场。经过严格的资格预审和评标，共有6家施工单位中标，负责长长高速公路长春至营城子段路基、桥涵构造物、排水、防护、路面基层等土建工程。1996年11月，在四平至长春高速公路完工后，本着"优质优先中标"的原则，经过公开招投标，从四平至长春高速公路沥青混凝土路面施工队伍中，选择了5家施工单位进行长长高速公路长春至营城子段路面面层施工。1996年底至1997年4月，对交通工程和附属工程进行了招标。

项目监理单位采用公开招标确定。

（2）征地拆迁

按照"政治动员、行政干预、经济补偿、各方支持、妥善安排"的方针，吉林省政府同沿线地方政府签订了协议书，设立征地拆迁办公室，并成立了长春和伊通两个分指挥部办公室，并抽调专人负责协调处理这项工作。全线共征用土地8052亩，其中，永久性占地7074亩。临时性占地978亩，拆迁房屋140户，企业单位12家，电力、电信设施77处，砍伐树木98549棵。

（3）施工情况

施工单位在项目建设中始终贯彻"创一流、争国优"的标准，强化质量意识，牢固树立"质量就是企业生命"的观念，严格执行FIDIC条款的管理模式，从每一道工序抓起，加大奖罚力度，建立健全质量保证体系。大力推广使用新技术、新材料、新工艺和先进的检测、试验化手段，促进工程质量提高。同时，加强培训学习，及时总结并推广先进经验，提高项目全线建设质量。

施工单位克服了施工期内多半为冬季且雨季降水集中的自然条件，根据季节特点，研究制定了细致的施工组织方案和进度计划，确定了各阶段施工重点，提出了施工措施，保证了施工进度。同时各施工单位高度重视质量信誉和企业信誉，认真履行合同，无条件服从和执行各项决定。在项目的施工过程中，处处体现了两个文明一起抓、两个效益一齐要的指导思想，坚持依法管理、文明施工。

（4）监理情况

在项目的实施过程中，各级监理坚持"严格监理、热情服务、遵章守法、廉洁自律"的原则，把质量当成工程的生命，严格执行合同，认真履行监理职责，对项目的实施进行了全过程、全方位的监理。

工程质量方面，监理单位重点对材料进行了检验控制。加强施工工艺管理，严格执行技术规范。对已完成的工程反复检验,改进不足,达到标准。责任落实到人。在工程进度监理方面,为保证工程按时竣工通车,监理单位认真审查承包商的年度施工组织设计,并控制其总工期。每月下达进度计划指令,要求施工单位执行日计划,并及时检查日计划的完成情况。

3. 竣(交)工验收

(1)交工验收

1997年9月,吉林省发展计划委员会、吉林省交通运输厅联合组成的交通验收委员会对项目进行了验收,确认长长高速长春至营城子段工程全部合格,优良品率100%,项目主体工程综合质量得分95.82分,评为优良等级工程。

(2)竣工验收

1998年8月,交通部组织了竣工验收,交通部公路工程检测中心受吉林省高等级公路建设指挥部长营办公室的委托,于1998年8月对长营高速公路的路面工程质量进行了检测评价工作。

二、长长高速公路营城子至抚民段

(一)概述

1. 基本情况

(1)主要控制点

营城子镇、朝阳山镇、辉南县、辉南镇、抚民镇。

(2)建设时间

2007年11月开工建设,2010年9月建成通车。图8-12-4为长长高速公路营城子至抚民段路段实景。

图8-12-4　长长高速公路营城子至抚民段路段实景

（3）地形地貌

项目位于吉林省东南部，沿线地形为东南高西北低，最高点为白云峰，海拔2691m，最低点是伊通河出境处，海拔185m，相对高差较大。地貌类型由长白山山麓洪积台地，经大黑山与吉林哈达岭之间的丘陵地区，逐渐向长白山山区过渡。中部的濛江流域及其以南地区为典型的高原丘陵地，虽然海拔一般在800m以上，但相对高度不大，这里的水系发育，沼泽丛生，并有形状奇异的火山锥展布于其中。在西北部的孤顶子、辉南、抚民镇一带，为山前丘陵地，一般高度在200m以下，岗顶宽平。东部路线所经区域位于长白山西北麓中低山区之龙岗山脉和山间河谷冲积平原头道松花江两大地貌单元，中低山区西南高，海拔高程650～800m。

（4）技术标准

设计速度100km/h，双向四车道；路基宽度为26.0m；桥涵设计荷载为公路—Ⅰ级；设计洪水频率1/100；沥青混凝土路面。

（5）建设规模

建设里程112km，全线设大桥6座（图8-12-5和图8-12-6），中桥23座，小桥12座，涵洞237道，互通式立体交叉7处，分离式立体交叉7处，天桥53座，通道91处；设收费站5处，服务区2处，管理处2处。

图8-12-5　团林大桥（跨沈吉铁路）

图8-12-6　辉发河大桥

项目主要桥梁及路面信息具体见表8-12-5、表8-12-6。

长长高速公路营城子至抚民段主要桥梁信息表　　　　　表8-12-5

序号	规模	名　　称	桥梁长度(m)	主跨长度(m)	跨越障碍物	桥梁结构
1	大桥	南五块石大桥	100	20	河流	预应力钢筋混凝土连续箱梁
2		胜利大桥	126	20	河流	预应力钢筋混凝土连续箱梁
3		亮子河大桥	106	20	河流	预应力钢筋混凝土实心板梁
4		团林大桥	673	30	道路、铁路	预应力钢筋混凝土连续箱梁
5		辉发河大桥	697	30	河流	预应力钢筋混凝土连续箱梁
6		蛤蟆河大桥	217	30	河流	预应力钢筋混凝土连续箱梁
7	中桥	马家屯中桥	52	16	河流	预应力钢筋混凝土连续箱梁
8		福安中桥	86	20	河流	预应力钢筋混凝土连续箱梁
9		杂木河中桥	54	16	河流	预应力钢筋混凝土连续箱梁
10		靠山河中桥	65	20	河流	预应力钢筋混凝土连续箱梁
11		新生中桥	48	15	河流	预应力钢筋混凝土连续箱梁
12		双凤堆中桥	48	15	河流	预应力钢筋混凝土连续箱梁
13		万宝中桥	48	15	河流	预应力钢筋混凝土连续箱梁
14		新立中桥	45	13	河流	预应力钢筋混凝土连续箱梁
15		大块当中桥	48	15	河流	预应力钢筋混凝土连续箱梁
16		陆大院中桥	48	14	河流	预应力钢筋混凝土连续箱梁
17		大灰堆中桥	38	11	河流	预应力钢筋混凝土连续箱梁
18		横头山中桥	40	12	河流	预应力钢筋混凝土连续箱梁
19		北五块石中桥	50	15	河流	预应力钢筋混凝土连续箱梁
20		西兴隆中桥	58	13	河流	预应力钢筋混凝土空心板梁
21		大一步岭中桥	54	16	河流	预应力钢筋混凝土空心板梁
22		朝阳堡中桥	54	16	河流	预应力钢筋混凝土连续箱梁
23		东小城子中桥	86	20	河流	预应力钢筋混凝土连续箱梁
24		多仁中桥	54	16	河流	预应力钢筋混凝土空心板梁
25		爱民屯中桥	66	20	河流	预应力钢筋混凝土连续箱梁
26		义合2号中桥	66	20	河流	预应力钢筋混凝土空心板梁
27		福合中桥	54	16	道路、铁路	预应力钢筋混凝土空心板梁
28		大兴中桥	86	20	河流	预应力钢筋混凝土连续箱梁
29		义合1号中桥	54	16	河流	预应力钢筋混凝土空心板梁

长长高速公路营城子至抚民段路面信息表　　　　　表8-12-6

路面形式	起讫里程	长度(km)	路面结构
沥青路面	K70+000~K182+000	112	上面层:5cm沥青玛蹄脂碎石混合料 下面层:7cm中粒式沥青混凝土 柔性基层:10cm沥青碎石

注:起讫里程来源于《全国道路网调整后里程桩号传递表》。

第八章 高速公路项目建设情况

（6）投资规模

估算金额 40.69 亿元，概算金额 40.30 亿元。

2. 参建单位

（1）项目建设管理单位

项目的建设管理单位是吉林省高等级公路建设局。

（2）勘察设计单位

项目的勘察设计任务由吉林省交通规划设计院、吉林省林业勘察设计研究院以及交通运输部科学研究院共同完成，总体设计单位是吉林省交通规划设计院。

（3）施工单位

项目的主体工程施工由吉林省交通建设集团有限公司完成；房建工程施工由吉林省公路建筑工程公司完成；交通工程施工由吉林省交通建设集团交通工程有限公司完成；机电工程施工由中国公路工程咨询集团有限公司及吉林省高速公路管理局通信监控中心完成。

（4）监理单位

项目的监理任务由吉林省通达公路工程监理公司等 4 家单位承担。

项目参建单位信息具体见表 8-12-7。

长长高速公路营城子至抚民段参建单位一览表　　表 8-12-7

序号	参建单位	单位名称	合同段编号及起讫桩号	主要负责人	备注
1	项目管理单位	吉林省高等级公路建设局	K67+612.154～K180+027.029	李恩会	
2	勘察设计单位	吉林省交通规划设计院	K67+612～K180+027	胡珊	
3		吉林省林业勘察设计研究院	K67+612～K180+027	杨顺泽	
4		交通运输部科学研究院	K67+612～K180+027	陈济丁	
5	施工单位	吉林省交通建设集团有限公司	YF01：K67+612.154～K134+000；YF02：K134+000～K180+027.079	刘忠吉	主体工程
6		吉林省交通建设集团交通工程有限公司	YFJT01：K67+612.154～K180+027.079	张大林	交通工程
7		吉林省公路建筑工程公司	YSFJ01	张大林	房建工程
8		中国公路工程咨询集团有限公司	YFJD01：K67+612.154～K180+027.079	王国锋	机电工程
9		吉林省高速公路管理局通信监控中心	YFJD02	李彦明	机电工程

续上表

序号	参建单位	单位名称	合同段编号及起讫桩号	主要负责人	备注
10	监理单位	吉林省通达公路工程监理公司	ZJB01：K67+612~K180+027	王海	总监
11		吉林省天达工程咨询监理公司	J01：K67+612.154~K134+000	刘树林	驻地监理
12		长春市公路工程监理公司	J02：K134+000~K180+027.079	李长城	驻地监理
13		吉林省康桥交通建设监理有限公司	YFJDJL：K67+612~K180+027	赵鹏	驻地监理

注：信息来源于竣工验收文件及建设管理单位。

（二）建设情况

1. 前期准备

长长高速营城子至松江河四个段落建设依据相同审批文件，全部在本段落中计列。

1）项目审批

（1）立项审批

2009年，国家发展和改革委员会下发了《国家发展改革委关于吉林省营城子至松江河公路可行性研究报告的批复》（发改基础〔2009〕1139号）。

（2）设计审批

①2008年7月1日，吉林省交通厅下发了《吉林省交通厅关于对营城子至松江河高速公路靖宇至抚松段（第八、九、十一设计段）两阶段施工图设计的批复》（吉交审批函〔2008〕23号）；

②2009年4月14日，吉林省交通运输厅下发了《吉林省交通运运输厅关于对营城子至松江河高速公路抚松至松江河段（十二、十三设计段）两阶段施工图设计的批复》（吉交审批函〔2009〕5号）；

③2009年8月25日，交通运输部下发了《关于营城子至松江河公路初步设计的批复》（交公路发〔2009〕438号）；

④2009年12月11日，吉林省交通运输厅下发了《吉林省交通运输厅关于对营城子至松江河高速公路10kV供电线路及抚民至松江河段预埋管线及基础工程施工图设计的批复》；

⑤2010年1月26日，吉林省交通运输厅下发了《关于营城子至松江河高速公路安全设施两阶段施工图设计的批复》（吉交函〔2010〕26号）；

⑥2011年4月8日，吉林省交通运输厅下发了《关于营城子至松江河高速公路抚民至松江河段机电工程两阶段施工图设计的批复》（吉交函〔2011〕70号）；

⑦2012年3月30日,吉林省交通运输厅下发了《关于营城子至松江河高速公路靖宇至抚松段第十设计段两阶段施工图设计》(吉交审批函〔2012〕12号);

⑧2012年8月21日,吉林省交通运输厅下发了《关于营城子至松江河高速公路第十二(2)设计段施工图补充设计的批复》(吉交函〔2012〕210号)。

(3)其他审批

①2007年8月28日,国家环境保护总局下发了《关于营城子至松江河公路工程环境影响报告书的批复》(环审〔2007〕349号);

②2011年8月10日,国土资源部下发了《国土资源部关于营城子至松江河高速公路工程建设用地的批复》(国土资函〔2011〕502号)。

2)资金筹措

项目资金来源为中央专项基金4.63亿元,地方自筹13.32亿元,银行贷款22.35亿元。

3)工程勘察设计

长长高速公路营城子至松江河4个段落均由吉林省交通规划设计院编写,之后3个段落的工程设计部分将不再赘述。

项目设计单位通过公开招标确定,前期工作开展较早,经过设计人员的努力,1993年,项目获得了吉林省计划经济委员会下发的《关于新建长春至浑江公路项目建议书的批复》(吉计经交字〔1993〕1693号文);1994年1月,吉林省发展计划委员会组织有关部门进行了现场踏勘工作,设计单位根据踏勘结果,编制完成了工程预可行性研究报告,同年,获得了吉林省发展计划委员会下发的《关于长春至白山公路工程可行性研究报告的批复》(吉计交字〔1994〕452号),项目正式立项。

2009年,项目获得了吉林省交通运输厅下发的《关于报批营城子至松江河公路初步设计的批复》(交公路发〔2009〕438号),同年8月25日获得了交通运输部文件下发的《关于营城子至松江河公路初步设计的批复》(交公路发〔2009〕438号),确定了建设规模、技术标准和总投资。

吉林省交通规划设计院通过公开投标被确定为总体设计单位。在承接设计任务之后,设计单位组织设计人员认真阅读了项目的有关资料,并进行现场勘查。勘测设计过程中,综合考虑了沿线地形、地物、地质、水文、大桥桥位和不同的自然风光等影响因素,遵循"安全、环保、舒适、和谐"和"以人为本"的设计原则,使整体工程经济合理,打造了一条具有生态、环保、景观特色的高速公路。

在外业测量的同时,设计单位还积极走访了有关部门,征求相关意见。外业过程中得到了吉林省交通运输厅、吉林省交通规划设计院,靖宇、辉南县交通局和当地政府部门的大力协助,保证了测设工作的顺利完成。吉林省交通运输厅组织有关部门和专家对项目初步设计、施工图进行了咨询审查,根据专家和吉林省交通运输厅指导意见对设计方案进行了优化调整。

项目路线布设方案综合考虑本地区特点,充分体现了"安全、环保、舒适、和谐"和"以人为本"的设计原则,使整体工程经济合理,努力打造一条具有生态、环保、景观特色的高速公路。路面设计采用双圆均布垂直荷载作用下的弹性层状连续体系理论,以路表面回弹弯沉值、沥青混凝土层的层底拉应力及半刚性基层、底基层的层底拉应力为设计指标,计算路面结构厚度。桥型方案的选择遵循"安全、适用、经济、美观"的原则,结合桥位处地形、地质条件、路线纵断面、桥孔水文计算情况、沿线建材、施工便捷等因素综合确定。

其中花园口至松江河里马鹿沟地段,项目地形复杂,两山夹一沟,沟内一条河,一条 S302 省道,在这段狭窄处修建高速公路,还要多次与省道 S302 穿越或并行,沟宽有限,且两侧坡体较陡。为了避免大填、大挖,半幅路基、半幅桥梁或是半幅桥梁、半幅隧道,四次改道、四次改河,项目设计方案确定难度大,项目指挥部管理难度大,施工难度大。设计单位本着"不破坏就是最大的保护"的原则,认真落实新理念,严把设计关,反复推敲论证工程方案、技术方案、施工方案。尤其在后期服务中结合实际情况采取动态设计确定工程方案,在排水和防护中做到了节约工程造价,取消了部分圬工防护,针对不同的工况,优化设计,增加了绿化和柔性防护,确保实现生态路、安全路的建设目标。

项目开工后,设计单位认真履行了设计交底、文件答疑、交桩及修正控制点等必要的程序,组织了具有全面专业技术的设计代表组,保证至少有一名设计代表常驻工地现场,配合项目办及时解决施工中存在的技术问题。

图 8-12-7 为路线透视检查。

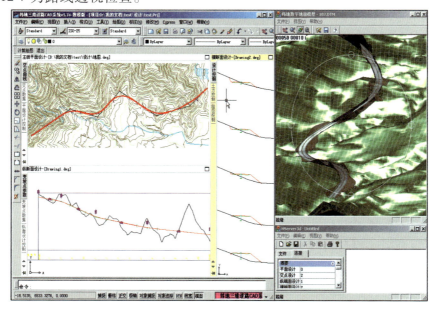

图 8-12-7　路线透视检查

2. 项目实施

(1) 招投标

严格执行国家有关招标投标的规定,施工单位及监理单位均通过公开招标确定。

(2) 征地拆迁

长长高速公路营城子至抚民段共征用土地26297亩,拆迁房屋11315m²、拆移电力电信168处。按照省政府相关规定,征地拆迁由地方政府负责。省高建局与四平、吉林和通化市政府签订《征地拆迁承包责任书》,三市均成立了征地拆迁办公室,负责本地区的征地拆迁具体工作。在地方政府和交通部门的大力支持及协助下,征地拆迁工作得到了切实有效的落实,及时提供了建设用地,为工程建设的顺利实施创造了良好的外部环境。

(3) 施工情况

针对工程规模大、施工内容复杂的特点,施工单位抽调精兵强将,经过集团内部竞争考核后选派施工、技术、质量、材料、计划、安全文明生产及环境保护等方面的专业人员组建项目部,设项目经理两名、项目总工程师两名,下设8个工区和2个预制场。从组织上形成了一套完整的管理机构,以保证工程项目的正常运行,确保优质高效完成任务。

施工单位充分借鉴工程施工及工程管理等方面积累的大量宝贵经验,确保施工更加规范,管理更加科学。通过与设计单位和监理单位的密切配合,高质量按期完成了建设任务,实现了"精心施工,奉献有形精品"的质量目标。图8-12-8为施工现场。

图8-12-8 施工现场

(4) 监理情况

监理单位按照合同规定,设置了总监办及驻地办,配备精干的监理人员及先进的设备。实行总监理工程师负责制,设总监理工程师办公室和驻地监理工程师办公室二级监理机构。管理上采用直线职能式,在总监理办公室的领导下,形成驻地监理办公室审查、总监理办公室职能部门审核、审批的管理体系,按监理合同确定各级监理人员的职责与权限,确保高质量地完成监理工作。

3. 竣(交)工验收

2011年3月,吉林省高等级公路建设局根据交工验收申请,组织有关单位组成验收委员会对项目进行交工验收。验收委员会认为,项目各项工程满足《公路工程竣(交)工验收办法》及《公路工程竣(交)工验收办法实施细则》的要求,认定为合格工程。同意项目通过交工验收,交付使用。

三、长长高速公路抚民至靖宇段

（一）概述

1. 基本情况

（1）主要控制点

抚民镇、靖宇县、板房子村。

（2）建设时间

2009年5月开工建设,2011年9月建成通车。图8-12-9为长长高速公路抚民至靖宇段路段实景。

图8-12-9　长长高速公路抚民至靖宇段路段实景

（3）地形地貌

路线所经区域位于辉南县东南部龙岗山区、靖宇县西南部的低山丘陵区,沟谷纵横,林地茂密,地面起伏变化较大。特别是辉南龙岗山区,山高林密,地形险峻。路线方案布设要妥善解决好与周围地形、地物的适配关系,合理利用自然地形,避免大填大挖,减少路基土石方工程,少占良田沃土,少伐林木。

(4) 技术标准

设计速度100km/h,双向四车道;路基宽度为26m;桥涵设计荷载为公路—Ⅰ级,设计洪水频率为1/100;沥青混凝土路面。

(5) 建设规模

建设里程54km,全线设大桥7座,中桥9座,小桥14座,涵洞103道,隧道1座(图8-12-10),互通式立体交叉2处,分离式立体交叉7处,天桥12座,通道40处;设收费站2处,服务区1处,管理分局1处,隧道变电所2处。

图8-12-10　龙岗隧道

项目主要桥梁、隧道及路面信息具体见表8-12-8、表8-12-9、表8-12-10。

(6) 投资规模

估算金额27.57亿元,概算金额27.30亿元。

2. 参建单位

(1) 项目建设管理单位

项目的建设管理单位是吉林省高等级公路建设局。

(2) 勘察设计单位

项目的勘察设计由山东省交通规划设计院、吉林省林业勘察设计研究院、交通运输部科学研究院共同完成。

其中主体工程和交通工程设计由山东省交通规划设计院完成,机电工程由吉林省林业勘察设计研究院,景观及环保完善设计由交通运输部科学研究院完成。

(3) 施工单位

项目的主体工程和绿化工程施工由通化公路工程有限公司等6家单位完成;房建工程施工由吉林省阳光建筑工程有限公司等3家单位完成;交通工程施工由吉林省龙运高

速公路养护有限责任公司等6家单位完成;机电工程施工由北京云星宇交通工程有限公司和中咨泰克交通工程有限公司完成;消防工程施工由上海三河消防工程有限公司完成。

(4)监理单位

项目的监理任务由吉林省公路工程监理有限责任公司、吉林省天达工程咨询监理有限责任公司、中交建工程咨询(北京)有限公司承担。

项目参建单位信息具体见表8-12-11。

长长高速公路抚民至靖宇段主要桥梁信息表　　　　表8-12-8

序号	规模	名称	桥梁长度(m)	主跨长度(m)	跨越障碍物	桥梁结构
1	大桥	李兆丰沟大桥	157	25	河流	预应力钢筋混凝土连续箱梁
2		武家沟大桥	132	25	河流	预应力钢筋混凝土空心板梁
3		抚民高架大桥	307	25	道路、铁路	预应力钢筋混凝土连续箱梁
4		龙湾河大桥	342	38	河流	预应力钢筋混凝土连续箱梁
5		黄泥河大桥	156	25	道路、铁路	预应力钢筋混凝土连续箱梁
6		青龙河大桥	517	30	河流	预应力钢筋混凝土连续箱梁
7		靖宇大桥	232	25	河流	预应力钢筋混凝土连续箱梁
8	中桥	中桥	54	16	道路、铁路	预应力钢筋混凝土空心板梁
9		中桥	52	13	河流	预应力钢筋混凝土空心板梁
10		中桥	46	13	河流	预应力钢筋混凝土空心板梁
11		中桥	102	16	河流	预应力钢筋混凝土实心板梁
12		中桥	54	16	道路、铁路	预应力钢筋混凝土空心板梁
13		跨线桥	92	35	道路、铁路	预应力钢筋混凝土箱形梁
14		中桥	94	16	河流	预应力钢筋混凝土空心板梁
15		中桥	45	13	河流	预应力钢筋混凝土空心板梁
16		石门子河中桥	95	16	河流	预应力钢筋混凝土空心板梁

长长高速公路抚民至靖宇段隧道信息表　　　　表8-12-9

规模	名称	隧道全长(m)	洞门形式	隧道分类	
				按地质条件划分	按所在区域划分
长隧道	龙岗隧道(左)	1895	削竹式、削竹式	石质隧道	山岭隧道
	龙岗隧道(右)	1895	削竹式、削竹式	石质隧道	山岭隧道

长长高速公路抚民至靖宇段路面信息表　　　　表8-12-10

路面形式	起讫里程	长度(km)	路面结构
沥青路面	K182+000~K236+000	54	上面层:5cm沥青玛蹄脂碎石混合料 下面层:7cm中粒式沥青混凝土 基层:10cm沥青碎石

注:起讫里程来源于《全国道路网调整后里程桩号传递表》。

第八章
高速公路项目建设情况

长长高速公路抚民至靖宇段公路参建单位一览表　　　　表8-12-11

序号	参建单位	单位名称	合同段编号及起讫桩号	主要负责人	备注
1	项目管理单位	吉林省高等级公路建设局	K181+163~K232+126.364	张　辉	
2	勘察设计单位	山东省交通规划设计院	K181+163~K232+126	张　辉	主线设计单位
3		吉林省林业勘察设计研究院	K181+163~K232+126	李振江	
4		交通运输部科学研究院	K181+163~K232+126	杨顺泽	
5	施工单位	通化公路工程有限公司	FJ01：K181+165.693~K194+510（含长链6.717）	陈志国	主体工程
6		吉林省建设集团有限公司	FJ02：K194+510~K201+600 路基K181+165.693~K201+600	江礼成	主体工程
7		中铁十二局集团有限公司	FJ03：K201+600~K207+140	张宗言	主体工程
8		北京市公路桥梁建设集团有限公司	FJ04：K207+140~K216+558.770 路基K201+600~K216+558.770	陈　贺	主体工程
9		吉林省亨通公路建设集团有限责任公司	FJ05：K215+250~K225+140（含长链8.733）	崔永海	主体工程
10		吉林省交通建设集团有限公司	FJ06：K225+140~K232+533.464 路基（含长链5.823）K215+250~K232+533.464	刘忠吉	主体工程
11		吉林省龙运高速公路养护有限责任公司	FSJT02：K181+165.693~K201+600	朱跃坤	交通工程
12		吉林省东吉公路建设有限公司	FSJT03：K201+600~K216+558.770	房井宏	交通工程
13		江苏博纳华交通科技有限公司	FSJT04：K215+250~K232+533.464	陈文宁	交通工程
14		吉林省亿丰路桥工程有限公司	FSJT05：K181+165.693~K201+600	徐凤云	交通工程
15		吉林省松江路桥建筑有限公司	FSJT06：K201+600~K216+558.770	姜春华	交通工程
16		松原市顺达交通设施有限公司	FSJT07：K215+250~K232+533.464	孙兆旺	交通工程
17		北京云星宇交通工程有限公司	YSJD03：K181+165.693~K232+533.464	樊进超	机电工程
18		中咨泰克交通工程有限公司	YSJD04	张　明	机电工程
19		上海三河消防工程有限公司	YSXF01	曾宪华	消防工程
20		吉林省阳光建筑工程有限公司	YSFJ02	谢京山	房建工程
21		吉林省建筑工程有限责任公司	YSFJ03	曹贵祥	房建工程
22		长春建工集团有限公司	YSFJ04	王晓峰	房建工程

续上表

序号	参建单位	单位名称	合同段编号及起讫桩号	主要负责人	备注
23	监理单位	吉林省公路工程监理有限责任公司	ZJB02：K181+165.693～K232+533.464	高连天	总监
24		吉林省天达工程咨询监理有限责任公司	J03：K181+165.693～K201+600	胡志刚	驻地监理
25		中交建工程咨询(北京)有限公司	J05：K215+250～K232+533.464	王长伟	驻地监理

注：信息来源于竣工验收文件及建设管理单位。

（二）建设情况

1. 前期准备

（1）项目审批

详情见长长高速公路营城子至抚民段。

（2）资金筹措

项目资金来源为中央专项基金3.14亿元，地方自筹9.02亿元，银行贷款15.14亿元。

（3）工程勘察设计

详情见长长高速公路营城子至抚民段。

2. 项目实施

（1）招投标

项目单位严格执行国家有关招标投标的规定，工程勘察、设计、建筑工程、监理、重要材料等全部实行公开招标。

（2）征地拆迁

项目共征用土地7873亩，拆迁房屋53608m^2，拆移电力电信61处。按照省政府相关规定，征地拆迁由地方政府负责。省高建局与通化和白山市政府签订《征地拆迁承包责任书》，由地方政府成立征地拆迁办公室，负责本地区的征地拆迁具体工作。在地方政府和交通部门的大力支持及协助下，征地拆迁工作得到了切实有效的落实，及时提供了建设用地，为工程建设的顺利实施创造了良好的外部环境。

（3）施工情况

为顺利完成本合同任务，施工单位组建了该项目的项目经理部，设项目经理1人，总工程师1人，副经理2人，质检工程师3人，下设工程技术部、计划合同部、财务部、试验室、安质科、物资科、设备科、测量室及4个路基土方队、3个圬工队、2个绿化队、8个桥涵队、3个大桥队、1个空心板预制场、1个25m箱梁预制场。

施工自检是保证每道工序质量的第一关口,项目施工自检上严格要求和把关,对于一些没有达到规范和设计要求的施工,坚决返工或整改,把问题消灭在萌芽状态。项目部全体人员认真贯彻落实国家、业主、总监办关于安全生产方面的文件精神,牢固树立"安全第一,预防为主"的指导思想,始终坚持以人为本的安全生产理念,广泛深入地开展安全生产工作,为工程建设营造了一个安定、和谐的施工环境,确保了工程建设各项工作的顺利进行。

图 8-12-11 和图 8-12-12 为龙岗隧道施工现场。

图 8-12-11　龙岗隧道施工(一)

图 8-12-12　龙岗隧道施工(二)

(4)监理情况

吉林省公路工程监理有限责任公司成为该建设项目的总监理单位,并与吉林省高等级公路建设局签订监理服务合同,全面负责长长高速公路抚民至靖宇段建设的施工监理工作。

根据长长高速公路抚民至靖宇段具体情况,按项目法人和服务合同要求,监理单位建立和完善了监理组织机构,实施总监办和驻地监理组的两级监理机构的管理体制。全线共设1个总监理办公室和3个驻地监理组:分别为J03驻地监理组、J04驻地监理组和J05驻地监理组。总监办下设计划合同处、工程技术处、综合处和1个具有相应资质的试验检测中心,即总监办中心试验室。各驻地监理组由监理代表及道路、结构、计划、试验、测量、安全、环保、机电等监理工程师组成。在建设项目的实施过程中,建立健全了各项监理规章制度,认真贯彻执行交通部颁发的《公路工程施工监理规范》及各有关合同文件。全体监理人员严格履行监理合同中所授予的职权,较好地完成了质量监理、进度监理、费用控制、合同管理、安全和环保监理等监理任务。

监理人员中具有高级技术职称的有27名,占监理人员总数的31%;具有中级技术职称的监理人员有53名,占监理人员总数的61%;具有初级技术职称的监理人员有7名,占监理人员总数的8%。监理人员构成符合交通部规定的监理人员组合比例。进场监理人员全部持有监理工程证书,其中持有交通部全项或专项监理工程师证书80名,持有省专业监理工程师证和监理员证书7名,持证上岗率100%,符合规定要求。

长长高速公路抚民至靖宇段公路经过3年的艰苦奋斗,保质保量地按计划完成了建设任务,取得了较大的成绩,这一成绩的取得凝聚着所有监理及全体建设者的心血与汗水。长长高速抚民至靖宇段公路在监理模式的确立以及监理机制、方法和手段上都进行了有益的探索与实践。

3. 竣(交)工验收

验收委员会认为,项目严格按施工图设计文件实施,工程建设实施中监理单位认真履行监理职责,建设管理单位严格按相关管理办法进行管理,并已通过了吉林省交通基本建设质量监督站对各项工程的检测。验收委员会认为,项目各项工程满足《公路工程竣(交)工验收办法》及《公路工程竣(交)工验收办法实施细则》要求,认定为合格工程,同意通过交工验收。

四、长长高速公路靖宇至抚松(花园口)段

(一)概述

1. 基本情况

(1)主要控制点

板房子村、燕平乡、花园口镇。

(2)建设时间

2008年8月开工建设,2013年9月建成通车。

(3)地形地貌

路线所经区域位于长白山西北麓中低山区之龙岗山脉和山间河谷冲积平原头道松

花江两大地貌单元,中低山区南低北高,海拔高程650~800m,最高点为大北山910m。路线前段为玄武岩台地,森林茂密,沟谷地段普遍发育塔头草湿地,中段为山间沟谷穿行,后段为沿江路段。地基土持力层力学性质较好,工程地质条件较好。

(4)技术标准

设计速度80km/h,其中靖宇至板房子互通段双向四车道,路基宽度为26.0m,板房子至榆树川互通双向六车道,路基宽度为32.0m;桥涵设计荷载为公路—Ⅰ级,设计洪水频率为1/100;沥青混凝土路面。

(5)建设规模

建设里程26km,全线设大桥5座,中桥3座,小桥3座,涵洞55道,隧道1座,互通式立体交叉3处,分离式立体交叉4处,通道19处;设收费站2处,服务区1处,隧道变电所2处。

项目主要桥梁、隧道及路面信息具体见表8-12-12、表8-12-13、表8-12-14。

长长高速公路靖宇至抚松(花园口)段主要桥梁信息表　　表8-12-12

序号	规模	名称	桥梁长度(m)	主跨长度(m)	跨越障碍物	桥梁结构
1	大桥	头道花园河大桥	507.4	25	河流	预应力钢筋混凝土箱形梁
2		长坂坡大桥	156	20	沟谷	预应力钢筋混凝土箱形梁
3		正身河大桥	146	20	河流	预应力钢筋混凝土连续箱梁
4		大桥	357	25	沟谷	预应力钢筋混凝土连续箱梁
5		正身河村大桥	315	20	道路、铁路	预应力钢筋混凝土连续箱梁
6	中桥	正身河中桥	78	20	沟谷	预应力钢筋混凝土实心板梁
7		长坂坡中桥	45	13	沟谷	预应力钢筋混凝土实心板梁
8		花园口镇中桥	64	16	沟谷	预应力钢筋混凝土实心板梁

长长高速公路靖宇至抚松(花园口)段隧道信息表　　表8-12-13

规模	名称	隧道全长(m)	洞门形式	隧道分类	
				按地质条件划分	按所在区域划分
长隧道	长坂坡隧道(左)	3000	削竹式、削竹式	石质隧道	山岭隧道
	长坂坡隧道(右)	3000	削竹式、削竹式	石质隧道	山岭隧道

长长高速公路靖宇至抚松(花园口)段路面信息表　　表8-12-14

路面形式	起讫里程	长度(km)	路面结构
沥青路面	K236+000~K262+000	26	上面层:5cm沥青玛蹄脂碎石混合料 下面层:7cm中粒式沥青混凝土 柔性基层:8cm沥青碎石 基层:30cm二灰碎石 底基层:15~20cm二灰碎石 垫层:20cm碎石

注:起讫里程来源于《全国道路网调整后里程桩号传递表》。

(6)投资规模

估算金额 16.76 亿元,概算金额 16.60 亿元。

2. 参建单位

(1)项目建设管理单位

项目的建设管理单位是吉林省高等级公路建设局。

(2)勘察设计单位

项目的勘察设计任务由山东省交通规划设计院、吉林省交通规划设计院、交通运输部科学研究院以及吉林省林业勘察设计研究院共同完成。

总体设计单位是吉林省交通规划设计院,其中主体工程和交通工程设计由山东省交通规划设计院完成,机电工程设计由吉林省交通规划设计院完成,景观及环保完善设计由交通运输部科学研究院完成,房建工程设计由吉林省林业勘察设计研究院完成。

(3)施工单位

项目的主体工程施工由中铁十二局集团有限公司等 4 家单位完成;房建工程施工由长春威盾工程有限公司等 3 家单位完成;交通工程施工由淄博顺达交通工程有限公司及河北龙威交通工程有限公司完成;机电工程施工由西安金路交通工程科技发展有限责任公司及甘肃紫光智能交通与控制技术有限公司完成;消防工程施工由南京市消防工程有限公司完成;管基工程施工由中铁电气化局集团有限公司完成。

(4)监理单位

项目的监理任务由中国公路工程咨询集团有限公司及吉林省公路工程监理有限责任公司承担。

项目参建单位信息具体见表 8-12-15。

长长高速公路靖宇至抚松(花园口)段参建单位一览表　　　表 8-12-15

序号	参建单位	单位名称	合同段编号及起讫桩号	主要负责人	备注
1	项目管理单位	吉林省高等级公路建设局	K232+126.364~K257+800	张彧	
2	勘察设计单位	吉林省交通规划设计院	K232+126.364~K257+800	胡珊	
3		吉林省林业勘察设计研究院	K232+126.364~K257+800	杨顺泽	
4		山东省交通规划设计院	K232+126.364~K257+800	李振江	
5		交通运输部科学研究院	K232+126.364~K257+800	陈济丁	
6	施工单位	中铁十二局集团有限公司	JF01:K232+126~K247+300	张宗言	主体工程
7		中交第二公路工程局	JF02:K247+300~K257+800	杨俭存	主体工程
8		中交一公局第六工程有限公司	YS06-2:k232+126~K243+480	刘其亮	主体工程
9		吉林省弘盛交通建设开发有限公司	YS07-2:K243+480~K257+800	李伯川	主体工程
10		长春威盾工程有限公司	YSFJ06	王延明	房建工程

续上表

序号	参建单位	单位名称	合同段编号及起讫桩号	主要负责人	备注
11	施工单位	陕西有色建设有限公司	YSFJ07	刘俊青	房建工程
12		长春建工集团吉泽建设有限公司	YSFJ08	张永利	房建工程
13		中铁电气化局集团有限公司	GJ01：K232+126～K257+800	刘志远	管基工程
14		西安金路交通工程科技发展有限责任公司	YSJD06：K232+126～K257+800	张进县	机电工程
15		甘肃紫光智能交通与控制技术有限公司	YSJD07	李 红	机电工程
16		南京市消防工程有限公司	YSXF02	周振谷	消防工程
17		淄博顺达交通工程有限公司	YSJT09：K232+126～K257+800	李传家	交通工程
18		河北龙威交通工程有限公司	YSJT08：K232+126～K257+800	刘玉凯	交通工程
19	监理单位	中国公路工程咨询集团有限公司	ZJB03：K232+126～K271+413	薄庆元	总监
20		吉林省公路工程监理有限责任公司	J06k：K232+126～K257+800	李洪涛	驻地监理

注：信息来源于竣工验收文件及建设管理单位。

（二）建设情况

1．前期准备

（1）项目审批

详情见长长高速公路营城子至抚民段。

（2）资金筹措

项目资金来源为中央专项基金1.91亿元，地方自筹5.49亿元，银行贷款9.21亿元。

（3）工程勘察设计

详情见长长高速公路营城子至抚民段。

2．项目实施

（1）招投标

项目单位严格执行国家有关招标投标的规定，工程勘察、设计、建筑工程、监理、重要材料等必须全部实行公开招标。

（2）征地拆迁

长长高速公路靖宇至抚松（花园口）段共永久征用土地2684亩，拆迁房屋22807m^2、拆移电力电信22处。按照省政府相关规定，征地拆迁由地方政府负责。省高建局与白山市政府签订《征地拆迁承包责任书》，由地方政府成立征地拆迁办公室，负责本地区的征地拆迁具体工作。在地方政府和交通部门的大力支持及协助下，征地拆迁工作得到了切实有效的落实，及时提供了建设用地，为工程建设的顺利实施创造了良好的外部环境。

（3）施工情况

为安全、优质、按期完成施工任务，各施工单位本着精干、高效的原则，按招标文件要求组建本合同段项目经理部，全面负责施工组织管理工作。项目经理对项目的质量、进度、安全等工作负有全面责任；项目书记对项目的思想、宣传、后勤工作全面负责；项目副经理协助项目经理抓好施工生产工作，抓好施工生产计划的落实，处理施工中出现的具体问题；项目总工程师协助项目经理做好工程质量、施工技术等技术管理工作，并提出工程质量的改进目标和措施。

项目经理部下设六部二室（工程技术部、安全质量监察部、计划部、财务部、人力资源部、设备物资部、试验室和办公室），分别负责本合同段工程项目的施工技术、安全、质量、计划、财务、人力资源管理、物资设备保障、材料试验与检验、行政管理及施工现场生产等工作。按照这些部室的分工，项目经理部形成了生产技术管理、质量保证、安全保证3个体系，对下面各个职能部门实行纵向管理和横向内部协调的管理模式。

在设备投入方面，各合同段本着优选精良设备，合理匹配，形成综合生产能力的原则，主要设备严格按照投标承诺书的要求进场，全线共投入大型机械设备400余台套，满足工程建设需要。

图8-12-13为路面施工现场。

图8-12-13　路面施工

（4）监理情况

长长高速公路靖宇至抚松（花园口）段采用总监办、驻地办二级监理模式，设J06 1个驻地办，全线施工单位主线、路面及附属共14个合同段，总监办为中国公路工程咨询集团有限公司,配备监理人员27人,J06驻地办为吉林省公路工程监理有限公司,配备人员23人,人员配备满足现场工作需要。

监理单位以合同管理为手段、以安全管理为保障、以质量管理为核心、以抓投入抓控制性工程保工期、以文明施工管理保生态环境、以严格审查工程变更控制工程成本,强化服务理念,以超前的眼光、前瞻性的布局,准确把握工程建设的脉络。

5年来总监办下发各项管理文件近300份,就巡视中发现的安全、质量、进度问题对施工单位及驻地办亮牌12次、监理指令104份、召集专题会12次。驻地办就巡视中发现的安全、质量、进度问题对施工单位监理指令231份、召集专题会14次。

3.竣(交)工验收

2013年11月,吉林省高等级公路建设局、吉林省高速公路管理局、吉林省高速公路集团公司及吉林省交通基本建设质量监督站组成交工验收委员会,依据《公路工程竣(交)工验收办法》及《公路工程竣(交)工验收办法实施细则》要求,对项目进行交工验收。交工验收委员会根据工程现场、交工文件检查情况及《营城子至松江河高速公路靖宇至花园口段建设项目检测意见》认定项目为合格工程,工程质量评分96.22分,同意通过交工验收,即日起试运营。

五、长长高速公路抚松(花园口)至松江河段

(一)概述

1.基本情况

(1)主要控制点

花园口镇、榆树川村、抚松县、松江河镇。

(2)建设时间

2009年6月开工建设,2015年9月建成通车。

(3)地形地貌

项目沿线植被多以松树、桦树、柞树及杨树为主,为山区地形。沿线地质情况大部分为0~30cm的腐殖土,30~200cm为黄色黏质土或碎石土。

(4)技术标准

设计速度80km/h,其中花园口至榆树川段,双向六车道,路基宽度为32.0m;榆树川至松江河段,双向四车道,路基宽度为26.0m;桥涵设计荷载标准为公路—Ⅰ级,特大桥设计洪水频率为1/300,大、中、小桥设计洪水频率为1/100;沥青混凝土路面。

(5)建设规模

建设里程61km,其中花园口至榆树川段与鹤大高速公路共线,长13km。全线设特大桥4座,大桥19座,中桥5座,小桥2座,涵洞136道,隧道2座,互通式立交4处,分离式立交2处,通道26处,天桥6座;设收费站4处,服务区1处,隧道变电所3处。

项目主要桥梁、隧道及路面信息具体见表8-12-16～表8-12-18。

长长高速公路抚松(花园口)至松江河段主要桥梁信息表　　表8-12-16

序号	规模	名称	桥梁长度(m)	主跨长度(m)	跨越障碍物	桥梁结构
1	特大桥	松花江大桥1	1569	40	河流	预应力钢筋混凝土连续T梁
2		松花江大桥2	1248	40	河流	预应力钢筋混凝土连续T梁
3		特大桥	1438	40	河流	预应力钢筋混凝土连续T梁
4		松花江大桥3	1368	40	河流	预应力钢筋混凝土连续T梁
5	大桥	头道松花江大桥1	648	40	河流	预应力钢筋混凝土连续T梁
6		头道松花江大桥2（左幅）	611	40	河流	预应力钢筋混凝土连续T梁
7		头道松花江大桥2（右幅）	637	40	河流	预应力钢筋混凝土空心板梁
8		头道松花江大桥3	839	40	沟谷	预应力钢筋混凝土连续箱梁
9		大桥	587	20	河流	预应力钢筋混凝土连续T梁
10		大桥	106	20	沟谷	预应力钢筋混凝土连续箱梁
11		大桥	988	40	沟谷	预应力钢筋混凝土连续箱梁
12		大桥	328	32	沟谷	预应力钢筋混凝土连续箱梁
13		大桥	146	20	沟谷	预应力钢筋混凝土连续箱梁
14		大桥	451	36	沟谷	预应力钢筋混凝土连续箱梁
15		大桥	147	36	沟谷	预应力钢筋混凝土连续箱梁
16		大桥	227	20	沟谷	预应力钢筋混凝土连续箱梁
17		大桥	267	20	沟谷	预应力钢筋混凝土连续箱梁
18		大桥	172	20	沟谷	预应力钢筋混凝土连续箱梁
19		大桥	312	20	沟谷	预应力钢筋混凝土连续箱梁
20		大桥	447	20	沟谷	预应力钢筋混凝土连续箱梁
21		大桥	947	25	沟谷	预应力钢筋混凝土连续箱梁
22		大桥	407	20	沟谷	预应力钢筋混凝土连续箱梁
23		大桥	146	20	沟谷	预应力钢筋混凝土连续箱梁
24		浑白铁路大桥	306	30	道路、铁路	预应力钢筋混凝土连续箱梁
25	中桥	中桥	86	20	沟谷	预应力钢筋混凝土空心板梁
26		榆树川中桥	86	20	道路、铁路	预应力钢筋混凝土空心板梁
27		中桥	86	20	道路、铁路	预应力钢筋混凝土空心板梁
28		中桥	45	13	道路、铁路	预应力钢筋混凝土空心板梁
29		中桥	54	16	沟谷	预应力钢筋混凝土连续箱梁

长长高速公路抚松(花园口)至松江河段隧道信息表   表 8-12-17

序号	规模	名称	隧道全长(m)	洞门形式	隧道分类	
					按地质条件划分	按所在区域划分
1	长隧道	抚松隧道(左)	1603	端墙式、端墙式	石质隧道	山岭隧道
		抚松隧道(右)	1603	端墙式、端墙式	石质隧道	山岭隧道
2	短隧道	马鹿沟隧道(左)	180	端墙式、端墙式	石质隧道	山岭隧道
		马鹿沟隧道(右)	180	端墙式、端墙式	石质隧道	山岭隧道

长长高速公路抚松(花园口)至松江河段路面信息表   表 8-12-18

路面形式	起讫里程	长度(km)	路面结构
沥青路面	K262+000~K323+000	61	花园口至抚松段: 上面层:5cm 沥青玛蹄脂碎石混合料 下面层:7cm 中粒式沥青混凝土 柔性基层:8cm 沥青碎石 基层:31cm 二灰碎石 底基层:16~30cm 二灰粒料 垫层:20cm 碎石 抚松至松江河段: 上面层:4cm 沥青玛蹄脂碎石混合料 下面层:6cm 中粒式沥青混凝土 柔性基层:8cm 沥青碎石 基层:31cm 二灰碎石 底基层:16~30cm 二灰粒料 垫层:20cm 碎石

注:起讫里程来源于《全国道路网调整后里程桩号传递表》。

(6)投资规模

项目估算投资 48.87 亿元,概算投资 48.40 亿元。

2.参建单位

(1)项目建设管理单位

项目的建设管理单位是吉林省高等级公路建设局。

(2)勘察设计单位

项目的勘察设计任务由山东省交通规划设计院、吉林省交通规划设计院、吉林省路桥设计有限公司以及吉林省林业勘察设计研究院共同完成。

总体设计单位是吉林省交通规划设计院,其中花园口至抚松段主体工程和交通工程设计由山东省交通规划设计院完成;抚松至松江河段十二设计段主体工程和交通工程及花园口至松江河段机电工程设计由吉林省交通规划设计院完成;抚松至松江河第十三设计段路基主体工程和交通工程设计由吉林省路桥设计有限公司完成;房建工程由吉林省林业勘察设计研究院完成。

(3) 施工单位

项目的主体工程施工由中交一公局第六工程有限公司等 8 家单位完成；房建工程施工由吉林省浩瑞建筑工程有限公司等 3 家单位完成；交通工程施工由江苏博纳华交通科技有限公司等 3 家单位完成；机电工程施工由华睿交通科技有限公司及江西路通科技有限公司完成；外电工程施工由吉林省盈科电力有限公司完成；消防工程施工由长春兴圣安装工程有限公司完成。

(4) 监理单位

项目的监理任务由中国公路工程咨询集团有限公司等 6 家单位承担。

项目参建单位信息具体见表 8-12-19。

长长高速公路抚松（花园口）至松江河段参建单位一览表　　　表 8-12-19

序号	参建单位	单位名称	合同段编号及起讫桩号	主要负责人	备注
1	项目管理单位	吉林省高等级公路建设局	K257+800～K319+225	张彧	
2	勘察设计单位	吉林省交通规划设计院	K272+033.738～K295+152.033	杨光	抚松至松江河段
3		山东省交通规划设计院	K257+800～K271+413.493	李涛	花园口至抚松段
4		吉林省路桥设计有限公司	K295+300～K319+225	刘振勇	
5		吉林省林业勘察设计研究院		杨顺泽	
6	施工单位	中交一公局第六工程有限公司	YS08：K257+800～K263+584.332	王佰全	主体工程
7		中交隧道工程局有限公司	YS09：K263+600～K271+413.493	邱映和	主体工程
8		中铁七局集团第三工程有限公司	YS10：K272+033～K278+650	费晗	主体工程
9		中铁十一局集团第二工程有限公司	YS11：K278+650～K295+152.033	李中平	主体工程
10		吉林省交通建设集团有限公司	YS12：K295+300～K319+225	孙学奎	主体工程
11		无锡市交通工程有限公司	YS08-2：K257+800～K271+413.493	顾洪峰	主体工程
12		天津市雍阳公路工程集团有限公司	YS09-2：K272+033～K295+152.033	李会明	主体工程
13		河北广通路桥集团有限公司	YS10-2：K295+300～K319+225	宋继增	主体工程
14		吉林省浩瑞建筑工程有限公司	YSFJ09	白鹭	房建工程

第八章 高速公路项目建设情况

续上表

序号	参建单位	单位名称	合同段编号及起讫桩号	主要负责人	备注
15	施工单位	吉林省光大建筑集团有限公司	YSFJ10	刘春龙	房建工程
16		吉林省乾旭建业集团有限公司	YSFJ11	张余胜	房建工程
17		江苏博纳华交通科技有限公司	YSJT10:K257+800~K271+413.493	吴先志	交通工程
18		广州市番安交通设施工程有限公司	YSJT11:K272+033.728~K295+152.033	张国忠	交通工程
19		吉林省道桥工程建设有限公司	YSJT12:K295+300~K319+225	李强	交通工程
20		华睿交通科技有限公司	YSJD08	穆朝卷	机电工程
21		江西路通科技有限公司	YSJD09	王恺	机电工程
22		长春兴圣安装工程有限公司	YSXF03	王立波	消防工程
23		吉林省盈科电力有限公司	YSWD01	都小丽	外电工程
24	监理单位	中国公路工程咨询集团有限公司	03	薄庆元	驻地监理
25		吉林省公路工程监理有限责任公司	04	曹显东	驻地监理
26		北京路桥通国际工程咨询有限公司	J07	杨志超	驻地监理
27		吉林省金泉公路工程咨询监理有限责任公司	J08	李德兴	驻地监理
28		山东格瑞特监理咨询有限公司	J09	丁磊	驻地监理
29		长春市公路工程监理咨询有限公司	J10	刘兴伟	驻地监理

注：信息来源于竣工验收文件及建设管理单位。

（二）建设情况

1. 前期准备

（1）项目审批

详情见长长高速公路营城子至抚民段。

(2)资金筹措

项目资金来源为中央专项基金 5.56 亿元,地方自筹 15.99 亿元,银行贷款 26.84 亿元。

(3)工程勘察设计

详情见长长高速公路营城子至抚民段。

2.项目实施

(1)招投标

项目单位严格执行国家有关招标投标的规定,工程勘察、设计、建筑工程、监理、重要材料等必须全部实行公开招标。

(2)征地拆迁

长长高速公路抚松(花园口)至松江河段共征用永久性土地 6712 亩,拆迁建筑物 114030m^2、拆移电力电信 415 处。按照省政府相关规定,征地拆迁由地方政府负责。省高建局与白山市政府签订《征地拆迁承包责任书》,由地方政府成立征地拆迁办公室,负责本地区的征地拆迁具体工作。在地方政府和交通部门的大力支持及协助下,征地拆迁工作得到了切实有效的落实,及时提供了建设用地,为工程建设的顺利实施创造了良好的外部环境。

(3)施工情况

为安全、优质、按期完成施工任务,施工单位本着精干、高效的原则,按投标承诺组建项目经理部,全面负责施工组织管理工作。项目经理部下设六部二室(工程技术部、安全质量监察部、计划部、财务部、人力资源部、设备物资部、试验室和办公室),分别负责该项目的施工技术、安全、质量、计划、财务、人力资源管理、物资设备保障、材料试验与检验、行政管理及施工现场生产等工作。按照这些部室的分工,项目经理部形成了生产技术管理、质量保证、安全保证三个体系,对下面各个职能部门实行纵向管理和横向内部协调的管理模式。

施工单位在质量管理上着手建立健全质量保证体系,并坚决做到"三全一高",即建立全方位的质量管理体系,健全全系统的质量管理制度,实施全过程的质量监控,推行高标准质量管理,对各质量要素进行全面控制,以推动质量保证体系的正常运转,确保实现预定质量目标。在公路建设中,施工单位以施工组织设计来指导生产,对工程的重点、难点和控制工期的工序,认真研究,抓住关键线路,对施工重点优先安排,增加人力、物力、财力的投入,确保各项工程按期完成。

(4)监理情况

项目采用总监办、驻地办二级监理模式,设 2 个总监办及 4 个驻地办。在建设项目的实施过程中,严格执行监理工作的十六字方针,建立健全各项规章制度,认真贯彻交通部颁发的《公路工程施工监理规范》及有关合同文件。确保工程进度和质量、确保监理合同的认真执行等,始终是监理工作持之以恒并坚持不懈的工作目标。在严格监理的同时,监理单位针对承包商技术力量相对薄弱的情况加大了"热情服务"力度,多提合理化建议,"事前监理",让承包商少走弯路,消灭各类问题于萌芽状态。

项目工程内在质量是可靠的,从总监办中心试验室测定的数万个检测数据上看,路基压实度及弯沉合格率100%;半刚性基层、底基层强度合格率100%;路面厚度合格率100%;沥青面层压实度合格率100%;沥青混合料各项技术指标达到并超过部颁规范标准,路面平整度均方差均在1.2以下。路基坚实稳定,路面平整、无轮迹、无渗水,桥涵构造物内实外光。

经过4年的艰苦奋斗,监理单位保质保量地按计划完成了建设任务,取得了较大的成绩,这一成绩的取得凝聚着所有监理及全体建设者的心血与汗水。项目在监理模式的确立以及监理机制、方法和手段上都进行了有益的探索与实践。

3. 竣(交)工验收

2015年9月,吉林省高等级公路建设局、吉林省高速公路管理局、吉林省高速公路集团公司及吉林省交通基本建设质量监督站组成交工验收委员会,依据《公路工程竣(交)工验收办法》及《公路工程竣(交)工验收办法实施细则》要求,对项目进行交工验收。交工验收委员会根据工程现场、交工文件检查情况及《营城子至松江河高速公路花园口至松江河段建设项目检测意见》,认定项目为合格工程,工程质量评分96.24分,同意通过交工验收,即日起试运营。

六、运营管理

(一)服务区及收费站设置

截至2016年底,长长高速设有6处服务区,具体情况见表8-12-20。

长长高速公路服务区情况表　　表8-12-20

序号	服务区名称	位置桩号	管理经营单位
1	新立城停车场	K305	吉林省高速公路集团有限公司
2	朝阳山服务区	K211	吉林省高速公路集团有限公司
3	辉南服务区	K162	吉林省高速公路集团有限公司
4	抚民服务区	K123	吉林省高速公路集团有限公司
5	靖宇服务区	K74	吉林省高速公路集团有限公司
6	长白山服务区	K24	吉林省高速公路集团有限公司

长长高速公路收费站设置情况见表 8-12-21。

长长高速公路收费站情况表 表 8-12-21

序号	路 段 名 称	收费站名称
1	长长高速公路长春至营城子段	乐山、伊通
2	长长高速公路营城子至抚民段	营城子东、朝阳山、磐石南、朝阳镇、辉南、抚民
3	长长高速公路抚民至靖宇段	靖宇
4	长长高速公路靖宇至抚松(花园口)段	燕平、花园口
5	长长高速公路抚松(花园口)至松江河段	抚松、松江河、东岗、长白山

(二)交通量发展状况

长长高速公路交通量统计见表 8-12-22。

长长高速公路交通量统计表 表 8-12-22

路线名称	年份	观测里程(km)	年均日交通量(辆/日)									适应交通量(辆/日)	交通拥挤度
			当量数合计	自然数合计	小型货车	中型货车	大型货车	特大型货车	集装箱车	中小型客车	大型客车		
S01 抚长高速公路	2013	144	10372	7840	829	497	270	467	64	5413	301	55000	0.19
	2014	118	11661	9062	1022	570	290	519	27	6444	189	55000	0.212
	2015	118	15252	9382	760	538	352	1475	119	5910	228	55000	0.277

(三)信息化建设

截至 2016 年底,长长高速公路(S01)信息化设备设置情况见表 8-12-23。

长长高速公路信息化设备设置情况表 表 8-12-23

序 号	设 施 名 称	数 量
1	大型可变情报板	1
2	小型可变情报板	9
3	车辆检测器	5
4	气象检测器	1
5	道路摄像机(含隧道)	34
6	收费广场摄像机	8
7	车道和亭内摄像机	52

(四)养护管理

截至 2016 年底,长长高速公路养护管理情况见表 8-12-24。

养护管理情况表　　　　　　　　　　　　　　　表 8-12-24

养护工区(个)	管理人员(人)	小修队(人)	养护工区明细
5	20	41	靖宇分局、靖宇（辉南、抚松）、伊通分局、伊通（朝阳山）

七、科技创新工程

(一)季节性冰冻地区公路沿线附属设施污水处理技术

温度是影响生物反硝化作用的一个重要因素，大部分的反硝化作用是在中温下进行的。在季冻区冬季气温在 -30 ~ -20℃，室内污水的温度在 8 ~ 15℃ 之间，污水在输送到处理设施过程中，如果未对污水管道进行保温，温度损失很快，污水生化处理中的微生物很难发挥作用；如果对管道进行保温处理，则进入处理设施的污水温度可达 5 ~ 15℃。因此，利用多介质生物滤池，培植耐低温反硝化脱氮菌群，进行低温脱氮；对于芽孢杆菌类的好氧菌种，则利用其好氧的特点，进行硝化脱氮，优化设计低温地区污水处理设施，保证其稳定运行。

在潮汐流人工湿地，通过分子生物学手段，在不同的氮转化速率和脱氮效率下，影响微生物群落和功能基因丰度，含有 amoA 基因的氨氧化细菌和含有 nirS 基因的反硝化菌群具有一定的生态联结性，进行生态联结性调控来提高氮转化效率。

在吉林省长长高速公路靖宇服务区修筑污水处理工程。多介质生物滤池设施启动运行 10 天后开始连续出水，启动运行 35 天后，水质达到《城市污水再生利用城市杂用水水质标准》(GB/T 18920—2002)要求。

通过对多介质生物滤池出水氨氮和 COD 进行了连续 3 次检测，由于目前进入多介质生物滤池的主要是厕所废水，其间进水 COD 在 428 ~ 618mg/L 之间，氨氮在 48 ~ 82mg/L 之间，出水 COD 在 42 ~ 58mg/L 之间，氨氮在 2.1 ~ 7.8mg/L 之间，均显著优于设计水质要求(图8-12-14、图 8-12-15)。

(二)隧道施工多元信息反馈优化及超前预警技术

从隧道施工自适应控制盒优化控制本质入手，探索隧道施工历史观测信息——未来信息、观测信息——围岩(或支护)参数、开挖加固方案或参数——评价指标这几个重要的多输入多输出的非线性映射系统规律，建立隧道施工快速反馈分析流程和多元信息时间序列预报算法，开发隧道动态反馈分析及预警可视化系统，此技术在抚松隧道应用效果良好。

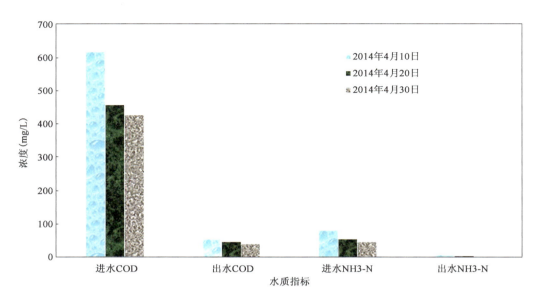

图 8-12-14　介质生物滤池水质变化

图 8-12-15　多介质生物滤池现场照片

1. 提出三维可视化隧道施工围岩动态分级技术

在隧道施工观测信息方面,充分重视超前地质超前预报、掌子面素描和监控量测多元信息的结合,利用这三类信息更充分地反映地质体性质及围岩—支护结构的真实力学行为,从而获得安全性和经济性更合理的施工方案。提出基于地质超前预报信息和回弹信息进行围岩掌子面信息获取,在现场的经验分级结果基础上,提出基于三维可视化和隧道围岩差异进化—神经网络分类分级的方法和模型。利用已有的分级结果作为差异进化—神经网络分类算法训练样本,可以节省后续分级的繁杂计算工作。

2. 建立隧道施工多元信息围岩参数智能反分析方法

将鲁棒性强、全局优化能力高的差异进化算法引入到反分析中,自主开发了 DE-FEM 弹塑性反分析程序,可对典型隧道断面快速识别围岩参数。并且针对以往反分析单纯考虑位移反分析的不足和三维数值模拟时间过长的问题,提出了应力—位移联合反分析方法,基于正交设计和拟合方法实现三维模型参数的快速反分析。该方法可充分利用观测多元信息及反映掌子面三维空间效应,克服传统二维模型过于简化的不足。将上述反分析方法用于抚松隧道施工过程的典型断面分析,对 ZK276+300～ZK276+400 区域和 YK275+830～K276+125 区域进行了三维模型参数反分析。

3. 隧道施工过程锚固参数智能反馈优化技术

提出了基于差异进化的锚固参数优化方法。多优化目标的加权平均法和目标转化约束的方法,将多目标转化为单一目标。对于隧道锚固机理和锚固效果影响因素进行了理论分析和数值模拟。通过正交试验方法分析了锚固参数对稳定性指标影响的敏感性。基于正交设计的计算样本和拟合方法,采用非线性函数建立围岩位移与锚固参数之间的函数关系,确定了约束条件及优化的指标,给出了基于差异进化算法的锚固参数优化的方法和步骤。对 ZK276+300～ZK276+400 区段、YK275+825～YK276+125 区段进行了锚固参数的优化。

4. 隧道施工多元信息实时监测预警技术

隧道施工期普通的人工监测以及一般单一信息的在线监测仪器往往很难获得有效的围岩状态预测信息,多元信息监测显得特别必要。本项目建立了多元自动监测系统软硬件体系,突破隧道现场到处理中心的距离限制;研制了能反映隧道掌子面围岩全位移的岩体应变监测装置,多元信息化采集系统;研发了基于云计算、手机查询功能的远程隧道围岩稳定预警技术;基于多元实时监测数据,结合差异进化算法和神经网络建立了监测信息的多元时间序列预测模型,实现了超远距离和超前预测功能的隧道报警系统。

5. 开发了三维可视化智能分析预警系统

通过隧道施工监测信息智能可视化系统的研究和建立,自主设计编制了工程数据库信息管理及 VTK 可视化显示平台,在开发中应用了 C 语言编写程序主体代码,引入了 Dundas 图表插件和 VTK 可视化技术,实现了监测数据存储功能、监测量—时间变化曲线图表、监测信息的预处理及管理分析功能,运用差异进化算法实现了隧道信息智能反分析功能以及限值警报和自动预警等功能。自主研发的 VTK 可视化显示系统对隧道信息进行显示,得到水平位移等值线图及云图。

第十三节 营城子至东丰高速公路(S0112)

营城子至东丰高速公路(以下简称"营东高速公路")是吉林省"五四三二一"高速公路网总体布局中"十联"的第六联。营东高速公路是东南部地区连接省会长春市的重要通道。项目的建成对完善吉林省高速公路网,提高吉林省交通基础设施服务水平,加强通化地区、辽源地区与长春地区的社会经济联系,推动东南部的经济发展,改善东南部的交通条件和投资环境都具有重要的作用和意义。

营东高速公路起自营城子镇,经那丹伯镇、辽河源镇、黄河镇、二龙山乡,止于东丰县,全长59km,于2004年5月开工,2010年10月建成通车,投资13.83亿元(决算)。其中那丹伯至东丰段(利用右半幅一级公路)于2004年5月开工,2007年底建成通车;营城子至建国(利用全幅一级路)于2009年4月开工,2010年10月建成通车。

营东高速公路项目详细情况见下文,路段实景见图8-13-1,基础信息具体见表8-13-1。

图8-13-1 营东高速公路路段实景

营东高速公路基础信息表 表8-13-1

序号	编号	项目名称	规模(km)				建设性质	设计速度(km/h)	永久占地(亩)	投资情况(亿元)				建设时间(开工~通车)	共线路段		备注
			合计	八车道	六车道	四车道				估算	概算	决算	资金来源		里程	编号	
1	S0112	营城子至东丰高速公路	59			59	新建	100	2697	15.46	16.39	13.83	地方自筹、银行贷款	2004.5~2010.10			

一、概述

(一)基本情况

1. 主要控制点

营城子镇、那丹伯镇、辽河源镇、黄河镇、二龙山乡、东丰县。

2. 建设时间

那丹伯至东丰段于 2004 年 5 月开工建设,2007 年底建成通车。

营城子至建国段于 2009 年 4 月开工建设,2010 年 10 月建成通车。

3. 地形地貌

项目所经地区为丘陵区,平均海拔 374m,川谷平地星罗棋布,分水岭多为波浪状起伏,起伏较大。

4. 技术标准

设计速度为 100km/h,双向四车道;新建段及半幅利用段路基宽度为 26.0m,全幅利用段路基宽度为 25.5m;新建段桥涵设计荷载为公路—Ⅰ级,全幅及半幅利用段桥涵设计荷载为汽车—超 20 级、挂车—120,设计洪水频率 1/100;沥青混凝土路面。

5. 建设规模

建设里程 59km,全线设大桥 2 座,中桥 4 座,小桥 7 座,涵洞 145 道,互通式立体交叉 4 处,分离式立体交叉 4 处,天桥 14 座,通道 53 处;设收费站 3 处,服务区 1 处,养护工区 1 处,管理处 1 处。

项目主要桥梁及路面汇总信息具体见表 8-13-2、表 8-13-3。

营东高速公路主要桥梁信息表　　　表 8-13-2

序号	类型	名　称	桥梁长度(m)	主跨长度(m)	跨越障碍物	桥梁结构
1	大桥	伊通河大桥	187	20	道路、铁路	预应力钢筋混凝土连续箱梁
2		拉律河大桥	127	20	河流	预应力钢筋混凝土连续箱梁
3	中桥	福兴中桥	45	13	道路、铁路	预应力钢筋混凝土连续箱梁
4		富家街中桥	54	16	道路、铁路	预应力钢筋混凝土连续箱梁
5		龙山村中桥	87	20	河流	预应力钢筋混凝土连续箱梁
6		小柳河中桥	54	16	河流	预应力钢筋混凝土连续箱梁

营东高速公路路面信息表　　　表 8-13-3

路面类型	起讫里程	长度(km)	路面结构
沥青路面	K0+000~K59+000	59	上面层:5cm 沥青玛蹄脂碎石混合料 下面层:8cm 中粒式沥青混凝土 基层:36cm 二灰稳定碎石 底基层:15~20cm 石灰水泥稳定土 垫层:20cm 砂砾

注:起讫里程来源于《全国道路网调整后里程桩号传递表》。

6. 投资规模

估算金额 15.46 亿元,概算金额 16.39 亿元,决算金额 13.83 亿元。

(二)参建单位

1. 项目建设管理单位

项目建设管理采取省地共建模式,项目法人为吉林省公路管理局(重点办),地方项目管理单位是辽源市营城子至梅河口高速公路建设办公室。

2. 勘察设计单位

项目的勘察设计任务由吉林省交通规划设计院完成。

3. 施工单位

项目的主体工程施工由吉林省中盛路桥工程有限公司等4家单位完成;交通工程施工由吉林省宏运公路工程股份有限公司完成;房建工程施工由松原市粮食建筑有限责任公司及黑龙江省东安建筑工程有限公司完成;绿化工程施工由吉林省龙佳园林景观工程有限责任公司等4家单位完成;机电工程施工由交通运输部科学研究院交科院路海(北京)投资有限公司等5家单位完成。

4. 监理单位

项目的监理任务由长春市公路工程监理咨询有限公司等6家单位共同承担。

项目参建单位信息具体见表8-13-4。

营东高速公路参建单位一览表   表8-13-4

序号	参建单位	单位名称	合同段编号及起讫桩号	主要负责人	备注
1	项目管理单位	吉林省公路管理局(重点办)	K72+458~K133+850	孙平义	
2		辽源市营城子至梅河口高速公路建设办公室	K72+458~K133+850	王云飞	
3	勘察设计单位	吉林省交通规划设计院	K130+110~K133+850	胡珊	
4	施工单位	吉林省中盛路桥工程有限公司	01:K72+458~K104+350	崔凤文	路基、路面
5		吉林省建设集团有限公司	02:K104+350~K130+700	张书森	路基、路面
6		吉林省长城路桥建工有限公司	03:K130+700~K133+850	李国立	路基、路面
7		吉林省建设集团有限公司	01:K72+458~K133+850	张书森	路面补强
8		吉林省宏运公路工程股份有限公司	01:K72+458~K133+850	段芳荣	交通工程
9		松原市粮食建筑有限责任公司	01:建国收费站、辽河源收费站及养护工区	程泰富	房建工程
10		黑龙江省东安建筑工程有限公司	02:黄河服务区、东丰收费站	梁吉敏	房建工程

续上表

序号	参建单位	单位名称	合同段编号及起讫桩号	主要负责人	备注
11	施工单位	吉林省龙佳园林景观工程有限责任公司	01:K72+458～K90+954		绿化工程
12		吉林市华艺公路绿化有限责任公司	02:K90+954～K105+419		绿化工程
13		长春锦添园林有限公司	03:K105+419～K130+110		绿化工程
14		沈阳市园林建设工程处	04:K130+110～K133+850		绿化工程
15		紫光捷通科技股份有限公司			机电工程
16		交通运输部科学研究院交科院路海(北京)投资有限公司			机电工程
17		吉林省龙运高速公路养护有限责任公司			机电工程
18		北京市中山新技术设备研究所			机电工程
19		吉林省高速公路管理局通信监控中心			机电工程
20	监理单位	长春市公路工程监理咨询有限公司	K72+458～K133+850	李长城	
21		吉林省天达工程咨询监理有限责任公司	J01		
22		吉林省金泉公路工程咨询监理有限责任公司	J02		
23		沈阳鑫通公路工程监理咨询有限公司	J03		
24		四平市诚信工程建设监理有限责任公司	J04		房建工程
25		吉林省公路工程监理有限责任公司			机电工程

注：信息来源于竣工验收文件及建设管理单位。

二、建设情况

（一）前期准备

1．项目审批

1）立项审批

（1）2006年12月28日,吉林省发展和改革委员会下发了《关于营城子至东丰高速公

路工程可行性研究报告的批复》(吉发改交运字〔2006〕1680号);

(2)2007年,吉林省发展和改革委员会下发了《关于营城子至东丰高速公路工程可行性研究补充报告的批复》(吉发改审字〔2007〕309号)。

2)设计审批

(1)2007年,吉林省交通厅下发了《关于对营城子至东丰高速公路施工图设计的批复》(吉交函〔2007〕79号);

(2)2007年,吉林省交通厅下发了《关于对营城子至东丰高速公路东丰至梅河口段一阶段施工图设计的批复》(吉交函〔2007〕124号);

(3)2007年,吉林省交通厅下发了《关于对营城子至梅河口高速公路一阶段施工图设计的补充批复》(吉交函〔2007〕261号);

(4)2010年,吉林省交通运输厅下发了《关于营城子至梅河口高速公路设计预算及路面补强施工图设计的批复》(吉交函(2010)133号);

(5)2011年,吉林省交通运输厅下发了《关于营梅高速公路起点连接道(含伊通河大桥)一阶段施工图设计的批复》(吉交函〔2011〕278号)。

3)其他审批

2010年,国土资源部下发了《关于营城子至东丰高速公路东丰至梅河口段工程建设用地的批复》(国土资函〔2010〕749号)。

2. 资金筹措

资金来源为申请银行贷款8.98亿元,地方自筹4.85亿元。

3. 工程勘察设计

项目设计单位由公开招标方式确定,招标组织形式为委托招标。

根据《营城子至东丰高速公路工程可行性研究报告》及其批复意见、《营城子至东丰高速公路施工图设计外业验收意见》等批复意见和现行国家及交通部颁发的标准、规范、规程,吉林省交通规划设计院完成了项目的设计工作。设计单位克服了设计周期短的实际情况,结合新建、半幅利用及局部全幅利用的工程特点,重点考虑了合理的施工方案,采用先进的勘察勘测手段,保证了设计质量。总体设计方案合理,线形顺适,平纵横组合适当,为行车安全、舒适提供了技术保障。设计代表组深入施工现场,及时解决施工中出现的设计问题,提供技术支持,保障了项目顺利实施。

(二)项目实施

1. 招投标

在项目建设过程中,严格遵守基本建设程序,依据国家规范,参照国际通用FIDIC条款和交通运输部《通用招标文件范本》,制定了营东高速建设项目施工、监理招标文件,通过国内公开招投标选择施工和监理单位。

2. 征地拆迁

辽源市营城子至梅河口高速公路建设办公室,与相关市、县政府签订了《征地拆迁协议书》,有效地保证了项目征地拆迁工作的顺利进行。在市、县两级政府的高度重视下,在沿线乡镇政府、村委会和相关部门支持配合下,通过采取建立机构、宣传发动、强化责任、坚持标准、依法拆迁、规范操作等一系列行之有效的措施,顺利实施了征地拆迁工作,沿线共征占地2697亩。

3. 施工情况

项目主体工程、路面补强01合同段、交通工程01合同段的工期为2009年4月18日至2010年10月30日。机电工程于2010年11月11日交付使用。绿化、房建工程于2011年6月30日交工。

参加项目建设的共有16家施工单位,各施工单位都选择了较优秀的工程技术人员进行建设施工,机械设备全部按照投标要求进场,在施工中严格执行部颁标准,接受监理的监督、检查和指导,为保证工程质量打下了坚实的基础。

营东项目办按合同对施工、监理单位进行监督、管理,结合吉林省及项目的具体情况,制定严格的工程管理制度和技术指导性文件,对工程的安全、质量、环保及水保、进度、费用等进行全方位的科学管理和严格控制。

4. 监理情况

监理单位按招标人员全部进场,严格按照监理规范的要求开展监理工作,应旁站的部位未发现一次漏站,抽检频率达到规定要求,在施工过程中严格执行建设单位的管理办法、规章制度及总体控制目标,发挥出监理应有的作用,为项目安全、质量、进度、费用、环保管理把好了第一关。

(三)竣(交)工验收

1. 交工验收

2011年1月,吉林省公路管理局(重点办)组织了交工验收,评定工程项目质量得分为95.66分,工程质量等级评定为合格。

2. 竣工验收

2013年10月,吉林省交通运输厅组织成立建设项目竣工验收委员会,对项目进行竣工验收。竣工验收委员会听取了建设单位的项目建设总体情况报告和质量监督单位的监督工作报告,查阅了工程建设有关文件和竣工档案资料,进行了实地察看。经评议认为:总体设计方案合理,局部利用全幅及半幅一级公路路段封闭改造与总体布局相协调,线形顺适流畅;路基稳定,边坡平顺;路面较平整密实,路面厚度、强度符合设计要求;桥涵外观质量良好,位置、结构尺寸正确,混凝土强度满足设计要求;标志、标线、防护栏等使用效果良好;绿化工程发挥了美化作用;房建工程达到设计和规范标准;档案资料较齐全、归档有序;交工验收和试运营期间提出的问题得到处理。经审议并根据质量鉴定成果综合评定,项目质量得分为91.56分,等级为优良。

三、运营管理

(一)服务区及收费站设置

截至2016年底,营东高速公路设有1处服务区,具体情况见表8-13-5。

营东高速公路服务区情况表　　　　表8-13-5

服务区名称	位置桩号	管理经营单位
黄河服务区	K105	吉林省高速公路集团有限公司

营东高速公路收费站设置情况见表8-13-6。

营东高速公路收费站情况表　　　　表8-13-6

路段名称	收费站名称
营城子至东丰高速公路	那丹伯、辽河源、东丰

(二)交通量发展状况

2013—2015年营东高速公路交通量发展状况见表8-13-7。

营东高速公路交通量统计表　　　　表8-13-7

路线名称	年份	观测里程(km)	年均日交通量(辆/日)								适应交通量(辆/日)	交通拥挤度
			当量数合计	自然数合计	小型货车	中型货车	大型货车	特大型货车	集装箱车	中小型客车	大型客车		
营东高速公路	2013	63.00	4492	3606	190	215	110	164	8	2835	84	55000	0.06
	2014	63.00	4334	3267	179	188	114	217	20	2481	68	55000	0.079
	2015	63.00	4641	3440	140	172	108	270	19	2668	63	55000	0.084

(三)信息化建设

截至2016年底,营东高速公路信息化设备设置情况见表8-13-8。

营东高速公路信息化设备设置情况表 表8-13-8

序 号	设 施 名 称	数 量
1	大型可变情报板	1
2	小型可变情报板	3
3	车辆检测器	6
4	气象检测器	0
5	道路摄像机(含隧道)	14
6	收费广场摄像机	6
7	车道和亭内摄像机	38
8	大型可变情报板	1

(四)养护管理

截至2016年底,营东高速公路养护管理情况见表8-13-9。

营东高速公路养护管理情况表 表8-13-9

养护工区(个)	管理人员(人)	小修队(人)	养护工区明细
1	5	10	伊通(辽河源)

第十四节 伊通至开原高速公路(S0113)吉林段

伊通至开原高速公路(以下简称"伊开高速公路")是吉林省"五四三二一"高速公路总体布局中"十联"的第七联。伊开高速公路是列入吉林省"十二五"规划开工建设的重点项目,是继京哈高速公路、鹤大高速公路之后的又一省际通道项目,是方便人们出行,进京、入海,形成南北贯通的惠民项目。伊开高速公路的建成可分流减轻京哈高速公路的通行压力,对增强辽源区位优势、扩大招商引资力度、大力发展物流业、促进辽源经济持续快速发展具有重要意义。

伊开高速公路吉林省境内段起自伊通县,经西青嘴子屯、西苇镇、金洲乡、辽源市、丰收村、高古屯、连昌村、东辽县、永清村、仁爱村、安恕镇,止于乌龙岭(吉辽界),全长约81km。因建设时序不同,共划分为3个段落,分别为伊通至丰收(辽源)段、丰收(辽源)至辽源(连昌)段、辽源(连昌)至乌龙岭(吉辽界)段。

伊开高速公路伊通至丰收(辽源)段于2006年11月开工,2009年9月建成通车,里程46km,投资13.48亿元(决算)。

伊开高速丰收(辽源)至辽源(连昌)段,里程约18km,在建路段。

伊开高速辽源(连昌)至乌龙岭(吉辽界)段于2012年7月开工,2014年9月建成通车,里程 17km,投资 12.13 亿元(概算)。

伊开高速公路已建路段项目详细情况见下文,基础信息具体见表 8-14-1。

伊开高速公路(已建路段)基础信息表　　　　表 8-14-1

序号	编号	项目名称	规模(km)			建设性质	设计速度(km/h)	永久占地(亩)	投资情况(亿元)				建设时间(开工~通车)	共线路段		备注
			合计	八车道	六车道	四车道				估算	概算	决算	资金来源		里程	编号	
1	S0113	伊开高速公路伊通至丰收(辽源)段	46			46	新建	100	5252	15.30	14.69	13.48	中央补贴、地方自筹、银行贷款	2006.11~2009.9			
2		伊开高速公路辽源(连昌)至乌龙岭(吉辽界)段	17			17	新建	100	2436	10.47	12.13		地方自筹、银行贷款	2012.7~2014.9			

一、伊开高速公路伊通至丰收(辽源)段

(一)概述

1. 基本情况

(1)主要控制点

伊通县、西青嘴子屯、西苇镇、金洲乡、龙背村、千河村、富强村、辽源市。

(2)建设时间

2006 年 11 月开工建设,2009 年 9 月建成通车。通车典礼见图 8-14-1。

图 8-14-1　伊开高速公路伊通至丰收(辽源)段通车典礼

(3) 地形地貌

项目所经地区为低山丘陵区，一般海拔250~400m，川谷平地星罗棋布，分水岭多为波浪状起伏，起伏较大。

(4) 技术标准

设计速度为100km/h，双向四车道；路基宽度为26.0m；桥涵设计荷载为公路—Ⅰ级，设计洪水频率采用1/100；沥青混凝土路面。

(5) 建设规模

建设里程46km，全线设大桥2座，中桥9座，小桥6座，涵洞101道，隧道1座，互通式立体交叉3处（图8-14-2），天桥5座，通道41处；设收费站3处，服务区1处，管理所1处，养护工区1处，隧道变电所1处。

图8-14-2 金州互通

项目主要桥梁、隧道及路面信息具体见表8-14-2~表8-14-4。

伊开高速公路伊通至丰收（辽源）段主要桥梁信息表　　　　表8-14-2

序号	类型	名称	桥梁长度(m)	主跨长度(m)	跨越障碍物	桥梁结构
1	大桥	伊通河大桥	205	20	河流	预应力钢筋混凝土连续箱梁
2		民主大桥	105	20	道路、铁路	预应力钢筋混凝土连续箱梁
3	中桥	西苇中桥	65	20	道路、铁路	预应力钢筋混凝土连续箱梁
4		西南沟中桥	57	13	道路、铁路	预应力钢筋混凝土连续箱梁
5		孤山河中桥	85	20	河流	预应力钢筋混凝土连续箱梁
6		崇仁中桥	85	20	道路、铁路	预应力钢筋混凝土连续箱梁
7		福善中桥	65	20	河流	预应力钢筋混凝土连续箱梁
8		龙湾一桥	44	13	河流	预应力钢筋混凝土连续箱梁
9		龙湾二中桥	65	20	河流	预应力钢筋混凝土连续箱梁
10		后贵中桥	57	13	河流	预应力钢筋混凝土连续箱梁
11		富强中桥	44	13	道路、铁路	预应力钢筋混凝土连续箱梁

伊开高速公路伊通至丰收(辽源)段隧道信息表　　表8-14-3

序号	类型	名称	隧道全长(m)	洞门形式	隧道分类	
					按地质条件划分	按所在区域划分
1	短隧道	椽子沟隧道(左)	500	削竹式、削竹式	石质隧道	山岭隧道
2	中隧道	椽子沟隧道(右)	506	削竹式、削竹式	石质隧道	山岭隧道

伊开高速公路伊通至丰收(辽源)段路面信息表　　表8-14-4

路面类型	起讫里程	长度(km)	路面结构
沥青路面	K0+000~K46+000	46	上面层:5cm沥青玛蹄脂碎石混合料 下面层:8cm中粒式沥青混凝土 基层:33cm二灰碎石 底基层:16~20cm石灰水泥稳定风化砂

注:起讫里程来源于《全国道路网调整后里程桩号传递表》。

(6)投资规模

估算金额15.30亿元,概算金额14.69亿元,决算金额13.48亿元。

2.参建单位

(1)项目建设管理单位

项目的建设管理单位是吉林省高等级公路建设局,委托建设管理单位是四平市伊通至辽源高速公路建设项目办公室和辽源市伊通至辽源高速公路建设项目办公室。

(2)勘察设计单位

项目的勘察设计任务由吉林省交通规划设计院以及吉林省林业勘察设计研究院共同完成。

总体设计单位是吉林省交通规划设计院,其中主体工程设计由吉林省交通规划设计院完成,房建工程设计由吉林省林业勘察设计研究院完成。

(3)施工单位

项目的主体工程施工由吉林省嘉鹏公路建设有限公司等11家单位完成;房建工程施工由通化市二轻工业建筑有限公司等4家单位完成;交通工程施工由长春荣发公路工程有限公司及吉林省东吉公路建设有限公司完成;机电工程施工由北京瑞华赢科技发展有限公司等3家单位完成;绿化工程施工由四平市鸿基交通工程有限公司及长春林海园林绿化有限责任公司完成。

(4)监理单位

伊开高速公路伊通至丰收(辽源)段四平境内段主体工程的监理任务由吉林省天达工程咨询监理有限责任公司承担,机电工程的监理任务由吉林省康桥交通建设监理有限公司;辽源境内段监理任务由吉林省金泉公路工程咨询监理有限责任公司承担。

第八章 高速公路项目建设情况

项目参建单位信息具体见表 8-14-5。

伊开高速公路伊通至丰收(辽源)段参建单位一览表　　　　表 8-14-5

序号	参建单位	单位名称	合同段编号及起讫桩号	主要负责人	备注
1	项目管理单位	吉林省高等级公路建设局	K56+336~K103+817	孙鹏程	
2		四平市伊通至辽源高速公路建设项目办公室	四平段:K56+336~K77+100	金贵奇	委托管理单位
3		辽源市伊通至辽源高速公路建设项目办公室	辽源段:K77+100~K103+817	李乐海	委托管理单位
4	勘察设计单位	吉林省交通规划设计院	K56+336~K103+817	胡 珊	主体工程
5		吉林省林业勘察设计研究院	K56+336~K103+817	杨顺则	房建工程
6	施工单位	吉林省嘉鹏公路建设有限公司	路基01:K56+336~K63+000	吴德印	四平段
7		吉林省华一公路建设集团有限责任公司	路基02:K63+000~K72+840	陈亚军	四平段
8		中铁四局集团第五工程有限公司	路基03:K72+840~K77+100	刘 勃	四平段
9		东盟营造有限公司	路基04:K77+100~K86+000	孙 青	辽源段
10		武汉东交路桥工程有限公司	路基05:K86+000~K92+000	肖远东	辽源段
11		内蒙古自治区公路工程局	路基06:K92+000~K101+215	吕振国	辽源段
12		吉林省中盛路桥工程有限公司	路基07:K101+215~K103+817	李 平	辽源段
13		吉林省中盛路桥工程有限公司	路面M01:K56+336~K67+480	赵万福	四平段
14		吉林省亨通公路建设集团有限责任公司	路面M02:K67+480~K77+100	崔永海	四平段
15		辽河石油勘探局筑路工程公司	路面M03:K77+100~K103+817	李士库	辽源段
16		新疆兴达公路工程部	路面M04:K77+100~K103+817	高 飞	辽源段
17		长春荣发公路工程有限公司	交通工程JT01:K56+336~K77+100	孙亚坤	四平段
18		吉林省东吉公路建设有限公司	交通工程JT02:K77+100~K103+817	房井宏	辽源段
19		四平市鸿基交通工程有限公司	绿化工程LH01:K56+336~K77+100	王兴亚	四平段
20		长春林海园林绿化有限责任公司	绿化工程LH02:K77+100~K103+817	石莉薇	辽源段
21		通化市二轻工业建筑有限公司	房建工程FJ01:伊通管理处、西苇收费站、橡子沟变电所	毛瑞璟	四平段
22		长春建工集团有限公司	房建工程FJ02	王永君	四平段
23		吉林省第二建筑工程有限公司	房建工程FJ03:金洲管理处、养护工区、收费站	薛树海	辽源段

续上表

序号	参建单位	单位名称	合同段编号及起讫桩号	主要负责人	备注
24	施工单位	通化市第一建筑公司	房建工程FJ04：辽源北收费站	高春生	辽源段
25		北京瑞华赢科技发展有限公司	机电工程JD01：通信系统	成学磊	四平段
26		吉林省科维交通工程有限公司	机电工程JD02：收费系统	王洋	四平段
27		紫光捷通科技股份有限公司	机电工程JD03：监控及供配电系统	吴海	四平段
28	监理单位	吉林省天达工程咨询监理有限责任公司	主体工程：K56+336～K77+100	姜国会	四平段
29		吉林省康桥交通建设监理有限公司	机电工程：K56+336～K77+100	孙丽华	四平段
30		吉林省金泉公路工程咨询监理有限责任公司	K77+100～K103+817	程俊豪	辽源段

注：信息来源于竣工验收文件及建设管理单位。

(二)建设情况

1. 前期准备

1)项目审批

(1)立项审批

①2006年3月22日，吉林省发展和改革委员会批复了项目预可行性研究报告(吉发改交运字〔2006〕201号)；

②2006年8月14日，吉林省发展和改革委员会批复了项目可行性研究报告(吉发改交运字〔2006〕976号)。

(2)设计审批

①2006年，吉林省发展和改革委员会下发了《关于伊通至辽源高速公路初步设计的批复》(吉发改投资字〔2006〕1475号)；

②2006年，吉林省交通厅下发了《吉林省交通厅关于对伊通至辽源高速公路两阶段施工图设计的批复》(吉交函〔2006〕260号)；

③2008年，吉林省交通厅下发了《吉林省交通厅关于对伊通至辽源高速公路管理、养护及服务设施施工图设计的批复》(吉交函〔2008〕363号)；

④2008年，吉林省交通厅下发了《吉林省交通厅关于对伊通至辽源高速公路机电工程施工图设计的批复》(吉交函〔2008〕391号)。

(3)其他审批

①2006年，吉林省林业厅下发了《吉林省林业厅关于同意伊通至辽源高速公路建设项目(辽源段)征占林地的通知》(吉林资〔2006〕891号)；

②2006年,吉林省环保局下发了《关于伊通至辽源公路建设项目环境影响报告书的批复》(吉环建〔2006〕236号);

③2007年,吉林省水利厅下发了《吉林省水利厅关于伊通至辽源高速公路工程水土保持方案的批复》(吉水保〔2007〕2号);

④2008年,国土资源部下发了《国土资源部关于伊通至辽源高速公路工程建设用地的批复》(国土资函〔2008〕366号)。

2)资金筹措

项目资金来源为中央补贴1.74亿元,地方自筹3.13亿元,银行贷款8.61亿元。

3)工程勘察设计

项目设计招标实行公开招标,招标组织形式为委托招标。

项目路线设计全线采用的平、纵面指标力求均衡。在工程量增加不大的前提下,尽量采用交通的技术指标,平面坐标系统采用西安80坐标系,高程系统采用1985年国家高程基准。路线设计高程整体式断面时,为中央分隔带边缘处路面高程;分离式断面时,为行车道中心线路面高程。桥涵设计中,跨径20m的大、中桥采用预应力混凝土简支转连续箱梁;跨径8m采用现浇钢筋混凝土实体板;跨径10m、13m采用钢筋混凝土空心板。下部结构采用轻型、肋式或柱式桥台,柱式或薄壁桥墩,基础采用钻孔桩基础或扩大基础。小桥上部采用8m现浇钢筋混凝土实体板,10m、13m钢筋混凝土空心板梁,下部采用薄壁桥墩、轻型桥台,钻孔灌注桩基础。工程涵洞根据地质情况采用盖板涵和箱涵,部分涵洞兼做人行道。

2. 项目实施

(1)招投标

项目采用省地共建管理模式进行建设管理,除机电工程由项目法人招标外,其余路基、桥涵、隧道、路面、交通工程、绿化工程、房建工程的施工与监理的招标工作,由四平、辽源两市项目管理办公室共同组织进行。

(2)征地拆迁

项目四平段共征用土地2189亩,拆迁房屋1876m^2,拆移电力电信41处。为了加强公路征地拆迁工作的领导,保证按期完成征地拆迁工作任务,四平市政府于2006年12月6日在伊通满族自治县政府召开了征地拆迁动员会,落实了征地拆迁工作由伊通满族自治县政府全面负责,并签订了责任书。伊通满族自治县政府抽调了交通、城建、土地等相关部门人员组成了征地拆迁办公室。在征地拆迁工作中,四平市公路建设指挥部加强指导,积极协调,伊通满族自治县征地拆迁办公室明确任务,分口负责。在四平市政府和伊通满族自治县政府的领导下,经过3个多月的紧张工作,较好地完成了公路征地拆迁工作,为工程施工提供了良好的建设环境。

项目辽源段由辽源市公(铁)路建设指挥部根据具体情况成立了征地拆迁办公室,辽源市委、市政府与相关县、区政府及相关部门签订了责任书,有效地保证了项目在1个月内基本完成了征地拆迁工作,辽源段共征用土地3063亩,拆迁房屋77户共5584m^2。

项目全线共征用土地5252亩。

（3）施工情况

各施工单位按项目法人、项目管理单位要求组建项目经理部,按招标文件及合同要求负责现场施工管理、物资采购供应、施工技术、工程质量、施工进度、安全生产、劳务管理、机械设备保障、文明施工、环境保护等各项工作。

在质量控制方面,实行目标管理,建立工程质量创优领导责任制、工程质量保证体系,制定工程质量管理制度。工作中认真开展工序质量检查、隐蔽工程检查验收、工程质量评定、竣工自检等工作,针对工程中出现的质量问题进行了处理。

在施工进度控制方面,强化资源配置,统筹工程总体计划,抓节点工程,合理安排施工工序。坚持项目班子跟班作业制度,发现问题及时协调和解决,并适时开展以比质量、比安全、比工期、比效益的劳动竞赛,掀起大干高潮,同时实行内部经济承包责任制,创造宽松的外部环境。

在安全和文明施工方面,由项目经理主抓安全,各作业组设立专职安全员,做好岗前安全教育。在施工中,以企业文化为指导,加强思想政治工作,抓好精神文明建设,开展创建文明工地活动,从多个方面加强文明施工管理。

在环保控制方面,一是认真组织学习有关环保法律法规,建立环保体系;二是针对植被恢复、大气和水污染、噪声污染、固体废物污染、水土保持等重点敏感内容制定专项措施,编制应急预案,施工中认真加以落实。

路面施工见图8-14-3。

图8-14-3　路面施工

（4）监理情况

监理公司受吉林省高等级公路建设局和四平市伊通至辽源高速公路建设办公室的委托,承担了伊开高速公路伊通至丰收(辽源)段公路建设项目施工的监理任务。实行了高级驻地监理工程师办公室和驻地监理工程师办公室的二级监理管理体制。根据施工监理合同,到场监理人员共19人。2006—2009年,实际进场33人,其中具有监理工程师资质以上人员20人,合同外又增加监理员及试验员13人,持证上岗率达100%。2006年进场后,配置了监理用车、通信设备、试验仪器等,且均由上级主管部门检查、验收。为提高监理人员的工作能力和业务素质,2007年以来,先后两次派人员参加吉林省高等级公路建设局、质监站组织的参建人员培训班。在工程项目实施过程中,根据不同阶段的施工特点及监理工作的重点,及时组织了监理人员的专题学习、技术交底、互相交流,不断提升监理工作水平。加强对监理人员的内部管理,实行工作业绩考核制度和监理岗位责任制。在质量监理方面,一是根据监理细则,审查施工企业质量保证体系,确保质量责任落实到位;二是加强旁站和巡视,重点部位死看死守;三是严格按频率进行试验抽检,坚持以数据说话;四是强化施工企业技术交底和业务培训,确保施工技术方案全面落实。在安全监理方面,设专职安全监理工程师,经常对施工现场、拌和站、办公驻地用地、高空作业、开放交通要道进行巡视检查,驻地监理配合安全监理,对存在的安全隐患及时要求整改,杜绝安全事故。

3. 竣(交)工验收

（1）交工验收

2010年2月15日,吉林省高等级公路建设局组织了伊通至辽源高速公路(四平段)交工验收,验收委员会认为,项目合同约定的各项内容已全部完成,各个检测项目均达到设计和相关规范要求,通过项目质量检测,内业资料已完善归档,认定为合格工程,工程质量得分为96.2分,同意通过交工验收。2010年1月26日,吉林省高等级公路建设局组织了伊通至辽源高速公路(辽源段)交工验收,验收委员会认为,项目满足相关规范要求,通过项目质量检测,内业资料已完善归档,认定为合格工程,工程质量得分为96.9分,同意通过交工验收。

（2）竣工验收

2013年12月,由吉林省交通运输厅组织成立的竣工验收委员会认真评议后认为,项目各项指标符合设计和相关规范规定,环保、档案已验收合格,竣工决算已通过审计,同意竣工验收。对参建单位及建设项目综合评分如下:建设管理综合评分93.11分;设计工作综合评分94.94分;监理工作综合评分93.84分;施工管理综合评分91.61分;建设项目综合评分91.53分;建设项目综合评价等级为优良。

二、伊开高速公路辽源（连昌）至乌龙岭（吉辽界）段

（一）概述

1. 基本情况

（1）主要控制点

连昌村、永清村、仁爱村、安恕镇、乌龙岭（吉辽界）。

（2）建设时间

2012年7月开工建设，2014年9月建成通车。

（3）地形地貌

项目位于吉林省东南部，地处长白山余脉与西部松辽平原的过渡地带，为低山丘陵地貌。境内山川、丘陵、平原交错分布，河流纵横。路线所经区域为丘陵区，地势大致为北低南高，海拔高程245~450m。沿线花岗岩、凝灰岩、安山岩分布广泛。路线区域标准冻深为1.5m，最大冻深为2.17m。

（4）技术标准

设计速度为100km/h，双向四车道，路基宽度26.0m；桥涵设计荷载为公路—Ⅰ级，设计洪水频率1/100；沥青混凝土路面。

（5）建设规模

建设里程17km，全线设大桥8座，中桥7座，小桥2座，涵洞94道，互通式立体交叉2处，天桥2座，通道9处；设收费站3处，管理处1处，养护工区1处。

项目主要桥梁及路面信息具体见表8-14-6、表8-14-7。

伊开高速公路辽源（连昌）至乌龙岭（吉辽界）段桥梁信息表　　　表8-14-6

序号	类型	名　称	桥梁长度(m)	主跨长度(m)	跨越障碍物	桥梁结构
1	大桥	永清大桥	230	20	道路、铁路	预应力钢筋混凝土连续箱梁
2		和平大桥	132	25	道路、铁路	预应力钢筋混凝土连续箱梁
3		善邻大桥	332	25	道路、铁路	预应力钢筋混凝土连续箱梁
4		仁爱大桥	207	25	道路、铁路	预应力钢筋混凝土连续箱梁
5		乌龙一组大桥	232	25	道路、铁路	预应力钢筋混凝土连续箱梁
6		榆树沟大桥	157	25	道路、铁路	预应力钢筋混凝土连续箱梁
7		乌龙二组大桥	332	25	道路、铁路	预应力钢筋混凝土连续箱梁
8		安恕大桥	385	30	道路、铁路	预应力钢筋混凝土连续箱梁
9	中桥	永胜中桥	44	13	道路、铁路	预应力钢筋混凝土空心板梁
10		仁爱三号中桥	44	13	道路、铁路	预应力钢筋混凝土连续箱梁
11		仁爱二号中桥	67	20	道路、铁路	预应力钢筋混凝土连续箱梁

续上表

序号	类型	名　称	桥梁长度(m)	主跨长度(m)	跨越障碍物	桥　梁　结　构
12	中桥	善邻中桥	67	20	河流	预应力钢筋混凝土连续箱梁
13		仁爱通道	44	13	道路、铁路	预应力钢筋混凝土空心板梁
14		仁爱一号中桥	44	13	道路、铁路	预应力钢筋混凝土连续箱梁
15		乌龙中桥	87	20	河流	预应力钢筋混凝土连续箱梁

伊开高速公路辽源(连昌)至乌龙岭(吉辽界)段路面信息表　　表8-14-7

路面类型	起讫里程	长度(km)	路面结构
沥青路面	K64+000～K81+000	17	上面层:5cm沥青玛蹄脂碎石混合料 下面层:8cm粗粒式沥青混凝土 基层:33cm水泥稳定碎石 底基层:16～20cm水泥稳定砂砾 垫层:砂砾

注:起讫里程来源于《全国道路网调整后里程桩号传递表》。

(6)投资规模

估算金额10.47亿元,概算金额12.13亿元,预算金额10.85亿元(不含机电、预埋管道、房建工程等)。

2.参建单位

(1)项目建设管理单位

项目的建设管理单位是辽源市伊开高速建设项目办公室。

(2)勘察设计单位

项目的勘察设计任务由吉林省交通规划设计院和吉林省林业勘察设计研究院共同完成。

总体设计单位是吉林省交通规划设计院,其中主体工程设计由吉林省交通规划设计院完成,房建工程设计由吉林省林业勘察设计研究院完成。

(3)施工单位

项目的主体工程施工由甘肃路桥建设集团有限公司等7家单位完成;交通工程施工由淄博顺达交通设施工程有限公司完成;机电工程施工由吉林省科维交通工程有限公司完成;房建工程施工由长春建工集团华宇建筑有限公司及抚顺中通建设(集团)有限公司完成;绿化工程施工由延边磴煌环艺有限公司及吉林省荣发绿化工程有限公司完成。

(4)监理单位

项目的监理任务由吉林省公路工程监理有限责任公司等3家单位承担。

项目参建单位信息具体见表8-14-8。

伊开高速公路辽源(连昌)至乌龙岭(吉辽界)段参建单位一览表

表 8-14-8

序号	参建单位	单位名称	合同段编号及起讫桩号	主要负责人	备注
1	项目管理单位	吉林省公路管理局	K109+000～K124+880.785		行业监管
2		辽源市伊通至辽源高速公路建设项目办公室	K109+000～K124+880.785		建设单位
3	勘察设计单位	吉林省交通规划设计院	K109+000～K124+880.785	杨 光	
4		吉林省林业勘察设计研究院	K109+000～K124+880.785		
5	施工单位	甘肃路桥建设集团有限公司	YKLJ01：K109+000～K111+900		路基
6		江西路桥工程集团有限公司	YKLJ02：K111+900～K116+500		路基
7		吉林省弘盛交通开发建设有限公司	YKLJ03：K116+500～K120+700		路基
8		湖南环达公路桥梁建设总公司	YKLJ04：K120+700～K124+880.785		路基
9		吉林省弘盛交通开发建设有限公司	YKLJ05：K109+176.14，AK0+512.491		路基
10		吉林省嘉鹏建设集团有限公司	YKLM01：K109+000～K165+500		路面
11		湖南环达公路桥梁建设总公司	YKLM02：K165+500～K124+880.785		路面
12		淄博顺达交通设施工程有限公司	YKJT01：K109+000～K124+880.785		交通安全设施
13		吉林省科维交通工程有限公司	YKJD01：K109+000～K124+880.785		机电
14		长春建工集团华宇建筑有限公司	YKFJ01：东辽管理处、养护工区、收费站		房建
15		抚顺中通建设(集团)有限公司	YKFJ02：安恕、乌龙岭收费站		房建
16		延边磙煌环艺有限公司	YKLH01：K109+000～K124+880.785		绿化
17		吉林省荣发绿化工程有限公司	YKLH02：K109+000～K124+880.785		绿化
18	监理单位	吉林省公路工程监理有限责任公司			总监办
19		吉林省康桥交通建设监理有限公司			路基01、02、05 路面01驻地监理
20		吉林省公路工程监理事务所			路基03、04 路面02驻地监理

注：信息来源于竣工验收文件及建设管理单位。

（二）建设情况

1. 前期准备

1）项目审批

（1）立项审批

2011年,吉林省发展和改革委员会下发了《关于伊通至开原高速公路辽源至乌龙岭（省界）段工程可行性研究报告的批复》（吉发改审批字〔2011〕17号）。

（2）设计审批

①2011年,吉林省发展和改革委员会下发了《关于伊通至开原高速公路辽源至乌龙岭（省界）段中连昌至乌龙岭（省界）段初步设计的批复》（吉发改投资字〔2011〕675号）；

②2011年,吉林省交通运输厅下发了《关于伊通至开原高速公路连昌至乌龙岭（省界）段两阶段施工图设计的批复》（吉交审批函〔2011〕2号）；

③2012年,吉林省交通运输厅下发了《吉林省交通厅关于对伊通至开原高速公路连昌至乌龙岭（省界）段东辽处增设分离立交桥的批复》（吉交函〔2012〕252号）；

④2013年,吉林省交通运输厅下发了《吉林省交通厅关于对伊通至开原高速公路连昌至乌龙岭（省界）段管养及服务设施和机电工程施工图设计的批复》（吉交函〔2013〕205号）。

（3）其他审批

①2006年,吉林省环境保护局下发了《关于伊通至辽源公路建设项目环境影响报告书的批复》（吉环建字〔2006〕236号）；

②2008年,国土资源部下发了《国土资源部关于伊通至开原高速公路连昌至乌龙岭（省界）段中连昌至乌龙岭（省界）段工程建设用地的批复》（国土资函〔2008〕366号）；

③2010年,吉林省环境保护厅下发了《关于伊通至开原高速公路辽源至乌龙岭（省界）段工程环境影响报告书的批复》（吉环审字〔2010〕347号）；

④2010年,吉林省水利厅下发了《吉林省水利厅关于伊通至开原高速公路连昌至乌龙岭（省界）段工程水土保持方案的批复》（吉水保〔2010〕1325号）；

⑤2011年,吉林省林业厅下发了《吉林省林业厅关于伊通至开原高速公路辽源至乌龙岭（省界）段工程的预审意见》（吉林资〔2011〕184号）；

⑥2011年,吉林省林业厅下发了《吉林省林业厅转发国家林业局关于伊通至开原高速公路辽源至乌龙岭段项目使用林地审核同意书的通知》（吉林资〔2011〕245号）；

⑦2011年,吉林省发展和改革委员会下发了《关于伊通至开原高速公路辽源至乌龙岭（吉辽界）段节能评估报告表的审查意见》（吉发改环资〔2011〕20号）。

2）资金筹措

项目资金来源为地方自筹3.07亿元,银行贷款9.06亿元。

3）工程勘察设计

2011年,辽源市发展和改革委员会提交了《关于上报伊通至开原高速公路辽源至乌龙岭(吉辽界)段可行研究报告的请示》(辽发改科交字〔2011〕13号)。2011年1月25日,吉林省发展和改革委员会下发了《关于伊通至开原高速公路辽源至乌龙岭(省界)段工程可行性研究报告的批复》(吉发改审批〔2011〕17号),根据吉林省国家投资项目评审中心的《伊通至开原高速公路辽源至乌龙岭(省界)段工程可行性研究报告评估意见》(吉资综字〔2010〕351号),批准辽源市发展和改革委员会的请示。

2011年6月13日,吉林省发展和改革委员会下发了《关于伊通至开原高速公路辽源至乌龙岭(省界)段中连昌至乌龙岭(省界)段初步设计的批复》(吉发改审批〔2011〕675号)提到,关于吉林省交通运输厅提交的《关于报批伊通至开原高速公路辽源至乌龙岭(省界)段中连昌至乌龙岭(省界)段工程初步设计的函》(吉交函〔2011〕171号)已经通过预审,根据吉林省国家投资项目评审中心《关于伊通至开原高速公路辽源至乌龙岭(省界)段中连昌至乌龙岭(省界)段工程初步设计审查意见的报告》(吉评审综字〔2011〕90号)提出的审查意见,经研究,由吉林省交通规划设计院修改完善后的设计文件,基本符合《关于伊通至开原高速公路辽源至乌龙岭(省界)段工程可行性研究报告的批复》(吉发改审批〔2011〕17号)要求,满足现行标准和规范的有关规定,原则同意初步设计方案及概算。

2011年10月26日,吉林省交通运输厅《关于伊通至开原高速公路连昌至乌龙岭(省界)段两阶段施工图设计的批复》(吉交审批函〔2011〕2号),吉林省交通运输厅组织有关部门及专家对设计文件进行了审查,认为设计成果满足现行技术标准和规范要求,可以作为组织施工的依据。

2. 项目实施阶段

（1）招投标

项目单位严格执行国家有关招标投标的规定,项目勘察、设计、施工、监理、主要设备、重要材料等全部实行公开招标,招标组织形式为委托招标。

（2）征地拆迁

项目实际征用土地2436亩。

（3）施工情况

施工单位在项目开工前编制了详尽的施工组织计划,根据项目实际情况、合同工期、招标要求及投标承诺,为项目施工组建了一套精干、高效、强有力的领导机构和施工水平过硬的队伍。实行项目经理负责制,全权负责项目的施工组织安排、生产经营、内外关系协调、材料供应、安全监督、质量验收等工作,全面认真履行合同,体现"团结拼搏、务实敬业、开拓创新"的企业精神。制订了项目人员进场计划、机械设备进场计划、材料采购计划,并完全按照计划进场。

质量控制方面,建立工程质量创优领导责任制,把创优成效列入考核领导和技术人员业绩的重要内容,形成各级领导重视的局面,为创优工程奠定坚实的基础。项目部对各管理部门的工作进行分解,建立科学完善的质量保证体系,建立强有力的生产指挥系统、完整的质量控制体系和安全保证体系。当进度和质量发生矛盾时,坚决贯彻在保证质量的前提下合理安排工期。严格执行质量检查程序,注重隐蔽工程检查验收,根据《公路工程质量检验评定标准》(JTG F80/1—2004、JTG F80/2—2004)及招标文件有关规定对工程进行质量评定,对分项工程、分部工程、单位工程进行质量评定并编制工程交工自检报告,上报有关部门待最后检验。根据工程项目的标准要求,确定项目经理的质量目标,并将此目标分解,具体落实到各部门的工作中。

施工进度控制方面,建立以项目经理为核心的施工进度领导组,落实各层次的进度控制人员,确保各自的责任,明确各自的任务。制订科学合理的施工进度计划,建立严密的工期目标体系,充分考虑各种可能因素对计划实施的影响,制订工期计划目标时留有余地,认真编制有针对性措施的施工方案,制定科学的施工方法,以优化的组合进行施工。项目经理部由项目经理主抓安全,各作业组设专职安全员,建立健全安全规章制度,做好岗前安全教育。在施工中,以企业文化为指导,加强思想政治工作,抓好精神文明建设,开展创建文明工地活动。

(4)监理情况

工程质量管理方面,在不断完善和优化质量管理措施的同时,加大现场管理和试验检测力度,坚持"首件工程认可制",严把工程材料关,严控施工工艺关,全面推行精细化管理,注重过程控制,力求精益求精。监理单位采取了一系列的质量管理措施,如加强企业自检,督促施工单位建立完善的质量自检体系;严格要求施工单位配备有相应资质、经验丰富的试验人员到场;针对隐蔽工程、重点部位工程、钢筋制作、混凝土浇筑等工程实行全过程旁站,死看死守,不给工程留有质量隐患;严格按规范规定的频率,对原材料和施工质量进行抽检,坚持以数据说话,同时作为工序验收和计量与支付的依据;充分发挥中心实验室的职能作用,认真检查督促施工单位对施工材料的自检,同时做好抽检和验证工作;严格控制地质不良地段,保证台背回填清淤到位,把握材料的透水性及稳定性,确保路基不沉陷,路面不被破坏,桥头不跳车,行车安全舒适;认真审核施工单位上报的施工组织设计;严格控制构造物混凝土的强度和外观质量;狠抓内业资料归档管理工作,及时对资料签证,确保资料的可靠性和真实性。

在合同管理和工程进度方面,监理单位严格按照有关的法律法规和合同对工程进行管理,掌握合同管理的方法,运用科学的合同管理手段,依据合同对工程的质量、投资、进度、安全进行控制。在实施过程中,督促施工单位执行已审定的进度计划,随时检查计划完成情况,分析进度滞后的原因,调整滞后项目的施工方案,适当增加资源投入,科学安排施工顺序,合理压缩关键线路上的作业时间,确保了合同工期。

根据交通部《公路工程质量检验评定标准》(JTG F80/1—2004、JTG F80/2—2004),对各分项、分部、单位及合同段工程进行了质量评定,评定结果为全部合格。

3. 竣(交)工验收

依据吉林省交通基本建设质量监督站下发的《伊通至开原高速公路连昌至乌龙岭(省界)段建设项目检测意见》(吉交建质〔2014〕107号)及交工验收委员会意见,该项目通过交工验收,正式进入试运营期。

三、运营管理

(一)服务区及收费站设置

截至2016年底,伊开高速公路未设置服务区,收费站设置情况见表8-14-9。

伊开高速公路收费站情况表　　　　　　表8-14-9

序号	路　段　名　称	收　费　站　名　称
1	伊开高速公路伊通至丰收(辽源)段	西苇、金州、辽源
2	伊开高速公路东辽(连昌)至乌龙岭(吉辽界)段	连昌、安恕、乌龙岭

(二)信息化建设

截至2016年底,伊开高速公路信息化设备设置情况见表8-14-10。

伊开高速公路信息化设备设置情况表　　　　　　表8-14-10

序　号	设　施　名　称	数　量
1	小型可变情报板(悬臂式)(包含净月站匝道可变情报板)	3
2	道路摄像机(含隧道)	4
3	收费广场摄像机(不含净月站,因其在改扩建中)	6
4	车道和亭内摄像机(不含净月站,因其在改扩建中)	28
5	大型可变情报板	1
6	车辆检测器	2

(三)养护管理

截至2016年底,伊开高速公路养护管理情况见表8-14-11。

伊开高速公路养护管理情况表　　　　　　表8-14-11

养护工区(个)	管理人员(人)	小修(人)	养护工区明细
2	7	12	伊通(金州、东辽)

第十五节　通化至沈阳高速公路（S1111）吉林段

通化至沈阳高速公路（S1111，以下简称"通沈高速公路"）是《国家公路网规划（2013—2030 年）》的"71118"高速公路网中鹤大高速公路支线中的一段，也是吉林省"五四三二一"高速公路网总体布局中"十联"的第八联。通沈高速公路是通化市第一条高速公路，它的建成对吉林省向外发展经济、促进交通运输业的发展和振兴东北老工业基地具有重要意义。

通沈高速公路吉林省境内段，即通沈高速公路通化（快大茂）至下排（吉辽界）段起自通化县快大茂镇，经赤柏村、蛤蟆塘村、光明村、英额布村、三棵榆树镇，止于下排村（吉辽界），全长47km。于 2006 年 4 月开工，2008 年 10 月建成通车，投资 15.81 亿元（全线四车道决算）。其中，通化（快大茂）至赤柏（通化）段，里程5km，与鹤大高速公路共线，于2007 年 8 月实施六车道扩建工程，2008 年 10 月建成，扩建工程与通沈高速公路同步实施，具体建设情况见本节，扩建工程费用在鹤大高速公路列支。

通沈高速公路项目详细情况见下文，路段实景见图8-15-1，基础信息具体见表8-15-1。

图 8-15-1　通沈高速公路路段实景

通沈高速公路（吉林段）基础信息表　　　　表 8-15-1

序号	编号	项目名称	规模（km）			建设性质	设计速度（km/h）	永久占地（亩）	投资情况（亿元）				建设时间（开工~通车）	共线路段		备注
			合计	八车道	六车道	四车道				估算	概算	决算	资金来源		里程（km）	编号	
1	S0111	通沈高速公路通化（快大茂）至赤柏（通化）段	5		5		—	—	—	13.50	16.32	15.81	地方自筹、银行贷款	2006.4~2008.10	5	G11	与鹤大高速公路共线，扩建工程投资在鹤大高速公路中计列
2		通沈高速公路赤柏（通化）至下排（吉辽界）段	42			42	新建	80	4965								

一、概述

(一)基本情况

1. 主要控制点

快大茂镇、赤柏村、蛤蟆塘村、光明村、英额布村、三棵榆树镇、下排村。

2. 建设时间

2006年4月开工建设,2008年9月建成通车。

3. 地形地貌

路线所经区域位于浑江流域和富尔江流域之间,龙岗山脉斜贯中部,老岭山脉在境内呈西南走向,地势呈东北向西南倾斜,大部分地区山岭纵横,沟谷交错,地貌多样。主要地貌为河(断)谷、山地、丘陵,属于山岭重丘区。

4. 技术标准

快大茂至赤柏段设计速度为80km/h,双向六车道,路基宽度为32.0m;桥涵设计荷载为公路—Ⅰ级,设计洪水频率1/100;沥青混凝土路面。

赤柏至下排段设计速度为80km/h,双向四车道,路基宽度为26.0m;桥涵设计荷载为公路—Ⅰ级,设计洪水频率1/100;沥青混凝土路面。

5. 建设规模

建设里程47km,全线设大桥5座,中桥5座,小桥4座,涵洞110道,隧道2座,互通式立体交叉3处,分离式立体叉交7处,天桥1座,通道23处;设收费站3处,服务区1处,管理及养护工区1处,隧道变电所2处。

项目主要桥梁、隧道及路面信息具体见表8-15-2~表8-15-4。

通沈高速公路通化(快大茂)至下排(吉辽界)段主要桥梁信息表　　　表8-15-2

序号	类型	名　称	桥梁长度(m)	主跨长度(米)	跨越障碍物	桥梁结构
1	大桥	四平河大桥	106	20	道路、铁路	预应力钢筋混凝土箱形梁
2		半截沟高架桥	367	30	河流	预应力钢筋混凝土箱形梁
3		蛤蟆塘高架桥	457	30	道路、铁路	预应力钢筋混凝土箱形梁
4		獐子沟大桥	106	20	道路、铁路	预应力钢筋混凝土箱形梁
5		欢喜岭大桥	186	20	河流	预应力钢筋混凝土箱形梁
6	中桥	赤柏中桥	66	20	河流	预应力钢筋混凝土箱形梁
7		岭根底中桥	66	20	道路、铁路	预应力钢筋混凝土箱形梁
8		梨树沟中桥	86	20	河流	预应力钢筋混凝土箱形梁
9		库仓沟中桥	66	20	河流	预应力钢筋混凝土箱形梁
10		大蜜蜂沟中桥	66	20	河流	预应力钢筋混凝土箱形梁

通沈高速公路通化(快大茂)至下排(吉辽界)段隧道信息表 表8-15-3

序号	类型	名称	隧道全长(m)	洞门形式	隧道分类	
					按地质条件划分	按所在区域划分
1	长隧道	赤柏隧道(左)	1878	端墙式、端墙式	石质隧道	山岭隧道
		赤柏隧道(右)	1878	端墙式、端墙式	石质隧道	山岭隧道
2	中隧道	欢喜岭隧道(左)	980	削竹式、端墙式	石质隧道	山岭隧道
		欢喜岭隧道(右)	980	削竹式、端墙式	石质隧道	山岭隧道

通沈高速公路通化(快大茂)至下排(吉辽界)段路面信息表 表8-15-4

路面类型	起讫里程	长度(km)	路面结构
沥青路面	K0+000～K47+000	47	上面层:4cm沥青玛蹄脂碎石混合料 下面层:5cm中粒式沥青混凝土 柔性基层上基层:7cm中粒式沥青混凝土 基层:34cm二灰碎石 底基层:16～20cm水泥砂土 垫层:20cm砂砾

注:起讫里程来源于《全国道路网调整后里程桩号传递表》。

6.投资规模

估算金额13.50亿元,概算金额16.32亿元,预算金额16.79亿元,决算金额15.81亿元。

(二)参建单位

1.项目建设管理单位

项目的法人是吉林省高等级公路建设局,项目的建设管理单位是通化市通沈高速建设指挥部及吉林省高速公路管理局。

其中主体工程及房建工程建设管理任务由通化市通沈高速建设指挥部完成,机电工程建设管理任务由吉林省高速公路管理局完成。

2.勘察设计单位

项目的勘察设计任务由吉林省交通规划设计院完成。

3.施工单位

项目的主体工程施工由二公局(洛阳)第四工程处等10家单位完成;交通工程施工由通化路桥建设有限公司及吉林宏运公路工程股份有限公司完成;绿化工程施工由长春市绿缘绿化工程有限公司及白山市浩林绿化有限公司完成;房建工程施工由通化市长江建筑安装有限责任公司等3家单位完成;机电工程施工由安徽皖南科技股份有限公司等6家单位完成。

4.监理单位

项目的监理任务由吉林省天达工程咨询监理有限责任公司承担。

项目参建单位信息具体见表8-15-5。

通沈高速公路通化(快大茂)至下排(吉辽界)段参建单位一览表　　表8-15-5

序号	参建单位	单位名称	合同段编号及起讫桩号	主要负责人	备注
1	项目管理单位	通化市重点公路建设管理办公室	K15+622.033~K61+302.000	姜志军	
2		吉林省高速公路管理局	K15+622.033~K61+302.000		机电工程建设管理
3	勘察设计单位	吉林省交通规划设计院	K15+622.033~K61+302.000	胡珊	
4	施工单位	二公局(洛阳)第四工程处	路基01:K15+622.033~K19+600	何平	主线工程
5		中铁十三局集团第四工程有限公司	路基02:K19+600~K24+773.558	仲继红	主线工程
6		福建路桥建设有限公司	路基03:K24+773.558~K28+280.020	吴天明	主线工程
7		山东省公路工程总公司	路基04:K28+288.545~K34+200	闻涛	主线工程
8		中铁二局股份有限公司	路基05:K34+200~K43+507.552	黄召俊	主线工程
9		中铁十三局集团第三工程有限公司	路基06:K43+507.552~K46+380.429	高奎成	主线工程
10		抚顺公路建设集团公司	路基07:K46+634.680~K61+302	孙积胜	主线工程
11		山东省公路建设(集团)有限公司	路面M01:K15+622.033~K32+600	闻涛	主线工程
12		中交一公局第三工程有限公司	路面M02:K32+600~K46+380.429	李勇	主线工程
13		吉林省交通建设集团有限公司	路面M03:K46+380.429~K61+260	崔连军	主线工程
14		通化路桥建设有限公司	交通工程JT01:K15+622.033~K39+000	李强	交通工程
15		吉林宏运公路工程股份有限公司	交通工程JT02:K39+000~K61+260	鞠传龙	交通工程
16		长春市绿缘绿化工程有限公司	绿化LH01:K15+622.033~K39+000	王利明	绿化工程
17		白山市浩林绿化有限公司	绿化LH02:K39+000~K61+260	左晓光	绿化工程
18		通化市长江建筑安装有限责任公司	FJ01:通化收费站、服务区、管理处、变电所房屋建筑工程	于涛	房建工程

续上表

序号	参建单位	单位名称	合同段编号及起讫桩号	主要负责人	备注
19	施工单位	通化东宝建筑工程有限公司	FJ02:英额布服务区、管理处房屋建筑工程	王丽	房建工程
20		集安市寰宇建筑有限责任公司	FJ03:下排收费站、服务区、管理处、变电所房屋建筑工程	肖力军	房建工程
21		安徽皖南科技股份有限公司	G07-1	高泉峰	机电工程
22		吉林省高速公路管理局通信监控中心	G07-2	王洋	机电工程
23		南京市消防工程有限公司	G08	周振谷	机电工程
24		陕西高速交通工贸有限公司	G09-1	方红虎	机电工程
25		中铁建电气化局集团第一工程公司	G09-2	杨志平	机电工程
26		北京市中山新科技设备研究所	JZ02	薛建忠	机电工程
27	监理单位	吉林省天达工程咨询监理有限责任公司		常江	

注:信息来源于竣工验收文件及建设管理单位。

二、建设情况

(一)准备阶段

1. 项目审批

1)立项审批

(1)2004年10月18日,交通部下发了《通化(快大茂)至下排(吉辽界)公路项目建议书的批复》(交规划发〔2004〕578号);

(2)2004年11月29日,交通部下发了《通化(快大茂)至下排(吉辽界)公路可行性研究报告的批复》(交规划发〔2004〕684号)。

2)设计审批

(1)2005年10月31日,交通部下发了《通化(快大茂)至下排(吉辽界)公路初步设计的批复》(吉公路发〔2005〕497号);

(2)2006年3月14日,吉林省交通厅下发了《吉林省交通厅关于对快大茂至下排高速公路两阶段施工图设计的批复》(吉交函〔2006〕59号);

(3) 2008年3月19日,吉林省交通厅下发了《关于快大茂至下排高速公路机电工程施工图设计的批复》(吉交审批函〔2008〕5号);

(4) 2008年4月7日,吉林省交通厅下发了《关于通化(快大茂)至下排(吉辽界)高速公路管理、养护及服务设施施工图设计的批复》(吉交审批函〔2008〕6号)。

3) 其他审批

2008年7月,国土资源部下发了《国土资源部关于通沈高速通化至下排段工程建设用地的批复》(国土资函〔2008〕461号)。

2. 资金筹措

项目概算金额16.32亿元,施工图预算金额16.79亿元,决算金额15.81亿元。其中,交通部专项基金2.26亿元,其余部分通过部分国内银行贷款解决。

3. 工程勘察设计

吉林省交通规划设计院依据吉林省交通厅《关于下达快大茂至下排勘测设计任务的通知》(吉交函〔2005〕11号)及其他相关文件开展设计工作。

项目路线平、纵、横面线形总体布设方案综合考虑了沿线地形、地物、地质、水文、大桥桥位和自然景观等诸多因素,并广泛征求地方政府的意见。结合公路网布局和工程技术、经济的合理性,遵循初步设计文件及各级审查意见,确定了项目的路线方案。路面设计本着因地制宜、合理选材、降低造价、便于施工及养护的原则及根据路面的使用要求,结合吉林省自然条件、沿线筑路材料情况和实践经验,进行路基、路面综合设计,路面面层除隧道、收费广场外均采用沥青混凝土结构。桥涵设计采用形态法、暴雨径流法及多种经验公式计算流量、确定孔径,桥形上部结构尽量遵循标准化、系列化、方便施工的原则。隧址选择在符合路线总体走向的前提下根据地形、地质、进出口条件等因素确定。隧道洞门设计考虑其观赏效果,对洞口进行绿化防护,使洞口与自然景观相协调。

(二) 项目实施

1. 招投标

全线共划分23个标段,全部采用公开招标方式,择优选择施工队伍。招标工作由项目法人依法授权招标代理机构进行,由项目管理单位通化市重点公路建设管理办公室与中标单位签订合同开展。监理单位由项目法人公开招标择优选择,由项目法人签订委托合同。

2. 征地拆迁

项目的征地拆迁工作由通化市政府与通化县签订协议,具体由通化县乡指挥部实施征地拆迁工作。依靠市委市政府,加大市指挥部组织协调力度,形成市、县、乡(镇)、村纵向到底,公安、水利、安监、技监、环保等横向到边的外部协调工作,耐心细致地做好群众思想工作,使百姓认识工程、理解工程、支持工程建设,创造了较好的外部环境。

全线征用永久占地共4965亩,其中,旱田2085亩,水田1320亩,菜田180亩,园田105亩,林地390亩,其他农用地15亩,建设用地345亩,未利用土地540亩,土地补偿费和安置补助费已拨付到村民手中。全线共拆迁民房338户,拆迁工企房19户,拆迁附属物(指经济作物)18户,电力线路移设61处,电信线路移设59处。征地拆迁整体情况基本满足施工需要。

3. 施工情况

项目是吉林省第一条采取"省市共建"模式建设的高速公路,项目法人履行行业管理职能,项目管理单位具体负责项目建设管理工作。为适应新的建管模式,各施工单位结合各自工程特点,为确保按期、按质、高效地完成工程任务,抽调了一批技术能力强、施工经验丰富的人员组建项目部,认真学习项目法人和项目管理单位有关要求和制度,全面组织工程施工。同时,与项目法人、项目管理单位、监理、设计单位密切配合,做好组织协调、计划、质检、安全及材料保障等工作。

在质量管理方面,一是建立了工程质量管理制度,为项目部建立了强有力的生产指挥系统、完整的质量控制体系和安全保障体系;二是开展工艺技术、工序自检的控制,实行全过程的质量监控;三是配置适合工程需要的检测仪器,建立了工地试验室;四是对原材料进行严格的质量控制,由项目工程部和试验室对进场的原材料和外购、外协材料按照相关文件和技术规范进行检验;五是建立了原始记录制度,所有与工程建设施工有关的原始记录、试验检测及计算数据、汇总表格等都如实记录保存;六是落实质量管理责任,明确目标,落实责任,加强培训指导;七是及时处理工程质量中出现的问题,对症下药采取相应措施予以解决,并在事后跟踪检查,进行总结。

各施工单位认真落实质监站、设计单位和监理单位的有关文件要求等,严格按照设计图纸和施工规范要求,精心施工,及时反馈处理存在的问题。在施工过程中,实行有效的"政府监督、法人负责、施工监理、企业自检"的质量保证体系,加强了质量自检,确保了分项工程质量合格率,以分项工程质量保证了分部工程、单位工程和整个工程的工程质量,工程合格率达100%;项目路基稳定,排水系统通畅,桥涵位置、结构尺寸正确,混凝土强度符合设计要求,隧道结构尺寸正确,洞内无渗漏水现象,排水照明系统设置完善;路面强度、压实度、平整度、抗滑指标符合设计和规范要求。交通安全设施齐全完整、醒目有效,标志标线及防护设施施工质量达到国家相应技术标准。工程质量评分94.5分,达到合格标准。

在施工进度控制方面,加强施工的计划管理,重视编制施工计划,坚持计划的贯彻执行,确保计划的严肃性。经常检查计划的执行落实情况,合理安排各阶段、各工种、各工序的施工,把按质、按期完成任务与物质利益挂钩,最大限度调动职工积极性。组织好设备机具,大量使用现代化的施工机械,并保证施工机械的完好率和利用率。

施工安全、文明施工方面,为了加强建设项目的安全生产管理,防止和减少施工安全事故、保障人身和财产安全,通化市指挥部制订了《通沈高速公路安全生产管理办法》,各合同段也都进一步落实制订了相应的细部管理办法,并设立了安全生产组织领导机构,全权负责安全生产日常工作。各施工单位均持有《安全生产许可证》,并层层签订安全生产责任书,建立健全了安全生产各项规章制度,三类人员全部履约持证上岗。按照"工程优质、队伍优秀"的要求,以文明施工、驻地建设为主线和切入点,加大了文明施工力度,展现交通人良好形象。为当地修建农用便道共28条,灌溉农田1080亩,清沟排洪32条,义务献工850次,有力地促进了当地的经济社会发展,也为项目的施工创造了良好的外部环境。

环保与节约用地方面,按照"环保、生态、景观"的设计理念,项目以控制水土流失和防止污染、保护生态及施工结束后及时进行迹地清理、整治和植被恢复为重点,各施工单位按照同时设计、同时施工、同时投产使用的制度,依据《通化市通沈高速公路(吉林段)建设项目环境保护、水土保持、植被恢复、土地复垦管理办法》,各施工单位落实了土地复垦、植被恢复方案,建立了环保组织机构,配有专人负责。施工现场见图8-15-2。

图8-15-2 施工现场

4. 监理情况

项目执行过程依照国际惯例FIDIC合同条款,吉林省天达工程咨询监理有限责任公司在项目实施过程中,严格履行了监理合同中所授予的职权,很好地完成了质量监理、进度监理、费用监理、合同监理四大监理任务。根据合同规定,建立了二级监理机构,组建了总监办、驻地监理组两级监理机构,共配置人员74人。在工程质量管理方面,监理单位要求各施工单位严格按照规范施工,根据施工方案选择合理匹配施工设备,严格制订和执行工艺标准。计量支付方面,制定了计量支付程序、财务支付办法以及设计变更管理办法。工程进度方面,除按常规在进场后要求施工单位编制详细且具有较强操作性的施工组织设计和进度计划外,重点落实总体施工方案、机构设置、主要工序的施工工艺等。合同管理方面,充分利用合同法规手段和企业的合同信誉意识,加强工程管理,保证工程质量。

(三)竣(交)工验收

1. 交工验收

2008年9月30日,吉林省高等级公路建设局组织了交工验收,交工验收委员会根据吉林省交通基本建设质量监督站检测意见结合现场踏查认为:快大茂至下排高速公路工程施工质量达到设计要求,符合规范规定,质量检测结论可靠,快大茂至下排高速公路交工验收工程质量合格。

2. 竣工验收

2014年8月,吉林省交通运输厅竣工验收委员会听取参建各方工作情况报告并认真审议后,认为项目已按设计完成了各项建设任务,并通过了环保、档案等专项验收,竣工决算已通过审计,试运营情况良好,同意竣工验收。经竣工验收委员会综合评定和审议,对参建单位及建设项目综合评分如下:建设管理综合评分:91.32分;设计工作综合评分:95.04分;监理工作综合评分:92.07分;施工管理综合评分:92.65分;建设项目综合评分:91.43分;建设项目综合评定等级为优良。

三、运营管理

(一)服务区及收费站设置

截至2016年底,通沈高速公路吉林段未设置服务区,收费站设置情况见表8-15-6。

通沈高速公路收费站情况表　　　　表8-15-6

路 段 名 称	收 费 站 名 称
通沈高速公路吉林段(通化至下排)	下排、英额布

(二)交通量发展状况

2013—2015年通沈高速公路交通量发展状况见表8-15-7。

通沈高速公路交通量统计表　　　　　　　　　　　　　　　　　　　　　　表 8-15-7

路线名称	年份	观测里程（km）	年均日交通量（辆/日）									适应交通量（辆/日）	交通拥挤度
			当量数合计	自然数合计	小型货车	中型货车	大型货车	特大型货车	集装箱车	中小型客车	大型客车		
通沈高速公路	2013	42	2665	1597	55	114	83	239	25	976	105	55000	0.05
	2014	42	2975	1752	86	123	84	282	31	1037	109	55000	0.054
	2015	42	3012	1931	84	103	72	250	30	1302	90	55000	0.055

（三）信息化建设

截至2016年底，通沈高速公路信息化设备设置情况见表8-15-8。

通沈高速公路信息化设备设置情况表　　　　　　　　　　表 8-15-8

序　号	设 施 名 称	数　量
1	大型可变情报板	2
2	小型可变情报板	5
3	道路摄像机（含隧道）	21
4	收费广场摄像机	6
5	车道和亭内摄像机	38
6	车辆检测器/（收费站VLD）	2/25
7	气象检测器	2

（四）养护管理

截至2016年底，通沈高速公路养护管理情况见表8-15-9。

通沈高速公路养护管理情况表　　　　　　　　　　表 8-15-9

养护工区（个）	管理人员（人）	小修队（人）	养护工区明细
1	2	9	通化分局

第十六节　牡丹江至延吉高速公路（S1112）吉林段

牡丹江至延吉高速公路（S1112，以下简称"牡延高速公路"）是吉林省"五四三二一"高速公路网总体布局中"十联"的第一联。牡延高速公路是黑、吉两省省际通道建设的重要路段，是吉林省重点公路建设项目。它的建成，可与国家高速公路珲乌高速公路、在建的延吉至长春高速公路形成长吉图区域骨干高速公路网络，对完善省级干线公路网布局，加强与黑龙江省的往来，带动延边州经济和旅游事业发展，推动"延龙图"一体化进程发挥

第八章 高速公路项目建设情况

重要作用。

牡延高速公路吉林省境内段起自老松岭(吉黑界),经春阳镇、汪清县、百草沟镇、止于延吉市,全长约132km。因建设时序不同,共划分为2个段落,分别为老松岭(吉黑界)至汪清段、汪清至延吉段。

牡延高速公路老松岭(吉黑界)至汪清段,里程约80km,规划路段。

牡延高速公路汪清至延吉段于2008年4月开工,2012年10月建成通车,里程52km,投资23.95亿元(决算)。

牡延高速公路汪清至延吉段原为省道老松岭至松江河公路汪清至延吉段,按一级公路标准设计。2010年初经吉林省发展和改革委员会批准,将原一级公路部分路段改建为高速公路。

牡延高速公路已建路段项目详细情况见下文,基础信息具体见表8-16-1。

牡延高速公路(已建路段)基础信息表　　表8-16-1

序号	编号	项目名称	规模(km)				建设性质	设计速度(km/h)	永久占地(亩)	投资情况(亿元)				建设时间(开工~通车)	共线路段		备注
			合计	八车道	六车道	四车道				估算	概算	决算	资金来源		里程	编号	
1	S1112	牡延高速公路汪清至延吉段	52			52	新建	80	6564	29.61	29.55	23.95	地方自筹、银行贷款	2008.4~2012.10			

一、概述

(一)基本情况

1. 主要控制点

汪清县东光村、百草沟镇、吉青岭村、九龙村、依兰县、春兴村、延吉市新光村。

2. 建设时间

2008年4月开工建设,2012年10月建成通车。

3. 地形地貌

项目地处延边州中部,地势北高南低,平均海拔300~400m,山峦起伏,丘谷交错,河溪密布,森林茂密,耕种面积较少。南部地面起伏较少,山体多为浑圆状丘陵。沿线植被在地形起伏较大的山地丘陵地带主要为灌木,地形较平坦地带主要为旱田。

4. 技术标准

设计速度为80km/h,双向四车道;路基宽度24.5m;桥涵设计荷载为公路—Ⅰ级,设计洪水频率1/100;沥青混凝土路面。

5. 建设规模

建设里程 52km,其中利用一级公路改建里程 42km,新建、改线里程 10km。全线设大桥 10 座,中桥 3 座,小桥 2 座,涵洞 125 道,隧道 2 座(图 8-16-1),互通式立体交叉 3 处(图 8-16-2),分离式立体交叉 4 座,通道 13 处;设收费站 2 处(图 8-16-3、图 8-16-4),服务区 1 处(图 8-16-5),管理处 1 处,养护工区 1 处。

图 8-16-1　吉青岭隧道

图 8-16-2　新光互通大桥

图 8-16-3　百草沟收费站

第八章
高速公路项目建设情况

图 8-16-4　汪清收费站

图 8-16-5　依兰服务区

项目主要桥梁、隧道及路面信息具体见表 8-16-2～表 8-16-4。

牡延高速公路汪清至延吉段主要桥梁信息表　　　表 8-16-2

序号	类型	名　称	桥梁长度(m)	主跨长度(m)	跨越障碍物	桥 梁 结 构
1	大桥	嘎呀河1号大桥	486	20	河流	钢筋混凝土连续箱梁
2		嘎呀河2号大桥	337	30	河流	钢筋混凝土连续箱梁
3		嘎呀河3号大桥	367	30	河流	钢筋混凝土连续箱梁
4		安田大桥	146	20	河流	钢筋混凝土连续箱梁
5		依兰河大桥	166	20	河流	钢筋混凝土连续箱梁
6		西沟大桥	106	20	道路、铁路	钢筋混凝土连续箱梁
7		春兴1号大桥	126	20	道路、铁路	钢筋混凝土连续箱梁
8		春兴2号大桥	206	20	道路、铁路	钢筋混凝土连续箱梁
9		春兴3号大桥	166	20	河流	钢筋混凝土连续箱梁
10		新光大桥	557	40	道路、铁路	钢筋混凝土连续箱梁

续上表

序号	类型	名 称	桥梁长度(m)	主跨长度(m)	跨越障碍物	桥梁结构
11	中桥	中桥	45	13	河流	钢筋混凝土空心板梁
12	中桥	中桥	43	20	道路、铁路	钢筋混凝土箱形梁
13		中桥	50	13	道路、铁路	钢筋混凝土空心板梁

牡延高速公路汪清至延吉段隧道信息表　　　表8-16-3

序号	类型	名　称	隧道全长(m)	洞门形式	隧道分类	
					按地质条件划分	按所在区域划分
1	长隧道	吉青岭隧道(左)	1693	削竹式、削竹式	石质隧道	山岭隧道
		吉青岭隧道(右)	1693	削竹式、削竹式	石质隧道	山岭隧道
2	短隧道	西崴子隧道(左)	371	端墙式、端墙式	石质隧道	山岭隧道
		西崴子隧道(右)	371	端墙式、端墙式	石质隧道	山岭隧道

牡延高速公路汪清至延吉段路面信息表　　　表8-16-4

路面类型	起讫里程	长度(km)	路面结构
沥青路面	K82+000~K134+000	52	上面层:4cm沥青玛蹄脂碎石混合料 下面层:6cm中粒式沥青混凝土 柔性基层上基层:8cm沥青碎石 下基层:水泥稳定碎石 底基层:水泥稳定粒砂砾 垫层:20cm砂砾

注:起讫里程来源于《全国道路网调整后里程桩号传递表》。

6.投资规模

估算金额29.61亿元,概算金额29.55亿元,预算金额29.47亿元,决算金额23.95亿元。

(二)参建单位

1.项目建设管理单位

项目的建设管理单位是延边高等级公路办公室。

2.勘察设计单位

项目的勘察设计任务由吉林省交通规划设计院、吉林省交通勘察设计公司以及延边公路勘测设计有限责任公司共同完成。

3.施工单位

项目的主体工程施工由核工业华东建设工程集团公司等6家单位完成;房建工程施工由大庆建筑安装集团有限责任公司及山东华通路桥工程有限公司完成;交通工程施工

由江苏博纳华交通科技有限公司及吉林省吉长交通发展建设有限责任公司完成;绿化工程施工由吉林省沣润绿化工程有限公司及吉林市华茂园林绿化有限公司完成;机电、消防工程施工由北京瑞华赢科技发展有限公司等3家单位完成。

4.监理单位

项目主体工程的监理任务由吉林省天达工程咨询监理有限责任公司等3家公司承担。

项目参建单位信息具体见表8-16-5。

牡延高速公路汪清至延吉段参建单位一览表　　　　表8-16-5

序号	参建单位	单位名称	合同段编号及起讫桩号	主要负责人	备注
1	项目管理单位	延边高等级公路建设办公室		吴光哲	
2	勘察设计单位	吉林省交通规划设计院		胡　珊	
3		吉林省交通勘察设计有限公司		王朝阳	
4		延边公路勘测设计有限责任公司		权伍勋	
5	施工单位	核工业华东建设工程集团公司	GSLJ01:K18+598.558~K19+520	王觉非	路基、桥涵
6		吉林省长城路桥建工有限责任公司	GSLJ02:K49+000~K55+740.731	杨志杰	路基、桥涵
7		中交一公局第六工程有限公司	GSLJ03:烟集互通	刘宝忠	
8		山东通达路桥工程有限公司	GSZ01:K0+000~K18+000	邓仰靖	路基、路面
9		吉林省道桥工程建设集团有限公司	GSZ02:K18+000~K36+000	李　强	路基、路面
10		长春市政建设(集团)有限公司	GSZ03:K36+000~K55+741	徐　锰	路基、路面
11		吉林省沣润绿化工程有限公司	WYLH01:K0+000~K28+000	张丛利	绿化工程
12		吉林市华茂园林绿化有限公司	WYLH02:K28+000~K55+741	李维新	绿化工程
13		江苏博纳华交通科技有限公司	JT01:K0+000~K30+844.747	吴先志	交通工程
14		吉林省吉长交通发展建设有限责任公司	JT02:K30+000~K55+740.731	李玉宝	交通工程
15		大庆建筑安装集团有限公司	FJ01:汪清收费站、百草沟收费站	韩金龙	房建工程
16		山东华通路桥工程有限公司	FJ02:依兰服务区	全恩伟	房建工程
17		北京瑞华赢科技发展有限公司	JD01:K0+000~K55+740	张　峰	机电工程

续上表

序号	参建单位	单位名称	合同段编号及起讫桩号	主要负责人	备注
18	施工单位	中铁十二局集团电气化工程有限公司	SDJD01：西崴子隧道、吉青岭隧道	梁卫兵	隧道机电工程
19		吉林省富锦建设工程有限公司	SDXF01：西崴子隧道、吉青岭隧道	杨立波	隧道消防工程
20	监理单位	吉林省天达工程咨询监理有限责任公司	WYZJB、WYZDB02	王勇	
21		吉林省公路工程监理有限责任公司	WYZDB01	郭雁翔	
22		山东省德州市交通工程监理公司	WYZDB03	时云飞	

注：信息来源于竣工验收文件及建设管理单位。

二、建设情况

（一）前期准备

1. 项目审批

（1）立项审批

2010年初，原省道老松岭至松江河公路汪清至延吉段经批准，部分路段改建为高速公路，以下2010年下发的文件为牡延高速公路汪清至延吉段的批复内容。

①2005年6月14日，吉林省发展和改革委员会下发了《关于省道老松岭至松江公路汪清至延吉段改扩建工程可行性研究报告的批复》（吉发改交运字〔2005〕704号）；

②2006年8月4日，吉林省发展和改革委员会下发了《关于省道老松岭至松江公路汪清至延吉段改扩建工程可行性研究调整报告的批复》（吉发改交运字〔2006〕947号）；

③2010年1月18日，吉林省发展和改革委员会下发了《关于省道老松岭至松江河公路汪清至延吉段工程可行性研究补充报告的批复》（吉发改审批〔2010〕19号）；

④2010年10月25日，吉林省发展和改革委员会下发了《关于省道老松岭至松江公路汪清至延吉段工程可行性研究调整报告的批复》（吉发改审批〔2010〕707号）。

（2）设计审批

①2006年10月11日，吉林省发展和改革委员会下发了《关于省道老松岭至松江公路汪清至延吉段一级公路初步设计的批复》（吉发改投资字〔2006〕1318号）；

②2007年6月8日，吉林省交通厅办公室下发了《吉林省交通厅关于对省道老松公路汪清至延吉段一级公路两阶段施工图设计的批复》（吉交函〔2007〕113号）；

③2008年5月13日，吉林省交通厅办公室下发了《吉林省交通厅关于省道老松公路

汪清至延吉段两阶段施工图修改设计的批复》(吉交函〔2008〕128号);

④2010年11月17日,吉林省发展和改革委员会下发了《关于省道老松岭至松江公路汪清至延吉段利用一级公路改建高速公路初步设计的批复》(吉发改审批〔2010〕761号);

⑤2010年12月22日,吉林省交通运输厅办公室下发了《关于省道老松岭至松江公路汪清至延吉段高速公路两阶段施工图设计的批复》(吉交审批函〔2010〕7号);

⑥2011年6月10日,吉林省交通运输厅办公室下发了《关于汪清至延吉高速公路管养及服务设施和机电工程两阶段施工图设计的批复》(吉交函〔2011〕177号);

⑦2012年7月11日,吉林省交通运输厅办公室下发了《关于汪清至延吉高速公路管养设备两阶段施工图设计的批复》(吉交函〔2012〕166号)。

(3)其他审批

①2006年9月13日,吉林省环境保护局办公室批复了《关于省道老松岭至松江公路汪清至延吉段改建项目环境影响报告书的批复》(吉环建字〔2006〕219号);

②2007年,国家林业局准予行政许可决定书《使用林地审核同意书》(林资许准〔2007〕234号);

③2008年7月24日,国土资源部批复了《国土资源部关于省道老松岭至松江公路汪清至延吉段改扩建工程建设用地的批复》(国土资函〔2008〕487号);

④2009年12月30日,吉林省环境保护厅行政审批办公室批复了《关于汪清至延吉公路工程环境影响报告书的批复》(吉环行审字〔2009〕1460号);

⑤2010年6月23日,延边高等级公路建设办公室下发了《准予许可决定书》(编号Q14014100125001),准予项目施工的批准申请;

⑥2011年9月19日,吉林省水利厅办公室批复了《关于省道老松岭至松江公路汪清至延吉公路工程水土保持方案的批复》(吉水保〔2011〕1213号);

⑦2012年11月20日,吉林省交通基本建设质量监督站下发了《汪清至延吉高速公路建设项目检测意见》(吉交建质〔2012〕47号)。

2. 资金筹措

项目估算总投资29.61亿元,其中:高速公路投资28.22亿元(包括主线投资25.76亿元、辅道投资2.46亿元)、汪清连接线投资1.39亿元。资金来源主要为省交通厅打捆贷款、中央车购税资金、省财政资金、燃油税增加和地方配套资金。

项目概算总投资29.55亿元(扣除延龙图联络线概算投资后),其中概算批复总投资为36.19亿元,扣除延龙图联络线概算批复6.64亿元。资金来源为:申请银行贷款22.38亿元,其余全部由项目法人自筹解决。

预算总投资为29.47亿元,其中省投资27.35亿元,地方自筹2.11亿元。

牡延高速公路汪清至延吉段竣工决算为23.95亿元。

3. 工程勘察设计

牡延高速公路汪清至延吉段于2008年4月开工建设,原为一级公路。2010年初经批准,部分路段改建为高速公路。在两次设计招标失败后,吉林省交通规划设计院受延边高等级公路办公室委托承担项目的设计工作。

项目从一级公路改建为高速公路,历时较长,前期工作历经两次,初步设计、施工图设计前后两次,大大小小补充设计多次。

在总体设计方面,综合考虑了沿线地形、地物、地质、水文、大桥桥位和不同的自然风光等影响因素,按照"安全、舒适、环保、示范"的理念,对路线线形布设做了充分的规划;路面设计方面,采用了双圆垂直均布荷载作用下的多层弹性连续体系理念,以路表面回弹弯沉值、沥青混凝土层底拉应力及半刚性基层、底基层的层底拉应力为设计指标,计算了路面结构厚度;桥涵设计方面,形式的设计以技术先进、经济合理、方便施工、标准化、系列化、因地制宜为原则,并充分考虑了美观性。

(二)项目实施

1. 招投标

项目施工单位及监理单位均采用公开招标方式确定。

2. 征地拆迁

为减少征地拆迁难度,统一政策,节约投资,按照属地管理原则,征地拆迁工作由州政府和建设办负责协调工作,汪清、图们、延吉三县(市)政府具体负责实施。为此,三县(市)政府各由一名主管领导挂帅,相关单位为成员,以三县(市)交通局为牵头单位,沿线乡镇主抓征地拆迁工作。当地政府"一个窗口"对外负责征地拆迁工作,主要领导现场办公,耐心细致地做好征地拆迁过程中村民的思想工作。对个别村镇群众提出的不合理的补偿要求,负责征地拆迁的同志现场召开面对面的对话会、座谈会,和村民们促膝谈心,从思想上消除群众的无理念头。建设办在政策规定范围内对沿线所涉及的征地、拆迁、青苗补偿费等实行现金直通车,及时予以拨付。由于征地拆迁工作机构健全,政策到位,责任明确,按期完成了建设用地征地拆迁任务,保证了整个工程的顺利实施。全线实际征用土地数为6564亩。

3. 施工情况

牡延高速公路汪清至延吉段作为一级公路于2008年4月开工建设,2010年初经批准,部分路段改建为高速公路,其中,原一级公路路基工程于2008年4月1日开工,2011年10月31日完工;改建为高速公路后,路面工程于2010年12月1日开工,2012年10月31日完工。2012年10月全线建成通车。

各施工单位始终坚持周密策划,认真实施,信守合同,采用了新技术,科学地配置资源,实施精细管理,为确保建设精品工程,采取了以下措施:

在组织建设上,建立以项目经理为第一责任人,项目总工程师为质量否决权执行人。在制度建设上,建立了技术交底制度、图纸会审制度、隐蔽工程验收制度、试验管理制度等技术制度,实行了质量岗位责任制、责任追究制和终身负责制。

全面实施了首件工程制,以每同一类型分项工程为分类标准,形成"重点突破,全面推进,滚动提升"的管理途径。

对于工序的控制制度、材料进场的检验制度和工程质量的责任追究制度更加严格。

采用重视事前准备,全力抓好事中控制,严肃事后处理的施工全过程管理手段,以施工全程的零缺陷保证结果的零缺陷。

在施工进度的控制上,施工单位根据合同工期的要求和工程具体情况,制订了阶段工期目标和进度控制保证措施,以阶段工期目标的落实与实现来保证总工期目标的完成。

在施工过程中注重生态保护,靠近居民区的施工场地,采取了彩钢板隔离封闭,降低噪声和粉尘污染,施工便道及时洒水降尘,施工运料车辆做好了封闭覆盖,减少了对沿线居民生产生活的影响。

项目的建设在延边地区具有示范意义,施工单位始终以工程施工为重点,科学施工,优质高效地完成了任务。在施工过程中,得到了监理单位、设计单位及当地政府的大力支持,顺利优质地完成了设计任务。

4. 监理情况

总监办负责对驻地监理和承包商的监督管理,总监办设立工地中心试验室,全面检查各种材料的试验工作,驻地监理负责对施工单位的具体施工管理及现场监督,全面行使监理职能。

2010年部分路段改为高速公路,同年12月监理人员进驻工地开始组建总监办公室,至2012年9月主体工程全部完工,圆满完成了此次监理任务。为满足项目管理需要,总监办和驻地办公均按招标文件要求配备足够的人员,共配备监理人员75人,监理人员组合结构均符合交通部所规定的监理人员组合比例要求。总监、总监办各部门人员、驻地监理均由既有经验又有较高组织和管理水平的人员担任。聘任监理工程师具有交通部监理工程师证书或交通主管部门颁发的监理工程师证书,大都是多年从事公路工程设计、施工的业务骨干,有较丰富的施工经验,及时解决了出现的各种技术问题。

为了确保工程的顺利进行,监理单位加强了质量管理措施:一是强化了内部的管理制度,定期进行内部人员培训,提高监理人员的业务素质;二是建立了健全的质量保证体系,同时督促完善自检体系,并确保其高速有效的运转;三是对于技术交底工作和交接班制度进行了严格控制,保证工作不停息;四是更加重视安全文明施工,在整个施工中,未发生重大安全事故。

(三)竣(交)工验收

2012年11月23日至24日,延边高等级公路建设办公室组织进行了项目交工验收工作,参加交工验收会议的部门有吉林省交通厅建设处、吉林省公路管理局、吉林省交通基本建设质量监督站、吉林省高速公路管理局及延吉分局、吉林省高速公路集团有限公司、延边州交通运输局、延边州公路管理处、设计单位、监理单位和施工单位等,会议组织全体交工验收人员对高速路段、高速辅道路段进行了现场评定,通过现场评定和查阅竣工资料,全体交工验收人员一致认为牡延高速公路汪清至延吉段(含连接线)、高速辅路路基、路面、机电、消防、绿化、交通安全设施及竣工资料符合交工验收要求,工程质量评分为96.36分,综合评定为合格工程。

三、运营管理

(一)服务区及收费站设置

截至2016年底,牡延高速公路汪清至延吉段设有1处服务区,具体情况见表8-16-6。

牡延高速公路服务区情况表　　　　表8-16-6

服务区名称	位置桩号	管理经营单位
依兰服务区	K36	吉林省高速公路集团有限公司

牡延高速公路汪清至延吉段收费站设置情况见表8-16-7。

牡延高速公路收费站情况表　　　　表8-16-7

路段名称	收费站名称
牡延高速公路汪清至延吉段	汪清、百草沟

(二)信息化建设

截至2016年底,牡延高速公路信息化设备设置情况见表8-16-8。

牡延高速公路汪清至延吉段信息化设备设置情况表　　　　表8-16-8

序号	设施名称	数量
1	大型可变情报板	2
2	小型可变情报板	3
3	车辆检测器	2
4	气象检测器	2
5	道路摄像机(含隧道)	32
6	收费广场摄像机	4
7	车道和亭内摄像机	31
8	隧道事件检测器	8

(三)养护管理

截至2016年底,牡延高速公路养护管理情况见表8-16-9。

牡延高速公路养护管理情况表　　　　　　　表8-16-9

养护工区(个)	管理人员(人)	小修队(人)	养护工区明细
1	3	8	延吉(百草沟)

第十七节　延吉(八道)至龙井高速公路(S1211)

延吉(八道)至龙井高速公路(S1211,以下简称"延龙高速公路")是吉林省"五四三二一"高速公路网总体布局中"十联"的第三联。项目的建设对完善高速公路网规划布局、实现延龙图经济一体化发展的客观要求、巩固国防、实现振兴东北工业基地的战略目标、发展区域经济和旅游事业、改善交通条件、提高路网的整体服务水平具有十分重要的作用。通过顺接的延长高速公路可便捷到达长白山、桦甸、长春市等地,将形成长吉图开发开放先导区内又一条公路运输大通道。通过国省干线可便捷连接三合、南坪、崇善等口岸,形成吉林省内陆地区对外开放的大通道。

延龙高速公路起自延吉市西侧的八道镇,经延吉市西、朝阳川镇、东城镇,止于头道镇,全长34km。于2014年5月开工,2016年10月建成通车。投资33.92亿元(概算)。

延龙高速公路项目详细情况见下文,基础信息具体见表8-17-1。

延龙高速公路基础信息表　　　　　　　表8-17-1

序号	编号	项目名称	规模(km)			建设性质	设计速度(km/h)	永久占地(亩)	投资情况(亿元)				建设时间(开工~通车)	共线路段		备注
			合计	八车道	六车道	四车道				估算	概算	决算	资金来源		里程	编号	
1	S1211	延吉(八道)至龙井高速公路	34			34	新建	80	4506		33.92		地方自筹、银行贷款	2014.5~2016.10			

一、概述

(一)基本情况

1. 主要控制点

八道镇、延吉市西、朝阳川镇、东城镇、头道镇。

2. 建设时间

2014年5月开工建设,2016年10月建成通车。

3. 地形地貌

项目地处吉林省东部,地势西高东低,自西南、西北、东北三面向东南倾斜,地貌呈山地、丘陵、盆地3个梯度,山峦起伏,丘谷交错,河流密布,森林茂密,植被多为农田。

4. 技术标准

设计速度为80km/h,双向四车道;路基宽度24.5m;桥涵设计荷载为公路—Ⅰ级,设计洪水频率1/100;沥青混凝土路面。

5. 建设规模

建设里程34km,全线设大桥10座,中桥2座,小桥3座,涵洞110道,互通式立体交叉3处,分离式立体交叉2处,天桥2座,通道37处;收费站2处,管理处1处。

项目主要桥梁、路面信息具体见表8-17-2、表8-17-3。

延龙高速公路主要桥梁信息表 表8-17-2

序号	类型	名称	桥梁长度(m)	主跨长度(m)	跨越障碍物	桥梁结构
1	大桥	互通龙水洞大桥	182	25	道路、铁路	钢筋混凝土连续箱梁
2		新兴大桥	157	25	道路、铁路	钢筋混凝土箱形梁
3		布尔哈通河大桥	357	25	河流	钢筋混凝土箱形梁
4		西兴洞高架桥	577	30	道路、铁路	钢筋混凝土连续箱梁
5		长兴洞1号高架桥	277	30	道路、铁路	钢筋混凝土连续箱梁
6		长兴洞2号	577	30	道路、铁路	钢筋混凝土连续箱梁
7		太兴高架桥	337	30	道路、铁路	钢筋混凝土连续箱梁
8		广新高架桥	157	25	道路、铁路	钢筋混凝土连续箱梁
9		朝阳洞高架桥	257	25	道路、铁路	钢筋混凝土连续箱梁
10		互通清河高架桥	307	25	道路、铁路	钢筋混凝土连续箱梁
11	中桥	平道中桥	67	20	道路、铁路	钢筋混凝土箱形梁
12		光兴中桥	67	20	道路、铁路	钢筋混凝土箱形梁

延龙高速公路路面信息表 表8-17-3

路面类型	起讫里程	长度(km)	路面结构
沥青路面	K0+000~K34+000	34	上面层:5cm沥青玛蹄脂碎石混合料 下面层:7cm中粒式沥青混凝土 柔性基层上基层:13cm沥青碎石 基层:30cm水泥碎石 底基层:16~20cm水泥碎石 垫层:20cm砂砾

注:起讫里程来源于《全国道路网调整后里程桩号传递表》。

6. 投资规模

概算金额 33.92 亿元,预算金额 24.39 亿元。

(二)参建单位

1. 项目建设管理单位

项目的建设管理单位是延吉至大蒲柴河高速公路建设办公室。

2. 勘察设计单位

项目勘察设计任务由吉林省交通规划设计院、吉林省林业勘察设计研究院共同完成。

3. 施工单位

项目的施工任务由吉林省高等级公路工程有限责任公司等 9 家单位完成。

4. 监理单位

项目主体工程的监理任务由吉林省吉能电力建设监理有限责任公司、吉林省通宇公路工程监理有限公司、吉林省计维建设监理有限公司(联合体)以及延边重点建设监理有限公司(联合体)共同承担。

项目参建单位信息具体见表 8-17-4。

延龙高速公路参建单位一览表 表 8-17-4

序号	参建单位	单位名称	合同段编号及起讫桩号	主要负责人	备注
1	项目管理单位	延吉至大蒲柴河高速公路建设办公室		张凤群	
2	勘察设计单位	吉林省交通规划设计院		汪向春	
3		吉林省林业勘察设计研究院		李景宏	
4	施工单位	吉林省高等级公路工程有限责任公司	YL01:K0+000~K17+000	刘继中	
5		天津市津美园林工程有限公司(联合体)	YL01:K0+000~K17+000	李峰、李维新	
6		中铁九局第七工程有限公司	YL01:K16+437 朝阳川分离式立交桥跨铁路部分	李海泉	
7		吉林省华一公路建设集团有限责任公司	YL02:K17+000~K32+950 YLYM02:K17+000~K32+950 预埋管线工程	杨庆吉	
8		河北路桥集团有限公司(联合体)	YL02:K17+000~K32+950	张文东	

续上表

序号	参建单位	单位名称	合同段编号及起讫桩号	主要负责人	备注
9	施工单位	通化公路工程有限公司	YLYM01:K0+000~K17+000	杜青海	预埋管线及基础工程
10		福建路港(集团)有限公司	YLFJ01:延吉公园路收费站、龙井管理处收费站养护工区	陈书印	房建工程
11		甘肃紫光智能交通与控制有限公司	YLJD01:K0+000~K32+950	韩委波	机电工程
12		吉林省风佳科技有限公司	YLSBD01:K0+000~K32+950	高卓	电力工程
13	监理单位	吉林省吉能电力建设监理有限责任公司		夏曙光	
14		吉林省通宇公路工程监理有限公司		时云飞	
15		吉林省计维建设监理有限公司(联合体)		胡志刚	
16		延边重点建设监理有限公司(联合体)		雷世贵	

注:信息来源于竣工验收文件及建设管理单位。

二、建设情况

(一)前期准备

1．项目审批

（1）立项审批

①2011年,吉林省发展和改革委员会下发了《关于汪清至大蒲柴河高速公路延吉至大蒲柴河段工程可行性研究报告的批复》(吉发改审批〔2011〕790号);

②2012年,吉林省发展和改革委员会下发了《关于延吉至大蒲柴河高速公路延吉(八道)至龙井段工程可行性研究报告的批复》(吉发改审批〔2012〕620号)。

（2）设计审批

①2013年,吉林省发展和改革委员会下发了《关于延吉至大蒲柴河高速公路延吉(八道)至龙井段初步设计的批复》(吉发改审批〔2013〕349号);

②2014年,吉林省交通运输厅下发了《关于延吉至大蒲柴河高速公路延吉(八道)至龙井段施工图设计的批复》(吉交审批函〔2014〕2号);

③2015年,吉林省交通运输厅下发了《吉林省交通运输厅关于延吉至大蒲柴河高速公路延吉(八道)至龙井段房建工程和机电工程10kV供电工程及场区绿化施工图设计的批复》(吉交函〔2015〕341号)。

(3)其他审批

①2011年,吉林省国土资源厅下发了《关于汪清至大蒲柴河高速公路延吉至大蒲柴河段建设用地预审意见的复函》(吉国土资预审字〔2011〕165号);

②2011年,吉林省水利厅批复了《关于汪清至大蒲柴河高速公路延吉至大蒲柴河段水土保持方案的批复》(吉水保〔2011〕1083号);

③2012年,吉林省环境保护厅下达了《关于汪清至大蒲柴河高速公路延吉至大蒲柴河段环境影响报告书的批复》(吉环审字〔2012〕252号);

④2014年,延吉市林业局下发了《关于延吉至大蒲柴河高速公路延吉(八道)至龙井段取土场项目办理临时使用林地许可的批复》(延市林字〔2014〕83号);

⑤2014年,吉林省林业厅驻延边洲森林资源监督专员办事处下发了《吉林省林业厅驻延边州专员办关于延吉至大蒲柴河高速公路延吉(八道)至龙井段工程征用林地的审核报告》(延资监〔2014〕19号);

⑥2014年8月吉林省交通运输厅与延边朝鲜族自治州人民政府签订了延吉至大蒲柴河高速公路延吉(八道)至龙井段项目建设管理协议书;

⑦2015年,国土资源部下发了《关于延吉至大蒲柴河高速公路延吉(八道)至龙井段工程建设用地的批复》(国土资函〔2015〕235号)。

2. 资金筹措

项目概算投资33.92亿元,其中,主线投资23.60亿元,连接线投资10.32亿元,申请银行贷款27.25亿元,其余6.67亿元全部由省交通运输厅商延边州筹措解决。预算总投资为24.39亿元。

3. 工程勘察设计

2012年8月,通过勘察设计招标公告,吉林省交通规划设计院和吉林省林业勘察设计研究院承担了工程设计任务。

延龙高速公路在总体设计中充分考虑了路线平、纵、横面的舒顺及合理配合;在桥梁设计方面,桥梁结构形式充分考虑美观效果及与周围环境的协调,并尽量保留高架桥下的植被;在路线平、纵、横面线形总体布设上,综合考虑了沿线地形、地质、地物、水文、大桥桥位和自然景观等诸多因素;在新技术、新材料、新设备、新工艺的应用上,采用了全球卫星定位系统、电子水准仪和自动安平水准仪等设备进行外业控制和测量工作,并利用了纬地、理正、MIDAS和桥梁博士等设计软件完成内业设计工作。

2012年8月7~10日,设计单位通过了由吉林省交通运输厅在长春市主持召开的初步设计外业验收会。随后,设计单位进一步完善各专业方案、外业调查资料及进行初步设计内业设计工作,并于2012年11月初完成了初步设计文件编制工作。2013年4月2日,吉林省发展和改革委员会在长春对初步设计进行了审查,并于同年5月10日对项目的初步设计进行了批复。

2013年6月3~5日,吉林省交通运输厅在长春、延吉主持召开了施工图外业验收会,并形成了施工图外业验收意见。同年10月,吉林省交通运输厅在长春对施工图设计进行了审查,同时形成了施工图审查意见。

按照项目法人的要求,设计单位委派了专业技能全面的设计代表组进行了设计服务工作,通过设计代表组认真工作,加快了工程进度,确保了工程质量,合理控制了工程的成本,确保了工程的顺利进行。

(二)项目实施

1. 招投标

项目施工单位及监理单位均采用公开招标方式确定。各施工单位于2014年5月15日至2016年4月28日相继签订合同。监理单位招标日期为2014年4月3日至4月10日发售招标文件,2014年4月30日开标,开标后各监理单位相继签订合同。

2. 征地拆迁

项目的征地拆迁工作分延吉与和龙两部分,其中延吉包括主线和连接线的征地拆迁,由延吉市征收局负责征地拆迁补偿,和龙市交通局负责和龙境内征地拆迁补偿。征地拆迁委托县市实施,实行包干制,州政府与延吉、和龙市政府签订征地拆迁协议,一次性将征迁费用拨付给两个市。两市通过政策化解、税收优惠等方式,成立专业的征迁机构,加快进度,降低成本,为项目建设提供有力支撑。全线实际征用土地数为4506亩。

3. 施工情况

项目于2014年5月开工建设,绿化环保工程于2014年5月15日开工,2016年12月31日完工;其他工程于2014年5月15日开工,2017年5月15日完工。

项目全线施工共分为2个标段,分别为YL01标段和YL02标段。

YL01标段施工单位接到中标通知书后,立即委派了技术力量雄厚、施工经验丰富的专业化施工队伍承担此项任务,迅速组建了项目经理部,根据合同段的工程数量、工期,结合工程的实际情况,投入人员和机械设备,于2014年5月15日开工,2016年12月31日结束工期。项目建设期间,施工单位从各方面力争保证施工质量和施工进度,建立了以项目经理为首的施工质量保证体系,搞好分工责任,确立了质量目标责任制,严格执行图纸审核及技术交底制度,在施工中实施了全过程的质量监控,严格工序控制,执行"三检"制度。经过三年的努力,工程按期完成。对于完工质量,通过分项、分部、单位工程质量评定汇总,总体工程质量合格,优良合格率到90%以上。

在YL02标段施工期间,施工单位按招标要求、投标承诺,对延吉至大蒲柴河高速公路建设办公室规定的强制性人员、机械设备的进场及时上报建设办核准,于2014年5月进入工地,经过近三年的施工,完成了施工工作。施工单位建立以项目经理为首的质量保证体系,全面负责现场施工,成员按照工程结构和分类进行分工,实行分段、分片质量管理责任制。以总工程师为首的技术管理体系,实行技术人员承包责任制,逐级责任到人,一级抓一级,确保了技术工作的严密性与正确性。在施工中实施了全过程的质量监控,推行了高标准的质量管理,严格各工序技术要求,做到了程序化、标准化、规范化作业。

经过施工单位的努力,项目路基稳定坚实,排水设施完善防护稳定到位,路面平整密实,桥涵混凝土强度合格,环保绿化好,工程质量符合相关标准、规范要求。

4. 监理情况

项目工程设置一级监理机构,设置总监理办公室1个,中心试验室1个。

为全面实施总监办的监理工作,为建设办提供高效优质的监理服务,规范监理工作和管理,确保对项目质量、安全、环保、进度、费用进行有效的监督和控制,依据延龙高速公路建设项目办公室的要求和招标文件要求,结合工程项目的具体情况,监理单位于2014年5月15日组建了"延龙高速公路总监理办公室",总监办配备合同、计划、结构、道路、测量、交安、房建、安全、环保、机电等16名专业监理工程师。

根据有关文件和技术规范要求,结合项目工程的特点,制订了《监理规划》《施工监理实施细则》等,明确了各级监理人员的责任及各种监理程序,如质量检查表格程序、文件传递程序、各种会议制度等,使监理工作走上程序化、规范化、标准化的轨道。

(三)竣(交)工验收

2016年10月28日,延吉至大蒲柴河高速公路建设办公室邀请公安交警、安全生产监督管理、运营管理、质量监督等相关部门组成交工验收委员会,对该项目进行现场验收。通过现场检查,结合质量检测意见认为,该工程路基边线直顺,边坡稳定平整,排水基本通畅,沥青路面较平整密实,互通形式适当,布置合理,桥梁、涵洞等结构物内外轮廓线顺直,总体状况良好,交通安全设施标线色泽均匀,标志安装牢固,绿化、环保措施符合要求,交工档案资料基本齐全,评定得分98.6分,交工验收委员会同意通过交工验收。

三、运营管理

(一)服务区及收费站设置

截至2016年底,延长高速公路延吉(八道)至龙井段未设置服务区,收费站设置情况见表8-17-5。

延长高速公路延吉(八道)至龙井段收费站情况表　　表8-17-5

路 段 名 称	收费站名称
延吉(八道)至龙井段	延吉西、龙井

(二)信息化建设

截至2016年底,延长高速公路延吉(八道)至龙井段信息化设备设置情况见表8-17-6。

延长高速公路延吉(八道)至龙井段信息化设备设置情况表　　表8-17-6

序　号	设 施 名 称	数　量
1	小型可变情报板	2
2	收费广场摄像机	4
3	车道和亭内摄像机	140

(三)养护管理

截至2016年底,延龙高速公路延吉(八道)至龙井段养护管理情况见表8-16-7。

延龙高速公路养护管理情况表　　表8-16-7

养护工区(个)	管理人员(人)	小修队(人)	养护工区明细
1	1	5	延吉(龙井)

第十八节　白城至洮北高速公路(S1212)

白城至洮北高速公路(S1212),原嫩江至丹东高速公路坦途(吉黑界)至黑水段白城联络线,是吉林省"五四三二一"高速公路网总体布局中"十联"的第十联。白城至洮北高速公路对完善区域路网结构,突出白城市的枢纽城市地位,疏解过境交通压力,更好地发挥其区位优势均具有重要意义。

白城至洮北高速公路起自向阳互通,经向阳乡、金辉村、陶家村、李家屯镇、铁岭村、二龙村、代家村、大房村西、小于家屯镇、刘家屯镇,止于五家户村,全长28km。于2012年12

月开工,2016年10月建成通车,投资13.48亿元(概算)。

白城至洮北高速公路项目详细情况见下文,路网位置示意图见图8-18-1,基础信息具体见表8-18-1。

图8-18-1 白城至洮北高速公路路网位置示意图

白城至洮北高速公路基础信息表　　　　表8-18-1

编号	项目名称	规模(km)			建设性质	设计速度(km/h)	永久占地(亩)	投资情况(亿元)			资金来源	建设时间(开工~通车)	共线路段		备注
		合计	八车道	六车道	四车道				估算	概算	决算			里程	编号	
S1212	白城至洮北高速公路	28			28	新建	100	3553	9.18	13.48		地方自筹、银行贷款	2012.12~2016.10			

一、概述

(一)基本情况

1. 主要控制点

向阳乡、陶家村、二龙村、大房村西、小于家屯镇、刘家屯镇、五家户村。

2. 建设时间

项目采用分期分段建设。其中,向阳(白城)至陶家(白城)段于2012年12月开工,2014年10月建成通车;陶家(白城)至五家户(白城)段于2014年11月开工,2016年10月建成通车。

3. 地形地貌

项目位于白城市区周边,白城市地势由西北向东南依次为低山、丘陵、平原,西南略有抬升。西北部为大兴安岭东麓褶皱地带,有敖牛山、大砬子山、马鞍山等丘陵和低山,海拔300~663m;东北部为平原,海拔130~140m;西南部广泛分布西北至东南走向大小沙丘、沙垄,海拔150~180m,是潜化沙漠区。沿线重要地层为下更新冰川堆积砾卵层。

4. 技术标准

设计速度为100km/h,双向四车道;路基宽度为26m;桥涵设计荷载为公路—Ⅰ级,设计洪水频率1/100;沥青混凝土路面。

5. 建设规模

建设里程28km,全线设大桥2座,小桥2座,涵洞41道,互通式立体交叉4处,分离式立体交叉3处,天桥16座;设收费站3处。

项目主要桥梁及路面信息具体见表8-18-2、表8-18-3。

白城至洮北高速公路主要桥梁信息表　　　表8-18-2

序号	类型	名　称	桥梁长度(m)	主跨长度(m)	跨越障碍物	桥梁结构
1	大桥	铁岭大桥	107	20	道路、铁路	预应力钢筋混凝土箱形梁
2		三合大桥	127	20	道路、铁路	预应力钢筋混凝土箱形梁

白城至洮北高速公路路面信息表　　　表8-18-3

路面类型	起讫里程	长度(km)	路面结构
沥青路面	K0+000~K28+000	28	上面层:4cm沥青玛蹄脂碎石混合料 下面层:6cm中粒式沥青混凝土 柔性基层上基层:8cm沥青碎石 下基层:32cm水泥稳定砂砾 底基层:16cm水泥砂砾 垫层:20cm砂砾

注:起讫里程来源于《全国道路网调整后里程桩号传递表》。

6. 投资规模

估算金额9.18亿元,概算金额13.48亿元。

(二)参建单位

1. 项目建设管理单位

项目建设管理采取省地共建模式,项目法人为吉林省公路管理局(重点办),地方项目管理单位是白城市公路工程建设办公室。

2. 勘察设计单位

项目的勘察设计任务由吉林省交通规划设计院和吉林省林业勘察设计研究院共同完成。其中,主体工程设计由吉林省交通规划设计院完成,房建工程设计由吉林省林业勘察设计研究院完成。

3. 施工单位

项目的主体工程施工由山西运城路桥有限责任公司等6家单位完成;房建工程施工由大安市长城有限责任公司完成;交通工程施工由常州市交通设施有限公司及石家庄路安交通工程有限公司完成;绿化工程施工由河南四季春园林艺术工程有限公司完成。

4. 监理单位

项目的监理任务由吉林省公路工程监理公司等6家单位承担。

项目参建单位信息具体见表8-18-4。

白城至洮北高速公路参建单位一览表　　　　表8-18-4

序号	参建单位	单位名称	合同段编号及起讫桩号	主要负责人	备注
1	项目管理单位	吉林省公路管理局(重点办)	C:K17+980~K29+799	付巍	项目法人
2		白城市公路工程建设办公室	C:K17+980~K29+799	李德安	地方项目管理单位
3	勘察设计单位	吉林省交通规划设计院	C:K17+980~K29+800	杨光	主体工程
4		吉林省林业勘察设计研究院	C:K25+894/K19+738	李景宏	房建工程
5	施工单位	山西运城路桥有限责任公司	NDLJ04:K27+670~K29+800	朱昌华	
6		白城长营路桥有限公司	NDLJ05:K17+980~K23+000	李嘉文	
7		内蒙古路桥有限责任公司	NDLJ06:K23+000~K27+670	孙忠文	
8		浙江华新交通工程有限公司	NDLM03:K17+980~K29+800	马行千	
9		吉林省华一公路建设集团有限公司	NDBH01:K1+601.684~K17+980	李广和	
10		中铁二十局集团第一工程有限公司	NDYZ01:K17+980~K27+670	宋琼	梁板预制
11		常州市交通设施有限公司	NDJT02:K27+670~K29+980	吴策	护栏、标志、标线等交通安全设施
12		石家庄路安交通工程有限公司	NDJT03:K17+980~K27+670	郭建勋	护栏、标志、标线等交通安全设施

续上表

序号	参建单位	单位名称	合同段编号及起讫桩号	主要负责人	备注
13	施工单位	河南四季春园林艺术工程有限公司	NDLH03：K17+980~K29+980	刘念中	绿化工程
14		大安市长城有限责任公司	NDFJ03：K25+894/K19+738	姜连顺	房建工程
15	监理单位	吉林省公路工程监理有限公司	NDZJB：K17+980~K29+800	侯伟	总监办公室
16		吉林省计维建设监理有限公司	BHZJB01：K1+601.684~K17+980	杨吉昌	总监办公室
17		吉林省康桥交通建设监理有限公司	NDZDB03：K17+980~K29+800	贾继纯	
18		赤峰天宇交通监理有限公司	BHZDB01：K1+601.684~K17+980	朱国峰	
19		吉林省利达工程项目管理有限责任公司	FJ04：K19+738，K28+894	邹积恩	
20		吉林省通达公路工程监理有限责任公司	NDZDB02：K17+980~K29+800	高丽君	

注：信息来源于竣工验收文件及建设管理单位。

二、建设情况

（一）前期准备

白城至洮北高速公路为原嫩江至丹东高速公路坦途（吉黑界）至黑水段白城联络线，前期工作均与主线共同开展。

1. 项目审批

1）立项审批

（1）2009年吉林省交通运输厅提交了《吉林省交通运输厅关于请批嫩江至通辽高速公路坦途至通榆段工程可行性研究报告的函》（吉交函〔2009〕194号）；

（2）2010年吉林省工程咨询服务中心对本项目可研报告进行了评估（吉资综字〔2010〕13号）；

（3）2010年2月8日吉林省发展和改革委员会下发了《关于嫩江至丹东高速公路坦途至保康段工程可行性研究报告的批复》（吉发改审批〔2010〕83号）。

2）设计审批

（1）2011年3月30日，吉林省发展和改革委员会下发了《关于嫩江至丹东高速公路

坦途至黑水段初步设计的批复》(吉发改审批〔2011〕203号);

(2)2011年11月9日,吉林省交通运输厅下发了《嫩江至丹东高速公路坦途至黑水段两阶段施工图设计的批复》(吉交审批函〔2011〕3号)。

3) 其他审批

(1)2009年8月20日,吉林省环境保护厅下发了《关于嫩江至通辽高速公路坦途至通榆段工程环境影响报告书的批复》(吉环行审字〔2009〕1362号);

(2)2013年12月25日,国土资源部下发了《国土资源部关于嫩江至丹东高速公路坦途至黑水段工程建设用地的批复》(国土资函〔2013〕959号);

(3)2014年4月21日,吉林省交通运输厅下发了《吉林省交通运输厅关于嫩江至丹东高速公路镇赉至白城段管养及服务设施施工图设计的批复》(吉交函〔2014〕129号);

(4)2014年6月30日,吉林省交通运输厅下发了《吉林省交通运输厅关于嫩江至丹东高速公路镇赉至白城段机电工程两阶段施工图设计的批复》(吉交函〔2014〕225号)。

2. 资金筹措

项目采用银行贷款及地方自筹方式,其中,地方自筹总投资的23%(省投资13%),其余为银行贷款。

3. 工程勘察设计

参照以往工程项目的设计经验,结合白城地区独特的地形、地质等因素,对项目进行了详细、周密的路线方案设计和比选,确定了符合项目区域特点的平、纵面设计方案。除常规的设计思路和方法外,本项目在路面设计中采用弹性层状连续体系理论的专用设计程序"PADS"对项目各种路面结构层进行了弯沉及层底拉应力的计算,同时验算了路面结构的抗冻性能,中湿、潮湿路段的路面总厚度不小于沥青路面最小防冻厚度。在桥涵结构形式的选择方面,以技术先进、安全可靠、适用耐久、经济合理,标准化、系列化、方便施工和有利于环保为原则,以造型美观、因地制宜、就地取材、便于施工和养护等为主要考虑因素,桥梁上部结构跨径8m采用现浇钢筋混凝土实体板梁,跨径10m、13m、16m采用装配式先张法预应力混凝土空心板梁,跨径20m的大、中桥采用装配式预应力混凝土简支转连续箱梁;桥墩采用柱式桥墩,桥台根据桥头填土高度及地形地质情况采用柱式和肋板式桥台;桥梁基础根据沿线的水文、地质情况,大、中桥多采用钻孔灌注桩基础。

(二)项目实施

1. 招投标

项目严格执行国家有关招标、投标的规定,在勘察、设计、监理、施工等阶段全部实行公开招标,招标组织形式为委托招标。

2. 征地拆迁

按照吉林省政府的要求及根据工作需要，征地拆迁由地方政府负责。白城市成立了征地拆迁办公室，代表地方政府与建设单位签订了《征地拆迁承包责任书》，负责本地区的征地拆迁具体工作。在地方政府和交通部门的大力支持及协助下，征地拆迁工作得到了切实有效的落实，为工程建设的顺利实施创造了良好的外部环境。本项目全线共征地3553亩。

3. 施工情况

项目全线施工过程中，各施工单位均能够按照合同要求认真组织工程施工，按期高质量完成了工程建设任务。在机构组成方面，各施工单位都能够按招标及合同约定，选派优秀的技术管理人员组建项目经理部，负责合同段的计划安排、生产调度、材料采购、价款结算等工作，并协调处理施工过程中出现的各种问题。

在施工进度控制方面，根据项目建设总体计划按年度分解，年度计划逐月分解，项目部根据整体进度计划目标，逐年下达年度计划，并将详细进度计划分解到月；工程技术部安排专职人员将月进度计划进一步细化，并逐项督促落实，按月检查，动态管理，找出实际进度与计划的差距，分析进度滞后原因，采取补救措施，纠偏进度计划。实现进度管理从计划—控制—分析—调整的循环管理。

在质量控制上，各承包商均建立了一套完整的以自检为主的质量控制体系。认真履行了作为承包人应尽的自检职责，配备了先进的自检设备和强干的质量检测人员。白城至洮北高速公路自施工开始，整个过程质量完全处于受控状态，未出现任何重大质量事故。各项工程质量均达到《公路工程质量检验评定标准》（JTG F80/1—2004、JTG F80/2—2004）要求。本工程未发生任何质量事故和其他事故，路基工程、路面工程质量均符合规范及设计要求。

在安全生产方面，各承包商在施工中都建立、完善并执行了一套安全管理制度，其中包括安全生产责任制、安全生产教育制度、安全生产检查制度、安全事故的处理报告制度、现场施工安全值班制度，在此基础上，制定安全保护措施和安全操作规程。

在确保工程质量、进度、安全以及文明施工的同时，还制订并落实了施工期间严格的环境保护措施。施工中坚持"以防为主，防治结合，综合治理，化害为利"的原则，防止污染和破坏自然环境，从而使受损的生态环境减少至最低程度。对于生活垃圾、废料、废方、废水做好善后处理工作，避免污染环境、堵塞交通，以及对农田水利设施和排灌系统的影响，较好地保护了当地群众的庄稼、树木、花草。运输机械尽可能采用排烟少、污染小的设备。

4. 监理情况

按照合同要求，根据项目建设具体情况，项目实施总监办和驻地办的两级监理机构的管理体制,驻地办下设计划合同处、技术质检处、中心试验室等机构。白城至洮北高速公路的监理工作始终以对工程项目负责、对国家和人民负责的态度展开,在建设项目的实施过程中,不断加强和规范程序管理,严格执行监理工作的十六字方针,建立健全各项规章制度,认真贯彻交通部颁布的《公路工程施工监理规范》(JTG G10—2006)及有关合同文件。确保工程质量、确保施工安全、确保合同工期、确保监理合同的认真执行,始终是监理工作持之以恒并常抓不懈的工作目标。

在严格监理的同时,针对承包商技术力量相对薄弱的情况加大了"热情服务"力度,多提合理化建议,加强"事前监理",让承包商少走弯路,消灭质量问题于萌芽状态。全体监理人员严格履行监理合同中所授予的职权,圆满完成了质量监理、安全监理、环保监理、进度监理、费用控制和合同管理等监理工作任务。

白城至洮北高速公路全面实行了"政府监督、业主管理、社会监理、企业自检"的工程质量保证体系。省质量监督站不定期地到施工现场,对施工过程中的质量和监理工作行为进行专项监督。在工程质量管理上,运用源头把关、过程控制、环节验收的控制程序作为质量监理的基本思路,即严把材料进场关、缺陷处理关、开工审批关、施工控制关和阶段验收关。

总监办中心试验室、驻地办工地试验室严把试验检测关,以保证工程的内在质量可靠,项目共取得数万个检测数据。项目建成后,路基压实度及弯沉合格率100%;半刚性基层、底基层强度合格率100%;路面厚度合格率100%;沥青面层压实度合格率100%;沥青混合料各项技术指标达到并超过部颁规范标准,路面平整度均方差均在1.2以下。从白城至洮北高速公路通车效果来看,路基坚实稳定,路面平整,无轮迹、无渗水,桥涵构造物内实外光,工程优良率为100%。

(三)竣(交)工验收

2016年10月,项目法人单位组织交工验收,经综合评定,工程各项指标满足设计要求,同意通过交工验收。

三、运营管理

(一)服务区及收费站设置

截至2016年底,白城至洮北高速公路未设置服务区,收费站设置情况见表8-18-5。

白城至洮北高速公路收费站情况表　　　　表8-18-5

路 段 名 称	收费站名称
白城至洮北高速公路	白城西、陶家、长安机场

(二)信息化建设

截至 2016 年底,白城至洮北高速公路信息化设备设置情况见表 8-18-6。

白城至洮北高速公路信息化设备设置情况表　　　　表 8-18-6

序　号	设 施 名 称	数　量
1	大型可变情报板	3
2	小型可变情报板	9
3	车辆检测器	9
4	道路摄像机(含隧道)	4
5	收费广场摄像机	6
6	车道和亭内摄像机	33

(三)养护管理

截至 2016 年底,白城至洮北高速公路养护管理情况见表 8-18-7。

白城至洮北高速公路养护管理情况表　　　　表 8-18-7

养护工区(个)	管理人员(人)	小修队(人)	养护工区明细
1	6	5	白城分局

管理体制,驻地办下设计划合同处、技术质检处、中心试验室等机构。白城至洮北高速公路的监理工作始终以对工程项目负责、对国家和人民负责的态度展开,在建设项目的实施过程中,不断加强和规范程序管理,严格执行监理工作的十六字方针,建立健全各项规章制度,认真贯彻交通部颁布的《公路工程施工监理规范》(JTG G10—2006)及有关合同文件。确保工程质量、确保施工安全、确保合同工期、确保监理合同的认真执行,始终是监理工作持之以恒并常抓不懈的工作目标。

在严格监理的同时,针对承包商技术力量相对薄弱的情况加大了"热情服务"力度,多提合理化建议,加强"事前监理",让承包商少走弯路,消灭质量问题于萌芽状态。全体监理人员严格履行监理合同中所授予的职权,圆满完成了质量监理、安全监理、环保监理、进度监理、费用控制和合同管理等监理工作任务。

白城至洮北高速公路全面实行了"政府监督、业主管理、社会监理、企业自检"的工程质量保证体系。省质量监督站不定期地到施工现场,对施工过程中的质量和监理工作行为进行专项监督。在工程质量管理上,运用源头把关、过程控制、环节验收的控制程序作为质量监理的基本思路,即严把材料进场关、缺陷处理关、开工审批关、施工控制关和阶段验收关。

总监办中心试验室、驻地办工地试验室严把试验检测关,以保证工程的内在质量可靠,项目共取得数万个检测数据。项目建成后,路基压实度及弯沉合格率100%;半刚性基层、底基层强度合格率100%;路面厚度合格率100%;沥青面层压实度合格率100%;沥青混合料各项技术指标达到并超过部颁规范标准,路面平整度均方差均在1.2以下。从白城至洮北高速公路通车效果来看,路基坚实稳定,路面平整,无轮迹、无渗水,桥涵构造物内实外光,工程优良率为100%。

(三)竣(交)工验收

2016年10月,项目法人单位组织交工验收,经综合评定,工程各项指标满足设计要求,同意通过交工验收。

三、运营管理

(一)服务区及收费站设置

截至2016年底,白城至洮北高速公路未设置服务区,收费站设置情况见表8-18-5。

白城至洮北高速公路收费站情况表 表8-18-5

路 段 名 称	收费站名称
白城至洮北高速公路	白城西、陶家、长安机场

(二)信息化建设

截至2016年底,白城至洮北高速公路信息化设备设置情况见表8-18-6。

白城至洮北高速公路信息化设备设置情况表　　　　表8-18-6

序　号	设　施　名　称	数　量
1	大型可变情报板	3
2	小型可变情报板	9
3	车辆检测器	9
4	道路摄像机(含隧道)	4
5	收费广场摄像机	6
6	车道和亭内摄像机	33

(三)养护管理

截至2016年底,白城至洮北高速公路养护管理情况见表8-18-7。

白城至洮北高速公路养护管理情况表　　　　表8-18-7

养护工区(个)	管理人员(人)	小修队(人)	养护工区明细
1	6	5	白城分局

附录

吉林高速公路建设大事记

1989 年

5月,省交通厅下发《关于下达北哈线我省境内段预可行性研究任务的通知》(吉交规划字〔1989〕193号),委托省公路勘测设计院和省交通科学研究所共同承担主体工程勘测设计任务。

5月24~29日,由吉林省交通厅牵头,东北三省交通厅组成联合踏勘小组,对沈阳经长春至哈尔滨高速公路建设进行实地踏查,并形成纪要,以吉交函字〔1989〕68号文件呈报交通部计划司。

10月17~19日,吉林省工程咨询服务中心组成专家组,对沈哈高速公路四平至四方台(吉黑省界)段工程预可研报告进行预评估,并一致通过。

1990 年

3月,省交通厅印发《关于下达京哈线四平至长春段工程可行性研究任务的通知》(吉交规划字〔1990〕74号)。

4月2日,省交通厅决定成立高等级公路前期工作组,由分管副厅长任组长,全面负责全省高速公路建设前期工作。

1991 年

1月14日,东北三省交通厅厅长在长春市召开沈哈高速公路工作会议,形成了《东北三省交通厅厅长沈哈高速公路工作会议纪要》。

7月10日,中国国际工程咨询公司组织专家对长春至四平高速公路工程可行性研究报告进行评估。

7月19日,省编委印发《关于成立吉林省高等级公路建设指挥部的通知》,成立由分管副省长任总指挥、有关省直单位和地方政府主要负责人为成员的吉林省高等级公路建设指挥部,指挥部办公室设在省交通厅。

1992 年

4月2日,国家计委下发《关于长春至四平高速公路建设项目建议书的批复》(计交通字〔1992〕371号）。

5月15日，省政府张彬副秘书长召集有关委办厅局领导研究落实长春至四平高速公路建设资金筹措问题。

6月12日，交通部组织专家在哈尔滨市对沈哈高速公路预可研报告进行审查。

9月24日，省政府印发《关于筹措四平至长春高速公路建设资金有关问题的批复》（吉政函〔1992〕224号），对即将开工的长春至四平高速公路建设实行7项优惠政策，包括开征公路客货运附加费，新增资金用于高速公路和运输基础设施建设；养路费除每年上缴省财政2000万元能交基金和预调基金外，其余部分可缓交，全部用于高速公路建设；在公路建设征地拆迁和税费征收方面也给予优惠。

10月14日，王云坤副省长主持召开省高等级公路建设指挥部第一次会议，研究长春至四平高速公路建设问题。

12月，国家计委批准了《长春至四平高速公路可行性研究报告》（计交通〔1992〕2420号），完成项目立项审批。

12月8日，交通部在北京召开长春至四平高速公路初步设计审查会议，部公路管理司司长杨盛福主持会议。经过4天审议，通过了该项目的初步设计。

1993年

3月4日，交通部下发《关于四平至长春高速公路初步设计的批复》（交工发〔1993〕264号）。

3月12日，魏敏学副省长带领有关部门负责同志到长春、四平市召开现场办公会议，研究解决四平至长春高速公路建设中有关问题。

5月15日，长春至四平高速公路工程征地拆迁工作全面展开。

6月3日，省政府召开专题会议，研究解决长春至四平高速公路征地拆迁问题。明确了征地拆迁工作责任部门，土地补偿费和安置补助的标准，以及高速公路附属设施、连接线等沿线用地范围和开发等事宜，并形成63号专题会议纪要。

6月13日，国家环境保护局印发《关于京哈高速公路四平至长春段环境影响报告书审批意见的复函》（环监〔1993〕293号）。

6月15日，长春至四平高速公路建设项目亚行贷款协定在菲律宾首都马尼拉签字。

6月28日，吉林至长春高速公路工程可行性研究报告，通过了吉林省计委和吉林省工程咨询公司组织的初评。

8月5日，吉林省高速公路公司成立，隶属于吉林省交通厅，为全民所有制企业。

11月15日，交通部下发《关于吉林至长春公路项目建议书的批复》（交计发〔1993〕1256号）。

12月20日,通过国内竞争性议标,确定吉林省公路工程监理公司为长春至四平高速公路项目国内监理公司。

12月26日,通过国际竞争性招标,并通过亚行审批,确定美国路易斯·伯杰公司为长春至四平高速公路项目监理和培训工作的外国咨询公司。

1994年

4月10日,长春至四平高速公路工程招投标工作结束。该项目首次引入国际通用的"FIDIC"条款,即实行"招投标"制、"项目法人责任制"和"工程监理制"。经公开招标确定了33家公路施工队伍。

5月9日,省交通厅在长春至四平高速公路长春服务区线位举行了长春至四平高速公路建设新闻发布会。

5月10日,长春至四平高速公路开工建设,奠基仪式在长春郊区胡家店高速公路线位上举行。

5月28日,国际咨询专家组抵长,开始长春至四平高速公路建设工程咨询服务。

9月29日,省交通厅下发《关于下达珲乌公路吉林至长春高速公路勘测设计补充任务的通知》(吉交函字〔1994〕115号),将路基宽度由原26m改为34.5m,路面由四车道改为六车道,预留两车道路面,其他主要技术指标未变。

10月26日,亚行项目检查组抵达长春,开展长春至四平高速公路施工检查。通过检查,该项目被亚行评为AAA项目。

11月4日,交通部批准将长春市绕城高速公路建设列入全国高速公路建设计划。

1995年

1月11日,国家计委以"计交能字〔1995〕23号"文件,批复了吉林至长春高速公路项目建议书。

2月27日,省编委印发《关于调整省高等级公路建设指挥部成员的通知》,调整了指挥部组成人员,并决定下设四长高速公路建设办公室和吉长高速公路建设办公室两个办事机构。

3月2日,长春市十届人大三次会议通过了关于建设长春绕城高速公路的决议。

4月5日,省政府在南湖宾馆召开长春至吉林、长春至营城子高速公路建设工作会议。会上,省政府与长春市、吉林市政府签订了征地拆迁责任书。

5月4日,长春绕城高速公路西北环项目开工建设。

5月8日,长春至吉林高速公路工程施工招标结束,吉林省公路工程局等22家省内外公路施工队伍中标。

5月16日,省政府印发《关于筹集高等级公路建设资金有关问题的通知》(吉政发

〔1995〕25号），调整提升了公路养路费征收标准，开征地方新购车附加费，对公路两侧经营性用地收取土地使用费，实行有偿使用。

5月18日，长春至吉林高速公路开工建设。

5月22日，长春至营城子高速公路工程施工招标结束，吉林省公路工程局等26家省内外公路施工队伍中标。

6月2日，长春至营城子高速公路开工建设。

6月12日，省政府与长春市、吉林市就长吉高速公路拆迁占地、资金落实等前期工作签订包保责任书。

8月8～13日，交通部在建公路重点项目检查组来吉林省对长平高速公路质量进行检查，认为长平公路建设进度快，质量好，工作实。

1996年

3月6日，国家计委以计交能〔1996〕229号文件，批复了长春至吉林高速公路可行性研究报告。

4月15日，长平高速公路建设指挥部在省宾馆礼堂召开千人誓师大会。省交通厅副厅长韦志成在誓师大会上发表了题为"坚定信心、振奋精神、团结拼搏、夺取96决战全面胜利"的讲话。

4月21日，交通部副部长刘锷到吉林省考察高等级公路建设情况。

4月26日，交通部下发《关于长春至吉林高速公路初步设计的批复》（交公路发〔1996〕370号）。

5月10日，吉林省政府印发《关于编制长平、长吉高速公路沿线区域规划和加强建设管理有关问题的通知》。

6月6日，省长王云坤，省委常委、长春市委书记米凤君等领导和省直有关部门及长春、吉林、四平市政府主要负责同志，检查了长平、长吉、长春绕城高速公路建设情况，并召开现场办公会议，研究解决交通建设遇到的具体问题。

6月30日，交通部副部长李居昌到建设中的长春至四平高速公路检查指导工作。

9月19日，长春至四平高速公路建成通车，通车典礼在长春市隆重举行。

1997年

2月6日，经省编委批准，正式成立吉林省高速公路管理局，为隶属省交通厅的事业单位，副厅级规格，主要承担全省高速公路养护、收费、还贷、路政等管理工作。

3月10日，省计划委员会批复省交通厅《关于进行吉林至江密峰高速公路项目开工准备的请示》，同意新建吉林至江密峰高速公路。

4月18日，吉林省交通厅厅长刘克志与黑龙江省交通厅厅长付晓光在吉林省高速公路管理局就建设长春至哈尔滨高速公路有关事宜进行了会谈。

5月18日,吉林至江密峰高速公路开工建设。

6月4日,省长王云坤在省交通厅厅长刘克志陪同下检查了长春至吉林高速公路建设情况。

6月30日,副省长魏敏学检查长春至吉林和长春至营城子高速公路建设情况,对高速公路绿化美化提出要求。

8月5日,延吉至图们高速公路开工建设。

8月18日,中国工程院院士沙庆林博士考察长春至吉林高速公路,评价长春至吉林高速公路质量和工程管理已达到全国一流水平。

8月20日,国务院副总理邹家华在吉林省委书记张德江、副省长魏敏学和省交通厅相关领导陪同下视察长春至吉林高速公路,对项目建设成就予以充分肯定。

9月3日,省交通厅和省计委联合组织了长春至吉林高速公路交工验收工作,工程质量评分96.23分,为优良等级。

9月8日,省政府在省宾馆举行长春至吉林、长春至营城子、长春绕城(西段)高速公路通车新闻发布会。

9月9日,省政府在长春至吉林高速公路长春东收费站广场举行长春至吉林、长春至营城子和长春绕城(西段)高速公路通车仪式。

9月18日,长春至四平高速公路通过交通部、国家计委组织的竣工验收,工程质量等级为优良。

9月25日,长春至吉林高速公路发行公路建设债券,筹集人民币1.5亿元,缓解了工程资金紧张矛盾,保证了工程建设的顺利进行。

1998年

2月16日,省政府召开专题会议,研究加快全省交通发展问题。要求做好长哈高速公路开工准备工作,要求公路等基础设施建设尽可能使用省内施工队伍,在同质同价情况下,优先使用省内生产的水泥、钢材等建筑材料。

4月6日,省政府召开专题会议,研究增加投入加快交通发展有关问题。会议提出了解决资金缺口的6项措施,全省各地建设二级以上公路执行省政府1992年224号文件规定的优惠政策。

4月24日,交通部印发《关于延吉至图们高速公路初步设计的批复》(交公路发〔1998〕237号)。

5月8日,长春至四平高速公路获吉林省建设厅"第六次省级优秀工程勘察一等奖"和"第八次省级优秀工程设计一等奖"。

7月6日,延吉至图们高速公路建设项目首次委托省交通厅新组建的吉林交通招标咨询中心组织公开招标,择优选择了铁道部十九工程局二处、铁道部十八工程局三处、省交通建设集团三公司等20家施工单位。

7月7日,国家计委印发《关于同江至三亚国道主干线拉林河至长春公路工程可行性研究报告的批复》(计基础〔1998〕1492号)。

7月18日,经省政府批准,东北高速公路股份有限公司设立,由黑龙江省高速公路公司、吉林省高速公路公司和华建交通经济开发中心共同发起,采用社会募集方式设立。

8月18日,延吉至图们高速公路开工建设。

11月3日,交通部印发《关于拉林河至长春公路初步设计的批复》(交公路发〔1998〕665号)。

1999年

2月2日,国土资源部下发《关于长春至拉林河高速公路建设用地的批复》(国土资函〔1999〕62号)。

4月6日,受长余办委托,吉林交通招标咨询中心组织公开招标,确定了长余高速公路项目土建工程、交通工程及安全设施、房建工程、绿化工程中标队伍。受长余办委托,吉林省公路工程监理有限责任公司负责全线监理工作,并在国内公开招标选聘了13个驻地监理组;按照亚行贷款的要求,通过国际招标聘用了意大利咨询专家和国际监理。

9月13日,省委书记王云坤视察长春至扶余高速公路建设,充分肯定了工程质量管理工作。

9月17日,省政府在长春至扶余高速公路建设工地召开全省重点公路工程质量管理现场会,省委副书记、副省长全哲洙参加会议,并肯定了长余高速公路工程质量管理的主要经验做法。

10月8日,长春至吉林高速公路和长春至营城子高速公路顺利通过交通部组织的竣工验收。

10月18日,吉林省在全国率先实行省内联网使用非接触式IC卡作为高速公路通行介质,实现了省内高速公路收费"一卡通"。

12月29日,省交通厅组织完成了吉林至江密峰高速公路交工验收。

2000年

1月6日,省交通厅在吉林省交通宾馆组织召开吉林至江密峰高速公路交工通车新闻发布会。

3月20日,交通部印发《关于国道203线肇源至松原公路项目建议书的批复》(交规划发〔2000〕168号)。

12月28日,长春至吉林高速公路获全国公路工程设计金奖,是全国第一条获此荣誉的高速公路。

2001年

3月15日,长春至吉林高速公路获2000年度国家优质工程金奖,是本次评奖中公路工程中全国唯一金奖。

5月15日,长余高速公路扶余、德惠、米沙子3个服务区成功采用BOT形式进行招标,这在吉林省是首次,标志吉林省交通建设市场向民营资本敞开大门,建设筹融资体制改革向更深层次迈进。

8月28日,交通部印发《关于国道203线肇源至松原公路可行性研究报告的批复》(交规划发〔2001〕470号)。

8月30～31日,吉林省计划委员会和吉林省交通厅联合组织了延吉至图们高速公路交工验收工作,工程质量评分95.06分,建设工程质量等级为优良。

9月2日,延吉至图们高速公路建成通车。

9月22～23日,省交通厅组织对吉林至江密峰高速公路进行竣工验收,评定为优良工程。

2002年

6月5日,省委书记王云坤视察了处于施工决战阶段的长春至扶余高速公路,对工程质量和进度表示满意。

8月29～30日,受交通部委托,省交通厅组织对延吉至图们高速公路进行竣工验收,工程质量评分为95.06分,等级为优良。

9月4日,长春至扶余高速公路顺利通过了省交通厅和省计委联合组织的交工验收。

9月7日,长春绕城高速公路北段建成通车。

9月18日,长春至扶余高速公路通车盛典在吉黑两省交界处的拉林河收费站举行。

11月27日,在北京举行的中国土木工程学会建会90周年纪念大会暨第二届詹天佑土木工程大奖颁奖大会上,长春至吉林高速公路获得中国土木工程科技最高奖——"詹天佑"大奖,这是继该项目荣获全国工程设计金奖及2000年度国家优质工程金奖后的又一项大奖。

2003年

1月7日,经省编委批复,撤销吉林省高等级公路建设指挥部长余办公室、长吉办公室,成立吉林省高等级公路建设局,主要承担全省高速公路建设管理工作。

8月11日,交通部副部长胡希捷到吉林省考察交通工作。在吉林期间,先后考察了长春、吉林、延边的高速公路建设项目。

10月25日,长春至扶余高速公路顺利通过交通部组织的竣工验收,工程质量评为96.68分,综合评定为优良等级。

10月28日,吉林市委书记朱忠民与省交通厅厅长刘克志带领有关人员到吉林江密峰至延吉公路工地,帮助施工企业解决遇到的困难,当场敲定解决占地拆迁等施工关键环节相关问题的办法。

11月14日,国家开发银行监事会主席朱元梁一行赴吉林省分行检查工作期间,到省交通厅就交通行业发展状况进行座谈。

2004年

2月6日,省发展计划委员会下发了《关于同江至三亚国道主干线长春至珲春支线长春至东湖镇段扩建工程可行性研究报告的批复》(吉计交字〔2004〕44号)。

6月30日,省交通厅下发了《关于对长春至吉林高速公路长春至东湖镇段扩建工程施工图设计的批复》(吉交函〔2004〕210号)。

10月18日,"东北地区高速公路沥青路面典型结构及材料指标的研究"可行性研究报告评审会在长春召开,与会专家对项目进行了评审并予以通过。

11月29日,交通部下发了《关于通化(快大茂)至下排(省界)高速公路项目可行性研究报告的批复》(交规划发〔2004〕684号)。

2005年

5月11日,由吉林省公路勘测设计院完成的拉林河至长春高速公路两阶段施工图设计获国家优秀工程设计银奖。

7月15日,交通部组成专家组在南湖宾馆召开评估会,通过了长春至松原高速公路预可研报告评审。

8月19日,台湾中华道路协会大陆参访团一行35人,到吉林省交通厅进行"道路维护暨高速公路学术研究"活动。吉林省科学技术协会副主席李景涛、省公路学会理事长韦志成及有关专家参加研讨会。

8月25日,长春至吉林高速公路长春至东湖镇段扩建工程建成通车。

10月15日,交通部副部长翁孟勇率交通部规划司、公路司负责同志,到在建的长珲高速公路黄松甸至江密峰段现场检查指导工程建设情况。

11月4日,省交通厅召开党组扩大会议,专题研究"十一五"高速公路建设问题。会议明确:高速公路建设是"十一五"交通发展的重中之重,在5年内要完成1500km高速公路建设任务。

11月30日,省交通科学研究所承担的2003年吉林省重点项目大庆至广州高速公路吉林省境内段"肇源松花江特大桥桩基承载力综合研究"获吉林省发展和改革委员会2005年全省优秀成果一等奖。

11月30日,交通部下发《关于通化(快大茂)至下排(吉辽界)高速公路项目初步设计的批复》。

12月8日,省政府召开省长办公会,专题研究交通发展和高速公路建设问题,推进交通建设快上先行。

2006年

1月1日零时起,全国统一高速公路救援电话12122在吉林省启用。

1月12日,省交通厅厅长办公会原则同意《"十一五"吉林交通发展规划》《吉林省高速公路网规划》和《2006年全省交通发展计划》,待向省政府、交通部上报获批准后实施。

2月23日,经省编委批准,省高等级公路建设局从正处级调整为副厅级规格。

3月18日,长春至农安高速公路建设项目签字仪式在省交通厅707会议室举行。省交通厅厅长张勇与吉林省神龙高速公路有限责任公司董事长贺海飞在合同上签字。

3月30日,吉林省高速公路管理局与吉林人民广播电台"高速公路路况信息合作"签字仪式在省高速公路指挥调度中心举行。吉林电视台等省内10余家新闻单位出席了签字仪式。

5月16~19日,受国家发改委委托,交通部规划研究院专家组到吉林省对吉林至草市项目预可行性研究报告进行评估。

5月24日,伊通至辽源高速公路工程可行性研究和京哈线长春至拉林河段工程可行性研究通过了省发改委评估。

5月30日,省交通厅在长春至松原高速公路起点处举行高速公路开工仪式。

7月14日,由省公路勘测设计院和哈尔滨工业大学共同完成的"高等级公路柔性基层路面优化组合设计的研究"通过省交通厅专家组鉴定,认为课题研究整体达到国际先进水平。

8月10日,大庆至广州高速公路肇源(省界)至松原段工程开工建设。

8月28日,营城子至松江河高速公路工程预可行性研究报告和营城子至东丰高速公路工程可行性研究报告通过省发改委的评估。

9月4日,吉林·东北亚投资贸易博览会投资项目签约仪式在长春国际会展中心举行。省交通厅副厅长厉正强代表省交通厅与中国建筑第八工程局投资联合体副局长贺海飞签订了建设珲春至乌兰浩特高速公路农安至松原段合作合同。

9月20日,由省高管局与中国银行吉林省分行共同开发的"长城高速吉林联名卡"在吉林省高速公路正式投入使用。这在全国高速公路系统属首创,是吉林省在1998年在全国率先实现"一卡通"收费模式以来的又一次技术上的跨越。在同日下午举行的新闻发布会上,副厅长厉正强、中国银行吉林省分行副行长陈斌为"长城高速吉林联名卡"揭牌。

10月30日,省交通厅下发《关于吉林省高速公路公司更名的通知》,将吉林省高速公路公司更名为吉林省高速公路集团有限公司,组建成立了由省交通厅作为出资人的国有独资企业,注册资金为27亿元人民币。

2007年

2月14日,由交通部公路科学研究院、重庆交通科技设计院等多家机构的专家组成的专家组,在省高等级公路建设局审查通过了江密峰至延吉高速公路环保及景观完善设计。

5月14日,国家开发银行吉林省分行与省交通厅开发性金融合作联席会议在厅6楼会议室举行,省政府副秘书长慕海平和国家开发银行吉林省分行行长郭新双出席会议并讲话。

5月23日,交通部部长李盛霖到吉林省考察高速公路、国省道、农村公路建设和管理工作。

7月21日,交通部督查组一行9人到吉林省检查指导工作,督查组历时一周,检查了肇源至松原高速公路及其他省内重点公路工程项目。

8月22日,省交通厅厅长张勇率相关人员检查了肇源至松原高速公路工程进展情况,听取了松原市委、市政府相关领导的情况介绍,并就高速公路建设相关问题进行协商。

10月6日,省交通厅厅长张勇率相关人员踏勘营城子至松江河高速公路线位,研究路线设计方案、优化工程设计有关事宜,并在抚松县召开了座谈会。

10月16日,省纪委副书记、监察厅厅长高金祥在吉林至延吉高速公路调研时,对吉林省高速公路建设过程中贯彻建设新理念和廉政建设方面的创新表示赞赏,提出要在全省推广交通系统的创新经验。

10月25日,营城子至松江河高速公路奠基仪式在营城子起点处举行。

11月3日,省交通厅厅长张勇率相关人员与辽源市委书记赵振起、市长王兆华等相关领导一同检查了伊通至辽源高速公路部分标段工程进展情况,并在辽源市召开座谈会。

11月30日,省委常委、省纪委书记李法泉到省交通厅调研,强调要把吉林至延吉高速公路建成长寿耐用路、生态环保路、人文景观路、智能安全路、廉洁透明路。

12月24日,省政府以吉政函〔2007〕166号文件,批复了《吉林省高速公路网规划纲要》。总体布局方案为"六纵五横三环五联",规划总里程5500km。

附 录

吉林高速公路建设大事记

2008 年

2月26日,由省高建局承担的"寒冷地区隧道保温防冻技术研究"课题,通过以中国工程院院士郑颖人为主任委员的专家组鉴定,专家评价该项目研究成果总体达到国际先进水平。

3月28日,省交通厅领导与长春市委市政府相关领导就长春市高速公路出口改造建设规划设计和实施意见进行讨论。

4月1日,省政府在吉林省自然村召开吉林至草市高速公路征地拆迁协调会。

4月1日,牡丹江至延吉高速公路汪清至延吉段开工建设。

5月1日,省交通厅协调东北高速公路股份有限公司,决定对长平高速公路进行大规模维修。东北高速公路股份有限公司投入1.1亿元用于该路的维修养护工程和南出口迁移工作。

6月4日,大庆至广州高速公路松原至双辽段开工建设,奠基仪式在松原市举行。

7月7日,省交通厅在大广高速公路松原至双辽段召开全省公路施工监理现场会。

8月29日,农行吉林省分行与省交通厅签订了全面合作框架协议。根据这个协议,农行吉林省分行将向省交通厅提供285亿元贷款,以支持吉林至草市高速公路、国省干线及农村公路建设。

9月16日,大庆至广州高速公路的重要路段——松原至肇源高速公路建成通车。

9月28日,吉林至延吉高速公路建成通车,省委、省政府主要领导参加通车典礼。

10月6日,沈阳至通化高速公路吉林境内段——通化至下排高速公路建成通车,省委、省政府主要领导参加通车典礼。

11月4日,长吉图高速公路延吉服务区延边朝鲜族民俗村举行盛大揭幕仪式。省政府、延边州政府及省交通厅等相关部门领导参加揭幕仪式。

11月21日,中共中央政治局委员、全国政协副主席王刚在吉林省考察期间,视察了长吉图高速公路及延边朝鲜族民俗村建设及运营情况,对长吉图高速公路及延边朝鲜族民俗村的建设成果给予充分肯定。

12月27日,省交通厅组成专家委员会对吉林至延吉高速公路进行了交工验收,工程质量评分96.99分。

2009 年

3月21日,东北高速公路股份有限公司分立重组获得国务院原则同意,公司股票停牌,分立试点工作正式启动。

3月31日,由省高等级公路建设局承担的"吉林省高速公路工程建设信息管理系统"课题通过以中国工程院院士倪光南为主任委员的专家组鉴定。专家评价此项研究成果总体达到该领域的国内领先水平。

6月23日,以柳澈浩社长为团长的韩国道路公社代表团一行5人来长,在延吉市白山大厦与吉林省高速公路集团有限公司签订关于高速公路服务区经营管理等方面的交流合作谅解备忘录。韩方并对延边州境内的多处服务区提出签约意向。

7月2日,中国证监会李小雪书记召集黑龙江、吉林两省分管副省长、证监局领导及股东代表参加东北高速分立试点专题会议,确定分立重组的基本思路。

8月21日,省政府召开专题会议,研究"东北高速"分立试点工作有关问题。

9月10日,省交通运输厅在吉林至草市高速公路建设现场,召开全省公路建设项目安全生产现场工作会议。

9月26日,伊通至辽源高速公路建成通车。至此,吉林省高速公路通车里程突破1000km。

10月28日,辽宁、吉林两省交通厅厅长带领相关负责同志,共同考察了通化至丹东高速公路吉林省境内段建设情况。并就两省高速公路主通道对接、建设标准、建设理念等方面协调一致,达成共识。

12月26日,在"建国60周年公路交通勘察设计经典工程技术交流暨表彰大会"上,吉林省公路勘测设计院设计的长春至延吉高速公路获得"建国60周年公路交通勘测设计68项经典工程"表彰,该院设计的"国道主干线北京至上海公路(辅线)济南至莱芜段"两阶段设计获2007—2008年度公路交通优秀设计一等奖。

12月28日,吉林至草市高速公路项目银行贷款合同签字仪式在吉林省自然村举行,此次银行贷款总额度为63.95亿元,破解了交通建设资金难题。

12月31日,"东北高速"召开第三届董事会2009年第七次临时会议,审议通过《关于"东北高速"分立重组上市方案的议案》《关于"东北高速"分立不构成关联交易的议案》《关于"东北高速"分立重组上市预案的议案》《关于提请股东大会授权董事会全权办理本次公司分立重组上市相关事宜的议案》《关于聘请本次分立重组上市涉及的中介机构的议案》,并公告《"东北高速"分立重组上市预案》。

2010年

2月10日,经中国证监会核准,东北高速公路股份有限公司分立为吉林高速公路股份有限公司和黑龙江交通发展股份有限公司,各自独立经营。吉林高速公路股份有限公司承接了原东北高速公路股份有限公司的长平高速公路以及其他部分资产和相关债权债务。

3月19日,吉林高速公路股份有限公司在上海证券交易所成功挂牌上市。股票代码601518,为交通运输类国企大盘股,当日开盘价为4.97元。副省长王祖继出席上市仪式

2008 年

2月26日,由省高建局承担的"寒冷地区隧道保温防冻技术研究"课题,通过以中国工程院院士郑颖人为主任委员的专家组鉴定,专家评价该项目研究成果总体达到国际先进水平。

3月28日,省交通厅领导与长春市委市政府相关领导就长春市高速公路出口改造建设规划设计和实施意见进行讨论。

4月1日,省政府在吉林省自然村召开吉林至草市高速公路征地拆迁协调会。

4月1日,牡丹江至延吉高速公路汪清至延吉段开工建设。

5月1日,省交通厅协调东北高速公路股份有限公司,决定对长平高速公路进行大规模维修。东北高速公路股份有限公司投入1.1亿元用于该路的维修养护工程和南出口迁移工作。

6月4日,大庆至广州高速公路松原至双辽段开工建设,奠基仪式在松原市举行。

7月7日,省交通厅在大广高速公路松原至双辽段召开全省公路施工监理现场会。

8月29日,农行吉林省分行与省交通厅签订了全面合作框架协议。根据这个协议,农行吉林省分行将向省交通厅提供285亿元贷款,以支持吉林至草市高速公路、国省干线及农村公路建设。

9月16日,大庆至广州高速公路的重要路段——松原至肇源高速公路建成通车。

9月28日,吉林至延吉高速公路建成通车,省委、省政府主要领导参加通车典礼。

10月6日,沈阳至通化高速公路吉林境内段——通化至下排高速公路建成通车,省委、省政府主要领导参加通车典礼。

11月4日,长吉图高速公路延吉服务区延边朝鲜族民俗村举行盛大揭幕仪式。省政府、延边州政府及省交通厅等相关部门领导参加揭幕仪式。

11月21日,中共中央政治局委员、全国政协副主席王刚在吉林省考察期间,视察了长吉图高速公路及延边朝鲜族民俗村建设及运营情况,对长吉图高速公路及延边朝鲜族民俗村的建设成果给予充分肯定。

12月27日,省交通厅组成专家委员会对吉林至延吉高速公路进行了交工验收,工程质量评分96.99分。

2009 年

3月21日,东北高速公路股份有限公司分立重组获得国务院原则同意,公司股票停牌,分立试点工作正式启动。

3月31日,由省高等级公路建设局承担的"吉林省高速公路工程建设信息管理系统"课题通过以中国工程院院士倪光南为主任委员的专家组鉴定。专家评价此项研究成果总体达到该领域的国内领先水平。

6月23日,以柳澈浩社长为团长的韩国道路公社代表团一行5人来长,在延吉市白山大厦与吉林省高速公路集团有限公司签订关于高速公路服务区经营管理等方面的交流合作谅解备忘录。韩方并对延边州境内的多处服务区提出签约意向。

7月2日,中国证监会李小雪书记召集黑龙江、吉林两省分管副省长、证监局领导及股东代表参加东北高速分立试点专题会议,确定分立重组的基本思路。

8月21日,省政府召开专题会议,研究"东北高速"分立试点工作有关问题。

9月10日,省交通运输厅在吉林至草市高速公路建设现场,召开全省公路建设项目安全生产现场工作会议。

9月26日,伊通至辽源高速公路建成通车。至此,吉林省高速公路通车里程突破1000km。

10月28日,辽宁、吉林两省交通厅厅长带领相关负责同志,共同考察了通化至丹东高速公路吉林省境内段建设情况。并就两省高速公路主通道对接、建设标准、建设理念等方面协调一致,达成共识。

12月26日,在"建国60周年公路交通勘察设计经典工程技术交流暨表彰大会"上,吉林省公路勘测设计院设计的长春至延吉高速公路获得"建国60周年公路交通勘测设计68项经典工程"表彰,该院设计的"国道主干线北京至上海公路(辅线)济南至莱芜段"两阶段设计获2007—2008年度公路交通优秀设计一等奖。

12月28日,吉林至草市高速公路项目银行贷款合同签字仪式在吉林省自然村举行,此次银行贷款总额度为63.95亿元,破解了交通建设资金难题。

12月31日,"东北高速"召开第三届董事会2009年第七次临时会议,审议通过《关于"东北高速"分立重组上市方案的议案》《关于"东北高速"分立不构成关联交易的议案》《关于"东北高速"分立重组上市预案的议案》《关于提请股东大会授权董事会全权办理本次公司分立重组上市相关事宜的议案》《关于聘请本次分立重组上市涉及的中介机构的议案》,并公告《"东北高速"分立重组上市预案》。

2010年

2月10日,经中国证监会核准,东北高速公路股份有限公司分立为吉林高速公路股份有限公司和黑龙江交通发展股份有限公司,各自独立经营。吉林高速公路股份有限公司承接了原东北高速公路股份有限公司的长平高速公路以及其他部分资产和相关债权债务。

3月19日,吉林高速公路股份有限公司在上海证券交易所成功挂牌上市。股票代码601518,为交通运输类国企大盘股,当日开盘价为4.97元。副省长王祖继出席上市仪式并为股票鸣锣开市。

5月10日,省高级法院院长张文显,副院长刘成祥、纪检组长鲁军等一行7人深入营松高速公路营城子至抚民段现场办公,帮助协调解决影响和制约全省高速公路施工进度的法律问题,为重点工程建设提供服务。

5月11日,由省委宣传部组织的"投资拉动、项目带动和扩大开放"采访团到省交通运输厅进行集体采访并召开了"投资拉动、项目带动和扩大开放"新闻发布会。来自中直、外宣和省内的17家主要新闻单位的记者出席了发布会。通报会后,采访团深入到大广高速公路松原至双辽段建设工地进行现场采访。

5月26日,省高建局工程处副处长鲁亚义在"2010中国交通发展论坛"会上,作了《高速公路建设生态保护及安全新理念与实践》主题发言。会后,美国哈佛大学教授Richard T. T. Forman 对吉林省高速公路景观绿化建设情况进行了考察。

7月12日,由省政府督查室牵头,省交通运输厅、省纪检监察室和省软环境办组成的专项督查组对省内2010年通车的长松、松辽、松白、营梅、营扶、吉草6条高速公路建设情况进行督查,解决阻碍工程建设的征地拆迁和外部施工环境等问题。

8月26日,由吉林省高速公路集团有限公司与韩国道路公社共同合作经营的长吉图高速公路延吉服务区举行开业典礼。

9月6日,大广高速公路松原至双辽段、长深高速公路双辽(大富)至金宝屯(吉辽界)段同时建成通车。

9月7日,图们至珲春高速公路建成通车,并举行全线贯通仪式。至此,长春至珲春高速公路全线贯通,行车时间缩短至5小时。

9月16日,由交通运输部质监总站站长李彦武任组长的交通运输部质量安全督查组一行9人,对吉林省在建高速公路工程质量和安全情况进行督查。

10月29日,珲春至乌兰浩特国家高速公路松原至石头井子段建成通车,嫩丹高速公路坦途至黑水段正式开工建设。

11月9日,营城子至松江河高速公路营城子至抚民段建成通车。

11月11日,营城子至梅河口高速公路建成通车。通车典礼在营城子至梅河口高速公路东丰收费站举行。

11月20日,珲春至乌兰浩特国家高速公路长春至松原段建成通车。

2011年

2月10日,在全国交通系统开展的"加快交通基础设施建设重点工程劳动竞赛"活动中,图们至珲春高速公路04合同段、大广高速公路松原至双辽工程、京哈公路长春至德惠段一级公路改建工程、环长白山旅游公路白山段项目获得优质工程奖。

4月19日，省交通运输厅召开高速公路施工标准化活动启动仪式暨培训会议。从2011年起至2013年末，在全省高速公路建设中开展施工标准化活动。

6月20日，交通运输部召开全国公路水运工程平安工地建设推进会。吉林至草市高速公路建设项目在全国公路水运工程"平安工地"建设现场推进会上被评为重点示范工程之一。

8月4日，省交通运输厅召开媒体见面会。会后，中央驻吉及省内共21家媒体的23名记者组成采访团，深入省高速公路建设工地，对即将通车的通化至新开岭高速公路、营松高速公路抚民至靖宇段、吉林至草市高速公路建设进行集体采访。

9月15日，省长王儒林到省交通运输厅调研，研究破解当前影响高速公路建设资金难题，推进公路建设管理体制机制创新。

9月30日，吉林至草市、通化至新开岭、抚民至靖宇高速公路建成通车。通车仪式在吉林市举行。

11月10日，吉高集团与韩国道路休憩设施协会及鲜一通产株式会社，就合作经营安图服务区正式签约。这是继延吉和黄泥河服务区之后，双方又一成功的合作项目。

12月12日，吉高集团30亿元中期票据注册发行仪式在长春市举行。

2012年

4月24日，交通运输部党组成员、副部长冯正霖率部公路局、道路运输司、部质监局等负责同志，对吉林省高速公路建设和道路运输工作进行调研。

5月3日，吉高集团在珲春至乌兰浩特高速公路安图服务区举行服务区开业庆典。中韩两国交通行业40多位代表参加仪式。

5月10日，省交通运输厅下发《吉林省高等级公路施工标准化管理指南(试行)》。

5月31日，交通运输部在长春市召开集双高速公路通化至东丰段初步设计审查会，审查通过了该设计。

8月22日，延吉至长白山高速公路延吉至龙井段建设项目开工建设，并举行了开工典礼。

8月28日，汪清至延吉高速公路建成通车，并网通车仪式在汪清西崴子收费站举行。

9月4日，吉高集团与韩国道路公社共同合作经营的长珲高速公路图们服务区正式开业，开业仪式在图们服务区举行。

9月19日，吉林、内蒙古两省(区)在吉林省双辽市签订《长春至深圳高速公路金宝屯至查日苏段接入吉林省高速公路联网收费结算协议》，协议将内蒙古自治区收费公路监督管理局通辽分局金宝屯、查日苏、布墩花收费站高速公路通行费交由吉林省交通运输部门负责拆分、结算管理。

10月30日,鹤大高速公路小沟岭(省界)至抚松段、靖宇至通化段初步设计通过了交通运输部组织的审查。

11月20日,国家审计署历时4个多月完成对吉(林)珲(春)项目的决算审计。该项目是吉林省第一条接受国家审计署审计的高速公路建设项目。经审计,国家审计署对该项目做出较高的评价。

12月1日,全长23km的吉林绕城高速公路西南环段正式建成通车。

12月7日,长春至四平高速改扩建征地工作协调会在吉林高速公路股份有限公司召开。

2013年

1月10日,珲春至乌兰浩特高速公路长春至松原段通过省水利厅组织的水土保持设施验收。

2月5日,省水利厅颁发鹤岗至大连高速公路通化至新开岭(吉辽界)段、营城子至松江河高速公路营城子至靖宇段水土保持设施验收鉴定书。

4月17日,省交通运输厅与吉林市政府会商吉林市绕城高速公路及吉林至荒岗高速公路工程建设问题。

4月28日,省政府召开专题会议,听取省交通运输厅加快推进高速公路建设情况汇报。

5月14日,全省10条高速公路开工复工启动大会在省交通运输厅召开。高速公路开工复工总里程达1000km,总投资848亿元。

6月20日,交通运输部档案馆对大广高速公路松原至双辽段、珲乌高速公路长春至松原段项目档案进行专项验收。经专家组审查,同意两个项目通过档案专项验收。

8月13日,交通运输部正式批准实施"长白山区鹤大高速公路资源节约循环利用科技示范工程"(简称鹤大高速科技示范工程)。对占有国土面积53.5%的季冻区具有重要的典型示范意义。

8月29日,交通运输部档案馆分别对通化至新开岭、营城子至松江河高速公路营城子至靖宇段项目工程竣工文件进行验收。验收组经认真审核,同意两项目通过档案专项验收。

8月29日,交通运输部组成竣工验收委员会对珲春至江密峰高速公路建设项目进行竣工验收。项目综合评价等级为优良,同意通过竣工验收。

9月30日,营城子至松江河高速公路靖宇至花园口段建成通车。

11月1日,吉林市绕城高速公路东南环段建成通车。

11月19日,松原市绕城高速公路建成通车。

11月29日,长吉高速公路长春至东湖扩建工程、长春至龙家堡国际机场连接线两项工程通过竣工验收;营松高速公路靖宇至花园口段工程通过交工验收。

12月17日,伊通至辽源高速公路四平境内段通过竣工验收。

2014年

1月22日,鹤大高速公路小沟岭至抚松段施工监理招标结束,吉林省公路工程监理有限责任公司等15个单位中标。

1月23日,鹤大高速公路靖宇至通化段施工监理招标结束,吉林省公路工程监理有限责任公司等7个单位中标。

1月24日,省政府召开专题会议,研究敦化至通化高速公路征地拆迁工作和有关高速公路前期准备工作,全力推进高速公路建设。

3月11日,国家林业局下发《鹤大高速公路靖宇至通化项目使用林地审核同意书》(林资许准〔2014〕103号);《批准吉林省靖宇至通化公路项目临时占用林地的行政许可决定》(林资许准〔2014〕104号)文件;《鹤大高速公路小沟岭(黑吉界)至抚松项目使用林地审核同意书》(林资许〔2014〕105号);《批准吉林省小沟岭(黑吉界)至抚松公路项目临时占用林地的行政许可决定》(林资许准〔2014〕106号)。同意以上项目林地占用。

4月2日,白山市政府组织召开鹤大高速公路建设项目征地拆迁工作专题会议,对全力推进鹤大高速公路征地拆迁工作做出安排部署。

4月9日,通化市政府组织召开通化至梅河口高速公路建设项目征地拆迁协调会。

4月17日,省发改委批复了《辉南至白山高速公路工程可行性研究报告》。

4月22日,鹤岗至大连高速公路通化至新开岭(吉辽界)段建设项目通过竣工环境保护验收。

4月24~25日,公主岭市政府依法强制性铲除了长春至双辽高速公路项目公主岭境内抢栽、抢种、抢建的地上附着物,停滞两年的工程得以恢复施工。

4月30日,延吉至大蒲柴河高速公路延吉至龙井段建设项目施工招标结束,吉林省高等级公路工程有限责任公司等3个施工单位中标。

5月5日上午8时起,京哈高速公路(长平段)扩建工程四平至长春方向(五里坡至半截沟互通)实行封闭施工。

5月7日,集安至双辽高速公路通化至梅河口段建设项目路基、路面、桥梁、隧道、交通工程及沿线设施等工程施工监理招标工作结束。吉林省公路工程监理有限责任公司等8个单位中标。

6月5~6日,香港文汇报、大公报、吉林日报等16家媒体的19名记者深入鹤大高速公路大蒲柴河至小沟岭段建设现场进行体验采访。

6月19日,嫩江至丹东高速公路坦途至镇赉段建设项目施工招标评标工作结束,天津市公路工程总公司等8个施工单位中标。

6月24日,"鹤大高速公路吉林境内建设绿色循环低碳公路主题性项目"以第一名的成绩通过交通运输部组织的竞争性评审会,被交通运输部评为2014年度"绿色循环低碳主题性"项目,成为吉林省首个交通运输部"双示范项目"。

7月11日,营松高速公路营城子至靖宇段、珲乌高速公路长春至松原段竣工环境保护验收调查报告通过环境保护部环境工程评估中心的技术审查。

7月14日,省地质矿产勘察开发局主要负责人来到吉林省交通运输厅,就高速公路建设压矿事宜进行洽谈。双方就解决鹤大高速公路建设压矿事宜达成一致。

7月14日,省发改委批复《辉南至白山高速公路工程初步设计》。

7月17~18日,大广高速公路肇源至松原段建设项目通过了省交通运输厅组织的竣工验收,综合评价等级为优良工程。

7月21日,长深高速公路长春至双辽段路面工程施工招标结束。中交隧道局第二工程有限公司、中铁五局集团路桥工程有限责任公司等6家施工单位中标。

7月21~25日,以"绿色交通"为主题的交通运输部直属机关青年干部"青春基层行"鹤大绿色循环低碳公路调研团赴鹤大项目进行蹲点调研,全方位了解鹤大绿色循环低碳环保公路的建设情况,就相关技术及管理经验进行交流。

7月31日,省高等级公路建设局组织完成鹤大项目技术咨询服务单位招标工作,省交通科学研究所等3个单位中标。这是省交通运输厅第一次采取公开招标方式选择技术服务队伍。

8月11日,大庆至广州高速公路松原至双辽(吉蒙界)段(一期)建设项目,顺利通过国家环境保护部组织的环境保护专项验收。

8月12~13日,鹤大高速公路通化至新开岭段、通沈高速公路通化至下排段两个高速公路项目,通过了省交通运输厅组织的竣工验收,综合评价等级为优良工程。

8月15~17日,集双高速公路集安至通化段初步设计通过交通运输部组织的审查。

8月26日,省交通运输厅邀请交通运输部和东北三省专家,对省交通规划设计院编制的《吉林省高速公路网布局调整方案(2014—2030年)》和部规划研究院编制的《吉林省省道网布局调整方案(2014—2030年)》进行评审。

8月31日,部科研院、部公路所、省交通科研所等双示范工程技术支持单位相关技术人员深入鹤大高速公路三个指挥部,对"双示范"的研究内容、实施方法以及预期目标进行讲解,并与参建人员互动交流。

9月18~19日,交通运输部科技司在吉林省敦化市召开科技示范工程座谈会。江苏、天津、浙江、贵州、云南、河南、重庆7省(市)交通运输部门代表分别就相关科技示范工程进行经验交流。

9月21日,长春至四平高速公路改扩建工程右幅建成通车。

9月22~26日,省委督查室主任为组长的省委联合督查组,对营松高速公路花园口至松江河段、鹤大高速公路小沟岭至抚松段、长双高速公路、长平高速公路改扩建工程建设征地拆迁工作进行实地督查,并形成《省委督查专报》。

9月30日,伊通至开原省际高速公路辽源连昌至乌龙岭段一期工程建成通车。

10月28日,省发改委批复了白山至临江高速公路工程可行性研究报告。

11月19日,珲春至乌兰浩特高速公路吉林至黑河联络线吉林至荒岗(省界)段工程建设项目完成施工评标工作,确定了7个标段中标候选人。

11月28日,嫩丹高速公路镇赉至白城段建成通车。

12月8日,国土资源部下发国土资函〔2014〕619号文件,批复集安至双辽高速公路通化至东丰段工程建设用地。

12月22日,省交通运输厅组织对珲乌高速公路长春至松原段进行了质量专项验收,质量等级评定为优良。

12月24日,辉南至白山高速公路建设项目主体土建工程施工招标评标工作结束,推荐了3个合同段中标候选人。

12月27日,国土资源部下发国土资函〔2014〕751号文件,批复鹤岗至大连高速公路靖宇至通化段工程建设用地;下发国土资函〔2014〕752号文件,批复鹤岗至大连高速公路小沟岭至抚松段工程建设用地。

2015年

1月4日,省交通运输厅复函长春市人民政府(吉交函〔2015〕118号),同意由长春市组建项目法人,筹资建设长春经济圈环线高速公路农安经九台、双阳至伊通段。

1月26日,省交通运输厅印发《关于开展中国高速公路建设实录(吉林分册)编纂工作的通知》,对吉林省高速公路建设实录编纂工作做出具体安排。

2月2~4日,交通运输部在北京召开2015年全国高速公路电子不停车收费(ETC)联网工作推进会。要求各地尽快进入状态,全力冲刺2015年全国29个省区市(不包括海南省、西藏自治区)ETC基本联网目标。

2月10日,大广高速公路项目解放至二莫段竣工环境保护验收调查报告通过了环保部评估中心组织的技术审查。

3月2日,省高等级公路建设局组织召开双示范工程推进会,对全部38个示范项目进行逐个梳理,对各部门负责的工作进行细化分工,并对橡胶粉改性沥青的实施、节能减排奖补资金和技术服务费用的使用等进行了研究。

3月18日,省交通运输厅印发《吉林省高速公路服务区文明服务创建工作方案》(吉交发〔2015〕121号)。创建活动为期8个月,实现已开通运营的服务区达标率90%以上,社会公众满意度达到90%以上,争创全国示范、优秀服务区。

3月19日,省政府召开专题会议,研究全省在建和拟建高速公路路面厚度问题。会后省政府形成了专题会议纪要。

4月22日,人社部和交通运输部联合下发《关于表彰全国交通运输系统先进集体先进工作者和劳动模范的决定》(人社部发〔2015〕38号),省交通规划设计院、省高速公路管理局亚泰大街收费站等4个单位荣获全国交通运输系统先进集体。

5月26日,共青团中央等18个部门联合印发《关于命名2013—2014年度全国青年文明号的决定》(中青联发〔2015〕11号),省厅直属单位吉林省高速公路管理局德惠分局拉林河收费站和长春分局亚泰大街收费站2个青年集体获此殊荣。

5月29日,省交通运输厅副厅长丁海发主持召开专题会议,研究神龙公司投资建设长春至松原高速公路项目有关遗留问题。

6月9日,《中国高速公路建设实录》编委会主任、原交通部部长黄镇东来吉林省交通运输厅就《中国高速公路建设实录》"吉林卷"编撰工作进展情况进行调研并召开座谈会。

6月19日,高速公路路政联合执法试点启动仪式在省高管局德惠分局举行。

7月28日,交通运输部召开全国ETC联网第二批入网视频会商会议。吉林省和重庆市、四川省、云南省作为第二批入网省市,参加了视频会商会议。

8月25日,省水利厅组织完成了营松高速靖宇至花园口段水土保持现场验收工作。

9月22日,省交通运输厅召开年内通车高速公路项目情况通报会。人民日报、新华社、中央电视台、中央人民广播电台、经济日报等中央驻长媒体和吉林日报、吉林电视台、省广播电台等省内主流媒体共计19家、24名记者参加会议。

9月29日,营城子至松江河高速公路靖宇(花园口)至松江河段建成通车。

10月12日,鹤大高速公路靖宇至通化段中的马当至二密段4km提前完成工程施工,计划与通化至梅河口段高速公路同步交工通车。

10月13日,国家发改委召集交通运输部、国土资源部和吉林、辽宁两省发改委、交通运输、国土资源等有关部门,协调东丰至双辽高速公路建设用地审批有关事宜。

10月15日,省国土资源厅田玉山副厅长主持召开集安至通化高速公路项目用地报批工作调度会,研究压矿等问题,部署下步工作。

10月19日,省环保厅印发同意大广高速公路解放至二莫段通过环保设施验收的意见,至此大广高速公路松原至双辽段全线环保设施全部通过验收。

10月26日,长春至深圳高速公路大岭至双辽段建成通车。

10月30日,省长蒋超良主持召开专题会议,研究加快国高网"断头路"开工建设有关问题。

10月30日,省政府以吉政函〔2015〕97号文件,向辽宁省人民政府发送了《关于商请帮助解决集安至双辽高速东丰至双辽段项目经辽宁省境内段用地审批事宜的函》。

11月4日,副省长庄严主持召开专题会议,贯彻落实巴音朝鲁书记、蒋超良省长关于加快国家高速公路"断头路"和普通国道"瓶颈路段"建设的批示精神,进一步落实各相关部门和地方政府工作责任和任务。

11月10~12日,副省长庄严带领吉林省交通运输厅常晓春厅长及有关负责同志到交通运输部,向部党组成员、总规划师戴东昌汇报全省高速公路和国道断头路建设有关工作情况。

11月20日,伊开高速公路辽源段二期工程正式开工建设。省交通运输厅厅长常晓春、副厅长丁海发,辽源市市长王立平等有关领导深入工程现场督查工程建设及施工组织情况。

11月23~25日,水利部松辽委副主任王福庆带领检查组,对集双高速公路集安至通化段等8个高速公路项目水土保持工作开展情况进行了监督检查。

11月25日,集双高速公路通化到梅河口段、鹤大高速公路马当至二密段通过交工验收。

11月25日,省发改委印发《关于伊通至开原高速公路辽源至乌龙岭(省界)段(丰收至高古、高古至东辽段)初步设计的批复》(吉发改审批〔2015〕401号)。

11月30日,集双高速公路通化至梅河口段建成通车。

12月11日,交通运输部发布全国高速公路服务区服务质量等级评定结果。吉林省石头口门、松原服务区获评"全国百佳示范服务区",扶余、延吉、东梅、蛟河、春城、王府、图们、米沙子、黄泥河、桦皮厂等10对服务区获评"全国优秀服务区"。

12月16日,省政府以吉政发〔2015〕66号文件,印发《关于加快推进高速公路建设的意见》,明确了"十三五"高速公路建设目标任务、建设模式和扶持政策等。

12月25日,省政府召开全省高速公路项目建设推进会,贯彻落实省政府《关于加快推进高速公路建设的意见》,研究部署"十三五"和2016年全省高速公路项目建设工作。

12月25日,省交通运输厅以吉交建管〔2015〕254号文件,印发《吉林省高速公路建设考核评定办法》。

12月29日,省交通运输厅"双示范"工程领导小组办公室组织召开鹤大高速公路科技示范工程项目成果总结与提升专家咨询会。

2016年

1月12日,省政府副秘书长高志国带领有关部门负责同志,赴辽宁省衔接国高网断头路相关工作事宜。

2月19日,省交通运输厅厅长常晓春主持召开专题会议,研究吉高集团高速公路项目建设机制和自身发展等有关问题。

2月29日,鹤岗至大连高速公路通化至新开岭(吉辽界)段建设项目获得交通运输部2014—2015年度公路交通优质工程一等奖(李春奖),省高等级公路建设局曹玉超、孙岩、关立东获得优秀项目指挥长称号,省公路工程监理有限公司佟中锐、齐敦平获得优秀项目监理工程师称号。

3月4~5日,受交通运输部综合规划司委托,中交第一公路勘察设计院组成调研组来吉林省开展东丰至双辽公路工程可行性研究报告的咨询评估工作。

3月9日,省高管局组织开展了收费文明服务标准化展示活动。省高管局伊通分局、白城分局、双辽分局分获前三名。

4月8~9日,交通运输部党组书记、部长杨传堂就贯彻落实《中共中央 国务院关于全面振兴东北地区等老工业基地的若干意见》,加快推进东北地区交通运输基础设施建设到吉林省调研。

4月20日,省交通运输厅批复《吉林省高速公路管理局关于调整合同制人员工资标准的请示》(吉高管〔2016〕19号),同意合同制工资标准提高到2600元/月。

4月25日,副省长姜有为到吉林至荒岗高速公路建设项目进行调研,并主持召开现场办公会议,研究解决吉荒高速项目建设有关问题。

4月26日,省交通运输厅厅长常晓春带领有关人员到辉南至白山、鹤大高速公路靖宇至通化段江源互通施工现场对项目建设进展、征地拆迁等情况进行调研。

4月29日,省交通运输厅印发《吉林省"十三五"高速公路勘察设计技术指南》《吉林省"十三五"高速公路养护技术政策》等四项技术政策。

5月2日,省交通运输厅厅长常晓春带领相关人员到鹤大高速公路靖宇至通化段建设一线调研高速公路建设情况,并召开座谈会。

5月6日,中国公路学会副秘书长巨荣云带领调研组调研吉林省高速公路服务区文明创建工作,并召开座谈会。

5月7日,省交通运输厅厅长常晓春、副厅长丁海发到白山市与白山市市委书记张志军、市长吴德金等人进行会谈,并深入了解辉白高速公路建设项目征地拆迁工作进展等情况。

5月10~11日,省高管局局长张业岩对在建鹤大高速公路小沟岭至抚松段进行实地考察,并召开交工验收对接工作会。

5月17日,省高建局与通化市政府、通钢集团在通化宾馆举行了集双高速公路集安至通化段建设项目钢材购销战略合作签字仪式。

5月21日,副省长姜有为调研辉白高速公路建设情况,并与沿线县(区)政府领导明确了前期工作、征地拆迁等难题的解决路径及时限。

6月22~23日,国家发改委在北京组织召开集双高速公路东丰至双辽段工程可行性研究报告审查会。

6月24日,由省政府主办,省交通运输厅、省安监局、通化市政府承办的高速公路隧道突发危化品运输车辆泄露火灾事故应急救援演练,在鹤大高速公路二密至新开岭段太安隧道举行。国家安监总局应急救援指挥中心党委副书记张平远对演练进行了点评。

6月27日,省交通运输厅召开鹤大高速公路"双示范"工程建设情况新闻通报会。厅党组成员、省高建局局长纪景义向来自中直和省内16家媒体的19名记者通报了鹤大高速公路"双示范"工程项目实施进展情况。

7月5日,省交通运输厅厅长常晓春到伊开高速公路辽源至乌龙岭(省界)段(二期)调研,并召开现场办公会议。

7月6日,交通运输部综合规划司环境保护处副处长范杰一行4人来吉林省交通运输厅调研绿色交通发展工作,并检查指导鹤大高速公路创建"绿色公路"实施方案执行情况。

7月8日,副省长姜有为在省政府副秘书长高志国、省交通运输厅厅长常晓春的陪同下,调研了伊通至开源高速公路二期项目、集双高速公路东丰至辽源段建设情况。

7月13日,副省长姜有为在省政府主持召开全省高速公路项目建设调度会,听取省交通运输厅当前高速公路建设情况汇报。

7月14日,省交通运输厅厅长常晓春到集安至通化高速公路建设项目现场办公,推进和部署集通项目建设相关任务。

8月11日,省委书记巴音朝鲁在省委常委、省委秘书长张安顺,副省长姜有为,省交通运输厅厅长常晓春,白山市委书记张志军等领导陪同下,调研鹤大、辉白高速公路建设情况。

8月11日,黑龙江省交通运输厅副厅长朱金玉带领有关负责同志,就吉黑两省高速公路协作到吉林省高速公路管理局进行交流、调研,并召开座谈会。

8月17日,省交通运输厅厅长常晓春到嫩丹高速公路坦途至镇赉段施工现场调研工程进展情况。

8月17~18日,由省高管局协办的全国ETC联网2016年第二季度运营分析会在长春召开。交通运输部路网中心主任李作敏出席会议。来自全国29个省(区、市)的108位代表参加会议。

8月24~25日,由中国公路学会和吉林省交通运输厅共同举办的第二届全国绿色公路发展暨鹤大高速公路科技示范工程技术交流会在延吉市召开。中国公路学会理事长翁孟勇出席会议并讲话,来自全国28个省(区、市)交通运输部门、交通科研院所及企业的领导、技术干部共计600余位代表参加。

8月29日,省交通运输厅厅党组成员、省高管局局长张业岩主持召开会议,重点研究ETC发行推广工作,听取收费部门、吉通公司ETC发行情况及存在困难的汇报,对加快ETC发行推广工作进行再部署。

9月4日,省交通运输厅组织召开榆松高速公路、集通高速公路重点工程建设科研成果推广项目和科技攻关项目可行性研究报告专家评审会。

10月9日,省交通运输厅厅长常晓春在通化市委书记金育辉、市长乔恒等的陪同下,深入集安至通化高速公路建设一线,调研工程进展情况。

10月12日,由省交通规划设计院与哈尔滨工业大学组成的科研团队,历经4年潜心研究的植物橡胶复合改性沥青路面在吉林省鹤大高速公路小沟岭至抚松段总长度为1.46km的连接线上首次铺筑完成,标志着植物沥青在国家高等级公路中推广应用取得重要突破。

10月14日,省交通运输厅厅长常晓春在吉高集团董事长毕忠德的陪同下到吉舒高速公路进行调研,并就进一步加快推进吉舒等高速公路建设提出具体要求。

10月26~27日,嫩丹高速公路坦途至黑水段、鹤大高速公路小沟岭至抚松、靖宇至通化段建成通车。

10月30日,延吉至龙井高速公路建成通车。至此,全省高速公路通车里程突破3000km,达到3113km。

11月9日,中国公路学会、《中国公路》杂志社举办了"最美中国路姐"评选活动。省高管局指挥调度中心被授予"最美中国路姐团队",吉林管理分局蛟河收费站收费员韩笑荣获"最美中国路姐"入围奖。